普通高等教育经管类专业系列教材

网络营销导论

| 第4版 |

刘向晖 ◎ 著

清华大学出版社
北　京

内容简介

本书内容丰富、结构严谨，分为基础篇、方法篇和应用篇(读者可扫描前言中的二维码，阅读应用篇的内容)。基础篇首先描述当今时代的主要特征和中国具体国情，然后分析当代网络营销的宏观和市场环境，深入阐述网络营销的理论基础和现实基础。方法篇详述网络营销实践各个环节可以实施的策略和实战技巧，论述网络营销伦理对当代网络营销实践的重要意义；应用篇重点探讨网络营销的理论和方法在几种特定场合的具体运用，突出现实问题的多样性和复杂性。本书理论与应用并重，兼顾内容的权威性和体系的开放性。本版保留了前三版的精华，并与时俱进地做出一些重要调整，补充了新内容。本书不仅讲述网络营销课程的基本知识，还包含网络营销的十大理论基础、网络营销的伦理问题及非传统网络营销等新颖主题。本书涉及网络营销的各个方面，配有丰富的复习思考题，并推荐大量的参考文献和在线资源供读者深入钻研。

本书适合用作高等院校电子商务、市场营销专业的本科生和 MBA 学生的教材或参考书，适合企业高管、市场营销和策划人员、电子商务从业人员研读，也适合网络营销的研究者和实务工作者研读，还可作为一本实用手册放在案头随时备查。

本书封面贴有清华大学出版社防伪标签，无标签者不得销售。
版权所有，侵权必究。举报: 010-62782989, beiqinquan@tup.tsinghua.edu.cn。

图书在版编目(CIP)数据

网络营销导论 / 刘向晖著. -- 4 版. -- 北京：
清华大学出版社,2025.3. -- (普通高等教育经管类专业
系列教材). -- ISBN 978-7-302-68137-3
Ⅰ.F713.365.2
中国国家版本馆 CIP 数据核字第 20253DP025 号

责任编辑：	高 岫　韩宏志
封面设计：	马筱琨
版式设计：	思创景点
责任校对：	成凤进
责任印制：	宋 林

出版发行：清华大学出版社
　　　　网　　址：https://www.tup.com.cn, https://www.wqxuetang.com
　　　　地　　址：北京清华大学学研大厦 A 座　　　　邮　编：100084
　　　　社 总 机：010-83470000　　　　邮　购：010-62786544
　　　　投稿与读者服务：010-62776969, c-service@tup.tsinghua.edu.cn
　　　　质 量 反 馈：010-62772015, zhiliang@tup.tsinghua.edu.cn
印 装 者：涿州汇美亿浓印刷有限公司
经　　销：全国新华书店
开　　本：185mm×260mm　　印　张：23.5　　字　数：617 千字
版　　次：2005 年 4 月第 1 版　2025 年 4 月第 4 版　印　次：2025 年 4 月第 1 次印刷
定　　价：79.00 元

产品编号：101823-01

推荐序 I

我从 1996 年开始从事互联网营销，并于 2000 年受邀到一所英国大学讲授网络营销的本科和研究生课程，那时，我找不到任何合意的教材。基本上我只能使用我原先用于商业演讲和讨论的材料；对这些材料，我扩充的学术内容比较有限。随着时间的推移，我尝试过使用不同的教科书进行模块教学，但没有一本完全适合我注重实践的教学风格。并且，那些书中的大多数内容都是由计算机科学家而不是真正的营销专家编写的，多偏重技术，而非技术在营销中的应用。因此，部分是因为沮丧，部分是因为必需，我写了一本自己可以用于网络营销教学的书。书名为《网络营销》(后来的版本更名为《数字营销》)，甚至带有"实践视角"的副标题。我之所以在为刘向晖的佳作撰写序言时做以上铺垫，是因为这有助于向读者说明为什么我会觉得《网络营销导论》是一本非常好的教材。如果 20 年前我就能见到本书的话，那么我很可能就不会编自己的教材了。刘向晖在网络营销上的很多见解和我如出一辙，比方说，我最早读到他说的一段话是"网络营销是依托网络工具和网上资源开展的市场营销活动"，我在商业互联网诞生之初就说过几乎相同的话。本质上，使用了互联网技术的营销仍然是一门营销学科，而不是技术学科。

同样，和我在"实践视角"中所做的一样，我很欣赏刘向晖在教材中不仅重视向学生传授网络营销的学科理论，而且重视教给学生如何把网络营销的原理和战略思维更好地应用于实践。在这方面，虽然《网络营销导论》并不是为一线操作人员编写的实战技巧，但它成功地做到了在工作原理(需要做什么，为什么这样做)和一线操作之间保持很好的平衡。的确，在技术日新月异的今天，实操技巧很可能在图书上架(不论是实体货架还是网店目录)前就已经过时。技术进步也能够在战略层面产生影响。比方说，人工智能在商务和营销领域的应用在几年前就已经拉开序幕，但大语言模型(LLM)聊天机器人 ChatGPT 到 2022 年 11 月才推出。只有时间才能告诉我们，ChatGPT 及其他类似技术将如何改变网络营销，以及这些改变究竟是好是坏。

最后，我把我编写教材的方式和《网络营销导论》做一个比较，这就是《网络营销导论》不单单讲授这门课程——在这方面它无疑是一流的，还鼓励学生面对新问题时能够得出自己的结论，而不是满足于为司空见惯的问题提供标准答案，这显然有助于培养学生适应各种不同的工作环境。

在我看来，《网络营销导论》涵盖了网络营销理论与实务的所有关键议题。从目录就可以看出，网络营销常规内容在书中应有尽有。以上评论并非轻率之言，更非暗讽之词。常规内容对于读者全面理解学科的精髓是不可或缺的。实际情况是，我之所以强调这点，是因为我看过很多冠以网络营销或者数字营销之名的书籍实际只涉及学科中最时髦的内容，比方说网红、抖音之类，而忽略掉了网络营销的其他内容，甚至忽略了营销本身。

我特别感到欣喜的是《网络营销导论》有整整一章专门讲营销伦理。绝大多数网络营销书籍都缺少这部分内容，我相信组织已经开始认识到伦理在数字营销中是一个具有战略意义的议题。

《网络营销导论》不惜笔墨的另一个主题是社会媒体营销。如同书中涉及的其他网络营销主题一样，这部分内容不仅有理论和概念层面的论述，而且讲述了如何能在操作层面上成功运用这些理论。考虑到营销分析日益增长的重要性，作者在决策支持系统等部分也增添了相关内容。

  与我的经历类似，刘向晖在开始教育生涯之前曾经在很多行业工作过，这种行业背景的好处是他不仅会做学术研究，而且能根据他的实务工作经验开发出恰当的真实案例来阐释理论要点。

Alan Charlesworth

《数字变革》等 13 本图书的作者

英国桑德兰大学"数字营销"课程荣休教授

上面是翻译成中文的"序言"。如果你想阅读英文版序言，请扫描以下的二维码：

序言(英文版)

推荐序 II

"Market changes faster than marketing(市场比市场营销变化得更快)"——这是现代市场营销学之父菲利普·科特勒在世界各地给CEO们演讲的幻灯片中最高频的一页内容。而市场营销(marketing)之所以总会有新的问题或新的范式产生，其中最重要的驱动变量是"技术的迭代"与"消费者的变迁"。技术的迭代意味着营销基础设施、营销手段或工具的变化，比如从移动互联网的兴起与全民渗透、再次逐浪所出现的大数据营销、全域链路营销、私域营销、Web3.0营销、物联网营销、元宇宙营销、黑客增长营销、DTC营销等，到AI在ChatGPT形成拐点下的新算法营销，它们对营销的革命是武器的改变，手段的升级；而消费者的变迁又反映出新的需求，我们看到的所谓95后营销、00后营销、二次元营销、单身经济营销、宅营销、宠物经济市场营销等，反映出的是新需求结构、新行为偏好。于是我们可以看到层出不穷的新概念或者旧理念的新包装，其底层逻辑无非是两大变量的组合。

刘向晖教授的这本新版的《网络营销导论》视野开阔，立足于市场营销两大变量的视角，在近二十年数字化与新兴消费者浪潮的事实与理论根基上，融合数字经济学、消费者行为学、关系营销、内容营销等多项近年来的研究，让我们看到市场营销在互联网世界的全景变化。正如《易经》中的易(change)被注解为"变易、简易、不易"，本书提到"变易"，给出"简易"解释(复杂原理的极简解释)，又紧扣住市场营销的"不易"。正如我2017年的一本著作《数字时代的营销战略》中提到的，从原子时代到比特时代，市场营销在变化，但又有其不变的部分，那就是市场营销的本质，即区分真伪营销、好坏营销的三条"金线"：需求管理、建立差异化价值、建立持续交易的基础。

本书作为教材不断随着时代而更新，相当难得。今天的网络市场营销似乎又站在一个AI的分界线上。2019年，哈佛、耶鲁、马普所等院所和微软、谷歌、脸书等公司的多位研究者参与的课题组，在《自然》(Nature)杂志发表了一篇以《机器行为学》(Machine behavior)为题的综述文章，宣告"机器行为学"这门新兴学科正式诞生。而同样在十年前，好莱坞的电影《她》(Her)就描述出AI系统与人类谈恋爱的远景，如今全部变成事实。人机混合是菲利普·科特勒的《营销革命5.0》中提到的核心思想，该书重点讲解不断增长的营销技术/无处不在的AI技术与人的营销融合。影响机器的算法行为和影响消费者行为同等重要，比如说为什么一些公司的短视频能够被机器选中，从千万个视频号信息中推荐在你面前？这背后是各个平台都有它的算法逻辑，比如抖音采用的是流量池递进式检验法，通过历史观看数据生成标签，综合完播率、互动率、粉丝黏性等核心指标，利用推荐算法逐步将内容从小流量池推向更大流量池中；如果读懂这种算法逻辑，机器行为可以为公司节约大量资源和创造价值。"marketing science"(迫近营销的客观规律)从"基于人本经验的创意理论"发展到"基于实验的行为科学"，再到如今智能AI时代的"基于数据/计算的匹配"。

新市场营销永远的机会变量来源于技术的迭代与消费者的变迁所形成的双浪叠加；算法和人心，科学与人文才是今天数智AI时代营销融合的底牌。市场营销学之父科特勒给我讲过，随着人类技术进一步应用到营销实践中，营销战略将更加回归不变的本质，消费者作为人的感受、情感和价值观将更受重视，企业和营销人更接近人机合一的境界：拥抱技术，也拥抱消费者。希望刘向晖教授的这本教材能帮助到更多的学生、实践者去建立系统的观念与理论根基，并最终"赋理念以发生，让正确的理念在现实中绽放光彩，成为推动社会进步的力量"。

王赛

巴黎大学博士

《增长五线》作者

科特勒咨询集团中国区董事、资深副总裁、管理合伙人

2024年3月3日

第4版前言

任何教科书，只要还在教学中使用，就应该不断更新，以防陈旧的信息误人子弟，电子商务类的教科书更应该如此。本书在 2005 年首版，2009 年二版，2014 年三版，其中两版先后入选"十一五""十二五"普通高等教育本科国家级规划教材，但是由于种种原因，第 4 版的出版时间已经和第 3 版隔了 10 年之久。10 年时间足以让一棵树苗长成大树，而对于日新月异电子商务而言，这十年间发生了沧海桑田般的巨变。

十年来，网络营销相关领域最重要的一件事，当属仿人技术(human-mimicking technologies)的快速普及。诸如人工智能(AI)、自然语言处理(NLP)、机器人、虚拟现实、物联网及区块链的仿人技术极大地改变了营销的面貌，科特勒认为这些技术已经把营销带入一个全新的时代，他称之为营销 5.0 时代。在这一时代，人们采集、存储数据的数量及处理数据的能力较以往有了本质的提升，这集中反映在 ChatGPT 的横空出世上。麦肯锡全球研究院在一份题为《可实现的未来》的报告中指出：在 ChatGPT 的冲击下，未来将有 70%的工作被淘汰。央视网在 2023 年 3 月整理了一份可能被 ChatGPT 取代的 10 大职业清单，以程序员和软件工程师为代表的技术工种、媒体工作者、法律工作者、市场研究分析师、教师、财务、交易员、平面设计师、会计师、客服赫然在列。不论是在战术层面还是在战略层面，营销都会受到人工智能的巨大冲击，Sora 制作的视频已经令人惊艳，但后续还将如何发展，只有时间才能告诉我们。百年未有之大变局可能跟我们想象的不完全一样，但它确实已经近在眼前了。

数字经济的车轮滚滚向前，中国信通院数据显示，我国 2023 年数字经济规模超过 55 万亿元。数字经济占 GDP 比重已与第二产业相当，占国民经济的比重超过了 40%。在数字经济高速发展的推动下，网络营销获得了人们前所未有的关注。有趣的是，国内外越来越多的人开始用数字营销这一术语来称呼网络营销，让人联想到网络营销在这期间是否真有了脱胎换骨般的变化。

2023 年我国网络零售规模超过 15 万亿，增长 11%，连续 11 年保持全球第一大网络零售市场地位。近 10 年间，在网络零售方面，除了传统的综合电商之外，直播电商、微商城、抖音小店等社会商务形式蓬勃发展，而在综合电商平台中，2015 年才靠拼团起家的拼多多成长速度惊人，不仅成为与淘系、京东三足鼎立的电商豪门，而且在 2023 年还在市值上超过淘宝，一跃成为国内最有价值的电商平台。拼多多的快速崛起让我们认识到社会商务的无穷威力。此外，跨境电商也继续保持增长势头，据海关统计，2023 年我国跨境电商进出口总额达 2.38 万亿元，增长 15.6%，其中出口总额达 1.83 万亿元，增速高达 19.6%。跨境电商的火热让国际网络营销成为电子商务专业学生必学的一课。在搜索营销领域，由于搜索技术的进步，语音搜索、图像搜索发展迅猛，电商平台、社媒平台的垂直搜索异军突起，社会媒体营销与搜索营销的互动引人关注。在这一背景下，与搜索营销、社会媒体营销，甚至电子邮件营销都有密切关联的内容营销逐步成为网络营销的一个核心领域。

在普通高等教育领域，也有两大趋势值得注意。一是我国大学招生规模不断扩大。2022 年我国大学毕业生数量首次突破 1000 万，2023 年再创新高，达到了 1158 万，预计未来几年还将继续增长。随着大学毕业生数量的持续增加，同时受大环境影响，这几年我国大学生就业率出现明显下滑，很多毕业生需要改专业就业，甚至灵活就业，这对素质教育及终身教育提出了更高要求。二是各类数字化课程资源迅速增加，为学习知识提供了更多途径。三年疫情让很多学生已经适应了在线学习的方式，通过在线学习，学生们足不出户，就有机会学到来自全球顶尖大学最优秀的教师开设的各类课程，甚至还可以获得远程教育学位。数字化课程、学程对传统的高等教育模式提出了巨大挑战，高等教育工作者需要认真思考我们的大学课程到底要向学生提供什么价值。当然，作为教材作者，我也一直在思考，在教材里放进什么内容才能让学生获益更多。我国本科教育长期侧重理论知识的教学，与高等职业教育及社会上各种职业培训形成鲜明对比。随着我国高等教育进入大众教育时代，本科毕业生在就业市场上受到了高职生、研究生、海归生，甚至中专生的多重挤压，就业日渐困难，起薪停滞不前，甚至有下跌趋势。面对这一情况，如何把握变化中的不变量并在相对稳定的理论与迭代更新很快的实操技巧间找到平衡就非常重要。

第 4 版的《网络营销导论》在改版时对以上变化做出了回应，在形式和内容上做了以下改进。

- 由纸质书改为纸质书和数字书的复合书。纸质书中只保留了基础篇和方法篇两部分课堂必学内容，而将原先留给学生自学和参考的内容作为在线阅读，应用篇放在网站上供读者自行下载阅读。应用篇(第 10～11 章)的内容包含许多经常更新的案例，放在网站上的数字书比纸质书更容易更新，读者可扫描右侧二维码阅读、学习。

  应用篇

- 在"营销的新时代"一节，将注意力经济论、网络经济论、新经济论、信息经济论、知识经济论及信息社会主义整合为数字经济论，同时大幅修订了我国国情方面的内容。

- 将方法篇中的"网络营销中的广告"及"网络营销公共关系"两章内容整合为一章，同时将原先编入"无网站的网络营销"中的"社会媒体营销"一节做了大幅扩充，成为独立的一章。

- 对"网络营销的理论基础"一章做了较大调整，将电子商务经济学升级为数字经济学，将直复营销和关系营销合二为一，另外引入内容营销作为新的理论基础。

- 在"网络营销的技术基础"一节增加了对区块链、人工智能等仿人技术的介绍，同时为了提高学生对新技术的适应能力，在技术基础部分增加了 Gartner 公司的新兴技术成熟度模型(Gartner Hype Cycle)。

- 为加强素质教育，提升学生数字素养，加强了信息质量评价及个人数字足迹管理两方面内容，同时补充了大量的复习思考题和参考文献。

本书适合作为高等院校电子商务、市场营销专业的本科生、MBA 学生的教材，也可作为企业高层管理者、市场营销和策划人员、电子商务从业人员、网络营销的研究者和实务工作者的读本。本书提供配套的教学课件、教学大纲、教学计划、习题及答案等，可通过扫描右侧二维码获取。

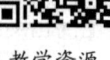

教学资源

《网络营销导论(第 4 版)》是我校(华侨大学)教材建设支持项目。华侨大学电子商务专业通过 IEET 国际认证并获批国家级一流专业建设点，将本书确定为 2022 年校级教材建设资助项目，为本书的出版提供了良好契机。在此，对华侨大学致以诚挚的感谢。

感谢英国数字营销大师艾伦·查尔斯沃思(Alan Charlesworth)，他从英国寄来他的新作供我参考，且极其认真地为本版撰写了序言。感谢科特勒咨询集团中国区董事、资深副总裁、管理合伙人王赛博士，他在百忙之中拨冗，为本书撰写了精彩的推荐序。他们在网络营销领域的真知灼见为本书增添了亮点。

  清华大学出版社的编辑工作认真、耐心细致，对我给予了支持和鼓励，使我能够在遇到困难、情绪低落的时候重新振作起来，把书的改版坚持下去。

  最后，和从前一样，在本书改版的过程中，我的妻子一如既往地给了我很多关心和帮助，不仅主动承担了大量家务，而且不辞辛劳地承担了一些枯燥乏味的制图工作，让书的改版可以更快、更好地完成。

  在本版书即将付梓之际，我对上述机构和人士充满感激之情。

  书的改版是一个持续改进的过程，一版一版改下去，书的质量必定会逐步提高。我欣喜地看到，我国再版三次以上教材已经越来越多，从一个侧面反映出我国高等教育质量和水平在不断提升，但我们也要看到，与英、美等高等教育更为发达的国家相比，我国自主编写的 5 版、6 版以上的教材仍然比较少见，本人愿意和众多同行一道为打造中国的经典教材而努力。我也希望广大读者朋友能一如既往地支持本书的出版工作，您的批评指正将帮助我把下一版做得更好。

  虽然我努力要把每一次改版都做得比前一版更好，但由于水平有限，本版图书疏漏之处仍在所难免，希望广大读者能把好的意见和建议随时通过邮件或者社会媒体反馈给我，我会及时做出回应，并尽可能在重印或者改版时吸纳。

刘向晖

2024 年 12 月

目 录

第 I 篇 基础篇

第1章 绪论 …………………… 2
- 1.1 营销的新时代 ………………… 2
  - 1.1.1 后工业社会论 …………… 3
  - 1.1.2 体验经济论 ……………… 5
  - 1.1.3 消费者社会论 …………… 7
  - 1.1.4 信息经济论、知识经济论、网络经济论和数字经济论 …… 8
  - 1.1.5 注意力经济和粉丝经济论 … 15
  - 1.1.6 共享经济、自助经济和其他 … 17
  - 1.1.7 我国的国情 ……………… 19
  - 1.1.8 时代前进的动力 ………… 23
  - 1.1.9 新时代的营销 …………… 23
- 1.2 网络营销概述 ………………… 26
  - 1.2.1 网络营销的概念 ………… 26
  - 1.2.2 网络营销的范围 ………… 28
  - 1.2.3 网络营销的内容和体系 …… 28
  - 1.2.4 网络营销的特点 ………… 30
  - 1.2.5 网络营销与相关概念的关系 ………………………… 31
  - 1.2.6 修炼网络营销的方法 …… 32
  - 1.2.7 网络营销的职业前景 …… 33
- 本章内容提要 ……………………… 34
- 复习思考题 ………………………… 34
- 参考文献 …………………………… 35

第2章 网络营销的理论基础 …… 38
- 2.1 数字经济学 …………………… 38
- 2.2 消费者行为理论 ……………… 41
  - 2.2.1 个人用户的网络使用行为 … 42
  - 2.2.2 网络用户的网上购物行为 … 45
  - 2.2.3 通过用户画像和大数据建档洞察网上消费者 …………… 47
  - 2.2.4 网上消费者行为对企业网络营销战略的影响 …………… 49
- 2.3 整合营销传播理论 …………… 51
  - 2.3.1 互联网传播的特点 ……… 51
  - 2.3.2 IMC 的要点 ……………… 52
- 2.4 直复营销和关系营销理论 …… 54
  - 2.4.1 直复营销的概念 ………… 55
  - 2.4.2 直复营销的形式 ………… 55
  - 2.4.3 直复营销的4A策略组合 … 57
  - 2.4.4 关系营销理论 …………… 58
  - 2.4.5 数据库营销 ……………… 60
- 2.5 内容营销理论 ………………… 61
  - 2.5.1 内容营销的概念 ………… 61
  - 2.5.2 内容营销的功能 ………… 63
  - 2.5.3 内容的分类和内容营销矩阵 ……………………… 64
  - 2.5.4 黏性内容创作的成功原则——SUCCESs …………… 65
  - 2.5.5 内容疯传6原则——STEPPS ………………… 66
  - 2.5.6 内容营销的实施步骤和要点 … 67
- 2.6 企业对企业营销理论 ………… 68
- 2.7 全球营销理论 ………………… 70
  - 2.7.1 全球营销的利益和战略考虑 … 71
  - 2.7.2 数字鸿沟 ………………… 72
- 2.8 服务营销理论 ………………… 73
  - 2.8.1 服务的特性和分类 ……… 73
  - 2.8.2 服务的营销策略 ………… 74
  - 2.8.3 服务的质量 ……………… 74
- 2.9 高科技营销理论 ……………… 75
  - 2.9.1 高科技产品的特点 ……… 75
  - 2.9.2 高科技营销的断层模型 …… 76
- 2.10 网络营销伦理学 …………… 78

本章内容提要 …………………… 79
复习思考题 …………………… 79
参考文献 ……………………… 80

第3章 网络营销的现实基础 …… 83
3.1 网络营销的技术基础 …………… 83
    3.1.1 互联网技术 …………… 83
    3.1.2 移动商务技术 ………… 102
    3.1.3 数字化制造和3D打印技术 …………………… 105
    3.1.4 人工智能(AI)、区块链及其他仿人技术 ………… 107
    3.1.5 网络营销技术条件评述 … 107
3.2 网络营销的制度基础 …………… 109
    3.2.1 网络营销的伦理制度 …… 109
    3.2.2 网络营销的法律制度基础 … 112
3.3 网络营销的配套服务市场基础 … 115
    3.3.1 网上支付服务 ………… 116
    3.3.2 信用服务 ……………… 117
    3.3.3 物流服务 ……………… 119
本章内容提要 …………………… 120
复习思考题 …………………… 121
参考文献 ……………………… 121

第Ⅱ篇 方法篇

第4章 网络营销决策支持系统及网络市场调研 ………………… 124
4.1 网络营销决策支持系统 ………… 124
    4.1.1 网络营销中的信息 …… 124
    4.1.2 营销信息系统和网络营销决策支持系统 …………… 126
4.2 网络市场调研 ………………… 128
    4.2.1 间接网络调研 ………… 129
    4.2.2 直接网络调研的手段 … 141
    4.2.3 选择网上调查方法时要考虑的因素 …………… 148
    4.2.4 网上市场调查和传统市场调查的比较 …………… 149
4.3 网络营销环境监测技术 ………… 150
    4.3.1 推式技术 ……………… 150
    4.3.2 竞争情报技术 ………… 150

    4.3.3 社媒聆听 ……………… 151
4.4 互联网上重要的营销信息资源 … 152
    4.4.1 宏观环境信息 ………… 152
    4.4.2 互联网环境信息 ……… 153
    4.4.3 行业信息 ……………… 153
    4.4.4 消费者信息 …………… 155
    4.4.5 个人信息 ……………… 155
    4.4.6 国际市场信息 ………… 155
4.5 网络市场调研的伦理问题 ……… 156
    4.5.1 网络市场调研中的不道德行为的表现 …………… 156
    4.5.2 网络市场调研不道德行为的危害 …………………… 157
    4.5.3 企业的应对措施 ……… 157
本章内容提要 …………………… 157
复习思考题 …………………… 158
参考文献 ……………………… 158

第5章 无网站的网络营销 ……… 159
5.1 电子邮件营销 ………………… 159
    5.1.1 概论 …………………… 160
    5.1.2 电子邮件营销的策略和技巧 …………………… 166
    5.1.3 从垃圾邮件营销到许可营销 …………………… 170
    5.1.4 电子杂志营销 ………… 175
    5.1.5 电子邮件和传统邮件的协同营销 …………………… 179
5.2 虚拟社区营销 ………………… 180
    5.2.1 虚拟社区的基本概念 … 181
    5.2.2 虚拟社区营销的作用 … 187
    5.2.3 虚拟社区营销的方法 … 187
5.3 电子商城营销 ………………… 190
    5.3.1 加盟电子商城的利弊 … 190
    5.3.2 加盟电子商城的策略 … 191
    5.3.3 淘宝开店入门 ………… 192
5.4 网上拍卖 ……………………… 193
    5.4.1 网上拍卖的适用范围 … 193
    5.4.2 网上拍卖的主要管理问题 … 194
本章内容提要 …………………… 195
复习思考题 …………………… 196

参考文献 ················· 196

第6章 基于网站的网络营销 ········· 198
6.1 网站的基本概念 ········· 198
6.1.1 网站的概念 ········· 198
6.1.2 网站的分类 ········· 199
6.1.3 网站的功能 ········· 201
6.1.4 企业拥有网站的利弊 ····· 202
6.2 企业网站的建设 ········· 202
6.2.1 企业网站建设的利益相关者分析 ········· 202
6.2.2 投资预算 ········· 205
6.2.3 网站的内容设计 ········· 206
6.2.4 网站的结构和导航设计 ····· 207
6.2.5 网站的美学设计 ········· 208
6.2.6 组建团队 ········· 208
6.2.7 选择域名 ········· 209
6.2.8 选择服务器 ········· 210
6.2.9 选择虚拟主机服务商 ····· 212
6.2.10 利用开源软件快速建站 ····· 213
6.2.11 优秀网站的标准 ········· 214
6.3 企业营销网站的测试和发布 ····· 214
6.4 测试站点的使用 ········· 217
6.5 企业网站的推广与搜索引擎营销 ········· 218
6.5.1 吸引流量的策略 ········· 218
6.5.2 保留顾客的策略 ········· 223
6.5.3 搜索引擎营销 ········· 224
6.6 在线销售 ········· 233
6.6.1 在线销售的产品 ········· 233
6.6.2 在线销售的定价模式 ····· 234
6.6.3 网站直销的利弊 ········· 235
6.6.4 网上销售的盈利模式：Dell和Amazon的案例 ········· 235
6.7 企业营销网站的运营 ········· 237
6.7.1 技术性维护 ········· 237
6.7.2 网站的内容管理 ········· 238
6.8 提供个性化服务的企业网站 ····· 238
6.8.1 个性化网站的适用范围 ····· 239
6.8.2 网站个性化的类型 ········· 239
6.8.3 网站个性化中的管理问题 ····· 240

6.9 基于网站的网络营销与无网站网络营销的配合 ········· 240
6.9.1 与电子邮件营销的配合 ····· 240
6.9.2 与虚拟社区营销的配合 ····· 240
6.10 基于网站的网络营销与传统营销的配合 ········· 241
6.10.1 网站挑选和店铺挑选购物 ········· 241
6.10.2 全渠道营销 ········· 241
本章内容提要 ········· 243
复习思考题 ········· 243
参考文献 ········· 244

第7章 社会媒体营销 ········· 245
7.1 社会媒体和社会媒体营销的概念 ········· 246
7.2 社会媒体的分类 ········· 251
7.2.1 朱陈社媒分类矩阵 ········· 251
7.2.2 塔滕和所罗门的社媒分区 ····· 251
7.2.3 其他社媒分类方法 ········· 252
7.3 了解社会媒体用户 ········· 253
7.3.1 社会媒体的用户画像和Forrester公司的社会技术统计模型 ········· 253
7.3.2 两种社媒用户细分矩阵 ····· 255
7.3.3 企业社媒账号涨粉和掉粉的原因 ········· 256
7.4 社会媒体营销的功能 ········· 257
7.5 社会媒体营销的管理 ········· 259
7.5.1 社媒营销管理的7个关键问题 ········· 259
7.5.2 社媒营销管理的9个步骤 ····· 260
7.6 国内常见社会媒体平台上的营销实战指南 ········· 267
7.6.1 微信营销 ········· 267
7.6.2 新浪微博营销 ········· 274
7.6.3 抖音营销 ········· 278
7.7 海外常见社会媒体平台上的营销实战指南 ········· 281
7.8 社会媒体营销的评价和测量 ····· 282
7.8.1 评价和测量的DATA模型 ····· 282
7.8.2 社媒营销的测量指标 ······· 284

7.9 社会媒体营销的伦理问题……285
    7.9.1 使用社会媒体可能造成的危害……285
    7.9.2 社会媒体礼仪……285
    7.9.3 社媒营销伦理实践的管理…286
本章内容提要……288
复习思考题……289
参考文献……290

第8章 网络营销中的广告和公共关系……292

8.1 广告基础……293
    8.1.1 广告的目的……293
    8.1.2 受众对广告的态度……293
    8.1.3 广告作用的模型……294
8.2 数字时代的传统广告……295
    8.2.1 四大传统广告媒体……295
    8.2.2 传统广告在数字时代的应用……296
8.3 网络广告概述……296
    8.3.1 网络广告发展简史……296
    8.3.2 网络广告的基本概念和重要术语……298
    8.3.3 了解网络用户……299
    8.3.4 网络广告的主要类型……300
    8.3.5 网络广告的计费模式……310
    8.3.6 网络广告的优势和局限性…311
8.4 网络广告从创意到评价……314
    8.4.1 网络广告的创意……314
    8.4.2 网络广告的制作和发布……315
    8.4.3 网络广告的评价……315
8.5 网络广告的法律和伦理问题……317
    8.5.1 网络广告的法律问题……317
    8.5.2 网络广告的伦理问题……319
8.6 案例分析：拼多多的广告策略…319
8.7 网络营销公共关系……320
    8.7.1 网络公共关系的概念……320
    8.7.2 公共关系和营销的关系……322
    8.7.3 公共关系的工具……323
    8.7.4 互联网对公共关系的影响…323
    8.7.5 网络公共关系的内容………324
    8.7.6 网络公共关系的过程………325
    8.7.7 基于互联网的事件营销……326
    8.7.8 危机管理……327
    8.7.9 微博及网络水军在网络公关中的运用……329
本章内容提要……330
复习思考题……331
参考文献……332

第9章 网络营销的伦理问题……333

9.1 网络营销伦理问题的重要性……333
9.2 网络营销伦理的源流……335
    9.2.1 营销伦理概述……335
    9.2.2 计算机伦理概述……335
    9.2.3 知识经济时代的营销伦理…337
9.3 网络营销伦理的内容……338
    9.3.1 网络营销企业的道德义务…338
    9.3.2 不道德网络营销的表现……339
    9.3.3 不道德网络营销行为的危害……339
    9.3.4 网络营销伦理的复杂性……339
    9.3.5 网络营销中不道德行为的治理……340
    9.3.6 个人数字足迹的管理……341
9.4 网络营销伦理战略……343
    9.4.1 网络营销伦理和在线品牌…344
    9.4.2 网络营销伦理水平的评价…346
    9.4.3 网络营销伦理水平和企业盈利水平……348
    9.4.4 网络营销伦理的战略选择…349
    9.4.5 影响企业网络营销伦理战略选择的因素……350
    9.4.6 案例1：亚马逊公司的一次失败的差别定价试验……351
    9.4.7 案例2：拼多多的浪子战略……355
本章内容提要……358
复习思考题……358
参考文献……359

第1篇

基础篇

第1章　绪论

第2章　网络营销的理论基础

第3章　网络营销的现实基础

第1章 绪 论

本章学习目标

学习本章后,你将能够:
- 理解后工业社会、体验经济、消费者社会,以及数字经济等概念的基本含义,能够运用这些概念来描述我们当今所处时代的主要特征。
- 理解当今时代对网络营销提出的要求。
- 了解中国的特色国情和市场特征。
- 掌握网络营销的定义、范围和特点,了解网络营销的基本内容框架体系及其与相关领域的关系。
- 了解如何高效地学习网络营销。
- 了解网络营销人的职业前景。

1.1 营销的新时代

中国人做事讲究"天时、地利、人和",这是非常了不起的哲学思想。的确,战略管理人审时度势的能力对企业经营的成败是至关重要的,营销经理在从事营销管理时也不例外,西奥多·莱维特(Theodore Levitt)在1960年提出的营销近视症的概念也说明营销经理必须有长远眼光,眼睛只盯着产品本身而忽视市场环境变化和企业长期发展的营销经理必定会遭受挫折。网络营销是在数字革命的过程中出现的新的营销方式,要把握网络营销的特点和规律,就要先洞悉我们所处时代的特点及未来一段时间内社会经济发展的趋势。因此,我们对网络营销的研究将从分析我们所处时代的特征和我们所在国家的国情入手。

我们所处的时代是一个伟大的时代,在历史的长河中这样的时代并不多见,除了中国的春秋战国时代和古希腊的鼎盛时期,只有文艺复兴时期和工业革命时期可以和今天相媲美。今天,激动人心的事随时随地都会发生,给我们带来机遇,也向我们提出挑战。许多人感到难以跟上时代的节奏,对新的潮流难以适应,这一现象就是所谓的"未来冲击"。营销大师菲利普·科特勒(Philip Kotler)曾经这样描述"未来冲击":"未来并不遥远,它已经来临。"的确,我们周围的一切都处在快速的发展变化当中,唯一不变的只有变化本身。如果不能把握变化、驾驭变化,就可能会在变化中迷失方向。如果不去了解世界潮流的走向,处在变革当中的人就会感受到"变革恐慌",整日生活在惶恐当中,担心会被社会所淘汰。把握变化的科学方法就是去发现和把握变化中的不变性。比如说，位置变化的物体其速度可能是不变的，这是匀速运动的情况，速度变化的物体其加速度又可能是不变的，这就是匀变速运动的情况……。所以了解时代变化就是要了解时代变化的不变的趋势（或者趋势的趋势），因为只有了解时代变化趋势的人才能够更好地适应时代的变迁。在一个社会巨变的年代，适应变化的能力本身就足以成为一个企业的核心竞争能力。对于那些更富创新精神的企业家而言，准确地把握时局还能帮助他们实施更积极的环境管理战略，有目的地推动环境朝着更有利于自己组织的方向演进。

为了弄清楚我们时代的来龙去脉，包括哲学家、经济学家、社会学家、未来学家、文学家在内的学者们从各种角度对我们的时代进行了研究，提出了许多新奇、有趣而又富有洞见的见解，为了阐述他们的理论，他们为我们的时代贴上了五花八门的标签：后工业社会、知识经济时代、信息经济时代、网络经济时代、新经济时代、数字经济时代、大数据时代、后现代主义时代、体验经济、消费者社会、第 $N(N=3,4,5\cdots)$ 波、注意力经济、粉丝经济等，林林总总，不一而足。他山之石，可以攻玉，考察其中一些有代表性的理论将有助于我们更好地把握当今时代的特征和脉搏。

1.1.1 后工业社会论

早在 1959 年夏季，美国著名社会学家丹尼尔·贝尔(Daniel Bell，1919—2011)就在奥地利的一个学术讨论会上提出了后工业社会这一概念，用来描述他对未来西方社会的设想。后来，他又于 1962 年和 1967 年在题为"后工业社会：推测 1985 年及以后的美国"和"关于后工业社会的札记"的两篇论文中对他的思想进行了更系统的表述。1971 年，法国社会学家阿兰·图海纳(Alain Touraine，1925—2023)出版了著作《后工业社会》，因为这是系统阐述后工业社会的第一本专著，以至于后来许多人误以为图海纳是最先提出后工业社会的思想家。1973 年，贝尔出版了《后工业社会的来临：社会发展的大胆预测》[1]一书，书中详尽阐述了"后工业社会"的概念和理论。1980 年，美国著名社会学家兼未来学家阿尔文·托夫勒(Alvin Toffler，1928—2016)在他的名著《第三次浪潮》中对后工业社会作了更为深入细致的描述，提出人类社会出现了一种不同于工业经济的新的经济形态。此后，后工业社会的提法不胫而走，成为经济学和社会学中一个热词。后工业社会论按照人类社会中占主导地位的产业形态将人类社会历史划分为不同的阶段，依次是前工业社会、工业社会和后工业社会，前工业社会和工业社会占主导地位的产业分别是以农业为代表的第一产业和以制造业为代表的第二产业，在后工业社会中，服务业取代工业成为社会上占主导地位的产业，所以后工业社会又被称为服务业社会。

20 世纪 50 年代，美国率先进入后工业社会，从 20 世纪 70 年代开始，美国以外的其他主要资本主义国家也相继进入后工业社会，其标志为工业在国民经济中的份额持续下降，第三、第四产业[2]的比重持续上升并超过了国内生产总值的 50%，与此同时，第三、第四产业吸引的

---

[1] Daniel Bell, The Coming of Post-Industrial Society: A Venture in Social Forecasting[M]. New York: Basic Books, Inc., 1973. 该书有中文版，见：丹尼尔·贝尔. 后工业社会的来临[M]. 北京：商务印书馆，1984。

[2] 服务业有时被统称为第三产业，但更新的趋势是将其进一步分为第三产业和第四产业。第三产业指金融、运输、旅店等传统的服务行业。第四产业则包括信息产业、知识产业、艺术产业、伦理产业四部分。

信息产业：包括调查、出版、广告、新闻、信息处理行业及相关软硬件设备的生产行业。

知识产业：包括律师、会计、研发、教育等与知识密切相关的行业及其设备生产业。

艺术产业：包括文学、音乐、电影、电视、歌剧、体育等行业及其设备生产业。

伦理产业：包括宗教、哲学、瑜伽、志愿者行动等方面的内容。

就业也超过了在第一、第二产业中的总就业量。这种发展并非偶然，而是反映出一种社会发展趋势。一方面，正像柯林·克拉克(Colin Clark)在1957年所观察到的，当一个行业的生产率提高的时候，劳动力就会流入另一个产业，这一观察后来以克拉克-费歇尔假设(Clark-Fisher Hypothesis)著称。按照这一假设，农业生产率的提高使劳动力从农业中解脱出来进入其他部门，而工业生产率的提高又使劳动力离开工业部门进入服务行业。克拉克-费歇尔假设从供应角度解释了后工业社会产生的原因。另一方面，从需求的角度看，农业和工业的产出都是有形的产品；人对有形产品的需求是很容易趋向饱和的，而第三产业的产出是无形的服务，对它的需求有着很大的增长空间。恩格尔定律(Engel's Law)实际上反映了人对食品的需求会趋向饱和的事实。因此有理由相信，后工业社会的理论对包括发展中国家在内的其他地区今后的发展也将适用。因为后工业社会的理论对此后类似的研究产生过显著影响，所以深入理解后工业社会的概念框架对我们理解其他一些概念有很大的帮助。

后工业化导致的一个重要结果是社会财富中物质财富的比重逐步降低而精神财富的比重却持续上升。根据贝尔的论述，后工业社会具有以下三个主要特征。

(1) 大多数劳动力不再从事农业、采矿业、建筑业和制造业，而是从事服务业。

(2) 技术阶层的崛起。随着服务型经济的发展，工作的主要场所从农田、车间或者工地转向了办公室和实验室，劳动大军从"蓝领工人"向"白领职员"不断转移。

(3) 理论知识日益成为创新的源泉和制定社会政策的依据。一个领域的发展，日益取决于理论工作的进展，理论和知识日益成为社会的战略资源，而学校、研究所和其他智力部门日益成为新型社会的轴心机构。

后工业社会的提法使人们开始认识到服务行业在国民经济中的重要地位，营销理论界更是深入研究了服务营销的特殊性，构建起一个庞大的营销学分支学科——服务营销，对于服务营销的理论，本书第2章将做较详细的讨论，此外，本书第11章(在线阅读或下载)还将专门介绍服务行业的网络营销案例。

近年来，随着以ChatGPT为代表的大模型技术日趋成熟，人工智能在基于信息的服务业中开始被广泛采用，这使得很多服务业部门的劳动生产率大幅提高，如果克拉克-费歇尔假设成立，在未来几年，白领职员岗位(如会计师、设计师等)的数量和比例相对于蓝领工人岗位(如快递小哥、花匠等)会出现明显下降，很多人将回归蓝领或者灰领工作[①]。当然，另一种可能是在保持失业率不变的情况下，人们的闲暇时间会有明显增长，继而刺激消费增长，这对营销行业会是一个长期利好。

需要注意的是，贝尔的后工业社会理论曾经提到专业技术人员阶层将会崛起，成为社会的中坚力量，而他们的工作必须依赖信息和知识，因此，后工业社会中信息和知识将取代体力、能源和资本成为最重要的资源。贝尔还预测后工业社会将是一个公共社会(communal society)，社群(community)将取代个体成为社会的基本单位，公共决策将成为避免合成谬误(fallacy of composition)的一条途径。贝尔本人在其1973年版的《后工业社会》中还曾明确提出："后工业社会是一个信息社会。"[②]他本人在20世纪80年代后更是倾向于使用信息社会的提法。因此，容易理解，后工业社会论不久后就与信息社会理论汇流，后工业社会论也因此成了信息社会理论的一个源头。

---

① 灰领工作(grey collar job)指介于体力劳动和技术工作之间的某些工作，如维修计算机的技师、质量控制检查员、电工、护工、月嫂等。

② Daniel Bell. The Coming of Post-Industrial Society: A Venture in Social Forecasting[M]. New York: Basic Books, Inc., 1973.

1.1.2 体验经济论

后工业社会的说法虽然有很多合理之处，但也有一个很大的缺点，即，前、中、后三段式的划分方法关闭了社会向前发展的大门，显然，社会的发展不会停留在某一个阶段，所以人们还需要把后工业社会这个阶段划分得更加精细，体验经济便是这种精细划分的一个产物。

托夫勒在《第三次浪潮》中考虑过服务社会之后是什么社会的问题，他当时的答案是"体验生产将超过服务业"，这被认为是对体验经济的最早预言。2001年12月2日，托夫勒在中央电视台《对话》节目现场明确提出：服务经济的下一步是走向体验经济。不过，体验经济说法的真正走红始于约瑟夫·派恩二世(Joseph Pine Ⅱ)和詹姆斯·H.吉尔摩(James H. Gilmore)合著的《体验经济》①在1999年的出版。

服务的一个特性就是生产与消费的同时性，所以当企业提供服务时，接受服务的一方在获得某些利益让渡的同时，会在心中留下服务过程的印记，这就是体验经济论者所强调的体验。当然，体验经济论者往往强调某些体验所具有的令人难以忘怀的特性，用派恩二世的话说：体验就是企业以服务为舞台，以商品为道具，引领消费者经历一系列值得回忆的活动。体验经济论者认为：在越来越多的商品逐渐变为标准化的产品后，企业间的竞争将进入为顾客提供体验的层次。

因提出"营销近视症"而名闻天下的营销学大师西奥多·莱维特在一次演讲中曾经提醒与会的经理们思考一个严肃的问题：经理们所在的公司处于什么行业？5到10年后他们又处于什么行业？派恩二世区分了5种不同类型的行业。

- 大宗商品行业：处于该行业的公司主要依靠原材料获得利润。
- 普通商品行业：处于该行业的公司主要依靠有品牌的有形商品获得利润。
- 服务行业：处于该行业的公司主要依靠提供服务获得利润。
- 体验行业：处于该行业的公司主要依靠企业和顾客共同度过的时间获得利润。
- 塑造行业(transformation business)②：处于该行业的公司主要依靠顾客所取得的卓著的成果获得利润。

体验经济论者最喜欢用咖啡这一经典比喻来阐释他们的观点。该比喻对于我们把握体验经济论的要领很有帮助。大宗商品时代的咖啡是没有经过加工的咖啡豆，用咖啡豆煮一杯咖啡大约只需要一两美分，这一两美分主要是原料的成本。商品时代的咖啡是经过研磨和包装的品牌咖啡，如雀巢和麦氏咖啡，用它们泡制一杯咖啡需要5到25美分，这中间就包含加工、制造和部分营销服务的成本。在咖啡店中调制好的咖啡每杯通常卖一两美元，因为其中包含了更多的服务。咖啡在氛围舒适的咖啡屋中则可能会卖到每杯5美元。在威尼斯的圣马克广场上的弗里安咖啡屋中喝咖啡，每杯咖啡的价格为15美元，因为它给了顾客难忘的回忆。有调查表明，目前人们每饮用3杯咖啡，只有一杯是自己动手调制的，而另外两杯都是同服务一起消费的。在7-11便利店购买热咖啡的花销是人们在家自己动手调制咖啡的三倍，所以很简单的服务也创造很高的附加值，但体验的价值又较服务高出许多，颇受人们喜爱的星巴克咖啡每杯卖3美元，是7-11便利店中咖啡价格的4倍，因为星巴克咖啡屋的外观、爵士音乐和专业的服务都会给人

---

① Jospeh Pine Ⅱ, James Gilmore H. The Experience Economy: Work is Theater and Every Business a Stage[M]. Brighton: Harvard Busienss School Press, 1999. 有中译本，见：约瑟夫·派恩二世，詹姆斯·吉尔摩 H. 体验经济[M]. 夏业良，等译. 北京：机械工业出版社，2002.

② 国内有学者将"塑造"翻译为"转型"，但"转型"一词通常和国家并用，指经济体制发生重大转变的国家，所以我认为"塑造"更为贴切。

留下难忘的回忆，以至于有人说：99%到星巴克的顾客是去"喝情调"的，这就是体验的价值。用体验经济论者的话说：星巴克用咖啡做道具，用服务做舞台，给顾客创造了喝咖啡的体验。

大宗商品业者关心的是原材料的采集和提炼；商品业者关心的是产品的性能；服务业者关心的是给顾客让渡的价值；体验业者关心的是顾客的体验。体验经济论者认为随着市场竞争的加剧，产品和服务日趋雷同，因此前三种行业的利润空间日益缩小，只有进入体验行业，才有机会获取超额利润。

派恩二世和一些体验经济的倡导者甚至认为，体验经济的提法比知识经济的提法更可取。姜奇平就说过："如果把第三次浪潮比作一枚硬币，知识经济是朝上的一面，体验经济就是朝下的一面。上面代表生产，下面代表需求；上面代表产业结构升级，下面代表需求结构升级……。市场经济条件下的新经济，必须上下翻转，从以生产为中心，转向以需求为中心；从以厂商为中心，转向以用户为中心。"北京大学经济学教授汪丁丁也持类似看法[①]。在笔者看来，虽然体验经济的提法有许多合理之处并且能够为营销实践提供某些启发，但体验经济注定只能是一种边缘经济，而不能成为经济的主流。原因如下：

体验的一个基本特征是给当事人留下的难以忘怀甚至是刻骨铭心的记忆，这就注定了被体验的事在消费者的生活中不可能反复发生，因为再激动人心的体验——如一个人第一次看到大海时的体验(心理学中所说的海洋体验)——如果一再发生，当事人也会习以为常。所以，世界对体验的需求实际上是非常有限的。实际上，许多被体验经济标榜为典范的活动，体验过一次的消费者大多不愿意尝试第二次，如蹦极运动、野外生存、冬泳等。当然，有些体验会使人上瘾，如赌博、服用摇头丸或者玩某些电子游戏，但这类体验的提供通常是有违主流道德规范或者有损当事人身心健康的。许多人在体验过多次之后，最终会从内心中悟出一个道理：平平淡淡、从从容容其实才是最真实的体验。正因为人们对体验的需求非常有限，所以一些体验行业成功的经验是无法复制的，很难想象，每个州都有一个拉斯维加斯或者迪士尼的美国会是什么样的情形。因此，靠尝鲜客获利的体验行业不仅永远无法取代大宗商品行业、商品行业和服务行业，而且体验行业的份额永远都不会超过主要为回头客服务的商品行业和服务行业，商品行业和服务行业永远都会是一个社会的中坚行业，体验行业注定永远只能是主流以外的边缘行业。体验行业永远只能在创新中获得生存的权利，失去新鲜感的体验行业将会沦为普通的服务业，例如一旦星巴克的服务成了一种实际上的行业标准，那么在星巴克喝咖啡就不会被认为是一种非凡的体验，星巴克也就成了一个提供普通服务的企业了。张璠、张吉宏、朱琦文等人曾经对不同经济发展阶段衣食住行的提供方式做了比较，有兴趣的读者可以扫描右侧二维码，了解他们的比较结果。我们可以从结果看出，正如森林小学、户外教学只能成为传统课堂教学的补充一样，体验经济只能作为服务经济的补充。

在不同经济发展阶段，衣食住行的消费表现各异

在体验经济理论的指引下，体验营销(experiential marketing)应运而生。体验营销以营利为目的，是一个识别并满足顾客需求和愿望的过程，通过双向沟通让顾客参与进来，展现品牌个性，并为目标受众创造更高价值[②]。体验营销从服务设计、服务接触(service encounters)、服务环境等方面丰富和发展了服务营销理论，促进了心理学对市场营销更深层次的介入。目前，在虚拟现实技术的支持下，体验营销在旅游业网络营销、网络游戏营销及事件

---

① 姜奇平. 矫正知识经济的体验经济[EB/OL]. (2002-06-10). http://tech.sina.com.cn/it/m/2002-06-10/119701.shtml.
② Shaz Smilansky. Experiential marketing : a practical guide to interactive brand experiences[M]. London: Kogan Page Limited, 2009.

营销等方面得到广泛应用。电商直播也可以从体验营销理论中获得很多借鉴。

值得一提的是，塑造行业是依靠构建与提升消费者本身能力和素质来获得利润的行业，从这个意义上讲，教育行业、体育行业、美容行业、培训行业、医疗卫生行业、宗教事业都可以被归入塑造行业，有迹象表明，随着社会的进步，这些行业的份额的确在不断扩大。以医疗美容市场为例，艾瑞研究发现，中国医疗美容市场在2018年和2019年两年的增长率都超过了20%，即使受到疫情冲击，中国医疗美容市场依然保持强劲增长势头，在2020年实现了9.9%的增长率，在2021年市场规模更是达到2179亿元，增长率达12.4%。艾瑞预计2025年中国医美市场规模将达到4108亿元，远超我国同期GDP增长速度。作为塑造行业中的一个很有代表性的企业，成立于2017年的哈尔滨敷尔佳科技股份有限公司于2023年在创业板上市，其产品覆盖医疗器械类敷料产品和功能性护肤品，主打产品为敷尔佳医美面膜。借着医美护肤的东风，敷尔佳成长速度惊人，2022年的营业收入达19.3亿元，销售净利率为37.1%，而毛利率更是达到了惊人的81.4%，这一盈利水平几乎可以媲美茅台。按照马斯洛的需求层次理论，塑造行业直接瞄准人们的最高级需求——自我实现的需求，而这种需求是潜力无限的，因此，我们有理由相信，建立在塑造行业基础上的塑造经济应该是比体验经济更加可信的一种经济形态。顺便提一下，西方科幻小说里描写的"赛博格"(cyborgs)[①]指的是那些通过将高科技产品植入身体以增强生理或认知能力的人类个体。如果未来真出现了"赛博格"，制造"赛博格"的企业就属于塑造行业，必定具有巨大的发展空间。

1.1.3 消费者社会论

后现代理论大师法国社会学家让·鲍德里亚(Jean Baudrillard，1929—2007)在1970年从消费文化的角度将我们的社会冠名为消费者社会(consumer society)。他认为，在物质文明高度发达的西方，消费者基本的生活需求已经不成问题，社会正进入一个张扬个性化消费的时代，消费符号化是这一时代最重要的特征，与此同时，越来越多的消费品转变为文化产品。

鲍德里亚认为，商品不仅具有使用价值和交换价值，还具有符号价值。比如，结婚戒指的符号价值，显然高出它的使用价值和交换价值。别人几乎不可能仅仅凭其交换价值，就把它从主人手上交换过来；而一旦丢失，它对于主人的损失，也绝不仅仅限于它的市面价值。

人们为消费者社会归纳出了以下特征：
- 人主要通过物品来表现自我；
- 享受生活主要表现为对商品和服务的消费；
- 实现个人幸福、社会地位和国家成功的最可靠路径就是消费；
- 随着家庭的主要角色从生产转向消费，一些从前属于家庭范围的活动逐步移交给市场，如对孩子的教育、烹饪、清洁、器具维护等；
- 人成了移动的广告；
- 商品具有符号价值；
- 社会以休闲为中心进行重组，消费成为社会追求的中心和社会关系的基础；
- 消费者成为国王；
- 出现了休闲商业化和家庭机械化的过度商品化的趋势；
- 营销试图管理需求；
- 不可修理的一次性商品泛滥；

[①] cyborgs 是 cybernetic organisms 的缩写，字面意思是机电生物。

- 商品在物理上损坏前先在心理上过时；
- 商品间表面的区别超出了真实的区别；
- 拜物主义盛行，人的价值通过他的拥有物体现，似乎拥有得越多，就越幸福；
- 消费取代了生产成为人生意义的中心；
- 人们希望用消费来排解空虚。

需要注意的是，消费者社会是对过度富裕的西方社会所出现的一系列社会现象的一种高度概括性的描述。消费者社会的特性有许多消极的方面，这已经引起了众多西方学者——特别是环境保护主义者的高度关注。但不容否认，鲍德里亚的理论在半个多世纪后仍不过时，对营销者依然有很大的启发意义，《网络网际关系营销》(罗家德，2001)一书就采纳消费者社会理论作为其立论的基础。的确，消费者社会理论对消费者行为——特别是新生代消费者的行为——研究得十分深入透彻，而对消费者行为的理解则是制定营销策略的基础。本书第 2 章将对消费者行为理论做比较深入的探讨。

按照亚伦·圣·邓宁(Alan Thein Durning)在《多少才够？消费者社会和地球的未来》[①]中的定义，只有居民的年均收入超过了 7500 美元才有资格被称为消费者，年均收入达到 700～7500 美元的称为中等收入者，年均收入在 700 美元以下的称为穷人(见表 1-1)。美国从 1950 年开始进入消费者社会。按照国家统计局发布的数字，2023 年，我国居民人均可支配收入 39 218 元，中位数为 33 036 元，按年平均汇率折算分别是 5565 美元和 4688 美元。可见，中国人民目前总体上仍属于中等收入者，不过，尼尔森公司在 1999 年发布的一份市场研究报告表明，中国在当时就已开始具有了某些消费者社会的特征，的确，因为中国人口众多并且贫富差距较大，中国实际上早就出现了一个庞大的消费者阶层，而且伴随着中国经济的高速发展，中国的消费者群体还在不断壮大。中国社科院 2013 年发布的第 2 本《汽车社会蓝皮书》宣告我国在 2012 年正式进入汽车社会，每百户家庭私人汽车拥有量超过 20 辆。根据公安部统计，截至 2023 年底，我国汽车保有量为 3.36 亿辆，千人汽车保有量达到了 238 辆，平均每百户家庭拥有汽车达到 63 辆。虽然我国消费者阶层零散地分布在以东南沿海城市为主的广大地域中，但通过网络还是可以服务到这一人群的。由此可见，即便是在中国市场，了解消费者社会的特征对企业开展网络营销也是很有帮助的。

表 1-1 1992 年的世界消费阶层

消费类型	消费者阶层(11 亿)	中等收入阶层(33 亿)	穷人(11 亿)
饮食	肉类，包装食品，饮料	谷物，清洁水	不充足的谷物，不干净的水
交通	私人轿车	自行车，公共汽车	步行
用品	一次性用品	耐用品	当地的材料

1.1.4 信息经济论、知识经济论、网络经济论和数字经济论

后工业社会论影响很大，总体而言得到了很高评价，但也受到了许多批评。比方说，有人提出贝尔的分析是以新进化主义(neo-evolutionism)为前提的，但历史的发展未必会像新进化主义所主张的那样遵循统一的模式。实际上，后工业社会的一个明显问题是，这一提法过于笼统，它虽然强调了社会的发展已经进入了一个不同于工业社会的新阶段，但并未点明该阶段最重要

[①] Alan Thein Durning. How Much Is Enough? The Consumer Society and the Future of the Earth[M]. New York: W. W. Norton and Co., 1992.

的特征是什么，服务业社会的提法在这点上就有改进，但仍未抓住现代社会的本质特征[①]，特别是当我们注意到工业革命让人类社会从农业社会进入了工业社会，但把人们带入我们所在新时代的并不是服务业革命。既然新一轮的产业革命被称为信息革命[②]，那我们所在的社会被称为信息社会就很自然了。不过，要确认到底是否真存在信息社会，需要我们去测度这个社会的经济基础是否真的存在，也就是说，建立在信息产业或者信息活动基础上的信息经济是否已经成为当今社会的主要经济活动。

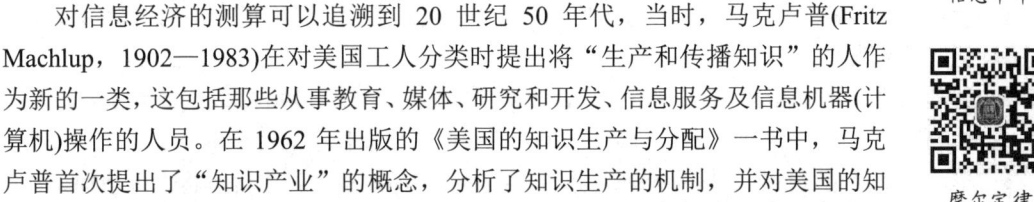

对信息经济的测算可以追溯到 20 世纪 50 年代，当时，马克卢普(Fritz Machlup，1902—1983)在对美国工人分类时提出将"生产和传播知识"的人作为新的一类，这包括那些从事教育、媒体、研究和开发、信息服务及信息机器(计算机)操作的人员。在 1962 年出版的《美国的知识生产与分配》一书中，马克卢普首次提出了"知识产业"的概念，分析了知识生产的机制，并对美国的知识产业进行了测算。马克卢普把 30 个产业部门的知识生产与传播活动分为教育、研究开发、通信媒体、信息设备、信息服务 5 大类，具体测算出 1958 年美国知识产业的产值占国内生产总值的 29%(约 1364.36 亿美元)，大约有 31.6%的劳动力从事知识生产的工作。马克卢普还发现，在 1958 年之前的 10 年间，知识产业的增长率平均是国民经济中其他部门增长率的 2.5 倍，马克卢普据此预言，美国知识产业的产值很快就将超过国内生产总值的 50%。马克卢普这一开创性研究在社会各界引起了很大反响，知识产业的提法尤其让人耳目一新，人们开始知道产业除了可以分为第一产业、第二产业和第三产业外，还可以分为知识产业和非知识产业。在马克卢普对知识产业的分类中，通信媒体、信息设备和信息服务都可以归入信息产业，所以对信息经济的研究已经呼之欲出。特别值得注意的是，马克卢普对知识产业的研究源自对垄断竞争这样一个纯经济理论问题的探索，与后工业社会及信息革命的思潮并没有直接关系。令人称奇的是，在知识经济到来之前很多年，马克卢普就发现了知识产业的重要性，并预见了知识经济时代的来临。相比之下，贝尔是在美国进入了后工业社会之后才开始研究后工业社会的。1969 年，彼得·德鲁克在他出版的《不连续的时代：应对社会巨变的行动纲领》[③]一书中宣告，美国已经进入了知识经济时代。

信息经济的概念源自波拉特(Porat)1977 年在斯坦福大学完成的博士论文《信息经济》，论文的主要工作是完成了对美国国民经济中信息活动的定义和度量。信息活动涉及所有那些为生产、处理和分配信息商品及信息服务所消耗的资源，包括工人、设备及其他投入的商品或服务。波拉特把第一、第二、第三产业中的信息活动分离出来构成独立的信息产业，并对美国信息经济的规模进行了测算。根据波拉特的测算，1967 年时，美国信息经济的规模(增加值)占到了美国国民生产总值(GNP)的 46%，劳动收入则占到了总劳动收入的 53%。基于这一结果，波拉特断言，美国经济已经成为基于信息的经济(information-based economy)。波拉特的这一研究成果引起了人们的普遍关注。值得注意的是，波拉特在测量信息经济的过程中对第一信息部门和第二信息部门做了区分，前者包括向外部市场提供信息商品和服务的公司，后者则负责提供非第一信息部门机构内部消费的信息产品和服务。波拉特的研究成果很有新意，我们注意到，数字经济理论框架下的数字产业化和产业数字化的提法与波拉特第一信息部门和第二信息部门的提法一脉相承。

---

① 实际上农业社会(前工业社会)也有相当规模的服务部门，尽管这些服务基本上是个人服务或者家政服务。
② 信息革命包括数字革命、PC 革命、电子商务革命和互联网草根革命。摩尔定律准确描述了芯片技术的飞速进步。
③ Peter Drucker. The Age of Discontinuity: Guidelines to our Changing Society[M]. London: William Heinemann Ltd,. 1969.

1995 年 1 月 9 日，中国社会科学院研究员李琮在《人民日报》上发表文章《西方经济向信息经济转变》，将信息经济的特点归纳如下。

- 信息技术产业正在取代传统产业，成为经济的主导产业。信息产业超过汽车工业和钢铁工业成为国民经济的最大产业。信息技术还将对传统产业进行改造，使其面貌全新。
- 信息技术将使企业的组织和经营管理发生重大变革。企业管理机构的阶层将精简，组织向扁平化发展。经理人员管理的幅度将加大。
- 信息技术装备的使用，新的高技术产品的生产，要求劳动者具有更丰富的科学知识和文化、技术素质。
- 劳动生产率将提高到一个新水平，是一种高效益的经济。1990 年以来，美国劳动生产率年平均以 2.5%的速度增长，是 1970—1990 年平均增长率的两倍多。
- 单位产值所消耗的原材料和能源将进一步减少，产品的科学技术含量将大大增加。生产领域也将从宏观上扩大到海洋深处和宇宙空间，在微观上深入到生物基因和物质构造的更深层，以获得新的资源和能源，生产出更新、质量更高、性能独特的新产品。
- 信息经济是全球性经济。信息高速公路在全球范围的建设、跨国公司的蓬勃发展，将把各国经济更紧密地联系在一起。各国经济之间的相互依赖关系将进一步加深。

信息经济的提法虽然一度被广为接受，但对它的批评也非常尖锐。西奥多·罗斯扎克(Theodore Roszak，1933—2011)就提出单纯地测量信息和信息活动的数量是没有意义的，因为信息的概念包含数量和质量两个方面，质量不同的信息的价值是完全不同的。信息技术生产率悖论更让人们认识到信息也许不是描述这个时代的最恰当标签。

信息技术生产率悖论

曾经被波拉特预言之后又被迈克尔·波特背书的知识经济的提法是信息经济的一个有力竞争者。1990 年，联合国的一个研究机构明确提出了"知识经济"(knowledge economy)的概念并定义了这种新经济的性质。1996 年，世界经济合作与发展组织(OECD)明确定义了"以知识为基础的经济"，并第一次提出了知识经济的指标体系和测度。世界银行 1998 年版的《世界发展报告》选择"发展的知识"(Knowledge for Development)作为标题。从此，更多的学界、政界和企业界人士接受了知识经济的提法，在他们的推动下，知识经济的概念开始深入人心。

与信息经济相比，知识经济的提法强调的是知识本身的价值。知识经济论者认为，在当代社会，知识已经取代土地、资本成了最重要的生产要素。诺贝尔经济学奖得主哈耶克(1899—1992)曾经把存在过的经济制度区分为两类，一类是"权"能买"钱"的经济制度，另一类是"钱"能买"权"的经济制度。知识经济的拥护者认为，现在出现了第三类制度，即智能或者知识既可以"换来钱"也可以"换来权"的制度，这就是知识经济的制度。知识经济的其他一些特征包括：

- 典型产品的绝大部分价值可以归结为知识的价值，例如，汽车价值的 60%可以归结为所用材料的价值，但计算机芯片的价值只有 5%可以归结为所用材料的价值；
- "知本家"成了这个时代的英雄；
- 知识工人的队伍不断壮大。

菲利普·科特勒和何麻温·卡塔加雅(Hermawan Kartajaya)曾模仿爱因斯坦质能变换式提出了一个公式：$E=kMc^2$，式中 E 表示公司的能量或者价值；k(knowledge)表示公司学习和利用知识的能力；M(Marketing)代表公司广义的营销能力，c^2 (computer 和 communication)表示公司利用计算机技术和通信技术建立竞争优势的能力，这一公式说明了知识经济对企业管理提出的新要求。对营销而言，最重要的知识是有关客户的知识和对于市场环境的知识，前者可以通过数据库营销加以管理，而后者则可以通过营销决策支持系统加以管理，本书对数据库营销和决策支持系统都会做专门的讨论。

知识经济的一个显著特征是基于知识的组织数量迅速增加，这些组织以高素质的人才为中坚，在研发等创新活动中投入很多，向市场提供知识密集型的产品和服务，这向营销提出了新的挑战，本书将在第 2.9 节 "高科技营销理论" 一节中对此做更多介绍。

此外，最新的关于企业本质的知识基础理论(knowledge-based theory)认为，企业的本质就是要更有效地实现知识的创造和利用，企业的发展就是知识扩散、传播和创造的过程，企业学习和创造知识的能力是企业维持持续竞争优势的基础。科尔巴赫认为创造和利用营销知识的能力是在当今网络经济时代获得持续竞争优势的关键[1]。的确，网络营销的新概念、新理论、新工具层出不穷，网络营销的环境复杂多变，在组织的营销部门中引进知识管理的最佳实践是非常必要的。一个网络营销企业如果能掌握知识管理的诀窍，一定能在社会媒体营销、网络公共关系等领域取得优势。

不过，知识经济的提法也存在弱点，对知识经济的主要批评是知识在传统产业部门(如汽车制造甚至是农业)中也发挥着非常重要的作用，而描述知识重要性的名言 "知识就是力量" 则是弗朗西斯·培根(Francis Bacon)早在 1597 年就写入其著作《沉思录》中的一句话。

除了知识经济，网络经济是信息经济的另一个竞争者。20 世纪 90 年代末期，随着互联网在全球的迅猛发展，网络经济作为一种最具传奇色彩的经济形态，成为当时全球经济发展的一大亮点。在 1995—1998 年，美国的因特网产业以每年 1.74 倍的速度增长。美国因特网产业的销售收入 1998 年达 3014 亿美元，1999 年达 5070 亿美元，首次超过汽车、电信、民航等传统产业，以 68%的年增长速度飞速发展。网络经济创造了许多穷学生一夜暴富的神话，网络股的走红使网络经济的概念更加深入人心。网络经济的支持者认为不论是信息经济还是知识经济都只是强调了经济的内在驱动要素，未能反映出新经济对组织结构和地理空间分布的影响，特别是忽视了随着信息革命而来的经济全球化。在他们看来，同时能涵盖信息化和全球化两种趋势的概念非网络经济莫属。北京大学网络经济研究中心研究部主任杨冰之认为，网络经济有狭义和广义之分，狭义的网络经济就是基于互联网以电子商务为主体的经济形式，而广义的网络经济则是指由网络技术所引发的技术、经济和社会变革而形成的新的经济形态。曾经担任中国社会科学院金融研究所所长的王国刚认为网络经济的内涵是驱动要素信息化及合作机制全球化，横向合作和直接经济是网络经济的必然要求。

在网络经济的支持者看来，网络经济的主要特点具体如下。
- 信息技术等高科技的进步和互联网的繁荣是网络经济的基础，基础数据与信息的收集和处理是网络经济的基本活动之一。
- 网络效应普遍适用于大多数经济活动，梅特卡夫定律是网络效应的集中表现。

梅特卡夫定律

- 网络经济的发展需要充分发展的资本市场的支持。
- 网络经济通过重组传统的供应链，极大地提高了劳动生产率，降低了交易成本，促进了世界市场的形成，加快了全球经济一体化的进程。
- 网络经济中人才是关键，谁拥有高素质的人才，谁就能抢占发展的制高点。

---

[1] Florian Kohlbacher. International Marketing in the Network Economy: A Knowledge-based Approach[M]. New York: Palgrave Macmillan Limited, 2007.

- 网络经济运行的特点是虚拟经济和现实经济相结合，其基础仍然是现实经济。
- 网络经济的发展有赖于市场信用体系的建立。

如果仅仅把网络经济理解为基于互联网相关产业的经济部门，则网络经济的概念并不能为我们增添任何超越信息经济的洞见。但是，如果我们把网络经济理解为基于社会关系网络的一种新的经济形态，则网络经济的相关理论即使在今天也仍然能对我们制定网络营销战略具有重要的指导意义。科尔·摩纳尔(Cor Molenaar)在《竞争的终结：网络经济的影响》[①]一书中就提到，由于技术的进步和消费者行为的改变，网络经济中企业间的竞争会与之前有很大不同，处在一个好的商务生态系统或者进驻一家好的网络平台的企业会比孤立的企业具有明显的竞争优势。摩纳尔认为网络经济会带来三个转变：一是竞争将主要发生在网络平台或者生态系统间而不是企业间；二是企业竞争优势将主要来自对外部资源的整合而不是对内部资源的管理；三是企业关注的焦点将从顾客价值转向生态系统(或平台)价值。

管理学者还发现，为了能在网络经济中取得成功，企业管理者还需要转变思想，掌握互联网思维。互联网思维可以细化为以下 9 个方面：用户思维、简约思维、极致思维、迭代思维、流量思维、社会化思维、大数据思维、平台思维、跨界思维。这些思维方法对做好网络营销具有一定的指导意义。

遗憾的是，网络一词本身存在歧义，它既可以指以互联网为代表的计算机网络，又可以泛指包括社交网络在内的一切网络。在英语中，网络经济有几种不同的表达，如互联网经济(internet economy)、网络经济(network economy)及联网经济(networked economy)，它们的含义不尽相同。由于这个原因，在网络股神话退潮之后，网络经济的提法也逐步褪去往日的光芒，今天人们更偏向使用数字经济这一术语。

数字经济的提法其实并不算新颖，1995 年，加拿大商业策略大师唐·泰普斯科(Don Tapscott)出版了《数字经济》一书，详细论述了互联网对经济社会的影响，被认为是最早提出了数字经济概念的人。同年，麻省理工学院媒体实验室创始主任尼葛洛庞帝教授出版了《数字化生存》，预言无形的"比特"将取代笨重的原子重建世界。1997 年，日本通产省开始使用数字经济一词。1998 年，美国商务部发布《浮现中的数字经济》报告，此后开始持续关注这一与互联网有关的"新经济"现象，并以"数字经济"为主题发布了多项年度研究成果。进入 21 世纪，尤其是在 2008 年国际金融危机爆发以来，世界各国陆续制定了各自的数字经济战略。2016 年，在 G20 杭州峰会上，我国倡导签署了《二十国集团数字经济发展与合作倡议》，同年，我国的官方文件中第一次使用了"数字经济"的提法。2017 年，数字经济首次写入我国《政府工作报告》。同年，腾讯总裁马化腾及其团队联合出版了《数字经济：中国创新增长新动能》，该书号称是政府与企业了解数字经济的首选读本。

按照《二十国集团数字经济发展与合作倡议》中的定义，数字经济是指以使用数字化的知识和信息作为生产要素、以现代信息网络作为重要载体、以信息通信技术(ICT)的有效使用作为效率提升和经济结构优化的重要推动力的一系列经济活动。它具有以下特征：

- 数据成为驱动经济发展的关键生产要素。数据被认为是"未来的新石油"，数字经济中的货币，是陆权、海权、空权之外的另一种国家核心资产。
- 数字基础设施成为新的基础设施。数字基础设施既包括宽带、无线网络等信息基础设施，也包括对传统物理基础设施的数字化改造，例如安装了传感器的自来水水管、数字化停

---

① Cor Molenaar. The End of Competition: The Impact of Network Economy[M]. Singapore: World Scientific Publishing Co., 2020.

车系统等。
- 数字素养成为对劳动者和消费者的新要求。数字素养是与听、说、读、写同等重要的基本能力，拥有数字素养是数字时代的基本人权。提高国民数字素养则是数字经济发展的关键要素和重要基础。
- 供给和需求的界限日益模糊。消费者参与和消费新模式(如共享、众筹、众包等)的出现使生产和消费进一步融合，消费者成为数字经济时代的"产消者(prosumer)"。
- 人类社会、网络世界和物理世界日益融合。信息物理人类系统(cyber-physical-human system)的出现改变了人类和物理世界的交互方式，使物理世界、网络世界和人类社会之间的界限逐渐消失，构成一个互联互通的新世界。

数字经济的企业具有轻资产、销售额和员工数量适中且能获得较高利润的特征。在探讨数字经济企业高利润率的来源的时候，蒂姆·约丹(Tim Jordan)猜想一个原因是数字经济企业通过新颖的商业模式部分摆脱了政府的规制，另一个原因可能是这些企业的用户作为产消者为这些企业提供了大量免费的劳务[1]。对于数字经济中特殊经济问题的研究构成了一个新的经济学分支学科——数字经济学；该学科吸收了很多来自信息经济学和网络经济学的内容，对网络营销具有重大指导意义，第 2 章将介绍该学科的一些基本概念。

在消费者互联网、工业互联网、物联网、数字数据收集产业及收集、分析非结构网络数据技术的共同推动下，数字经济在近几年开始进入一个崭新的阶段。在这一阶段，新数据产生的速度、历史数据积累的规模及数据类型的丰富程度都达到前所未有的水平；面对如此大的数据量，很多人在震惊、敬畏之余，把这个时代称作大数据时代。

大数据时代的来临对管理方式的转变有着巨大的推动作用，甚至可以说正在引发一场管理革命。大数据的采集、整合和精炼将会改变人们决策的方式，极大地提高决策的质量。为了能有效分析和处理海量的数据，人工智能技术的发展这几年可以说是日新月异。可用 OpenAI 的大语言模型(large language model，LLM)的演进加以说明。

- GPT-2(2019)：15 亿个参数。
- GPT-3(2020)：1750 亿个参数。
- GPT-4(2023)：虽然准确数字尚未披露，但有专家估计参数数量应该在 1.8 万亿左右。

不过，不论是大数据还是大语言模型都面临以下挑战：
- 版权问题。大模型的训练需要数据，很多数据是受版权保护的，对于大模型训练使用这些数据是否属于合理使用，目前仍然存在争议，但是国外已经发生过多起对人工智能公司侵犯版权的诉讼。
- 对隐私和安全问题的顾虑。有些国家、地区或者组织机构基于对隐私或者安全问题的顾虑禁止 ChatGPT 的使用。同样，对这样的规定是否合理目前仍然存在着争议。
- 数据有偿使用的问题。既然数据是一种很有价值的资产，类似推特这样掌握大量数据的公司希望 AI 公司在使用推特数据训练 AI 模型时付费，也有些歌唱家允许人们用他们的声音通过 AI 生成歌曲，但条件是要向他们支付一定比例的分成。
- Web3.0 的影响。Web3.0 是指构建在区块链和去中心化技术基础上的下一代互联网，它提供了一种更安全的方式来存储和管理个人数据，它的普遍使用将使得大语言模型

---

[1] Tim Jordan. The Digital Economy[M]. Cambridge: Polity Press, 2020.

更难获取需要的数据。
- 地缘政治因素。数据对于国家是一种核心资产,许多国家开始对数据的跨国流动设置了限制,这使得一些跨国经营的数字化企业有时不得不在不同国家设立多个子公司。
- 数据污染问题。人们在使用 AI 的过程中会产生许多次级数据,其中一部分次级数据完全是 AI 虚构的,如果这些受污染的数据重新被大模型学习,可能会导致一些难以预料的问题出现。

数字经济的发展催生出大数据时代和人工智能时代,这可能为网络营销带来一场革命。有些影响显而易见,比方说 AI 创建内容(AIGC,AI Generated Content)的出现将会大幅提高内容营销中内容创建的效率。我们还能预计 AI 的应用将使对市场的细分和瞄准更加精准化,同时消费者也会更加关注他们的数据隐私,这就使得企业的网络营销伦理战略(在第 9 章将详细讨论)更加重要。不过,总体而言,现在预言大数据和人工智能对网络营销的全部影响还为时尚早,我们只能密切关注这些技术的发展,不断学习,随时准备捕捉这些技术为企业带来的商机。

在信息经济、知识经济、网络经济和数字经济之外,我们有时还会看到"新经济(new economy)"的提法。"新经济"的说法最早是 1996 年 12 月 30 日美国《商业周刊》(Business Week)发表的一组文章提出的,意思是以经济全球化和信息技术革命为基础的经济。1997 年第 17 号《商业周刊》上的一篇文章指出:"谈'新经济'时,我们的意思是指这几年已经出现的两种趋势。第一种趋势是经济全球化,第二种趋势是信息技术革命。"按照经合组织 (OECD)的理解,新经济可以被看成信息技术、互联网与知识创新的结合。其中,信息技术是基础,知识创新是驱动力,互联网是基本生产工具。"新经济"成为继信息经济、网络经济后又一个被媒体热炒的时髦概念。

新经济之"新"主要表现在三个方面:一是经济呈现长期增长趋势(trend growth)而不是周期性增长(cyclical growth)趋势;二是没有通货膨胀压力;三是经济增长的源泉扩大。为了解释为什么会出现新经济,经济学界甚至开始着手建立一套新的经济学理论。然而,历史的发展证明,新经济是一个过于乐观的概念,随着世纪之交 NASDAQ 股市泡沫的破灭,美国经济又开始出现增长乏力的情况,2008 年更是遭遇了罕见的金融危机,所谓的新经济并没有使人们摆脱无情的经济周期,今天,越来越多的人开始把今天的新经济同从前铁路网和高速公路网大发展时期的经济相提并论,人们开始认识到,互联网技术并没有为人们带来一个全新的经济。实际上,信息经济、网络经济、知识经济、新经济、数字经济甚至后工业社会都不过是人们从不同侧面对同一经济形态的不同表述而已,这些术语各有利弊,人们在不同场合因为侧重点的不同可能会选用其中某一个说法,不过,因为前面我们讨论过的原因,现在人们总体上更倾向于使用数字经济的说法。

1997 年 9 月的《连线》(Wired)杂志发表了该杂志执行编辑凯文·凯利(Kevin Kelly)的一篇文章,题目是"新经济的新规则"。凯利在文章中归纳出了网络经济时代出现的 12 条新的经济法则,虽然这些法则中的大多数在今天看来都相当片面,但该文刺激了人们对网络经济特征的研究,这些研究奠定了网络营销的理论基础。1998 年,凯利把这篇文章扩充为一本 191 页的小册子,标题仍然是《新经济的新规则》,在该书的 161 页,他把原来的 12 条法则精简为 10 条法则,有兴趣的同学可以扫描右侧二维码阅读。

新经济的新规则

1.1.5 注意力经济和粉丝经济论

注意力本来是心理学上的一个术语，但注意力经济的提出却使它成了经济学家和企业家们热衷的一个概念。

注意力经济的概念可以上溯到诺贝尔经济奖获得者赫伯特·西蒙(Herbert Simon，1916—2001)，他早在1971年就注意到了信息和注意力的关系，他说："信息占用的资源是显而易见的，它占用的是信息接收者的注意力。因此，信息的充足带来了注意力的匮乏，这就要求人们要把注意力有效地分配到占用注意力的过于丰富的信息上。"[①]1996年，英特尔公司前总裁安德鲁·葛鲁夫(Andrew Grove)提出"争夺眼球"的竞争。他认为，整个世界将会展开眼球争夺战，谁能抓住更多的眼球(注意力)，谁就能成为21世纪经济的主宰。因此可以说"眼球经济"是"注意力经济"的前奏，而"注意力经济(attention economy)"这一概念本身则是由美国经济学家迈克尔·戈德海伯(Michael. Goldhaber)于1997年在美国著名的《连线》杂志上发表的一篇文章"注意力购买者"中正式提出的。他认为，在新经济时代，最重要的资源不再是传统意义上的货币资本，也不是信息本身，而是注意力。

所谓注意力，是指人的心理活动指向并集中在一个特定对象上的能力。对每一个人来说，注意力是一种无形、有限、不可替代和不可分享的心理资源，人类从事任何有意识的活动都必须投入注意力这一要素。当前，相对于呈指数增长的信息而言，人类的注意力越来越不堪重负，注意力成为远比信息稀缺的资源。互联网的商业化和万维网的出现使得对注意力的争夺愈演愈烈，注意力的价值被越来越多的人所认同，注意力经济理论一度成为电子商务行业的正统思想，但是，2000年NASDAQ网络股泡沫的破灭使人们认识到了注意力经济概念的先天不足之处。

在戈德海伯看来，注意力本身就是财富。他说："获得注意力就是获得一种持久的财富。在新经济下，这种形式的财富使你在获取任何东西时都能处于优先的位置。财富能够延续，有时还能累加，这就是我们所谓的财产。因此，在新经济下，注意力本身就是财富。"[②]但是，人们的注意力并不会长久停留，今天的明星，明天可能就会无人问津，因此吸引注意力并非一劳永逸的事，维持人们的注意力需要持续进行投入。同时，注意力维持的根本在于信息的价值，哗众取宠只能一时得逞。有人曾作过一个很有意思的调查，结果显示当用户对一个网站内容不满意时，他通常在6个月内都不会再访问该网站，根据当时国内8700万(截至2004年6月底)网民数量来测算，对于半年内没有"回头客"的网站来说，每天50万的访问量意味着该网站受关注的时间最多超不过一百多天。可见，注意力带来的不仅仅是机会，如果在网站质量上不付出努力的话，注意力就会变成对网站品牌的杀伤力。

我们知道有一条经典的广告术语叫作AIDA，即注意力(attention)的吸引、兴趣(interest)的激发、需求(demand)的唤起及行动(action)的引发，吸引注意力不过是广告发生作用过程中的一个环节。从传统的市场营销理论来说，成功的市场营销不仅要获得知名度(即注意力)，还要获得美誉度，成功的品牌不仅要具有高的知名度，也要具有高的美誉度。在品牌推广的过程中，企业应努力沿着提高品牌美誉度的方向发展，而不能只片面强调品牌的市场知名度。如果美誉度沦为负值，

[①] Herbert Simon. Designing Organizations for an Information-rich World, in Computers, Communications and the Public Interest[M]. Baltimore: The Johns Hopkins Press, 1971.

[②] 该文原为戈德海伯1997年在哈佛大学召开的"数字信息经济学"会议上的发言，后全文发表于互联网杂志 *First Monday* 上。全文见Michael Goldhaber. The Attention Economy and the Net[EB/OL]. https://firstmonday.org/ojs/index.php/fm/article/view/519/440, 1997-04-07.

那么品牌的知名度越大，企业受到的负面影响也就越大。

针对注意力经济的种种不足，在互联网泡沫开始破灭的 2000 年就有人提出要用"大拇指经济"来矫正"眼球经济"，大拇指经济的拥护者认为，引人注目不是营销的全部，吸引人关注营销信息甚至试用产品都只是营销的开始而不是终结，营销的目的在于使顾客在用过企业产品后会满意地竖起拇指赞赏，并且会再次使用企业的产品，最终成为企业的忠实顾客。社会媒体时代的来临更加说明了大拇指经济的优越性，在社会媒体平台上，人们很容易通过点赞(表情符为一个竖起的大拇指)、分享或者给予好评等行为，对自己喜欢的内容、产品或服务表示赞赏和推荐。这类行为已经成为社会媒体时代人与人交流的一种方式，它们会在无形中影响人们的购买决策和品牌认知。在《营销革命 4.0：从传统到数字》[①]中，科特勒等人把德里克·罗克尔(Derek Rucker)提出的 4A 漏斗模型发展为 5A 漏斗模型，就是说，一条完整的客户路径包含了 5 个 A，即了解(aware)、吸引(appeal)、问询(ask)、行动(act)及拥护(advocate)。在科特勒看来，营销 4.0 的目标是使客户从了解商品(眼球经济)到拥护产品(大拇指经济)。

粉丝经济的概念比大拇指经济还要更进一步。这里的粉丝是英文 fans 的音译，是"迷、崇拜者"的意思，粉丝们会通过购买 T 恤或其他授权产品、加入粉丝俱乐部、涌向音乐会或体育场等行为来展现出他们对现实世界中的名人、运动队和音乐家的忠诚和喜爱。在社媒平台上，粉丝更容易表现忠诚，比如对他们关注的名人或品牌发帖点赞，或者加入社媒平台上的一个品牌虚拟社区。作为网络时代的流行语，粉丝一词的新含义已被人们广泛接受，逐步成了规范的汉语词汇。

粉丝经济首先是一种商业模式，指的是企业、品牌或者个人通过吸引、培养和管理粉丝群体，从中获取经济价值和社会影响力的商业活动。在粉丝经济中，粉丝不再是传统意义上的消费者，更像是品牌或个人的忠实追随者和拥趸，他们对所支持的品牌或个人有着高度的认同感和忠诚度。

粉丝经济有自己独特的生态系统，该系统由品牌(或被关注的个人)、粉丝、内容创作者、电商平台等参与者组成，这些参与者之间的良性互动可以让参与各方实现共赢。最初，粉丝经济局限在演艺、娱乐、体育等少数行业，在社会媒体的推动下，粉丝经济已经开始向各行各业渗透，成了一种常见的商业模式。营销战略家大卫·梅尔曼·斯科特(David Meerman Scott)和他的女儿玲子·斯科特(Reico Scott)在他们 2020 年出版的《让订阅飙升、引爆商机的圈粉法则：流量世代，竞争力来自圈粉力》一书中认为所有的个人和组织都能从粉丝经济中获益，不论这个人从事什么职业，也不论这个组织的规模大小或者属于哪个行业。在斯科特父女看来，粉丝经济不仅仅是一种行之有效的商业模式，而且可以应用在个人事业和人际关系的拓展上。在社会媒体时代，各行各业里的各种组织都可以依靠粉丝取得成功。因此，圈粉力作为一种高端的营销能力就成了这个时代非常重要的一种竞争力。斯科特父女还总结出了几条圈粉不掉粉的法则，比方说，要把互动距离拉得更近一些、要打破隔阂、要慷慨付出、要以诚相待、要懂得倾听并且有人情味等。凯文·凯利曾经提出过一个理论，这个理论通常被称为 1000 个铁杆粉丝理论。按照这一理论，任何一位创作艺术作品的人，不论他是音乐家、摄影师、表演者、设计师还是作家，只要能获得 1000 名忠实粉丝即可实现财务自由。

实际上，明星经济、网红经济都可以被看作粉丝经济的特殊表现形式。从营销的视角看，粉丝经济比注意力经济更有参考价值，特别是对社会媒体营销更是有直接的指导意义。

[①] Philip Kotler, Hermawan Kartajaya, Iwan Setiawan. Marketing 4.0: Moving from Traditional to Digital[M]. New Jersey: John Wiley & Sons, Inc., 2017. 此书有王赛博士翻译的中译本，见本章的参考文献。

姜旭平教授是我国注意力经济的倡导者之一,他认为:"从企业经营的角度看,市场营销的本质就是要吸引公众的注意力,传播商品信息,实现促销的目的。"[①]对这一观点你赞同吗?为什么?

1.1.6 共享经济、自助经济和其他

共享行为自古有之,但共享经济却是随着 2008 年金融危机后爱彼迎和优步的横空出世进入人们视野的。共享经济(sharing economy)又叫分享经济,是供需双方利用互联网平台对接供需,通过共享使用权或者在短期项目上合作,以及通过组织形态、就业模式和消费方式的创新,提高资源利用效率、便利民众生活的新兴业态和商业模式。零工经济(gig economy)、平台经济(platform economy)、使用权经济(access economy)及合作消费(collaborative consumption)都是共享经济的不同表现形式。共享经济是相对业主经济(ownership economy)而言的,它倡导的理念是"不求所有,但求所用"。参与共享经济不仅能使人们从别人那里获得所需的商品和服务,也能使人们从自己闲置的资产和空闲时间中获得收益。共享经济不仅对消费行为和就业方式产生了巨大影响,还给很多产业格局带来了颠覆性变化。爱彼迎、优步和滴滴都是运用共享经济模式并取得巨大成功的最具代表性的公司。人们常说,爱彼迎没有一间客房,却颠覆了酒店行业;优步没有一个车队,却颠覆了出租车行业。这就是共享经济的威力。

共享经济具有以下优势:

- 可以使闲置资源得到充分利用,这就可以在保障供应的同时减少人们对自然资源的占用,抬高"增长的极限",使人类发展更具可持续性。
- 在一些共享经济领域创造就业,增加供给。比方说,由于担任共享汽车司机(如担任神州专车司机)的条件低于专业出租车司机的条件,这就使得更多人可以进入共享汽车这个领域,增加了客运服务的供给,为人们出行提供了方便,也创造了更多就业。
- 伴随着供给的增加,共享经济压低了相关商品和服务的价格。爱彼迎掌握的数据显示,爱彼迎平台提供的住宿价格一般较相似条件的传统酒店住宿的价格低 30%~60%。
- 共享经济条件下,共享平台很难锁定用户,用户在平台间的切换成为防止单一平台形成垄断的一个有效机制。

共享经济是信息革命发展到一定阶段(特别是智能手机和移动互联网普及)之后出现的新的经济形态,它通过数字平台实现动态及时、精准高效的供需对接,做到了消费使用与生产服务的深度融合,体现了以人为本、可持续发展、崇尚最佳体验及物尽其用的消费观和发展观。分享经济从住宿和运输行业开始,迅速扩展到许多别的领域,如金融、家政、仓储、众包(crowdsourcing)等。由于共享经济对于经济可持续发展具有重要意义,世界各国普遍看好共享经济的发展前景。英国政府在 2014 年就提出要把英国打造成世界共享经济的中心。我国共享经济从 2011 年开始起步,最先试水共享经济的主要是 P2P 贷款公司,2012 年,我国出现了现象级的共享经济公司——滴滴。2016 年 5 月,时任国务院总理的李克强在政府工作报告中首次提出要大力推动包括共享经济等在内的"新经济"领域的快速发展。此后,我国共享经济开始起飞,当年我国共享经济市场交易额达到了 34520 亿元,比上年增长 103%。2023 年 2 月,国家信息中心发布了《中国共享经济发展报告 2023》,这是该机构发布的第 8 份共享经济年度报告。报告显示,2022 年我国共享经济市场交易规模约为 38320 亿元,同比增长 3.9%。从市场结构看,生活服务、生产能力和知识技能三个领域共享经济市场规模居前三位,分别为 18548 亿元、

---

① 姜旭平. 网络营销[M]. 北京:清华大学出版社,2003:468.

12548亿元和4806亿元。有意思的是，2017年2月，国家信息中心在发布《2016年度中国共享经济发展报告》时曾经预测：未来几年，中国共享经济将保持年均40%左右的增长速度，到2020年交易规模将占GDP比重10%以上。现在看来，这个预测过于乐观了。共享经济仍然存在着一些治理上的难题，需要时间去解决。更重要的是，由于共享经济主要涉及对现有闲置或者未得到充分利用的资源的挖潜，没有直接触及新价值的创造，因此，在笔者看来，共享经济只能是经济的重要补充，而不会成为经济的主流。

传统的租赁行业是共享经济吗？目前国内经常看到的共享单车是共享经济吗？说一下你的理由。

自助经济或者DIY(Do it Yourself)经济是从个人对服务介入程度的提高及愈演愈烈的顾客授权角度提出的，在传统的服务社会中，消费者仅仅是服务的接受者，但服务本身通常要求顾客的高度参与，如果能够克服技术和管理上的难题，允许顾客参与服务的设计不仅可以提高顾客的满意度，还可以缓解服务高峰期服务能力不足的瓶颈问题。

实际上，向顾客授权、允许顾客参与价值创造的自助运动早在20世纪70年代已开始兴起，当时，自测怀孕器具一上市便风靡欧洲，这种器具中包含的技术允许女性以自助方式测试自己有没有怀孕，而此前，她们必须到医院购买专门的测试服务。再如，瑞典家具零售商宜家公司开创了一种新的经营方法：如果顾客愿意，可以购买家具零件，自己组装成品；不仅如此，顾客还可以提出自己的设计要求，企业按此提供零件。由于最后的组装是顾客自己完成的，因此整套家具的价格可以比竞争对手便宜25%。在这里，消费者已由过去的单纯消费者变成价值的共同创造者，托夫勒在其名著《第三次浪潮》中专门发明了一个词叫产消者(prosumer)来突出自助经济条件下的消费者角色。再比如在大规模定制生产模式中，顾客可以对产品进行重新组合设计以实现特定的功能：戴尔计算机公司可以按照顾客的要求，为个人定制电脑。在丰田公司，汽车也可以个人定制。顾客可以根据自己的喜好提出不同部件的组合，一个牌号的车型可以多达300种。至于相对简单的产品，如服装、鞋类等，国内外都有公司推出个人定制业务模式。

除了以上种种提法外，瑞士经济学家泽维尔·孔泰斯(Xavier Comtesse)提出了直接经济的概念，美国作家麦齐本(Bill McKibben)则提出了深度经济(deep economy)的构想，肖沙娜·朱伯夫(Shoshana Zuboff)提出了监控资本主义(surveillance capitalism)，塞斯·戈丁和科特勒等人提出了即时经济("now" economy)，有人还根据家庭医生一类个人服务的增多，提出了个人经济之说，此外还有智能手机社会[1]，以上种种对社会的解说都有其合理之处，相互间也并无矛盾之处，与其与这些词汇纠缠不清，还不如以一种兼听则明的态度对其兼收并蓄。但是，需要注意的一点是，这些说法大都是源自发达资本主义国家的理论，是对发达经济的近似描述，我们万万不可将其生吞活剥地搬到中国，要正确运用这些成果，还需要我们对中国的国情有一个基本的了解。

笔者曾在乌家培先生的启发下对信息社会主义的构想做过比较详尽的阐述，有关内容可扫描右侧二维码阅读。你还听说过专家们对我们所处的时代贴过什么标签？你觉得这些标签中哪一个最能说明当今时代的特征？

信息社会主义

---

① Nicole Aschoff. The Smartphone Society: Technology, Power and Resistance in the New Gilded Age[M]. Boston: Beacon Press, 2020.

1.1.7 我国的国情

中国是一个具有悠久历史的国家,但在近代,积重难返的封建文化和根深蒂固的封建政治制度阻碍了我国经济、文化和社会的进一步发展,外族入侵和长期内战使中国一度到了濒临亡国灭种的危险境地。

中国自改革开放以来,在经济建设方面取得了举世瞩目的成就,在社会、经济、文化、科技等方面都取得了长足的进步,但是,从绝对水平上看,我国仍处在发展中国家的发展阶段。虽然以美国为代表的西方世界屡屡质疑我国的发展中国家地位,但整体而言,中国目前和发达国家的确还存在着一些差距。我国目前最重要的国情有以下几点。

(1) 改革开放后经济增长速度较快,但整体社会发展水平不高(可扫描二维码查看1980—2023年,我国GDP、人均GDP、GNI、人均GNI的增长情况),人民生活有明显改善,经济总量也已经有相当规模。改革开放以来,中国在40多年的时间里,实现了第二次世界大战后单个经济体持续时间最长的高速经济增长,显著缩小了与发达经济体的发展水平和生活质量差距。中国GDP总量在1990年只排在世界第10位,到1995年,中国超过了加拿大、西班牙和巴西,排在第7位,到2000年,中国超过意大利,晋升到第6位。随后,在21世纪前10年中,中国又相继超过了法国、英国、德国和日本,一跃成为世界上仅次于美国的第二大经济体。据国家统计局统计,2023年我国国内生产总值1 260 582亿元,以美元兑人民币年均汇率7.05计,全国GDP总量折合17.88万亿美元,人均GDP折合1.27万美元,经济总量仅次于美国同期的27.36万亿美元,位居世界第二。不过,从人均水平看,2023年,我国人均GDP仅为1.27万美元,远低于美国的8.16万美元。分产业看,我国2023年第一产业增加值89 755亿元,比上年增长4.1%;第二产业增加值482 589亿元,增长4.7%;第三产业增加值688 238亿元,增长5.8%。各次产业增加值占国内生产总值比重依次为7.1%、38.3%和54.6%。从发展数据(可扫二维码查看)可以看出,我国从2015年开始已经稳步进入后工业社会。不过,从2019年开始,服务业在国民经济中所占的比例开始趋稳。纵观全球,发达国家的第三产业占比通常在70%以上,我国距离这一水平还有差距。

(2) 各地区、各产业部门发展很不均衡。不仅中国的东部和西部、南部和北部、城市和农村存在着巨大的差距,甚至同一个区域的不同城市间也存在着发展水平上的巨大反差。

(3) 中国经济发展进入新常态。2013年12月10日,习近平总书记在中央经济工作会议上,首次用"新常态"来概括我国经济形势。一年后,习近平总书记又从消费需求、投资需求、出口和国际收支等9大方面阐释新常态所呈现出的特征。此后,中国经济进入新常态这一重要论断就成为认识我国经济形势、把握重大挑战和找准施策方向的定盘星,成为指引中国经济发展的大逻辑。经济新常态最基本的特征就是中国经济增长速度放缓。中国经济自2012年增速明显减慢以来,GDP增长率一直处于下行趋势。GDP增长率下行有多个原因,其中很重要的一个是中国人口结构发生了很大变化,2010年第6次人口普查显示,中国15—59岁劳动年龄人口总量于2010年达到峰值,此后进入负增长。中国计划生育政策曾在2014年、2015年两度调整,到2021年8月,中国修改《中华人民共和国人口与计划生育法》,规定一对夫妻可以生育三个子女。2022年,中国出现了1961年以来的首次人口负增长,2023年,中国新出生人口又创下了近年来的新低。从人口年龄结构看,2021年我国65岁及以上人口占比(即老龄化率)达到14.2%,2023年末约为15.4%。国际上通常将老龄化率超过7%视为老龄化社会的标志,超过14%称为老龄社会,超过21%称为超老龄社会。我国从2021年开始已进入老龄社会,预计2030年前后，我国老龄化率会超过 21%，进入超老龄社会。从生产要素角度看，中国总人口特别是劳动年龄人口的减少使长期支撑中国经济增长的人口红利不复存在。从需求角度看，中国人口的减少及老龄化程度的加深使得我国内需不振的问题更加突出。中国经济进入新常态还和全球经济景气周期有关，2008 年国际金融危机过后，全球经济特别是西方发达经济体由 20 世纪 80 年代以来的"大稳定"(great moderation)的繁荣阶段转向"长期停滞"(secular stagnation)新常态，这恰好也对应着尼古拉·康德拉季耶夫(Nikolai Kondratiev，1892—1938)长波理论所称的第 5 次长波的下行阶段[①]，经济停滞导致发达国家需求不振，同时，在经济停滞压力下，贸易保护主义抬头，地缘政治紧张，局部战争频仍，2022 年前国际贸易增长率已经连续 3 年低于全球 GDP 增长率，2023 年更是出现了下降，引发人们对"去全球化"的担忧，这些因素导致中国出口增长乏力。中国在新常态下要维持中高速增长必须诉诸人才红利和改革红利。一方面，中国可以继续提高义务教育年限，将九年制义务教育提高到 12 年甚至是 15 年，加快构建人力资本。另一方面，随着国家治理能力的不断提升，一些制约经济增长的体制性障碍被不断排除，我国改革红利还可持续释放。例如，目前我国常住人口的城镇化率虽然已达到 66%，但是户籍人口城镇化率只有 47%，中间近 20 个百分点的差别，在于进城务工的农民工被统计为城镇的常住人口但是未计入户籍人口，这部分人无法和城市居民一样享受到均等的基本公共服务，他们的消费模式也就不是城市居民的模式，这对他们的消费具有显著影响。根据中国社科院和 OECD 的团队所做的测算，只要给农民工解决城镇户口问题，就可以提高他们 28% 的消费力。可见，户籍制度改革就是有待释放的改革红利。中国经济进入新常态的后果是买方市场的特征会更加显著，这使得企业间的竞争更加激烈，绝大部分企业靠价格战将很难生存。因此，企业不仅要向社会提供质量可靠的产品，还要不断创新，不断研发出新产品。要准确把握中国经济发展进入新常态这一国情，新时期的网络营销必须做到"认识新常态、适应新常态、引领新常态"。首先，在认识方面，中国经济新常态既包含"结构性减速"的困难层面，也有经济向形态更高级、分工更优化、结构更合理阶段演进的积极层面。同时，经济新常态并不意味着中国经济已经进入了某种新的高水平稳态，相反，在各方力量博弈加剧的情况下，中国的经济将面临较以往更大的不确定性。另外，我们需要认识到新常态是一个较长的阶段，不能心存幻想，盼望经济繁荣的新时期很快就会到来，企业必须摆脱高增长依赖症，要有历史耐心和定力，学会在中高速甚至是中低速成长的市场上生存和发展，这就是适应新常态。当然，适应新常态不是对现状的被动接受，新常态作为一个经济动态优化的过程，意味着中国经济的"浴火重生"，这中间必然会涌现出许多商业机会，企业要有敏锐的洞察力去捕捉这些机会。当然，要能领先一步抢到这些机会，还要求企业能以新发展理念做指引，勇于创新，不断提升企业的经营管理水平，这就是引领经济新常态的含义。

(4) 中国"世界工厂"地位面临世界挑战。改革开放以后，在外资的推动下，中国制造业蓬勃发展，并在世纪之交开始奠定了中国"世界工厂"的地位。在美国商业界有广泛影响的耶鲁大学商学院院长杰弗里·加滕(Jeffrey Garten)在 2002 年 6 月 17 日的《商业周刊》上撰文指出：中国正在变为制造业的超级大国。《财富》杂志也发表文章"现在一切都是中国制造"，《华盛顿邮报》载文题目干脆就叫"中国已成为世界工厂"。近年来，中国制造业虽然仍保持着份额世界领先的位置，但我们注意到中国"世界工厂"的地位正受到包括传统制造强国(如美国)、新型经济体(如印度)及低收入国家(如越南)在内的全世界众多国家的挑战。2008 年席卷世界的

---

① 康德拉季耶夫长周期大约为 50 年。如果从 2008 年开始进入长周期下行阶段(下行阶段大约为 25 年)，按这一理论，全球经济到 2033 年前后将触底反弹，开始进入下一轮经济繁荣时期。

金融危机使以美国为首的发达国家启动再工业化战略，力图重新振兴实体经济。发达国家掌握先进的科学技术，工业有强大的生产性服务业的支撑，唯一的弱点是劳动力成本较高，但是，以工业机器人、3D 打印为标志的新一轮产业革命的到来将会大大提高制造业的劳动生产率，使发达国家制造业的优势重现，发达国家的制造业卷土重来也有可能。印度对中国制造的挑战来自另一个方向，印度和中国都是发展中大国，拥有庞大的国内市场，经济上有很多相似之处，但也有各自不同的比较优势。当前，印度最大的优势来自其人口结构，正当中国大步迈入老龄化社会的时候，印度却有大量的年轻人不断涌入劳动大军。联合国的专家推算印度总人口已经在 2023 年 4 月中旬的某一天超过了中国，成了世界第一人口大国，但印度在人口结构上的优势更加明显。2023 年印度 47%的人口年龄在 25 岁以下，出生于 20 世纪 90 年代初印度经济自由化之后的人口更是占到了该国人口的三分之二。根据经合组织的数据，2022 年，印度的劳动年龄人口达到了 9.5 亿，相比之下，中国在 2022 年有 8.8 亿劳动年龄人口，已经低于印度，2023 年又比 2022 年减少了 1075 万，未来一段时间估计还将继续减少。此外，相对发达的生产性服务业、劳动者运用英语的熟练程度、众多科学和工程人才及对教育的高度重视也是印度发展制造业的优势。2005 年，印度出台了《印度制造业国家战略》，彰显了其打造世界制造业强国的决心。毫无疑问，印度将会首先从具有竞争优势的劳动密集型产业对"中国制造"发起冲击。在中国工资成本和生产成本持续攀升的态势下，亚洲、拉美、非洲的一些低收入国家在劳动密集型产业上也开始表现出较强的竞争力。以东盟国家为例，CEIC 数据显示，截至 2021 年底，越南、泰国、印尼、柬埔寨等东盟国家人均年收入分别为 3912 美元、3728 美元、2034 美元和 1591 美元，与中国人均可支配年收入 6716 美元的水平有较大落差，这些东盟国家的劳动力成本相比中国已经具有明显优势。毫不奇怪，东盟国家对外资的吸引力开始增强。据《2023 年世界投资报告》，2022 年流入东盟国家的外国直接投资为 2230 亿美元，比上年增长 5%，而同期中国 FDI 流入的增长率也只有 5%，从 1810 亿增长到了 1890 亿美元。2000 年，全球 40%的耐克鞋产自中国，产自越南的只占 13%，2009 年双方产量各占 36%，2021 年，越南生产了超过 50%的耐克鞋，而中国的份额下降到不足 25%，越南取代中国成为世界最大的耐克鞋生产国。阿迪达斯的情况也类似，2013 年，越南超过中国成了世界最大的阿迪达斯鞋生产国，到 2021 年，越南生产了全球 30%的阿迪达斯鞋，而中国的份额只有越南的一半左右。

在当前的条件下，中国要想保持世界制造强国的地位，就必须把勇于创新的"创客"精神发扬光大，高等院校、科研机构和企业要在研发上开展更紧密的合作，在控制成本的同时不断提高中国制造产品的性能和质量，并且要在服务方面狠下功夫，打造一批可以让国人引以为豪的世界级品牌。

总之，中国经济不但有耀眼的亮点，也存在许多亟待解决的问题，我国经济和社会生活中比较突出的问题有以下 9 个方面：①中国经济增长过分依赖于对外出口，国民有效需求增长乏力。②"三农"问题亟待解决。农村、农民和农业问题是一个在我国有着特殊重要性的问题，因为在当前城镇化率(66%)的水平上，我国还有近 5 亿人生活在农村，农村隐性失业的问题不仅是经济问题，也是严重的社会问题。③中国长期实施的计划生育政策使中国老龄社会提前来临，虽然 2021 年新的《人口和计划生育法》的颁布开始允许家庭生育更多的孩子，但中国是全球生育率最低的国家之一的现状却很难改变，"未富先老"将成为未来制约中国经济社会健康发展的一大因素。④市场经济发育还不够充分，土地在市场上流转所受到的限制较多，生产要素在地区间的流动方面也还存在某些人为设置的障碍。⑤我国经济的产业结构和地区分布仍不平衡，某些行业进入门槛较高，出现了一定程度的垄断，另一些行业则出现了过度竞争。另外，生产性服务业的发展明显落后于工业发展，已经成为我国企业转型升级的一个瓶颈问题。一方面，就我国的数字产业而言，我国以5G、大数据中心、工业互联网为代表的数字经济的硬件基础设施世界领先，《中国互联网发展报告(2022)》显示，截至2021年底，我国累计建成并开通5G基站142.5万个，建成全球最大5G网络，我国IPv6地址资源总量位居全球第一，算力规模排名全球第二，人工智能、云计算、大数据、区块链、量子信息等新兴技术跻身全球第一梯队；另一方面，Statista发布的统计数据显示，截至2023年1月，中文网站的数量只占全部网站数量的1.7%，排在英语(58.8%)、俄语(5.3%)、西班牙语(4.3%)、法语(3.7%)、德语(3.7%)、日语(3%)、土耳其语(2.8%)和波斯语(2.3%)之后，位居全球第9位。考虑到中国的网络用户数量占到了全球用户数量的20.8%，中国网络内容的建设很明显是落后了。⑥一个能够维持公正公平社会秩序的法治体系仍有待建立。⑦贫富分化的现象比较严重，改革开放既为我国造就了一批富豪，也在社会上形成了一个相对贫困的阶层。一方面，按照"2021胡润百富榜"，全世界财富超过10亿美金的企业家数量在2021年达到了3228名，创历史新高，其中来自中国的富翁数量有1058位，大幅领先于来自美国的696位。另一方面，虽然我国已在2020年底历史性地消灭了绝对贫困，但《2021年国民经济和社会发展统计公报》显示：2021年，按全国居民五等份收入分组，低收入组人均可支配收入8333元，中间偏下收入组人均可支配收入18445元，这两个组别的人口占全国40%，涉及5.6亿人，这5.6亿人的人均收入是每月1116元；浙江大学区域发展研究中心首席专家刘培林教授认为这种收入水平难以满足人们日常体面的消费，更谈不上住房改善、新能源汽车、养老服务等消费。中国国家统计局官方数据还显示，2022年我国的基尼系数为0.474，高于世界银行公布的2022年0.44的全球基尼系数，说明我国在走向共同富裕方面仍然任重道远。⑧我们的金融体系比较脆弱，特别是银行体系中巨额不良资产的积累，蕴藏着极大的经济风险。⑨国有经济的改革尚未到位，许多大型国企的运营缺乏效率，仍然要靠国家赋予的垄断地位生存，这限制了相关领域民营经济的发展。习近平总书记在党的十八届五中全会上正式提出新发展理念，新发展理念是一个系统的理论体系：创新发展注重的是解决发展动力问题，协调发展注重的是解决发展不平衡问题，绿色发展注重的是解决人与自然和谐问题，开放发展注重的是解决发展内外联动问题，共享发展注重的是解决社会公平正义问题。我们希望，在新时代贯彻和落实新发展理念可以有效地解决以上提到的问题，帮助中国迈过"中等收入陷阱"，顺利实现第二个百年奋斗目标，迎来民族的伟大复兴。

中等收入陷阱

按照2020年世界银行的标准，一个国家的人均GNI超过12695美元，就算迈入了高收入国家的行列。2021年，我国经济同比大幅增长8.1%，全社会完成的GDP为1143670亿元，按当年平均汇率折合为17.7万亿美元。完成的GNI为1133518亿元人民币，合17.57万亿美元。以14.118亿人口计算，我国2021年的人均GDP约为1.255万美元，人均GNI为1.24万美元，略低于世界银行划定的高收入国家标准。2022年，我国人均GNI达到了12850美元(2022年现价美元)，折合2020年不变价美元为11277美元，2023年我国人均GNI比2022年有所降低，为12588美元(2023年现价美元)，折合2020年不变价美元仍未突破世界银行规定的高收入国家的门槛。这表明，2023年后的几年是我国迈过"中等收入陷阱"进入高收入国家行列的关键时期。需要注意的是，高收入国家不完全等于发达国家，目前世界公认的发达国家，人均GNI都在3万美元以上，而且发达国家不仅具有高度发达和多样化的经济，高人均收入，较低的失业率和贫困率，较高的国民健康水平和良好的教育体系，健全的基础设施，稳定的政治环境和良好的治理，在环境保护和可持续发展方面也都达到了一定的标准。为完成第二个百年奋斗目标，我国已经确立了经济发展的4大阶段性任务："十四五"时期末真正跨越"中等收入陷阱"，跻身高收入国家行列；到 2035 年人均实际 GDP 较 2020 年翻一番，达到中等发达国家水平；到 2050 年人均实际 GDP 较 2020 年翻两番，达到发达国家平均水平；持续扩大中等收入群体规模，基本实现全体人民共同富裕。路虽远行则将至，事虽难做则必成。通过助力营销创新，网络营销也可以在这一进程中发挥重要作用，所以新时代电子商务专业的学生有必要学好网络营销。

> 相对于中国的"世界工厂"，印度在努力建设"世界的办公室"，两国的策略哪一个更为可取？中国是不是在补工业化的课？美国为什么提出要"再工业化"？

1.1.8 时代前进的动力

一名合格的经理人不仅要了解我们所处时代的现状，还必须对它的发展趋势有一个合理的预期，这就要求我们对引起时代迅速变化的原因有基本认识，按照马克思的观点，社会的进步归根结底都是生产力的进步引起的，分析起来，当代社会进步的动力主要源自以下几个方面。

(1) 社会财富的积累。从原始社会末期开始，人类生产的产品在满足最基本的生存需要以外就有了剩余，随之就出现了社会积累，社会积累的出现使人不再满足于生存，而开始追求各方面的发展。随着生产力水平的不断提高，人们不仅能维持更多人口原先的生活水平，还有条件追求更进一步的发展。当然，除了物质财富的积累，人类知识的积累也是人类社会财富积累的一个重要方面，而知识的积累的重要性在知识经济时代甚至超过了物质财富积累的重要性。在发展-积累-发展这一良性循环的作用下，人类社会进步的步伐整体上呈逐步加快的趋势。这一趋势虽然会因政治等因素出现暂时的波折，但加速前进的总趋势却不会以任何人的意志为转移。

(2) 科学技术的进步和数字经济的发展。科学技术是生产力中最活跃的要素，我们今天的文明很大程度上是几次科学技术革命的结果。科技的进步不会停止，反而呈加速之势，正如托夫勒所说的，科技是自我促进的，现有的科技使更多创新成为可能。计算机和互联网的出现使人类储存、传递、处理信息的能力大为加强，人类所获得的数据量的爆炸性增长及对信息控制能力的提高使人类预测、计划、协调、控制、组织的能力大为增强，这不仅使人类因为减少了盲目性和摩擦节约了大量的资源，还使人类能携手从事从前所无法从事的巨型项目。

(3) 经济自由化和经济全球一体化的发展。信息化的发展同时促进了人类相互间更为广泛的交流，合作取代竞争成为国家间发展关系的主流。我们看到，在世界各地各种规模的自由贸易区在不断涌现，这种经济自由化的燎原之势使人们看到了世界各国间完全取消关税和非关税壁垒的美好前景。

以上各点是社会发展的潜在动力，这些动力将在长时间起作用，它们的效果不仅不会消失，反而会日渐增强，所以一个企业必须做好迎接未来将要出现各种变化的准备，做好知识管理，向学习型组织转型，这样，时代变迁就会更多地表现为机会而不是威胁。

1.1.9 新时代的营销

时代的变化不可避免地会反映到营销领域，营销人员将在新的环境下，使用新的手段，去实现新的营销目标。

1. 市场的变化

经济的发展和社会的变迁不可避免地要通过市场表现出来，在我们的时代，市场无时无刻不在变化当中，市场变化的趋势表现在以下几个方面。

(1) 市场规模的扩大。今天的市场充满活力，市场的总规模在不断增长，以金砖国家为代表的新兴经济体市场成长尤为迅速。对于局部市场而言，信息技术的广泛应用、运输效能的不断提高，以及市场自由化程度的提高都使局部市场持续膨胀。市场的扩张给企业发展带来的既有机遇又有挑战，经济的普遍增长给企业发展创造了很好的外部环境，但同时，在全球经济普遍增长的背景下，如果一家企业的业务不增长，相对其他企业来讲可能就意味着衰退，由此将引发企业竞争力的下降。需要注意的是，随着市场规模的扩大和居民可支配收入的提高，市场需求的结构会不断改变，对一些产品的需求会增长强劲，对另一些产品的需求可能会保持不变，还有一些产品的需求会逐步减少。所以一个企业要想持续发展，成为长盛不衰的百年老店，就要持续跟踪市场变化的趋势，防止营销近视症，并加强企业学习和创新的能力。

(2) 市场提供物更为多样。首先，随着市场规模的扩大，产品的品种会不断增多，因为经济学分析的结论告诉我们，一个大的市场有条件支持更深入的分工，例如，在小的市场上，普通的外科医生可能要做所有类型的外科手术，但在大的市场上，则会分化出专门的心外科、脑外科等专门外科医生。在小的市场上，婴儿的纸尿裤可能不分性别，但在大的市场上，就会出现分性别使用的婴儿纸尿裤。从营销学的角度看，大的市场可以划分出更多具有经济价值的细分市场，每个细分市场都有着不尽相同的需求。其次，在生产力高度发达的消费者社会中，人们开始重视商品使用价值以外的符号价值，对个性化消费的追求会促使市场提供物更加多样化。最后，改革开放以来，我国贫富分化日益明显，社会的多层化催生出远比从前多的细分市场。据有关研究，在改革之初，中国的基尼系数只有 0.23，到 20 世纪 90 年代初期刚刚超过 0.3，而 2022 年已达到 0.474。贫富差距拉大会引起一系列的社会问题，但它对市场经济也会产生积极影响。胡润研究院 2024 年 3 月发布的《2023 胡润财富报告》显示，截至 2023 年 1 月 1 日，我国 600 万资产"富裕家庭"为 514 万户；千万资产"高净值家庭"为 208 万户；亿元资产"超高净值家庭"也有 13.3 万户。这些高收入家庭拉动了中国对高档汽车、住宅和奢侈品牌产品的消费，使中国的产业不断升级，由此看出"让一部分人先富起来"的口号的远见卓识之所在。经济自由化和全球经济一体化的发展都将使企业面对比原来更大的市场，所以企业必须调整他们的产品，使他们的产品更具特色。

(3) 市场竞争更趋激烈。自由化和全球经济一体化的发展把企业投入更大的市场，也使企业面临比从前更激烈的竞争，从前靠特殊政策和特定的地理位置维持生计的企业的生存将受到威胁。中国的企业尤其要提高忧患意识，要始终记得竞争对手中既有财大气粗的跨国公司，也有富于进取精神和创新意识的新生企业，面对竞争必须发展自己企业的核心竞争优势，中国企业在过去曾经靠低工资优势在国际市场上取得了一定成绩，但这一优势已经消失，最可靠的竞争力还是员工的素质和企业创新的能力。

(4) 消费者行为出现变化。随着社会的发展，新一代的消费者日渐成长起来，他们的价值观与老一代人有许多差异，许多年轻人开始重视商品的符号价值。作为个人，管理者当然可以对这种变化持不同的看法，甚至还可以抱怨世风日下，但在商言商，管理者必须正视现实，重视年轻人的追求，当然对于一些不健康的要求，管理者也不能一味迎合，因为企业还需要承担相应的社会责任，这样我们的社会才会越来越美好。同时，营销者还要看到，在网络社会里，消费者不再是孤立的个体，他们彼此联系。在做购买决策时，他们不再一筹莫展，而是能够获取大量信息。他们也不再是沉默的消费者，相反，他们会通过各种渠道表达意见。

2. 营销的变化

市场变化了，那么满足市场需求的方法也必须改变。营销上的变化表现在以下层次。

1) 理论层次

市场营销学自创立以来从来没有停止过理论创新，几乎每个年代都会出现一些重大的理论创新，并且 20 世纪后期营销理论创新的一个新特点是理论和实践轮番领跑，有时候营销理论比较超前，现实中却因为缺乏必要的技术而无法将其付诸实施，有时候实践又比较超前，现行理论对实践中出现的一些新做法的合理性无法给出满意的回答。从网络营销诞生以来，对网络营销实践影响最大的两个营销理论当数整合营销传播理论和关系营销理论，在今天从事营销依然需要熟悉和掌握这两个理论。为了把握营销理论发展的脉络，我们有必要了解一下科特勒有关营销理念进化的观点。科特勒认为，自营销出现以后，人们的营销理念的发展经过了以下几个阶段。

(1) 营销 1.0 阶段。营销 1.0 是工业社会中占主导地位的营销理念，它以产品为中心，强调对顾客物质需求的满足，方法是开发并批量生产出性能优良的产品，然后推销给顾客。

(2) 营销 2.0 阶段。营销 2.0 是信息社会初级阶段中占主导地位的营销理念，它以顾客为中心，强调对顾客物质需求和情感需求的满足，方法是通过细分市场和精准定位，把差异化的产品销售给顾客，在全面满足顾客需求的前提下争取留住顾客并同顾客建立起一对一的关系。

(3) 营销 3.0 阶段。营销 3.0 是信息社会进一步发展后伴随着新一波技术[①]的出现而进入营销者视野的一种新的营销理念，接受了这一理念的营销者会把顾客看作有理智、有情感、有理想信念和精神追求的活生生的人。这类公司提供给顾客的产品不仅要满足顾客的物质需求和情感需求，而且要考虑到顾客潜在的焦虑和愿望。这类公司通过宣传自己的愿景、使命和价值观来发现和公司具有相同价值观的顾客，在为顾客创造价值的过程中，他们会寻求与顾客合作，让顾客有机会参与到价值创造过程中。

(4) 营销 4.0 阶段。营销 4.0 是一种结合了公司和顾客之间线上和线下互动的营销方式。在数字经济中，仅靠线上互动是不够的。事实上，在一个数字化程度不断加深的世界里，线下接触可以成为一种非常有效的差异化方式。营销 4.0 还融合了品牌的风格和本质。虽然由于技术不断进步，品牌必须更加灵活并且能够快速调整，但它们的本质比以往任何时候都更重要。在一个日益透明的世界里，真诚是最有价值的资产。营销 4.0 应用机器与机器的连接及人工智能来提高营销效率，同时使用人与人的连接来提升顾客参与。营销 4.0 以大数据、社群和价值观营销为基础，在尊重消费者作为"主体"的价值观的前提下，让消费者更多地参与到营销价值的创造中来。在数字经济时代，洞察与满足网络用户的需求，帮助客户实现自我价值，就是营销 4.0 所要解决的问题，它是以价值观、连接、大数据、社区、新一代分析技术为基础实现的。

(5) 营销 5.0 阶段。营销 5.0 是指在整个客户开发过程中应用仿人技术来创造、传播、让渡及提升价值。营销依赖所谓的下一代技术(next tech)是一系列旨在模仿并超越人类营销人员能力的技术，例如人工智能(AI)、自然语言处理(NLP)、传感器、机器人技术、增强现实(AR)、虚拟现实(VR)、物联网和区块链等。这些技术的结合使得营销 5.0 成为可能。营销 5.0 既体现了营销 3.0 以人为本的精神，又增添了营销 4.0 以技术为支撑的内核。

2) 战略管理层次

随着营销理论的日渐完善和计算技术的不断发展，用于营销管理的模型越来越具有可操作性，信息技术也使营销决策支持系统的使用日渐广泛，在这一背景下，营销管理方面出现的一个趋势就是管理决策更加科学，经验在营销管理中的作用日趋减少，新知识在与老经验的竞争中开始占据上风。与此同时，管理的一些新理念也进入营销管理领域，如知识管理的理念；知识管理的一个重要对象是公司拥有的隐性知识资源，如何对其进行有效管理以发挥这一资源的

---

① 科特勒所说的新一波技术(new wave technology)指的是廉价的计算机和手机、低成本的互联网接入及开源应用。

最大效益是目前营销管理必须重视的一个问题。

3) 运作层次

营销技术和手段的进步使完成各营销任务的方法有了更多的选择，营销人员必须了解和掌握这些技术手段，才可以更快、更好、更省地完成特定的营销任务。例如，在传统市场上，市场价格调查是一件费时费力的工作，但在网上，要调查某类产品的价格可以说是轻而易举，网络营销人员可以借助比较购物代理或者搜索引擎在瞬间完成。另外，最新项目管理技术的引入有望提高网络营销项目实施的成功率，而 AIGC 的广泛使用则有望大幅提高内容营销的效率。

正如斯坦福大学的沃德·汉森(Ward Hanson)在他所著的《网络营销原理》中所说："这是研究市场营销的一个伟大时代。革命并不经常发生，而即使发生了也未必会创造一个产品更精美、顾客更满意、公司更赚钱的世界。但这恰好就是正在发生的事，就在眼前，在网上。"

1.2 网络营销概述

1.2.1 网络营销的概念

随着企业网络营销和电子商务实践的发展和人们对相关理论研究的逐步深入，人们对网络营销的认识也日趋深入。但是，迄今为止，人们在网络营销的概念上仍然存在分歧，因为网络营销的定义需要建立在对营销概念达成共识的基础上，所以下面将首先讨论几种最具代表性的营销定义，然后考察在国内有一定影响力的几种教材所采用的网络营销定义，最后在此基础上给出本书对网络营销所做的定义。

1. 营销的概念

菲利普·科特勒和盖里·阿姆斯特朗(Gary Armstrong)的《营销原理》和杰罗姆·麦卡锡(Jerome McCarthy)的《基础营销学》是当今世界上流传最广的两本营销学教科书，而美国营销协会则是世界上最大的营销学专业团体，我们看一下他们给营销下的定义。

科特勒、阿姆斯特朗(2018)：营销指的是营销组织吸引顾客、与其建立牢固的顾客关系并创造顾客价值以期从中获得价值回报的过程。

杰罗姆·麦卡锡(2002)：微营销(micro-marketing)是通过预测顾客需求，引导可以满足需求的商品和服务从生产商流向顾客来实现组织目标的活动。宏营销(macro-marketing)是在一个经济体中引导商品和服务从生产商流向顾客，从而有效地撮合供求达成社会目标的社会过程。

美国营销协会[①](AMA，2017)：营销指的是一切为了顾客、服务对象(clients)、合作伙伴和整个社会创造、传播、交付和交换具有价值的产出[②]的活动、机构和过程。

我们看到，营销的概念有微观和宏观之分，微观上的定义就是我们通常所理解的营销管理的概念，强调营销活动的具体环节，而宏观上的定义则从整体上阐述了营销所承担的社会功能。除了以上三种定义，还有两段话被营销教科书广泛引用，其中之一是彼德·德鲁克(Peter Drucker)对营销目的的阐述，即"营销的目的在于深刻地认识和了解顾客，从而使产品或服务完全适合顾客的需要而形成产品的自我销售。理想的营销会产生一个或多个准备来购买的顾客。剩下的

---

① 美国营销协会对营销所下的定义需要经过由 5 名专家组成的委员会定期进行审查和核准，目前采用的定义是 2017 年审核通过的定义。

② 原文为 offering，有时译为市场提供物，包含产品、服务和思想。

事就是如何便于顾客得到这些产品或服务",这段话揭示了营销和推销的区别;另一段话被认为是对营销所下过的一个最简短的定义,"营销就是有利益地满足顾客的需要",这一定义是由菲利普·科特勒给出的,它极其精练地概括了营销对顾客和对企业的功能。

2. 网络营销的概念

以下是笔者从我国比较流行的网络营销教科书中找到的几种比较有代表性的网络营销的定义。

杨坚争(2002):网络营销是借助于互联网完成一系列营销环节以达到营销目标的过程。

陈德人(2022)[①]:网络营销是企业利用网络进行品牌宣传、商品或服务营销的一种策略活动,其最终目的是吸引消费者进入目标网站并购买商品或服务。网络营销借助互联网(包括移动互联网)满足消费者需求,为消费者创造价值,它不是某种方法或某个平台的应用,而是包括规划、实施、运营和管理等在内的整体活动,且始终贯穿于企业的整体运营活动中。总体来讲,凡是以互联网为主要平台开展的各种营销活动,都可称为网络营销。

冯英健(2007):网络营销是企业整体营销战略的一个组成部分,是为实现企业总体经营目标所进行的,以互联网为基本手段营造网上经营环境的各种活动。所谓网上经营环境,是指企业内部和外部与开展网上经营活动相关的环境,包括网站本身、顾客、网络服务商、合作伙伴、供应商、销售商、相关行业的网络环境等。

以上定义虽然都强调了互联网在网络营销中不可或缺的作用,但各有特色:杨坚争的定义言简意赅,但过于依赖营销的定义,要以读者对营销的环节和目标有清楚的认识为前提;陈德人和冯英健的定义则强调了企业的营销,无形中将企业之外的营销活动排除在外。

笔者在前人工作的基础上提出网络营销的定义:简单地说,网络营销就是用互联网在更大程度上更有利润地满足顾客的需求的过程。更严格地讲,网络营销是依托网络工具和网上资源开展的市场营销活动,是将传统的营销原理和互联网特有的互动功能相结合的营销方式,它既包括在网上针对网络虚拟市场开展的营销活动,也包括在网上开展的服务于传统有形市场的营销活动,还包括在网下以传统手段开展的服务于网络虚拟市场的营销活动。

在国外,同网络营销相关的表达有许多种,如电子营销(electronic marketing)、数字营销(digital marketing)、互联网营销(Internet marketing)、万维网营销(Web marketing)、在线营销(online marketing)、虚拟营销(cybermarketing)等,虽然这些近义词经常被人们交替使用,但实际上它们之间存在一些微妙差别。电子营销和数字营销的意义较其他术语更为广泛,它不仅把互联网作为营销的手段,还强调 EDI 技术、条形码技术和无线上网技术的应用,这些术语经常可以混用的原因是,互联网营销是电子营销的一个最重要子集,而万维网营销又是互联网营销中最重要的一个子集。在线营销和虚拟营销一般特指在线销售,应该与其他几个概念区分开来。准确地说,本书讨论的网络营销基本上属于互联网营销,因为作为电子营销和数字营销的核心内容,互联网营销的范围大小比较适中。

值得强调的一点是,像市场营销一样,网络营销的主体并不局限于企业,市场营销在企业之外也有着极其成功的应用,它们包括:人物营销、地方营销、理念营销(cause marketing,又称善因营销)、事件营销,以及非营利组织营销。网络营销在所有这些非传统营销领域都大有用武之地,由此派生出人物网络营销、地方网络营销、理念网络营销、事件网络营销,以及非营利组织网络营销这样的网络营销分支。本书讨论的重点是企业网络营销,但对企业外的网络营销

---

① 陈德人. 网络营销与策划[M]. 2 版. 北京:人民邮电出版社,2022.

也有涉及，在本书在线阅读部分，还将特别介绍互联网在地方营销上的一个应用——城市网络营销。

在全面讨论网络营销之前，这里先看一个非常简单的网络营销的例子。一个自由职业者只要在 Guru 网注册成会员，他就有机会从该网站 80 万已经注册的潜在雇主那里获得项目订单。截至 2024 年 6 月，加入该网络的自由职业者已经超过了 300 万人，这些人已经完成了 100 万个项目，实现收入 2.5 亿美元，顾客满意率高达 99%。

由上面的例子可知，一个自由职业者在注册成 Guru 网的会员时就已经开始从事网络营销，他可以没有自己的网站，甚至连社媒账号也不需要有。不过，一般而言，网络营销要比简单的账号注册复杂一些。不然，本书就可以到此结束了。

1.2.2 网络营销的范围

正如营销不同于销售一样，网络营销也非网上销售的同义词。因为企业的目标市场可以划分为传统有形市场和网络虚拟市场两块阵地，而企业的营销手段也可以分为传统的营销手段和基于互联网的营销手段，我们可以根据由此产生的 4 种不同组合将网络营销的范围进行划分，如表 1-2 所示。

表 1-2 网络营销的范围

营销	市场	
	传统有形市场	网络虚拟市场
网下	(区域Ⅰ) 传统市场营销	(区域Ⅱ) 部分网络营销
网上	(区域Ⅲ) 部分网络营销	(区域Ⅳ) 纯网络营销

从表中我们看到，网络营销的范围涵盖了区域Ⅱ、Ⅲ和Ⅳ，常见的问题是将网络营销理解成纯网络营销(区域Ⅳ)，这种狭义的理解不仅会限制网络营销的施展空间，影响网络营销与传统营销的整合，还会引起许多中小企业对网络营销的误解，以为网络营销是大企业和网络企业的专利。被标注为部分网络营销的两个区域实际上是网络营销与传统营销相连的过渡部分，这两个部分不仅在规模上远超纯网络营销，而且处理起来难度大，所以部分网络营销是网络营销研究不容忽视的重要领域。

我们将区域Ⅱ、Ⅲ和Ⅳ范围内的一些典型的网络营销活动举例如下。

区域Ⅱ：以传统广告方式推广企业的营销站点、通过电话调查网上消费者行为、店铺挑选(showrooming)等。

区域Ⅲ：以网络广告方式推广企业在网下经营的产品、O2O(Online to Offline)电子商务、通过网络调查网下品牌形象、网站挑选(webrooming)等。

区域Ⅳ：以网络广告方式推广企业的营销站点、通过网络调查网上消费者行为、通过网络直播销售数字产品或者打赏类网络直播等。

以上是针对企业网络营销所做的划分，对于非传统的网络营销也可以做类似的分析。

1.2.3 网络营销的内容和体系

根据以上对网络营销的理解，我们将网络营销的主要内容框架勾勒如下：

(1) 网络营销的决策支持系统和网络市场调研。电子商务为营销决策提供了强有力的支持，网络营销决策支持系统包括内部记录系统、营销环境监测系统和网络市场调研三个子系统。其中网络市场调研以网上调查为主，但也包括在网下开展的对网络虚拟市场特征的调查及为提高网上调查可靠性在网下所作的辅助性调查。随着网上调查结果可靠性的提高，网上调查会成为市场调查的重要手段。

(2) 无网站的网络营销。开展网络营销并非一定要拥有自己的 Web 站点，在无网站的条件下，企业也可以开展卓有成效的网络营销。无网站网络营销的主要手段有电子邮件营销、社会媒体营销和虚拟社区营销。目前，电子邮件营销依然是一种重要的网络营销手段，虚拟社区营销则由于组建社区方式的增加及虚拟社区数量的增加显得更加重要。社会媒体营销则在 2010 年后快速崛起，成为主流的网络营销方式。本书在第 5 章重点介绍电子邮件营销和虚拟社区营销，而在第 7 章专门讨论社会媒体营销。

(3) 基于网站的网络营销。也可以称为 Web 营销(Web marketing)，这是网络营销的主体，即使在社会媒体营销强势崛起的今天，它在网络营销中的核心地位仍然不可撼动。Web 营销的主要问题是网站的规划、建设、维护、推广及与其他营销方法的整合。如果是电子商务型网站，基于网站的网络营销还涉及产品、价格、渠道和促销等传统营销要考虑的各类问题。包括搜索引擎优化(SEO)在内的搜索引擎营销是基于网站的网络营销的一个重要内容。

(4) 网络广告和网络公共关系。以网络广告和网络公共关系为主要内容的网络营销传播是网络营销对营销最大的贡献之一，企业可以通过网站、电子邮件、社会媒体、论坛等媒介有针对性地与网络用户进行双向沟通，在宣传企业及其产品和服务的同时，也听到外部利益相关者的声音。

(5) 网络营销的伦理问题。网络营销的开展为传统的营销伦理提出了许多新问题，研究这些问题对于企业制定恰当的网络营销战略并以此获得竞争优势有重要意义，第 9 章将讨论网络营销伦理问题及网络营销伦理战略的运用。

(6) 网络营销的特殊问题。我们还将在应用篇(在线阅读部分)有选择地考察企业开展网络营销时可能会碰到的一些特殊问题，包括企业间的网络营销、服务的网络营销、全球网络营销和中小企业的网络营销。

(7) 非传统的网络营销。非传统的网络营销泛指互联网在人物营销、地方营销、理念营销、事件营销和非营利组织营销中的应用，本书"应用篇"会选择地方营销中的城市营销进行讨论。

在网络营销体系如何构建方面，存在两种相互竞争的观点。一种观点是沿袭市场营销自 20 世纪 60 年代以来的以 4P 为主线安排内容的体系，另一种观点是围绕互联网对网络营销活动的介入程度和方式来构建体系。前者的优点是结构显得比较严谨，容易为熟悉传统市场营销体系的人所接受，缺点是互联网对 4P 的影响有深有浅，差别很大，所以以 4P 来展开内容会显得各部分轻重不协调。后者的优点则是抓住了网络营销与传统营销的差别，各部分较为平衡，但有一些细节问题难以妥帖处理。从实际效果看，网络营销管理适合采用前一种体系，而网络营销实务则最好采用后一体系。当前我国流行的网络营销著作大多采用第一种体系，而国外著作两种体系几乎平分秋色，但似乎后一体系稍占上风。本书因为在论述理论和管理问题的同时，较多地涉及了实际操作问题，所以在内容安排上采用了第二种体系。

另外，与市场营销一样，网络营销活动也可以划分为三个层次：战略层次、管理层次和运作层次。

战略层次的问题是最高层次的问题，它决定公司努力的方向，比如，公司在营销领域应该如何迎接电子商务的挑战？要不要改变现有的产品线？要不要改变现有的销售渠道？要不要进入新市场？

管理层次的问题居于中间，它关心如何实现公司选定的目标，例如，公司应该采取什么策略进入特定市场？网络广告要不要委托专门的广告公司来做？

运作层次主要关心具体操作中的细节问题解决。例如，搜索引擎广告准备选择哪些关键词？电子期刊在哪个时间段发送等。

本书对以上三个层次的问题都有涉及，其中，基础篇主要侧重于战略问题的解决，该部分通过对当今市场营销环境的解读和基础理论的阐述帮助读者发展审时度势、运筹帷幄的洞察力；方法篇则涉及网络营销实务的方方面面，重点是运作层次的方法和技巧，也包含了一些营销管理的内容；在线阅读部分主要关心的是管理层次上的问题。该部分运用大量实例说明了如何把网络营销的理论和方法运用到各种不同的场合。

1.2.4 网络营销的特点

网络营销具有以下优点。

1. 放眼新生的网络虚拟市场

与传统的有形市场相比，虚拟市场有以下优势：在撮合买卖上有更高的效率，从而可以大幅降低交易成本；同时，虚拟市场上的商品种类远超出传统的有形市场，所以虚拟市场更加繁荣；虚拟市场的消费者可以随时随地订货，所以购物更加方便；对容易配送的商品，如数字产品和某些服务，买卖双方还可以突破距离的限制在网上直接完成交易的全过程。因此，虚拟市场是一个高速成长的市场，它不但从有形市场上抢夺份额，而且能满足有形市场无法满足的消费者需求，例如长尾市场在电子商务条件下具备显著的经济价值。网络营销的一个重要阵地就是正在高速成长的虚拟市场，因此具有良好的发展前景。

2. 依托互联网的资源和技术优势

互联网上有着无尽的信息资源，其中相当一部分还是免费向公众开放的。利用搜索引擎等信息服务，企业不仅可以获得相关知识，还可以迅速地从互联网上找出有商业价值的信息，从中发现新的市场机会。除了信息资源，互联网上的资源还包括丰富的人力资源和计算机资源，企业可以让这些资源为己所用，建立自己的竞争优势。另一方面，互联网还是一种新型媒体，利用它可以实现同互联网用户的高效沟通，这种沟通方式被专家们称为非线性沟通和多对多沟通，并且，互联网通信的费用较传统的通信方式大为降低，这在远距离通信的情况下表现得更为突出。借助互联网的资源和技术优势，网络营销还可以实现许多种营销方式的创新，如联属网络营销(affiliate marketing，详见第 6 章)。容易被忽视的一点是，互联网除了可以提高现有资源的利用率，还可以通过对组织结构的重组创造出新的资源，比方说通过加入平台或者与商业生态中的其他企业形成联盟，企业都可以获得新的能力。

3. 吸收了营销理论的最新成果

营销理论的最新发展为网络营销的实际运用指明了方向。例如服务营销理论使网络营销者认识到服务的特殊性，全球营销理论则为网络营销者评价和提升商业网站在全球范围的效果提供了分析框架。互联网技术的运用使一些原本超前的营销理论切实可行，例如，关系营销理论使用传统的营销手段可能很难实施，而网络营销则普遍采用了顾客关系管理的技术和理念，社会顾客关系管理(social CRM)就是一个应用样例。

网络营销虽然具有以上优点，但在目前及可以预见的未来仍具有以下局限性。

(1) **网络营销伦理还有待完善**。网络营销的许多活动要远程进行，所以必须建立诚信的市场环境，而这需要从制度上来保证；与法律规范相比，营销伦理是更重要的制度保证。由于网络营销的技术不断进步，营销方式创新很快，网络营销中的道德规范尚未完全成形，这就让一些不讲商德的企业有机可乘，可以通过违背营销道德获得短期利益。

(2) 电子商务法制有待健全。各国为了保持电子商务市场的活力，一般都会尽可能地提倡行业自律，避免过早、过多地对包括网络营销活动在内的数字经济活动进行司法和行政干预，这就导致了现实中网络犯罪有时很猖獗，甚至会扰乱正常的市场秩序，损害消费者的切身利益。为此需要各国加强电子商务立法工作，有时还需要通过国际司法合作，以法律手段对网络违法行为进行打击，保障虚拟市场的正常秩序。

必须承认，随着科学技术及我国社会经济的不断发展，中国网络营销的环境不断在改善，为网络营销的发展创造了广阔的空间。

1.2.5 网络营销与相关概念的关系

1. 与电子商务的区别和联系

经常会有一些人误以为网络营销是电子商务的初级阶段，这些人显然把网络营销理解成了利用网站来开展宣传或者销售，其实，网络营销与电子商务的关系大体上类似于市场营销和企业管理的关系，网络营销并非电子商务的一个阶段，而是一个组成部分，并且是非常重要的一个组成部分。

因为当今的企业经营活动是市场导向的，越来越多的企业开始了全程营销或者全员营销，这一倾向模糊了营销和管理的界限。不过，某些专门的经营活动虽然和营销关系密切，但在习惯上仍然不被包括在营销的范围之内，如人力资源管理、财务管理、战略管理、物流管理等。

2. 与市场营销的区别和联系

网络营销是市场营销这一企业管理领域的一个有机组成部分，虽然它的地位会逐步上升，但一些传统的营销方式将与它长期共存，正如虽然电子邮件在不断排挤传统邮件的使用范围，但两者仍将长期共存一样。

实际上，虽然有人将我们的时代称为网络社会，但我们的许多活动仍要在真实的世界发生，许多市场行为仍要在传统的市场上进行，所以，网络营销永远也不会取代传统的营销，市场营销永远都会包含比网络营销更丰富的内容。网络营销不应该同市场营销割裂开，因为离开了传统营销配合的网络营销还不如离开了网络营销的传统营销。

3. 与数字营销的区别和联系

正如我们前面所提到的，数字营销和网络营销是同义词，经常可以混用，如果非要做一个区分的话，那么可以认为数字营销的含义较网络营销更为广泛。数字营销指的是任何使用了数字渠道、设备或者技术来推广产品或服务的营销活动。数字营销可能会用到各种类型的数字平台来联系目标受众，这些数字平台不仅包括联网的数字平台，如网站、搜索引擎、社会媒体、电子邮件等，也包括无须接入互联网的数字平台，比方说实体店面里的数字公告板或显示屏、二维码、近场通信(NFC)技术、蓝牙营销、互动订购终端等。狭义的网络营销被限定为必须涉及对联网的数字平台的应用。显然，这一区分有些勉强，在一个万物互联的时代，孤立的没有联网的平台、设备和应用的性能都会打一个很大的折扣。不过，我们注意到很多国内外最新出版的网络营销书籍开始在书名中使用数字营销来替代网络营销，究其原因，这也许更多的是一种心理作用，也许是很多作者觉得在数字经济(而不是网络经济)时代的今天，网络营销的说法已经过时，说数字营销才算是与时俱进。

另外，数字营销的提法较网络营销更为严谨，因为网络一词本身有歧义，可以指互联网也可以指包括社会网络在内的其他网络，所以网络营销可以给人更大的想象空间，特别是如果考虑到网络营销和其他管理学科一样都是科学和艺术的结合的话(做好网络营销不仅需要科学思维，还需要网络思维)。对本书而言，对网络营销的定义一直采用的是比较广义的定义，这就使得本书的范围和数字营销的范围相差无几，同时，由于本书是改版，需要考虑到对传统的继承，所以网络营销就成了本书用语的不二选择。

关于网络营销，人们有一些常见的误解，可扫描右侧二维码查看。

网络营销与电子政府也存在着密切的联系，对这一问题感兴趣的读者可扫描右侧二维码阅读。

关于网络营销的流行误解　　网络营销与电子政府的关系

1.2.6　修炼网络营销的方法

网络营销是一个快速发展变化的学科，所以必须不断学习才可能跟上时代前进的步伐。根据网络营销的学科特点，学习网络营销必须抓住以下 6 个环节。

(1) 要多读经典的营销学论著，提高理论修养，这样可以提高适应环境变化的能力。要坚决反对将营销和网络割裂开的做法，网络营销归根结底还是营销。网络营销领域至今尚未形成公认的传世之作，在这种背景下，更应该将主要精力放在阅读营销学论著上。本书每章之后都向读者推荐了一些参考书，这些书中不乏经典之作，希望读者能有选择地阅读其中的几种，至少是选读一些自己最感兴趣的章节。

(2) 要多上网，特别是要经常光顾世界上网络营销做得最好的公司的网站和一些营销咨询公司的网站。上网时不仅要留意最新出现的网络营销方法和技巧，对可行的方法择善而从；还要留意最新调查研究获得的数据，了解网络营销环境的最新发展。此外，可以订阅一些相关的电子刊物，通过 RSS 订阅一些网络营销方面的博客和新闻，关注一些网络营销专家或者机构的微博、微信公众号或者频道，从中了解网络营销的最新发展。本书收录了大量的网站网址，其中的每一个都值得读者去访问和研究。

(3) 要多参加实践。在课本之外要有选择地阅读一些实务操作指导类型的网络营销书(如 *Digital Marketing for Dummies*)，并按照书上的指导上网实际操练。在条件许可的情况下还可以参与实际的网络营销实践——比如说在淘宝商城实际开一家网店、开设一个微信公众号或者建一个个人网站，进行实战演练，进一步提高自身的实务操作能力。提高操作能力的最好方法莫过于亲自参与实践，从做中学。

(4) 要多与同行交流。闻道有先后，术业有专攻，多与同行交流是增长见识、提高才干的好方法，与同行交流的机会很多，例如参加学术会议或者培训班，虚拟社区也为我们提供了许多接触同行的机会。

(5) 要多读实际案例，通过研读案例开阔自己的视野，体会现实营销问题的复杂性，积累营销的间接经验。有价值的案例既包括国外知名公司的案例，也包括国内同类公司的典型案例。本书收录了大量的案例(特别是扩展部分)，但案例研究是多多益善，希望读者能举一反三，主动去涉猎更多的案例。

(6) 要多涉猎相关学科的知识。营销学和电子商务本身都是交叉性很强的学科，而网络营销的交叉性又较它们更强，需要从管理信息系统、企业管理、管理会计、互联网地理学(Internet

geography)、经济学、社会学、心理学、计算机科学、伦理学等众多学科中不断汲取养分才能发展。广泛涉猎这些外围学科，对在网络营销领域取得创新性成果有很好的启发作用。

新浪微博(www.weibo.com)是国内最有影响的社会媒体之一，为了与读者互动，笔者特地为本教材在新浪微博上开通了专门的微博账号及同名微群：网络营销导论。注册并登录自己的新浪微博账号，关注@网络营销导论(weibo.com/emarketing123)，查看本书的最新更新，发相关微博可以考虑@网络营销导论，参与网络营销的探讨，体验微博营销的魅力。

1.2.7 网络营销的职业前景

近年来，随着互联网经济的不断发展，电子商务日益成为商务的日常运作模式，企业对网络营销专业人员的需求畅旺，各种网络营销岗位也成为了时下人才市场上的热门岗位。2020年7月6日，人力资源和社会保障部联合市场监管总局、国家统计局向社会发布9个新职业，其中就包含互联网营销师，自此，"互联网营销师"正式被纳入《国家职业分类大典》，互联网营销从业者迎来健康规范发展的新时期。互联网营销师下设4大职业工种：选品员、直播销售员、视频创推员和平台管理员。中国演出行业协会等单位联合编制的《中国网络表演(直播与短视频)行业发展报告(2022—2023)》显示，截至2022年末，我国网络表演(直播)行业主播账号累计开通超过1.5亿个，同比增长14.3%。报告还显示，在以直播为主要收入来源的主播中，95.2%月收入为5000元以下，但也有0.4%的主播月收入在10万元以上。2020年11月，中国广告协会和腾讯广告联合发布《2020中国数字营销人才发展报告》，报告指出：2020年互联网营销人才需求约为1500万人，缺口约有1000万人。报告还预测，2025年数字营销人才缺口将达到4000万人左右。

报告还给出了数字营销人才能力评估体系，该体系包含4大类1级指标，每个1级指标下又包含多个2级指标(见表1-3)。

表1-3 数字营销人才能力指标体系

1级指标	2级指标
营销通用能力	客户管理能力
	营销专业知识
	行业洞察能力
	方案策划能力
数字营销专业能力	产品理解能力
	数据能力
	创意能力
	投放管理能力
	效果优化能力
营销合规能力	广告法基础知识
	创意合规能力
	数据安全能力
职场通用能力	沟通能力
	办公能力
	项目管理能力

可见，掌握网络营销知识和技能的人才在未来一段时间仍然会在职场上走俏。不过，除了就业，学习网络营销还有一种职业生涯可以选择，那就是创业。本书应用篇(线上资料)会有一章专门讨论网络营销对创业的支持。

前程无忧网(www.51job.com)是一家较大的人才招聘网站，访问该网站，利用网站的搜索功能查询在近 1 周内发布的工作地点在你所在的城市的网络营销相关岗位的招聘信息。注意岗位的职位描述和职位要求，思考什么样的人才是社会需要的网络营销人才。

本章内容提要

网络营销是用互联网在更大程度上更有利润地满足顾客需求的过程，是在数字革命过程中出现的新的营销方式。认识所处的市场环境和时代特征有助于我们把握网络营销的特点和规律，制定出更成功的网络营销战略。人类社会从 20 世纪开始进入一个新的历史发展阶段，在这一阶段，服务业成为占主导地位的产业，体验行业和塑造行业高速发展，消费成了社会生活的中心和社会关系的基础，注意力成为比信息更为稀缺的资源，知识取代资本、土地成为最重要的生产要素，产品和服务的科技含量大大增加，人们熟知的一些经济法则开始受到挑战，生产和消费领域的大规模共享日渐进入主流。作为世界上最大的经济体之一，我国经济虽然自改革开放以来增长很快，但近 10 年来增长速度有所减慢，进入了以中速增长为特征的经济新常态。我国当前处在能否跨越中等收入陷阱的关键时期，为了能适应新常态、引领新常态，我们必须贯彻落实新发展理念。中国活跃的市场经济为网络营销创造了大量的商业机会。网络营销是依托网络工具和网上资源开展的市场营销活动，是将传统的营销原理和互联网特有的互动能力相结合的营销方式，它既包括在网上针对网络虚拟市场开展的营销活动，在网上开展的服务于传统有形市场的营销活动，还包括在网下以传统手段开展的服务于网络虚拟市场的营销活动。网络营销与电子商务、市场营销及电子政府有着紧密的联系。要学好网络营销课程，就必须多读营销学经典著作、多上网、多动手实践、多与同行交流、多研究实际案例，还要广泛涉猎相关学科的知识。

复习思考题

1. 恩格斯在《家庭、私有制和国家的起源》一书中提出了五种社会形态说，将人类历史发展分为五个阶段——原始氏族社会、古代奴隶制社会、中世纪农奴制社会、近代雇佣劳动制（资本主义）社会及未来的共产主义社会，后来列宁将五种社会形态表述为原始社会、奴隶制社会、封建制社会、资本主义社会和社会主义社会，中国共产党人对社会主义发展阶段理论又做了许多理论创新，提出了社会主义初级阶段理论，以及习近平新时代中国特色社会主义思想，你认为五种社会形态说和西方主流的后工业社会、知识经济、数字经济等理论有什么区别和联系？五种社会形态说(包括最新的中国特色社会主义理论)对网络营销特别是中国网络营销能提供哪些指导？
2. 知识经济、信息经济、网络经济和数字经济的概念有什么区别和联系？
3. 按照体验经济的思路，你觉得体验经济之后会不会出现塑造经济？
4. 眼球经济、大拇指经济和粉丝经济有什么区别和联系？
5. AI 是本轮科技革命中国家竞争的一个前沿领域，AI 大发展会对网络营销产生哪些影响？

中国与西方在 AI 技术创新的竞争中有哪些有利条件和不利条件？

6. 利用本章所学的概念分析一下自己家乡的社会发展特征，说说这些特征对营销的意义。

7. 查找资料，并利用本章所学的概念分析一下与我国相邻的印度(或者日本、越南)的社会发展特征，并对其未来发展做一简单预测。

8. 什么是经济新常态？网络营销企业应该如何认识新常态，适应新常态及引领新常态？

9. 中国经济目前面临的最大问题有哪些？我们应该如何看待这些问题？

10. 网络营销用英文如何表达？相近的表达有哪些？这些表达的区别和联系是什么？

11. 参照 www.guru.com 的例子，自己给出一个网络营销的例子。

12. 世界上最早一批网络营销专家是如何学习网络营销的？

13. 为学好网络营销，应该养成怎样的上网习惯？

14. 如果要在网络营销领域就业或者创业，你需要掌握哪些理论和技能？

15. 在助力中国跨越中等收入陷阱过程中，网络营销可以发挥怎样的作用？

扩展资源

请扫描右侧二维码获取扩展资源。

拓展资源

参考文献

1. 丹尼尔·贝尔. 后工业社会的来临[M]. 北京：商务印书馆，1984.

2. Alvin Toffler. The Third Wave[M]. New York: Bantam Books, 1981.

3. 约瑟夫·派恩 B，詹姆斯·吉尔摩 H. 体验经济[M]. 夏业良，等译. 北京：机械工业出版社，2002.

4. 让·波德里亚. 消费社会[M]. 刘成富，全志钢，译. 南京：南京大学出版社，2000.

5. Alan Thein Durning. How Much Is Enough? The Consumer Society and the Future of the Earth[M]. New York: W. W. Norton and Co., 1992.

6. Fritz Machlup. Knowledge: Its Creation, Distribution, and Economic Significance. Vol. I: Knowledge and Knowledge Production[M]. Princeton: Princeton University Press, 1980.

7. 乌家培. 信息经济与知识经济[M]. 北京：经济科学出版社，1999.

8. 刘向晖. 互联网草根革命：Web 2.0 时代的成功方略[M]. 北京：清华大学出版社，2007.

9. 罗家德. 网络网际关系行销[M]. 北京：社会科学文献出版社，2001.

10. Kevin Kelly. New Rules for the New Economy: 10 Radical Strategies for the Connected World[M]. Middlesex: Penguin Books Ltd., 1998.

11. 吴季松. 21 世纪社会的新趋势——知识经济[M]. 北京：北京科学技术出版社，1998.

12. 章铮. 新经济：一场伟大的争吵[M]. 北京：西苑出版社，2002.

13. 托马斯·达文波特，约翰·贝克. 注意力经济[M]. 2 版. 北京：中信出版社，2004.

14. 大卫·梅尔曼·斯科特，玲子·斯科特. 让订阅飙升、引爆商机的圈粉法则：流量世代，竞争力来自圈粉力[M]. 台北：采实文化出版集团，2020.

15. 菲利普·科特勒，何麻温·卡塔加雅，伊万·塞蒂亚万. 营销革命4.0：从传统到数字[M]. 王赛，译. 北京：机械工业出版社，2018.

16. Don Tapscott. The Digital Economy: Rethinking Promise and Peril in the Age of Networked

Intelligence[M]. 20th ed. New York: McGraw-Hill Education, 2015.

17. Nicholas Negroponte. Being Digital[M]. New York: Vintage Books, 1996.

18. 马化腾，孟昭莉，等. 数字经济：中国创新增长新动能[M]. 北京：中信出版社，2017.

19. 沃德·汉森. 网络营销原理[M]. 成湘洲，译. 北京：华夏出版社，2001.

20. 姜旭平. 网络营销[M]. 北京：清华大学出版社，2003.

21. 姜旭平. 网络整合营销传播[M]. 北京：清华大学出版社，2007.

22. 冯英健. 网络营销[M]. 北京：高等教育出版社，2021.

23. 杨立钒，杨坚争. 网络营销教程[M]. 2版. 北京：中国人民大学出版社，2019.

24. Alan Charlesworth. Absolute Essentials of Digital Marketing[M]. New York: Routledge, 2021.

25. Alan Charlesworth. Digital Marketing: A Practical Approach[M]. 4th ed. New York: Routledge, 2023.

26. Philip Kotler，Kevin Lane Keller. Marketing Management[M]. 16th ed. Upper Saddle River: Prentice Hall，2021.

27. 小威廉·佩勒尔特 D，杰罗姆·麦卡锡. 市场营销学基础——全球管理视角[M]. 14版. 北京：机械工业出版社，2002.

28. 卡尔·夏皮罗，哈尔·瓦里安. 信息规则——网络经济的策略指导[M]. 北京：中国人民大学出版社，2000.

29. 刘向晖. 论电子政府对企业网络营销的影响[J]. 商业时代(理论版)；2004(6).

30. 肖沙娜·朱伯夫，詹姆斯·马克斯明. 支持型经济[M]. 北京：中信出版社，2004.

31. 詹姆斯·菲茨西蒙斯 A，莫娜·菲茨西蒙斯 J，萨尼夫·波多罗伊. 服务管理[M]. 8版. 北京：机械工业出版社，2015.

32. 肯·萨可瑞. 注意力行销[M]. 岳心怡，译. 汕头：汕头大学出版社，2003.

33. 唐·泰普斯科特，威廉姆斯. 维基经济学：大规模协作如何改变一切[M]. 何帆，林季红，译. 北京：中国青年出版社，2007.

34. Ward Hanson, Kirthi Kalyanam. Internet Marketing and e-Commerce[M]. Mason: Thomson South-Western, 2007.

35. Gerard Adams F. The E-Business Revolution and the New Economy: E-Conomics after the Dot-Com Crash[M]. Mason: South-Western, 2004.

36. Kenneth Laudon C, Carol Guercio Traver. E-commerce 2021-2022: business, technology, society[M]. 17th ed. Essex: Pearson Education Limited, 2022.

37. Philip Kotler, Hermawan Kartajaya，Iwan Setiawan. Marketing 3.0: From Products to Customers to the Human Spirit[M]. Hoboken: John Wiley & Sons, Inc., 2010.

38. Hermawan Kartajaya, Philip Kotler, Den Huan Hooi. Marketing 4.0: Moving from Traditional to Digital[M]. Singapore: World Scientific Publishing Co. Pte. Ltd., 2019.

39. Philip Kotler, Hermawan Kartajaya, Iwan Setiawan. Marketing 5.0: Technology for Humanity[M]. Hoboken: John Wiley & Sons, Inc., 2021.

40. 雷蒙德·弗罗斯特，亚历克萨·福克斯，朱迪·斯特劳斯. 网络营销[M]. 8版. 北京：中国人民大学出版社，2021.

41. 艾拉·考夫曼. 数字时代的营销战略[M]. 曹虎，王赛，乔林，译. 北京：机械工业出版社，2016.

42. 渠成. 全网营销实战：开启网络营销 4.0 新时代[M]. 北京：清华大学出版社，2021.

43. Puneet singh Bhatia. Fundamentals of Digital Marketing[M]. 2nd ed. Noida : Pearson India, 2019.

44. Chaffey, Dave, Fiona Ellis-Chadwick. Digital marketing[M]. London: Pearson UK, 2019.

45. David Meerman Scott, Reiko Scott. Fanocracy: Turning Fans into Customers and Customers into Fans[M]. New York: Portfolio/Penguin, 2020.

第 2 章 网络营销的理论基础

本章学习目标

学习本章后，你将能够：

- 熟悉数字经济学、消费者行为理论、整合营销传播理论、直复营销和关系营销理论、企业对企业营销理论、内容营销理论、全球营销理论、服务营销理论、高科技营销理论和网络营销伦理学的基本概念和理论要点，理解它们对网络营销的指导意义，并了解利用相关的概念和方法解决网络营销问题的思路。
- 了解大数据用户画像在网络营销中的作用。
- 了解直复营销和关系营销的内在联系。
- 掌握黏性内容创作的成功原则和内容疯传 6 原则。

网络营销虽然是一个较新的学科分支，但它毕竟已经超越了倡导试错法的阶段，而且目前也基本上不存在实践超越理论的问题。与其他许多学科一样，网络营销也有着广泛而深厚的理论基础，忽视基本理论的唯一结果只能是在付出昂贵学费后重新注意到前人的理论。我们承认，网络营销的环境日新月异，但越是如此，便越要重视理论，因为理论阐明的正是变化中的不变量。

网络营销是数字时代的市场营销，它作为电子商务和市场营销的交叉学科，必须从这两个母学科中继承相关理论成果，将其作为本学科进一步发展的基础。网络营销的理论基础主要包含 10 个部分：数字经济学、消费者行为理论、整合营销传播理论、直复营销和关系营销理论、内容营销理论、企业对企业营销理论、全球营销理论、服务营销理论、高科技营销理论和网络营销伦理学理论。下面将逐一考察这些理论，考虑到所有这些理论本身都是自成体系的庞大学科分支，我们不可能论及有关这些理论的全部细节，我们把重点放在这些理论的基本概念、原理、框架体系及其对网络营销的理论指导意义上，为了方便读者根据需要进行深入的学习，我们有选择地向读者推荐了这些领域中一些重要的参考读物和网上资源。熟悉营销学理论的读者也许有跳过本章的冲动，不过，阅读本章绝不会是耽误工夫，笔者相信，哪怕仅仅是快速浏览本章内容也会加深读者对网络营销实质的理解。孔子曰："温故而知新"，况且，本章还会涉及数字经济学，以及特定营销理论与网络营销的关系。

2.1　数字经济学

数字技术通过比特呈现信息，从而极大地降低了数据捕获、创建、存储、运算和传输的成本。数字技术的发展将人类带入了数字经济时代,数字经济学研究的对象就是数字技术是否以及如何改变经济活动。

多伦多大学的哥德法波和麻省理工学院的塔克认为数字技术降低的经济成本可归纳为 5 类:搜寻成本(search cost)、复制成本(replication cost)、运输成本(transportation cost)、追踪成本(tracking cost)和验证成本(verification cost)。这些成本的下降会从国家、地区、企业和消费者 4 个层面对社会福利产生影响。

数字经济学与此前就有的电子商务经济学和网络经济学之间具有密切联系。电子商务经济学是研究因电子商务而引发的各种经济现象及其规律从而为电子商务实践提供理论指导的一个经济学分支学科,它主要讨论同电子商务有关的经济学问题,如消费者的在线搜索行为和搜索成本与市场效率的关系。网络经济学是研究网络环境下的经济活动及其规律的交叉学科,这里所说的网络不限于互联网,电力网络、交通运输网络、有线电视网络、电话网络也是网络经济学研究的对象,这些网络尽管性质不同,但表现出许多共性;网络经济学的目的就是要研究这些网络背后的经济规律,如网络外部性、网络产业的投资、经营与管理问题及网络经济条件下的垄断和政府的管制政策等。网络经济学发端于 1956 年贝克曼(M. J. Beckman)等人对高速公路网和铁路网的研究,对数据网络的研究则可以追溯到 1991 年。不过,随着互联网经济的崛起,网络经济学开始更多地关注互联网环境下的经济问题,如对数字产品属性和电子化市场(electronic markets)的研究。网络经济学的范围包含互联网经济学(Internet Economics)、网络产业经济学(Economics of Network Industry)和电子商务经济学(Economics of Electronic Commerce)等,因此电子商务经济学可以算是网络经济学的一个分支学科。由于网络经济学对电子商务的开展具有重要的指导意义,它成为我国电子商务本科专业的一门专业基础课。网络经济学的代表性著作有卡尔·夏皮罗(Carl Shapiro)和哈尔·瓦里安(Hal Varian)在 1999 年出版的《信息规则:网络经济的策略指导》及奥兹·谢伊(Oz Shy)在 2001 年出版的《网络产业经济学》。电子商务经济学领域的一本经典著作是得克萨斯大学奥斯汀分校电子商务研究中心的崔顺英(Soon-Yong Choi)和安德鲁·温斯顿(Andrew Whinston)等人在 1997 年出版的《电子商务经济学》,当然,夏皮罗和瓦里安的《信息规则》也是电子商务经济学领域的一部名著。与网络经济学和电子商务经济学相比,数字经济学出现的时间较晚,2000 年由布莱乔弗森和卡因主编的《理解数字经济:数据、工具和研究》被认为是数字经济学的开山之作,虽然该书通篇未使用数字经济学(digital economics)这一术语,但不论是内容、结构还是使用的分析方法都与目前主流的数字经济学著作近乎一致,而且参与该书编写的作者基本上都是经济学、信息系统、电子商务、决策科学、创业管理、金融学等领域的顶级学者,体现了数字经济学的跨学科特性。互联网经济学、电子商务经济学、网络产业经济学研究的许多内容,如在线市场价格离散程度、数字产品的定价与价格歧视、网络效应下的垄断与竞争分析等,仍然是数字经济学的主要研究对象,可见网络经济学与数字经济学有很多交叉。有人说网络经济学是数字经济学的前身或者分支,这个说法不够准确,网络经济学产生的时间的确早于数字经济学,但它研究的一些内容并不属于数字经济学的研究范围,如对交通网络和电力网络的研究。反过来,互联网技术也不是数字技术的全部,因此,数字经济学研究的很多问题也不属于网络经济学的研究范围。

数字经济学研究的问题涉及的范围很广,可从微观、中观和宏观三个层面进行分析。微观层面主要研究数字技术如何影响市场交易机制,包括对各种数字产品和数字服务的定价机制的研究,以及对在搜索成本、复制成本、运输成本、追踪成本、验证成本大幅降低后出现的新交易形式的研究。中观层面也就是产业层面,该层面研究的主要问题是网络外部性如何重构市场结构、双边和多边市场中的网络效应、网络兼容性及平台经济如何影响竞争策略等。宏观层面主要研究宏观经济运行的数字化变革，主题包括数字经济的统计核算、数字经济与经济增长的关系、对生产率悖论的解释、数字经济条件下如何实现包容性增长、数字技术对劳动的补偿效应和替代效应、数据资产的市场化流通、数字货币及数字税等。

哥德法波和塔克认为，数字经济学研究主要由三类基本问题构成。

(1) 对数字技术的经济学分析。互联网经济学、加密经济学、信息通信技术经济学、数据经济学等数字经济学分支都属于这类分析。对数字技术的经济学分析是数字经济学的一大特色，数字技术通常有助于降低搜索成本、复制成本、运输成本、追踪成本和验证成本，这对传统的经济学模型提出了哪些挑战？对商业模式创新又能发挥什么作用？不同技术的特殊性又在哪里？

(2) 对数字化市场和平台的研究。数字经济学研究数字市场和平台的运行机制，这些平台包括电子商务平台、共享经济平台及社会媒体网络，它研究的问题涵盖这些平台的定价模式、平台间的竞争、同边(same side)和跨边(cross side)网络效应及数据和算法所起的作用。网络经济学的研究告诉我们，网络的价值取决于网络规模及网络各节点间互动的方式，后者决定网络效应的强弱。我们经常用来说明网络效应的梅特卡夫定律实际上只适用于非常特殊的网络，它要求网络中的任何两个节点间都存在同样的互动，这在现实中是很难看到的。除了梅特卡夫定律，用来计算网络价值的定律还有：

- 萨尔诺夫定律(Sarnoff's Law)：网络价值和节点数成正比，适用于网络各节点之间完全没有互动的情况，比方说电视网络或者广播网络。
- 里德定律(Reed's law)：有 n 个节点的网络的价值等于 2 的 n 次幂，这适用于网络成员可以进行分组互动的情况，例如大规模多用户网络游戏(massive multiplayer online games, MMOG)网络。
- 奥德利兹科-蒂利定律(Odlyzko-Tilly's laws)：该定律是对梅特卡夫定律的修正，在该定律下有 n 个节点的网络的价值与 $n\ln(n)$ 成正比，适用奥德利兹科-蒂利定律的网络节点也存在两两互动，但两个节点间互动的频率并不相同，而是呈帕累托分布，即排名第一的节点的重要性(可以是与指定节点的互动频率)两倍于排名第二的节点，三倍于排名第三的节点，以此类推。

(3) 对数字技术对宏观经济运行及经济政策影响的研究。包括数字经济对社会福利的短期与长期影响，数字技术对全要素生产率、市场效率、就业、税收、金融、投资、国际贸易、国际关系等方面的影响，以及对平台企业垄断应如何规制等内容。

从数字经济学的研究范围可以看出，数字经济学对网络营销具有重要的指导意义。例如，著名奥地利学派经济学家哈耶克在 1976 年曾提出过货币非国家化的设想[①]，根据他的设想，由私人机构发行受市场机制调节的竞争性货币比由政府垄断发行的法定货币在经济上更具优越性。这个设想提出后，尽管受到社会的普遍关注，但由于私人信用不足的问题而无法付诸实施。不过，到了 2009 年，区块链技术和比特币的出现使得哈耶克的设想开始变为现实。根据 investing.com 提供的数据，截至 2023 年 3 月，基于区块链的加密货币已经超过 22904 种。加密货币的爆发不仅对金融行业形成了巨大冲击，也将改变企业管理和市场营销的格局。对营销而言，营销企业可以通过 ICO(initial coin offering，首次数字货币发行)向市场推出一种新的商品(本企业的数字货币)，这属于新的产品策略。即使不发行自己的数字货币，营销企业也需要在定价时考虑是否要接受某些数字货币作为支付手段，考虑这些货币价值的波动性，并考虑以这些货

[①] 弗里德里希·冯·哈耶克. 《货币的非国家化：对多元货币理论与实践的分析》[M]. 海口：海南出版社，2019.

币计价时应该如何定价。加密经济学(cryptoeconomics)这一数字经济学分支有助于营销企业做好和加密货币有关的决策。按照以太坊的开发者弗拉德·赞姆菲(Vlad Zamfir)所表述的，加密经济学是一门正式学科，它研究在去中心化的数字经济中能够决定商品和服务的生产、分销和消费的协议；它使用密码学、经济学及博弈论的相关理论来分析去中心化的加密系统，研究背后的经济学原理及激励因素，对重要协议的设计和特性描述给予指导。

经济工程(包括市场工程)在经济理论和企业经营管理之间架起一座桥梁，电子商务(包括网络营销)是实践经济工程的理想领域。

经济工程

作为一种思维方式，经济学分析首先把现实的经济问题抽象成一个优化问题，然后求解，最后把答案重新解释为具有经济意义的解决方案。抽象和求解的过程往往依赖一系列经济学假设。如果由此获得的答案被证明有误，经济学家通常能通过检查所依据的假设和推导过程来发现问题所在。数字经济学就是要建立适合数字经济条件的经济学假设，然后依据这些假设来建立模型解决实际问题。擅长处理理性人假设条件下竞争和合作问题的博弈论是数字经济学研究的主要工具之一。

因为网络营销是数字经济的一个重要方面，数字经济学理所当然地把有关网络营销的经济学问题作为研究的一个领域，我们从以上罗列的数字经济学研究的主要问题中就可以清楚地看到这一点。例如，数字经济学研究的数字产品的定价问题就对网络营销实践具有头等的重要性。数字经济学中有关网上广告特点和规律的理论对网络营销也有直接的指导意义。再如，我们知道，软件产品是网上交易的主要品种之一，可以想象，假如我们对软件产品的成本特性及软件使用所具有的锁定效应和网络效应一无所知的话，将很难理解捆绑销售的重要意义，也就无法为软件企业制定最强有力的产品和价格策略。

经济学和行为科学被称为营销学的父母学科，可见经济学理论对营销学的介入之多，贡献之大。作为研究数字时代经济活动的理论，数字经济学是网络营销10大基础中理论性最强的一个，它对网络营销的指导意义也最大。有理由相信，网络营销领域中的重大理论创新将源自对数字经济学规律的透彻理解。值得注意的是，数字经济学对网络营销的指导集中在战略层次而不是操作层次，所以研究数字经济学对网络营销战略的制定最具意义，许多时候，数字经济学的原理会明白无误地指明，在网络营销领域，哪些事情可为，哪些事情不可为。当然，我们对数字经济学的作用也不能过分夸大，因为现实市场中的人不能被简单地抽象为经济人，某些消费者行为是非经济理性的，这些行为只能用消费者行为理论去描述和解释，因此，消费者行为理论构成了网络营销的另一个理论基础。

2.2 消费者行为理论

消费者行为理论是市场营销的基础理论之一，但最早开始研究消费者行为理论的专业群体却是经济学家，不过，经济学家的研究局限于消费者行为的经济学分析，而且使用了过多的理想化假设。要全面理解消费者行为，必须同时考虑问题的经济、社会和心理方面；20世纪60年代后，消费者行为理论发展成市场营销的一个独立分支。从定义上看，消费者行为理论是一个学科，研究个人、群体或者组织为满足自身需要，而选择、获取、使用和处置产品、服务、体验或者观念的过程及该过程对顾客和社会的影响。从该定义可以看出：

- 消费者行为理论既涉及个人行为也涉及群体行为，即不仅要研究个人自身的行为，也要研究人与人之间行为相互影响的机制。

- 消费者行为理论不仅关心消费者的商品购买行为，还关心消费者使用和处置商品的行为，一般企业往往强调前者而忽略了后者，但是孤立地研究消费者购买行为只能获得对消费者的不完全认识，并且处置商品的方式还可能对人类生存环境产生长期影响，所以一个有社会责任感的企业应该鼓励消费者正确处置因使用企业售出的商品而产生的各种垃圾。
- 消费者行为理论不仅研究实物商品的选购和消费，还研究数字产品、服务和观念的选购和消费。
- 消费者行为对社会的影响也是消费者行为理论要研究的一个主题，因为有社会责任感的企业不是要鼓励或者利用消费者的不理智消费行为，而是要引导其向理性方向发展。
- 消费者行为理论又称为买方行为(buyer behavior)，因为它不仅研究最终消费者的购买行为，也研究企业的采购行为。

消费者行为理论研究的核心问题是消费者如何做出购买决策，即消费者为什么会购买、何时购买、向谁购买、怎样购买等。对于网络营销而言，消费者的网络使用行为也是研究者关注的一个焦点。本节我们主要讨论个人用户的网络使用和网上购买行为，企业购买行为将在 2.6 节中介绍。

2.2.1 个人用户的网络使用行为

个人用户的网络使用行为包括网络空间中的认知行为和网络服务的使用行为。

1. 网络空间中的认知行为

对网络用户而言，认知网络空间是利用网络从事其他活动的前提，消费者对网络信息空间的认知活动有以下 4 种方式。

(1) 冲浪(surfing)：指无目的地对网上内容进行比较随意的浏览。冲浪可以提高消费者对网络的熟悉程度，从而增进消费者对网络的信任。同时，消费者在浏览过程中如果发现特别的商机，也会加以收藏以便以后再次光顾，对于冲动性的顾客，甚至可能触发购买。网络用户冲浪的起点过去通常是他熟悉的某个门户网站，如网易、新浪、雅虎等，如今，越来越多的网络用户开始习惯于从社交 App(如微信)推荐的内容开始自己的冲浪之旅。

(2) 浏览(browsing)：利用主题目录有意识地查找有关信息。

(3) 搜索(searching)：利用搜索引擎有针对性地寻找特定项目并迅速定位信息。

(4) 社区互动(interacting)：在特定的虚拟社区中征求或发布意见，网络用户在社区互动时会比进行前三种活动时表现出更强的主观能动性。以网络日志、维基和社交网站为代表的 Web 2.0 应用的迅猛发展显著提高了普通网络用户参与社区互动的积极性，使互联网向参与型网络(participative Web)转变，同时在网上增添了大量的用户创作内容(UCC，user-created content)。

值得一提的是，有一种很有趣的搜索行为，称为导航搜索(navigational search)。导航搜索指的是，即使人们知道目标网站的网址，也仍然选择在搜索引擎中键入该网站的特征词，然后经由搜索结果页面访问目标网站。比方说，2023 年 11 月谷歌发布的美国用户使用的热门搜索关键词中，YouTube、Amazon、Facebook 排在前三位，这些都是最知名的网络品牌，在谷歌中搜索这些关键词的人完全可以通过直接输入网址来访问相应网站，但可能是出于习惯，或者是担心输入网址时出错，就选择通过搜索引擎来访问目标网站。更有趣的是，在谷歌热门搜索关键词中排在第 4 位的竟然是"google"！导航搜索行为的发现对于搜索引擎营销具有一定指导意义。

2. 网络服务的使用行为

网络服务的使用行为指网络用户利用网络完成特定任务的模式,包括用户上网的目的和对各种互联网服务的使用情况。在中国互联网络信息中心发布的各次《中国互联网络发展状况统计报告》中,可以了解到中国网络用户使用网络服务的行为模式及其演变情况。2003年6月,我国网络用户数量仅为6800万,只占总人口的5.3%,根据第12次统计报告发布的调查结果,这些人上网的最主要目是获取信息和休闲娱乐(见表2-1)。

表2-1 中国网络用户上网的最主要目的

用户上网的最主要目的	2003年/%
获取信息	46.9
休闲娱乐	28.6
学习	7.2
交友	7.5
获得各种免费资源(如免费邮箱、主页空间、软件等)	1.7
对外通信、联络(如收发邮件、短信息、传真等)	3.2
学术研究	0.4
炒股	2.1
情感需要	0.1
追崇时尚、赶时髦、好奇	0.6
网上购物	0.2
商务活动	0.4
其他	1.1

20年后的2023年6月,我国网民规模达到10.79亿人,互联网普及率达到76.4%。虽然我国的互联网普及率高于64.4%的全球平均水平,但和美国91.8%的水平还有较大差距,而爱尔兰、挪威、沙特和阿联酋的互联网普及率更是高达99%。我国非网民数量在2023年6月仍然有3.33亿,绝对数量位于全球第2位。根据第52次统计报告显示的调查结果,我国非网民没有使用互联网的原因如图2-1所示。

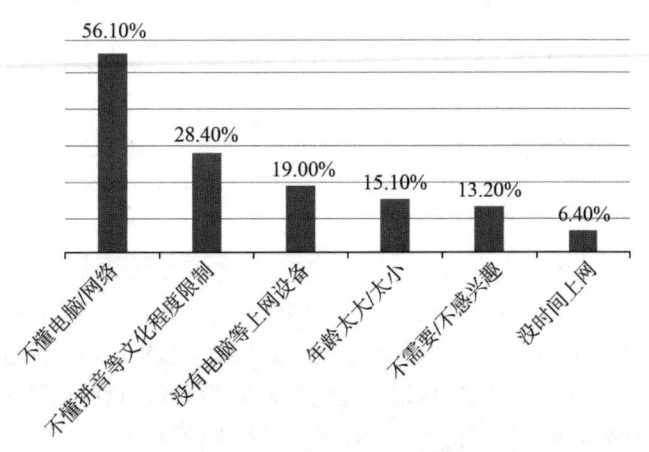

图2-1 非网民不上网的原因

- 不懂电脑/网络: 56.10%
- 不懂拼音等文化程度限制: 28.40%
- 没有电脑等上网设备: 19.00%
- 年龄太大/太小: 15.10%
- 不需要/不感兴趣: 13.20%
- 没时间上网: 6.40%

表 2-2 是第 32 次和 52 次《中国互联网络发展状况统计报告》(报告期为 2013 年和 2023 年 6 月 30 日)所显示的中国网络用户最常使用的各类网络服务情况。

表 2-2　2013—2023 年中国网络用户经常使用的网络服务的变化

应用	2013 年 6 月 网民规模/万人	使用率/%	2023 年 6 月 网民规模/万人	使用率/%	使用率变化/%
即时通信	49706	84.2	104693	97.1	12.9
搜索引擎	47038	79.6	84129	78.0	-1.6
网络新闻	46092	78.0	78129	72.4	-5.6
网络音乐	45614	77.2	72583	67.3	-9.9
博客/个人空间	40138	68.0	NA	NA	NA
网络视频	38861	65.8	104437	96.8	31
网络游戏	34533	58.5	54974	51.0	-7.5
微博	33077	56.0	NA	NA	NA
社交网站	28800	48.8	NA	NA	NA
网络购物	27091	45.9	88410	82.0	36.1
网络文学	24837	42.1	52825	49.0	6.9
电子邮件	24665	41.8	NA	NA	NA
网上支付	24438	41.4	94319	87.5	46.1
网上银行	24084	40.8	NA	NA	NA
论坛/BBS	14098	23.9	NA	NA	NA
旅行预订	13256	22.4	45363	42.1	19.7
团购	10091	17.1	NA	NA	NA
网络炒股	3256	5.5	NA	NA	NA
短视频	NA	NA	102639	95.2	NA
网络直播	NA	NA	76539	71.0	NA
网上外卖	NA	NA	53488	49.6	NA
线上办公	NA	NA	50748	47.1	NA
网约车	NA	NA	47199	43.8	NA
互联网医疗	NA	NA	36416	33.8	NA
网络音频*	NA	NA	32081	29.7	NA

注：NA 表示该项数据未列入调查范围；*包括网上听书和网络电台。

在中国互联网络信息中心发布的各次《中国互联网络发展状况统计报告》中还包括其他一些有关网络用户行为的信息，例如，网络用户上网的时间、地点、用户得知新网站的途径、用户对主要互联网服务的满意程度、对互联网基础设施的满意程度、用户通过网络获取信息的方法、用户获取信息的种类、用户浏览网站的地理分布和语种等，这些信息对于企业的网站设计和推广、网络广告的发布等网络营销活动具有重要的参考价值。

中国互联网络信息中心还会针对一些重点问题或者社会上关注的热点问题展开调查研究，并不定期地发布专门的研究报告，为我们更深入地了解这些问题提供了数据支持，这类报告包括《2021年全国未成年人互联网使用情况研究报告》《2015年中国网络购物市场研究报告》《2019年中国网民搜索引擎使用情况研究报告》和《2016年中国社交应用用户行为研究报告》等。

2.2.2 网络用户的网上购物行为

购物者在网上购物常出于不同的动机，了解他们的动机对于在线商家有针对性地制定营销策略很有帮助。对于在网上销售的企业或者网店店主而言，了解网络用户的网上购物行为更加重要。研究网上购物行为有两种方式，一种是通过建立模型，从理论框架上理解网上购物的影响因素；另一种是市场研究机构或者咨询公司通过问卷调查方法对网络消费者行为所做的分类研究，作为市场细分的基础。很多知名咨询机构经常性地开展对网上消费者行为的研究，如McKinsey(麦肯锡)公司、PwC(普华永道)公司和皮尤研究中心等。下面首先介绍一种网上消费者行为模型，然后介绍 Media Metrix 和 McKinsey 公司对网络消费者的分类，最后介绍中国互联网络信息中心的一个研究结果。

1. 网上消费者行为模型

消费者行为模型用来解释或者预测消费者会购买什么，通过什么渠道购买，何时购买，购买多少及为什么购买。如果能通过一个消费者行为模型理解消费者的决策过程，营销公司就能更好地制定营销战略。

肯尼斯·劳顿(Kenneth Laudon)和卡罗尔·圭尔乔·特拉弗(Carol Guercio Traver)在科特勒和阿姆斯特朗通用消费者行为模型的基础上提出了一种网上消费者行为模型(见图 2-2)。

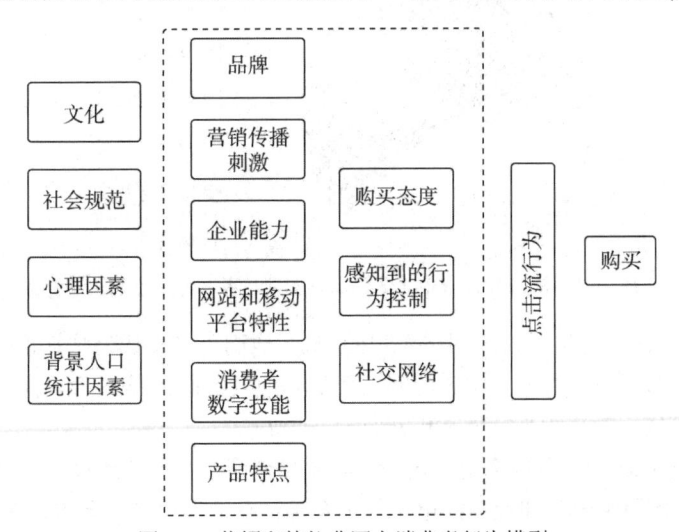

图 2-2 劳顿和特拉弗网上消费者行为模型

资料来源：Kenneth Laudon, Carol Guercio Traver. E-commerce 2021-2022: business, technology, society[M]. 17th. Essex: Pearon Education Limited, 2022.

在上述模型中，左边一栏的 4 个变量为描述给定背景信息的变量；中间一栏中的 9 个变量是网络营销企业可以影响的干预变量，其中第一列是可以直接干预的变量，第 2 列是中介变量；右边一栏是结果变量，包括点击流行为(clickstream behavior)和购买行为变量。与传统的消费者行为模型相比，网上消费者行为模型在可以直接干预的变量中增加了网站和移动平台特性、消费者数字技能和产品特点三个变量。网站和移动平台特性主要包括延迟(下载延迟)、导航性和消费者对网站和移动平台网络安全的信心。消费者数字技能包括网络消费者要完成网上购物所有操作必须具备的技能，比方说懂得如何注册成会员及如何进行网上支付等。产品特点指的是产品是否适合在网上销售的属性，如产品性能是否容易描述、产品是否容易包装和运输等。这三个网络环境新增变量和三个传统变量(品牌、营销传播刺激和企业能力)一起影响消费者对网购的态度及对网络环境不确定性的感知。社交网络变量包含在线社交网络和线下社交网络，一个消费者的社交网络会影响他的态度和行为，但社交网络本身也受中间栏第一列中变量的影响。结果变量中的点击流行为指的是一个网络消费者网上活动的轨迹记录，比方说从搜索引擎开始搜索，在浏览几个网站后锁定一个网站进行深入研究，直到最后在一个特定页面做出购买决定。网购行为也直接受点击流行为影响。对一个经营酒品的网店的上万条点击流数据的研究发现，利用网上消费者的点击流数据可在不了解顾客个人信息的情况下预测消费者的购买决策，所以网络营销企业可通过收集到的消费者点击流信息为该消费者定制营销传播信息来提高成交率。

2. Media Metrix 公司和 McKinsey 公司的结果

根据 Media Metrix 和 McKinsey 在 2000 年对网络用户所做的一项调查，网络用户可以分成以下 6 类(见图 2-3)[①]。

(1) 深居简出者(simplifiers)：占网络用户的 29%，这类消费者不喜欢在逛街或者网上冲浪上浪费时间，他们上街或者上网都有明确目的。他们一个月才上网 7 小时，但交易量却占网上总消费的一半。他们不是非常在意商品的价格，但对方便性却非常看重。

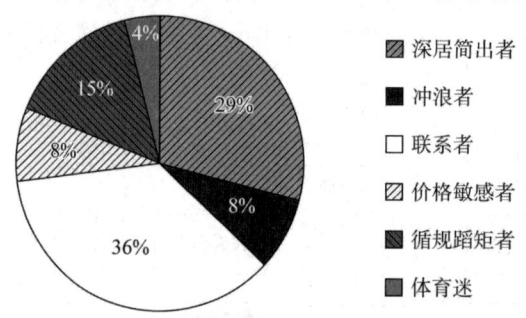

图 2-3　Media Metrix 和 McKinsey 公司对网络用户类型的划分

(2) 冲浪者(surfer)：这类人仅占网络用户的 8%，他们可以被认为是真正的网虫，因为他们将大约 1/3 的时间都花在上网上，阅读的网页数是其他人群的 4 倍以上。他们特别看重新鲜的内容和功能。所以他们最喜欢光顾经常更新且新颖的网站。

(3) 联系者(connector)：占网络用户的 36%，这类消费者上网年限短，上网的主要目的是与其他人交往，喜欢使用聊天室和免费的电子贺卡服务，不太喜欢在网上购物。他们更信任传统的网下品牌。

(4) 价格敏感者(bargain shopper)：占全体网络用户的 8%，这类人热衷于寻觅价廉物美的商品，喜欢上 eBay 类型的拍卖网站，喜欢看分类广告，懂得使用价格比较代理网站。这类人通常也喜欢加入网上社区。一半以上的 eBay 用户都属于这一类型。

(5) 循规蹈矩者(routine follower)：占网络用户的 15%，这一族群主要通过网络获得资讯，他们最喜欢新闻和财经资讯网站。吸引他们的最好方法是提供最快捷的新闻报道和实时股票信息。

(6) 体育迷(sport fan)：占网络用户的 4%，他们也喜欢通过网络浏览新闻，不过他们最关心

[①] Sandeep Krishnamurthy. E-Commerce Management: Text and Cases[M]. 英文影印版. 北京：北京大学出版社，2003：66-69.

的是体育和娱乐新闻。

3. 中国互联网络信息中心的结果

中国互联网络信息中心发布的《2015年中国网络购物市场研究报告》对网络消费者网上购物时考虑的主要因素进行了研究，结果发现网络口碑是消费者最看重的因素(见图2-4)。

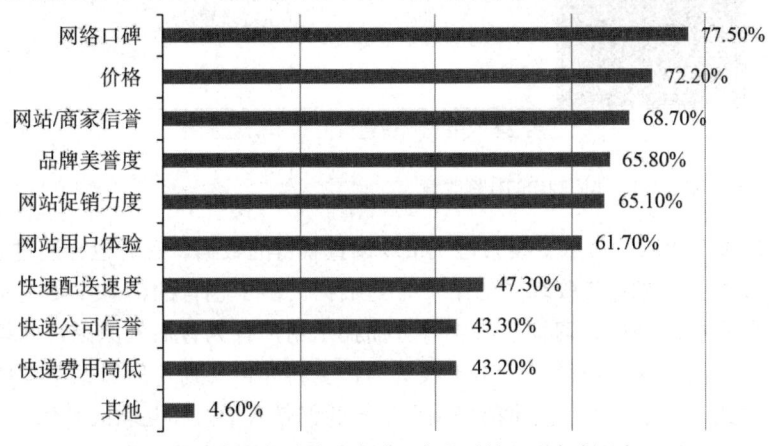

因素	比例
网络口碑	77.50%
价格	72.20%
网站/商家信誉	68.70%
品牌美誉度	65.80%
网站促销力度	65.10%
网站用户体验	61.70%
快速配送速度	47.30%
快递公司信誉	43.30%
快递费用高低	43.20%
其他	4.60%

图2-4　2015年网络购物用户购买商品时的主要考虑因素

需要注意的是，通过问卷调查对网络消费者所做的研究通常都有较大的局限性。受调查方法和调查对象的影响，调查结论一般只适用于所调查的区域，而且具有较强的时效性，一段时间后，调查结论就会过时，因此，其他地区的调查结果或者过去的调查结果都只能是"仅供参考"。幸好，大数据消费者建档(big data consumer profiling)能弥补这一缺陷。

2.2.3　通过用户画像和大数据建档洞察网上消费者

人物画像(persona)的概念是由互动设计之父艾伦·库珀(Alan Cooper)在20世纪80年代提出的，该概念浓缩了可用来构建用户模型的来自真实用户活动的特征属性。人物画像是虚拟用户图像，它们代表了不同类型用户具有的相似态度或行为。人物画像将人们分成不同的群体，每个群体都表现出相同或相近的购买行为。由于价值观或偏好相同，同一个群体对特定品牌、产品或服务会表现出相似的态度。因此，人物画像能够刻画出不同用户群体之间最显著的差异。起初，人物画像是基于少数用户的行为数据；随着数字技术的发展，作为分析目标的用户数量不断增加，人物画像的精准度也不断提高。如今，人物画像被广泛应用在电子商务和网络营销的各种活动中。

人物画像在营销中的主要用途是帮助企业了解不同客户群体购买或使用他们产品和服务背后的真实原因，这时人物画像经常与市场细分一起使用，用来刻画某一细分市场上的典型用户，帮助企业更好地了解用户需要，从而制定出更恰当的营销策略。根据需要，人物画像可繁可简。

图2-5显示了一个人物画像需要包含的基本元素，如基本信息、行为、兴趣和目标。通常，营销者会使用一个真实的人物照来代表特定的人物画像。

图 2-5 用户画像包含的基本信息示例

资料来源：根据 KMG 研究集团制作的样例改编

建立用户画像使用的信息主要来自从市场调查获得的数据，有时也会通过小组访谈和主题研讨会从已有的用户那里获取真实的用户行为数据。由于包含的信息主要是定性信息，用户画像更擅长从目标、动机、习惯、兴趣等方面揭示用户行为背后的原因，回答"为什么"而不是"是什么"的问题。在过去，由于收集用户资料非常不易，所以消费者档案和用户画像的用途基本一致。如今，数字技术的发展已经把我们带入了万物互联的时代，企业从各种来源获得的用户数据的数量、种类及更新速度都今非昔比，这就为营销企业洞察消费者提供了一个新的工具——大数据消费者建档。用户画像为企业提供了一个典型用户的模糊图像，而大数据消费者建档则能为企业提供一个关于消费者的动态全景资料。用户画像关注的是消费者行为背后的动机，大数据消费者建档则直击消费者的行为本身，通过大数据描述消费者正在做什么。这一变化本身说明大数据消费者建档已经放弃了因果推论的逻辑，相反它开始使用相关分析的逻辑，这一转变不仅在哲学思维层次更为严谨，更重要的是，它能更好地根据现有信息对未来做出预测，因而更有助于营销企业把潜在用户转变为真正的用户。因此，用户画像现在更多地被用在改善与现有利益相关者的沟通及改进产品设计与用户体验方面，如果营销企业的目标是获取新的用户或者是向现有用户销售更多产品，大数据消费者建档就更能发挥作用。大数据消费者建档能通过寻找与企业现有用户行为相似的人群锁定潜在用户，更美妙的是，这一切都可以通过系统、算法和数据自动实现。

企业可从各种来源获得用户数据，这包括用户的电脑、智能手机、数字电视、智能手表、车载设备等，当然，除了自己直接获得数据，企业还可从第三方获得数据。对于这些海量数据，企业要通过数据清洗(data washing)、用户身份识别(将从不同渠道获得的同一用户的数据整合在一起)、归类有效数据(主要是区分静态数据和动态数据)及建立标签和权重系统的方式进行数据挖掘。然后，企业就可以通过聚类分析、相关分析及回归分析等方法对数据建模。由于变量的数量多，基于同一用户数据就能建立成千上万个行为预测模型。大数据模型的优越性在于对这些已经建立的模型，企业能够用新的数据对其进行反复检验，根据结果做出调整和改进，提高模型的预测能力。消费者的大数据档案就是由这些经过检验的模型构成的，能为营销决策提供可靠的基础。与传统的消费者洞察方法相比，大数据消费者建档具有以下优势：

- 由于不需要调查人员现场收集数据，可避免调查者在场偏差，使获得的数据更加精准。
- 收集到的信息为全景信息，就是说，信息会来自每一个被调查者，不再需要从样本推断全体，这样就能更好地把握整体的复杂性和多样性，避免了"以偏概全"，还有助于发现大市场中的利基市场(niche market)。
- 大数据消费者建档获得的数据量庞大，可以进行多层、多维分割，获得消费者的全息图像；传统的调查取样由于样本量小，分割后得到的样本太少，获得的结论容易失真。海尔公司的大数据消费者建档就涵盖了 7 个层面、143 个维度，包含了 5228 个节点，传统的消费者调查是很难达到这种精细程度(见图 2-6)。

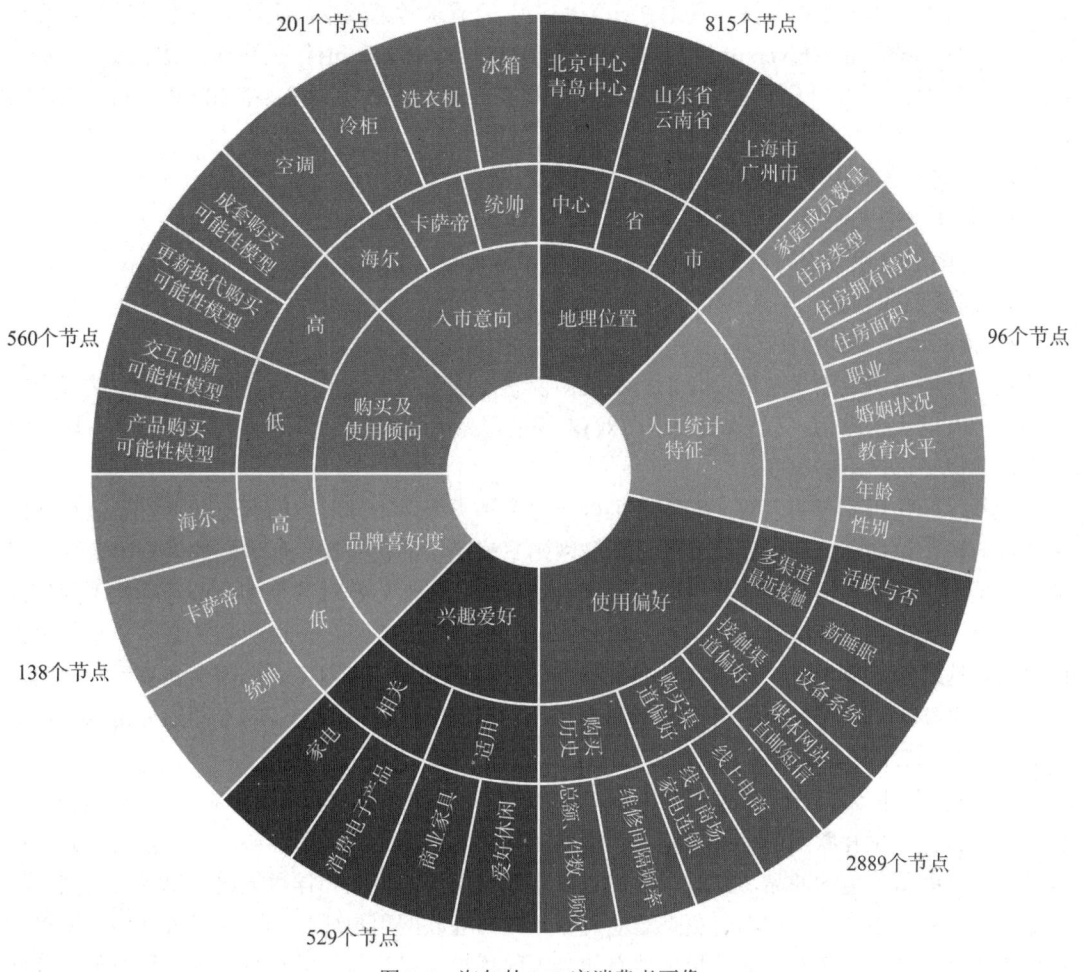

图 2-6 海尔的 360 度消费者画像

资料来源：艾拉·考夫曼. 数字时代的营销战略[M]. 曹虎，王赛，乔林，译. 北京：机械工业出版社，2016.

- 大数据消费者建档可以获得动态甚至是实时数据，有利于营销企业及时了解消费者行为的趋势性变化。我们知道，消费者行为会随时间、情景和环境的变化而变化。消费者的喜好、需求和动机都会改变，因此企业掌握的消费者信息应该是动态更新的。幸运的是，大数据消费者建档使用的大部分数据是用户的动态行为数据，允许实时收集和分析。大数据消费者建档的这一特性能让企业准确把握市场脉搏，调整自己的营销策略。

2.2.4 网上消费者行为对企业网络营销战略的影响

一些营销学典籍把消费者粗略地区分为功利型(理智型)和快乐型(情感型)两种，前者购买是为了达到某种目的和完成某种任务；后者则能从购买过程本身享受到乐趣。功利型购买行为通常与逻辑推理及特定需求联系在一起，具有较强的针对性并讲求效率，强调的是购物的结果——即最终获得的商品的特性及交易的条件。快乐型消费者追求购物过程的娱乐性和刺激性，具有一定的冲动性，消费者能够从购买过程本身获得满足感，买到的商品反倒成了购买过程的副产品。人们通常认为网上消费者中功利型购买者占绝大多数，所以网络营销企业往往会对功利型购买者给予更多关注，而对快乐型购买者的需求考虑较少。实际上，根据美国范得比尔特大学(Vanderbilt University)的多娜·霍夫曼(Donna Hoffman)和托马斯·诺瓦克(Thomas Novak)的研究，网络用户在上网时可以进入一种在心理学上被称为"心流(flow)"的状态，该状态:

- 具有一连串由于人机互动而产生的反应;
- 本质上令人愉快;
- 伴随着自我意识的丧失;
- 自我强化刺激;
- 对时间的感觉扭曲。

这一研究表明上网本身可以带来忘我的愉悦感，这意味着虚拟市场在吸引快乐型购买者方面同样拥有巨大的潜力，娱乐(如网络游戏)市场的经营者已经认识到了这点，但其他市场上的商家对此似乎仍然不够重视。

此外，一些研究表明，网上购物者可以分为多种类型，不同类型的网上购物者虽然有共同关心的问题，例如网上商店导航性的好坏和网站下载速度的快慢等，但他们的偏好也表现出了明显的区别。网络营销企业需要对网上购物者进行细分，然后针对各个细分市场确定不同的营销策略。一般而言，营销者应该把目标锁定在一、两种重点类型上，避免到处撒网、全线出击的做法，这样可以集中资源提高自己在重点市场上的竞争力，否则可能会因为要吸引次要用户而慢待了主要用户，在各个细分市场全面失利。下面简要讨论一下企业对不同细分市场用户应当采取的营销策略。

(1) 新网民市场：这一市场上的用户刚开始使用互联网，对互联网了解不多，但充满好奇，他们非常希望尝试互联网的种种功能，但他们对网上购物缺乏经验和信心，所以往往首先试探性地购买一些低价值的商品，同时，他们也需要简单明了的界面和详尽无遗的提示。当然，社区中上网前辈的指点对他们而言更是难能可贵。我国互联网用户增长仍然有很大潜力，所以可以归为新网民的网上消费者的数量仍然有相当大的规模，研究他们的购物行为并针对他们开展营销对中国的在线销售商是很重要的。

(2) 谨慎购买者市场：这一市场上的用户对网络安全和信息隐私非常担忧，所以，他们通常只使用互联网来搜索商品和市场信息。简明易懂的安全性说明和隐私政策都会缓解这些人的不安。面向他们销售有时需要结合传统手段，例如，允许他们使用货到付款的方式支付。当然，高质量的用户服务也能增强他们的信心。

(3) 便宜追求者市场：这一市场上的用户经常使用比较购物网站来寻找更优惠的价格，他们不会是任何商家的忠实顾客，哪里便宜，就到哪里购买。打折促销对这些人是非常奏效的策略。

(4) 理智型购物者市场：这一市场上的用户购物一般都有非常明确的目标，而且他们对所购商品都有一定程度的了解，他们最关心的是有关商品的准确参数，当然，他们有时也需要向销售人员或有经验的顾客咨询关于产品的某些知识。企业需要为这一市场上的用户准备详尽无遗的产品资料，最好能同时开办以产品选购和使用为主题的虚拟社区。

(5) 购物热衷者市场：这一市场上的用户希望从购物中享受到乐趣，他们购物的频率高，是最有价值的顾客。为了吸引这些人，企业可以设法增添网上购物环境的娱乐、休闲价值，如提供在线娱乐或者其他趣味性强、能吸引他们参与的节目。

(6) 时间短缺者市场：这一市场上的用户选择在网上购物往往是迫不得已，因为他们没有时间去商业中心寻找所需的商品，这些人最看重的自然是网站的导航功能、下载速度及网站提供的便利服务，他们通常不太看重价格，对他们来讲，方便和可靠才是第一位的。为该市场提供服务的企业应该把重点放在网站的功能和可靠性方面。

网上消费者行为的有关研究对提高网络营销决策的成功率有重要的参考价值，例如，Shop.org 与 BizRate.com 对上千名在线消费者所做的一项研究表明，有将近一半的受访者在到实体店面消费或以邮购方式购买之前，会先上网搜寻产品信息，但是有 45%的受访者却反向而行，他们会先去实体店家寻找信息，之后再上网进行消费。前一种购物模式我们称之为网站挑选(webrooming)，后一种模式我们称之为店铺挑选(showrooming)，对这两种模式我们将在 6.10.1 节进行更多讨论。这一研究充分说明了研究跨市场行为的重要性。

> 按照 Media Metrix 公司和 McKinsey 公司对网络用户的分类，考虑自己属于哪类网络用户。

2.3 整合营销传播理论

整合营销传播理论(Integrated Marketing Communications, IMC)又简称为整合营销理论，因为整合营销传播理论的名称很容易让人误解为这仅仅是有关营销传播的理论，而实际上它却是一种相当系统的营销理论，整合营销传播理论的倡导者有句格言："营销就是传播"。同时，他们认为当前能为企业带来竞争优势的领域只有两个，一是传播，二是物流。这一看法貌似极端，其实大有深意，商务最重要的流程可以被分成 4 类：物流、信息流、资金流和商流，其中又以物流和信息流最为基本。营销传播理论本质上就是有关营销的信息流的理论。

2.3.1 互联网传播的特点

互联网是影响力直逼报纸杂志、户外广告、广播和电视等 4 大传统媒体的又一大媒体，具有信息容量大、覆盖地域广、交互性强、费用低廉、适合程序处理等优点，但互联网在整合营销传播中的作用又不限于单纯地充当媒体，它还可以有力地支持销售，充当一个新的营销渠道，网上直接销售本身也是消费者了解企业营销信息的一个重要途径。与传统媒体相比，互联网传播具有以下 5 个特点。

(1) 非线性传播。互联网传播的一种最重要方式是基于超文本文件的传播，而超文本可以超出线性结构，即浏览者可以通过跟随超链接实现在文档间和文档中的不同位置间的跳转。这种结构特别适合表达逻辑关系复杂的主题，所以互联网传播在传递复杂信息的效率上高于其他媒体。同时，这表明信息结构对互联网传播的极端重要性，因为离开了简单有效的导航，网络用户很容易迷失在信息的海洋中，而无法全面把握传播者希望传达的信息的要领。

(2) 互动的双向传播。互联网传播不像广播、报纸杂志或者电视那样只能进行单向传播，而是可以像电话一样实现双向互动，这一特性对于营销非常可贵，因为公司非常需要了解客户的反馈信息。在传播信息方面，互联网可以进行用户拉动的传播：许多网页内容都被搜索引擎编制了全文索引，用户借助搜索引擎可以很快地进行信息定位，然后有针对性地查看自己感兴趣的内容。除了搜索引擎，用户还可以通过订阅电子期刊、RSS 信源[①](RSS feed)，或者关注微博、微信公众号等方式来获取自己感兴趣的内容的更新情况。

(3) 支持多对多传播。在网上，能够对大众说话的不再局限于传媒公司或者营销企业，用户也可以通过论坛、网志等社会媒体进行公开的发言。营销企业可以利用这一特性建立起虚拟社区，来建立和发展与顾客的关系。

(4) 费用低廉。与其他传播方式相比，互联网传播的费用比较低廉，尤其是在传播范围广、传播信息量大的时候，互联网传播的成本优势可以更好地体现出来。不过，也正是因为互联网传播的费用低廉，所以通过互联网传播的信息五花八门、良莠不齐，既有高质量的学术研究成果，又有无意义的信息垃圾，甚至还有各种违法或者违反道德的信息。这降低了互联网传播的可信度和可见度，但也说明了互联网品牌对于有效的互联网传播的重要性。

(5) 个性化传播。互联网传播不仅可以用作大众传播(或称广播，broad casting)的工具，还可以进行针对性强的小众传播(或称狭播，narrow casting)，即对不同的群体传递不同的信息，比如说允许消费者自行选择所订阅的内容，或者设定个性化网站界面，甚至是运用算法向受众推送他们最喜欢的内容。个性化传播固然可以替消费者过滤掉无关的或者用户反感的信息，改善消费者的浏览体验，但也会形成信息茧房(详见 4.2.1 节)，强化个人的原有立场，加剧人群间的意见隔阂。

2.3.2　IMC 的要点

IMC 是一个崭新的理论，学者们仅仅在 IMC 的重要性上达成了一致意见。毫不奇怪，IMC 还有许多其他的名称，如整合传播理论、最大化营销理论、全整合营销及整合品牌传播等。

IMC 理论的发源地——美国西北大学新闻学院给 IMC 所下的定义是："IMC 是对有关一个产品的所有信息来源进行管理的过程，它促进顾客的购买行为并保持顾客忠诚。"[②]在今天的西北大学新闻学院的网页上，IMC 的定义已经演变成："对机构旨在建立与潜在顾客及利益相关者(包括雇员、立法者、媒体、金融机构等)积极关系的传播的管理。"这是第一个把对所有利益相关者的传播包括进来的 IMC 的定义。

许多人把整合营销传播理论简单地理解成由 4P 到 4C 的转换，实际上，4C 的概念并不是整合营销传播理论的核心内容，更不是整合营销传播理论的全部，按照科特勒的理解，4P 到 4C 的转换其实只是一种视角的变换，营销者一方的 4P 组合从消费者的角度看就转变成 4C 组合，4P 和 4C 具有一一对应关系(如表 2-3 所示)。

表 2-3　4P 与 4C 的对应关系

由内及外的 4P	由外及内的 4C
Product(产品)	Customer(顾客的需要)
Price(价格)	Cost(对顾客而言的成本)
Place(渠道)	Convenience(便利性)
Promotion(促销)	Communication(传播)

有人把 IMC 的传播协同概括为各种传播渠道"用同一个声音说话"，这是一种过分简单的表述，实际上，各种传播渠道可以传达不同的信息，只要这些信息相互补充而且不相互矛盾。并且，IMC

---

① 国内也有人把 RSS 信源翻译为 RSS 喂送。

② Caywood, Clarke. The Handbook of Strategic Public Relations & Integrated Communications[M]. New York: McGraw-Hill, 1997.

还意味着在传播管理中要从客户的角度考虑传播的效果，因为所有传播最终必须作用于客户。

有整合营销传播之父之称的美国西北大学教授舒尔茨(Don E. Schultz)为了强调 IMC 的客户导向和互动特征，特地将进行整合营销计划的要点总结为 5R[①]：第一个 R 是及时回应(responsiveness)，也就是说针对客户的需求和愿望，企业应当以快速而高效的方式做出回应，企业不仅要向客户传递信息，还要注意倾听客户的声音，还有人因此把整合营销传播(IMC)翻译为整合营销沟通；第二个 R 是关联(relevance)，也就是说企业的营销传播计划要和受众的利益密切相关，占用受众的注意力资源去传播不相干的信息既是无效的也是不道德的；第三个 R 是接受(receptivity)，也就是说要选择在客户需要信息并且愿意接受信息的时候去传播信息，而不是单方面决定营销传播的时机。第四个 R 是认知(recognition)，也就是说企业要把品牌当成最重要的资产，因为客户更信任他们熟悉的公司传达的信息；第五个 R 是关系(relationship)，也就是说公司要力争在互利的基础上建立和发展与客户的长期关系。

IMC 的关键是灵活运用以广告、销售促进、公共关系、人员推销和直接销售为主的各种传播渠道，通过妥善安排各次传播的渠道、预算、内容和启动时间，使其相辅相成，以获得最佳营销效果。我们注意到互联网的介入会影响营销传播组合中的全部传播渠道：广告攻势可以在网上或网下展开，销售促进和公共关系也可以使用网络工具，在线销售及电商直播更是直接销售中的后起之秀；即使对人员推销，网络资源也可成为推销人员的得力助手。我们看到，网络营销大大地增加了整合营销传播管理的难度，但也提高了它潜在的威力。因此，从事网络营销必须要重视整合营销传播理论的运用。

1. 品牌和整合营销传播

我们知道，在当今的营销理论中，营销的对象可以是企业的商品或者服务，也可以是地方、人物、事件、非营利组织的服务或者某种观念。在大多数场合，我们可以把营销的对象归结为品牌。

按照美国营销学会的定义，品牌指的是旨在将商家的一个或一组商品和服务与其竞争者区分开的名称、术语、标记、符号、设计或它们的组合。一切机构和商品都可以被视作品牌。按照以上定义，具有专属性的互联网域名也是品牌。品牌在今天的市场竞争中发挥着非常重要的作用。

(1) 品牌可以为消费者提供符号价值，使企业具有某种程度的垄断地位，优势品牌可以为企业的产品带来更多溢价。

(2) 品牌可以降低消费者搜索成本，并在产品质量方面为消费者提供信心保证，企业因此可以赢得消费者信赖，并在一定程度上阻止新的竞争者进入市场。

在网络经济的条件下，品牌比从前更重要，原因如下。

(1) 网络经济条件下消费者的信息搜索成本大为降低，无品牌的大宗商品的竞争将空前激烈。

(2) 网络市场对信任提出了更高的要求，品牌溢价效应更显著。人们已经观察到，网络市场上的价格离散程度比传统市场更高，这主要是网上品牌作用更强的表现。

(3) 网络用户对自己喜欢的品牌具有很高的忠诚度。哈里斯互动(Harris Interactive)公司受 Ebates.com 委托在 2000 年所做的一项调查表明，60%的网上购物者会直奔他们熟悉的网店购买商品。

(4) 在网络经济条件下，商家可能在很短的时间内建立强有力的品牌，如 Google 只用不到 5 年的时间就打造出全球最有影响力的品牌，这在传统经济的条件下是很难想象的。

可以理解，品牌对它的拥有者而言是一种非常重要的资产，表 2-4 是 2023 年世界上最有价

[①] Schultz, Don E. Marketing Communication Planning in a Converging Marketplace[J]. Journal of Integrated Communication, 2000-2001.

值的 10 个品牌。

表 2-4　2023 年全球最有价值的 10 个品牌

品牌	苹果	微软	亚马逊	谷歌	三星	丰田	奔驰	可口可乐	耐克	宝马
品牌资产/亿美元	5026.80	3166.59	2769.29	2602.60	914.07	645.04	614.14	580.46	537.73	511.57

资料来源：Interbrand.

品牌价值主要表现在品牌知名度和品牌形象两个方面，而整合营销传播在扩大品牌知名度和建立品牌形象方面都可以发挥很重要的作用。一般认为，受众获得品牌信息有以下 4 个来源。

- 计划内信息：指公司通过正式营销传播渠道向目标受众传递的经过精心设计的品牌信息。
- 产品负载信息：指通过企业产品的款式、性能、价格和销售渠道向目标受众传递的品牌信息。
- 服务负载信息：目标受众从自己与公司的客户服务人员、前台、秘书、送货人员及其他能代表公司的人员的接触中获得的品牌信息。
- 计划外信息：指通过新闻报道、口碑效应、第三方调查报告、同行或者竞争对手评议传递的品牌信息。

以上通过不同渠道传递的品牌信息经常杂乱无章，有时甚至会相互抵触；这不仅影响传播效率，而且可能影响传播的效果，进而影响品牌的形象。因此，公司必须以 IMC 理论为指导，了解不可控制的信息，并利用可控制的信息引导或者平衡不可控制的信息，达到最佳的传播效果。

2. 实施整合营销传播的难点

企业实施整合营销计划并非轻而易举，它不仅要求营销经理更新观念，而且要求企业实施组织结构创新。我们知道，很多大公司都以职能为基础来划分部门的组织结构，而 IMC 必须依赖跨部门的合作才能完成。因为每个职能部门都有各自的局部利益，而使公司利益最大化的整合营销策略未必使每个部门的利益最大化，所以如何协调各个部门克服来自内部的变革阻力是很关键的一步。这牵涉如何用协同工作获得的超额收益对个别局部利益受损的部门进行补偿的转移分配问题。当然，要完成部门间的协调，企业最高管理层的全力支持是必不可少的。许多企业为了更好地实施整合营销，还特别设置了首席传播官(CCO，chief communications officer)这一职位，负责整合营销传播计划的制定和实施。

将广告、公关、直销、促销业务外包给其他机构的企业会面临更大的问题，因为目前的营销服务机构通常都专攻某项或者某几项业务，因此，企业的营销传播工作经常由几个不同的机构去分别完成，这些机构也需要进行有效的协同，这势必会增加整合营销传播的难度。

2.4　直复营销和关系营销理论

有人习惯把直复营销(direct response marketing)简称为直销，但为了将其与直接销售(direct selling)相区别，本书还是统一将其称为**直复营销**[①]。直复营销是一种有着悠久传统而又随着信息技术的进步在当代重新焕发出无穷活力的营销方式。

[①] 我国台湾地区称其为直销行销。

2.4.1 直复营销的概念

像营销中的大多数术语一样，直复营销也有多种不同的定义，这里选取几例。

我们经常可以看到的一个定义是美国直复营销协会(Direct Marketing Association)给直复营销所下的定义："直复营销是使用一种或多种广告媒体在任何地点达成交易或者产生可以度量的回复的一个互动的营销系统。"这个定义说明了直复营销不同于普通营销的三个特性。第一，互动性。直复营销中的营销传播是双向的，不仅要说，而且还要听，所以直复营销不论采用什么媒体都要给受众一个便捷的反馈渠道。第二，可测性或者说可度量性。直复营销要求获得的反馈必须能精确测量，使营销者能了解反馈来自哪次传播。第三，地点消失。在传统的营销特别是传统的销售中，地点选择是至关重要的，但在直复营销中，双向传播可能在任何地点发生，在顾客家里、在公共场合或者在工作场所。

英国直复营销研究所的定义是："为了将来制定可以达成长期顾客忠诚的营销策略并保证持续的业务成长，在一段时期内对顾客直接回复行为所做的有计划的记录、分析和跟踪。"

科特勒和阿姆斯特朗的定义是："为获取及时的回复并发展持久的顾客关系与精确选定的顾客个人做直接的营销传播。"

仔细比较后可以发现，以上三种定义其实是相互补充的关系。科特勒和阿姆斯特朗突出了直复营销中回复的及时性，因为它才是直复营销与其他营销方式的最大区别所在，如果忽略了这点，那么几乎所有的营销行为都可以算作直复营销，比方说，有人会把在大城市的闹市区设一块大广告牌的做法也当成直复营销，因为如果有必要，广告主也可以使用受众调查的方法来了解这块广告牌所发挥的效力。英国直复营销研究所的定义则更多地强调了直复营销的目标和具体操作。

虽然直接销售通常是直复营销，但直复营销未必是直接销售，因为直复营销可以有渠道经销商的参与，未必都是直接面向终端顾客的直销。即使某些极端依赖渠道的企业依然有实施直复营销策略的可能性。例如，百事可乐在1993年遭遇到一次品牌危机事件，事件的缘起是在某地有人往可乐罐里恶意投毒。为挽回影响，百事可乐在全美大量投放了印有1美元折价券的报纸广告，消费者可以使用该券省1美元购买24罐装的百事可乐产品(原价大约为7美元)，同时，零售商可以凭收到的每张折价券向百事可乐报销折让的1美元外加8美分的处理费。百事可乐在这次直复营销活动中从全国各地回收了大量折价券，根据折价券的编号体系，百事可乐获得了宝贵的全国报纸媒体的业绩比较表，同时对每种零售业态销售百事可乐产品的能力也一清二楚，更重要的是，百事可乐成功挽回了危机事件对于公司销售的影响。可见，直复营销并非直销企业的专利，几乎任何企业都有发展该策略的可能性。

企业既可以单一地使用直复营销，也可以将其作为企业整体营销战略的一部分，直复营销普遍适用于提供产品或服务导向的公司，也适用于非营利机构的营销。此外，它不仅适用于消费品市场的营销，而且适用于产业市场的营销。

2.4.2 直复营销的形式

根据所选择的主力传播媒体的不同，直复营销可以分为许多不同的形式，传统的直复营销形式有：人员直接销售、目录营销、直邮营销、电话营销、直复广告营销、订购终端营销(kiosk marketing)和在线销售(online marketing)。随着社会的不断进步，有些直复营销形式已经风光不再，例如，直邮营销曾经是一种非常重要的直复营销形式，但是基于效率和费用方面的考虑，它开始逐步让位给更具成本优势的电子邮件营销和短信息营销(SMS marketing)。目录营销的载体也有了变化,印制的产品目录越来越多地被数字产品目录所取代,目前一般只有在奢侈品市场或者银发市场之类的一些小众市场才能见到纸质的产品目录。

在线销售(online marketing)是直复营销的一种新形式,也是网络营销的一个重要组成部分,它指利用互联网向特定用户销售产品或者服务的营销方式。与其他直复营销的方式相比,它更灵活、更迅速、更容易评价也更具成本效率,对于可以数字化的产品或者服务,在线销售尤其具有优势,我们将在第 6 章对在线销售进行更深入的讨论。

在线销售实际上是订购终端营销的自然延伸。订购终端不同于自动贩卖机,因为它只有订购功能,而不能立即给顾客交付商品。同时,订购终端是一种专用设备,通常安装在专营店铺(如 Argos,图 2-7)内部供光临店铺的顾客预订短缺的商品,用户通过订购终端一般只能向特定的商家预订商品。

图 2-7 Argos 的订购终端营销

2016 年开始起飞的直播电商是直复营销的一种新形式。直播电商具有以下特点。

- 号召即时行动:在直播期间,主播可以鼓动直播间观众立即采取行动,如购买商品、报名参加促销活动或获取限时优惠。直播的互动性使观众能即刻做出各种回应。
- 演示和产品展示:直播电商提供了展示产品或服务的机会。主播可以现场演示产品特点,突出产品优势,解答观众提出的各种问题,消除观众的疑虑,从而营造出一种有说服力的环境,促使观众采取行动。
- 限时优惠和稀缺性:直播电商可以通过提供限时优惠、独家折扣或限量销售来刻意营造稀缺性,刺激观众进行冲动性购买,达到促销效果。
- 实时互动和反馈:观众可以在直播过程中与主播直接互动,这种即时反馈循环可以让主播通过个性化回应赢得观众信任,提高直复营销的有效性。
- 可测量的结果:直播电商平台通常提供分析和跟踪工具,以测量直播过程中观众的参与度、转化率和销售额。这些指标使营销人员能够评估直播的有效性,并对直播进行基于数据的优化。

直播电商作为直复营销工具的效果取决于多种因素,如内容质量、主播的声誉、产品或服务的相关性及主播创造体验的能力。不过,整体而言,利用实时互动、演示、限时优惠和即时行动号召,直播电商可以成为实施直复营销的有效方式。

直复营销的形式虽然在不断变化,但它的原理始终是一致的,所以使用一种直复营销形式的经验可以很容易地移植到另一种直复营销方式中。从现有的案例看,从事过一种形式直复营销的企业再从事其他形式直复营销时比从未有过直复营销经验的企业更容易获得成功;原因有两个，一个原因是不同形式的直复营销的某些流程和设施可以共用(如配送服务或者仓储中心)，更重要的一个原因是企业积累的一些直复营销经验(比如如何扩大客户基础)可以很容易地移植。不同的直复营销方式通常各擅胜场；企业如果能灵活运用直复营销的不同形式，必能收到事半功倍的最佳效果。

直复营销最大的优势在于供求双方的直接互动，营销者可以从互动中深入了解客户的真实需求，从中把握新的市场机会，并通过提供周到的服务与客户建立持久的关系。直销理论的主要分析方法是顾客生命期价值(lifetime value，LTV)分析，即通过贴现顾客在未来的购买来估计该顾客对公司的价值。直销战略的绝大部分是以 LTV 分析为基础的。例如：

- 制定获取新顾客的投入预算。
- 确定有价值的核心顾客的范围。
- 制定挽回流失的老顾客的方略。
- 评估营销数据库的资产价值。

数据库营销就充分利用了 LTV 方法的威力。

2.4.3 直复营销的 4A 策略组合

普通营销策略的制定可以从产品、价格、渠道和促销这 4 个方面(4P 组合)来考虑，而直复营销的策略组合则是一个包含 5 个要素的框架体系。这 5 个要素是广义产品、创意、媒体、频次和客户服务。

- 广义产品除了指产品或者服务本身，还包括产品的价格、交货条件，直复营销虽然适用于几乎所有类别的产品，但有些类别的产品比其他产品更适合直复营销方式，同时，交货条件中应该包含适当的风险降低条款，如退货条款。
- 创意体现在传播的文案设计、图形设计、个性化实施方案等方面。
- 媒体策略指在各种不同的传播媒体间作出选择。
- 频次策略涉及传播次数、时间间隔安排等方面的决策。
- 客户服务的主要内容有快速而准确的订单履行、对顾客问询和投诉的快速响应及对退货条款的履行。提供 800 免费客户服务电话、在线客服、接受信用卡付款、提供明确的退款保证都是极其有效的成功要诀。

斯坦·拉普(Stan Rapp)和恰克·马丁(Chuck Martin)在其著作《网络未来的最大化网络营销：在网络经济时代战胜竞争对手的 7 条戒命》[1]中提出，直复营销在网络时代可以实现规模化，大规模直复营销(direct mass marketing)在网络时代终于成为现实。在网络时代，直复营销的策略组合可以概括为 4A，这 4A 分别是：

- 目标可瞄准(addressability)：营销者能够发现最佳潜在顾客并对他们进行精确瞄准。
- 结果可测量(accountability)：营销活动的结果和绩效很容易被测量。
- 成本可负担(affordability)：营销者能够以具有成本效率的方式与顾客进行互动。这意味着任何直复营销活动必须具有经济性，即必须是有利润的。
- 信息可送达(accessibility)：营销者能够发送信息给潜在顾客，并且潜在顾客愿意接收这些信息。

很显然，网络营销为高效的直复营销提供了良好条件，直复营销则为网络营销指明了一条

---

[1] Stan Rapp, Chuck Martin. Max-e-marketing in the Net Future: The Seven Imperatives for Outsmarting the Competition in the Net Economy[M]. New York: McGraw-Hill Companies, 2001.

成功的道路。

2.4.4 关系营销理论

关系营销理论起源于 20 世纪 70 年代一批北欧学者对服务营销和 B2B 营销的研究，它强调建立、增进和发展同顾客长期持久的关系。引进关系营销概念的学者认为传统的营销理论依赖于多种来自美国消费品市场的假设，而这些以短期交易为原型的假设明显不适用于企业对企业的市场营销和服务市场营销，在这两种营销中，与客户建立长期关系是很重要的。如今，关系营销理论早已超越了企业对企业的市场营销和服务市场营销的范围，一些学者甚至认为关系营销标志着营销理论和实践的一个新时代。

按照芬兰营销学大师克里斯琴·格鲁乌斯(Christian Grönroos)的定义，关系营销是"在有利润的前提下识别、建立、保持、提升、终止与客户及其他利益相关者的关系，从而使相关各方的目标得以实现。这通过相互交换并履行承诺来完成。"

邦内和库茨给关系营销所下的定义是："为了共同利益建立、培育和维持与个人顾客、供应商、分销商、零售商、员工及其他伙伴的长期的有成本效率的关系。"[1]可见，关系营销理论要解决的核心问题是如何建立和发展长期的互利关系，关系营销中的关系可以分为 4 类。

- 与供应商的关系。
- 横向关系，指与同行企业、政府部门及其他有关组织的关系。
- 组织内部关系，指企业与员工的关系及企业各部门间的关系。
- 与客户的关系。

在建立和维系与客户的关系这一点上，关系营销与直复营销基本上是一致的，但关系营销理论还强调发展与供应商甚至竞争对手的良好关系，将结盟作为取得竞争优势的手段，这一思想在组织之间的电子商务中得到贯彻。

建立和维系与客户的关系是关系营销要考虑的一个主要问题，而建立这种关系的基础是做出承诺、落实承诺和履行承诺。做出承诺主要靠网络营销传播来实现，而落实承诺则主要靠内部营销来实现。

内部营销本来是服务营销的一个概念，但如今已随着关系营销理论渗透到当代营销理论的许多方面。内部营销将员工视为企业内部的顾客，公司将服务提供给外部顾客之前需要把服务工作首先出售给员工。内部营销的主要工作包括招募到有才干的员工并为他们提供所需的工具、培训和激励，支持他们高效地完成工作。内部营销的着眼点是以下的因果链条：

内部服务质量→员工满意度→员工留置→外部服务质量→顾客满意度→顾客保留→利润

虽然内部营销工作主要是人力资源部门的职责，但人力资源部门要成功地完成这项工作，必须和营销部门及运作部门协同工作。互联网和企业内部网的运用可以显著提高内部营销的效率，例如，人员招聘、员工培训等都非常适合在网上进行。由此可见，网络营销并非总是面向外部市场的工作，在企业内部也有许多工作需要完成，只有内外协同工作，才可以最大限度地实现互联网为营销提供的潜在利益。

成功的关系需要考虑以下 4 个方面的问题。

(1) 纽带。建立关系的双方必须有共同关心的问题，在某些方面有共同的目标。买卖双方之所以会考虑发展彼此的关系，是因为他们都希望从关系中获利。对于买方而言，同少数卖主建立关系可以保证商品的稳定供给，降低搜索成本和采购商品质量的不确定性，还可能获得卖

---

[1] Louis Boone E, David. Kurtz L. Contemporary Marketing[M]. Boston: Cengage Learning, 2016: 340.

主回馈；对于卖方而言，保持与顾客的关系可以节省营销费用，降低交易成本和市场的不确定性，甚至可能得到满意顾客的正面宣传。

(2) 移情。所谓移情就是站在对方的位置上考虑问题。虽然建立关系的双方有共同利益，但必定还有各自关心的问题和各自的利益，所以要建立关系不仅要考虑如何促进共同利益的实现，还要设身处地为对方着想，充分照顾对方的利益。

(3) 互惠互利。互惠互利是建立和发展关系的一个前提。这种关系要求将双方放在平等的地位上；倘若一方利用自己在关系中的优势地位对另一方实施剥削，必然会破坏双方关系的基础。

(4) 相互信任。在发展关系的过程中，双方的了解逐步增进，在此基础上可以建立起彼此之间的信任，这对双方完成交易是非常有帮助的。某些企业为了提高所谓的顾客忠诚度，单方面采用锁定顾客的策略，靠提高顾客转移成本来保留顾客，这种做法是非常短视的，它即使一时得逞，最终也会永远失去顾客。不过，如果在相互信任的基础上，顾客自愿进行业务流程改造或者进行某种专用设施投资，来提高与卖方企业交易的效率，则是另一回事。

关系的维系可以分为三个层次(见表 2-5)。

表 2-5　关系的层次

特点和实例	关系层次		
	第一层	第二层	第三层
主要联系纽带	经济层次	社会层次	结构层次
顾客定制化程度	低	低到中	中到高
形成可保持的竞争优势的潜力	低	中	高
营销组合中的主要因素	价格	个人交流	服务
实例	www.buy.com	www.haier.com	www.fedex.com

第一层：经济层次。这是最低级的一个关系层次，它通常出现在关系建立阶段，因为这时买卖双方彼此还缺乏了解，所以在建立关系时主要考虑的是在经济上获得利益，这一层次上的关系比较肤浅，并且相当脆弱，因为竞争者随时可以通过提供更优惠的条件来夺走顾客。www.buy.com 是靠价格吸引消费者的一个公司，它的价值主张是"全球最低价"，它不仅这样说，而且也这样做，通过一个自动程序不间断地搜索竞争对手的价格，一旦发现更低的价钱，就会把它的价格调低，所以，它的毛利只有 1%～2%，公司必须靠广告收入的贴补才可以维持。www.buy.com 和顾客建立了一种关系，但它的做法可能被竞争对手模仿，所以不能为它带来持久的竞争优势。我们注意到，www.buy.com 公司如今已经破产，这也从一个侧面说明了经济层次关系的脆弱性。不过，直到今天，依靠比拼价格开展恶性竞争的电子商务企业仍然有很多，这类网站不仅包括很多淘宝网店，而且包括很多返利网和团购网，这类网站的商务模式是很难持续的。非常有意思的是，Rakuten.com 也是面向价格敏感性消费者的一个电商企业，但他们的商业模式并没有停留在向顾客提供现金返还(cash back)、折扣券和特价商品上，他们还实行了会员制，在美国发展的会员超过了 2000 万(截至 2024 年 6 月)，这就让他们把与顾客的关系从经济层次提升到社会层次，通过类似团购的商业模式，他们就能与更多品牌达成更好的交易条件。

第二层：社会层次。因为考虑到了消费者对社会交往的需求，所以社会层次的关系比经济层次的关系更牢固。顾客俱乐部便是该层次关系的产物。例如，海尔公司为了在给老顾客提供更好服务的同时也吸引新顾客，从 2000 年 1 月 30 日起组建了海尔俱乐部。俱乐部成员比普通用户可以享受更多权益和亲情服务。到 2023 年，海尔 SCRM 线下实名会员已超过 1.2 亿，作为海尔上层会员平台的梦享+会员俱乐部的活跃会员就已经超过了 3000 万人。

第三层：结构层次。结构层次的关系比社会层次的关系又进了一步，在这一阶段，买卖双方真正结成了命运与共的合作伙伴关系。一般而言，这种关系在服务市场和组织市场上才能形成。买卖双方为了适应彼此更紧密的合作通常在业务流程及组织结构上做出了变革，从而形成一种彼此依赖的共生关系，关系破裂会对双方造成损害。任何一方要寻找新的合作伙伴都会付出高昂的转移成本。

关系营销的概念提出后，人们把与之相对的传统营销理论称为交易营销理论，如果说营销的目的是赢得顾客并保有顾客，那么交易营销更重视赢得顾客，而关系营销更注重保有顾客。交易营销更看重产品的技术质量，而关系营销更重视服务的运作质量。与交易营销相比，关系营销并不过分计较一次交易的得失，而是注重同客户建立持久的伙伴关系，它尤其适合服务及工业品的营销。关系营销和交易营销的一个简单对比如表 2-6 所示。

表 2-6 交易营销与关系营销的比较

关系营销	关注保有顾客	重服务	重过程	重价值转移	追求顾客基础	全面质量管理
交易营销	关注一次性交易	重产品	重结果	重价值创造	追求市场占有率	局部质量控制

需要注意的是，传统的交易营销理论并非一无是处，它毕竟经过了消费品市场的考验，在特定的时期或者特定的市场上，交易营销导向的企业可能比关系营销导向的企业更有竞争力，仓储式超市冲破街头便利店的围堵胜利进军的事例充分说明了交易营销理论的旺盛生命力。不过，随着服务贸易和企业间交易的不断增长，关系营销的地位日益上升已是不争的事实。因此，作为对交易营销观念的重要补充，关系营销理论对我们拓展网络营销的思路具有重要的指导意义。此外，关系营销理论还为客户关系管理提供了观念基础，客户关系管理(CRM，customer relationship management)是电子商务三字经中非常重要的一个，这一术语指的是公司以信息技术为手段管理客户关系，并把所有利益相关者整合到企业的产品设计和开发、制造和营销过程中。它意味着公司通过供应链的整合向客户提供更好的服务。CRM 和关系营销具有十分密切的关系，后者可以被看作前者的观念基础，前者则可以看作依靠信息技术手段对后者的具体实现。在数字经济条件下，CRM 有了一种新形式——社会化 CRM(或称 SCRM，social CRM)，也就是使用社会化媒体来管理品牌与顾客的互动并建立长期关系。从传统 CRM 发展到 SCRM 是一个重大转变。传统 CRM 通常是由公司驱动的，而 SCRM 则是由顾客驱动的。在传统 CRM 中，公司通过他们喜欢的推送渠道(如电子邮件和呼叫中心)向客户传递信息，操控沟通过程。在 SCRM 中，客户通过社会媒体向公司发起问询，在品牌与顾客及顾客与顾客间形成一个持续的对话。SCRM 的美妙之处在于顾客中的品牌拥护者经常站出来维护品牌，平息其他顾客的抱怨。这里，SCRM 成为连接品牌社区成员的自助平台。海尔的梦享+会员俱乐部就是海尔开展 SCRM 的一个成果。

关系营销理论还在企业公共关系(特别是营销公共关系)领域得到很好的应用，我们将在第 8 章进一步讨论互联网对企业公共关系的影响。

2.4.5 数据库营销

按照数据库营销之父弗瑞德里克·纽威尔(Frederick Newell)的说法，"资料库行销[①]是一套中央数据库系统，用来存储有关企业与顾客间关系的所有信息，目的不在于获得或存储，而是用来规划个人化的沟通，以创造销售业绩。"[②]科特勒的定义是："数据库营销是为了同顾客联系并

[①] 资料库行销是我国台湾省对数据库营销的译法。
[②] 纽威尔 F. 21 世纪行销大趋势：创造高业绩的一对一行销新法则[M]. 王泱琳，黄治苹，译. 北京：世界图书出版公司，2000：60.

达成交易而建立、维护和使用顾客数据库和其他数据库(产品、供应商、分销商)的过程。"[1]

数据库营销虽然适用于几乎所有组织，但它尤其适用于满足以下条件的公司。

- 公司的目标市场可以被划分成可以识别的部分，每个部分都可以独立而且有效地投放广告。
- 公司产品的生命周期较短，公司可以通过周期性的销售来保留顾客。
- 产品线适合进行交叉销售(cross-selling)和深度销售(upselling)。
- 在某些区域市场无法设立销售网点。
- 公司竞争对手的广告经费占压倒性优势。
- 缺乏经济且有效的大众广告媒体。

直复营销成功的关键首先在于能否建立起一个具有一定规模的顾客数据库，顾客数据库的内容比普通的顾客列表要丰富得多，顾客数据库中的资料不仅要包括顾客的联系方法、人口统计数据和心理学统计数据，还要包括顾客的购买行为资料，如顾客的购买频率(purchase frequency)、购买额(monetary)和最后购买时间(recency)，实际上，RFM(recency，frequency，monetary)分析法是数据库营销中识别有价值顾客的最常用、最有效的工具。当然，数据库中的数据是由少到多逐渐积累起来的，对一些顾客，企业掌握的数据较多，而对另一些顾客，就可能只掌握极其有限的数据。一般而言，对于越重要的顾客，企业需要掌握的信息越多。

通过对数据库中的潜在客户进行 LTV 分析，企业就可确定最有商业价值的目标客户，再经过小规模的试销，找出最有效的营销组合并将其付诸实施，最后还要对营销效果做出分析评价，并依据最新获得的销售数据对顾客数据库进行更新，这才完成一个直复营销循环。对直复营销而言，一次成功的交易与其说是营销的终点还不如说是起点，直复营销的目标是通过持续地、最大限度地满足顾客的需要以赢得顾客的信任，并通过忠诚顾客找到新的顾客。

数据库营销最早是作为直复营销的一种形式出现的，但今天，数据库几乎成了所有直复营销形式中一个不可缺少的要素，所以，在许多人看来，数据库营销就成了直复营销的另一种说法。例如，王汝林在其著作《网络营销战略》中就曾经有过这样的表述："数据库是直复营销的技术支撑系统，所以有人把直复营销也叫作数据库营销。"[1]实际上，关系营销和直复营销两个概念虽然侧重点不同，前者侧重营销理念，后者侧重形式，但实质上并没有太大区别，更像是同一种事物的不同提法，正如中国台湾学者黄复华所说："其实 Relationship Marketing(关系行销)、Direct Marketing(直复行销)、Database Marketing(资料库行销)或 Loyalty Marketing(忠诚度行销)、Dialogue Marketing(对话式行销)、One-on-One Marketing(一对一行销)，尽管名称各异，但实质上，其核心理念一致，均是以行销资料库为核心基础，开展行销活动，只是切入的角度或关注的领域不同而已。"的确，不论是直复营销的形式，还是关系营销的理念，或者是数据库营销的工具，都可以为我们做好网络营销提供思路。

2.5 内容营销理论

2.5.1 内容营销的概念

内容营销的实践有着悠久的历史，1900 年开始出版的《米其林指南》系列图书就是早期内容营销的杰作。进入数字时代(特别是进入智能手机时代)后，随着社会媒体的兴起，内容营销

---

[1] Philip Kotler, Gary Amstrong. Principles of Marketing[M]. 9th ed. 北京：清华大学出版社，2001：622.

逐步从边缘走到营销的舞台中央，成为网络营销的一个重点领域。

根据内容营销协会(CMI，Content Marketing Institute)的定义，内容营销是基于对界定清晰的目标受众的理解，有针对性地创造与发布切题、有价值并且连贯的内容来吸引并保有这些受众，并最终产生对组织有利的顾客行为的一种战略营销理念[②]。

从以上内容营销的定义可以看出：

(1) 内容需要为顾客提供他们觉得有价值的信息或娱乐服务。

(2) 在一段时间内付出不懈的努力是内容营销的应有之义。

(3) 在内容营销过程中，营销者并不向顾客推销商品，也不会打断顾客正常的生活。

很多营销总监认为原创内容是营销的未来，甚至能够成为广告的替代品。据 Demand Metric 公司发布的数据[③]，90%的公司实施了内容营销，他们在内容营销上的预算占到营销总预算的25%以上。调查还显示，网络用户把 20%的上网时间花费在查看内容上，68%的人会花时间阅读有关他们感兴趣的品牌的内容，而 80%的人喜欢通过原创内容了解一个公司。

对营销而言，内容泛指能够吸引受众注意力进而与受众实现沟通的任何东西。从前，内容的形式以文本为主，但今天情况已经有所不同，在当今这个信息爆炸的时代，注意力稀缺已经成为不争的事实，人们越来越难以将注意力长时间专注在一个内容上。有学者发现，网民的注意力平均只能保持 8 秒，比金鱼的 9 秒记忆时长还短 1 秒，人们在这么短的时间中很难读完一条文案，这就是信息图(infographic)和 10 秒以内的短视频为什么能在营销载体中异军突起的一个原因。具体而言，可以用于营销目的的内容有很多类型，比如视频、照片、信息图、电子书、白皮书、电子邮件、网络日志、有声图书、网络直播、虚拟现实体验等，甚至一些具有特定功能的小程序也可以算作广义的内容，比方说可以帮助顾客计算分期付款现金流的计算器小程序。根据内容营销协会在 2022 年所做的调研，营销企业在过去 1 年中创作或使用过的主要内容类型有十几种，如图 2-8 所示。

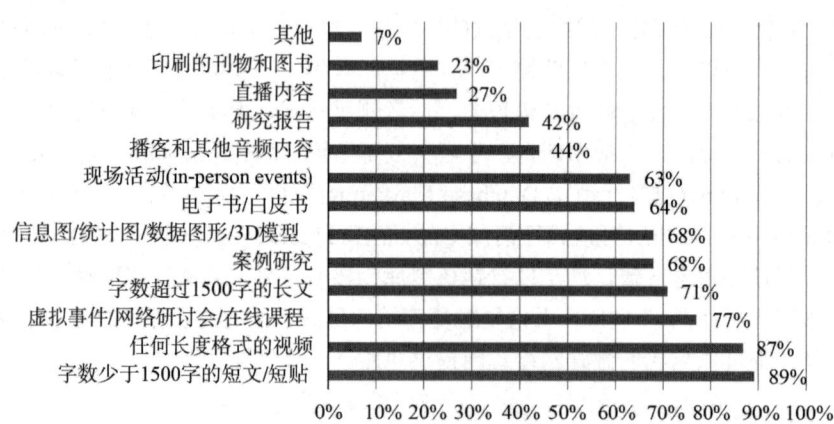

内容类型	百分比
其他	7%
印刷的刊物和图书	23%
直播内容	27%
研究报告	42%
播客和其他音频内容	44%
现场活动(in-person events)	63%
电子书/白皮书	64%
信息图/统计图/数据图形/3D模型	68%
案例研究	68%
字数超过1500字的长文	71%
虚拟事件/网络研讨会/在线课程	77%
任何长度格式的视频	87%
字数少于1500字的短文/短贴	89%

图 2-8　营销企业在过去 12 个月中创造或使用过的内容资产

数据来源：内容营销协会和 MarketingProfs 在 2022 年 7 月发布的第 13 次年度内容营销调查结果

尽管营销内容的形式多种多样，但营销内容的价值主要体现在信息价值、娱乐价值及激励价值三个方面，它可以帮助营销者达成以下目标。

---

① 王汝林. 网络营销战略[M]. 北京：清华大学出版社，2002.

② https://contentmarketinginstitute.com/what-is-content-marketing/，2024 年 7 月 7 日访问。

③ https://www.demandmetric.com/content/content-marketing-infographic，2024 年 7 月 7 日访问。

- 提高品牌知晓度。
- 教育顾客和潜在顾客,通过传播某一理念,改变人们的某种成见,或者为人们解决某个问题提供可行方案,在所在领域建立专家形象。
- 提升搜索引擎排名。

与传统营销相比,内容营销的优势还体现在它的成本效率上。Demand Metric 发布的数据显示,内容营销比传统营销能够节省 62%的费用,就是说,投入同样的费用,内容营销获得的销售线索几乎能达到传统营销的三倍。

不仅如此,公司制作的原创内容会成为公司的内容资产(content assets),就是说,好的内容一旦发布,该内容能在很长一段时间为公司带来多方面的收益,包括关注度、好感度、流量的提升等。

2.5.2 内容营销的功能

由于互联网本身就是人们搜寻、创作及分享内容的场所,所以内容就成为几乎所有网络营销战略的核心。原生广告(native advertising)、病毒营销(viral marketing)、数字隐性营销(digital stealth marketing)都是内容营销的具体应用,搜索引擎营销、社会媒体营销、电子邮件营销和网络广告这些主流的网络营销方式也都离不开内容营销。在西蒙·金斯诺思(Simon Kingsnorth)绘制的数字营销生态系统中,内容策略明显居于中心位置(见图 2-9)。

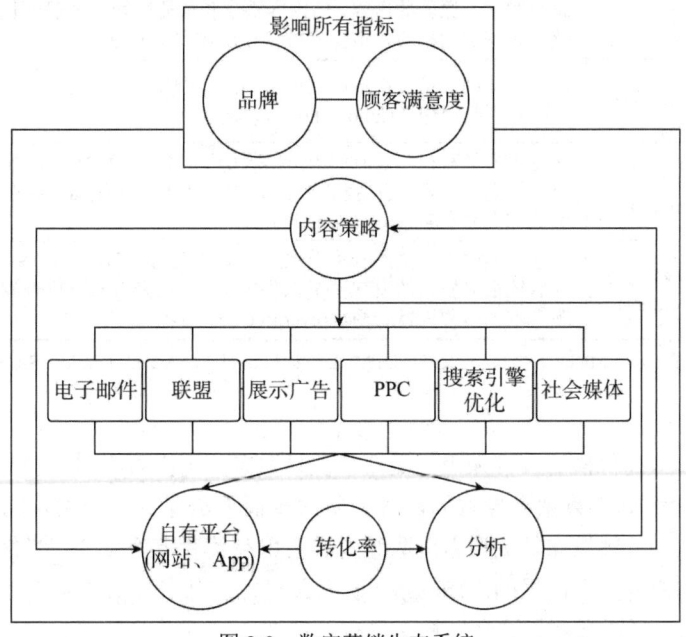

图 2-9 数字营销生态系统

内容应该被视作企业为客户创造的另一种产品。在社群商务日益成为主流市场竞争手段的今天,内容不仅是促使交易达成的手段,而且它本身已成为企业为客户提供的一种重要价值,成为可与产品、服务相提并论的市场提供物。如果顾客对企业提供的内容满意,就更容易对整个企业形成良好印象。

不仅如此,随着人工智能算法的不断升级,搜索引擎排名开始越来越依赖于内容的质量,Stickyeyes 公司的研究表明网站停留时间和谷歌排名之间的相关性高达 97%,跳出率(bounce rate)[①]和谷歌排名的相关性则是-92%。

从关系营销的角度看，内容是建立关系的开始，建立关系的第一步首先是要吸引注意，而好的内容是吸引注意力的法宝。按照整合营销理论的观点，营销就是传播，而传播的对象主要是内容，因此内容营销是实施数字营销战略的重要手段。

2.5.3 内容的分类和内容营销矩阵

内容和内容不同，这是内容的意义所在，也使内容的分类有了意义。按所使用的标准不同有很多不同的内容分类方法。比方说，按照内容的功用特性来分，内容可分为抽象的内容和实操的内容，宽泛的内容和精深的内容，长效的内容和有明显时效的内容。按内容的创作者不同，内容可以分为专家生成内容(professional generated content，PGC)、用户生成内容(user generated content，UGC)和人工智能生成内容(artificial intelligence generated content，AIGC)。克里斯·噶莱特(Chris Garrett)提出，可以根据内容的原创性和含金量不同构造出一个内容价值阶梯，如表2-7所示。

表2-7 噶莱特的内容价值阶梯

梯级	内容类型	内容特征
1	补白内容(filler content)	通常由为其他目的而创作的其他信息来源的内容改编而成，属于非原创内容，比方说从企业网站新闻稿改编而来的内容。AIGC也经常被用作补白内容
2	基础内容(basic content)	属于发帖人原创的内容，但内容质量和重要性均属一般，不足以让发帖人成为该话题领域的权威，也无法被受众用作参考文献
3	权威内容(authority-building content)	足以让原创人员或组织成为该话题所在领域权威的原创内容，发布权威内容的页面具有吸引内链(inbound links)的能力
4	支柱内容(pillar content)	支柱内容具有在一段时间内持续吸引受众的力量，而且随着时间的推移，通过他人的重新发表、引用和转发，这些内容的影响呈指数级增长，因此这类发帖也被称为复利帖子(compounding posts)
5	旗舰内容(flagship content)	旗舰内容由于定义了一种现象或转变了人们长期以来看待某事物的方式而成为后续很多发帖的思想源头。这些内容在未来很长一段时间都具有吸引力。旗舰内容也被称为常青内容(evergreen content)

资料来源：Tracy Tuten L, Michael Solomon R. Social Media Marketing[M]. 3rd ed. London: SAGE Publications Ltd, 2018.

品牌必须靠一些高价值的内容来吸引受众，但只发布高价值内容的做法却毫无必要甚至并不可取，为了质量而牺牲数量会导致因内容更新太少而无法保持一个稳定的发布节奏，克里斯·噶莱特甚至认为持续发布超高质量的吸睛内容会引起读者审美疲劳。当然，毋庸置疑，开发高价值、原创的内容是有回报的。HubSpot研究公司曾经对来自15 000多家公司的海量网络日志文章做过分析，结果显示，这些发帖中只有1/10的帖子是复利帖子，但这些复利帖子却吸引了样本网络日志总流量的38%，剩下90%的帖子是质量一般的发帖，虽然它们在刚发布时也能带来一定流量，但吸引的流量随着时间推移而锐减。由此可见，在吸引流量、产生线索和影响销售方面，一个复利帖子的价值超过6个普通发帖的价值[②]。HubSpot的研究还表明，绝大多数复利帖子都具有内容广泛、实操性强并且生命期长的特点。有人还发现，复利帖子的选题一般集中在"怎么(How-to)""定义名词术语""名词术语汇编""具有独特视角的理论分析文章"

---

① 跳出率指的是访问到一个页面但立即离开的访问者数量占该页面全部访问者数量的比例。
② Tracy Tuten L，Michael. Solomon R. Social Media Marketing[M]. 3rd ed. London: SAGE Publications Ltd, 2018.

及"排名列表"几个方向。

内容营销中的内容是为营销服务的，或者用于提升品牌知晓度，或者用于促进销售。内容要实现这两个目的可以诉诸情感，也可以诉诸理性，即我们常说的"晓之以理，动之以情"。以内容营销的目的为一个维度，以实现目的的影响方式为第二个维度，我们可将各种不同类型的内容组织为一个矩阵(见图2-10)。该矩阵告诉我们不同形式的内容在达成不同的营销目的时效果如何，比方说名人代言、名人背书两种内容都特别适合刺激冲动性购买！

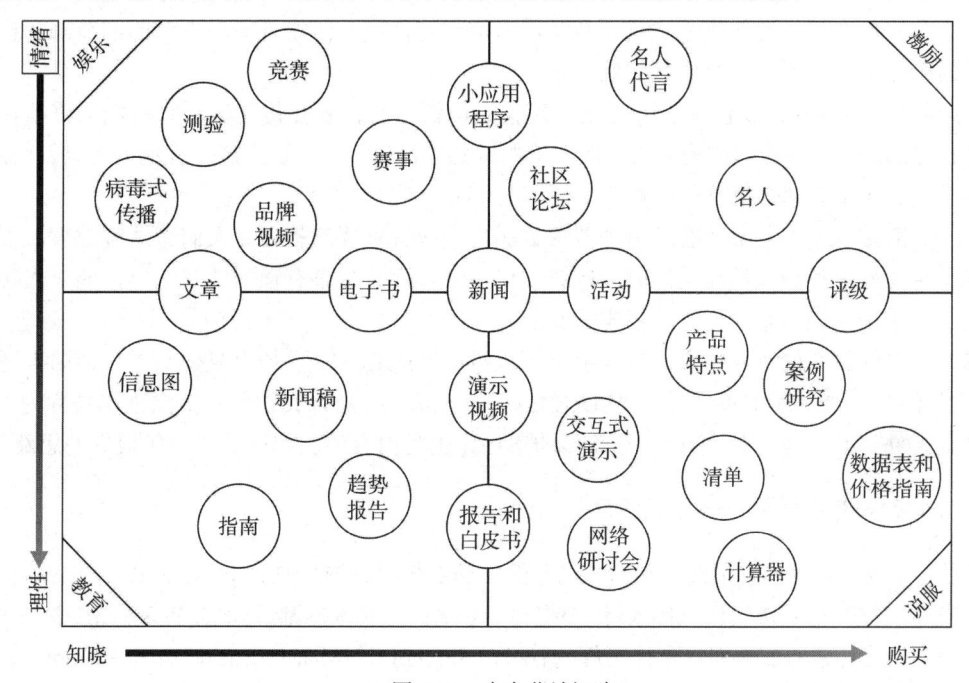

图 2-10 内容营销矩阵

资料来源：Tracy Tuten L, Michael Solomon R. Social Media Marketing[M]. 3rd ed. London: SAGE Publications Ltd, 2018.

2.5.4 黏性内容创作的成功原则——SUCCESs

斯坦福大学教授奇普·希斯(Chip Heath)和他的弟弟丹·希斯(Dan Heath)在他们合著的《行为设计学：让创意更有黏性》一书中提出了黏性创意"成功"法则，他们把有效沟通的条件总结为以下6个要素。

(1) 简单(simplicity)：在当今这个信息爆炸的时代，受众的注意力极其宝贵。在创作信息的时候，创作者必须剔除掉一切华而不实的东西，避免陈词滥调，要长话短说，直奔主题，以格言为典范，力求做到言简意赅而又富有内涵。必须记住，只有简单易懂的信息，才有可能打破知识的诅咒(curse of knowledge)[①]，成为街谈巷议的热点话题。

(2) 意外(unexpectedness)：制造惊奇是获得注意的最佳方式，人们会对未知的东西感到好奇，会对出乎意料的东西感到惊奇。因此，在创作内容的时候要发挥创造力和想象力，要语出惊人。不过，要避免哗众取宠，更不能故作惊悚，做标题党固然能获得注意力，但比获得注意

---

① 这是希斯兄弟发明的一个术语，用来描述"一旦一个人成为专家，他就很容易成为一个蹩脚的沟通者"这样一种现象，该现象背后的原因是，一旦一个人获得了知识，他就会忘记之前懵懂无知时的境界。

力更重要的是获得人们的持续关注。

(3) 具体(concreteness)：抽象的东西不仅不好理解，而且不好记忆。因此，创作内容的时候要尽可能具体，能使用具体名词就尽量不用抽象名词，比方说苹果、香蕉就比自由、正义更容易理解和记忆，前者很容易在我们的脑海中呈现鲜活的形象。如果必须要讲述抽象的道理，使用寓言故事是一个很好的方法。

(4) 可信(credibility)：信息抵达受众只是沟通的第一步，要让信息产生效果，内容创作者还需要让受众相信内容传递的信息。统计数字可以增加可信度，但如果能用生动的细节来解释某些抽象的统计数字，则会取得更好的效果。

(5) 情感(emotion)：我们常说要晓之以理动之以情，营销者在传递信息时不能只停留在纯粹的理性层面，严密的推理能说服人，但真挚的情感才能打动人，让人产生行动的冲动。因此，好的内容作者绝不会忽视情感的力量。

(6) 故事(stories)：故事中经常蕴含着深刻的哲理或者重要的教训。人们喜欢听故事，不仅因为故事有时候能教导人们在关键时候应该如何行动，而且故事有很强的代入感，能让人融入故事情节，这种感染力是其他方法很难做到的。

希斯兄弟的黏性创意 6 要素的首写字母可以拼成"SUCCES"，加上复数故事一词的末尾字母 s，刚好组成一个完整的英文单词"SUCCESs"——成功，所以黏性创意 6 要素也被称为"成功"法则。"成功"法则揭示了让创意流传的奥秘，也为内容的创作提供了一条很好的思路。

2.5.5　内容疯传 6 原则——STEPPS

除了希斯兄弟，宾夕法尼亚大学沃顿商学院营销学教授乔纳·伯杰(Jonah Berger)在《疯传：让你的产品、思想、行为像病毒一样入侵》中提出了著名的疯传 6 原则，即 STEPPS 原则。乔纳·伯杰认为具有高度传播力的内容包含社交货币(social currency)、诱因(triggers)、情绪(emotions)、公共性(public)、实用价值(practical value)及故事(stories)等 6 个要素，其首写字母刚好构成 STEPPS，谐音是英文单词 steps(台阶)，所以乔纳·伯杰的疯传 6 原则又被称为 STEPPS 模型。

1. STEPPS 疯传模型的要素

该模型包含的 6 个要素的含义如下。

(1) 社交货币：一个人的谈吐会影响别人对他的看法，起到类似社交货币的作用。每个人都希望自己看起来更睿智、更阳光、更富有、更时尚也更有魅力，如果传播某个内容有助于做到这点，那这一内容就会变成社交货币，被人们大肆传播。

(2) 诱因：诱因指的是能促使人们想到相关事物的因素。人们会分享的事情通常是脑袋里最先想到的，或者那些与他们当下相关的话题。越是经常被人们想到的事情，就越容易被谈论。因此，内容如果与环境中常见的事情紧密联系在一起，就能让人们在生活中经常有机会想到它，从而得到被分享的机会。

(3) 情绪：当一个人关心某事物的时候，就会倾向于分享这方面的内容。他对某事物越是关心，或者越有共鸣，就越有可能分享相关内容。情绪有很强的社会传播性(也被称为传染性)，能激发人们某种情感的内容具有天然的传播力。一般来讲，高唤醒的情感(例如兴奋、愤怒、悲痛或者恐惧)能促进分享，而温和的情感(如满足、郁闷)则不容易激发人们分享的欲望。因此，在传播情绪的时候，如果是积极的情绪，要鼓舞人心；如果是消极的情绪，要让人抓狂。

(4) 公共性：作为群居动物，人具有从众倾向，会经常模仿身边其他人的一些行为。人们很难模仿自己没见过的事物。公共性简单来说，就是要让某个想法能够暴露出来，让别人能看得到。如果有人想让某种产品、思想和行为变得流行，就需要让它们具有公共可视性。凡事越具有能见度，就越容易被模仿，流行起来的可能性就越大。所以，创作者要尽可能让自己的创意被更多人看到，最好有自我宣传的能力，能成为一段时间的热点。

(5) 实用价值：人生来就有互相帮助的倾向，所以人们大都愿意分享能够帮到他人的实用信息。只要某个内容能够帮人们节省时间、金钱或者有益健康，这个内容就可能被人们分享。同样具有实用价值的内容，如果可信而且专业，人们就更愿意分享，尤其是圈子内的专业内容。

(6) 故事：人们乐于分享信息，但更愿意讲故事，分享蕴含在故事中的道理，故事很容易被记住，而且极可能在闲聊时被传播。故事就像一个容器，可以蕴含寓意和教训，使故事变得更有意义。所以，创作者可以把自己的想要传递的信息嵌入一个故事中，让信息成为故事不可分割的一部分。

2. 科特勒咨询集团的模型

科特勒咨询集团对乔纳·伯杰的 STEPPS 疯传模型做了改进，认为"疯传"背后存在着 5 个要素，或者说按以下 5 个维度创作的内容更容易达到疯传的效果。

(1) 价值主张(value proposition)：强调独特的价值主张，它可以与公司业务无直接联系。与 STEPPS 模型中的实用价值不同，这里的价值更多是指通过建立和推广独特的价值主张，使受众产生强烈的共鸣，通过唤起情感来打动潜在客户。

(2) 社会价值(social value)：公司业务所能创造的可感知的社会价值。它们通常会和公益、慈善、环保等挂钩，能够产生社会效应，并触及社会广泛关注同时又存在争议的话题。

(3) 情境互动(interaction)：情境互动指的是通过创新的情境设计，打破信息单向传递的界限，让消费者以互动式的体验参与内容的产生过程，同时加深品牌在消费者心中的印象。

(4) 随流设计(grafting)：指创作者跟随热点事件切入对话。随流设计的优势在于借力使力；为了避免盲目跟风和内容疲劳的风险，随流设计要在挖掘热点本身内涵的基础上进行品牌独有的二次演绎和衍生。

(5) 背后起底(unclose)：对公司或行业内幕的起底，或者以一种夸张的方式来介绍公司的作用。

STEPPS 疯传模型和科特勒咨询集团的模型进一步丰富了我们对爆款内容特点的认识，不过，所有这些模型都是在西方提出的，未必完全适合中国国情，中国的内容营销者需要在了解它们基本观点的基础上探索最适合中国国情的内容成功法则。

2.5.6 内容营销的实施步骤和要点

内容营销的实施包括 4 个步骤：目标规划、内容编撰策略、内容分发与优化和建立内容供应链。每个步骤的具体内容参见表 2-8。

表 2-8 内容营销实施步骤

目标规划	内容编撰策略	内容分发与优化	建立内容供应链
目标受众 品牌战略输入 目的规划 使命陈述	主题规划 内容结构 内容风格 内容来源 搜索引擎优化	分发平台 付费平台 置换平台 自建平台 扩散方式 搜索引擎再优化	内容营销组织 内外部分工 关键内容管理流程 内容资料库管理

资料来源：艾拉·考夫曼. 数字时代的营销战略[M]. 曹虎，王赛，乔林，译. 北京：机械工业出版社，2016.

内容营销协会曾经专门研究过优秀内容营销企业与表现平平的内容营销企业相比在操作上究竟有哪些不同,根据他们的调查,优秀内容营销企业在以下方面较同行表现得更为突出(见表 2-9)。

表 2-9 优秀内容营销企业的过人之处

是否一直或者经常从事以下活动	优秀内容营销企业的比例	全体受访企业的比例
优先满足受众而不是组织的信息需求	81%	61%
在内容创作上与竞争对手差异化发展	80%	53%
根据顾客购物旅程的不同阶段创作内容	72%	47%
倾向于创作更多内容	41%	31%
掌握恰当的内容管理技术和工具	38%	23%

资料来源:CMI, MarketingProfs. 2023 年 B2B 内容营销行业基准、预算及趋势[R/OL]. 2023-11-06.
注:
1. 优秀内容营销企业或者表现优异的内容营销企业指的是那些内容营销极其成功的企业。
2. 在其他被调查项目上,优秀内容营销企业与全体受访企业的差异均不超过 10%。

从上表可以看出,优秀内容营销企业在某些方面的表现明显比较突出,比方说 38%的优秀内容营销企业报告他们掌握恰当的内容管理技术和工具,而在全部营销企业中平均只有 23%的营销企业认为他们拥有恰当的内容管理技术。内容营销学会和 MarketingProfs 的调查还发现,在分发内容(38%:29%)和推广内容(58%:53%)方面,优秀内容营销企业也表现稍好。最后值得注意的一点是,创作高质量的内容,以及发布竞争对手没有发布过的独家内容是所有内容营销企业(不论表现是否优秀)同样重视的方面,所以说仅仅做到这两点,只能给内容营销企业带来竞争均势,而无法带来竞争优势。

2.6 企业对企业营销理论

企业对企业(business to business)营销有时又被称为产业营销(industrial marketing)、组织营销(organizational marketing)、商务营销(commercial marketing)或者 B2B 营销。B2B 营销理论起源于 20 世纪 60 年代末的美国,它的核心内容是组织采购行为模型(organizational-buying-behavior model),B2B 营销目前已成为现代市场营销理论不可或缺的重要组成部分。虽然基本的营销学原理同时适用于 B2B 营销和消费品市场营销,但企业用户的采购行为却有着与个人消费者购买行为迥然不同的特征,这些特征使 B2B 营销成为一个相对独立的营销领域。凯斯·弗来彻(Keith Fletcher)用表 2-10 概括说明了组织市场和消费者市场的主要区别。

表 2-10 组织市场和消费者市场的特征

比较项目	组织市场	消费者市场
需求	派生需求	直接需求
位置	集中并且可以识别	融合在一处
知识	懂行、专业	知识有限或者"非理性"
决策	涉及多人	个人或家庭
决策过程	时间较长	一般较短暂
忠诚度	追求长期关系	常变换品牌,少有承诺

续表

比较项目	组织市场	消费者市场
产品	技术含量高，服务很重要，可以指定产品规格	标准产品形式，服务需求少
价格	价格可谈判，有多种折扣	标准价格
促销	人员销售为主	广告为主
渠道	短而直接	经常存在中介

资料来源：Keith Fletcher. Marketing Management and Information Technology[M]. London:Prentice Hall, 1998.

实际上，上表只是对组织市场的一个简单化描述，因为组织市场本身也不是单一的市场，而可以分为商务市场(commercial market)、贸易市场(trade market)、政府市场和机构市场。商务市场上的购买者都是企业用户，企业用户会使用采购来的产品或服务为自己的顾客生产产品或提供服务；贸易市场上的购买者是各种各样的中间商，中间商把采购来的商品直接销售给自己的顾客；政府采购的目的主要是为公众提供服务；机构采购的目的则是为了机构本身的日常运转。不同组织市场上的购买者一般会有自己的特殊需求，并且要遵守不同的采购程序，例如，同样是采购食品，航空公司会注重食品的质量和口味，而学校在采购食品时则对价格更加关注。另外，同样是政府市场，不同国家、不同级别的政府机构的采购程序也有较大区别，而机构的采购行为也会随着机构规模、性质(私立机构还是公共机构)的不同而异。即使是同一个机构采购，采购行为也可以按情形不同分为以下三种。

(1) 简单重购：用户对质量满意的商品按照原先的购买条件重新订购。

(2) 修正重购：用户不完全满意从前订购产品的质量或者购买条件，要求重新商议商品的质量或者购买条件。

(3) 头次购买：用户对采购的商品及潜在的供应商都缺乏了解，需要经过周密的调研才能做出购买决策。

企业在不同的采购情形有着不同的采购程序(见表 2-11)，因此，营销者不仅需要针对不同的组织用户制定营销计划，而且需要针对同一用户不同的购买情形针对性地制定营销计划。对于最重要的两种组织市场——商务市场和贸易市场，采购越来越多地和供应链管理联系在一起，这就迫使组织市场上的营销者变换视角，更紧密地与供应链下游的商业伙伴开展合作。有时，在这两个市场上，企业不仅要针对组织客户购买中心(buying center)的成员发动营销攻势，还需要直接向最终用户发动营销攻势，这就是所谓的合作营销策略(co-marketing)，"奔腾的芯(Intel inside)"是大家熟知的一个合作营销例子。

表 2-11 企业在不同采购情形下的购买程序(摘自科特勒《营销管理(第 11 版)》)

阶段		购买情形		
		头次购买	修正重购	简单重购
购买过程	问题识别	有	也许	无
	需求描述	有	也许	无
	产品规格	有	有	有
	寻求供应商	有	也许	无
	询盘	有	也许	无
	选择供应商	有	也许	无
	采购事项说明	有	也许	无
购后评价		有	有	有

在我国，因为改革进程等方面的原因，人们目前对 B2B 营销的特殊性和重要性仍然认识不足。网络营销并不局限于消费品市场，实际上，电子商务最早也是最成熟的应用是企业对企业的电子商务而不是企业对消费者的电子商务，B2B 市场电子商务的销售额通常是 B2C 市场的 5 到 10 倍，因此将企业对企业营销理论应用到网络营销中是非常自然的。国外已经有多部 B2B 网络营销方面的专著问世，而我国的绝大多数网络营销著作却对 B2B 网络营销视而不见，更不用说出版 B2B 网络营销方面的专著了。这种认识上的偏差曾经使我国在 B2B 电子商务的实践中走过不少弯路。例如，因为组织市场中的需求是派生需求，这种需求的短期价格弹性并不高，并且对组织买家而言，谈判成本、物流成本等交易成本在总成本中占相当大的比例，而如果供求双方能建立长期的伙伴关系，则非常有利于降低谈判成本，所以组织买家并不十分看中每次采购商品本身的价格高低，他们更关心长期的总的采购成本；再如，组织买家非常看中降低采购行为中的各种风险。因此，组织买家对于主动寻找要价更低的新供应商并不热心，忽略了这点正是国内某些 B2B 市场的造市商(market maker)遭受挫折的原因。

由此可见，在网络营销中吸收 B2B 营销理论的相关成果是我国深化网络营销理论研究的当务之急。本书应用篇(网上阅读资料部分)专门有一章讨论 B2B 营销理论在网络营销中的应用。

2.7 全球营销理论

互联网的无处不在，使我们的世界比从前任何时候都更像一个地球村，随着欧元的正式启用及我国与俄罗斯等重要经济体先后加入 WTO，全球经济的一体化驶入快车道。全球营销理论试图解决以同一方式向全球提供同一商品的"成本优势"与营销策略按区域差异化的"高效率"之间的两难冲突，它的基本思想是要确定向不同地区提供的产品或者服务必须做出哪些调整并设法将这些必要调整的数量减到最少。

不同的营销传播方式适用于不同的地理跨度范围。如果企业的市场仅仅是一个社区，那么店面和户外广告效率最高；如果市场是一个城镇，那么最适合的传播媒体是地方性报纸；如果企业面对的是全国性市场，最有效的传播渠道也许是可以覆盖全国的电视频道；只有当企业的市场是全球性市场时，互联网才最能显示出它无远弗届的优越性。

中国因为地域辽阔，人口众多，许多企业因此满足于国内市场，这无疑是井底之蛙的思考模式。进入新世纪以来，经济全球一体化加速发展，这既给我国企业带来了进军国际市场的机遇，也迫使我国企业必须在国内市场迎接国外公司的竞争；在这种条件下，互联网对企业发展绝对具有战略上的重要性。企业网站是企业向世界打开的窗口，互联网常为企业带来"出乎意料"的国际业务。例如位于美国宾州的一家小公司——利海安全鞋业公司为扩大在本地区的销售而建立了企业网站，没料到网上的第一个订单竟来自印度尼西亚，随后还收到了来自韩国、中国和菲律宾的订单。又如位于我国西安的一家网上手机销售店——2000 通移动网——本来只打算服务于西安本地的客户，但有一天竟然接到了来自加拿大的询盘，令人惊异的是，2000 通的网站是全中文的，而加拿大的那位客商并不会讲中文，他是通过在搜索引擎上搜索 Siemens(西门子)发现了 2000 通网站，然后通过在网站上找到的联系电话与 2000 通建立了联系。所以说，所有企业网站都是国际性站点，不论网络营销的主体是否愿意或者有没有心理准备，都必须考虑自己在网上的一举一动可能产生的国际影响，必须考虑网站区域化和全球化结合的问题；在这里，全球营销理论便可成为企业开展国际网络营销的指南。

2.7.1 全球营销的利益和战略考虑

随着科技的进步,交通和通信的发展,各国之间的交往日益频繁,世界经济一体化趋势进一步加强,各国人民的需求和生活方式日趋相同,各国市场表现出了越来越多的一致性,就某些产品而言,各国市场间的差异甚至完全消失,形成了统一的全球市场。在这种背景下,西奥多·莱维特(Theodore Levitt)于 1983 年提出了全球营销理论。全球营销与传统的国际营销(international marketing)不同。国际营销是根据不同国家市场的不同需求制定不同的营销策略,而全球营销则把整个世界市场视为一个整体,以标准化的营销策略销售标准化的产品,将规模优势转化为全球性的竞争优势。

全球市场的出现表现在以下方面。
- 消费者趋同。国别因素对消费的影响未必比国家内部差别的影响大。法国上流社会的消费习惯更类似于纽约的上流社会,而与法国贫民显著不同。
- 人口结构趋同。许多国家都进入了老龄化社会,女性就业成为普遍现象。
- 社会结构趋同。核心家庭衰落成为普遍现象。
- 生活水平的普遍提高。许多发展中国家开始出现了规模可观的中产阶级。
- 文化融合现象。例如,北美、西欧及东亚地区的年轻人具有相似的受教育程度、收入水平和生活方式。

因为全球市场的形成,企业可将不同国家相似的细分市场看作一个细分市场,向其提供标准化产品或服务。在一国市场畅销的产品同样也会在其他国家市场上畅销。可口可乐、麦当劳快餐、好莱坞电影、丰田汽车的消费者遍及世界各国。

全球营销策略具有以下好处。

首先,企业可以通过产品标准化降低成本。因为标准化产品可以实现批量生产,取得规模经济,大幅降低原材料、机械设备和其他生产成本。大批量生产还可以降低分摊在产品上的研发费用。包装、广告标准化也可以节约成本。在各国市场采用同一包装,要比在不同国家采用不同包装节省大量包装费。例如,可口可乐公司在采取标准化广告策略以后的 20 年中大约节省了 9000 亿美元的广告费。

其次,产品标准化有助于企业树立统一的品牌形象。同一品牌的商品应当具备同样的特征,因此只有那些在全球市场上提供同一产品的企业才可能拥有真正全球性的品牌。

最后,消费者有时也需要企业提供标准化产品或服务。例如,IBM 在世界各地的子公司需要当地银行提供相同的服务。工程师、化学家、医生等科技工作者举行国际会议、出版国际期刊也需要获得标准化的产品及服务。

产品标准化是全球营销的重要手段,但是全球营销并不等于标准化。企业只对核心产品及其生产技术实行标准化,而不是对全部产品进行标准化。例如,个人电脑的元器件可以实现大规模标准化,但其外观却应根据各种不同的要求设计和制作。IBM 公司仅为欧洲市场就提供了 20 多种不同的电脑键盘款式供用户选择。此外,为了迎合当地消费者的特殊偏好,企业还可在产品促销、服务等方面作适当的调整。

全球营销战略能否成功取决于涉及的产品和服务的属性,一般而言,全球营销策略更适用于以下几种商品市场。

(1) 市场需求与文化因素无关的商品,包括大多数工业品及主要在外地使用的消费品,如信用卡、旅行设备、笔记本电脑等。

(2) 原产地具有显著生产优势的奢侈品。某些奢侈品的声誉是以原产地出产为基础的,如中国的丝绸、波斯地毯、瑞士军刀、法国香槟、苏格兰花呢等。

(3) 技术标准化、规模优势明显的商品，如汽车、电视机、收音机、录像机、音响设备等。

(4) 研发成本高的技术密集型产品。这类产品必须通过全球标准化来补偿初期的巨额研发投入，如飞机、计算机芯片、药品等。

2.7.2 数字鸿沟

在数字革命方兴未艾的今天，我们也需要注意到，各地区的发展是不平衡的，数字鸿沟就是这种不平衡的一个形象描述。数字鸿沟表示发达国家和发展中国家在信息技术使用方面的巨大差距，这表现在计算机的拥有率、上网人口的比率和计算机知识的普及程度等方面。数字鸿沟问题会影响到经济、社会和政治的方方面面。对网络营销企业而言，数字鸿沟的影响也是不容小觑的。

尽管对数字鸿沟的范围及今后的发展专家们还有不同的看法，但数字鸿沟的存在却是不容置疑的。根据 Statista 最新发布的数字，截至 2024 年 4 月，世界上有 54.4 亿人上网，这代表了约 67.1%的世界人口；互联网在各国的渗透率并不相同，一方面，北欧国家的互联网渗透率已经接近 100%，另一方面，少数国家的互联网渗透率却几乎为 0。中国互联网用户的绝对数量稳居世界第一，但中国大陆的互联网渗透率只有 78%，低于与我国相邻的泰国(88%)和越南(79.3%)。互联网渗透率上的差异从一个侧面反映了社会经济文化发展方面的差异。来自 QUARTZ 的专家注意到，世界上有些人之所以很难拥有手机，是因为他们的住处甚至还没有通电；在 2019 年，世界上还有大约 14.3%的人(大约 11 亿人)家里没有通电。表 2-12 是 Internet World Stats 公布的统计数据，我们注意到，非洲、亚洲地区的成长还有很大潜力，而北美目前已趋于饱和。

表 2-12 全球网络用户的分布

地区	网络用户数量/百万	人口中的渗透率/%	全球占比/%
非洲	601.94	43.2	11.2
亚洲	2916.89	67.0	54.2
美国/加拿大	347.92	93.4	6.5
欧洲	747.21	89.2	13.8
拉丁美洲/加勒比	534.53	80.5	9.9
中东	206.76	77.1	3.8
大洋洲/澳大利亚	30.55	70.1	0.6
世界	5385.8	67.9	100

数据来源：Internet World Stats, http://www.internetworldstats.com/stats.htm，2023 年 10 月访问。

不过，数字鸿沟问题已经引起了人们的注意，人们开始采取积极措施促进发展中国家和地区的信息化进程，所以，发展中国家加入全球化的虚拟市场仅仅是时间早晚的问题。朱迪·施特劳斯等人在撰写的《网络营销(第 7 版·国际版)》的第 4 章中介绍全球网络营销环境时，就特别介绍了中国和其他新兴国家市场，认为包括中国在内的新兴国家作为世界经济新的增长极对企业开展网络营销具有极其重要的意义。

本书应用篇(在线阅读)会具体讨论全球网络营销的策略问题。

2.8 服务营销理论

随着社会的进步,服务业在各国国民经济中的重要性日益增加,许多国家已经进入了贝尔所说的后工业社会或者服务社会。在美国,服务业产值占总产值的比例已稳居七成以上,就业人数的比例更是接近八成,在其他发达国家,服务业的产值也占了总产值的六成以上,就连发展中国家的服务业产值平均也超过了总产值的一半。

实际上,产品和服务的区分是相对的,服务的提供经常伴随着产品的消费,提供产品的公司也需要提供相关的服务。对于一个大公司而言,在产品制造之外提供服务往往是其开展多元化经营的上好的选择,例如,通用电气公司(GE)进入新世纪以来发展最快的业务部门是 GE Capital,这一主要推销金融服务和保险的事业部每年给通用电气带来 327 亿美元的营业收入,占 GE 总收入的 39%[①]。实际上,市场提供物(产品及服务)构成了一个不间断的连续统,这就是所谓的产品-服务连续统(goods-services continuum,参见图 2-11)。市场提供物的含义是:市场上的所有提供物都是介于纯粹的产品和纯粹的服务之间的服务和产品的一定比例的组合。市场营销学的研究表明,随着产品生产技术的不断提高,产品本身的差异逐渐缩小,当今市场竞争的焦点逐步转向产品和服务组合的服务层次。在这种背景下,研究服务的特征和服务的营销策略就极为重要。虽然服务营销并不局限于服务行业,但为了便于论述,本书将主要讨论服务行业的服务营销。

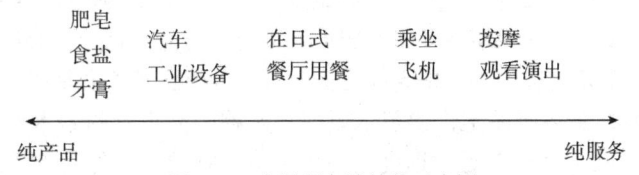

图 2-11 产品服务连续统示意图

目前,在电子商务的不同应用中,提供客户服务是与跨组织系统(IOS,inter-organizational systems)及电子交易(electronic markets)并列的第三种应用。可以看到,在公司网站中,除了交易站点和信息发布站点,最常见的类型就是提供客户服务的站点;计算机软件公司的站点大多数属于客户服务型站点。相当一部分服务属于可以数字化的信息服务,通过网络提供这些服务属于纯电子商务[②],因此服务的交易在电子商务交易中也占据重要的地位,网上拍卖公司本质上也是提供服务的公司。服务营销强劲的增长势头已经引起了许多国家政府的注意。因此,研究网络营销原理或者从事网络营销实践的人都需要掌握服务营销的基本原理。

2.8.1 服务的特性和分类

与产品相比,服务具有 4 大特征。
(1) 无形性:消费者在购买服务前无法看到、听到、闻到、尝到或者触摸到服务。
(2) 不可分离性:服务的不可分离性体现在三个方面。其一,服务与服务的提供者无法分离;其二,消费者要参与服务的生产过程;其三,其他消费者也要参与服务的生产和消费过程。
(3) 差异性:服务质量的好坏取决于提供服务的人和提供服务的具体场景,服务的消费者本人在服务提供过程中也发挥着重要作用,所以服务是很难甚至根本无法标准化的。

---

① 迈克尔·R·辛科塔,等. 营销学:最佳实践[M]. 北京:中信出版社,2003:274.
② 崔顺英等人在《电子商务经济学》中提出的概念,即产品、过程和执行者都是数字化的电子商务形式。

(4) 不可存储性：人们无法把服务储存起来供将来销售或者使用。

依据不同的标准，我们可对服务做不同的分类。

- 按照顾客在服务过程中的参与程度不同，可将服务分为高接触性服务、中接触性服务和低接触性服务三类。
- 按照服务人员介入程度的不同，可将服务分为基于设备的服务和基于人员的服务两类。
- 按照服务的专业程度不同，可将服务分为非技术性服务和专业服务两类。
- 按照提供服务的主体的不同，可将服务分为政府服务、非营利性服务和营利性服务三种。
- 按照接受服务对象的不同，可将服务分为个人服务和企业服务两类。

此外，可按照服务企业与客户的关系是否正式、提供的服务是否连续等标准对服务进行分类。不同类型的服务往往具有不同特性，这就要求提供服务的企业在营销策略上做相应的改变。

2.8.2 服务的营销策略

服务与产品相比具有许多不同的特征，这就导致了服务的营销与产品的营销也产生了若干重要的区别。一般认为，服务营销的营销组合至少要增加三方面的内容，即服务的人员(people)、有形证据(physical evidence)和过程(process)。这三个因素与产品营销的 4P 组合一起统称为服务营销的 7P 组合。我们对 7P 组合简述如下。

服务的产品策略：服务产品包括核心服务、便利服务和支持服务，其中核心服务是为客户提供核心效用的服务，如航空公司的空中运输服务；便利服务是为推广核心服务而为客户提供的便利服务，如航空公司的送票服务和接站服务；支持服务是为提升核心服务价值而设计的相对次要的服务，如航空公司提供的空中无线通信服务、餐饮服务和影视服务。

服务的价格策略：服务产品定价的基本原理与实物产品定价的基本原理并无二致，但服务的差异性却决定了服务可以在更大程度上使用价格歧视策略，服务的不可存储性则要求服务定价在时间上必须具有更大的灵活性。影响服务定价的主要因素有成本因素、市场需求因素和市场竞争因素。

服务的渠道策略：服务产品既可以由服务企业直接销售，也可以由中介机构进行代理。一般而言，差异性较小的服务比较容易通过中介来分销，差异性较大的服务则适合直接销售。

服务的促销策略：服务的促销主要要考虑服务的不可存储性，提高服务能力的利用率。同时，在服务旺季，为达到持续经营的目标，还需要实施低营销(demarketing)的策略，即主动限制顾客的数量，以保证服务的质量或者避免服务设施资源的超常规损耗。

服务的人员、有形证据和过程策略：在交易之前，营销者需要用有形的证据向客户传递服务质量的信息，提供服务(相当于产品交付)的过程中，员工与客户的交互作用对客户的满意度贡献很大，因此服务营销特别强调一线员工(产品生产者)在营销中的作用，格鲁乌斯还特别提出了内部营销的概念来强调树立一线员工营销意识的重要性。生产服务的过程通常就是消费服务的过程，所以服务质量的好坏就反映在服务过程的每个环节上。

服务的网络营销策略也可以从以上方面去考虑，我们在应用篇(网上阅读材料)会通过一些案例对这一问题做更具体的讨论。

2.8.3 服务的质量

在服务质量方面，人们对服务的技术质量和功能质量做出了区分，然后又在预期质量和感知质量的基础上提出了服务质量模型。服务的技术质量主要表现在结果方面，功能质量则体现在服务的过程中，前者强调顾客得到了什么服务，后者则强调顾客如何得到了这些服务，格鲁乌斯在 1990 年提出了如图 2-12 所示的服务质量模型。

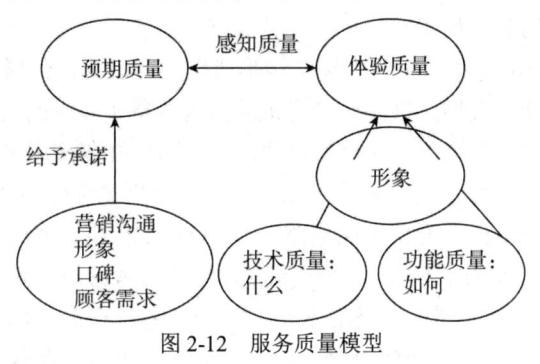

图 2-12　服务质量模型

服务质量的管理虽然困难，却是服务企业的生命线。服务质量的评价和改进往往要从以下方面入手。

- 可感知部分：这是服务产品的外在体现部分，如服务的环境、服务的设备、服务人员的仪表等。
- 可靠性：指服务方不折不扣地兑现服务承诺的能力，这要求避免服务过程中的差错。
- 敏感性：指服务方随时准备为顾客提供快捷、有效的服务，包括迅速改正差错和恰当处理顾客投诉的能力。
- 保障程度：指服务人员的敬业精神和胜任工作的能力。
- 移情性：指服务方真诚地关心顾客，设身处地地为顾客着想，使整个服务过程富有人情味。

综上所述，服务营销理论在网络营销中大有用武之地，研究网络营销必须借鉴服务营销的成果。

2.9　高科技营销理论

知识经济的一个特征就是高科技产品的流行，一方面，平板电脑、智能手机、无人机、3D 打印机、磁悬浮列车等高科技产品已经进入人们的日常生活，另一方面，原本是我们熟悉的传统产品，也可能因为增添了高科技的功能或者使用了高科技材料而蜕变为高科技产品，例如，普通的家用电器是传统产品，而智能家电则成了高科技产品。企业间的竞争使企业管理者认识到了服务的重要性，所以有人预言今后的企业都将成为提供服务的企业，同样，企业间的竞争迫使企业不断进行技术创新，所以，未来的企业很可能都是高科技企业。高科技产品与人们习以为常的传统产品相比具有许多鲜明的特点，因此，人们需要特殊的策略来营销高科技产品。为此，人们提出了高科技营销理论。

2.9.1　高科技产品的特点

虽然高科技产品并不具备一个准确的定义，但人们对高科技产品所具有的以下特征仍然表示出普遍的认同。

(1) 高科技产品使用了尖端的技术和科学成果，如基因工程、人工智能技术、量子计算技术等；这些技术仍然在快速发展当中，但已经开始了商业应用。

(2) 高科技产品的开发速度和更新速度都较传统产品快许多，关于这点最经典的一个例子就是计算机芯片的发展历史。根据摩尔定律，芯片的处理速度每 18 个月提高一倍，这一定律已经成立了数十年，并且仍然在起作用。

(3) 高科技产品的推出将对原有的市场结构形成巨大冲击，这经常表现为高科技产品替代某些传统产品并把它们逐出市场，例如，录音机的出现排挤了原先的留声机，计算机排挤了原先的打字机。电子行业的一个例子可能更加典型，20 世纪 50 年代最基本的电子元器件是电子管，到了 60 年代，电子管开始被体积更小、工作更可靠且更便宜的晶体管所取代，其后，电器行业开始普遍使用集成电路和大规模集成电路，到了 80 年代初，微处理器技术又开始崛起，目前，微处理器技术也似乎发展到了一个极限，人们开始考虑应用量子计算技术或者生物工程技术将信息处理的速度提高到一个新的水平。一种高科技产品的问世引发了社会各方面全方位变革的事例在历史上发生过不止一次，如电、火车、电话、晶体管、机床、计算机、互联网等都是这样的高科技产品。这些产品后来构成了整个行业的基础，创造了一个巨大而崭新的市场。

(4) 高科技产品的问世经常依赖高额的研发投入。我们熟知的高科技企业都是研发支出的大户。例如，根据 StockAnalysis 的统计，在 2022 年研发经费投入最多的公司是亚马逊，高达 732 亿美元，谷歌的母公司 AlphaBet 排在第 2 位，2022 年的研发投入为 395 亿美元。更有说服力的数字应该是研发费用占公司总销售额的比例，高科技企业的研发费用平均占销售收入的 4%~5%，在人工智能时代一飞冲天的英伟达在 2022 年的研发费用占总销售额的 27%，而 Meta 公司的研发费用更是占到总销售额的 30%。

(5) 高科技产品还有显著的行业特征。一般而言，高科技产品都集中在生物、材料、信息技术和能源 4 大领域，这些领域正处于革命性的进步中，每年在这些领域都能涌现大量的高科技产品。

应该注意，高科技产品和传统产品的区分是相对的，并不存在绝对的界限，从最成熟的传统产品到最尖端的高科技产品中间存在一个几乎连续的谱系，Gartner 公司每年发布的新兴技术成熟度报告(详见 3.1.5 节)可以帮助我们了解许多新技术在当前的成熟度。有时，政府对高科技企业的认证可以帮助我们将高科技企业与传统的企业区分开来，但政府对高科技企业的界定标准也有一定的随意性。

2.9.2 高科技营销的断层模型

尽管高科技产品的营销与传统的营销有诸多相似之处，高科技企业的营销经理与传统企业的营销经理有着相同的目标，他们可以用来实现这些目标的手段也没有差别，但是，高科技营销却不能不考虑高科技产品的特点。高科技产品的一个基本特点是产品的市场潜力和技术成熟程度具有高度的不确定性，高科技产品被市场接受有一定难度，一些顾客担心高科技产品操作困难，另一些人担心高科技产品可能会很快过时，甚至还有顾客对新事物有本能的抵制倾向。高科技产品的另一个基本特点是产品生命周期短，所以高科技产品的营销对时间特别敏感，营销活动必须遵循严格的时间计划，营销人员必须对市场动向做出敏捷的反应。高科技产品的创新性要求强大的研发服务和技术支持服务的配套，以便随时处理市场中发现的问题。

因为高科技产品的市场潜力具有不确定性，所以成功的营销显得更为重要。在高科技产品营销理论中有一个关键的概念是描述高科技产品扩散过程的断层模型(见图 2-13)。该模型从经验上描述了高科技产品市场上的一个常见现象,就是一个高科技产品推出后,先是有个别人试用,然后又有少数人跟进,就在市场要打开之际,销售却出现了长期停滞,仿佛在产品的早期采用者和早期多数采用者之间有了一个断层。高科技营销的基本任务就是填补这一断层,如果不能成功地将产品销售给早期多数采用者,新产品就会在市场上失败。

断层模型

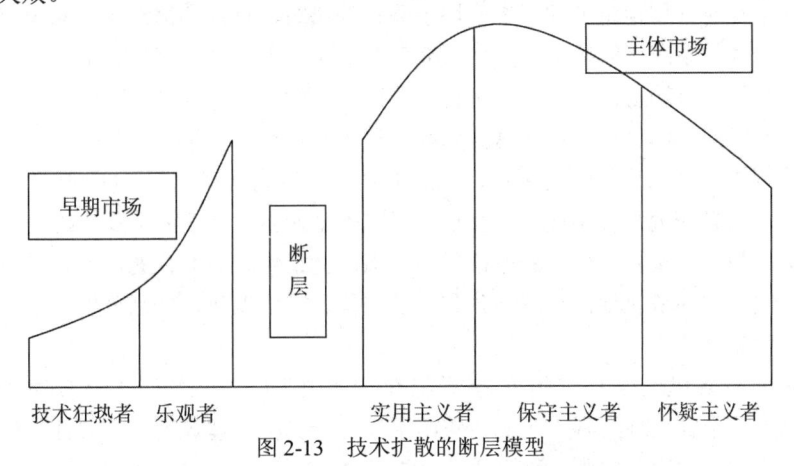

图 2-13 技术扩散的断层模型

跨越断层需要着重考虑产品以下几方面的特征:产品的价值、与现有体系的兼容性、复杂性、可尝试性、可见度、网络效应和风险。

- 产品的价值:高科技产品必须为消费者提供实实在在的价值,不能只充当一件摆设。
- 与现有体系的兼容性:高科技产品最好能向前兼容前一代产品,以免为用户造成过高的转移成本。
- 复杂性:高科技产品的选购、使用和维护应该是简单易懂的。
- 可尝试性:一件好的高科技产品不应该因为用户偶尔的操作不当而损坏。
- 可见度:如果高科技产品的使用对其他人是可见的,该产品便会增添引领潮流的符号价值。
- 网络效应:产品用户群体的扩大可以增添使用该产品的价值。
- 风险:使用高科技产品必须是安全的,这不仅指人身安全,也指没有经济风险和社会声誉风险。

高科技产品营销同网络营销有很强的相关性,原因有以下几个方面:

- 高科技产品的特征多属于可以用文字说明的可检索特征,而网络营销的一个优势就是可以提供详尽的产品说明,并且该说明非常适合潜在的用户检索。
- 网络用户的特征和高科技产品早期采用者的特征重叠较多。例如,两个群体的收入都较高、受教育程度较高、年轻、喜欢新奇事物并富有冒险精神。
- 高科技产品一般更容易实现远距离配送。高科技产品中知识要素的比重远远超过了材料要素,因此单位重量的高科技产品往往价值较高,比较容易分摊产品的运输费用。
- 利用网络为高科技产品的用户提供服务带来的新价值显著。
- 虚拟社区可以发挥高科技产品技术热衷者(创新采用者)的意见领袖作用。

所以,我们毫不奇怪,网络营销最成功的公司中,高科技公司占很大比例。

2.10 网络营销伦理学

网络营销伦理学是由两条不同的应用伦理学研究路线汇流而形成的一个崭新学科：一是营销伦理学，二是信息伦理学。

营销伦理学是对于如何将道德标准应用于营销的决策、行为和组织中的系统研究。西方发达国家对营销伦理的系统研究始于20世纪70年代，至今不过半个多世纪的时间，我国在改革开放后不久就在引入市场营销学的同时引进了营销伦理学。从20世纪末开始，营销学界对营销伦理的兴趣明显升温，国家自然科学基金和社会科学基金均为营销伦理的研究提供了资助，而且出现了一系列以营销伦理为题的著作，如王淑芹的《市场营销伦理》(1999)和寇小萱的《企业营销中的伦理问题研究》(2001)。营销伦理不仅从理论上探讨营销实践中的道德规范问题，还试图为营销人员提供实际情景下的道德释疑指南。营销伦理学的议题涉及几乎所有的营销环节，其中最受关注的环节包括：市场细分和产品定位、市场调研、产品开发、定价、分销、直复营销、广告和国际营销。

信息伦理(或计算机伦理)研究始于20世纪60年代中期。1968年，唐·帕克(Donn Parker)发表了"信息处理中的伦理规则"一文，阐明了建立计算机伦理规则的必要性，他还牵头制定了第一个计算机学会的职业守则，该规则于1973年被美国计算机协会所采用。20世纪70年代中期，瓦尔特·迈纳(Walter Maner)开始使用"计算机伦理学"一词专指研究由计算机技术引发、激化、转变了的伦理学问题的学科领域。20世纪70年代末期，计算机伦理学进入许多美国大学，这标志着该学科的最终确立。1991年，全美计算机与伦理大会对计算机伦理学作了更广泛的界定，提出计算机伦理学是运用哲学、社会学、心理学等学科的原理和方法探讨计算机及信息技术应用对人类自身价值所产生的影响的学科。这种更宽泛的定义为计算机伦理学的发展拓展了空间，并且鼓励具有不同学科背景的专家共同关注这一领域。人工智能技术的大发展则使人工智能伦理成为计算机伦理研究的一个前沿领域。

互联网和电子商务的发展给人们带来了一系列新的道德难题，美国著名经济学家、诺贝尔经济学奖获得者保罗·克鲁格曼(Paul Krugman)在评论卡尔·夏皮罗(Carl Shapiro)和哈尔·瓦里安(Hal R. Varian)的畅销著作《信息规则：网络时代的策略指导》时说："夏皮罗和瓦里安的成功像微软的崛起一样，标志着信息时代已经失去了它的纯真；它成了大生意，它的隐含规则实际上鼓励了像价格歧视和掠夺这样有害社会的行为。"如果对这些问题视而不见，任由其发展，必然会破坏网络虚拟市场的正常秩序，使电子商务无法开展。需要注意，网络营销伦理理论与所谓的"软营销"理论绝对不能画等号，两者的区分就如同讲道德修养与讲礼貌的区别，营销伦理的内容远比"软营销"深刻和丰富，有社会责任感的网络营销绝非讲究网络礼仪这么一点点内涵。

过去，因为忽视营销伦理而在国际市场上碰壁的例子在我国时有发生。21世纪初，一些国际反垃圾邮件组织将一些中国邮件运营商列入垃圾邮件服务器黑名单，使得许多欧美网络服务商联合屏蔽中国电子邮件服务器的IP地址。该事件引起了我国产学两界对网络营销伦理的高度关注。

随着社会媒体营销的崛起，真诚营销(authentic marketing)逐步成为网络营销的基本理念，在网络营销中引入营销伦理的观念并建立起具有中国特色的网络营销伦理学体系已经成为我国网络营销界的一大要务。如今，越来越多的网络营销企业开始把恰当的伦理战略作为他们获得竞争优势的重要手段。我们将在第9章中深入探讨网络营销伦理理论及其应用。

以上十个方面的理论都是经济学或者市场营销理论的先进成果，选择它们作为研究网络营销的基础,研究它们对网络营销的指导意义,将有助于我们拓宽视野,并对丰富和发展网络营销理论产生积极作用。

本章内容提要

网络营销是电子商务和市场营销的交叉学科,它的理论基础包括10个部分:数字经济学、消费者行为理论、整合营销传播理论、直复营销和关系营销理论、内容营销理论、企业对企业营销理论、全球营销理论、服务营销理论、高科技营销理论和网络营销伦理学理论。数字经济学研究的对象是数字技术是否以及如何改变经济活动,对网络营销的指导意义主要体现在战略层面,它对双边和多边平台及不同类型网络效应的研究为企业开展社会媒体营销提供了一种分析方法。消费者行为理论是研究个人、群体或者组织为满足自身需要而选择、获取、使用和处置产品、服务、体验或者观念的过程及该过程对顾客和社会的影响的学科,它弥补了经济学把厂商和消费者描述为纯粹经济人的不足,从行为科学角度拓展了我们对厂商和消费者的认识。整合营销传播理论是以营销过程中的信息流为主要研究对象的一种相当系统的营销理论,其目的是通过各种营销传播渠道的整合,促进顾客的购买行为,增进顾客忠诚,实现最大化的营销效果。直复营销是一种有着悠久传统而又随着信息技术的进步在当代重新焕发活力的营销方式,具有互动性、可度量性、与地点无关、回复及时等特性。在线销售是直复营销的一种形式,也是网络营销的一个重要组成部分。可以说,网络营销为高效的直复营销提供了良好的条件,直复营销则为网络营销勾画出一条成功的路线。关系营销理论是目前占主导地位的一种营销理论,它强调对企业与顾客、供应商、雇员和其他商务伙伴的关系的管理,关系营销理论尤其适合服务的营销及B2B市场上的营销。数据库营销的说法强调了现代直复营销对数据库技术的依赖。随着社会媒体营销的兴起,内容营销越来越受到人们的关注,在今天,内容已经成为几乎所有网络营销战略的核心,营销企业应该把内容作为产品和服务之外的另一种重要产出,了解内容可以帮助达成的营销目标并掌握创作优质内容的方法。企业对企业营销理论起源于20世纪60年代的美国,它的核心内容是组织采购行为模型。全球营销理论强调国际市场的同一性,其目的是以标准化的营销策略在全球销售标准化的产品和服务,将规模优势转化为全球性的竞争优势。服务营销理论强调了服务不同于有形商品的4种特性:无形性、不可分离性、差异性和不可存储性,并且在营销策略方面强调了服务的人员、有形证据和过程。高科技营销理论则强调了高科技产品与普通产品的不同特性,其核心内容是高科技产品扩散过程中的断层模型及相应的跨越断层的营销策略。网络营销伦理学实际上是营销伦理学与信息伦理学两种理论的汇流,网络营销的伦理策略构成了网络营销策略的一个重要方面,关注网络营销中伦理问题的妥善解决不仅关乎企业营销目标的实现,而且关乎全社会市场机制的公正和效率。

复习思考题

1. 试说明数字经济学、网络经济学和电子商务经济学三者间的关系,你认为哪个学科对网络营销最具指导意义?
2. 从事网络营销为什么需要了解数字货币?
3. 用于交流信息和讨论问题的微信群(如大学生创业交流群)是否具有网络效应?微信群的价值最适合用哪个定律描述?
4. 大数据消费者建档使用的是什么逻辑?为什么说相对于传统的因果逻辑是一个进步?

5. 与传统的消费者洞察方法相比，大数据消费者建档具有哪些优势？
6. 有人把整合营销传播理解成从 4P 到 4C 的转换，这种理解对吗？为什么？
7. 舒尔茨总结的整合营销计划的 5R 指的是什么？
8. 说一说直接销售和直复营销的区别和联系？
9. 直复营销的策略组合可以总结为 4A，这 4A 指的是什么？
10. 试着分析直复营销、关系营销和数据库营销的区别和联系。
11. 内容按照价值大小可以分为哪些类别？人们对补白内容的价值仍然存在着争议，你认为它们有价值吗？AIGC 被当作补白内容合理吗？AI 有没可能在将来创作出权威内容甚至是旗舰内容？
12. 比较黏性内容创作的成功原则和内容疯传 6 原则，它们在中国适用吗？参考科特勒咨询集团对内容疯传原则的改进，思考一下在中国的文化环境下有没有什么可以补充的新的疯传原则。
13. 思考一下，与西方国家相比，我国 B2B 营销是否具有不同的特点。如果有，这些特点会如何影响我国的 B2B 网络营销？
14. 全球营销的理想在现实中会碰到哪些问题？符合什么条件的产品和服务更适合开展全球营销？
15. 服务营销的 7P 组合指的是什么？
16. 高科技营销中的断层模型指的是什么？
17. 营销伦理有没有东西之分？信息伦理和网络营销伦理呢？
18. 如果要你为网络营销增添一个理论基础，你会增添哪个理论？说说你的理由。

扩展资源

请扫描右侧二维码获取扩展资源。

扩展资源

参考文献

1. Erik Brynjolfsson, Brian Kahin. Understanding the Digital Economy: Data, Tools, and Research[M]. Cambridge: MIT Press, 2000.

2. Harald Øverby, Jan Arild Audestad. Introduction to Digital Economics: Foundations, Business Models and Case Studies [M]. 2nd ed. Cham: Springer, 2021.

3. Soon-Yong Choi, Stahl D O, Whinston A B. 电子商务经济学[M]. 张大力，译. 北京：电子工业出版社，2000.

4. 李涛，刘航. 数字经济学导论[M]. 北京：高等教育出版社，2022.

5. 任宝平，师博，等. 数字经济学导论[M]. 北京：科学出版社，2022.

6. 孙毅. 数字经济学[M]. 北京：机械工业出版社，2021.

7. 阿维·古德法布，谢恩·格林斯坦，凯瑟琳·塔克. 数字经济的经济学分析[M]. 大连：东北财经大学出版社，2021.

8. Keith Blois. The Oxford Textbook of Marketing[M]. Oxford: Oxford University Press, 2000.

9. 劳利·温厄姆，乔·萨姆塞. 网络困境与商务新规则[M]. 胡开宝，译. 北京：华夏出版社，2001.

10. 卡尔·夏皮罗, 哈尔·瓦里安. 信息规则——网络经济的策略指导[M]. 张帆, 译. 北京: 中国人民大学出版社, 2000.

11. David Kurtz L. Contemporary Marketing[M].17th ed. Boston: Cengage Learning, 2016.

12. 迈克尔·辛科塔 R, 帕翠克·邓恩, 等. 营销学: 最佳实践[M]. 李占国, 译. 北京: 中信出版社, 2003.

13. Eric Viardot. Successful Marketing Strategy for High-Tech Firms[M]. 2nd ed. Boston: Artech House, 1998.

14. 罗家德. 网络网际关系营销[M]. 北京: 社会科学文献出版社, 2001.

15. Sanjeev Bordoloi, James Fitzsimmons A, Mona Fitzsimmons J. Service Management: Operations, Strategy, Information Technology[M]. 10th ed. New York: McGraw Hill LLC, 2023.

16. 戴维·刘易斯, 达瑞恩·布里格. 新消费者理念[M]. 北京: 机械工业出版社, 2002.

17. 乔治·邓肯. 直复营销: 互联网、直递邮件及其他媒介[M]. 杨志敏, 杨建民, 译. 上海: 上海人民出版社, 2003.

18. William McDonald J. Direct Marketing: an Integrated Approach[M]. 2 版, 英文影印版. 北京: 机械工业出版社, 1999.

19. 西蒙·金斯诺思. 数字营销战略——在线营销的整合方法[M]. 2 版. 王彻, 译. 北京: 清华大学出版社, 2021.

20. Tracy Tuten L, Michael Solomon R. Social Media Marketing[M]. 3rd ed. London: SAGE Publications Ltd, 2018.

21. 奇普·希斯, 丹·希斯. 行为设计学: 让创意更有黏性[M]. 北京: 中信出版社, 2019.

22. 雅基·莫尔. 新产品与创新的营销[M]. 胡奇英, 杜荣, 等译. 北京: 机械工业出版社, 2002.

23. 马丁·克里斯托弗, 等. 关系营销: 如何将质量、服务和营销融为一体[M]. 李宏明, 等译. 北京: 中国经济出版社, 1998.

24. 克里斯托弗·洛夫洛克 H. 服务营销[M]. 北京: 中国人民大学出版社, 2001.

25. 沃伦·基坎 J, 马克·格林 C. 全球营销原理[M]. 傅惠芬, 等译. 北京: 中国人民大学出版社, 2002.

26. 布莱尔蒂 E G. 商务营销[M]. 3 版. 李雪峰, 等译. 北京: 清华大学出版社, 2000.

27. 艾拉·考夫曼. 数字时代的营销战略[M]. 曹虎, 王赛, 乔林, 译. 北京: 机械工业出版社, 2016.

28. Robert Bly W. The Content Marketing Handbook: How to Double the Results of Your Marketing Campaigns[M]. Irvine: Entrepreneur Media Inc., 2020.

29. 乔纳·伯杰. 疯传: 让你的产品、思想、行为像病毒一样入侵[M]. 北京: 电子工业出版社, 2014.

30. Terence Shimp A. Advertising & Promotion: Supplemental Aspects of Integrated Marketing Communications[M]. 5th ed. Fort Worth: The Dryden Press, 2000.

31. 李伦. 鼠标下的德性[M]. 南昌: 江西人民出版社, 2002.

32. Judy Strauss, Raymond Frost. E-Marketing[M]. 7th ed. Upper Saddle River: Pearson Education Inc., 2014.

33. Gerard Adams F. The E-Business Revolution and the New Economy: E-Conomics after the Dot-Com Crash[M]. Mason: South-Western, 2004.

34. 刘向晖. 关系营销失败案例剖析[J]. 商业时代，2006(7).

35. Tracy L. Tuten，Michael R. Solomon. Social Media Marketing[M]. 3rd ed. London: SAGE Publications Ltd, 2018.

第 3 章 网络营销的现实基础

本章学习目标

学习本章后，你将能够：
- 熟悉互联网的主要应用，熟悉常见软件工具的主要功能。
- 对互联网的一些新应用、特色服务和移动商务技术有基本的了解。
- 了解数字化制造和 3D 打印技术的发展情况及其对网络营销的意义。
- 了解区块链、人工智能及其他仿人技术对网络营销的影响并知道如何评价新兴技术成熟度。
- 理解网络礼仪、网络道德和相关法律制度的区别和联系。
- 了解我国网络营销配套服务的发展状况。

网络营销的产生和发展需要一定的前提条件，这既包括计算机网络技术、无线通信技术和其他相关信息技术的大发展，也包括相关法律制度、伦理制度的基本完善，还包括配套服务市场的充分发育。下面将逐一论述这些前提条件。

3.1 网络营销的技术基础

网络营销的技术前提是互联网技术、移动商务技术、人工智能技术、虚拟现实技术、区块链技术、数字化制造技术等相关技术的蓬勃发展。要掌握好网络营销，就必须对这些技术有基本的了解。本节主要介绍与网络营销有关的技术背景知识，特别是这些技术对网络营销的意义。

3.1.1 互联网技术

1. 互联网的各种应用

互联网是人类历史上继印刷机、蒸汽机和电话机之后又一项伟大发明，有着极其广泛的应用。互联网诞生以后发展极其迅猛，20 世纪 90 年代初期的互联网商业化更使互联网成为包括网络营销在内的各类电子商务应用最重要的基础设施。

Internet 向用户提供的各种功能通称为 "Internet 的信息服务"，其最基本的应用有电子邮件(E-mail)、文件传输(file transfer，FTP)、远程登录(Telnet)、电子公告板(bulletin board system，BBS)、即时传信(instant messaging)、新闻组、聊天室(chat room)、邮件列表(mailing list)、Gopher

和万维网(WWW)等。为了帮助用户从浩瀚的信息海洋中方便地获取信息，人们又开发了一系列信息检索服务，如 Archie、Veronica、WAIS 和适用于检索 WWW 的搜索引擎。2003 年后，以网络日志(blog)、维基(Wiki)和 SNS 为代表的 Web 2.0 技术发展迅猛，将互联网的发展带到了一个新时代。2008 年后横空出世的区块链技术则开创了一个以去中心化、透明性和用户自治为核心理念的 Web 3.0 时代。本节首先对上面列举的技术做一简要评述，然后介绍对网络营销具有重要意义的其他几种互联网技术，包括签语块技术(cookie)、软件代理技术(software agent)、大众分类法(folksonomy)和基于互联网的电子数据交换技术。本节最后还会简单介绍一下我国互联网的发展情况。

1) 电子邮件

电子邮件(electronic mail，E-mail)是通信技术与计算机技术相结合的产物，是互联网上人与人之间的一种异步通信手段。互联网时代最早的一个杀手级应用就是电子邮件。今天，互联网的应用图景虽然较互联网产生初期有了极大的变化，但电子邮件至今仍然是互联网上最受欢迎的应用之一。据 Statista 公司提供的数据，2022 年，全球使用电子邮件的用户有 42.6 亿之多，这些用户每天收发的电子邮件数量大约为 3332 亿封。该公司估计，到 2026 年，全球电子邮件用户还将增加到 47.3 亿人，而每天收发电子邮件的数量将达到 3925 亿封。

使用电子邮件，一个网络用户可很快将数字化信息传送给另一个或者多个用户。电子邮件正文通常以文本或者超文本形式显示，但多数系统允许用户以附件形式发送任何格式的文件。现在已出现了语音邮件和视频邮件。与传统的信函相比，电子邮件具有快速、方便、经济和信息量大的优点。不过，电子邮件的广泛使用，也使它成为计算机病毒传播的主要途径之一。

电子邮件系统采用 SMTP(simple mail transfer protocol)邮件服务器发送邮件，并采用 POP(post office protocol)服务器接收邮件。SMTP 服务器是在信件发送时，电子邮件客户程序所要连接的系统，它的任务是将待发送的邮件转移到一个 POP 服务器上，该服务器将信息存储并转发给接收者。当用户检查所接收到的电子邮件时，用户的电子邮件客户程序登录到 POP 服务器上，并请求查看存放在邮箱中的信件。SMTP 和 POP 服务都非常简单，也非常可靠。随着智能手机时代的来临，目前电子邮件用户查看电子邮件的最常用方式是通过手机 App 查询，其次是通过万维网查询，最后才是通过专门的电子邮件软件(如 Outlook)查看。

电子邮件是网络营销最重要的工具之一，本书将在第 5 章深入探讨电子邮件营销。

2) 文件传输

文件传输(File Transfer)是指从一台计算机向另一台计算机传送数字文件。通过文件传输，用户可将本地文件传送到远程计算机上，也可以从远程计算机上取得自己所需的文件，还可以把文件从一台远程计算机传输到另一台远程计算机。因为这种服务使用的协议是文件传输协议(FTP，file transfer protocol)，所以该服务通常被称为 FTP 服务。

FTP 采用 C/S 结构，就是说，使用该服务既需要客户程序，也需要服务器程序。FTP 客户程序在用户计算机上执行，服务器程序在宿主计算机上执行。用户启动 FTP 客户程序，通过输入用户名和口令，客户程序会尝试与安装有 FTP 服务器的远程主机建立连接，一旦连接成功，在客户机和服务器之间就建立起一条命令链路(控制链路)。用户通过该链路向 FTP 服务器发送命令，如进行文件查找、下载或上传等，FTP 服务器则返回执行每条命令的状态信息。

FTP 支持任何文本和二进制文件在客户机和服务器间的双向传输。用 FTP 传输文件，用户必须进行系统注册，提交用户名和口令，这种访问方式可以使用户向远程计算机上传文件或从远程计算机下载文件。大多数情况下，用户使用下载服务来获取文件，但如果用户在网页制作或更新完毕后，需要将网页文件上传到远程服务器，就要用到上传功能。此外，FTP 还允许用户把文件直接从一台远程主机传送到另一台远程主机。FTP 软件有很多种，目前常用的 FTP 软件主要有 FileZilla、WinSCP 和 Cuteftp。

互联网上有许多 FTP 服务器被设置为"匿名"FTP 服务器，这类服务器的目的是向公众提供文件拷贝服务，因此不要求用户事先在该服务器注册。与这类匿名 FTP 服务器建立连接时，按照大多数 FTP 客户程序的默认设置，程序会在"用户名"栏填入 anonymous，而在"口令"栏填入用户的电子邮件地址。

现在应用最多的当数匿名文件传输服务。互联网上存在大量的匿名 FTP 服务器，这些服务器中存有大量允许人们自由拷贝的资料，例如各种免费软件和技术文档，甚至还有音像资料、电子杂志和归档的新闻组。许多正在开发的互联网软件的中间版本往往由匿名 FTP 服务器向公众发布，供大家测试。这些服务器中蕴藏了互联网上大量的信息资源，允许任何人以"无名氏"的身份匿名访问。不过，匿名访问实际上并不匿名，因为用户已经向匿名 FTP 服务器提交了自己最重要的识别信息——电子邮件地址。

FTP 具有以下特点。

(1) 无论用户及服务器在何位置，使用何种操作系统，采用何种方式连接，都可以进行文件传输。

(2) 互联网上每时每刻都有大量的匿名 FTP 服务器处于运行状态，为用户提供上传和下载服务，它们对用户下载几乎没有任何限制，但一般而言，匿名 FTP 服务器出于安全方面的考虑对上传会有某些限制。

(3) 使用 FTP 服务是获得软件和技术文档的重要方式，许多程序及其更新会通过匿名 FTP 服务器发布，以便用户可随时获得最新的软件和技术文档。远程计算机目录中通常都会有以 readme 命名的文本文件，它们可以帮助用户了解目录中的文件内容。用户可以通过专门的 FTP 搜索引擎查找 FTP 服务器上的文档。

网络营销人员经常使用 FTP 来下载自己所需的软件和文档，发布自己的网页。有时，网络营销企业还建立自己的 FTP 服务器供客户下载软件或文档，顺便收集下载用户的电子邮件地址，扩充自己的邮件列表。

3) 远程登录

Telnet 协议是 TCP/IP 协议族中的一员，是 Internet 远程登录服务的标准协议和主要方式。远程登录(Telnet)使用户的计算机变成网上另一台计算机的远程终端。网络上的超级计算机往往用这种方式供大家共享，只要用户拥有超级计算机的账户，就可以远程登录到该计算机，使用该计算机上的各种资源，例如查询数据库或者运行应用软件。如果远程计算机是一个开放的系统，那么任何用户都可以用指定的某个公用名登录。国外许多大学的图书馆都提供对外联机检索服务，一些政府部门或科研机构也建有对外开放的数据库，互联网用户可以通过 Telnet 访问这些信息资源。尤为重要的是，互联网上 UNIX 操作系统的一些应用工具本身就是通过 Telnet 来访问的，如 BBS、Archie 等。有了 Telnet 之后，人们就不必局限在固定地点使用特定的计算机工作，而可使用任何地方的任何一台计算机通过 Telnet 联机工作。今天，网络营销人员或者网络技术人员仍会使用该功能来完成某些任务，如使用 BBS 或者管理被托管的服务器等。不过，由于 Telnet 联机会话是在不加密的情况下传输的，包括账户和密码在内的数据都容易被人窃听，存在巨大的安全隐患，所以 Telnet 正在被其他更好的协议(如 SSH)所取代。2008 年 9 月 24 日，世界上最早的在线社区网站 Well(www.well.com)不再支持 Telnet 远程登录，而是转为 SSH，因为这样它才能通过支付卡行业数据安全标准(Payment Card Industry Data Security Standard)的认证，才能成为信用卡公司的特约商家。同时，微软操作系统从 Vista 版本开始也不再预装 Telnet

客户端，用户要从程序集里激活该功能才可使用。

4) 电子公告板和论坛

电子公告板(Bulletin Board System，BBS)又称电子布告栏系统，是早期互联网用户交流信息的一个重要场所。世界上第一个公共电子公告牌系统是沃德·克里斯藤森(Ward Christensen)于 1978 年在芝加哥开发的。1994 年 5 月，国家智能计算机研究开发中心开通的曙光 BBS 站则是中国内地的第一个 BBS 站。用户在 BBS 中可以张贴文章或进行实时讨论，BBS 上的各种资料都按照主题内容做了归类整理，查找起来非常方便。此外，BBS 还支持文件的上传下载和电子邮件功能。BBS 发展出了一套独特的 BBS 文化，这包括各种特有的缩略语及网络表情符号的广泛使用。

讨论区是 BBS 最主要的功能之一，BBS 讨论区的主题涉及范围很广，从学术研究、网络资源、人文社会、经济杂谈、用户闲聊、互联网技术、电脑游戏、校园信息、体育健身到休闲娱乐，可谓无所不包，用户可以选择适合的主题浏览或参与讨论。

论坛(forum)是一种万维网应用程序，该应用使互联网用户能够进行非实时的相互交流。论坛组织话题的方式和 BBS 类似，经由管理员许可，论坛用户能够发起一个话题或者参与已有的话题。论坛管理员通常有权编辑、删除、移动或以其他方式修改论坛上的话题。与电子邮件列表不同的是，论坛通常不会自动将新帖子推送到成员的邮箱，而是要求成员通过访问在线留言板查看更新。当然，一些论坛也提供"电子邮件通知"设置，使用户能从邮箱了解他们感兴趣的话题的更新情况。

如今，BBS 在万维网论坛的挤压下已经失去了往日的繁荣，逐渐变成老网民怀旧和新网民猎奇的地方。不过，国内外仍然有一些 BBS 保留着一批忠实用户，这些用户虽然数量不多，但很多都是在特定领域中有着不小影响力的意见领袖，BBS 仍然是接触这些人的一个渠道。

北京邮电大学的北邮人论坛是国内现存的为数不多的 BBS 站，在 DOS 模式下用远程登录访问北邮人论坛 BBS 站(bbs.byr.cn)，看看 BBS 都有哪些功能，体验一下北京邮电大学的网络文化和校园文化。

5) 新闻组

新闻组(Usenet)也叫作 UNIX 用户网络，是互联网上数以万计的各种主题的新闻组(newsgroup)的总称。有"上古纯文本社交网络"之称的新闻组于 1979 年诞生于美国北卡罗莱纳大学和杜克大学，创建者最初的想法是为对某个主题感兴趣的人提供一个相互交流的途径。Usenet 也采用客户机/服务器结构，服务器负责存储和分发新闻组消息，用户通过在客户端安装的新闻阅读器软件参与新闻组(阅读和发布讯息)，不过，现在的浏览器软件大多数集成了新闻阅读器的功能。虽然新闻组的出现比万维网早 12 年，但至今仍有人使用。根据 UsenetServer 网站在 2023 年发布的数据，目前网络上还有超过 11 万个话题讨论组，遍布全球几大洲的成千上万的新闻组服务器存储的数据达到 400PB，这大约相当于 1000 亿份用户上传文章和文档的数据量，这一数量目前还以每月 20 亿篇新文章的速度增加。网络上有许多新闻服务器允许公众匿名使用，但也有很多新闻服务器需要密码才能登录，在新闻服务器索引网站上可以找到新闻服务器的地址和简评。新闻组的主题(顶级话题)被分为以下 8 大类。

- comp：包括计算机硬件和软件。
- humanities：人文艺术。
- misc：杂项，包括五花八门的各种话题。
- news：新闻。

- rec：兴趣、爱好和娱乐活动。
- sci：科学研究实践。
- soc：社会问题，文化。
- talk：辩论。

每一个主题又会被进一步划分为许多针对性更强的小主题，并按照特定规则加以命名。例如，大多数主题的新闻组都有以下三种不同风格的子新闻组。

(1) 标准新闻组(standard newsgroups)——标准新闻组又被称为世界新闻组，这类新闻组用于对比较严肃的问题进行高质量的讨论，建立这类新闻组要经过严格的审核程序，但一旦获准成立，这类新闻组的内容一般都会被全世界的新闻服务器转载(除了 talk 主题下的部分新闻组)。

(2) 另类新闻组(alt newsgroups)——任何人都可以凭兴趣设立这类新闻组，所以这类新闻组质量参差不齐，新闻服务器自主决定是否要转载这类新闻组。

(3) 商业性新闻组(biz newsgroup)——这类新闻组专门用于商业目的。

从新闻组的主题可以看出，Usenet 在网络营销中也有许多种应用，网络营销者可以通过新闻组搜集信息，还可以通过商业性的新闻组发布营销信息。不过，虽然发达国家仍有不少 Usenet 用户，但国内的 Usenet 用户已非常有限。Usenet 的原始开发者早在 2010 年就关闭了服务器，谷歌也在 2024 年 2 月停止了它的 Usenet 服务器，谷歌用户也不再能通过 Google Groups 应用访问 Usenet 群组。不过，Usenet 至今仍有一批"死忠粉丝"，他们当中有很多堪称"极客"[①]的资深网友，Usenet 是找到他们的一条有效路径。Usenet 的内容记录着互联网技术的一些最重要事件，万维网、Linux 项目、第一个浏览器及图像标签都曾经通过 Usenet 发布，甚至杰夫·贝索斯在 1995 年发布的亚马逊公司的第一个招聘广告也是通过 Usenet 发布的。一个主题鲜明的新闻组实际上已经形成一个虚拟社区，而虚拟社区的网络营销我们将在第 5 章中详加讨论。

到搜索引擎上搜索 Usenet，了解"上古纯文本社交网络"文化。

6) 邮件列表

邮件列表(Mailing List)提供了一种通过电子邮件参加讨论组的方式。用户通过向邮件列表管理服务器发送主题为 subscribe(或 unsubscribe)的邮件向一个专用地址订阅(或退订)一个邮件列表。多数邮件列表是公开的，但也有一些专用邮件列表，不允许随便加入。最常用的一种邮件列表管理系统称为邮件列表服务器(Listserv)。用户如果需要了解一个邮件列表的基本信息，可以向该邮件列表管理服务器发送主题为 help 的邮件。邮件列表服务器自动将用户发来的信息转发给同一组的每个人，邮件列表用户通过这种方式进行交谈和共享信息。任何人发出的信息会到达同组的每个人。这样就实现了讨论功能。

邮件列表与 Usenet 都为用户提供了多对多交流的工具，它们的不同之处在于：Usenet 新闻组必须使用新闻阅读器程序(newsreader program)，而邮件列表则通过发送和收阅电子邮件实现讨论；Usenet 的加入与退出都非常机动，而且用户可以很容易地变换新闻组。对于邮件列表，则需要用发送专门电子邮件的方式来加入或退出。

7) 聊天室

聊天室(Chat Room)是一种网上实时通信工具，允许多人参加实时讨论，有的聊天室不仅支

---

① 极客是美国俚语 Geek 的音译，原意是指行为举止怪异的人，后来被用于形容智力超群、对计算机和网络技术有狂热兴趣、投入大量时间钻研的人。目前，Geek 更多是指在互联网时代创造全新商业模式、尖端技术与时尚潮流的人。

持文字聊天，还支持语音甚至视频聊天。常设的聊天室一般都有固定的主题，许多平台(如腾讯)还允许用户自己临时设立聊天室，聊天室通常有主持人监视聊天进程，他们有权把不遵守规则的人赶出聊天室。聊天室可以作为在线组织焦点小组访谈的工具。早期的聊天室一般不会长期存储聊天内容，这与后来的 QQ 群和微信群有所不同。

8) 即时传信

即时传信(Instant Messaging)是非常受欢迎的一种互联网应用，它通常使用互联网中继聊天(IRC，Internet Relay Chat)协议，在中国 IM 和 IRC 的普及程度甚至超过了电子邮件。即时传信允许网络用户实时或异步交换信息(聊天，包括文本、语音和视频聊天)和文件。目前流行的微信、QQ、阿里旺旺、Skype、WhatsApp(2014 年被脸书以 220 亿美元收购)、Snapchat(允许用户发送的图片、视频和文本在短时间后自动消失)、Kik 和 Viber 等都是提供即时传信服务的软件工具，即时传信兼具电话、短信和电子邮件的特征，在网络营销上有许多应用，既可以充当市场调查和客户服务的工具，也可以支持一对一的网络营销。

很多即时传信软件还支持群组功能，即时传信服务器也会长期保留聊天的内容，有的服务器还允许用户上载文件在群组内共享，这就使得即时传信成为营造网络社区的一种强大工具，目前，QQ 群和微信群已经成为国内营造网络社区的主要平台，QQ 群营销和微信群营销的概念和理论也应运而生，这说明了即时传信在网络营销领域有着广阔的应用空间。

9) 万维网

WWW 是"World Wide Web (世界范围的网)"的缩写，它有时还被简写为 Web 或 W3，此外，它还有一个非常地道的中文译名"万维网"。万维网服务主要采用统一资源定位符(uniform resource locator, URL)的命名约定和超文本文档传输协议 HTTP 来标识、表达和传递信息。

WWW 最初是由欧洲粒子物理实验室的蒂姆·伯纳斯·李(Tim Berners-Lee)等人于 1989 年开发的，其目的是为研究人员查询信息提供方便。万维网不仅可以利用超文本标记语言(HTML)把各种类型的信息(图形、图像、文本、动画等)有机地集成起来，供用户查询使用，使互联网具备了支持多媒体应用的功能，还可调用其他 Internet 服务，如 E-mail、远程登录、FTP 等，使这些应用服务都集成到称为万维网浏览器的软件中。1993 年，马克·安德列森(Marc Andreessen)及其学生编写了第一个浏览器软件 Mosaic，此后许多不同版本的万维网浏览器相继问世，目前世界上最流行的万维网浏览器是谷歌公司的 Chrome 浏览器、苹果公司的 Safari 浏览器及微软公司的 Edge 浏览器；2023 年 8 月，近 9 成(88.65%)的网络用户使用这三种浏览器访问万维网。万维网的简单易用使其在 1991 年夏在互联网上首次露面便引起轰动，浏览器的发展更使其迅速普及开来。目前，万维网已经成为互联网最重要的应用之一，它的迅猛发展使早先出现的一些应用(如 Gopher)很快成为历史。目前，网上的绝大多数计算机都是通过万维网来访问互联网应用的。

在 WWW 出现以前，用户使用互联网需要掌握基本的计算机知识和操作指令，如今，通过浏览器访问万维网仅需要少量的计算机知识和使用经验，使得没有受过专业训练的普通用户也能轻松上网，这加快了互联网的普及。万维网浏览器软件使用一种非常直观易用的操作界面，集成了包括 FTP、News、E-mail 在内的各种应用功能，使整个互联网变成一个超媒体的信息资源的集合。

在万维网上看到的文件很多是用 HTML 编写而成，文件的扩展名为 htm 或 html。超文本是一种描述信息的方法，其中文本中的词或者图片可以在任何时候被扩展，以提供该词或者图片所关联的其他信息，即把这些词或者图片"链接"到其他文献上，这些文献可能是以文本、图片或其他形式存储的文件。所谓超文本技术，简单地说就是在一篇文档中的某些词组或图片后暗藏着与其他文档的链接，用户用鼠标单击这些词组或图片就能找到与其相关的文档，并阅读文档或做其他处理。这些被调用的文档可以位于远程计算机内，用户完全不必关心这些文档的实际放置地点。

如今，万维网是互联网上最流行的一种应用，正因为这个原因，万维网几乎成了互联网的代名词，不过，我们也不应该夸大万维网的重要性，毕竟万维网不是互联网的全部。本书将在第 6 章详细讨论万维网网站在网络营销中的应用。

WWW 的技术发展很快。要了解最新的进展情况，可以访问万维网协会(www.w3.org)的网站。万维网协会成立于 1994 年，其主要任务是维护 WWW 的标准和公用的协议，并促进它们的开发和兼容。HTML 语言的各种版本都是由万维网协会正式对外发布的。

10) 检索服务

Internet 上的信息浩瀚如海，分布在世界各地数量众多的服务器中。要想有效地利用这些信息，必须实现信息的快速检索，这就必须借助于各种检索服务系统，目前最常用的检索服务系统有搜索引擎服务、数据库检索系统、主题索引系统等。除了国际上著名的搜索引擎谷歌、必应和 Yandex 外，我国的百度(www.baidu.com)、搜狗(www.sogou.com)及 360 搜索(www.so.com)也能提供不错的中文资料检索服务，避免了中文搜索引擎被外国企业垄断的局面。搜索引擎在网络营销中占有特别重要的地位，网上市场调研离不开搜索引擎，网站推广也离不开搜索引擎，本书将在第 4 章介绍有关搜索引擎的更多知识，还将在第 6 章中讨论搜索引擎营销的内容，另外，第 7 章有关搜索引擎广告的内容也要求读者对搜索引擎有充分的了解。

11) 网络日志和 RSS

网络日志(blog)简称网志，它的英文名称 blog 来源于 Web log 或 Weblog，也有很多人称其为博客[①]。网络日志这一网络应用发端于 20 世纪 90 年代末。1998 年，第一个披露"白宫实习生与美国总统有染"丑闻的不是传统媒体，而是网志。2001 年，网络日志名声大噪，因为"9·11 事件"最权威的资料来源竟然不是《纽约时报》，而是幸存者和目击者的网络日志。2004 年，管理大师汤姆·彼得斯(Tom Peters)、创业企业家盖·川崎(Guy Kawasaki)、领导力大师史蒂芬·柯维(Steven Covey)等行业名人纷纷上网开设了自己的网络日志站点，推动网络日志加速发展，逐步成为一种非常普及的网络应用。20 多年过去了，在社会媒体的冲击下，网络日志经受住了考验，今天仍然是最受网络用户青睐的应用之一。WordPress 是为网络日志站点提供内容管理系统(CMS)服务并占有最大市场份额的公司，按照该公司网站发布的最新统计数字，WordPress 站点每月的访问者达到 4.09 亿独立用户，每月浏览的页面数量超过了 200 亿，站点上每月新增的博文达到 7000 万篇，每月新增评论数也达到 7700 万条[②]。

网络日志是开展内容营销最重要的工具之一，对提升网站流量、提高品牌忠诚度及促进销售都有显著作用。

作为一种如此普及的网络应用，网络日志其实并不神秘。本质上，网志不过是一种网页，通常由一系列简短且经常更新的帖子所构成，这些帖子按照发布时间由新到旧排列。网志可以分个人网志(personal blog)和公司网志(corporate blog)两种：个人网志往往记录着博客个人的喜怒哀乐，但它与纯粹的个人主页又有区别，它更关注内容，而不是形式，网络日志通过一定的模板将表现形式固定下来，使博客可以专注于内容创作；公司网志既可以是用于增进公司人员彼

[①] 博客的准确意思应该是 blogger，即写网络日志的人。为严谨起见，本书对博客和网络日志的用法做了区分。
[②] 统计数字见 https://wordpress.com/zh-cn/about/，2023 年 10 月 3 日访问。

此交流的内部日志，也可以是用于营销、公共关系等的外部日志。

(1) 网络日志的特征。

网志是一种非正式的文体，非常适合用来展现作者真实的人性，人性的软弱，人类理智的局限，甚至个人道德上的弱点。网志的作者经常使用真名，这与其他网络文体显著不同，此前的网络是匿名占上风的，使用实名对唤起人们相互间的尊重、信任和认真参与具有重要意义。网志非常适合作为测试新观点的工具，人们在这里对不成熟的观点已经习以为常，有趣的观点一般都会吸引读者发表中肯的意见。博客可以根据测试结果修正自己最初的观点或者表达方式，这样可以获得更理想的效果。

网志最大的优势是可以帮助博客零成本、零维护地建立自己的网络媒体，随时把自己的思想火花和灵感记录下来，并通过互联网广泛传播。现在许多图书的作者通过自己的网志与读者保持互动，这大大提升了书的价值，延长了书的寿命。

网络日志相对于一般商业站点的一个突出优势是它对搜索引擎极其友好，就是说，网志不仅容易被搜索引擎收录，而且通常比商业站点有更好的排名，原因是网络日志是当前网络信息的扩展，并且一般由基于文本并且具有众多链接的静态页面组成。这点无疑在网络营销方面极具商业价值。

最后，网络日志因为采用了 RSS 技术编写，所以可以让用户使用博客工具或者 RSS 阅读工具订阅，让用户随时了解网络日志的最新情况，取得最好的传播效果。

虽然网志在技术上并非革命性成就，但它的意义却非同凡响。如今，人们已经开始把 blog 看做继电子邮件、电子公告板、即时通信之后的第 4 种互联网传播工具。网络日志目前的应用非常广泛，从个人日记到虚拟社区，从个人到企业甚至是政府和军队都可以有效地利用它。博客中既有大名鼎鼎的学术泰斗，也有刚开始接触网络的学童。随着家用数码影像技术和宽带接入的普及，网络日志已不再局限于单调的纯文本形式，声像并茂的视频网志(video blog, vlog)开始日益流行。如今，大多数博客网站都支持视频内容的嵌入。

网络日志的盛行使原先并不起眼的 RSS 技术受到人们的关注，RSS 不仅可以用于网络日志，而且在网络营销上有着更广泛的应用。

(2) RSS 技术简介。

网络日志技术的核心是 RSS 技术，该技术最早由 UserLand 软件公司开发，并在 1997 年被网景公司用于向用户定制的个性化站点"我的网景(My Netscape)"发送新闻摘要。在一批技术专家的不懈努力下，RSS 技术最终确立了其作为互联网主流技术的地位，RSS 甚至还被一些人称为互联网上的又一场革命。有趣的是，RSS 至少有三种不同的英文全称，一是简易信息聚合(really simple syndication)，二是丰富网站概要(rich site summary)，三是资源描述框架网站概要(RDF site summary)，实际上，这些名称代表着各自不同的技术路线，因而对应着 RSS 的不同版本，例如，丰富网站概要对应着 RSS 的 0.9x 和 2.0 版，资源描述框架网站概要则对应着 RSS 的 0.9 和 1.0 版。不过，所有版本的 RSS 都是一种为了共享新闻、网络日志和其他万维网内容而设计的 XML 格式的通信标准。RSS 技术最早主要用于网络日志和新闻站点，如今，使用该技术的网站越来越多，几乎包含了所有站点类型。用 RSS 技术发布的站点内容及其结构能够被特定的计算机程序理解，这就使得用户可以将这些内容打包到自己的站点或者本地计算机硬盘上。用户使用称为 RSS 集成器(RSS aggregator)或者源阅览器(feed reader)的软件来预订和接收自己订阅的 RSS 频道，这些软件会首先下载更新过的内容的日期、摘要和链接，用户根据这些信息进一步决定是否下载全文。目前市面上的 RSS 集成器种类很多，有的只适用于特定操作系统(如 FeedDemon)，有的则可跨平台使用(如 RSSOwl)，还有的专门供移动网络用户使用(如 Opera

Mobile)。除了专门的集成器和阅览器软件，目前一些主流的浏览器和电子邮件软件(如火狐和 Thunderbird)也支持 RSS 订阅功能。除了使用客户端软件查看 RSS 频道，用户还可以使用专门的网站(如 www.theoldreader.com 等)来查看 RSS 频道，后者的使用很像是基于万维网的电子邮件服务。

预订 RSS 频道最大的好处是为用户节省时间，用户可以很快了解自己感兴趣的网站的更新，而不需要到这些站点一一查看。营销企业可以使用这一工具进行环境监测。

对企业而言，增添 RSS 功能可以把企业网站更新的内容"推"给感兴趣的利益相关者，收到更好的传播效果。鉴于 RSS 技术为企业和用户带来很多利益，使用该技术的企业和用户数增长显著，根据 builtwith.com 发布的数据，截至 2023 年 12 月底，至少有 35 469 200 个仍在正常运营的网站使用了 RSS 技术为访问者提供内容订阅，其中在中国的网站为 140 990 个[①]。图 3-1 为访问量排名在前 100 万和前 10 万的网站中使用 RSS 的网站数量的变化情况。

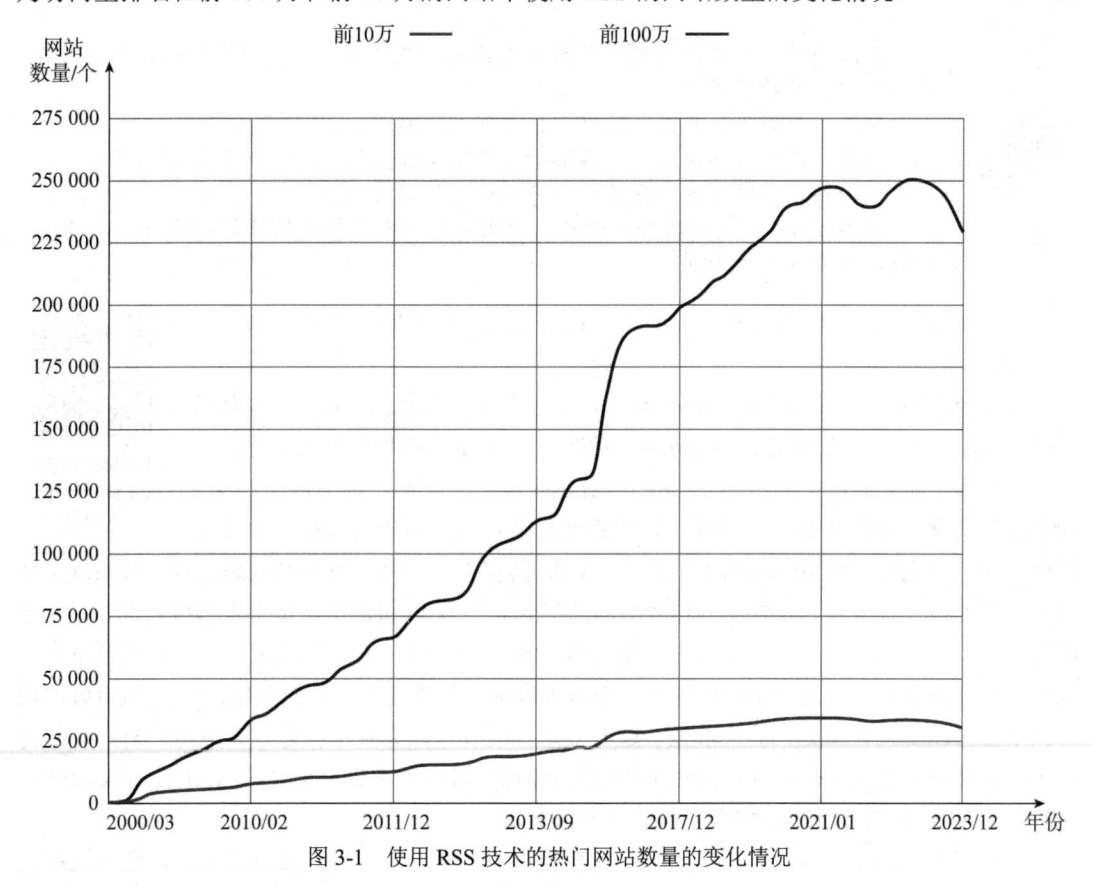

图 3-1 使用 RSS 技术的热门网站数量的变化情况

(3) 网络日志和 RSS 的区别。

我们已经看到，网络日志和 RSS 有着十分密切的关系，因此人们很容易把两者混淆起来，其实，两者之间仍然存在很大的差别。

RSS 是网络日志使用的一种技术，不过，网络日志不是唯一使用 RSS 技术的应用，许多其他类型的网站也使用这一技术。同时，RSS 不是网络日志使用的唯一技术，除了 RSS，网络日志还使用了活字(Movable Type)技术，后者支持向后追踪(TrackBack)功能。通过向后跟踪功能，许多网络日志连接在一起，最终形成了独有的 blog 文化。

---

① https://trends.builtwith.com/feeds/RSS，2024 年 3 月 3 日访问。

作为一种新型的互联网传播方式，网络日志目前已经成为公共关系的重要工具。网络日志的人性化和平民化特征使它提供的消息更受大众欢迎，网络日志上发布的新闻资料大多数是第一手资料，网络日志的评论及评论的评论大多数反映了博客作者的真情实感。媒体记者们已经习惯了从网络日志上发现和追踪新闻线索的工作方式，在2001年的"9·11"事件中，上百个个人网络日志网站成为传统媒体和在线媒体的消息来源。很多主流的媒体站点也纷纷推出自己的网络日志服务。

另外，网络日志还为虚拟社区的组建提供了又一种重要的交流工具。微软公司就曾利用网络日志组建了一个面向精通技术且勇于创新的青年领导人的社区——TheSpoke。该博客站点为社区成员提供协作、讨论和争辩技术未来的交流工具，目的是培养新一代软件开发人员对微软公司的亲近感，避免这些有才华的年轻人投身到与Microsoft竞争的项目——如macOS、UNIX和Linux。

上网查看以下博客站点，了解网络日志站点的特点，说一说网络日志站点在国外非常普及的原因。
- 日裔美国创业企业家、社媒营销专家Guy Kawasaki的网络日志。
- 英国跨产学两界的实战派网络营销专家Alan Charlesworth的网络日志站点。利用搜索引擎查找与网络营销有关的其他博客站点。
使用RSS集成器软件或者自己的浏览器或电子邮件软件订阅感兴趣的RSS频道，体会RSS的优点。

单击右侧的二维码，查看资料"网络营销人员的职业前景：博客也赚钱"。

12) 维基

维基(Wiki)源于夏威夷土语wiki-wiki，意思是"快"，最早把该词引入现代英语的是沃德·坎宁瀚(Ward Cunningham)。1995年，为了支持程序员在自己的网站——波特兰模式知识库(Portland Pattern Repository)——上更好地交流与协作，坎宁瀚发明了一种新的服务器软件，该软件允许任何用户自由地编辑网站上的任何页面，他把这一发明叫做Wiki。可见，Wiki其实是一种基于万维网的新技术，该系统支持面向社群的协作式写作，同时提供相应的辅助工具。在Wiki页面上，每个人都可以浏览、创建和更改文本。系统可对不同版本的内容进行有效控制与管理，所有修改记录都会被保存下来，人们不仅可以事后查验历次所做的修改，而且很容易就能恢复到早期的版本。Wiki最奇妙的地方在于它可以支持数量庞大的人群在一起有效地开展合作，并且可以通过大量用户对内容的持续编辑和修正来不断完善内容。同一Wiki网站的写作者自然组成一个维客(wikier, wikipedian)社群，而Wiki正是这个社群相互交流的基本工具。

网络营销人员的职业前景：博客也赚钱

Wiki出现之初，热衷Wiki的人主要来自自由软件和开源软件开发者的圈子，因为这些人最富有团结协作精神，而且开源软件的开发模式本来就是合作开发的模式，与Wiki的工作方式非常吻合。维基百科全书(Wikipedia.org)的出现才使Wiki进入了普通百姓的视野，许多人正是通过维基百科全书第一次接触到Wiki这一新技术，在许多人眼里，Wiki甚至成了维基百科全书的简称。维基百科全书为人们汇编了人类迄今创立的各个学科门类的权威知识。根据权威杂志《自然》上发表的一篇研究报告，维基百科全书的词条质量可与大英百科全书的词条质量相媲美。可见，维基百科全书为全世界的网络用户提供了一个免费优质在线知识库，网络营销者必须善于使用这一宝贵资源。

在维基百科全书的示范作用下，各种支持Wiki的站点大量涌现，如产品维基(www.productwiki.com)、百度百科(baike.baidu.com)、搜搜百科(baike.soso.com)和互动百科(www.hodong.com)等。

除此之外，一些为 Wiki 应用提供平台的网站也应运而生，这些被称为维基庄园(wiki farm)的站点为中小企业利用维基工具提供了便利。当然，想要自己架设维基服务器的企业也有很多自由软件可以利用，如 MediaWiki、TikiWiki 和 DokuWiki。

维基百科具有社会媒体属性，并且相关维基条目在几乎所有搜索引擎的查询结果中都可以获得非常靠前的排名，营销者因此可以通过有目的地参与相关维基条目的创建与编辑，建立和维护自己的品牌。因此，维基百科站点为企业的社会媒体营销提供了又一个平台。

13) SNS 和微博

(1) SNS。

SNS 是网络日志和维基之外第三种典型的 Web 2.0 技术，它对应的英文全称是 social networking software(社会交往软件)、social networking service(社会交往服务)、social networking sites(社会交往网站)或者 social networking systems(社会交往系统)。SNS 的基本功能是支持用户与亲朋好友保持联络及结识新朋友。Web 2.0 时代的 SNS 在外观和功能上都比传统的交友网站有了显著的改进。首先，新一代的 SNS 融合了更多的多媒体内容，使网站的每个页面都生动活泼，个性十足，这一变化与存储空间价格的下降、互联网带宽的提高及多媒体设备的普及密切相关。其次，在新的 SNS 网站上，每个用户都有自己的个性化空间，这个空间不需要用户从无到有地创建，用户可以借助混编技术(mashup)援引外部的数据和程序快速搭建。在互联网草根革命时期，每个参与 SNS 的用户都有自己的网络日志或者自己制作的社会化书签，这些内容很容易被朋友所援引。通过这种内容的交互援引，一个联系紧密的大型的社会交往网络就形成了。最后，实名文化的复兴对 SNS 网站的大发展功不可没。网络日志的大发展使互联网的实名文化得以复兴，越来越多的人认识到实名是建立信任的前提条件；而没有了信任，任何社交网络都只能是空中楼阁。目前，主流的 SNS 站点(如微信、微博、QQ、脸书、领英等)都要求用户实名注册，Twitter 虽然没有要求用户必须实名注册，但也鼓励用户使用实名展示自我。

除了像 QQ 空间和 Facebook 这样的综合性 SNS，还有一些定位比较特殊的 SNS，例如面向国内专业人士社交的领英网(www.linkedin.cn)和专门服务于旅游爱好者的虚拟旅游者(www.virtualtourist.com)等。如今，SNS 已经变得如此重要，以至于几乎所有门户网站都增添了 SNS 的功能。

(2) 微博。

微博(microblog)是微型博客(microblog)的简称。顾名思义，与传统的网络日志相比，微博短小精悍，字数一般限制在 140 字以内。微博的篇幅限制，很像是我们熟悉的手机短信服务(SMS)，实际上，微博和短信确有渊源。2006 年 2 月，美国 ODEO 公司的诺亚·格拉斯(Noah Glass)和杰克·多尔西(Jack Dorsey)在公司内部开发了一个名为 Twttr 的项目：用户向某一个号码发送短信，其内容就会被自动发布到网络上和一群好友分享。因为微博和短信有着这样的联系，微博也有"互联网版的短信息"之称。2006 年 3 月 21 日美国太平洋标准时间晚上 9 时 50 分，多尔西发布了历史上第一条微博："just setting up my twttr。" 2006 年 7 月，Twttr 正式版对公众开放并更名为 Twitter，很快，Twitter 的微博服务像野火一样在网络用户中蔓延开来。2012 年 6 月，Twitter 的注册用户超过 5 亿人，其中 1.4 亿为美国用户，这些用户平均每天发布 3.4 亿条微博，查询微博 16 亿次。2022 年，埃隆·马斯克以 440 亿美元收购了 Twitter，并在 2023 年将公司更名为 X。马斯克的目标是将 X 打造成一个类似于微信的超级应用；就是说，借助这个新应用，用户将可以实现视频和语音通话、消息传递、小程序和支付服务。2024 年初，Twitter/X 账户数量已经超过了 13 亿，月活跃用户也达到 5.283 亿。

Twitter 的成功引起了其他公司竞相仿效，到 2007 年 5 月，世界上就出现了至少 111 个类似 Twitter 的网站。自然，中国的创业者也不甘落后，2007 年 5 月，王兴创建了国内第一个微博网站——饭否网，8 月，腾讯版的 Twitter——腾讯滔滔正式上线。2009 年 8 月，新浪推出了"新浪微博"内测版，此后，微博在中国的发展开始驶入快车道，搜狐网、网易网、人民网等门户网站纷纷开启微博功能，吸引了众多社会名人、娱乐明星、企业机构和草根网民加入，微博成为 2009 年热点互联网应用之一。2013 年 3 月，新浪微博注册用户数突破 5 亿大关，成为中国首屈一指的微博网站。2013 年 4 月，阿里巴巴宣布以 5.86 亿美元购入新浪微博公司约 18%的股份，按此估价，新浪微博公司的价值在 2013 年就超过了 32 亿美元。根据新浪微博发布的财务报告，截至 2023 年三季度末，微博月活跃用户达到 6.05 亿，较前一年增加了 1100 万，日活跃用户也达到 2.6 亿，四季度微博的月活跃用户中有 95%来自移动端。

微博最大的优势在于它的灵活性，用户可以通过多种方式使用微博服务，如 SMS、IM、电子邮件、网站或客户端软件(如 Twitter 客户端软件 Twitterrific)。微博的这种灵活性，使用户可以在很多场合利用碎片时间发布颇具时效性的信息或者查看所关注的微博的更新。这使得微博特别适合在现场第一时间做第一手的报道。

(3) 微博和 SNS 的区别。

由于微博应用的初衷就是为了更方便地在好友圈子分享内容，而 SNS 通常也都支持微博，所以微博和 SNS 有着天然的联系。不过，两者相比，微博的媒体属性更突出，而 SNS 则更像一个强关系的好友网络平台。在微博用户关注的目标中，名人、新闻媒体、行业专家比例靠前，而 SNS 用户大多数以与自己关系比较亲密的朋友、同学、同事、亲戚为主要联系对象。显然，对企业而言，微博比 SNS 更适合作为社会媒体营销的平台。

14) 特色服务

互联网还有几种特殊服务在网络营销中得到普遍应用，它们是签语块、软件代理、大众分类法及基于互联网的电子数据交换。

(1) 签语块。

签语块(Cookie)是由网站服务器发出的一个小型文本文件，由浏览器自动存储在用户的硬盘上。这种文件能够包含站点设计者想要的任何信息，如时间/日期标记、IP 地址、所访问的页面或用户 ID 等。一旦浏览器接收了签语块，只要浏览器向服务器发出访问某个网页的请求，浏览器都会在请求时将签语块包含进去。不过，浏览器只给原先发来签语块的服务器发去签语块，这样网站就不可能看到其他网站的签语块。根据签语块包含的信息，网站可以识别注册用户，跟踪用户访问的次数及访问网站的路径，了解用户在某个网站的浏览和采购行为，帮助网站或广告主定制用户在这个网站的体验。如果网站把签语块中的信息与用户注册时提供给网站的数据结合起来，就可掌握关于用户年龄、性别、职业、购买偏好等方面的信息，这对试图开展一对一营销的网站无疑具有很大的吸引力。

另外，因为签语块是没有任何保护或者加密的普通文本文件，有时候，一些缺乏商业道德的网站也可能会篡改由竞争对手网站发出的签语块内容，或为了掌握用户的行为特征、购买特征而读取用户存储的其他网站的签语块，侵犯用户的隐私权。

鉴于签语块技术的使用可能侵犯用户隐私或者给用户造成不便，所以签语块会受到某些用户的抵制。由于签语块是存在于用户硬盘上的文件，用户对其有绝对的控制权，用户可以拒绝、改写或者删除某些他们不喜欢的网站的签语块。这些操作都会影响签语块中所包含的数据的价值。

在浏览器中将隐私策略设置为接受 Cookie，然后访问一些新网站，感受网站使用签语块技术的普遍性。

(2) 软件代理。

软件代理(software agent)又称智能代理(intelligent agent)或者机器人程序(bot)，是可以代替用户完成一些琐碎的常规任务的程序，这些任务的完成有时候甚至需要一定的"智能"。例如，一种软件代理可以监视用户在网站上的行为，当"察觉"到用户"不知所措"(如反复尝试无用的操作)时，它会弹出一个帮助页面向用户提示当前可行的操作。

智能代理可以支持用户完成搜索、监视、谈判或者交易之类的任务。随着智能化程度的提高，智能代理在电子商务中的应用越来越广泛。例如，购物代理是一种比较常见的智能代理，它可以从在线零售网站搜索某类商品的价格和供货信息反馈给用户；更新代理可以自动监视网站上信息的更新情况，当用户指定的网站有更新时，更新代理就可以通过电子邮件通知用户；新闻代理可以从不同的新闻源中检索数据，为用户创建一份定制的报纸。表 3-1 列出了一些常见的智能代理类型。

表 3-1 智能代理程序的类型

类　　型	实　　例
搜索代理	Altavista.com, Webcrawler.com
购物代理	Mysimon.com, Shopzilla.com, Shopping.com, Orbitz.com, TripAdvisor.com
更新代理	WebSite-Watcher, TimelyWeb.com
新闻代理	Webclipping.com
聊天代理	Anna(IKEA), Virtual Advisor (Ultralase)

资料来源：Kenneth C. Laudon, Carol Guercio Traver. E-commerce: business, technology, society[M]. 17th ed. Essex: Pearson Education Limited. 2012.

随着人工智能技术的飞速发展，新的智能代理不断出现，比方说可以替代真人进行直播的虚拟主播或者在推特上可以冒充真人用户的机器人账户。智能代理在电子商务中的应用会对营销产生深刻的影响，改变企业从事市场调研、定价、谈判、提供客户服务的方式。机器人程序在社会媒体中的应用极为普遍，南加州大学和印第安纳大学在 2017 所做的一项研究表明，9%~15%的 Twitter 月活用户其实是机器人程序，也就是说，数以千万计的 Twitter 月活用户其实并非真人用户。另一项研究表明，互联网上 60%的流量是由机器人程序引发的。

(3) 大众分类法。

大众分类法(folksonomy)一词由大众(folks)和分类法(taxonomy)融合而成，它还有一个比较通俗的名称叫作社会化标注(social tagging)。托马斯·范德·瓦尔(Thomas Vander Wal)首创的大众分类法是一种自下而上的非正式分类方法，与诸如杜威(John Dewey)分类法这样的自上而下的正规分类法存在根本性区别，它允许用户用自己随意选择的关键词标签(tagging)对信息进行归类。大众分类法之所以可行，是因为人们似乎随意选取的标签其实具有很高的稳定性，这些标签反映了大众对信息进行组织归类的内在逻辑。事实证明，大众分类法是一种非常有效的分类方法，它利用大众的力量以一种人们喜欢的方式将网络上杂乱的信息分类组织在一起。大众分类法造就了一批耀眼的 Web 2.0 明星网站，如 Flickr(www.flickr.com)、豆瓣(www.douban.com)等。在大众分类法中，每个人都可以使用一系列标签来标注某一项信息资源(如照片、网页、视频等),每个标签都是描述该信息资源的一个关键词,而所有人为该项资源标注的标签的集合构成了人们对它的分类。大众分类法的主要价值在于人们既可以看到某一观念延伸的范围,也可以看到人们观察世界、诠释世界的概念框架,例如,人们可以通过查询 Web 2.0 这一标签来了解普通大众心目中的 Web 2.0 究竟指什么及 Web 2.0 是否已经成了深入人心的概念。同时,因为人们对许多问题的看法经常会是"仁者见仁,智者见智",所以通过对标签的查询还可以帮助人们找到"性相近,习相似"的知音朋友。另外,与 Google 公司用来衡量网页相关性的指标页面等级(PageRank)相比,大众分类法提供了更丰富的信息,这些信息用从 0 到 10 中间的一个数字(页面等级的可能值)是无法概括的,所以大众分类法提供了更精细的页面评价手段。

大众分类法为网络用户提供了搜索引擎之外的又一个发现网络信息资源、开展网络营销调研的有效方法。鉴于大众分类法目前已经拥有了一个庞大的用户群体,网络营销者可以利用这一工具提升自己的营销传播效果。

(4) 基于互联网的电子数据交换(EDI)

EDI 是电子商务最早的应用之一,该应用允许企业与其商业伙伴高效率地交换格式化的商业文件,极大地优化了发生在商业伙伴间的常规商务流程。不过,早期的 EDI 使用专用网络连接来传输数据,要求企业在技术设施上做很大的投入,所以基于专线的 EDI 只有业务量足够大并且财力雄厚的大型企业才有资格使用。随着互联网技术的进步,通过互联网安全传递数据不再成为问题,企业开始使用互联网来交换格式化的商业文件,这就是基于互联网的 EDI。这一技术的费用较专线 EDI 的费用大为降低,小企业也完全有条件运用这一技术。EDI 连接是企业业务关系结构化的体现,是 B2B 关系营销的至高境界,基于互联网的 EDI 因此成为所有 B2B 营销企业都必须考虑的一种互联网应用。

2. 网络安全和电子商务安全

互联网的各种应用为电子商务(包括网络营销)的开展提供了众多的可能性,不过,要使互联网成为电子商务可靠的基础设施,网络安全必须有充分保障。

互联网的各种应用都涉及比较复杂的信息系统,系统安全问题从互联网产生之初就引起了人们的关注;不过,早期互联网使用的范围非常有限,所以安全问题尚不突出。互联网商业化之后,其本身的跨国界、无主管、不设防和缺少法律约束等特性带来了巨大的安全隐患。网络的电子商务应用更因为关系到巨大的经济利益,所以安全问题尤其重要。营销者和广大网络消费者对电子商务应用及其基础设施的信任建立在以下安全技术的基础之上。

1) 公钥基础设施

公钥基础设施(PKI,public key infrastructure)是一种以公钥加密技术为基础技术手段实现安全性的技术体系。这一体系能够为所有采用加密服务的网络应用提供必需的密钥和证书管理,并支持 SET 和 SSL 协议。PKI 由认证机构、证书库、密钥生成和管理系统、证书管理系统、PKI 应用接口系统等基本部分组成。

公钥基础设施的优点很多,主要有:

(1) 透明性和易用性。PKI 可以向应用系统屏蔽密码管理的细节,使密码服务对用户简单易用,同时便于企业或其他机构完全控制其信息资源。

(2) 可扩展性。PKI 的证书库及其他系统具有良好的可扩展性。

(3) 可操作性强。PKI 建立在标准之上,这些标准包括加密标准、数字签名标准、密钥管理标准、证书格式、文件信封格式、SSL、SET 协议等。

(4) 支持多种应用。PKI 能面向广泛的网络应用,提供文件传送安全、文件存储安全、电子邮件安全、电子表单安全、Web 应用安全等安全保障。

(5) 支持多平台。PKI 应用接口系统是跨平台的，可以支持目前广泛使用的各种操作系统平台。

总之，作为网络环境的一种基础设施，PKI 具有良好的性能，是一个成熟的安全体系。电子商务建设过程中涉及的大多数安全问题都可在 PKI 框架下解决。

2) 防火墙技术

防火墙是在内部网和互联网之间构筑的一道屏障，用于保护内部网中的信息和其他资源不受来自互联网上(内部网外)非法用户的侵犯。具体来说，防火墙是一类硬件及(或)软件，它控制内部网与互联网之间的所有数据流，控制和防止内部网中的有价值数据流入互联网，也控制和防止来自互联网的无用垃圾和有害数据流入内部网。

防火墙主要包括安全操作系统、过滤器、网关、域名服务和电子邮件处理 5 部分。防火墙本身必须建立在安全操作系统所提供的安全环境中，以免防火墙的代码和文件遭受入侵者攻击。这些防火墙的代码只允许在给定主机系统上执行，这些限制可以减少非法穿越防火墙的可能性。

防火墙具有高度安全性、高度透明性及良好的网络性能，而这些特性本身相互制约、相互影响。它具有一系列功能，也存在不足之处。

(1) 防火墙的主要功能。

① 保护易受攻击的服务。防火墙能过滤那些不安全的服务。只有预先被允许的服务才能通过防火墙，这样能防止用户的非法访问和非法用户的访问，从而降低内部网受到外部非法攻击的风险，大大提高了企业内部网的安全性。

② 控制对特殊站点的访问。防火墙能控制对特殊站点的访问，如有些主机允许外部网络访问而有些则要被保护起来，防止未被授权的外部访问。一般而言，内部网中只有电子邮件服务器、FTP 服务器和 WWW 服务器允许外部网访问，而对其他主机的访问则被防火墙禁止。

③ 集中化安全管理。对于企业而言，使用防火墙比不使用防火墙可能更加经济一些。这是因为如果使用了防火墙，就可以将主要的安全软件都放在防火墙上集中管理。若不使用防火墙，就必须将这些软件部署到各个主机上。

④ 集成了入侵检测功能，提供了监视互联网安全和预警的方便端点。

⑤ 对网络访问进行日志记录和统计。如果所有对互联网的访问都经过防火墙，那么防火墙就能记录下这些访问，并能提供网络使用情况的统计数据。当发生可疑操作时，防火墙能够报警并提供网络是否受到监测和攻击的详细信息。

(2) 防火墙系统的不足之处。

尽管防火墙有许多防范功能，但由于互联网的开放性，它也有一些力不能及的地方，主要表现在：

① 防火墙不能防范不经由防火墙(绕过防火墙)或者来自内部的攻击。

② 防火墙不能防止感染了病毒的软件或文件的传输。

③ 防火墙不能防止数据驱动式攻击。当有些表面看似无害的数据被传输或复制到互联网主机上并被执行而发起攻击时，就会发生数据驱动式攻击。

3) 反病毒技术

计算机病毒出现以来，其种类以几何级数增长，受害的计算机数量也逐年增加。同时，病毒机理和变种不断演变，导致很难检测和消除病毒，病毒因此成为计算机网络的一大公害。幸好，反病毒技术也在不断进步。

网络反病毒技术包括防毒、查毒和杀毒三种技术。

(1) 防毒技术：该技术通过常驻系统内存的程序，优先获得系统的控制权，监视和判断系统中是否存在病毒，进而阻止计算机病毒对系统进行破坏。这类技术有加密可执行程序、引导区保护、系统监控与读写控制(如防病毒卡)等。

(2) 查毒技术：该技术通过计算机病毒的静态或者动态特征来识别病毒。

(3) 杀毒技术：该技术通过对计算机病毒的分析，利用软件删除病毒程序并恢复原文件。

除了上面提到的加密、防火墙和反病毒技术外，企业保障系统安全还经常采用访问权限控制和数据备份等措施。当然，网络安全的实现不能单纯依靠技术手段，制度和组织保障也必须同步跟上。我国公安部在1997年就发布了由国务院批准的《计算机信息网络国际联网安全保护管理办法》，1998年还正式成立公共信息网络安全监察局，负责维护计算机网络安全和打击网上犯罪。另外，我国在2001年还组建了中国计算机网络应急处理协调中心(CNCERT/CC)，负责紧急网络安全事件的协调处理。应该说，如果安全措施到位，今天的电子商务环境在安全性方面比传统商务环境已经毫不逊色了。

3. 下一代互联网技术的出现和发展

经过几十年的发展，第一代互联网的潜力已经发挥到极限，但仍然不能支持一些很重要的应用，如远程教育、远程医疗、虚拟实验室、环境监测等。为解决IPv4地址空间不足问题，1996年，IETF(互联网工程任务组)推出IPv6，IPv6海量地址空间寻址带来了新的理论和技术挑战。面对互联网更新换代的历史机遇，发达国家相继启动下一代互联网计划。针对第一代互联网在带宽、协议、体系结构和程序语言等方面的局限，美国在1996年启动了Internet 2项目，开始了对下一代互联网技术的研究和开发。Internet 2的核心组织由330多个大学、政府研究机构、非营利组织和私营企业组成，外围成员则包含来自世界50多个国家的6万多家机构。

Internet 2最新的一个计划是开始于2011年的第4代网络，该计划将建成覆盖全美的100G/s的高速网络，该网络将进入美国各个社区的枢纽机构，如学校、图书馆、博物馆等，为当地提供远程医疗、远程教育等高级网络服务。此外，NSF(美国国家科学基金会，National Science Foundation)在2007年还启动了一个名为GENI(全球网络创新环境，Global Environment for Network Innovations)的计划，旨在为大规模研究未来互联网提供一个虚拟实验室环境，推进学术机构和企业界对网络科学、安全技术和各种应用的研究。

我国在下一代互联网的研究方面也不甘落后。2003年，我国启动了CNGI项目，2004年12月，我国第一个下一代互联网CNGI-CERNET2宣告建成，该网络使用了我国自主研制的用于下一代互联网的IPv6路由器，连接了我国20个城市中的200多所大学和科学院所，这一成就标志着我国互联网技术已经达到国际先进水平，摆脱了网络核心技术依赖国外的被动局面。在博鳌亚洲论坛2023年年会"下一代互联网"分论坛上，清华大学教授吴建平院士提到：2015年，全球大约有3000个互联网标准，中国牵头的只有一个；2023年，全球大约有9000个互联网标准，中国牵头的已经有200多个。这一进展说明了中国在下一代互联网底层技术方面正在迎头赶上世界先进水平。

虽然各个下一代互联网计划自启动之后都取得了令人瞩目的成绩，但下一代互联网的建设还远未结束。华盛顿大学下属智库在2021年发布的一份下一代互联网发展趋势研究报告指出，在未来10年至20年，区块链、量子技术、虚拟现实和人工智能的发展将导致互联网发生重大转型，下一代互联网将为用户创建一种安全、实用的网络环境，并为人们提供沉浸式交互体验。报告认为，到2027年，通过区块链、量子计算与加密、虚拟现实、人工智能和其他技术，实现互联网安全性的概率约为60%。到2030年，通过量子技术、人工智能、生物识别和物联网等，实现互联网去中心化的概率约为 60%。到 2032 年，通过区块链技术、虚拟现实与增强现实、体感游戏、物联网和脑-机接口技术，实现互联网沉浸式交互体验环境的概率约为 70%。由此可见，下一代互联网技术在未来相当长的一段时间还会不断取得突破，为网络营销带来全新的机会和挑战。

访问 www.internet2.edu 和 www.IPv6.com，了解下一代互联网的最新进展。

4. 云计算

传统的集中式的 C/S(客户端/服务器)架构存在资源利用率低、重复建设、应用缺乏整合、建设周期长、管理低效等弊端。随着网络带宽的快速提升，一种新的计算模式应运而生，这就是云计算模式。

按照美国标准与技术研究所(NIST，National Institute of Standards and Technology)的定义，云计算是这样一种计算模式，它支持用户按其需要轻易获取一系列共享的、可配置的计算资源(如网络、服务器、存储、应用和服务)，整个资源获取过程十分便捷，管理活动及服务提供商干预都被保持在最低限度。云计算模式有 5 个本质特点：按需提供服务、支持大范围的网络访问、资源共用、可快速伸缩及服务可以测量。云计算有三种不同的服务模式：软件即服务(SaaS，software as a service)、平台即服务(PaaS，platform as a service)及基础设施即服务(IaaS，infrastructure as a service)。在最高级的 IaaS 服务模式下，用户不仅可以使用服务提供商通过云计算基础设施提供的各种应用软件，而且可以在云计算基础设施上部署和运行自己的应用软件和操作系统软件，甚至可对某些网络组件(如主机防火墙)进行某种程度的控制。

云计算不是一种新产品，也不是一种新技术，甚至在概念上也不新颖。真正促使云计算成为当前主流计算模式的是：包括 Amazon、Google、IBM、Microsoft、Sun、Alibaba 在内的世界领先的互联网企业纷纷向公众推出了各自的云计算平台，而各国政府也先后推出了各种推广云计算的政策——如美国的"云优先政策"。

对社会而言，云计算模式的普及大大提高了社会信息技术资源的利用效率，降低了社会在信息技术上的花费，使社会能够使用更优质的信息服务。对大多数企业而言，各种云计算平台的出现为企业信息化提供了新的选择，企业可以更快速、更廉价地部署更先进、更可靠的电子商务应用系统。同时，云计算平台的使用还显著降低了企业部署新系统的风险，企业会更积极地投入到各种信息技术的创新上。

5. 中国互联网的发展情况

网络营销的一大特点就是放眼新生的网络虚拟市场，网络营销的成功与否在很大程度上取决于虚拟市场的规模，而虚拟市场的规模又取决于互联网的普及和发展状况，取决于上网用户的多寡。互联网在世界各国的发展很不均衡，发达国家的互联网普及程度要明显高于发展中国家。这里我们主要介绍互联网在我国的发展情况。

中国互联网的起步比西方滞后了大约 20 年，1986 年，北京市计算机应用技术研究所实施的国际联网项目——中国学术网(Chinese Academic Network，CANET)启动，其合作伙伴是德国卡尔斯鲁厄大学。1987 年 9 月，CANET 在北京计算机应用技术研究所内正式建成中国第一个国际互联网电子邮件节点，并于 9 月 14 日发出了中国第一封电子邮件(见图 3-2) "Across the Great Wall we can reach every corner in the world(越过长城，走遍世界)"，揭开了中国人使用互联网的序幕。这比伊丽莎白女王发送她的第一封电子邮件的时间恰好晚了 10 年。

(Message # 50: 1532 bytes, KEEP, Forwarded)
Received: from unika1 by iraul1.germany.csnet id aa21216; 20 Sep 87 17:36 MET
Received: from Peking by unika1; Sun, 20 Sep 87 16:55 (MET dst)
Date: Mon, 14 Sep 87 21:07 China Time
From: Mail Administration for China <MAIL@ze1>
To: Zorn@germany, Rotert@germany, Wacker@germany, Finken@unika1
CC: lhl@parmesan.wisc.edu, farber@udel.edu,
jennings%irlean.bitnet@germany, cic%relay.cs.net@germany, Wang@ze1,
RZLI@ze1
Subject: First Electronic Mail from China to Germany

"Ueber die Grosse Mauer erreichen wie alle Ecken der Welt"
"Across the Great Wall we can reach every corner in the world"
Dies ist die erste ELECTRONIC MAIL, die von China aus ueber Rechnerkopplung
in die internationalen Wissenschaftsnetze geschickt wird.
This is the first ELECTRONIC MAIL supposed to be sent from China into the
international scientific networks via computer interconnection between
Beijing and Karlsruhe, West Germany (using CSNET/PMDF BS2000 Version).

University of Karlsruhe	Institute for Computer Application of
-Informatik Rechnerabteilung-	State Commission of Machine Industry
(IRA)	(ICA)
Prof. Werner Zorn	Prof. Wang Yuen Fung
Michael Finken	Dr. Li Cheng Chiung
Stefan Paulisch	Qiu Lei Nan
Michael Rotert	Ruan Ren Cheng
Gerhard Wacker	Wei Bao Xian
Hans Lackner	Zhu Jiang
	Zhao Li Hua

图 3-2 从中国向外发出的第一份电子邮件的影印件①

此后，中国互联网缓慢发展，直到 1994 年 4 月 20 日，中关村地区教育与科研示范网络经美国 Sprint 公司连入 Internet 的 64K 国际专线开通，实现了与 Internet 的全功能连接。从此中国被国际上正式承认为真正拥有全功能 Internet 的国家，我国网络也成为接入国际互联网的第 71 个国家级网。此事被中国新闻界评为 1994 年中国十大科技新闻之一，被国家统计公报列为中国 1994 年重大科技成就之一。1994 年 5 月 15 日，中国科学院高能物理研究所设立了国内第一个 Web 服务器，推出中国第一套网页，内容除介绍中国高科技发展外，还有一个栏目叫“游在中国(Tour in China)”。此后，该栏目开始提供包括新闻、经济、文化、商贸等更为广泛的图文并茂的信息，并改名为《中国之窗》，这比世界万维网技术的出现仅仅晚了三五年的时间。

1995 年以来，互联网在我国飞速发展，包括中国科技网、中国公用计算机互联网、中国教育和科研计算机网和中国移动互联网等在内的十大骨干网相继建成，竞相发展，促进了中国互联网服务的繁荣。但是，这些骨干网之间的互通互联问题曾经一度制约着中国互联网的发展。比方说，2000 年以前，受中国公用网和教育网间连接带宽的限制，我国众多的校园用户访问公用网上的站点的速度极慢，许多企业为了同时争取校园用户和社会用户，不得不在公众网和教育网上建立互为镜像的站点。2000 年 3 月 30 日，北京国家级互联网交换中心开通，使中国主要互联网网间互通带宽由原来的不足 10Mb/s 提高到 100Mb/s，提高了跨网间访问速度。2001 年 12 月 20 日，中国十大骨干互联网签署了互联互通协议，这才真正解决了中国互联网四分五裂的局面。

1999 年开始，我国先后启动了政府上网工程、企业上网工程和家庭上网工程，这几个工程的实施加快了互联网在我国的普及和发展。2024 年 3 月，中国国家互联网络信息中心发布的第 53 次《中国互联网络发展状况统计报告》显示，截至 2023 年 12 月，中国互联网络的域名总数为 3160 万个，网站总数为 388 万个②，2023 年底网页的数量为 3820 亿页，较前一年增长了 6.5%。

据第 53 次《中国互联网络发展状况统计报告》，2023 年 12 月底，中国互联网网民人数达

---

① 本邮件副本由 CNNIC 高级顾问安·玛莉·普鲁贝尔(Ann Marie Plubell)从本邮件的接收者之一德国佐恩(Zorn)教授处获得。值得一提的是，本信中的德语部分包含一些语法错误和拼写错误，这说明任何事情在最初都很难十全十美。另外，该封邮件从发出到收到经历了近 1 周的时间。

② 指域名注册者在中国的网站，并且不包括 edu.cn 下的网站。

到 10.92 亿人，互联网普及率达到 77.5%，使用手机上网的网民数量达到 10.91 亿，占到全部网民的 99.9%，手机作为互联网接入设备的比例远远超过其他设备(表 3-2)。

表 3-2 中国互联网接入设备的使用比例

年份	上网设备				
	台式电脑	笔记本电脑	手机	电视	平板电脑
2012 年 12 月	70.6%	45.9%	74.5%	NA	NA
2017 年 12 月	53.0%	35.8%	97.5%	28.2%	27.1%
2022 年 12 月	34.2%	32.8%	99.8%	25.9%	28.5%
2023 年 12 月	33.9%	30.3%	99.9%	22.5%	26.6%

资料来源：《中国互联网络发展状况统计报告》。

在上网设备发生改变的同时，互联网接入技术也在不断进步，使得上网的带宽大幅提高，而费率则持续下降。人们在互联网发展早期普遍采用的电话线主叫接入方式几乎已经完全退出，宽带接入开始普及，并朝着高速宽带不断迈进。2023 年 6 月，我国固定互联网宽带接入用户达到 6.14 亿户，高速率宽带接入用户占比明显提高，100Mbps 及以上宽带接入用户达 5.79 亿户，占宽带用户总数的比重达到 94.2%，1000Mbps 及以上宽带接入用户达 1.28 亿户，占宽带用户总数的比重达到 20.8%。

2018 年召开的我国中央经济工作会议提出了新基建的概念，用来指支撑我国数字经济快速发展、促进传统产业转型升级的新型基础设施。新时期数字基础设施的建设包括 5G 网络、人工智能、云/雾计算及工业互联网。在这一宏大构想指引下，我国"十四五"规划明确提出"加快 5G 网络规模化部署"及"推广升级千兆光纤网络"；工信部等相关部委围绕"十四五"发展主线，制定出台相关政策文件，系统推进千兆网络建设，并发布"千兆城市"评价标准，鼓励各省市发挥城市的资源汇聚作用，融合创新，促进千兆网络更好地赋能经济社会高质量发展。到 2022 年，全国已有 110 个城市达到千兆城市建设标准。目前，我国"双千兆"网络和用户规模全球领先，网络提速提质，资费惠民，用户侧上网体验也有了极大的提升。

测速网(SpeedTest.cn)2023 年 4 月发布的《2022 年全国网络速度和质量报告》显示，2022 年我国三大运营商固定互联网下载带宽的中位数已经全部超过 92Mb/s，上传带宽全部超过了 37Mb/s。在全国省级行政区中，下载网速最快的天津网速的中位数为 126.01Mb/s，下载网速垫底的新疆网速的中位数也达到 61.5Mb/s。上传网速最高是宁夏，中位数为 66.96 Mb/s，上传网速最慢的是广东，中位数为 31.95 Mb/s。国际电信联盟(ITU)发布的《2022 年 ICT 服务可负担性》报告显示，2022 年，我国固定宽带接入成本在月人均国民总收入(GNI)中的占比，从上年的 0.5%进一步降至 0.45%，全球排名从第三升至第二，即在固定宽带费用负担方面，我国为全球第二低的国家。在移动宽带费用方面，我国同样远低于全球平均水平。

信息基础设施的快速改善有力地推动了数字经济的发展，促进了信息消费，为网络营销的发展创造了条件。互联网提速降费的红利不断释放，使人们的数字生活更加丰富多彩，从微信聊天到视频直播，从手机购物到移动支付的无现金生活，从浏览新闻到刷短视频、追剧，从移动办公到云会议、云课堂。新基建尤其是"双千兆"网络的发展推动超高清视频、4K/8K 直播、AR/VR 等服务在文体娱乐、赛事直播、居住服务等领域落地，为民众带来全新体验的同时，也为营销企业带来了新的商机。

> **小资料** 互联网不只一个
>
> 在英语中,互联网的拼写 Internet 中的 I 一定要大写,意思是互联网就像太阳、地球和月亮一样,只有唯一的一个。不过,因为信息技术基础设施及社会、经济、政治环境的差异,世界各地感知到的互联网其实并不相同,谷歌公司的透明性报告近乎实时地监测着谷歌公司旗下的各个站点在世界各地的数据流量情况,以此反映信息服务在世界各地的发展不均衡情况。
>
> 在全球市场上开展网络营销的实务工作者一定要注意到各个国家的网络用户访问到的互联网可能并不相同,这种不同增加了全球网络营销的复杂性。

3.1.2 移动商务技术

计算机网络并非电子商务的唯一平台,随着移动数据业务的蓬勃发展,移动商务技术成了电子商务的又一个重要支撑。所谓移动商务(mobile commerce, mobile business)是指借助手机、智能手表、可穿戴设备、笔记本电脑、平板电脑、个人数据助理(PDA)等移动上网设备完成部分或全部交易的商务形式;而移动商务技术包括移动设备、网络基础设施及相关的软件技术。

据 Statista 发布的统计数字,2023 年,全球共有智能手机用户 69.2 亿,占全部人口的 85.8%。如果算上非智能手机,2023 年全球手机用户数为 73.3 亿,在总人口中的渗透率达到 90.9%。由于手机用户可能使用不止一部手机,入网的手机数已经远远超过了世界总人口数。据 GSMA 发布的实时数据,2023 年 10 月 4 日全球入网的手机有 119.30 亿部,相对于 80.63 亿的全球人口,渗透率达到 148%。

随着智能手机用户的不断增长,手机上网也渐成潮流。目前,全球有 57.14 亿的智能手机用户仅使用手机上网,按照世界广告研究中心(World Advertising Research Center)预测,到 2026 年,可能会有 72.6%的网络用户仅通过智能手机上网。并且使用移动宽带网络(Mobile Broadband)的用户也不断增长,根据 ITU 发布的数字,2023 年底移动宽带网络已经覆盖了全球人口的 95%,其中 4G 网络的覆盖率已达到 90%,5G 的覆盖率也达到 40%。智能手机和无线宽带上网催生了一大批移动电子商务应用,特别是基于手机应用程序的应用,如各种手机网络游戏、手机网上银行、OTT 即时传信(over the top instant messaging, OTT IM)等。移动电子商务技术的进步使移动电子商务在近几年出现了爆发式增长。

我国无线通信及移动互联网的发展基本上与世界同步,根据中国国家互联网络信息中心发布的第 52 次《中国互联网络发展状况统计报告》,截至 2023 年 6 月,我国三家基础电信企业的移动电话用户总数达 17.10 亿户,其中 5G 移动电话用户[①]达 6.76 亿户,较 2022 年 12 月净增 1.15 亿户,占移动电话用户的 39.5%,较 2022 年 12 月提高了 6.2 个百分点。

QuestMobile 在 2023 年底发布的《中国互联网核心趋势年度报告(2023)》显示,2023 年,中国移动互联网月活跃用户规模已经突破 12.24 亿,全网月人均使用时长接近 160 小时。目前,我国在手机订户、5G 手机订户、移动宽带网络用户等指标上均已成为世界第一大国,这为移动商务在中国的大发展奠定了用户基础。

相对于传统电子商务而言,移动商务具有无所不在无时不在的便利性、移步换形的地点敏感性和准确到人的个性化潜力等优势,这使移动商务的前景一片光明。举一个例子,在香港有一家花店,虽然店面不大,但生意非常红火。原来,该花店利用多通道网关建立了一个小型移动商务系统,随时将花店的各种优惠促销信息通过手机短信息发送出去,投资不多,但收效显著。当然,

---

① 5G 移动电话用户是指报告期末在通信计费系统拥有使用信息,占用 5G 网络资源的在网用户。

移动商务的应用远不止如此,它可以广泛应用于金融、物流服务、交通运输等领域,发展前景极为乐观。目前,支撑移动商务的最基础的应用是短信息服务(short message service,SMS)、智能手机、移动应用程序、二维码、无线局域网技术和全球定位系统。

1. 短信息服务

短信息服务又称文本传信(text messaging),传统的 SMS 内容大小限制在 70 字(140 字节)以内,主要以手机端对端方式收发,还可以在手机与互联网之间进行传输。从技术角度看,SMS 并无奇特之处,却因为操作简单、方便实惠等原因得到广大手机用户的青睐。SMS 曾经是移动通信的杀手级应用,虽然在 App 的冲击下,SMS 的重要性已大不如前,但它至今仍然是一个很有价值的营销工具。根据 Forbes 发布的数据,2020 年全球每天发送的短信息有 230 亿条,这相当于每秒发 27 万条短信息。短信息营销(SMS Marketing)指的是通过短信息发布促销信息或者加急通知的营销手段。通常,短信息营销发布的信息都有很高的时效性,比方说只持续很短时间的打折销售或者重要更新。短信息被阅读的机会高达 98%,短信息营销的回复率可以达到 45%,因此,企业在 SMS 营销上的花费在 2022 年已经达到 3271 亿美元;Statista 预计,在此基础上,花费还将继续增长。

2. 智能手机

智能手机具有独立的操作系统,用户可以在此操作系统上自行安装软件、游戏等第三方应用程序。当前,智能手机主流的操作系统主要有 Android、iOS 和鸿蒙 HarmonyOS,三者之中,Android 的份额又遥遥领先,而鸿蒙目前主要的市场仍然是在中国。2023 年中国智能手机的活跃用户数超过 10 亿,其中约 7 成安装了 Android 操作系统,另外 30%几乎被 iOS 和鸿蒙平分,随着华为手机销量复苏,鸿蒙操作系统的装机份额有望在 2024 年超过 iOS,成为国内第二大手机操作系统。

就全球而言,根据 Counterpoint 在 2023 年 11 月发布的数据,在 2023 年第 3 季度,全球有 81%的智能手机安装了 Android 操作系统,16%安装了 iOS 操作系统,3%安装了鸿蒙。目前,智能手机已不再是传统意义上的移动电话,而成为一台个人信息终端和娱乐中心,也是首屈一指的上网设备。在智能手机的支撑下,人类进入了一个永不下线的互联时代。

3. 移动应用程序(App,mobile applications)

移动应用程序也叫手机应用程序,简称 App,就是可以在手机终端运行的应用程序。智能手机用户安装 App 后,就可以单击该软件图标来运行该程序以执行某任务,例如查看天气、交易股票等。不论是从 App 产业的年销售额还是从每年用户下载的 App 数量看,我国都是全球最大的市场。根据全国 App 技术检测平台统计,截至 2023 年 6 月,我国国内市场上监测到活跃的 App 数量为 260 万款(包括安卓和苹果商店)。移动应用开发者数量为 83 万,其中安卓开发者为 25 万,苹果开发者为 58 万。根据 Business of Apps 发布的研究报告,2022 年,中国 App 市场的销售额达到 581 亿美元,中国用户下载 App 的次数达到 1111 亿次,中国智能手机用户在 App 上花费的时间累计达到了 1.2 万亿小时。

通过对智能手机操作系统的控制,谷歌和苹果的 App 商店把持着 App 发行的主流渠道,两者联合占有的市场份额(不包含中国)高达 95%。2023 年 5 月,Google Play App Store 上架的 App 数量达到了 226.6 万个,此外有 39 万种游戏,绝大部分 App 为免费 App,占 96.7%。苹果的 APP Store 有 176 万 App 和 46 万种游戏,免费 App 占 94.1%。不过,鸿蒙于 2014 年初已经推出了与安卓不兼容的鸿蒙新版本 HarmonyOS NEXT 鸿蒙星河版,并积极建设基于鸿蒙系统的商业应用生态系统,华为计划到 2024 年末实现加入鸿蒙生态的 App 数量达到 5000 个,最终目标是超过 50 万。

微信是腾讯公司开发的一款超级 App，最早只是用于即时传信，但随后增添了网络游戏、社会交往软件、二维码扫描、支付等功能，用户还可以通过微信调用微信小程序(Wechat Mini Program)，这些微信小程序的数量在 2022 年就达到 350 万个，除了像音乐、识花草、学英语这样的提供实用功能的程序，这些程序中还包括大量的支持网购的电子商务小程序，这些小程序每天的活跃用户达到 4.5 亿人。由于功能实用，费用低廉，微信受到中国用户的热捧，微信从 2011 年 1 月 21 日推出，腾讯 2023 年财报显示，截至 2023 年底，微信(合并 WeChat)的月活跃用户数量达到 13.43 亿人。

我们注意到，App 不论从种类、用户数量及功能方面都足以和网站分庭抗礼，这就使 App 营销成为网络营销的又一个前沿领域。App 营销指的是企业通过一系列规范的营销活动利用特定的营销通道来推广特定的 App。

4. 二维码

顾名思义，二维码(QR code)较传统的条形码多出一个信息存储维度，所以信息存储量大为增加。传统的一维码最多只能存储 30 个数字，而二维码可以存储 7089 个数字。最早的一种二维码是丰田公司的子公司 Denso Wave 公司在 1994 年发明的，用于在汽车制造过程中追踪汽车零件，但二维码的流行是从智能手机具备了条码扫描功能之后才开始的。二维码的存储量使二维码可以存储诸如文本、超链接、电话号码、短信等信息，而二维码又可以出现在很多传统媒体上：报纸、传单、海报、电视节目、商品标签，甚至可以出现在蛋糕的糖霜上。因此，二维码可以充当将智能手机用户从现实世界引入网络世界的入口，这就使得二维码在移动营销中具有特别重要的意义。更美妙的是，由于二维码有高达 30%的容错功能，营销者可以利用这一功能设计出别具一格的二维码，使广告创意有了更大的发挥空间。此外，二维码还是移动支付的常用技术，包括沃尔玛、Target 在内的许多零售商都支持扫描二维码支付。

用你的手机扫描图 3-3 中的二维码，查看该网址微博(weibo.com/emarketing123)最近的更新。

另例，访问网站 http://qrcode.kaywa.com，为你的微博网址创建二维码，想想看这个二维码图像可以用于哪些场合。

图 3-3 二维码的例子：《网络营销导论》微博的网址

5. 无线局域网技术(wireless LAN)

常见的无线局域网技术有两种，一种是美国电气与电子工程师协会开发的 Wi-Fi(wireless fidelity)或称 802.11 技术，另一种是由 3COM、IBM 和微软等机构组成的产业联盟支持开发的蓝牙(Bluetooth)技术，两者相比，Wi-Fi 因为具有连接速度高(速度达 11Mbps)和通信有效距离长(户外可达到 92 米，使用天线后，通信有效距离还可以大幅提高)的优点而得到了广泛应用，被普遍部署在大学校园、办公楼、饭店、咖啡屋和机场等地。今天，Wi-Fi 功能已经成为笔记本电脑、平板电脑和智能手机的一项标准配置。蓝牙技术的通信距离限制在 10 米以内，所以一般用于无线个人局域网(PAN，personal area network)的搭建，用来连接电脑主机(或智能手机)和外围设备，但如果多个蓝牙站点组合起来使用，蓝牙也可以支持室内空间或庭院空间无线局域网的架设。虽然蓝牙通信的空间范围非常有限，但它能持续搜索周围的蓝牙设备，并随时形成连接，因此蓝牙可以支持很多新颖有趣的应用，比方说类似于蓝劫(bluejack)和微信"摇一摇"这样的 SNS 应用。和 Wi-Fi 一样，蓝牙也是当前主流移动设备的一种标准配置。无线局域网使网络用户可以通过自己的移动设备快捷地高速上网，使互联网真正变得无所不在，也使网络营销进入了移动营销时代。

6. 全球定位系统(GPS, global positioning system)

GPS 是一种基于空间的无线导航系统，导航主要依靠从一组卫星向地球表面或接近地球表面的用户(或设备)不断广播高精度的导航脉冲来实现，GPS 可以对目标的经纬度和高度进行定位，目前最先进的 GPS 增强技术可以实现 1 厘米的定位精度。世界上现有的 GPS 系统主要有 4 个：美国的 Navstar GPS 系统、俄罗斯的 GLONASS 系统(全球导航卫星系统)、欧盟的伽利略系统及中国的北斗系统。GPS 系统能对安装了 GPS 接收器的设备(如智能手机、智能手表等)进行准确的定位，从而为各类基于位置的服务(LBS, location-based service)提供技术支撑。如今，GPS 已经成为智能手机的标准配置，这使得移动商务几乎可以覆盖全体网络用户，移动营销也因此成为网络营销的重要组成部分。

3.1.3 数字化制造和 3D 打印技术

数字化制造是数字革命进入制造领域的产物，是制造技术、计算机技术、网络技术与管理科学等诸多领域交叉融合的结果。

从历史发展看，数字化制造并非一种新技术，它发端于 MIT 在 1952 年研制成功的三坐标数控铣床。如今，数字化制造已经发展成为一系列范围广泛的开发与制造技术，如计算机辅助制造(CAM, computer aided manufacturing)、计算机辅助设计(CAD, computer aided design)、计算机辅助工程分析(CAE, computer aided engineering)、计算机辅助工艺规划(CAPP, computer aided process planning)和产品数据库管理(PDM, product data management)等。这些技术相互融合，极大地提高了制造企业开发、仿制、精密制造和柔性制造新产品的能力，缩短了产品上市的提前期(lead time)，降低了大规模定制(mass customization)的成本。这些制造技术进而与企业资源规划、供应链管理、客户关系管理等信息系统结合，为制造业带来了革命性的进步。

近年来，3D 打印(3D printing)技术的产业化使数字化制造进入一个新的发展阶段。3D 打印，或者说三维打印，能够像打印机打印文稿一样把一件三维物件"打印"出来。与传统制造工艺相比，3D 打印的特点在于通过逐层堆积材料的方式实现物品快速成型，而不是通过切削、打磨等工艺去除多余的材料进行加工，因此，这项工艺也称作"增材制造"(AM, additive manufacturing)。3D 打印的概念由来已久，它可以追溯到美国发明家查理斯·哈尔(Charles Hull)在 1984 年提出的立体打印术(stereolithography)，这一快速成型技术以数字模型文件为基础，运用金属或塑料等可黏合材料，通过紫外线逐层固化的方式来构造三维物体。哈尔在 1986 年开发出了第一台 3D 打印机，并在 1988 年推出了第一款在市场上销售的型号。在哈尔之后，很多机构和发明家对立体打印技术做过一系列改进，但直到 2010 年，3D 打印技术才真正打印出了外形、功能兼备的三维物体，为 3D 打印技术的产业化应用打开了大门。今天的 3D 打印技术综合应用了 CAD/CAM 技术、激光技术、光化学及材料科学等多方面的研究成果，取得了数字化制造技术的一次革命性突破。3D 打印机可以使用不同的材料进行打印作业，如玻璃、高分子材料、金属材料等。目前，人们已经使用 3D 打印机打印出了可穿的鞋服、可吃的蛋糕、可供射击的手枪及可以飞的飞机。

3D 打印作为一种新的加工工艺，将改变第二次工业革命以来的以装配生产线为代表的大规模生产方式，使产品生产向个性化、定制化转变，实现生产方式的根本变革。3D 打印具有以下优点：

- 可以大幅降低小批量产品或样品的制作成本，显著提高设计的效率和成功率。在流水生产线时代，小批量样品的制作成本很高，但 3D 打印机可以在批量生产前有成本效率地打印出许多消费品、机械零件和建筑模型的样品，供工程师、设计师和客户评估效果。一旦对样品的设计做出改动，新样品可在几小时后重新打印出来，而不用花上几周时间到工厂制作新模型。如今，已经有服装设计师开始让模特穿着由塑料和尼龙材料"打印"的服装和鞋帽上 T 台向公众展示。另外，在诸如航天飞行器、深海探索或极地探索设备这样一些特殊的长尾市场，由于产品需求量很小，工厂加工的成本很高，用 3D 打印加工可以大幅降低成本。

- 可以降低产品创新的风险，为产品创意和创新提供更广阔的空间。一些奇思妙想的新产品虽然可能有很好的市场前景，但也蕴藏了较大的市场风险。使用 3D 打印，企业可能先生产小批量产品试销，如市场反响好，再开始大规模制造；如果市场反应不好，就调整设计方案，这就大大降低了创意产品的门槛，令创意产品的风险大为降低，更易于实现产业化生产。

- 可以缩短产品进入市场的提前期。产品的三维设计图完成后，3D 打印机在数小时内就能将产品"打印"出来，实现"熄灯制造"，而不必事先构建大规模生产线，也不需要大量库存原材料和零部件，更不需要聘用和培训大量的流水线工人。

- 可以提高产品的结构强度和制造零件的制造精度，提升产品质量。3D 打印制品能实现产品的无缝连接，从而达到传统制造工艺(如焊接、铆接)所无法达到的结构稳固性和连接强度。在对零部件重量要求很高的飞机制造领域，3D 打印制造可以在减轻 40%原材料重量的情况下达到传统工艺可以达到的强度。同时，相对于传统的铸造和锻造而言，3D 打印在成型复杂部件时可以达到与成型简单部件时一样的精度。因此，3D 打印已成为航空航天飞行器等高端制造领域的关键技术。

- 可以大量节约原材料，降低生产成本。在制造复杂部件时，传统的切削加工会浪费大量原材料，对于像钛合金这样的高价值材料而言，会造成惊人的浪费。有数字表明，如果用传统工艺加工制造 F-22 战机零件，95%的原料会被作为废料切掉，而使用"增材制造"工艺则可以节约 90%的原材料，再考虑到新工艺不需要制造专用的模具，原本相当于材料成本一至两倍的加工费用现在只需要原来的 10%。例如，加工 1 吨重量的钛合金复杂结构件，粗略估计，传统工艺的成本大约是 2500 万元，而激光钛合金 3D 快速成型技术的成本仅需要 130 万元左右，成本仅是传统工艺的 5%。

- 能够制造传统工艺无法制造或者很难制造的特殊部件。例如，锻造件的尺寸会受到水压机加工能力的限制，3 万吨的大型水压机只能锻造不超过 0.8 平方米的钛合金零件，即使世界上最大的 8 万吨水压机，锻造的零件尺寸也不能超过 4.5 平方米，而我国使用激光钛合金 3D 快速成型技术已经能够制造出 12 平方米的复杂钛合金零件。另外，如果零件非常复杂，或者形状非常特殊，传统的制造工艺(包括使用了数字车床的切削加工)就很难制造，而 3D 打印却可以很容易地"打印"出这类零件。

- 使产品修复更为容易。3D 打印的部件在出现问题后，可以使用同样的技术进行修复，而无须重新制造，从而能够节省大量用于更换受损部件的费用。

- 应用领域非常广泛。3D 打印可以广泛地应用在生物医学、科学技术实验、建筑设计、机械制造、玩具、珠宝业、服装设计、工艺美术、航空航天、汽车制造、汽车维修等诸多领域。

尽管 3D 打印的产业化才刚刚开始，它的应用目前还有很多限制，但它必将给人类的生产、生活方式带来翻天覆地的变化，在各国政府的大力推动下，以 3D 打印为核心的一场新的工业革命已经是呼之欲出。2011 年，全球 3D 打印市场(包括产品和服务)的销售额为 17 亿美元，2023 年已达到 203.7 亿美元。Grandviewresearch 预测，全球 3D 打印市场从 2024 年到 2030 年将会以 23.5%的年平均增长率快速成长。随着 UPS 等著名企业进入 3D 打印服务市场及 3D 打印材料的日趋丰富，3D 打印店也许很快就会出现在街头巷尾，之后，普及型 3D 打印机又会出现在书桌上，成为个人电脑的一种常用外围设备。

数字化制造尤其是 3D 打印技术使电子商务的信息流和物流有了一种新的结合方式，将给网络营销的产品策略带来深刻的影响，同时会影响营销的渠道策略和促销策略，包括创业企业和《财富》500 强企业在内的很多企业已经开始在这方面做出了有益的尝试，而别的企业也必须认真关注 3D 打印的兴起带来的机会与威胁。

3.1.4 人工智能(AI)、区块链及其他仿人技术

科特勒等人在《营销 5.0：技术服务人类》中提出，我们正在进入营销 5.0 的时代，在这一时代，人们将运用仿人技术(human-mimicking technologies)来创造、传播、让渡及提升顾客价值；仿人技术包括人工智能、自然语言处理、传感器、机器人、增强现实、虚拟现实、物联网及区块链等。的确，仿人技术的应用将对企业的营销战略产生深远影响。

2016 年，谷歌首席执行官皮查伊(Sundar Pichai)曾声称我们将很快会生活在一个 AI 优先的社会，谷歌也将成为一个 AI 优先的公司。ChatGPT 在 2022 年的横空出世让我们意识到这个时代已经来临。在撰写文案方面，ChatGPT 不论是编写基础的信息类内容，还是创作煽情的情感类文案，都能接近甚至超越一般人类水准。AI 在营销领域的应用还远不止于此，它在精准投放广告、客户服务、动态定价等方面都能得到广泛应用。

区块链技术是一种全新的分布式基础架构与计算方式；该技术利用块链式数据结构来验证和存储数据，利用分布式节点共识算法来生成和更新数据，利用密码学的方式保证数据传输和访问的安全，利用由自动化脚本代码组成的智能合约来编程和操作数据。区块链技术提供了一种去中心化的、无须积累信任的信用建立范式。任何陌生个体都可以通过特定的合约机制加入一个公开透明的数据库，通过点对点的记账、数据传输和认证机制及开放透明、不可篡改和易于追溯的数据，直接证明和确认某一主体的所有行为，不必借助可信第三方就能达成信用共识，彻底解决了信息真实问题，使互联网完成了从信息互联网到价值互联网的升级。区块链技术自 2008 年问世以来，对金融、物流、能源等行业产生了巨大冲击，而且它的影响还迅速向其他行业扩散，被称为可以和蒸汽机、电力、互联网等比肩的颠覆性基础技术。毋庸置疑，区块链技术因为具有低成本、高效率的支付、资产确权、交易记录、智能合约等一系列交易支撑功能，势必会在商务领域引发一系列变革。Gleim 等人(2021)把区块链在营销上的应用总结为 5 个方面，分别是加密货币、数字平台、供应链、网络广告及市场调研。Wichmann 等人(2021)发现技术进步、社会经济和地缘政治变迁及环境变化推动着市场及市场参与者不断演化，从而推动企业营销组合不断演进。Wichmann 等人还特别提到，区块链技术将会改变企业的产品策略和定价策略，可以使企业通过有偿使用顾客数据对顾客进行瞄准。

其他仿人技术，如自然语言处理、虚拟现实在营销领域也有很多应用场景。技术在营销领域的快速渗透已经催生了一个称为 MarTech 的营销领域，以期充分挖掘技术在营销领域的应用潜力，实现营销方式创新。

3.1.5 网络营销技术条件评述

在信息技术革命的大背景下，支持网络营销的技术处在快速变化当中：旧的技术(如 Gopher)

不断被较新的技术(如 WWW)取代,保留下来的技术通常也会在性能上比先前有很大改进;同时,更新的技术还在不断进入人们的视野。即使那些常年浸淫在实验室的技术专家也很难全面掌握这些技术的最新进展,那么,网络营销人员应该如何对待这些技术呢?

首先,网络营销人员是决定营销成败最关键的因素,营销技术再先进,也必须通过人来发挥作用,所以要提高网络营销技术的生产率,必须加强营销人员的网络营销技能培训,使营销人员能够熟练掌握主流的网络营销技术,能够运用这些技术提升工作效率。网络营销技术通常都有比较陡峭的学习曲线,这意味着在人员技术培训上投资可以获得很高的收益。

其次,最好的技术往往是成熟的技术。技术对网络营销而言只是实现营销任务的工具和手段,技术的选择必须服务于特定的营销目标,一味追求高新技术的做法在营销实践中是不可取的。新技术不仅综合成本(软硬件成本和人力成本)高,而且不确定性大,所以不宜在实战中过早部署。成熟的技术则相反,综合成本低,其安全性和可靠性也经过了时间的考验,更重要的一点是,网络营销技术通常都有明显的网络效应,成熟技术拥有足够大的用户群,而新技术的用户通常还无法撑起足够大的经济规模。

再次,网络营销企业还要密切关注与网络营销相关的新技术,今天的前沿技术明天可能会成为适用技术,今天的成熟技术明天也可能会被新技术取代。同时,许多网络营销技术具有明显的锁定效应,过晚部署新技术会失去赢得客户的最有利时机。所以,企业应该监视新技术的发展状况,对有潜力的新技术要尽早展开应用研究和初期培训。

最后,网络营销企业还要关注技术发展对企业营销带来的威胁。技术从来都是把双刃剑,可以造福于民,也可以危害社会,安全技术与黑客技术和病毒技术从来没有停止过"道高一尺,魔高一丈"的较量,如果不了解破坏性技术的进展情况,就不能对它们进行有效的防范,就可能给破坏分子留下可乘之机。

Gartner 公司从 2013 年开始每年发布关于新兴技术成熟度的研究报告,该报告使用了一种被称为新兴技术成熟度曲线的工具,该曲线可以形象地显示一项技术在所研究的年份处于技术成熟度周期的哪个阶段。2021 年的新兴技术成熟度曲线如图 3-4 所示。

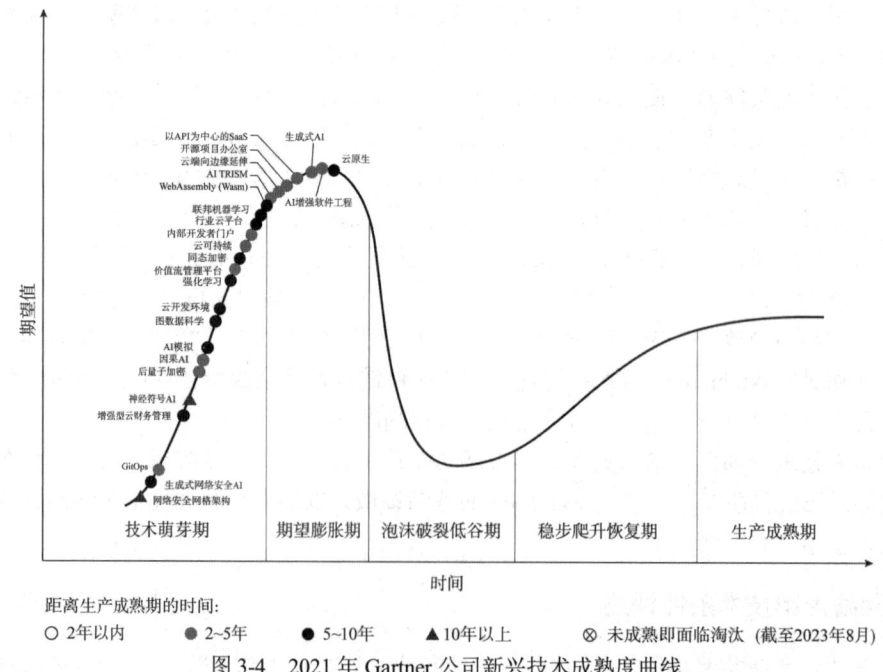

图 3-4 2021 年 Gartner 公司新兴技术成熟度曲线

3.2　网络营销的制度基础

IT 技术的进步为网络营销的开展创造了条件，但是，网络营销成为一种可行的营销方式还有赖于某些市场制度的建立和完善，网络营销必需的市场制度主要有两方面：伦理制度和法律制度。

3.2.1　网络营销的伦理制度

广义的网络营销伦理制度包括网络礼仪和网络道德规范两类，现分述如下。

1. 网络礼仪

顾名思义，礼仪指的是礼节和仪式，它是人们从事特定活动时需要遵守的规矩和约定。网络礼仪是人们在网上从事各种活动时要考虑和遵守的规矩，例如参加虚拟社区要遵守虚拟社区礼仪，使用电子邮件要遵守电子邮件礼仪，使用聊天工具要遵守网上聊天礼仪。

1) 网络礼仪的性质和作用

有人认为网络礼仪是网络道德规范的一种简单、低级然而重要的表现形式，也有人认为礼仪规范是与道德规范和法律规范并列的一种行为规范，笔者比较同意后者的观点。毫无疑问，礼仪是一种行为规范，它虽然符合通行的道德规范，但与道德规范相比，礼仪往往更注重特定的形式，这种形式上的要求经常是极其具体甚至相当烦琐，人们经常说的"繁文缛节"就是就此而言。一般而言，选择一种礼仪而非另一种礼仪经常带有一种偶然性，所以世界各地虽然主要的道德规范大体相同，但礼仪可以变化万千。

不过，礼仪一旦形成，便会在人们的社会生活中发挥重要作用，成为人们社会交往的重要润滑剂。在网络上，因为人们往往无法观察到交往对象的其他外在特征，如姓名、性别、年龄、着装打扮等，网络礼仪就成了人们判断对方可信度的首要依据。网络礼仪的作用体现在以下方面。

(1) 网络礼仪是保障网络社会正常交往的简单准则。在一些简单的网络应用场合，网络礼仪可以充当网络道德规范的替代品，成为人们在特定场合下的行为准则。例如，在虚拟社区中应当避免用激烈言辞进行人身攻击是一条虚拟社区礼仪，该规则包含了基本的道德原则，一般来说，违背这条礼仪就会违背基本的道德原则。

(2) 网络礼仪是衡量网络用户修养的外在尺度。一个网络用户不遵守网络礼仪的事情本身虽然并不能说明该用户道德水准低下，但可以说明该用户不懂得或者不愿意遵守约束，在行为上缺乏自律，这种用户要么是刚开始接触网络的新用户，要么是喜欢突出自我而不惜蔑视社会的道德意识不健全的人。可以想象，前者尚情有可原，而如果是后者，则必然会受到网络社会的普遍排斥。

(3) 网络礼仪是保障网络社会相互理解的统一标准。在网络环境下，人们为了减少误解，渲染气氛，提高沟通效率，发明了很多表示特定含义的符号和简写，如经典的:-)表示善意的微笑，这一简单的符号可以有效化解对方的猜疑，拉近彼此的距离。

2) 网络礼仪的分类

网络礼仪可以分为 4 种类型：招呼礼仪、交流礼仪、表达礼仪和特殊礼仪[①]。

[①] 网络礼仪的分类还有其他方法，如刘云章等人在《网络伦理学》中将网络礼仪分为心理素质类、招呼问候类、礼尚往来类、表达情感类等 4 种。

招呼礼仪指在网上向他人第一次问候时需要遵守的规则,包括称呼对方的规则和礼貌的问候方式。例如,要使用大写表示对方的用户名(即使是假名)以表示对对方的尊重,小写则是不礼貌的行为。与别人招呼,没有收到对方的回应,不可贸然开始攀谈。

交流礼仪指使用各种网络工具与他人交流时需要遵守的礼仪,这包括不滥用大写字母、不做人身攻击等。

表达礼仪指表达特定意思时可以使用的格式,表示友善的笑脸:-)或者☺就是网上表达格式的代表,恰当使用表达礼仪可以减少交流中的误解,提高交流效率。网上表达方式的发展形成了生动活泼、多姿多彩的"颜文字"文化,有趣的"颜文字"处处凝结着网络用户的创意,如表示拜托或者臣服意思的"Orz"符号,很像是一个人跪下来的姿势。

特殊礼仪指在特定网络应用中需要遵守的礼仪,如电子邮件礼仪、虚拟社区礼仪、B 站弹幕礼仪等。

2. 网络道德规范

网络道德规范是人们使用计算机网络时需要遵守的道德规范。虽然人们普遍认可一些基本的道德原则,但世界上没有统一的网络道德规范,不同人群和不同团体的网络道德规范不尽相同,下面介绍比较典型的几种。

总部设在华盛顿特区的美国布鲁金斯计算机伦理协会(Computer Ethics Institute of the Brookings Institution)为计算机用户、程序员、系统设计师制定了十条戒律,具体内容如下。[1]

(1) 不应该用计算机去伤害他人;
(2) 不应该干预他人的计算机工作;
(3) 不应该窥探他人的文件;
(4) 不应该用计算机去偷窃;
(5) 不应该用计算机作伪证;
(6) 不应该使用或拷贝自己没有付费的专有软件;
(7) 不应该使用他人的计算机资源,除非得到了准许或做出了补偿;
(8) 不应该剽窃他人的智力成果;
(9) 应该考虑到自己正在编写的程序或正在设计的系统的社会后果;
(10) 应该以尊重和体谅他人的方式来使用计算机。

美国计算机协会(Association for Computing Machinery,ACM)为协会会员制定了以下行为守则[2]:

- 为社会和人类福利做贡献;
- 避免伤害他人;
- 要诚实可信;
- 要公正并且不因种族、性别、信仰、年龄、残疾或者祖籍国而歧视他人;
- 尊重包括版权和专利在内的财产权;
- 援引他人知识成果时要说明出处;
- 尊重他人的隐私权;
- 保守秘密。

此外,美国南加利福尼亚大学网络伦理声明指出了 6 种网络不道德行为:

---

[1] Bryan Pfaffenberger. Computers in your future[M]. 4th ed. Upper Saddle River: Prentice Hall, 2002: p.520.
[2] 出处同上,p.522.

- 有意造成网络交通混乱或擅自闯入网络及其相连的系统；
- 商业性地或欺骗性地利用大学计算机资源；
- 盗窃资料、设备或智力成果；
- 未经许可阅读他人的文件；
- 在公共用户场合做出引起混乱或造成破坏的行动；
- 伪造电子邮件信息。

2000年6月，复旦大学学生向上海市大学生发出了"争做网络道德人"倡议，倡议书提出了以下网络道德规范：

- 大学生在论坛上发表言论时应真实表达自己的观点，但不违反国家法令，不违背社会公德；
- 不散发反动的、迷信的、淫秽的内容，不散布谣言，不搞人身攻击；
- 提倡网络文明用语，要注意语言美，不谈论庸俗话题，不使用粗俗的语言；
- 严格自律，用审慎的态度对待网络，不看暴力或色情的网络内容；
- 自觉抵制任何利用计算机技术损害国家、社会和他人利益的行为；
- 培育知识产权意识，不盗用或抄袭他人的程序，不使用盗版软件。

此后不久，我国共青团中央、教育部、国务院新闻办公室等于2001年11月联合召开网上发布大会，向社会正式发布《全国青少年网络文明公约》，内容如下：

- 要善于网上学习，不浏览不良信息；
- 要诚实友好交流，不侮辱欺诈他人；
- 要增强自护意识，不随意约会网友；
- 要维护网络安全，不破坏网络秩序；
- 要有益身心健康，不沉溺虚拟时空。

2023年7月，中国网络文明大会在福建省厦门市举行，会上发布了《新时代青少年网络文明公约》。全文如下：

强国使命心头记，时代新人笃于行。
向上向善共营造，上网用网要文明。
善恶美丑知明辨，诚信友好永传承。
传播中国好故事，抒写青春爱国情。
个人信息防泄露，谣言蜚语莫轻听。
适度上网防沉迷，饭圈乱象请绕行。
远离污秽不炫富，谨防诈骗常提醒。
与人为善拒网暴，守好底线不欺凌。
线上新知勤学习，数字素养常提升。
网络安全靠你我，共筑清朗好环境。

以上是不同的人群或者团体以成文形式明确表述的网络道德规范，一般都能代表主流的道德追求，并且往往具有较强的约束力，机构颁布的行为规范的约束力尤其强。此外，一些人群或者团体中还存在大量约定俗成的不成文的道德规范，这些规范同样会影响人们的网络使用行为，对企业的网络营销产生影响。

3. 网络营销企业的伦理规范

网络营销企业自身也有自己的伦理规范，这些规范可以以行为规则的形式出现，也可以在企业的各种文件或者组织惯例中得到体现。一些行业组织或者专业团体还对成员企业的伦理规范做出了统一要求，如中国互联网协会 2002 年在北京发布的《中国互联网行业自律公约》，该公约的第 2 章"自律条款"实际上是中国互联网行业自愿遵守的道德规范。

企业自身的伦理规范、企业商业伙伴或者竞争对手的伦理规范都会影响企业网络营销方式的选择。这点会在第 9 章中详细讨论。

3.2.2 网络营销的法律制度基础

1. 电子邮件作为法律证据的效力问题

电子邮件往来是否具备法律效力？电子邮件在诉讼过程中能否作为法庭证据？类似问题的答案取决于当地的法律规定和具体判例。

案例分析

2002 年末，围绕福建省厦门市一家 IT 企业与该企业原首席执行官之间的经济纠纷案件，当地两审法院在审理时，做出了截然不同的判定。

当事人庄振宁系厦门精通公司的原首席执行官。精通公司诉称，2000 年底庄以"个人借款"名义向公司借款 10 万元，并开立借据，但一直不归还借款。庄则辩称，10 万元系精通公司支付其并购风云网的款项，不是个人借款。庄还向法院提供了公司股东葛福生向其发送的经过公证的电子邮件作为证明。

厦门市开元区法院在一审时认为，精通公司没有证据证明邮件来源信箱非葛福生所使用，在没有相反证据的情况下，法院对庄提供的数据邮件的真实性予以认定，判定精通公司败诉。

精通公司不服一审判决。其向二审法院提交的由公证机关出具的两份《公证书》称，电子邮件是可以通过技术手段被修改的。

厦门市中级法院审理认为，电子邮件是可以被修改的，显然其证明力要低于借条这一原始凭证。判决撤销一审判决，重新判定庄振宁应向精通公司归还所借的 10 万元，并支付逾期利息。

在以上例子中，二审法院以电子邮件可以被伪造的事实认定：即使经过公证的电子邮件也不具备足够的证明力。实际上，在网络营销过程中，许多合同要通过电子形式来订立，如何签订的合同才具有法律效力，这在不同的法律制度下有不同的规定。此外，网络广告、网上市场调查、域名注册、直接销售、内容审查、安全保护、保密管理、知识产权等无一不需要相关法律的保障；如果缺少这些法律，市场的正常秩序就不能确立，电子市场就会发生巨额的交易成本，网络营销就无从开展。因此，法律制度环境构成网络营销的一个重要前提条件。

2. 网络营销法律制度基础评述

道德与法律是维持市场运行的两大制度机制，在人们的思想觉悟普遍提高之前，法律制度尤其重要。在电子商务发展早期，电子商务的市场环境很少受法律约束，人们希望靠电子商务企业的自我约束来维持一个有序的市场环境。但是，1998 年以后，世界各国的立法、执法和审判机构开始对互联网和电子商务进行直接的控制，电子商务从此进入了政府规范发展的新阶段。在这一阶段，大量法律法规纷纷出台，对电子商务活动施加各种限制，这时，了解这些法律就成为网络营销企业必修的一课。

法律制度要达到预期效果，至少要满足两个基本条件：一个是"有法可依"，即在电子商务领域不能存在法律空白，让不怀好意的人有机可乘；另一个是"有法必依"，即规范电子商务的法律法规必须具有足够的约束力，政府可以采取强有力的措施来保证人们遵守这些法律制度。

就第一个条件而言，随着我国数字经济的蓬勃发展，我国电子商务领域的立法也不断完善，为电子商务的开展保驾护航。当前，我国与网络营销相关的立法主要集中在用户的数据安全、未成年人保护及平台权力的制约方面。

必须指出的是，在世界各国，网络交易法也很难像网下法律法规那样健全与可靠。原因主要有三点。首先，信息技术更新速度和电子商务发展速度太快，法律几乎不可能跟上它们的步伐。所以，法律制定者不得不选择等待或观望市场与技术的走向，从而确定最佳的法律法规约束。其次，即使电子商务立法达到了相当完善的程度，在执行上也会打一些折扣。最后，像知识产权、税收、争执解决等电子商务中的重要问题，还不能在一国的电子商务法的框架下解决。一个国家很难在没有其他国家配合的情况下保证电子交易法规的实施。所以，网络交易法的制约作用仍是有限的。

就第二个条件而言，即使相应的电子商务的法规已经出台，在实践上这些法规的规范效果也普遍不理想，反映出电子商务法规在实施方面存在诸多困难。我们来看一个发生在美国的例子。美国在 2004 年 1 月 1 日开始生效的《控制色情及营销侵袭法案》(CAN-SPAM，*Controlling the Assault of Non-Solicited Pornography and Marketing Act*)是一个受到世界广泛关注的重要法案，该法案不仅限制电子邮件在营销中的滥用，而且对短信息的使用作出了明确规范，但该法案的效果几乎为零。美国 MX Logic 公司所做的一项调查表明，2004 年 4 月该公司收到的未经许可的商业电子邮件中只有 3%遵守了 CAN-SPAM 的规定，而在 5 月这一比例更是降到了可怜的 1%。鉴于 MX Logic 公司是一家从事电子邮件安全和防护系统业务的公司，人们完全有理由怀疑以上数据存在夸大的成分，但以上数据足以反映出电子商务法执法难的问题。

3. 规定网络营销企业和从业人员权利义务的法律法规

网络营销企业首先必须了解自己在网络营销活动中的权利和义务，有多种法律涉及网络营销企业的权利和义务。

1) 法律类型

大体可以分成以下几类。

(1) 知识产权法。这主要包括版权法、专利法和商标法。网络营销过程涉及大量与知识产权相关的问题，如注册网站域名、设置网页元标签或者与其他网站链接时都可能会侵犯到其他公司的商标权，公司自己或者公司网站的用户在公司网站上发布内容时可能侵犯他人的版权。为了在网络上加强知识产权的保护，美国在 1998 年颁布了《数字千年版权法案》(*Digital Millennium Copyright Act*)，我国也在 2001 年 10 月修订了《中华人民共和国著作权法》，将网络传播环境下的著作权列入保护范围。在商标保护和专利保护方面，则有大量的判例值得营销企业关注，如美国联邦上诉法院在 1998 年的一个判例为电子商务业务方式专利的申请打开了大门，这使得电子商务中的一些常见的业务方式(如联属网络营销)在美国成了某个公司的专利。在我国，有关域名注册方面的法律问题可以依据中华人民共和国工业和信息化部在 2002 年颁布的《互联网域名管理办法》和同年中国互联网络信息中心(CNNIC)发布的《域名注册实施细则》、《域名争议解决办法》等文件。

(2) 消费者保护法。网络营销企业除了要遵守原先的各类旨在保护消费者权利的法律法规，还要特别注意有关保护消费者隐私的法律法规。数据库营销的发展促使企业大量收集消费者数据，对消费者隐私造成了威胁，在这一背景下，西方发达国家都着手制定了大量旨在保护消费者隐私的法律，如欧盟的《欧盟数据保护指令(European Commission's Directive on Data

Protection)》和美国的《电信隐私法(Electronic Communications Privacy Act)》等，我国对隐私保护的力度不如西方国家，这导致了我国企业在西方的一些网络营销活动有时会受到抵制，我国一些 ISP 的电子邮件服务器一度被西方国家全面封杀就是一个例子。

(3) 网络安全法。网络安全也是需要国家法律大力介入的一个领域。美国 1996 年通过的《国家信息基础设施保护法》规定拒绝服务式攻击和病毒传播在全美范围属于犯罪行为，根据该法，美国可以要求把破坏美国信息基础设施的国际黑客引渡到美国追究刑事责任。我国 1997 年修订的新刑法也增加了计算机犯罪的条款，将非法侵入计算机系统、破坏计算机系统功能(或者数据、程序)及制作传播计算机破坏程序定性为犯罪行为。

(4) 信息服务法。我国对网站利用互联网从事信息服务的监管比许多国家更严格，2000 年 9 月国务院颁布的《互联网信息服务管理办法》及 2016 年 2 月国家新闻出版广电总局和中华人民共和国工业和信息化部联合颁布的《网络出版服务管理规定》都对网络出版做出了许多明确规定。此外，如果发布的信息涉及药品等特殊商品，还需要遵守更多的规定，比方说提供药品信息服务就必须遵守国家药品监督管理局在 2004 年 7 月发布的《互联网药品信息服务管理办法》。

2) 对网络主播直播带货行为的规定

除了对企业进行监管的法律法规，有些法规规制的对象直指网络营销人员个人的营销行为。2016 年后，我国电商直播行业进入了一个高速发展的时期，但是由于网络直播准入门槛低，从业者素质良莠不齐，在恶性竞争中，诱导打赏、恶意炒作、刻意炫富、恶俗表演等乱象愈演愈烈。为了规范网络直播行业，2022 年 6 月，国家广播电视总局、文化和旅游部联合印发《网络主播行为规范》，该规范第 14 条对网络主播直播带货行为进行了明确规定：

(1) 不得营销假冒伪劣、侵犯知识产权或不符合保障人身、财产安全要求的商品，不得进行虚构或者篡改交易、关注度、浏览量、点赞量等数据流量造假行为；

(2) 不得夸张宣传误导消费者，不得通过虚假承诺诱骗消费者，不得使用绝对化用语，不得违反广告相关法律法规未经许可直播销售专营、专卖物品等；

(3) 不得通过"弹幕"、直播间名称、公告、语音等传播虚假、骚扰广告。

我们知道，营销合规能力是数字营销人才的一种重要能力，而只有了解了规制网络营销行为的相关法律规范，才能做到营销合规。未来的涉及电子商务的法律法规必然越来越具有可操作性，所以，接受了系统高等教育的网络营销人必须学好电子商务法，在职场上做遵纪守法的楷模。

除了上面提到的规范营销公司和营销人员行为的法律法规，营销者还要了解自己的潜在客户面临的法律约束条件，当客户为商务客户时尤其如此。比方说，如果一个企业想成为美国政府的供应商，该企业就需要对《联邦采购法规》(Federal Acquisition Regulation)有所了解，这一长达 2200 多页的法律文件规定了联邦政府采购时必须遵守的规则。我国的《政府采购法》也从 2003 年 1 月 1 日开始施行，它不仅规范政府机关的采购行为，也对事业单位、团体组织的采购做了明确的规定。

网络营销的法律环境极其复杂，网络营销企业在处理一些微妙的法律问题时最好还是寻求专业律师的帮助，不过，在许多问题上，先从网上寻求答案也是不错的方法。

4. WTO 和网络营销

加入世界贸易组织(WTO)是中国经济与国际接轨过程中的一个里程碑。从总体上看，加入 WTO 对我国经济发展肯定是利大于弊，可以使我国 GDP 增长速度加快，并创造数以百万计的就业机会。具体来看，加入 WTO 对企业网络营销会有以下几方面影响。

(1) 推进我国直销走向规范化，为我国制造企业开展网上销售创造良好环境。按照世界贸易组织的要求，我国已在 2005 年 8 月出台了《直销管理条例》，允许企业通过合法的直销方式销售产品或服务。

(2) 推进我国网络基础设施进一步完善。我国加入 WTO 后，分阶段对主要信息技术产品实行零关税进口，这样一来，我国信息技术市场的竞争更趋激烈，从而推动了信息技术产品价格的进一步下降，加快了我国网络基础设施的建设步伐，为网络营销的发展铺平了道路。

(3) 金融业的开放可以改善我国的网上支付条件。我国入世后不断推进金融业对外开放，外资银行的进入可以为我国银行业带来先进的技术和管理经验，促进银行之间的良性竞争和金融创新，提高银行的服务水平，加快我国国有银行的商业化进程，推动以信用卡为主的网上支付方式的发展。同时，我国网络营销商还可以利用国外知名银行的发达网络开辟一条开展全球网络营销业务的网上支付途径。

(4) 电信业的开放将大幅度降低网络营销的成本。外商全面投资我国互联网市场将导致互联网接入、服务器空间租赁等服务的价格大幅度降低，这将鼓励更多企业和个人上网，繁荣我国的网络市场。

(5) 物流服务行业的开放吸引了更多的国外物流企业进入中国市场，参与市场竞争，他们带入了先进的物流技术设备和物流管理经验。这些都促进了中国物流业的发展，为网络营销的顺利开展创造了条件。

此外，加入 WTO 可吸引更多的外国企业在商业服务领域投资，这可以提高我国企业的经营管理水平，提升我国企业的国际竞争力，加入 WTO 后我国会有更多企业涉足国外市场，并且，随着与世界各国交流的增多，我国居民的消费观念也会潜移默化地发生变化，逐步适应以信贷消费为特征的新的购物支付方式，使网上销售可以大行其道。

3.3 网络营销的配套服务市场基础

是不是有了先进的网络技术和良好的市场制度，网络营销就万事无忧了呢？我们首先看一个案例。

案例分析 北京图书大厦的网上销售

北京图书大厦电子商务网站的建设是首都电子商务示范工程的重点项目，该项目有市政府的经费支持和首信公司的技术支持，而且入市的时机似乎也恰到好处，在北京图书大厦电子商务网站正式开通的 1999 年 3 月，电子商务的形势可谓一片大好，那么这样一个项目能否取得成功呢？由于该项目是政府的电子商务项目，所以有比较齐备的运营记录，这为事后的研究提供了宝贵资料。

从 1999 年 3 月 9 日至 4 月 10 日这一个考察期内，北京图书大厦电子商务网站实际有效开展业务的时间为 29 天，在此期间，网站访问量达到 68 152 人次，申请会员 4644 个，完成交易共 1256 笔，其中境外 102 笔，销售额为 6007 美元；国内 1154 笔，销售额为 57 193 元人民币，按美元大约 1∶8.3 的当时汇率，实际完成销售 107 051 元。按照姜旭平教授的估算，销售利润还不足以支付当时租用中国电信 128K 的 DDN 专线费用。我们同时注意到，在海外的成交比较活跃，完成销售额占到总销售额的约 43%，那么背后的原因是什么呢？原来是支付方式的问题。

北京图书大厦电子商务网站当时提供 4 种支付方式。

- SET-CA 方式：这是一种当时比较先进的网络安全支付方式，为开发这套支付系统，电子商务网站的建设者投入了大量精力，他们甚至为这套系统专门开发了一种具有自主知识产权的加密算法。
- 普通国际信用卡支付方式：使用国际流行的信用卡(如 Visa、MasterCard、America Express)在网上支付。
- 使用国内银行卡在网上支付。
- 通过邮局汇款方式支付。

网站为消费者提供的 4 种支付方式的利用率差异很大，其中两种支付方式最受欢迎，一种是国际信用卡支付，一种是邮局汇款支付，另外两种支付方式却几乎没有人使用。不用说，使用国际信用卡支付的主要是海外用户，这些用户拥有信用卡，并且有使用信用卡购物的习惯。国内用户使用最多的是传统的邮局汇款方式。初看起来，似乎是消费习惯在起作用，但深究起来，国内用户偏爱邮局汇款方式与我国银行卡网上支付在当时仍然不成熟有很大关系。实际上，我国网上支付业务在 1999 年已经开始，但这一业务到 2000 年仍然不能保证支付的安全性，笔者的一位朋友曾经在 2000 年试着用某银行的借记卡在网上支付其购买的互联网服务，在单击"转账"确认键的刹那，网络的某一部分发生了故障，本来应该返回"转账成功"信息的页面显示出了臭名昭著的 HTTP 404 出错信息，即"未找到文件"，不祥的预感涌上了这位朋友的心头，果然，检查操作结果时发现，100 元的款项已经转出，但并没有到达目的地，100 元钱从此在人间"蒸发"。基于投诉成本等方面的考虑，我这位朋友选择了自认倒霉，他很诚恳地跟我说："幸好，我懂得先用 100 元钱试试。"与使用借记卡相比，在邮局汇款最大的好处就是在一定时期内可以提供查询，绝对不会出现钱下落不明的情况。但是不论如何，如果使用邮局汇款才能在网上购物，那么网上购物的便捷优势便无从谈起，这会极大地限制网上销售的市场。

可见网络营销要充分发挥其效力，除了需要具备成熟的信息技术支持，还需要网上支付、物流、信用体系等一系列配套服务做基础。过去，在很长一段时间我国在配套服务方面的发展都滞后于信息技术的发展，配套服务市场发育不良成为制约我国电子商务和网络营销进一步发展的堵点。不过，近 10 年间，情况出现了变化。2017 年，北京外国语大学丝绸之路研究院发起了一次面向留学生的民间调查。来自"一带一路"沿线的 20 国青年评选出了他们心目中中国的"新四大发明"：高铁、支付宝、共享单车和网购。虽然从技术上讲新四大发明没有一项是中国发明的，但是它们在中国的普及程度却处于世界领先位置，给国外留学生留下了深刻印象。实际上，对商务应用而言，技术创新只是一个方面，制度条件、配套服务条件也不可或缺，这些方面的任何进展都会释放网络营销的潜能，为企业带来新的市场机会。

3.3.1　网上支付服务

网上支付业务的发展为网络营销(特别是在线销售)提供了便捷的支付和结算手段。所以，网上支付的充分发展为网络营销的发展创造了条件。

中国的网上支付起步于 1998 年，当时，招商银行推出"一网通"网上支付服务，使其成为国内首家提供网上支付服务的银行，之后，其他银行纷纷跟进，但真正推动中国网络支付大发展的事件是网上支付业务对民间资本的开放。我国第三方支付服务的繁荣不仅表现在参与企业数量的增加，还表现在层出不穷的产品创新上。以支付宝为例，支付宝不仅为用户提供有安全保障的网上支付服务，而且有信用支付功能，可以为消费者提供小额消费贷款。另外，支付宝还有余额理财功能，可以让用户的资金余额产生堪与银行存款相比的收益，而支付宝的二维码、声波支付等产品则为移动支付提供了便利。

2001年,中国网上支付市场的规模只有9亿元,在2007年也只有976亿元,但在2022年由第三方支付完成的互联网支付业务的交易规模就达到307.4万亿元,这还仅是个人支付部分,2022年的第三方企业支付规模也达到183.2万亿元。

除了第三方支付,数字人民币的推广应用为网上支付提供了一种新的选择。截至2022年12月,数字人民币试点范围已扩大至17个省(市)的26个地区,多个试点地区取得阶段性进展。例如,截至2022年12月,深圳市累计开立数字人民币钱包2840.75万个、落地应用场景129.9万个,累计交易376.85亿元。在数字人民币应用场景方面,国家税务总局已开始数字人民币缴纳税费功能试点。数字人民币跨境结算安排也已启动。国际清算银行、香港金融管理局、泰国中央银行、阿联酋中央银行和中国人民银行数字货币研究所等多边央行正在积极促成数字货币桥项目,推动多边央行数字货币桥成为新型国际跨境支付基础设施。

在中国第三方支付市场上,腾讯财付通和阿里支付宝的使用频率遥遥领先,如表3-3所示。

表3-3　2022年中国第三方支付交易量统计

公司	交易笔数/亿次	市场份额/%
财付通	9574.8	75.33
支付宝	2653.2	20.87
和包支付	171.6	1.35
银联商务	139.7	1.10
连连支付	96.5	0.76
翼支付	43.3	0.34
京东支付	29.0	0.23
网易支付	2.5	0.02
合计	12710.6	100

来源:王腾辉. 2020—2022年中国第三方支付交易量统计[EB/OL]. https://xueqiu.com/5282588606/246557162, 2023-04-05.

在跨境电商支付方面,我国企业和用户还面临着一些有待解决的问题,比方说汇率不稳定、费率高、到账慢、结汇烦琐、退税难、流程不透明、资金难追踪等,这些问题制约着跨境电商的发展,目前我国跨境电商出口企业对PayPal、亚马逊支付等国外支付服务依赖仍然较多,支付宝国际版和蚂蚁集团旗下的万里汇(WorldFirst)等企业的发展壮大给了跨境电商企业更多的选择。比方说,万里汇目前支持近40个国家和地区的本地开户,可以实现全流程线上申请,支持美元、欧元、日元、英镑等主要币种,具有费率低、币种全、汇率优的优势,为跨境电商出海提供了便利。

3.3.2　信用服务

虚拟市场的参与者数量众多,资质也相差悬殊。企业当然可以通过建立强势品牌的方法来赢得利益相关者的信任,但对于大多数企业而言,建立一个用户可以信赖的品牌并不容易,一个更简单易行的方法是借助信用中介公司提供的信用服务,信用中介公司可以代表企业广大利益相关者审核其他企业的资质,然后利用自身品牌为通过审核标准的企业提供信用担保。在电子商务应用方面,信用中介通常向符合标准的企业颁发电子证书,目前世界上有名的电子保障项目有PayPal体系、BBBOnLine体系、VeriSign体系、McAfee等,在这些体系中,信用中介负责制定电子商务公司在系统可靠性和顾客隐私保护等方面应该遵循的标准,电子商务公司在满足了这些标准后,可以向电子保障公司提出认证申请,通过认证的公司将可以在他们的网站上放置相应的标志。部分认证机构的标志如图 3-5 所示，图中标志为 BBBOnline 的隐私戳和可靠性戳、McAfee 的可信网站认证标志、PayPal 的支付安全戳、阿里巴巴的诚信通认证标志及九州飞扬电子商务技术(北京)有限公司的诚信网站标志。

图 3-5　部分认证机构的认证标志

不过，即便在美国这样的发达国家，这一解决方案目前也还存在一些问题，现在主动加入电子保障项目的公司并不很多，主要原因有以下几个。

(1) 电子保障公司收取的认证费用和管理费用过高，据统计，网站通过主要认证的花费一般为 299～4999 美元。九州飞扬的认证服务则从最普通的诚信网站认证到最高端的行业知名网站认证要收取从 1500 到 25000 元不等的费用。这对刚起步的小公司是笔不小的开支。

(2) 一些知名的电子商务公司对电子保障项目并不热衷，比如，著名的亚马逊公司没有参加任何认证体系，这些认证对这些知名公司而言基本上是多余的，但这些认证离开了他们却会缺少代表性。

(3) 通过电子保障公司认证的效果比较可疑，例如像 Microsoft、Deja 和 RealNetworks 的网站都通过了 TrustE 的认证，但是它们都曾经被指控有侵犯用户个人隐私的行为。诸如 TrustE 这样的电子保障公司虽然会定期对获得其认证资格的网站进行审核，但审核一般并不深入，TrustE 不会去查看网站的财务账簿以确定网站是否出售过用户个人资料，也不会去检查这些网站的源代码中有没有监视用户行为的语句。同时，电子保障公司认证的标准似乎偏低，例如，在 TrustE 成立以来的 3 年时间中，TrustE 没有撤销过一个认证，并且在所有申请认证的网站公司中，只有不到 2%的申请被拒绝。

案例分析　阿里巴巴"诚信通"认证

阿里巴巴是国际知名的 B2B 交易场，它在 2002 年 3 月推出的"诚信通(TrustPass)"认证是目前国内最成功的一种电子商务认证。阿里巴巴 2023 财年报告显示，截至 2023 年 3 月 31 日，阿里巴巴拥有 96 万名中国诚信通付费会员。目前，阿里巴巴的诚信通认证分为两种：企业身份认证和个人身份认证。企业身份认证通过第三方认证的方式来操作。

企业身份认证指的是由具有独立资质的认证公司对申请诚信通服务的会员进行"企业的合法性、真实性"的核实及"申请人是否隶属该企业且经过企业授权"的查证。目前与阿里巴巴合作的第三方独立认证机构有华夏邓白氏、上海杰胜、澳美资讯、杭州中德信息技术、北京中诚信征信有限公司。

企业身份认证的信息如下。

- 工商注册信息：包括名称、注册号、注册地址、法人代表、经营范围、企业类型、注册资本、成立时间、营业期限、登记机关和最近年检时间。
- 认证申请人信息：包括认证申请人姓名、性别、部门和职位。

个人身份认证是指经过支付宝实名认证，在认证日对申请诚信通服务的会员进行"个人身份准确性和真实性"的核实。支付宝认证服务的具体程序包括身份信息识别和银行账户识别。

获得诚信通认证的机构和个人同时为自己建立了诚信档案，档案的内容有资信参考人及诚信通指数。获得诚信通认证的机构和个人不仅可以在自己的页面上放置诚信通标志，而且诚信通会员发布的信息在搜索结果页面上可以优先显示。根据阿里巴巴所做的研究结果，有 85%的买家更愿意从诚信通会员那里采购，而且诚信通的会员获得的询盘比普通会员多 12 倍，这正是企业和个人愿意付费申请认证的原因。按照当前企业和个人诚信通会员每年 2800 元和 2300 元的认证费用(国际诚信通会员每年的费用为 600 美元)估算，诚信通业务每年就能给阿里巴巴带来超过 7 亿元的营业收入。

2008 年开始，随着中国电子商务的蓬勃发展，我国的第三方认证服务进入了蓬勃发展的时期，涌现出了提供"可信网站"身份验证服务的中网(knet.cn，北龙中网)、提供网站信用评级服务的中国互联网协会(www.itrust.org.cn)及提供"诚信网站"认证服务的互联网信用认证平台(www.szfw.org)等一批认证机构。在这些机构的推动下，越来越多的企业开始接受认证。以下是万表网(www.wbiao.cn)获得的部分认证的戳记(见图 3-6)。

图 3-6　万表网获得的部分认证

区块链技术的发展让企业提高可信度有了一种新的选择，该技术对信用中介行业势必会产生巨大冲击。不过有些专家认为，与互联网一样，区块链也不会让中介消失。一个更可信的预测应该是，未来的信用中介会利用区块链来提供服务。未来发展究竟如何，让我们拭目以待。

九州飞扬电子商务技术(北京)有限公司的诚信网站认证号称为 395 266 家(截至 2023 年 10 月 5 日)企业提供了认证，访问这家公司的网站，看看他们提供哪些认证。如果你是中小企业的一名网络营销负责人，会建议公司申请他们的认证吗？

3.3.3　物流服务

高效的物流服务对从事网上直销的企业意义重大，因为与快捷的信息流相比，物流往往构成商务流程的瓶颈，物流服务的质量和价格取决于物流基础设施的完善程度、物流技术装备的先进程度、第三方物流的发达程度、物流行业的信息化程度及政府对物流行业的支持和扶植力度。

中国一贯重视基础设施建设，因此改革开放以来，中国的交通基础设施网络，包括公路、铁路、水路和机场系统，在质和量方面都有了前所未有的提升，达到世界领先水平。《2023 年交通运输行业发展统计公报》显示，截至 2023 年底，中国高速公路里程超过 18.36 万公里。同年，中国将高速铁路营业里程扩大到 45 000 公里。在航空运输基础设施方面，中国在 2023 年完全开放定期航班的民用机场数量达到 259 个，通航城市 255 个。中国的水运基础设施也得到加强，在沿海和内河港口分别拥有 2878 个和 469 个万吨级以上载重吨泊位，内河运输通航水道 12.82 万公里。《中华人民共和国 2023 年国民经济和社会发展统计公报》显示，2023 年中国全年货物运输总量 557 亿吨，其中铁路运输 50.1 亿吨，公路运输 403.4 亿吨，水路运输 93.7 亿吨。货物运输周转量 247 712.7 亿吨公里，其中铁路 36 437.6 亿吨公里，公路 73 950.2 亿吨公里，水路 129 951.5 亿吨公里，民航和管道运输周转量合计 7373.4 亿吨公里。全年港口完成货物吞吐量 170 亿吨，其中外贸货物吞吐量 50 亿吨。港口集装箱吞吐量 31 034 万标准箱。

在物流技术设备方面，通过引进国外技术和自主开发，我国已可以制造自动化仓库、自动导向车(automated guided vehicle，AGV)、搬运机器人等产品。国外一些物流技术设备厂商(如西门子、大福等)的进入更使我国物流中心或自动化仓库的装备达到国际水准。随着我国对物流投入的增加和物流基础设施的不断完善，我国物流行业完成的产值也不断增长。根据中国物流与采购联合会 2024 年 2 月公布的中国 2023 年物流运行数据。2023 年，中国社会物流总额 352.4 万亿元，物流业总收入 13.2 万亿元，社会物流总费用 18.2 万亿元，社会物流总费用与 GDP 的比率为 14.4%。从结构看，运输费用 9.8 万亿元，保管费用 6.1 万亿元，管理费用 2.3 万亿元。从数据上看，中国物流费用仍然较高，虽然中国的物流总费用与 GDP 的比率一直在缓慢下降，但从绝对水平看，目前中国的物流总费用与 GDP 的比率不仅高于美国(约 7%)、欧盟(约 6%)等西方发达国家，也高于东盟 10 国(约 10%)和世界平均水平(约 11%)。中国物流费用偏高，说明物流效率还有较大的提升空间。在中国，卡车运载了全国 80%以上的货物。然而，卡车运输行业仍然高度分散且效率低下。个人拥有道路上 90%以上的卡车，卡车 40%的里程为空返里程。

在物流行业中，快递业务和网络零售的关系最密切。近年来，随着民营资本的大规模进入，我国快递业有了突飞猛进的发展，国有的中国邮政速递物流(EMS)和顺丰、圆通、中通、申通、韵达等民营企业在快递业务上展开了激烈竞争，快递市场一派繁荣，结果，快递服务质量不断提升，而服务价格却能长期控制在相当低廉的水平。以淘宝商城订单为例，EMS 的价格普遍在 15~20 元之间，而通达系快递的价格却能做到每件在 5~10 元之间。目前，网络零售和快递业务已形成良性互动的大好局面，快递行业和网络零售行业近年来都保持了高速增长。2016—2021 年，我国快递业务量增长速度保持在 20%以上。国家邮政局公布的数据显示，2021 年，全国快递业务量累计完成 1083.0 亿件，较 2020 年增长 29.9%。2022 年开始，全国快递业务增速明显放缓，当年累计完成 1105.8 亿件，同比增长 2.1%。随着疫情时代的终结，2023 年全国快递业务全面复苏，当年完成快递业务量 1320.7 亿件，同比增长 19.4%。

尽管改革开放后我国的物流业取得了不少成绩，但仍然存在着市场化程度不够和物流成本偏高的问题。在国外，物流市场化的比例已相当高。如在日本已达 80%，美国已达 57%，英国为 34%，而我国物流市场化的比例仅为 18%左右。另一方面，我国社会物流总费用与 GDP 的比例常年保持在 18%左右，这一比例比发达国家差不多高出一倍。即使在物流技术方面，我国与发达国家也仍存在差距。例如，我国智能快递柜的终端渗透率仍然较低，目前仅为 10%左右，而日本的智能快递柜终端渗透率已经超过 40%。可见，中国物流业发展水平仍有提升空间，它的持续发展将为网络营销创造更好的环境。

本章内容提要

网络营销的现实基础包括技术基础、制度基础和配套服务市场基础三个方面。

网络营销中使用最多的三种技术是电子邮件、搜索引擎和万维网网站，其他一些传统的互联网应用还有用武之地，这些应用包括文件传输、远程登录、电子公告板、新闻组、电子邮件列表、聊天室、即时传信、网络日志、维基、社会交往系统、微博、大众分类法是具有代表性的 Web 2.0 技术，技术的崛起为网络营销人员增添了强有力的新工具。此外，签语块、软件代理和基于互联网的电子数据交换可以支持网络营销的一些高级技巧。数字化制造(特别是 3D 打印)技术的大发展给网络营销带来的影响特别值得关注。移动电子商务技术的发展也为网络营销提供了无穷的创新机会。在安全方面，公钥基础设施、防火墙技术和反病毒技术为网络营销提供了保障。随着互联网技术的进步，宽带上网和无线接入将成为主流，这将为网络营销带来深刻变化。人工智能、区块链及其他仿人技术的日趋成熟让人们对网络营销的未来有了无尽的想象空间。作为一种技术密集型营销方式，网络营销人员应当对所要采用的技术有系统的认识。

网络营销的制度基础包括伦理制度和法律制度两个方面，网络礼仪在对网络行为的规范方面也能起到显著作用。网络营销活动涉及的法律名目繁多，但在实践中，网络法的执行效果并不理想。

银行金融服务、第三方认证体系和物流服务体系构成了网络营销配套服务市场的主体。这些服务市场的发育将推动网络营销的发展，让电子商务在未来释放更大潜力。

复习思考题

1. 比较电子邮件(含邮件列表)、电子公告板、新闻组、聊天室、即时传信(含群组)、网络日志(含 RSS 源)和社会交往系统作为通信工具的优缺点。

2. 你认为短消息营销最适合哪些场景？

3. 从营销管理(利用 4P 框架)的角度分析 3D 打印技术的发展会给网络营销带来哪些影响？

4. 说一说宽带上网、无线上网和 GPS 的普及对网络营销的影响。

5. Gartner 公司新兴技术成熟度模型把技术成熟过程分为哪几个阶段？你认为当前无人驾驶汽车(如百度的萝卜快跑)处在哪个阶段？氢能源汽车呢？

6. 比较 2001 年版《全国青少年网络文明公约》和 2023 年版《新时代青少年网络文明公约》的不同之处，说一说发生变动的可能原因。

7. 请你为我国高校校园网用户拟订一个简单的道德行为守则。

8. 跨境电商支付服务的改善会给网络营销带来哪些影响？

9. 你认为中国当前的网络购物环境是否安全和方便，说明理由。

10. 物流费用的下降会给网络营销带来哪些影响？

11. 英国、日本等一些传统的发达国家在使用移动支付方面不如中国普及，从网络营销者角度应该如何看待这问题？

扩展资源

请扫描右侧二维码获取扩展资源。

扩展资源

参考文献

1. 杨坚争，杨立钒. 电子商务基础与应用[M]. 10 版. 西安：西安电子科技大学出版社，2017.

2. 肯尼思·劳东，韦罗尔·圭尔乔·特拉弗. 电子商务——商务、技术、社会[M]. 英文版，第 13 版. 北京：中国人民大学出版社，2020.

3. Kenneth Laudon C, Carol Guercio Traver. E-commerce 2021–2022: business. technology. society[M]. 16th. Essex: Pearson Education Limited, 2022.

4. 安德鲁·斯帕罗. 电子商务法律[M]. 林文平，陈耀权，译. 北京：中国城市出版社，2001.

5. 孙祥和. 电子商务法律实务[M]. 2版. 北京：中国人民大学出版社，2019.

6. Douglas Comer E. 计算机网络与因特网[M]. 6版. 范冰冰，等译. 北京：电子工业出版社，2015.

7. Brian Kernighan W. Understanding the Digital World: What You Need to Know about Computers, the Internet, Privacy, and Security[M]. 2nd ed. Princeton: Princeton University Press, 2021.

8. Philip Kotler, Hermawan Kartajaya, Iwan Setiawan. Marketing 5.0: Technology for Humanity[M]. Hoboken: John Wiley & Sons, Inc., 2021.

9. 瑞威•克拉克特，玛西娅•罗宾逊. 移动商务：移动经济时代的竞争法则[M]. 吕廷杰，等译. 北京：中国社会科学出版社，2003.

10. Deitel H M, Deitel P J, Steinbuhler K. E-Business and E-Commerce for Managers(英文版)[M]. 北京：清华大学出版社，2001.

11. 德博拉•贝尔斯. 电子商务物流与实施[M]. 赵凤山，等译. 北京：机械工业出版社，2002.

12. 孙韬，胡丕辉. 跨境物流及海外仓：市场、运营与科技[M]. 北京：电子工业出版社，2020.

13. 李伦. 鼠标下的德性[M]. 南昌：江西人民出版社，2002.

14. 威廉•斯托林斯. 网络安全基础：应用与标准[M]. 5版影印版. 北京：清华大学出版社，2019.

15. 姜旭平. 网络营销[M]. 北京：清华大学出版社，2003.

16. Wichmann J R K, Uppal A, Sharma A, et al. A global perspective on the marketing mix across time and space[J]. International Journal of Research in Marketing, 2022(39): 502-521.

17. Gleim M R, Stevens J L. Blockchain: a game changer for marketers?[J]. Market Lett, 2021(32):123-128.

18. Paul Roetzer，Mike Kaput. Marketing Artificial Intelligence: AI, Marketing, and the Future of Business[M]. Dallas: BenBella Books, Inc., 2022.

第Ⅱ篇

方法篇

第4章　网络营销决策支持系统及网络市场调研

第5章　无网站的网络营销

第6章　基于网站的网络营销

第7章　社会媒体营销

第8章　网络营销中的广告和公共关系

第9章　网络营销的伦理问题

第 4 章 网络营销决策支持系统及网络市场调研

本章学习目标

学过本章后，你将能够：
- 了解网络营销信息质量的评价标准。
- 了解网络营销决策支持系统的构成。
- 掌握间接网络调研的方法，熟悉主要搜索引擎和常用数据库的用法。
- 了解直接网络调研的类型，熟悉电子邮件问卷调查的基本过程。
- 了解基本的网络营销环境监测技术。
- 熟悉互联网上重要营销信息资源的种类，并能熟练地查找这些方面的信息。
- 了解网络营销调研涉及的伦理问题。

在信息革命的大潮中，信息技术影响了企业经营的方方面面，企业的市场营销是受到冲击最大的领域之一。在今天的市场竞争中，营销策略必须建立在科学决策的基础上，而营销决策支持系统是辅助企业进行科学营销决策的强大武器。对于开展了网络营销的公司而言，营销决策支持系统必须能够从网络营销活动及外部环境中获取数据，并能支持企业网络营销决策的制定，我们把这种既能从传统营销活动中获取数据又能从网络营销活动中获得数据，还能从外部环境中获得数据，既能支持传统营销决策，又能支持网络营销决策的营销决策支持系统称为网络营销决策支持系统。网络营销决策支持系统从内部记录、市场情报和市场调研三个渠道获得原始信息并将其有序地存储到数据仓库里，营销管理人员使用专门软件来查询数据库，获取决策所需的信息。本章首先讨论网络营销决策支持系统的基本概念，然后重点讨论网络市场调研的方法。

4.1 网络营销决策支持系统

4.1.1 网络营销中的信息

市场营销中所说的信息，通常指与营销决策相关的商业信息、情报、数据、密码和知识等。互联网不仅为企业提供了极为丰富的信息资源，还为企业从事调研提供了许多强有力的手段，网络营销决策支持系统的目的就是要将高质量的信息在需要的时候提供给需要的人，这首先要求输入系统的信息必须是高质量的。如果原始信息质量不高，无论信息系统有多么先进，都无法输出高质量的信息。对营销信息的评价，我们有以下 4 条标准。
- 高相关：信息在何种程度上满足了营销决策者的需求？信息对于营销决策是否重要？
- 高质量：见以下的 REAP 条件。
- 及时：信息是否已经过时？现在获得该信息是否仍有足够的时间采取相应的对策？
- 完整：决策所需要的信息是否齐备？

高质量的信息指满足以下 REAP 条件的信息。
- 可靠(Reliable)：信息的作者、编者或者发布者都是什么人？他们具有什么样的专业资质？信息在发布以前有没有经过专家评审？评审的标准和结论是什么？
- 有据(Evidence)：有哪些证据可以对信息的真实性提供支持？文章中是否包括参考书目？
- 准确(Accurate)：统计或计算是否正确？数据间有没有相互抵触的地方？
- 可信(Plausible)：信息编写或者发布的目的是什么？是否存在偏见或倾向性？

互联网上的信息鱼龙混杂，所以在利用互联网收集信息时，一定要注意信息质量的鉴别，以免被错误的信息引上歧途。鉴别信息的基本方法是从多个来源通过多个渠道收集信息，并使这些信息相互印证。商业公司主办的调查经常带有一定倾向性，所以在阅读由商业公司发布的调查报告时，更要持审慎的态度，但即使是中立方提供的数据，也可能会因为统计方法上的差异或方法本身的局限性而出现不一致的结果，这时，需要企业对数据提供方采用的统计方法有所了解。例如，尼尔森和 comscore MediaMetrix 都是著名的市场调查公司，但他们对 CNN 金融网站在 2004 年 4 月的独立访问者的数量存在不小的分歧，前者报道 CNN 金融网站独立访问者的数量为 820 万，后者则称该网站独立访问者的数量仅有 550 万。这两个数字与 CNN 网站日志上记录的数字也不相同，之所以会出现这样的分歧，主要原因是网站访问日志根据 Cookie 来鉴别独立访问者，而网站访问者可能会因为在两次访问期间删除掉该网站的 Cookie 而被误以为是新的访问者(独立访问者)，一般认为只有 3%的人会定期删除 Cookie，但尼尔森却认为该比例可能高达 30%。这种情况下，需要将从服务器访问日志中取得的数据与从直接调查获得的数据相互印证。

在当今这个虚假信息泛滥的时代[1]，鉴别信息真伪的能力已经成为公民信息素养必不可少的组成部分。西方学者为了提升公民鉴别信息真伪的能力，在上面提到的 REAP 标准之外，还提出其他一些实用的判断法则(见小资料)，了解这些法则有助于我们提升数字素养，防止网络诈骗。

小资料 鉴别信息质量的简易法则

CRAAP[2]检验(CRAAP Test)：时效性(currency)、相关性(relevance)、权威性(authority)、准确性(Accuracy)和目的(Purpose)。

雷达(RADAR)标准：原理(rationale)、权威(authority)、发布日期(date)、准确性(accuracy)和相关性(relevance)。

筛子(SIFT)标准：停(stop)[3]、调查出处(investigate the source)、寻找更好的报道(find better coverage)、追踪链接到原始语境查看声明、引文和媒体(trace claims, quotes, and media back to the

---

[1] 社会媒体时代虚假信息泛滥，有人因此称这个时代是虚假信息时代(disinformation age)。

[2] CRAAP 与英文 CRAP 发音相近，而后者有废话、胡扯、粪便之意，所以 CRAAP 测试隐含的意思就是要检验所看到的信息是不是胡扯。

[3] "停(STOP)"是路口常见的交通标识，要求司机停车确认安全后再进入路口，这里指的是用户面对信息内容不可盲目轻信，而要小心鉴别。

original context)。

5W 询问：询问 5W 问题(谁、什么、何时、何地、为什么)以帮助确定信息来源是否可靠、可信，及是否适用于你的任务。

询问亚当(Consult ADAM)：ADAM 代表作者(author)、深度(depth)、时效性(age)及资助人(money)。

4.1.2 营销信息系统和网络营销决策支持系统

营销过程的信息化使公司必须处理大量营销信息，营销信息系统为企业完成这一工作提供了技术保障。从信息管理系统的角度看，营销信息系统可以通过不同类型的信息管理系统来实现：交易处理系统、顾客参与系统、管理信息系统、小组支持系统、决策支持系统和人工智能、执行官信息系统和组织间系统。不同的系统实现方式在功能上各有侧重，但现实中的营销信息系统通常不是单一系统，而是多种系统的综合，较高级的系统常常向下包容较简单的系统。所有营销信息系统都涉及营销信息的捕获、创造、展示、记录和传递。这里重点介绍网络营销决策支持系统(IMDSS，Internet Marketing Decision Support System)。

1. IMDSS 的组成

IMDSS 由内部记录系统、环境监测系统和市场调研系统组成，我们分述如下。

1) 网络营销的内部记录系统

营销信息的一个重要来源是企业的内部记录。企业的生产运作部门、财会部门、客户服务部门每天都会产生大量对企业营销决策极有价值的数据。网络营销的内部记录系统必须保证这些数据及时进入企业的中心数据仓库。在企业可以用于决策的所有信息来源中，内部记录最为翔实可靠，也最容易获得，所以企业必须充分重视企业内部记录系统的建设。

在网络营销中，内部记录系统可以提供极为丰富的反映网络营销绩效的数据，对这些数据进行处理，可以形成对管理层制定决策极为宝贵的信息。

网络营销的内部记录系统的主要数据来源是企业营销网站的服务器运行日志(server logs)、搜索日志、库存记录、工资发放记录、日常管理费用记录、分渠道销售记录等。这里主要介绍前两者。

服务器运行日志用标准的文本文件格式详尽无遗地记录了服务器上所有的响应活动。因为每天生成的日志都包含大量数据，所以必须依赖一些软件才能从日志中整理出容易读懂的报告。以下是当前较流行的一些商业日志分析软件。

- Google Analytics(www.google.com/analytics)，是一款主流的免费的日志分析软件，但客户使用该软件最大的担忧是网站数据需要传送给谷歌服务器。
- Webtrends Analytics(www.webtrends.com)，Webtrends 创建于 1993 年，是一家老牌的网络数据分析公司，提供世界领先的网站数据分析产品和服务。

此外，网络管理员还可以选择以下开源软件来分析服务器运行日志。

- LOGalyze(www.logalyze.com)
- Matomo(www.matomo.org)
- W3Perl(www.w3perl.com)

搜索日志可以记录网站访问者使用网站搜索功能的情况，记录的数据包括用户键入的关键词、执行搜索的时间、返回的结果数、用户的 IP 地址或者其他标识符，一个典型的搜索日志如下所示。

Keywords: heath field; Options: All, Details; 11/26/97 4:03 PM

Keywords: us consulate in aroli; Options: All, Details; 11/26/97 4:05 PM

Keywords: aroli; Options: All, Details; 11/26/97 4:05 PM

Keywords: Czech Republic; Options: All, Details; 11/26/97 4:05 PM

Keywords: charlotte; Options: All, Details; 11/26/97 4:06 PM

Keywords: travel; Options: All, Details; 11/26/97 4:06 PM

Keywords: north arolina; Options: All, Details; 11/26/97 4:06 PM

搜索日志可以记录某些网站访问日志记录不到的宝贵资料，这些资料可能对营销决策具有重大的参考价值。搜索日志可以忠实地记录网站访问者的原始想法，搜索日志分析的基本任务是获得以下资料。

- 最热门查询：罗列一段时间内访问者最常使用的搜索关键词，由此可以推断访问者该期最关心的问题是哪些。
- 零结果查询：罗列一段时间内访问者所做的没有得到任何返回结果的查询，由此可以推断访问者对网站的预期与网站定位的差距。
- 趋势比较：通过比较两个时期的搜索模式发现异常的搜索词，比如说新出现的搜索词或者热门度排名跃升很快的搜索词，由此可以及早发现市场变化的苗头。

网站管理员可以利用 Freefind(www.freefind.com)为网站快速增添搜索功能并获取搜索日志分析报告。

2) 网络营销环境监测系统

内部记录系统可以获得企业内部的信息，但如果仅满足于此，那么必然会像孙子兵法中说的，只能做到"不知彼而知己，一胜一负"。要进一步提高营销的成功率，就必须对企业的营销环境进行持续的系统的监测，随时识别环境中的威胁，捕捉稍纵即逝的商机，这样才可以在当今多变的市场上左右逢源，游刃有余。网络营销环境监测系统主要靠推式技术、数据挖掘技术和竞争情报系统来获得数据。

3) 网络市场调研系统

互联网给企业提供了前所未有的极具成本效率的环境监测手段，但再好的环境监测也不能代替所有的市场调研，幸好，互联网也为市场调研提供了诸多便利。我们把借助互联网展开的市场调研活动称为网络市场调研，网络市场调研一般可以分为定性调研和定量调研两类，但也有其他分类方法。例如，依据所收集的数据是否为原始数据，网络市场调研可以分为直接网络调研和间接网络调研两种方式；依据调研所处的阶段，它又可分为网络预调研和网络决定性调研。

2. IMDSS 的优势和局限性

在决定建立企业的 IMDSS 之前，我们首先要对 IMDSS 的优势和局限性有全面的了解。

1) IMDSS 的优势

IMDSS 具有以下优势。

(1) 信息获取十分快捷。商业信息有很强的时效性，网络化的内部记录、环境监测和市场调研可以大幅度提高信息收集的效率，再借助网络化运算环境强大的信息处理能力，从数据收集到生成报告的周期可以大为缩短。

(2) 信息获取的成本效率大为提高。借助 IMDSS，企业不仅可以收集更全面的内部信息，在更大范围上对营销环境进行监测，还可更频繁地使用营销调研，全方位地获取信息。许多从前无力负担经常性营销调研的中小企业现在也能建立自己的网络市场调研系统。

(3) 信息查询和处理更为灵活便捷，IMDSS 不仅能为信息的最终用户(各级决策者)提供友好的用户界面，而且具有很好的互动性，决策者可以独立完成特定信息的查询和处理，这使得决策者可更快地取得有用信息。

(4) IMDSS 在竞争情报、国际市场调查、宏观环境监测及预调研方面有独特优势。

(5) IMDSS 可以很好地包容网上交易处理、网上顾客参与等系统，自动捕获大量数据，不断更新、充实企业的数据仓库。

2) IMDSS 的局限性

当然，IMDSS 也不可能做到尽善尽美，它有以下局限性。

(1) 像大多数信息系统一样，IMDSS 不善于处理非结构化信息，而营销上的重大决策通常要依赖于对这类信息的分析。

(2) 直接网上调研的样本目前尚不具有广泛的代表性，中国的互联网普及率与世界先进水平相比仍有一定差距。

(3) 间接调研时信息过载的现象比较突出。

(4) 各系统的集成和数据挖掘需要较大的投入，中小企业难以负担。

3) 提高 IMDSS 效能的对策

不过，针对 IMDSS 的以上局限，企业并非无能为力，企业可以采取以下措施来提高 IMDSS 的效能。

(1) 通过部署 IMDSS 把商情部门的研究人员从简单的信息处理活动中解放出来，使他们可以专注于非结构化信息的处理。市场研究人员还可以探索使用 AI 提高非结构化信息处理的效率。

(2) 将市场情报工作作为日常工作，这样可以发挥间接调研的优势，并可以通过资料印证进行研究。

(3) 将网上市场调研与传统市场调研相结合，实现优势互补，如可以利用电话确认被调查者身份，建立合格的样本库。

(4) 使用各种技术手段，如跟踪技术、数据挖掘技术、推式技术等，来完成调研任务。

(5) 永远从搜集二手信息开始预调研，利用预调研获得的信息改进决定性调研的设计。

4.2 网络市场调研

营销可以被定义为有利润地识别、预见并满足顾客需求的管理过程，而识别和预测顾客需求需要通过市场调研来完成。此外，市场调研还可以使企业了解宏观环境的变化和竞争者的动向，使企业在竞争中处于比较有利的位置，可以说，在当今风云多变的市场上，谁掌握了信息优势，谁就会掌握主动权。

我国自改革开放以来经济发展突飞猛进，但至今在市场调研方面仍然不发达。根据 Statista 在 2023 年发布的研究报告，2022 年全球市场调查业的营业额为 818.3 亿美元，美国占到其中的一半以上，欧洲占了大约 1/4，世界上其他地区占了剩下的 1/4，我国在全球的份额仅占 3%。很明显，我国的市场调研发展水平与我国当前的经济总量和人均国内生产总值都是不相称的。当前，我国企业在经济进入新常态后要转型升级，要把创新作为发展的第一要务，这就要求企业从了解顾客需求开始提升自身创新能力，加强包括营销调研系统在内的营销信息系统的建设是重中之重。

营销调研是受互联网影响最大的营销领域之一，根据 Statista 发布的研究结果，2022 年在定量市场调查中 90%的调研专家用到了在线调查，使用电话调查和面对面调查的只有 80%和 39%；在定性调查中，在线深度访谈(online in depth interview)是最常用的方法，超过 2/3 的定性调查是通过这种方式进行的。基于互联网调研的重要性，包括卡内基·梅隆大学在内的一些知名院校的电子商务专业甚至将互联网调研作为独立的课程开设。

网络市场调研可以分为间接调研和直接调研两种，前者主要依靠搜索引擎、专用数据库和内容网站来查找已经存在的有用信息，后者则使用电子邮件、实时聊天和在线问卷等工具直接向网络用户了解有关信息。本节我们将考察两种网络市场调研所使用的具体方法。

4.2.1 间接网络调研

1. 搜索引擎

对已知的信息进行有效的存储和对存储的信息进行有效检索是对信息进行有效利用的前提。毫不奇怪，历史上曾涌现出许多旨在提高人们信息检索能力的互联网应用，如对 Gopher 空间进行搜索的 Archie，对 FTP 站点进行搜索的 Veronica 及后来可用来对文件进行全文检索的 WAIS。今天，随着万维网搜索引擎的迅猛发展，那些曾经风光一时的搜索工具全成了昨日黄花。

搜索引擎是最神奇的互联网应用之一，目前利用搜索引擎查找信息是网络用户上网最常从事的活动之一，使用率仅次于使用社会媒体和收发电子邮件。搜索引擎可以说是能够打开互联网信息宝库之门的钥匙。无疑，熟悉常用的搜索引擎并掌握基本的搜索技巧对提高信息检索效率有很大的帮助。

1) 搜索引擎的分类

我们通常所说的搜索引擎其实并非一种，常见的搜索引擎可以分为万维网目录、万维网搜索引擎、元搜索引擎、万能搜索引擎和特殊搜索引擎 5 类。

(1) 万维网目录。

万维网目录(Web Directory)类似于一本书的目录或者图书馆的分类目录，利用它可以快速查找与特定主题相关的网站名录。这类搜索引擎最大的优点是收录的网站大多数经过人工查验，搜索结果通常都附有专业的图书馆馆员撰写的摘要或点评，所以分类目录收录网站的内容质量较高，有人因此将这类搜索引擎称为虚拟图书馆。万维网目录的缺点是它们一般只收录人们主动提交的网站，并且因为维护目录的人员精力有限，因此分类目录在收录网站的数量方面远不如万维网搜索引擎。

雅虎 1994 年创建之初其实是一个万维网目录，当时还是斯坦福大学计算机科学系学生的大卫·菲罗(David Filo)和杨致远(Jerry Yang)手工编制了一个他们喜欢的网页的清单并把它命名为雅虎。在万维网发展早期，网站数量还比较少，搜索引擎的排序算法也还比较原始，所以万维网目录蓬勃发展。雅虎在 2004 年收录的网站数量超过了 250 万个，这些网站被分为艺术与人文、商业与经济、计算机与互联网、教育、娱乐、政府、健康、新闻与媒体、休闲和运动、参考资料、地区、科学、社会科学及社会与文化等 14 个大类，大类下分小类，小类下再分细目，据统计，雅虎目录的类目数量超过了 25 000 个。雅虎万维网目录深受大众喜爱，"今天你雅虎了吗？"这句广为流传的口号使雅虎一度成为搜索互联网的代名词。随着万维网网站数量的急剧增加及谷歌研发出了一种很科学的搜索结果页排序算法，万维网目录日渐衰落，谷歌目录(2011 年)、雅虎目录(2014 年)、DMOZ(2017 年)相继下线。不过，万维网目录并未完全过时，仍然有许多专业目录在提供网站导航服务，也仍然有一些用户会经常访问万维网目录，万维网目录在一些专业领域和当地内容的搜索方面仍然可以发挥重要作用。以下是一些仍在运营的万维网目录的例子。

- 开放目录项目(Open Directory Project)：于 1998 年 6 月 5 日创立的开放目录项目是一个由志愿者维护的免费主题目录，开放目录项目的域名 DMOZ 源自 Directory Mozilla，这一名称表明它是一个秉承了 Mozilla 开源精神的万维网目录项目，DMOZ 在 2004 年收录的网站数量超过 400 万个。虽然最初的 DMOZ 网站于 2017 年 3 月 14 日永久关闭，但 DMOZ 的粉丝继续维护着它的一些镜像站点，如 Curlie.org，截至 2023 年 10 月 25 日，Curlie.org 有 92 208 位志愿者编辑，收录网站 2 982 317 个，分为 1 031 708 个类目，支持 92 种语言。
- 最佳商业网站(Best of the Web, www.botw.org)：该万维网目录成立于 1994 年，主要收录企业网站，号称是历史最悠久的在线黄页，尽管被该目录收录需要缴费，但仍然有超过 300 万家网站加入该目录。登录该目录有两种方式，一种是作为普通成员登录，只需要一次性缴纳 397 美元的费用便可被永久收录，但只能得到基础服务。另一种是作为高级会员登录，企业需要每月缴纳 24.95 美元的费用，但可以享受包括信誉管理、社会媒体推广在内的多种增值服务。该网站目前收录的 300 多万家企业大多数为美国和英国企业，几乎没有中国企业使用该目录，早期介入的中国企业有可能会有较好的投资回报。
- 265 上网导航(www.265.com)：成立于 2003 年，曾经是中国大陆最受欢迎的门户网站之一，提供各种在线服务，包括搜索引擎、新闻、电子邮箱等，也提供知名网站和实用酷站导航，但 265.com 的网站目录规模较小，比方说在"购物"类别下只收录了 49 个网站。
- 1616 个人门户(1616.net)：成立于 2011 年，是国内最具影响力的个人门户网站之一。网站除了提供搜索引擎入口、实用查询工具、天气预报、新闻阅读等上网常用服务，还维护着一个万维网目录，收入的网站数量接近 24 万个。
- 蚂蚁目录(www.antso.cn)：蚂蚁目录创建于 2004 年，属于综合性网址导航站点，网站可以免费加入蚂蚁目录，但申请加入的网站均需要经过人工审核，因此其收入的站点数量比较有限，但质量有一定保证。

(2) 万维网搜索引擎。

万维网搜索引擎(Web Search Engines)的作用与有些纸质图书末尾附带的主题索引(Subject Index)和名称索引(Name Index)类似，不过搜索引擎的索引要全面得多，几乎可以实现网页文件的全文检索。严格地说，只有计算机编制的索引才是真正意义上的搜索引擎，因为引擎本身就是机器的意思，而万维网目录却经常需要人工来编制。计算机编制的索引借助被称为蜘蛛(spider)或爬虫(crawler)的程序沿着万维网超链接不分昼夜地在网上"爬行"，将新发现的或者有更新的网页数据写入数据库，因此，这类搜索引擎也叫作蜘蛛式搜索引擎或者爬虫式搜索引擎。蜘蛛式搜索引擎与分类目录有很强的互补性，虽然搜索引擎收录的网页鱼龙混杂，质量得不到有效保证，但在收录网页的数量上却远远超过人工编制的分类目录。

Google 是当前人们公认的最出色的搜索引擎之一，它最大的优点是返回搜索结果的相关度高而且速度非常快，Google 的数据库非常庞大，根据 worldwidewebsize.com 在 2023 年 10 月所做的测算，Google 收录的网页数量约为 424 亿，据谷歌自己透露其数据库总数据量已经超过 100ZB。像当年的雅虎一样，如今的 Google 成了搜索互联网的同义词。在两百多万台基于 Linux 的服务器的支持下，Google 具有卓越的搜索性功能，并且支持一百多种文字的搜索。对中国人而言，Google 最大的一个好处就是可以同时支持简繁体中文的搜索。Google 的检索界面非常简洁，没有让人眼花缭乱的无关内容，更没有旗帜广告分散人们的注意力；Google 的检索功能简单实用，非常容易上手；Google 的智能化程度也很高，基本可以满足人们的日常检索需要。

Google 在今天已经成为网上搜索的代名词，Google-fu(谷夫)是基于词缀-fu 创造的一个网络时代的新词，指的是使用搜索引擎(尤其是 Google)在互联网上快速找到有用信息的技能，人们甚至还发明了一种基于 Google 的游戏——Googlewhacking。该游戏的目标是找到两个词，以它们作为两个并列的关键词搜索 Google 时，可以得到唯一的搜索结果。Googlewhacking 游戏可以两个人玩，由一个玩家首先选定一个词，再由另一个玩家找出一个有可能满足 Googlewhacking 条件(返回的搜索结果只有唯一一项)的词。体会一下，玩这一游戏有什么益处？选一个你喜欢的搜索引擎，体验一下 Baiduwhacking、Bingwhacking、Yandexwhacking 或者 Sogouwhacking 的感觉。

(3) 元搜索引擎。

元搜索引擎(Meta Search Engines)可以同时在多个不同的搜索引擎数据库中按指定的条件进行搜索，优点是操作比较方便，返回的结果更加全面，缺点是无法利用个别搜索引擎所提供的高级功能，使用起来不够灵活。

MetaCrawler(www.metacrawler.com)是世界上最早出现的元搜索引擎，DogPile(www.dogpile.com)也是比较常用的元搜索引擎。不过，随着谷歌和百度等主流搜索引擎的性能不断提升及搜索引擎行业的市场集中度已近乎垄断，元搜索引擎的衰落已不可避免。

(4) 万能搜索引擎。

万能搜索引擎(Universal Search Engines)希望能一站式满足用户的所有搜索需求，目前领先的搜索引擎都在朝这一方向发展，例如，Google 不仅提供网页搜索，而且提供诸如新闻搜索、图片搜索、地图搜索、图书搜索、学术搜索、网志搜索、商品搜索甚至是航班搜索的搜索服务。百度集成的搜索产品更多，除了常见的网页、图片、视频、地图、新闻和学术搜索，还有百度翻译、百度识图、百度文库、百度知道、百度百科等产品，甚至还有百度百聘和宝宝知道这样的特殊搜索功能。通用搜索引擎希望为用户解决所有的搜索问题，但是，要想面面俱到是不容易的，特殊搜索引擎便应运而生。

(5) 特殊搜索引擎。

特殊搜索引擎(Niche Search Engines, Specialty Search Engines)主要搜索被普通搜索引擎忽略掉的项目，或者面向某些特殊人群提供特殊的搜索服务，如专门搜索二进制文件的 FTP 搜索引擎、专门搜索 RSS 源的 RSS 搜索引擎、专门搜索当地信息的本地搜索引擎(Local Search Engines)及为少年儿童提供搜索服务的少儿搜索引擎，类似于 PriceGrabber(www.pricegrabber.com)的比较购物代理(Comparison Shopping Engines)也是一种比较常见的特殊搜索引擎。此外，能搜索年鉴和百科全书的 InformationPlease(www.infoplease.com)及能搜索招聘广告的 CareerBuilder(www.careerbuilder.com)等也都可以被视作特殊类型的搜索引擎。2023 年刚上市的人工智能搜索引擎秘塔 AI 搜索(metaso.cn)为我们提供了一种全新的搜索体验，不过正如开发者所说该技术"尚处于 0.99 版阶段"，当前的模型及产品效果还存在很大的提升空间，该搜索引擎未来会如何发展，让我们拭目以待。

访问秘塔 AI 搜索引擎网站并用它对自己感兴趣的问题进行探索性研究，体会它与传统搜索产品的不同。

FTP 搜索引擎的功能是搜集匿名 FTP 服务器提供的目录列表并向用户提供文件信息的查询服务。由于 FTP 搜索引擎专用于下载各种文件，因而与普通的 WWW 搜索引擎相比，FTP 搜索引擎在查找程序、图像、电影和音乐等文件时更加适合。FTP 搜索引擎在商业应用上有着特殊的重要性。

Filesearching(www.filesearching.com)和 Mamont(www.mmnt.ru/int/)是国际上比较知名的两个 FTP 搜索引擎，截至 2023 年 10 月 6 日，前者索引的文件数量为 15 297 486 个，总数据量为 31.44TB，后者索引的文件数更多，号称是全球最大的 FTP 搜索引擎，索引的文件数量达到 4307 529 918 个。

Startpage(www.startpage.com)号称世界上最尊重用户隐私的搜索引擎，该搜索引擎承诺绝不存储和销售用户的搜索记录。在当今这个数据就是财富的时代，Startpage 的承诺确实独树一帜，但也使该公司在盈利模式选择上受到很大限制。

在满足用户的特殊检索需要方面，特殊搜索引擎往往较万能搜索引擎更胜一筹，因此，如果营销人员了解到有合适的特殊搜索引擎存在，就最好能掌握该搜索引擎的使用方法。

上网试用一下工程搜索引擎 www.globalspec.com 和去哪儿旅游搜索引擎 www.qunar.com，说说它们的特色，体会一下特殊搜索引擎的优势。
另外，上网访问 www.sysoon.com，说说这个搜索引擎可以搜什么？思考一下它的商业模式是什么。

2) 计算机编制的搜索引擎的工作方式

计算机编制的搜索引擎因为收录的网页数量远超分类目录，所以是人们搜索互联网的最得力工具。当人们使用搜索引擎搜索时，搜索引擎其实并不是在网上搜索，而是在它事先编制的庞大索引数据库中进行搜索，因此，检索到的结果一般都不是最新结果，搜索到的某些网页可能已经被更新甚至已经不复存在。

搜索引擎使用一种被称为蜘蛛的程序来发现网页，但它只能搜索到那些与数据库内的网页有链接(直接或者间接)的页面，与搜索引擎数据库内的任何网页都没有链接的页面只有靠人工提交才能进入搜索引擎的数据库。

搜索引擎利用专门的软件对新页面进行索引，索引的项目既包括全文，也包括页面的标题、包含的链接、图形等，因此搜索引擎可以支持许多高级搜索功能。

(1) 搜索引擎的排序原则。

能够对搜索结果进行合理排序是搜索引擎性能的重要体现，排序算法也成为搜索引擎公司重大的商业机密。了解搜索引擎的排序方法对更好地利用搜索引擎意义重大。幸好，虽然搜索引擎排序的算法在不断调整和改进，但一些基本排序原则一直都没变。

位置/频率原则：搜索引擎对结果排序的一个基本原则是位置/频率原则，即按照关键词在页面中出现的位置和频率来判断页面对该关键词的相关性。例如，页面标题中出现关键词的网页比段落标题中出现关键词的网页相关程度更高，段落标题中出现关键词的网页则比在正文中出现关键词的网页更相关，同样出现在正文中，出现在页面顶部或靠前部分的关键词通常更加有用。

链接分析原则：关键词在页面中的位置和频率很容易被网站管理员人为操纵，这影响了位置/频率原则的客观公正性。因此，搜索引擎引进了链接分析来判断页面的效用和重要性，链接分析原则假定，指向一个网页的链接越多、越权威，该网页的质量就越高。

单击测量原则：该原则假定好的页面可以吸引更多的单击，因此，搜索引擎将把一些无法吸引单击的页面后置，为那些能够吸引单击的页面腾出位置。除了点击率外，有的搜索引擎还将网站的黏性作为排序的一个指标，这些搜索引擎测量搜索用户从单击一个网页链接到再次返回搜索结果页面的时间，时间越长，便认为该页面的质量越高。

尽管几乎所有搜索引擎在决定排序时，都会考虑上述标准，但因为赋予每个指标的权重不同，就形成了自己独特的排序算法。因为有了这些各不相同的排序算法，所以使用不同的搜索引擎搜索同一个关键词会返回不同的搜索结果；当然，除了排序算法的区别，搜索引擎索引数据库的大小、蜘蛛索引网页的频率等也是得到不同结果的原因，因此，调查人员在使用搜索引擎调研时通常需要使用多个不同的搜索引擎以获得比较全面的信息。

(2) 搜索引擎排序算法的局限性。

搜索引擎将热门程度作为排序标准之一在多数情况下的确可以改进搜索质量，但这样的排序算法可能把一些新出现的站点埋藏在搜索结果的深处，因为新出现的站点通常缺乏向内的链接。另外，传播一些不受欢迎的观点的站点也会因为缺少访问而使排名受到很大影响。作为一个营销研究人员，应该对此有充分认识，并设法采取措施来降低这种排序算法的不利影响。

3) Google 的使用

Google 是当今世界上在技术和市场占有率方面都领先的搜索引擎，如果我们只想熟练掌握一种搜索引擎的使用方法，那么最好掌握 Google 的使用方法，这不仅可以让我们高效完成日常的信息查询任务，而且可在此基础上触类旁通，对其他搜索引擎也能快速上手。

(1) Google 的基本操作。

① "AND" 和 "+" 运算符等于 "零(空格)" 运算符。一些搜索引擎在执行 "逻辑并" 计算时，需要用户在词与词之间输入运算符 AND 或者加号，但在 Google 查询时不需要使用它，因为 Google 会把关键词之间的空格默认为 AND，Google 将自动返回包含所有关键词的网页。所以，如果要缩小搜索范围，只需要输入更多关键词，并用空格将这些关键词分开就可以了。AND 运算符也可用&来代替。

② Google 支持用 OR 运算符来执行 "逻辑或" 运算，如果用户要查询包含关键词 A 或者 B 的网页，只需要在 A 和 B 两个关键词之间使用单词 OR，例如，"地铁 OR BRT"。OR 运算符也可以用 "|" 来代替。

③ 支持 "词干法" 和同义词检索。Google 支持词干查询，即用户查询一个主题词时，Google 会自动判断是否返回包含与该主题词词干相同的派生词的结果。比方说，搜索 a dove 和 doves 都会被理解成搜索鸽子，而使用 Dove 则首先会被理解成德芙品牌。Google 最早允许使用运算符 "~" 来检索包含一个关键词同义词的结果，后来 Google 停止了对该运算符的支持，改为自动权衡包含检索词同义词的页面，返回最相关的结果。

④ 忽略过于大众化的字符。为提高检索效率，Google 通常会忽略 http、com、of 之类因为出现频率太高而对查询帮助不大反倒会降低查询速度的字符。以前，如果需要强行查询该类字符，可以把 "+" 放在该类字符前，但如今 Google 已经不再支持 "+" 的这一用法了。

⑤ 支持 "-" 功能。有时候，排除一些关键词可以实现更精确的查询。Google 支持此项功能，具体操作是在需要排除的关键词前加上减号，并且减号前需要有一空格，减号后要紧接需要排除的关键词。可见，"-" 的作用相当于 "逻辑非"。

⑥ 精确匹配。只要给要查询的词句加上双引号，就可以进行精确查询，这一方法在查找引文或专有名词时特别有用。一些符号，如-、\、.、=、…，也可作为短语连接符。例如，尽管没有加引号，mother-in-law 仍被当作专用语处理。

⑦ 通配符。通配符*有两种用法。其一是在搜索者记忆不十分准确的情况下查询关键词，例如 "华*大学" 既可以查询到东华大学、西华大学和北华大学，也可以查询到福建的华侨大学；其二是用在两个关键词中间，表示允许两个关键词之间有其他词出现，如查询[网络*导论]，返回的结果中就包括网络安全导论、网络技术导论、网络科学导论、网络传播导论等。如果是一

个词语内通配，*也可用英文下画线"_"来替代。

(2) 解读 Google 搜索结果。

Google 的搜索结果简单明了，但包含若干很有用的信息。

① "过滤器"选项——Google 的搜索结果包含图片、视频、新闻、财经、图书、地图、购物、航班等过滤器选项，还可以用工具选项设定结果的语言和发表时间区间，使用这些过滤器或者工具可将搜索结果限制在指定的范围内。

② "知识图谱(information graph)"——Google 的搜索结果不仅来自现实的网页数据，而且有时会返回 Google 自己编制的知识图谱中的结果。Google 的知识图谱类似一个巨大的百科全书，它力图汇集人类已有的确切知识。由知识图谱返回的结果通常以方框形式显示在搜索结果页面的右上角。

当然，Google 的搜索结果页面除了展示按照排名算法返回的结果，还会展示广告商的广告，这些广告通常与用户检索的关键词具有密切关系，属于原生广告(native advertising)[①]。

(3) Google 的一些高级搜索功能。

Google 提供一些方便的高级搜索功能，这通常是通过在一些特定词(或运算符)后面添加冒号来实现，以下我们对 Google 常用的一些高级搜索功能做一简单介绍。

① 查找和特定网页链接的页面。用 link 加冒号再加 URL，可以查找有链接指向该 URL 的页面。例如，link:www.baidu.com 可以查找与百度主页链接的网页。该句式不能与关键词查询联合使用。

② 在特定站点查找信息。单词 site 后面如果接上冒号再加站点网址可以将搜索限定到某个或者某类网站，注意网址部分可以仅仅是有效网址的一部分。例如，要在德国域名的站点中查找有关 internet marketing 的信息，就可以使用[site:de "internet marketing"]句式，其中[site:de]可以出现在检索式中的任何地方，例如，[site:de "internet marketing"]和["internet marketing"site:de]是等价的。

③ 在特定文件格式的网页中查找信息。使用检索式 filetype:或者 ext:加文件扩展名可将搜索范围限制在特定文件格式的网页中，如[filetype:ppt "internet marketing"]可以查找包含 internet marketing 的演示文档，[ext:pdf "digital marketing"]可查找包含 digital marketing 的 PDF 文档。

④ 消息来源搜索。检索式 source:可在 Google 数据库中查找特定消息来源的内容，例如，[source:reuters nuclear wastewater]。与 site:不同，source:查询的范围更广泛，查询内容不一定是直接来源于所限定的机构网站网页，其他网站的内容也可能出自所指定的来源，用这一检索式还可以查询统计数字，如[source:statista tiktok users]。

⑤ 限定日期和数字范围。使用检索式 after:和 before:后加一个日期，可以指定所要搜索的网页的发表年份或日期，如[after:2022 "tik tok marketing"]或者[before:2010-06-30 bitcoin]。搜索者还可以限定返回结果页面包含指定的数字范围，指定数字范围的检索式是用两个点连接在一起的两个数字，不过还应该包含可以表示数字意义的词汇，如量词。例如，[笔记本 2..3kg]或者[笔记本¥6000..10000]，前者用来查询重量在 2~3 公斤的笔记本，后者用来查询价格为 6000~10 000 元的笔记本。

⑥ 查页面的快照。检索式 cache:后接网页统一资源定位符可以查找 Google 保存的该页的快照。如 cache:www.hqu.edu.cn 可检索 Google 保存的华侨大学主页的快照。如果在这种句式后添加一个关键词，Google 在快照页面中将加亮显示该关键词。当目标页面因为各种原因暂时无

---

① 原生广告的概念详见第 8 章。

法打开时，可以用这种方法调用 Google 存储在其数据库中的网页副本。实际上 Google 为其收录的所有网页都做了一张"快照"存储在自己的服务器上，这样做的好处是不仅下载速度极快，而且可以看到暂时无法接通或者已经从互联网下线的网页。

⑦ 在统一资源标识符、页面标题和链接文字中查询。句式[allinurl:]和[inurl:]加关键词都可以把关键词的位置限定在页面的统一资源标识符中，所不同的是，前者所有的关键词都必须出现在统一资源标识符中，后者只有紧跟在冒号后的关键词需要出现在统一资源标识符中，而随后的关键词则可以出现在页面的任何地方。[allintitle:]和[intitle:]要求全部或某个关键词出现在页面标题中。例如：

- [allinurl:internet marketing]意思是关键词 internet 和 marketing 都必须出现在标题中。
- [intitle:internet marketing]意思是关键词 internet 出现在标题中，而 marketing 可以出现在页面的任何地方。
- [inanchor:]和[allinanchor:]则要求后面的关键词出现在链接文字中，这是一个很有用的功能，比方说可以查询哪些页面包含指向某个公司或者品牌的链接，这时经常会配合"-"使用，例如，[inanchor:华侨大学 -site:hqu.edu.cn]就是要查询在华侨大学以外的网站有哪些网页链接了华侨大学。
- 在正文中搜索是[intext:]和[allintext:]，这两个检索式并非可有可无，如果不限制在正文中搜索，那么 Meta 标签、页面标题及 ALT 标签中出现关键词的页面也会被检索到。Google 还会自动检索包含关键词同义词的页面，如果使用了[intext:]和[allintext:]，这些都会被排除掉。

注意，检索式作用在关键词上，URL 中常用的"/"会被 Google 当作空格处理。

⑧ 查询类似页面。检索式[related:]可以检索与某一页面内容相近的页面，不过，该检索式只对有一定规模和影响力的重要网站适用，例如，[related:techcrunch.com]可以查询到与 techcrunch.com 相近的网站，其中包括 www.wired.com 和 slashdot.org 这样的明星网站。

⑨ 依据临近关系查询。Google 支持临近关系查询，检索式为 AROUND(n)，意思是前后两个关键词相距不能超过 n 个单词。例如，可以用检索式[pinduoduo AROUND(5) users]搜索拼多多的活跃用户有多少。

⑩ 查询社会媒体内容。Google 支持两种对社会媒体内容的查询，一种使用@，另一种使用#。前者搜索对公司或者个人社媒账号的提及，后者搜索社媒中使用的标签。

Google 高级搜索页面(https://www.google.com/advanced_search)允许搜索用户通过表单选项实现上面提到的几乎所有功能，还可以限定要检索的网页的最后更新日期为最近 24 小时、1 星期、1 月或者 1 年。高级搜索页面使用起来虽然方便，但不如检索式灵活。

值得注意的是，谷歌不仅可以搜索网页内容，还可用来搜索新闻、图书、地图及学术期刊等。由于谷歌开始使用 AI 技术为搜索者提供最切题的搜索结果，高级搜索的重要性似乎已经不那么重要，但是如果搜索者清楚自己要搜索的目标是什么，掌握高级搜索技巧仍然可以显著提高搜索效率。另外，像所有其他技能一样，搜索者可通过不断练习来提升自己的搜索技能，而且，由于搜索引擎会不断改进自己提供的搜索服务，经常练习可以让搜索者了解到搜索引擎最新的功能，及时掌握最新的搜索技巧。

4) Google 霸权的挑战者 Bing(必应)

靠提供搜索服务起家的 Google 是网络经济时代当之无愧的王者，根据 Statista 公司提供的数据，2023 年，不论是独立访问者人数还是网页访问量，Google 都位居世界第一。据估计，一天之中，Google 服务器处理的搜索数量可以达到 85 亿个，相当于每秒钟要处理 99 000 次查询。毫不奇怪，Google 的成功吸引了众多的模仿者和挑战者，不过其中的绝大多数都以失败告终，如美国本土的 Cuil 和 Ask。微软公司的必应搜索引擎 Bing 也曾经向 Google 发起挑战。2012 年开始，Bing 发起了一场旷日持久、声势浩大的市场推广活动，并把矛头直接指向 Google，Bing 邀请全球的搜索用户对 Bing 和 Google 进行盲测。为了体现公正，Bing 还邀请了独立研究机构 Answers Research 组织了一次盲测，结果表明 Bing 的结果以 2∶1 的比例优于 Google 的结果。具体来说，在全美 1000 位测试者中，57.4%选择 Bing；30.2%选择 Google，12.4%表示二者不相上下。必应 PK 谷歌的盲测活动在 2013 年 6 月进入中国，在中国的盲测网站(www.bingpk.com)上，有这样一句话："盲测结果显示，75%的用户首选 Bing 作为全球搜索引擎"。不过，虽然必应 PK 谷歌的盲测活动已经过去 10 年了，Bing 也成为了世界排名第二的搜索引擎，但根据 Statista 的统计，到 2023 年 7 月，Google 在全球的市场份额为 83.49%，而 Bing 只有 9.19%，相比 Google 还有很大差距。即便如此，因为 Bing 是中国大陆市场份额最高的国际搜索引擎，我们仍有必要熟练掌握 Bing 的使用方法。

(1) Bing 的高级搜索功能。

Bing 的高级搜索功能和 Google 非常类似，但不尽相同，对此我们分述如下。

① 搜索包含指向特定类型文件链接的网站。用 contains 加冒号再加文件类型，可以将搜索范围限定在包含指向特定类型文件链接的网站。例如，contains:ppt "internet marketing"可以搜索页面上有 internet marketing，同时又有 PPT 类型文档链接的网页。当然，这一功能支持中文搜索，如"contains:ppt 网络营销"。

② 搜索指定元数据中包含关键词的网页。Google 中使用的[inurl:]、[intitle:]、[inanchor:]在 Bing 中也都支持；不过，Google 使用的在正文中检索的[intext:]在 Bing 中改成了[inbody:]。

③ 查找特定 IP 地址的网站上的网页。该功能有时比直接查找某个域名下的网站更方便，使用方法是 ip 加冒号再加网站的 IP 地址，如 ip:218.241.97.42。

④ 通过强调某个搜索条件或运算符来限定搜索结果。使用 prefer 加冒号加某个搜索条件可以微调搜索结果，如"网络营销 prefer:教材"。

⑤ 搜索 RSS 或 Atom 源。使用 feed 加冒号加关键词可以搜索包含该关键词的 RSS 或 Atom 源，如"feed:网络营销"。

⑥ 查找包含符合条件的 RSS 或 Atom 源的网页。使用 hasfeed 加冒号加关键词可以搜索带有该关键词的包含了 RSS 或 Atom 源的网页，如"hasfeed:网络营销"。

⑦ 限制语言。方法是在 languge:后加语言代号，如"language:en e-marketing"或者"language:de e-marketing"。

⑧ 限制地理位置。方法是在 loc:后加地理位置代号，如"loc:us 网络营销"或者"loc:gb 网络营销"。

(2) Bing 的其他优势。

对搜索引擎而言，允许用户制定约束条件展开搜索固然非常重要，但同样重要的是搜索引擎对搜索结果的排名算法，必应希望能同谷歌一决高下的也正是搜索结果排名的相关性。必应在排名算法上做出了自己的探索和创新，在排名时考虑到用户的决策需要，例如，必应有时会对用户当地的信息在排名时给予一定的优先。

Bing 还特别重视用户的搜索体验，在网站的可用性方面做了不少改进。例如，必应会根据其他用户搜索的情况对用户做出一些提示，显示出一定的"智能"。

最后，最关键的一点是，由于 Bing 在中国大陆有自己的服务器，因此对于大陆用户而言，

Bing 的速度更快，服务也更稳定，并且随时可以访问。

需要指出的是，作为谷歌的挑战者，必应并未一味模仿谷歌，必应的主页没有采用谷歌式的简约风格，而是在默认情况下采用了一种华丽的桌面背景式界面。

> 通过 Microsoft Edge 浏览器登录 Bing，体会 Bing 新增的 AI 助手 copilot 是如何改善搜索体验的。

5) 百度搜索引擎(www.baidu.com)

百度公司是国内领先的搜索软件技术提供商和平台运营商，该公司由李彦宏和徐勇在 1999 年底创立于美国硅谷，2000 年百度公司回国发展，百度的品牌得名源自"众里寻他千百度"的灵感。该公司最初主要向其他企业提供搜索技术解决方案，2001 年 9 月才推出了独立的搜索主页。早期，百度搜索引擎在界面、功能和具体操作上都酷似 Google，但百度并没有满足于模仿，而是在模仿的基础上大胆创新，推出了百度文库、百度贴吧、百度知道、百度百科、百度识图及文心一言等一系列热门应用。目前，百度公司已经成为国内最具实力的搜索引擎，每天响应来自全球 100 多个国家和地区的数十亿次搜索请求，是网民获取中文信息和服务的最主要入口。根据百度官网在 2023 年 10 月提供的数据，百度 APP 月活跃用户 6.77 亿，日均搜索次数超过 60 亿次，日均信息流分发量超过 150 亿次。百度基于搜索引擎开发出了语音、图像、知识图谱、自然语言处理等人工智能技术，最近 10 年更是在深度学习、对话式人工智能操作系统、自动驾驶、AI 芯片等前沿领域加大投资力度，正在努力转型成为一个世界领先的 AI 公司。

百度搜索引擎的使用很像 Google。Google 的很多高级搜索操作都可以照搬到百度上，但是也有个别相当有用的高级查询功能百度并不支持，比方说，百度不支持通过 link:来查询后链。百度的搜索结果页面上也设有若干过滤器选项，比方说设定时间、设定文件类型及设定站点。百度的许多高级搜索功能也可以通过高级搜索页面 https://www.baidu.com/gaoji/advanced_sz.html 来实现(见图 4-1)。

图 4-1 百度的高级搜索页面

除了上面介绍的搜索引擎，俄罗斯的搜索引擎 Yandex(www.yandex.com)、搜狐公司的中文搜索引擎搜狗(www.sogou.com)、腾讯公司的搜搜(www.soso.com)、Ixquick 旗下的 StartPage(www.startpage.com)及 360 搜索(www.so.com)也各有特色。比方说，Yandex 有一个很有用的操作符[!]，它允许搜索者指定检索词的大小写格式，例如，[!Dove]和[!dove]检索出的结果就是不同的；Yandex 还支持在引号中使用通配符*，比方说["传道 * * 解惑"]；此外，Yandex 在指定的文件类型中检索时用的是[mime:]，例如，[mime:pdf digital marketing]；最后，Yandex 限定日期的功能比较强大，日期的标准格式为 YYYYMMDD，但可以用*表示默认，用>、..、<表示晚于、在之间和早于，如[大学排名 date:>=2023*]，就是要查找 2023 年之后发布的有大学排名的网页。同样值得关注的是美国的搜索引擎 DuckDuckGo(www.duckduckgo.com)，DuckDuckGo 支持中文搜索，并且在保护用户隐私及提供更客观的结果方面比谷歌更胜一筹，在棱镜门事件后，DuckDuckGo 的用户数量大增，被业界认为是谷歌未来最强有力的竞争者。类似 DuckDuckGo 这样的搜索引擎因为不搜集用户资料，也就不会按用户喜好来调整自己的搜索结果页面，从而有助于打破信息茧房(见小资料)，让搜索者可以看到更客观的信息。

> **小资料** 信息茧房
>
> 信息茧房(information bubble)又称信息泡泡或过滤泡泡(filter bubble)，是指个体越来越多地被与自己现有信仰、偏好和兴趣相符的个性化信息和内容所包围的现象。信息茧房产生的一个主要原因是搜索引擎排序或者社媒推荐算法可以依据个体先前的在线行为(如搜索历史、浏览模式和社会媒体互动)为该个体定制所能看到的信息。信息泡沫的概念表明，人们在算法的作用下会大量接触到能够强化其现有观点的内容，因此很难看到不同的观点、想法和意见，这极可能导致他们对世界的理解受限，使原先的立场得到进一步固化，因而无法形成对重要议题的平衡和全面的看法。
>
> 可见，定制化的内容既有好的一面，又可能产生负面影响。一方面，个性化内容可以通过提供相关和有趣的信息来提升用户体验。另一方面，它又会通过创建回音室(echo chamber)，使个体只会接触到与其现有信念一致的信息，造成对世界的认知出现确认偏差(confirmation bias)。为了防止定制化内容通过制造信息茧房歪曲我们对世界的认知，我们需要意识到信息泡沫的存在及其危害，并积极寻找多样化的信息来源，以确保更全面地理解各种话题。有意识地使用不记录用户行为的搜索引擎也是一个行之有效的方法。

使用 Bing、Yandex、百度和搜狗查询自己感兴趣的资料，比较它们的优势和劣势。

6) 使用搜索引擎的建议

知道如何在互联网上搜索信息是新时代每个公民应具备的基本数字素养，使用搜索引擎更是每个网络营销人员都必须熟练掌握的技能。笔者对搜索引擎的使用提出以下建议。

(1) 精通两三种搜索引擎的用法，熟悉另外三四种搜索引擎的用法。不同搜索引擎的数据库大小和排序算法存在很大差异，多掌握一种搜索引擎的使用方法等于多了一条找到搜索目标的路径，必能提高找到目标的可能性和速度。另外，精通两三种搜索引擎的用法还可以避免对某一个特定搜索引擎形成依赖，即使某一家搜索引擎运作出现异常，也不会给搜索工作造成麻烦。不过，使用搜索引擎也不能走上另一个极端，就是喜新厌旧，频繁换用搜索引擎，这样做的结果可能是对任意一个搜索引擎的使用都不精通。

(2) 在挑选常用搜索引擎时，可以首先选择功能互补的搜索引擎，如同时选择数据库庞大的 Google 及收录站点质量较好的 Bing。然后，选择几个类似的搜索引擎作为替补网站，如可以考虑选择百度作为 Google 的替补，选择搜狗作为 Bing 的替补。

(3) 可以使用浏览器的导航工具栏(navigation bar)或多功能栏来提高搜索效率。目前主流浏览器中的 Edge 浏览器自带 Bing 搜索，Chrome 浏览器和 Firefox 浏览器的地址栏均为多功能栏，用户在地址栏中就可以进行搜索。浏览器中多功能栏还允许用户对所用的搜索引擎进行管理，用户可以方便地在各个搜索引擎间进行切换，使用 Google、必应、DuckDuckGo、360、雅虎、百度、搜狗等完成搜索。另外，用户使用像必应缤纷桌面或者中搜 IG 这样的桌面客户端软件也能实现高效的搜索。

(4) 使用自然语言搜索未必能获得高质量的搜索结果。现在大部分搜索引擎都支持自然语言搜索，它们允许直接向搜索引擎提问，返回的结果页将会以相关性得分高低顺序排列。比方说，用户可以输入："什么是信息茧房？"或是"A 股会进入牛市吗？"来搜索相关内容。但是，搜索引擎是基于人工智能工作的，未必能真正理解用户要查询的目标，有时候，AI 提供的结果并不符合事实，属于"一本正经胡说"。因此，搜索引擎返回的结果未必是搜索者真正想要的内容，所以高级用户仍然需要学会用关键词检索，并懂得使用各种运算符来实现精准搜索。即使自然语言搜索返回的结果可以作为参考，但用户对于重要的信息最好还是能从多个来源查证信息质量。

(5) 通过搜索引擎指南(www.searchengineguide.com)、搜索引擎观察(www.searchenginewatch.com)、搜索快递(researchbuzz.me)及中文搜索引擎指南网(www.sowang.com)等站点来了解搜索引擎行业的最新进展，更新自己的搜索引擎知识。

(6) 根据工作需要使用相关的特殊搜索引擎，特殊搜索引擎在完成特殊检索任务时所具有的效率是通用搜索引擎所无法匹敌的。

2. RSS 搜索工具

如今，RSS 源已经成为人们获取最新信息的重要手段，从事网络调查必须掌握搜索网志和其他 RSS 源的方法。普通的大型搜索引擎通常会收录网志的内容，特别是对那些著名的已经在搜索引擎上登录过的网志。不过，如果搜索的目标已经锁定为 RSS 源，那么使用一些专门的 RSS 源搜索工具往往更有效率。下面是两种常用的网志主题目录和 RSS 搜索站点。

- 亿腾网(portal.eatonweb.com)是世界上最早的网志主题目录，它支持对目录的关键词检索，并且允许用户按照网志的热门程度、上升势头及综合实力对搜索结果进行排序。
- Ukora 新闻搜索(www.rsssearchhub.com)是一个世界领先的 RSS 源(news feeds)搜索网站。用户可以在这里搜索 RSS 源，也可以按照近期更新、热门等类别浏览网站推荐的 RSS 源。Ukora 的搜索结果页面默认按照好评度排列顺序。

练习 RSS 搜索网站的使用，比较它们与普通搜索引擎在查询网志和 RSS 源方面的效果。

3. 隐形网络和专业数据库

普通的互联网搜索引擎只能搜索到互联网上的一小部分信息，在搜索引擎的势力范围之外还存在海量的信息，这些信息被形象地称为隐形网络(Invisible Web)，有人估计隐形网络的规模在可见网络规模的两倍以上。隐形网络包含两方面的内容。其一是本身可搜索的数据库中存储的内容，但数据库的所有人不允许搜索引擎搜索这部分内容，这构成了隐形网络的主要部分。2008 年 9 月，由于利益冲突，淘宝正式屏蔽了百度搜索引擎对其网店的索引，随着淘宝屏蔽掉所有其他搜索引擎，淘宝上的网店便正式进入隐形网络。其二是被搜索引擎的政策排斥在外的内容，搜索引擎虽然在技术上完全可以搜索和索引这部分内容，却因为这些内容不符合搜索引擎自己制定的收录标准而不予收录，当然，容易理解，不同的搜索引擎会有不同的标准，只有那些被所有搜索引擎所排斥的内容才成为隐形网络的一部分，需要注意的是，后一类隐形网络中的内容未必就没有价值或者质量低下，实际上，部分分类目录可以检索到的网页也因为包含可能导致"蜘蛛"

陷入死循环的脚本语言而不被搜索引擎收录。与隐形网络相关的一个术语叫纵深网络(deep net)，它的意思是有某些专业内容虽然无法通过普通的搜索引擎搜索到，但仍然可以通过一些特殊搜索引擎或者元搜索引擎搜索到。CompletePlanet(www.completeplanet.com)就是一个专门搜索纵深网络的元搜索引擎，它可以同时搜索 70 000 多个数据库和专业搜索引擎。开源期刊(doaj.org/)可以搜索全球 134 个国家的 20 435 种开源期刊发表的论文全文(此为 2024 年 3 月的数字)。

使用 CompletePlanet 查询自己感兴趣的资料，看是否存在纵深网络。

普通的互联网搜索引擎通常无法直接检索到专业数据库中的内容，对那些需要密码才能登录的专业数据库更是如此，这种情况只能靠人工直接登录，利用数据库中的搜索功能去查找其中的资料。网上数据库对于调查者而言是不可缺少的资源，各种各样的数据库收集了大量有价值的文献，它的总量被估计为是所有能被搜索引擎检索到的资料的两到三倍，并且，与搜索引擎能够直接检索到的内容相比，专业数据库中的资料通常更为专业和权威，资料的排列也更加井井有条。目前，网上数据库的发展速度很快，不仅内容更加丰富，检索功能更为强大，并且运作模式也更为合理。使用网上数据库查找营销信息已经成为企业营销人员必须掌握的基本技能之一。网上的数据库有不同的分类方法，例如，按数据库的所有者不同，可以把数据库分为政府机构的数据库、企业的数据库、行业协会的数据库和学术机构的数据库等类型。按收费方式，数据库又可以分为免费的数据库、象征性收取费用的数据库和收取信息费的数据库。按资料的内容，数据库还可以被分成学术数据库、商业情报数据库、政府文件数据库等类型。互联网上的数据库种类、数量之多不胜枚举，这里简单介绍几个比较常用的数据库。

1) 万方数据知识服务平台(www.wanfangdata.com.cn)

万方数据知识服务平台由万方数据股份有限公司建立和运营，它集成了万方数据资源系统(数字化期刊、科技信息、商务信息)、中国学术会议论文全文库、中国学位论文全文库等多个数据库。按照资源类型来分，万方数据知识服务平台可以分为全文类信息资源、文摘题录类信息资源及事实型动态信息资源。

全文资源包括会议论文全文、学位论文全文、法律法规全文、期刊论文全文。其中会议论文全文资源是最具权威性的学术会议全文库，自 1998 年以来已经收集了各类学术会议论文 1538 万余篇(截至 2023 年 10 月)。文摘、题录及事实类数据库资源主要包括科技文献、政策法规、机构、专家、企业产品等多个数据库，是科研机构进行科学研究，企业单位技术创新、产品研发，科技管理机构进行科研决策的信息依据。中外科技报告数据库包括中文科技报告和外文科技报告。中文科技报告收录始于 1966 年，源于中华人民共和国科学技术部，共计 10 万余份。外文科技报告收录始于 1958 年，涵盖美国政府四大科技报告(AD、DE、NASA、PB)，共计 110 万余份(截至 2023 年 10 月)。

2) CNKI 知识网络服务平台(www.cnki.net)

CNKI 知识网络服务平台包含期刊数据库、学位论文数据库、报纸全文数据库、中国医院数字仓库、中国企业知识仓库、会议论文数据库和中小学数字图书馆等数据库。截至 2023 年 10 月，CNKI 期刊库收录有中文学术期刊 8420 余种，含北大核心期刊 1970 余种，网络首发期刊 2510 余种，最早回溯至 1915 年，共计 6160 余万篇全文文献；外文学术期刊包括来自 80 多个国家及地区 900 余家出版社的期刊 7.5 万多种，内容覆盖数理科学、化学化工能源与材料、工业技术、农业、医药卫生、文史哲、经济政治与法律、教育与社会科学综合、电子技术与信息科学等学科，下分九大专辑，126个专题。

中国专利题录摘要数据库收录了自1985年9月以来的我国所有专利文献的摘要。该数据库按照国际专利通用的分类方法被分为人类生活必需(农、轻、医)、作业与运输、化学与冶金、纺织与造纸、固定建筑物(建筑、采矿)、机械工程、物理、电学等8个专辑。

3) EBSCO 信息服务(www.ebsco.com)

EBSCO 是全球领先的信息服务提供商，它的在线数据库就有150多个，其中最有名的是 EBSCO 学术研究大全(EBSCO Academic Search Complete)数据库和 EBSCO 企业资料大全(EBSCO Business Source Complete)数据库。

EBSCO 学术研究大全数据库是搜索各个学科杂志和期刊文章的首选数据库，它全文收录的刊物数量达到5694种。EBSCO 企业资料大全数据库收录了包括《哈佛商业评论》在内的1734种杂志，一些杂志的起始年代可以上溯到1886年。这一数据库还收录了投资研究报告、产业报告、市场研究报告和SWOT分析报告[①]。

4) 开放获取期刊(www.doaj.org)

我们注意到，许多高价值的数据库都需要支付一定的费用才能访问。比方说，CNKI 的博硕论文数据库2022年续订的费用就高达26万，这对规模较小的机构而言，是笔不菲的开销。幸好，随着信息社会主义运动的蓬勃开展，全球开放获取基础设施(global open access infrastructure)的建设也不断完善，DOAJ 正是这一基础设施的一个重要组成部分。DOAJ 是一个全球开放获取期刊的目录，它主要依靠来自世界各地的志愿者来维护，项目完全靠捐款以非营利方式运营，以保持立场中立。截至2023年10月，DOAJ 收录的开放获取期刊数量达到20 071种，其中13 506种为免收论文处理费用的期刊，可检索的论文数已接近1000万篇。由于有专业的志愿者编辑团队负责审查 DOAJ 收录期刊的质量，DOAJ 检索到的论文质量总体上是不错的，这也可以说明为什么众多的大学图书馆推荐甚至赞助了 DOAJ。

使用数据库查询资料的第一步是找到合适的数据库，虽然使用搜索引擎无法直接检索到数据库中的资料，但是可以利用搜索引擎很方便地找到数据库的网址。利用分类目录寻找专业数据库也很方便，在许多分类目录中，专业数据库都是一个重要的类目。

使用数据库的另一个不可缺少的步骤是鉴别数据库信息的质量。一般而言，政府网站、学术机构站点提供的信息通常可以信赖，商业机构提供的数据库则需要用户小心鉴别。鉴别时首先可以从设立数据库的商业机构的商誉出发，看它们的从业历史是否悠久，当前规模如何；还要看客户对它们如何评价，客户中是否有知名的大企业；最后还要自己研究公司提供的报告样例，对信息质量进行评判。

4.2.2 直接网络调研的手段

1. 在线深度采访和焦点小组座谈

定性研究通常涉及较小的样本规模。然而，在线访谈和焦点小组座谈、网络社区研究的引入使得在线定性研究可以进行更大规模样本的定性研究。在线深度采访(online in-depth interview)和焦点小组座谈(focus group)是最常用的两种定性网络市场研究方法。根据 GreenBook 组织在2021年发布的研究结果，在企业最常用的定性市场研究方法中，利用摄像头进行在线深度采访

---

① 两个数据库包含全文检索期刊的数据均基于 EBSCO 官网在2023年11月1日发布的数据计算。

以 41%的使用率排在第 1 位，利用摄像头进行的在线焦点小组座谈则以 40%的使用率排在第 2 位，排在第 3 位的也是一种网络调研方法——网络社区研究(35%)。传统的定性研究方法，比如电话深度采访(31%)和现场焦点小组座谈(31%)，在排名上未能进入前三名。

1941 年，罗伯特·默顿(Robert Merton)和保罗·拉扎斯费尔德(Paul Lazarsfeld)在美国举办了全球第一次"焦点小组座谈"，开创了定性市场研究的先河。经过 80 多年的发展，定性研究已经逐渐成为一种备受推崇的重要研究方法。定性研究不仅被用于挖掘消费者的深层心理，了解消费者喜爱的词汇，为调查公司激发出新的思想，它还被用来优化定量调查问卷的设计，以及更合理地解释定量研究的各种结果。因此，即使是那些定量研究的中坚企业，如 ACNielsen，也纷纷设立了"定性研究事业部"，并将定性研究业务确定为新的利润增长点。

焦点小组座谈是最常用的定性调查方法之一。焦点小组座谈的调查方式在美国硅谷相当流行，几乎是每个新产品上市前必须操办的一道例行程序。有多家专门的公司可以承办这样的业务，每次他们会找来 15~20 人担任客户/使用者，并提供一个主持人。承办公司将这群人带到一个装有单面镜墙壁的房间中举行座谈，这个时候，产品公司的代表则可以躲在单面镜的另一侧观看客户对新产品的反应情况。传统焦点小组座谈法最大的缺点是因为要召集受访对象到现场，所以花费较多，而在线焦点小组座谈则没有这个问题。在线焦点小组座谈通常是利用实时通信软件(如 NetMeeting)或者利用聊天室与受访对象在网上就某一特定问题进行座谈。与传统焦点小组座谈一样，在线焦点小组座谈适用于对定性研究问题和答案开放问题的调查，在线焦点小组座谈的一个附带的好处是通信软件可以忠实记录全部的座谈内容及发言的先后顺序和具体时间。

不过，在线焦点小组座谈虽然节省费用，但仍然有些不尽如人意的地方，比方说，在线座谈缺少现场的气氛，不利于激发创意。在线焦点小组座谈面临的另一个重要问题是对参加者的身份进行认证，有许多技术可以支持在网络上进行身份认证，但实际中最可行的方法是在离线手段的支持下建立一个常备的调研对象库。专业的调查公司往往投入大量的人力物力来建立这样的样本库，因为好的样本库是他们竞争力的重要体现。位于美国旧金山的 King, Brown and Partners 公司(www.kingbrown.com)是一家专门从事网络市场调查的公司，它拥有的常备样本库是美国最大的网络消费者样本库之一，在册的样本数量超过 12.5 万人。为吸引人们加入调研样本库，该公司提供了极富吸引力的抽奖机会，注册为成员便有 1/2 的机会获得 500 美元的奖金，每参加一次调查还可以获得额外的抽奖机会；即便不参加调查，单纯保留调查对象身份仍然有每月一次的抽奖机会。巨大的样本库使得该公司可以筛选出足够数量满足特定条件的对象开展调查，如针对老年人、老兵、葡萄酒消费者等人群的调查。

对于一般企业而言，组建一个规模庞大的样本库似乎并不现实，但是，今天的许多企业都建有用户数据库，以此为基础可以很容易地建立起公司用户的在线调查样本库，公司用户的在线调查样本库可以使公司有成本效率地保持与顾客的联系，可以迅速获得比较可靠的顾客意见反馈，从而及时了解到公司品牌和企业形象的变化，紧跟市场节奏，随时发现新的商机。雅芳公司(www.avon.com)依托其庞大的销售代表群体组建了一个数万人的在线调查样本库，雅芳公司差不多每过两周就会从样本库中随机抽取一些人，用电子邮件邀请这些人到网站上参与调查，参与者可以得到一些雅芳产品礼品券作为回报。

除了焦点小组，虚拟社区也可以充当定性调查的工具，这既可以是邮件列表社区，也可以是新闻组社区、博客社区或者论坛社区。在这种调查中，专门的主持人引导和组织人们就特定的话题展开讨论。与在线座谈的方法不同，这种调查通常会持续一段较长的时间。博客社区可以被用来测试新的想法，是非常方便的定性调研方法。唐·布里克林(Dan Bricklin)是知名应用程序 VisiCalc 的发明者之一,也是博客软件公司 Trellix 的创办人,他曾这样评价网志在测试新设想方面的应用:"每次我发布点东西,都有机会听到读者的声音。这样我就很容易知道他们是否喜欢这一主意。他们经常修正我的错误,还会推荐一些相关资料让我参考。写作网志时,你的感觉就像是与真人在交谈。"

2. 网上观察法

观察法是常用的市场研究方法之一,是指在不直接沟通的条件下,对人、事件或其他对象的行为特征进行观察、记录和分析的系统活动。

网上观察是指对网站的利用情况和网民的网上行为所做的观察、记录和分析。网上观察可以由经过训练的人员手工完成,也可以借助一些硬件或软件工具来完成。常见的网上观察法有网上内容分析和对网络用户行为特征的观察。

美国的 Comscore 是一家世界领先的媒体测量公司,通过对自己选定的用户样本做全景测量来获取网络用户使用网站和 App 的数据,并利用这些数据为用户提供 Media Metrix 服务,帮助用户制定和优化数字策略以提升数字营销效果。Comscore 还基于这些数据按月编制网站排名,排名的依据包括独立访问者数量、页面浏览量、在网站上的驻留时间、网络广告的有效性等指标。Comscore 的网站排名是被业界普遍认可的一种可靠排名,好的 Comscore 排名可以被认为是卓越网络营销的一个标志。Comscore 用户样本由一群异质的互联网用户组成,这些用户同意让 Comscore 在他们的设备[①]安装跟踪软件来监控他们的在线活动,以换取 Comscore 提供的奖励,具体包括现金奖励、礼品券及抽奖机会。为了确保样本具有代表性,Comscore 在招募志愿者时会考虑样本的人口统计特征,使样本在年龄、性别、收入、文化程度及地理分布上都与网民总体基本一致。Comscore 在招募志愿者时会使用多种渠道,包括网络广告、直邮、电子邮件及合作方的网站和 App。

Comscore 通过跟踪软件监控志愿者用户样本的各种数字行为和指标,包括网站和 App 使用情况、搜索查询、在线购买和社媒参与行为。Comscore 测量的一些具体指标包括独立访问者、页面浏览量、在网站上驻留的时间、跳出率、点击率和转化率。Comscore 还提供样本成员的人口统计和心理数据,如年龄、性别、收入、教育水平和兴趣。对于希望深入了解人们如何使用互联网及如何优化其数字战略以接触目标受众并与之互动的网络营销人员来说,Comscore 用户样本是一个重要的数据来源,从这里营销者能够得到有价值的分析和洞见,以便在网络营销中做出明智决策。

Comscore 研究方法具有独特之处。首先,一般的网上观察是基于个别网站的,只能了解访问者在个别网站上的行为特征而无法了解这些访问者在其他网站上的行为特征,而 Comscore 的测量则是基于用户的,可以全面了解特定用户的行为特征。其次,Comscore 的调查是基于 TCP/IP 进行的,即它不仅能够记录用户通过 HTTP 协议访问网站的情况,还能记录网民通过 FTP、SMTP、IRC(Internet Relay Chat)等协议进行的上传下载、收发电子邮件、观看直播、实时聊天等全部网上行为,甚至包括隐私和安全的网页浏览行为也会被记录,这也是该研究方法被称为"全景测量"的原因。

不过,Comscore 的调查方法也存在明显的局限性。首先,所有加入样本库的受调查者都清楚他们在网上的一举一动都会被观察和记录,这会影响他们的某些网上行为,使调查结果产生偏差;另外,由于志愿者都是自愿参加研究项目的,自愿参加的人与不愿意加入的人可能具有不一样的特征,这会给研究结果带来一种被称为自愿应答的系统偏差。

[①] 包括计算机、手机、笔记本电脑和平板电脑,而且会被分为家用和办公用两种类型。

除了 Comscore，KoreanClick、Metrix、InsightXplorer、iUserTracker 等都采用类似全景测量的方法来研究网络用户行为。

1996 年开始，英国谢菲尔德大学的威尔逊(T. D. Wilson)等人利用网上观察法和电子邮件问卷调查法对企业利用万维网的情况进行了长期研究，其结果形成了在业界有一定影响的调查报告《企业对万维网的应用》(可扫右侧二维码阅读全文)，其主要的研究方法是网上观察法。该观察法的操作如下：利用雅虎的主题目录做分类随机抽样，在不同的行业中选出 300 家公司的网站进行仔细观察，观察者按照以下标准对网站内容进行分类记录：

- 网站上只有公司的信息，但没有公司提供的任何产品和服务的信息；
- 网站上只有公司及其提供的部分产品和服务的信息，但没有价格信息；
- 网站上有公司信息、产品和服务的信息及价格信息，但访问者只能通过传统方式向企业订购产品；
- 网站上有公司信息、产品和服务的信息及价格信息，访问者可以通过电子邮件向企业订购产品，但只能通过传统方式完成支付；
- 网站上有充分的公司、产品和价格信息，访问者可以在网上完成订购和支付；
- 网站上有充分的公司、产品和价格信息，访问者可以通过预先用传统方式注册信用卡获得的账号来完成更安全的支付；
- 网站提供公司信息和免费的产品或服务。

威尔逊等人用类似的方法研究了网站使用多媒体的情况。经过长时间的跟踪研究，获得了大量有价值的信息，如不同行业对万维网的利用情况、企业利用网站的主要目的、企业网站利用电子邮件的情况、企业网站使用多媒体的情况等。

与传统的观察研究方法一样，网上观察具有操作简单、花费低廉、执行快捷和结果客观的优点，但是观察研究法看不到人们的内心世界，无法解释观察到的行为发生的原因，因此，观察法往往和其他研究方法联合使用。传统的观察法持续的时间跨度通常非常有限，网上观察法在这方面有很大的改进。

3. 电子邮件问卷调查

电子邮件调查可以通过现有的邮件列表或者电子期刊进行，也可以通过已有的顾客数据库或者专业调查公司后备样本库中的电子邮件地址进行。当然，如果经费许可并且调查的精度要求较高，企业还可以委托专门的调查公司负责问卷调查，提供电子邮件问卷调查服务的公司都准备有大型的样本库，从中可以筛选出足够数量的满足特定条件的调查对象。只要不使用垃圾邮件扰民的不道德做法，通过电子邮件开展的问卷调查就可以获得与普通邮件问卷调查大致相同的回复率。与传统的直邮问卷调查一样，样本人群的回复率与被调查人群对调查课题的兴趣有直接的关系。

使用电子邮件做问卷调查也应该遵循许可营销的原则，不要使用垃圾邮件来邀请人们参加问卷调查，尤其是不要不经邀请就直接把问卷发给潜在的被调查对象。可以想象，如果潜在的调查对象认为一个企业是不负责任的营销者，他们就不会与这家企业合作。即便企业许诺为参与调查的人提供很大的好处，他们也会因为不信任企业的承诺而拒绝参加。即使他们参加，也不会为该企业提供负责任的回答。因此，尊重被调查对象永远是调查成功的一个必要条件。

问卷的格式可以是普通的文本格式，也可以是 HTML 格式，甚至还可以考虑使用 Word 文档格式，被调查人对企业的信任程度越高，企业越有机会采用更精细的应用来支持受访人作答和对回收问卷的统计，因为警觉的被调查人为安全起见，经常会选择不打开陌生邮件所带的附件，更不会去执行陌生邮件附带的程序。同时，受访人对计算机的熟悉程度也是确定调查问卷格式应该考虑的因素之一，许多受访人并不清楚应该如何恰当地回复和编辑 HTML 邮件。不过，如果开动脑筋，有时也可以找到解决问题的巧妙方法，例如，1995 年，专门从事市场调查的 FIND/SVP 公司在设计问卷时在每道问题后增加了两个*号，要求答卷人将答案写在两个星号之间，这个简便易行的方法极大地减少了数据的读写误差。

有些专家认为在在线问卷调查的竞争下，电子邮件问卷调查的使用会日趋减少。实际上，电子邮件问卷调查与在线问卷调查相比有许多可贵之处。首先，进行电子邮件问卷调查的公司在选择样本方面具有很强的控制能力，根据数据库中的资料可以很准确地选择出满足条件的被调查对象，而在线问卷调查则通常是由被调查对象自告奋勇地参加，这样取得的样本往往不具有很好的代表性。其次，除非调查公司可以提供很有吸引力的物质激励，愿意参加在线市场调查的人在网站访问者中所占比例并不高，这就要求调查公司必须在访问量很大的网站上发布问卷或者邀请，这需要一笔不小的费用，具体费用与在同样网站上发布网络广告的费用相当。最后，对于被调查对象来讲，电子邮件问卷可以在离线的状态下比较从容地作答，而在线答复则可能会有时间压力，影响答复的完成率和完成的质量。因此，电子邮件问卷调查至少可以和在线问卷调查长期并存，取长补短。

电子邮件问卷调查的匿名性较在线问卷调查低，因为调查人至少可以知道参与人使用的邮件地址。不过，匿名性的减少对调查的影响可谓有利有弊，一方面，参与人可能会在敏感问题上隐瞒自己的真实看法；另一方面，参与人在回答问题时也更有责任感。电子邮件因为降低了匿名性还得到一个额外的好处，就是可以避免重复答卷的出现，因为研究者可以简单地阻止使用同一个电子邮件地址提交两份以上的答卷。

一次典型的电子邮件问卷调查包括以下 5 个步骤。

(1) 测试阶段：在开始大规模调查以前，通常需要在样本集合中抽取若干个体进行预调查或者试调查，目的是发现问卷设计和路线设计中的问题，并根据回复率等指标评价调查计划的可行性。比如，问卷中问题是否会引起误解？在问卷设计方面，除了对内容进行测试外，还要考虑问卷的长度是否恰当和格式是否妥当的问题。

(2) 取样阶段：在电子邮件用户中选择准备调查的对象。取样时不仅要考虑样本的代表性问题，还要考虑获得邮件地址的可行性。获得邮件地址可以利用寻人搜索引擎，例如，创办于 1997 年的白页网(www.whitepages.com)就收录有 2.5 亿成年美国人的联络信息，另外，企业通过类似于 LinkedIn 的大型 SNS 网站也可以找到感兴趣的调查对象。一般在开始调查以前，需要搜集到足够多的合格的 E-mail 地址，比如说，如果测试出该电子邮件问卷调查的回复率为 23%，按照公式计算出符合置信度要求(如 95%)的样本大小为 23，那么需要搜集的邮件地址就是 100 个左右。

(3) 邀请阶段：与传统的直邮问卷调查不同，在寄发正式电子邮件问卷以前，需要先向合格被调查对象发出参加调查的邀请，这可以通过电子邮件发出，也可以使用其他通信方式发出邀请，如实时通信工具 OICQ 等。直接发出电子邮件问卷的邮件会被认为是垃圾邮件，所以先发出邀请是必须遵守的网络礼仪。

邀请信的内容不宜太长，以下是邀请信的一个例子。

你好！我是某机构的某某，目前正在从事一项有关城市营销的调查，我想邀请你参加你对三个城市了解程度的问卷调查，估计完成问卷需要 3～5 分钟的时间。我们保证你的资料不会被用于任何商业用途，问卷上关于这点有更详尽的说明。如果你愿意考虑参加调查，我会立即给你指定的电子邮件地址发出问卷，当然，在你看到问卷后，你仍然可以选择退出，我们仍然对你的关心表示感谢。

——某机构某某

(4) 调查执行阶段：考虑到被调查人如果用回复邮件的方法答复问卷，则调查人将会失去对于电子邮件的匿名性，对于希望保持匿名的被调查人，应该允许他们用其他方式答复问卷，比方说使用普通的匿名邮件，或者换用其他免费邮箱。调查执行阶段要随时监视回复率情况，这对于顺利完成调查是很重要的。根据需要，问卷在回收后可以打印出来，也可以在统计后保存到软盘上，在调查结束后一段时间，可以销毁这些问卷。

(5) 提醒阶段：在问卷上应该注明回复问卷的时间，如果在期限结束前还没有收到回复，可以考虑发出提醒信息。席翰(Sheehan)和豪伊(Hoy)两人在1997年的研究表明，及时提醒可以将回复率提高25%。

4．在线问卷调查

1) 在线问卷调查的优点

虽然电子邮件问卷调查可以满足多数问卷调查需要，但有时采用在线问卷调查可能效果更好。在线问卷调查的问卷不是通过电子邮件发送给被调查对象，而是以网页形式发布在网站上，以网页形式发布的问卷既适合单选题和多选题，也适合开放式问题。答卷人通过选中单选按钮和多选按钮来答复选择题，开放式问题的答案则可以在文本区键入。在线问卷调查可以用来收集人口统计信息、心理特征信息、民意信息和消费特征信息，图4-2是一个在线调查页面的实例。

与电子邮件问卷调查相比，在线问卷调查的优点是调查数据的录入和处理可以非常快速和准确，精心设计的问卷甚至可以根据前面问题的答案来选择后面的设问路线，这样的设计可以使问卷更加简洁，方便答题人作答，还可以减少一些因为路线选择复杂而使答题人出现不必要填写错误的情形。

图4-2　某校研究小组使用问卷星(免费版)开展泉州创业环境调查的页面

在线民意调查因为问题简短，并且问题通常是大众关心的热点问题，所以有较高的回复率，一般都可以超过10%。这一回复率使得答复者作为样本对全体具有较好的代表性，而且只要发布问卷的网站有一定的访问量，如此高的回复率还可以使调查在很短的时间就能获得有意义的结果。另外，网上问卷调查的边际费用很低，而且具有显著的学习效应，所以只要有了一次调查的经验，新的调查的费用几乎可以忽略不计。

网上问卷调查的匿名性较好，这有助于受访者敞开心扉地回答问题。同时，和需要人员接触的问卷调查相比，网上问卷调查还避免了因调查人员在场而引起的偏差。

2) 网上问卷调查的局限性及对策

网上问卷调查虽然优点不少，但也有一些不容忽视的缺点，使用者必须特别注意。网上问卷调查最大的问题是样本的代表性问题。网上问卷调查期间，调查者为了吸引人们参与，通常会通过新闻组发送邀请，并通过网络广告来推广问卷，这样，通过不同渠道了解到调查的参与者就会具有不同的群体特征，而要比较准确地界定最终参与者的特征几乎是不可能的。另外，参与者的自荐行为也会影响调查的代表性，因为无法判定自荐者占全体的比例是多少，也无法知道自荐者的行为同非自荐者的行为有何差异。如果调查者许诺给参加调查的人一定的报酬，就会出现有人为获得报酬而多次参加调查或者不属于调查范围的人参与进来的情况，从而使调查结果出现偏差。

针对在线问卷调查存在的弱点，调查者可以采取如下对策。

(1) 针对样本的数量和质量问题，可以利用电子邮件发送邀请函的方法来选择样本，这种方法实际结合了电子邮件问卷调查和在线问卷调查的好处。在调查对象并非发布问卷的网站的访问者时，借助电子邮件或虚拟社区甚至传统的通信手段发出邀请更成为必要的一步。这时，网站仅仅是问卷的存放处。由此可见，如果被调查对象不是网站的访问者，使用在线调查的优越性非常有限。

(2) 通过虚拟社区向人们发出参加调查的邀请对电子邮件问卷调查和在线问卷调查都适用，前者可以通过社区来收集潜在调查参与人的邮件地址，后者则可以引导感兴趣的参与人进入调查页面。不过，在社区交流区直接发布调查问卷的方法通常是不可取的，因为这违背了许可营销的原则。即使只发送调查邀请，也应该选择在相关主题的社区中发布。

3) 网上调查的实例

熊猫快餐(Panda Express)创立于1983年，是美国最大的一家连锁亚洲风味快餐店，2023年，它在美国已经拥有了2300多家分店，雇员总数达到47 000名，实现的总营业额超过30亿美元。包括必胜客(Pissa Hut)和红虾(Red Lobster)在内的很多美国知名的餐饮连锁企业都曾试图开办连锁中餐店，但无一例外地都遭受了挫败。熊猫快餐在美国获得成功的秘诀在哪里呢？女老板Peggy Cherng将其总结为4好：食物好、服务好、环境好和价格好。其实，非常重要的一点就是，熊猫快餐了解顾客的口味，能根据顾客的口味来提供他们喜欢的食物。自然，要了解顾客的口味，市场调查必不可少，在今天，熊猫快餐已经把顾客满意度调查搬到了网上。

所有在熊猫快餐吃饭的顾客都会得到一张付款收据，这与其他店没有区别，所不同的是，每张收据的底端都印有一个22位的调查编码，邀请顾客在两天内到www.pandaguestexperience.com参加顾客满意度调查(见图4-3)。所有按要求完成调查的顾客都会得到一个优惠券，顾客凭收据和优惠券再次光顾熊猫快餐就能获得一份免费的主菜。由于顾客在参与调查时需要填写收据上的调查编码，这一编码与顾客在某一门店的消费信息相对应，熊猫快餐总部凭借对网络问卷调查的分析就能随时掌握顾客对不同店的评价，进而按照这一信息对各个门店进行有针对性的指导。熊猫快餐正是凭借有效的市场调查做到了对顾客的深入了解，进而征服了口味刁钻多变的美国主流中式快餐市场。

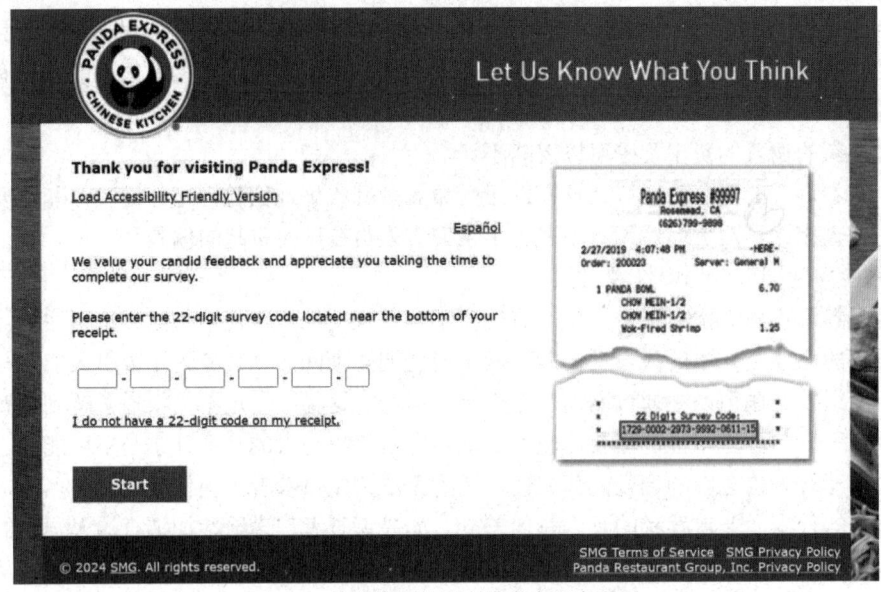

图 4-3　熊猫快餐的顾客满意度调查页面

问卷星(www.wjx.cn)是全球最大的中文调查平台，截至 2023 年 10 月研究人员已通过问卷星发布问卷 2.6 亿份，回收答卷 1.9 亿份。试通过问卷星做一次简单的网上问卷调查，了解网上调查的程序，体会网上调查的优点和局限性。

4.2.3　选择网上调查方法时要考虑的因素

网上调查方法被广泛地用于以下领域。
- 市场分析
- 新产品开发
- 顾客满意度调查
- 顾客忠诚/保持建模
- 质量评价
- 电子商务服务评价
- 员工调查
- 广告效果调查
- 需要高层管理人员反馈信息的调查场景

实践中究竟选择哪种网上调查方法取决于调查的目的、调查问题的设计、调查的对象及调查人员的技能等几方面的因素。

首先，调查的目的决定了调查必须达到的可信程度、调查必须完成的期限，同时调查的目的还决定了该调查的预算的上限。

其次，问题的复杂程度、问题的类型、问题的敏感程度都会影响调查手段的选用。

再次，调查对象的地理分布、人口统计特征、行为特征也会影响调查手段的选用。

最后，还应该考虑调查人员自身的技能和特长，看他们更擅长使用哪种调查方法。

在实际应用中，可以灵活使用多种方法来完成调研任务，例如在预调研阶段采用在线焦点小组座谈法，而在正式调研时采用电子邮件问卷调查法；或者可以用传统方法建设起一个合格的网上调查的样本库，而在实际调查开始时采用网上调查方法。

不论如何，都应该提高调查人员素质，使他们掌握多种调查技能，同时在实际操作中，针对所使用方法的弱点，采取相应措施，提高调查的质量。

4.2.4 网上市场调查和传统市场调查的比较

随着互联网用户的日益增多，网上市场调查的优势日益凸显，但传统的调查方法仍未过时。实际上，网上市场调查和传统的调查手段各有所长，对此有一个清醒认识可以帮助营销管理人员选择恰当的调查策略。下面从几个不同的方面对网上市场调查和传统市场调查的优劣做一比较。

(1) 样本偏差问题对传统调查方法和网上调查方法都存在。尤其是目前来电显示功能的普遍使用和利用录音电话等方法屏蔽陌生来电做法的盛行使得电话采访所能达到的人群也不具有普遍的代表性。

(2) 在回复率方面，根据 Pointerpro 在 2021 年发布的研究结果(可扫右侧二维码阅读全文)，市场研究的平均回复率为 33%。其中，当面调查的回复率可以达到 57%(回复率最高)，邮件调查的回复率也可以达到 50%，电子邮件的回复率可以达到 30%，在线调查的回复率可以达到 29%，电话调查的回复率只有 18%，通过 App 进行调查的回复率只有 13%(回复率最低)。

(3) 在诚实作答方面，网上调查的应答人感觉到的匿名程度较电话调查和邮件调查为高，这其实便于应答人较客观地回答比较敏感的问题。例如，笔者曾经使用问卷调查的方法研究过漳州、泉州和温州三城市的城市品牌问题，调查中我们同时使用了电子邮件问卷调查和当面问卷调查方法，调查中我们发现了一个有意思的现象：与网上调查的结果相比，接受传统调查的受访人中不知道三个城市的人的比例要明显偏低，两种调查结果中不知道温州和泉州的人的比例甚至相差近一倍。经过分析，我们认为网上调查的结果比较可信，原因是传统调查中出现了明显的调查人员在场误差，即面对调查人员，部分被调查人希望掩盖自己没听说过温州、泉州的事实，因为他们担心会给调查人留下无知的不良印象。当然，有些网上调查的应答人会故意作假，但这在电话调查和邮件调查的场合也非常普遍，例如经常有行政助理代替主管经理回答调查问题。调查人员可以采取某些措施来提高网上调查的真实性，比方说如果发现应答人在可以检测的项目(如所在地区可以通过 IP 加以检验)上作假，则有理由怀疑该应答人在其他项目上作假，从而使该份答卷无效。

(4) 在成本方面，网上市场调查的花费远低于传统市场调查，有研究表明，在美国完成一次 20 分钟的电话采访的费用为 30～50 美元，而完成一次网上调查的成本大约只需要 7～10 美元。

(5) 在时效方面，网上调研明显优于传统调查方法，网上调研甚至可以实时生成调研报告并将结果以易读的形式直接呈送给决策人员。传统调查则需要耗费大量的时间在现场工作、数据录入、整理并传送报告上。

(6) 在适用范围方面，虽然人们通过互联网也可以组织焦点小组座谈，但人们普遍认为，网上调查更适合从事定量研究，那些难以用语言表述清楚的问题或者开放式问题还是更适合在现场进行调查。

(7) 在名单失效方面，电子邮件列表使用的名单也和其他任何名单一样存在失效问题，防止名单失效的唯一方法是经常对名单进行检验和更新。

4.3 网络营销环境监测技术

4.3.1 推式技术

推式技术(Push Technology)中的"推"表示"服务器推送"，在这种信息传播模式中，服务器直接把特定的信息推送到用户的桌面上。在传统的"拉(pull)"式信息传播模式中，用户需要通过搜索引擎定位信息然后把信息"拉"向自己。互联网中的推式技术与传统的广播技术不同，它允许顾客自己定制所需的信息，有人因此把推式技术称为点播(pointcast)技术。

用户使用推式技术的目的在于订阅自己感兴趣的信息，减轻环境监测的工作负担。不过，以 PointCast 和 BackWeb 为代表的传统推式技术并没有普及，主要原因是这些技术过度占用了计算机和网络资源。近年来，RSS 技术的迅速发展使推式技术重新走到前台。

4.3.2 竞争情报技术

竞争情报(competitive intelligence，CI)的搜集对企业而言是一个重要而又繁重的工作，幸好，CI 技术的发展可以显著提高企业情报工作的效率，这表现在以下几个方面。

- CI 软件可以简化搜集原始信息和二手信息的工作。
- 通过电子邮件、无线通信设备等多种渠道，完成的报告可以被迅速传送到需要的地方。
- 流程和协作工具可以帮助 CI 人员进行异地操作或合作。

软件对数据分析的支持当然是 CI 系统的核心，但直到目前为止，这仍然是个薄弱环节，当然也有一些开拓性的工作出现：某些软件试图利用人工智能技术从不同的非结构化的文档中发掘出内在的联系。例如，当同一个人名出现在不同的文件中时，需要软件能根据某些线索识别出这些人名代表同一个人还是同名同姓的不同的人。

另外，不同的公司对 CI 系统的需求差别非常悬殊，某些行业需要的信息要求用特定的技术去实现，而另一些行业可能只对原始数据有兴趣，不同的企业文化对 CI 系统的设计也会产生影响，因此，至今尚没有一种能够解决所有问题的方案。

目前市面上有许多 CI 产品，比较流行的有以下几种。

- Kompyte (Semrush)，基于人工智能的多功能的竞争对手研究软件。
- G2 Crowd (G2)，产品主要面向软件行业，有一个免费的基础产品。
- Market Explorer (Semrush)，主要分析搜索引擎优化的竞争对手。
- Craft (craft.co)，专注于从风险角度评价供应商的可靠程度。
- Social Searcher(www.social-searcher.com)，是一个可以搜索社媒提及、用户及趋势的社媒搜索引擎。
- Owletter(www.owletter.com)，是一款可以分析竞争对手电子邮件营销的软件，它能接受、存储并且分析竞争对手网站发出的营销电子邮件，如果发现重要的邮件，会发出提醒。
- Wappalyzer(www.wappalyzer)，可以分析指定网站所使用的技术，比方说 CMS、服务器软件、电子商务系统、RSS 源、支付系统等。
- Competeshark (www.competeshark)，可以监控竞争对手网站，记录竞争对手网站的内容更新、版面更新或者促销活动并做出报告。
- Visualping (visualping.io)，该工具允许对指定网页的指定局部的更新情况进行跟踪，如果在设定的时间段内发现有任何更新，则会把变化情况发送到指定电子信箱。

- Prisync(www.prisync.com)，是一款追踪网店的软件，它可以监测指定网店所经销的商品、售价、库存情况，并在数据间进行比较，监测结果以图形形式显示在一个仪表盘上，也可以同时把消息发送到指定邮箱。

在我国，百度在线网络技术(北京)有限公司于 2002 年 7 月发布了我国业界首例拥有自主知识产权的企业竞争情报系统 eCIS1.0，目前最新的版本是 eCIS5.0，此系统集情报计划、情报采集、情报管理和情报服务等功能于一体，能帮助企业对整体竞争环境和竞争对手进行全面监测，同时分析商业竞争中企业的优势、劣势及潜在的威胁和机会，帮助企业建立强大的情报中心。

4.3.3 社媒聆听

社媒聆听(或社会媒体聆听，social media listening)是随着社会媒体的崛起而出现的一种新式网络营销环境监测方法。社媒聆听不同于社媒监测(或社会媒体监测，social media monitoring)。社媒监测是对社媒上发送给企业或者与企业相关的信息进行监测并做出回应，社媒聆听则不同，它不仅关注社媒会话的内容，而且会记录会话发生的场景，以此来推断社媒用户行为背后的原因是什么。与传统的网络营销环境监测手段相比，社媒聆听具有以下优点：

(1) 社媒聆听可以获取的信息内容极其丰富，除了会话的内容，还可以获取顾客的姓名、位置、兴趣、经历及顾客好友的人口统计和心理统计数据。

(2) 社媒聆听是在社媒用户不受打扰的环境下自然发生的，所以收集到的信息更加真实，可以避免问卷调查或者小组访谈中可能出现的多种偏差。

(3) 社媒聆听可以覆盖网络用户顾客旅程的各个阶段，了解到顾客在购买前、购买时及购买后的所思所想和所作所为，这些信息对营销战略的制定是极其宝贵的。

(4) 社媒聆听能够以极具成本效率的方式近乎实时地收集到相关信息，这就使得营销企业有可能对刚刚暴露出苗头的微趋势(micro trends)做出战略战术微调。

(5) 社媒聆听可以让营销者识别出意料之外的议题。由于社媒聆听处理的信息量巨大，在算法的支持下，有可能发现环境中出现的意料外的机会或威胁。

一般而言，社媒聆听可以让企业获取以下信息：
- 有关受众的深度信息。
- 顾客对产品和服务的反馈信息。
- 有关顾客的深度信息。
- 顾客对企业及其产品和服务的情绪反映。
- 营销活动的效果。
- 企业在顾客话语中的份额(share of voice)及顾客对企业竞争对手的态度。
- 行业趋势识别。
- 意见领袖识别。

虽然社媒聆听功能强大，也有很多优点，但社媒聆听也有自己的局限性。比方说，社媒聆听通常需要软件工具(社媒聆听平台，social media listening platforms)来完成，但许多社媒平台(包括脸书、抖音等主流平台)禁止第三方软件访问数据，有的小众平台干脆限制非成员访问，这就使得社媒聆听的范围受到很大限制，有时甚至会失去代表性。另外，企业用户使用社媒的习惯不同也导致社媒聆听得到的结论可能会有代表性偏差，比方说某种类型的用户可能较少使用社媒平台或者在社媒平台上很少发言，这都会让这部分用户被忽视。最后，现在的社媒聆听软件虽然智能化程度越来越高，但仍然无法实现完全自动化，仍然需要有经验的营销人员不断介入。

总体而言，社媒聆听已经成为当代网络营销决策支持系统一个必不可少的组成部分。有关社媒聆听的更多内容，可参见第 7 章。

4.4 互联网上重要的营销信息资源

营销信息按其用途的不同，可以分为宏观环境信息、互联网环境信息、消费者信息、竞争情报、个人信息和国际市场信息等类型。以下我们将分别讨论各个类别最重要的信息来源。

4.4.1 宏观环境信息

影响企业营销决策的环境因素包括社会文化环境、政治法律环境、宏观经济环境、技术环境和自然环境，互联网上的一些站点可以帮助企业获得有关宏观环境的信息，对此我们分述如下。

(1) 社会文化环境：社会文化环境主要包括一个地区人们的态度、兴趣、价值观、道德规范、习俗、信仰、审美观和生活方式等。有关一个地区社会文化环境的信息散布在各种类型迥异的网站上，许多网站上举办的民意测验是营销企业了解社会文化环境的一个很好的信息来源。例如，澳大利亚的罗伊·摩根公司几乎每周都会就某一问题开展民意测验，从该公司的网站(www.roymorgan.com.au)上可以查到历次民意测验的结论，许多民意测验还是在世界范围内开展的。

(2) 政治法律环境：在网络上可以找到世界各国的法律、法规的原文及重要案例等，中国法律资源网(www.lawbase.com.cn)是我国目前最重要的法律资源网站，除了有全国人大法律库、国务院行政法规、部委规章数据库、地方法规规章库、"两高"司法解释库、国际条约与惯例库、经典司法判例库、最新合同范本库、规范法律文书库、全国税法数据库、高法公报数据库、高法司法文件库等数据库可供查询检索外，还有每日更新的法治新闻及与其他重要法律资源站点的链接等内容。

(3) 宏观经济环境：企业最关心的宏观经济变量包括通货膨胀率、利率、失业率、人均可支配收入等，这些变量反映了一个地区的总体经济运行情况，宏观经济环境信息通常可以从政府统计部门和行业协会的网站上得到。我国国家统计局的网站(www.stats.gov.cn)上有大量我国宏观经济运行的统计数据和分析文章。美国的宏观经济统计资料主要集中在劳动局统计网站(stats.bls.gov)和人口普查局网站(www.census.gov)上，其中前者的数据更为全面，而后者的资料则更为权威。

(4) 技术环境：技术的进步不仅会改变市场竞争态势，而且会改变企业营销的手段和战略，了解技术进步最基本的一个渠道是专利局(或知识产权局)网站，各国的专利文献都免费向公众提供检索。我国国家知识产权局网站(www.sipo.gov.cn)不仅提供我国专利文献的检索，还提供了大量国外知识产权文献检索网站的网址和介绍，网站上还可以看到重大技术进步的新闻。此外，约翰·麦卡恩(John M. McCann)教授的信息趋势(CyberTrends)网站(www.duke.edu/~mccann/q-tech.htm)也值得一看，该网站摘录有许多作家对未来一些比较重要的技术发展趋势的看法，不过，由于麦卡恩教授年事已高，该网站已经停止了更新。

(5) 自然环境：原油价格的上涨和生态环境的恶化等自然环境问题会改变企业的生产方式和消费者的消费观念，因而营销者对自然环境的变化的意义也不可小觑。国际绿色和平组织的网站(www.greenpeace.org)及其在各地的分站包含对环境问题的大量调查和思考。

4.4.2 互联网环境信息

互联网环境是网络营销的直接环境,也是网络营销各种环境因素中最具活力的一个,及时洞悉互联网环境的发展变化是在网络市场上赢得先机的前提。互联网环境信息包括互联网的规模、性能、分布等重要信息。以下几个网站是互联网信息的重要来源。

电信产业(www.eiu.com/industry/telecommunications)是经济学家情报部(Economist Intelligence Unit)旗下的一个免费信息网站,其目的是要为数字经济时代的企业提供具有战略意义的信息和分析。网站上的分析文章大多数来自经济学家集团的出版物,如《经济学家》《产业简报》《商务中国》等,也会有选择地收录其他一些来源(如《金融时报》)的分析文章,当然,还有全球技术论坛分析师的一些原创分析文章。全球技术论坛大多数分析文章都是有关互联网环境变化及其战略意义的,因此,该网站对企业了解互联网环境具有重要参考价值。特别值得一提的是,该网站与 IBM 合作每年出版一份名叫《电子商务环境排名》的报告,其中包含在 60 个有代表性的国家(包括中国)开展电子商务的环境分析。

皮尤互联网和美国生活项目(www.pewinternet.org)是皮尤慈善基金会资助的一个研究项目,它定期发布有关互联网对家庭、学校、社会、保健等各方面影响的研究报告。皮尤互联网和美国生活项目开始于 2000 年,已经积累了大量非常有价值的数据,它对一些最基本的数据的更新也很重视,例如,网络用户的人口统计数据及网络用户的在线活动数据几乎每月都有更新。难能可贵的是,皮尤互联网和美国生活项目会把调查的原始数据以 EXEL 或者 SPSS 的格式向社会公众开放,让人们做更深入的研究。皮尤互联网和美国生活项目的数据和研究报告对我们了解美国互联网市场有直接帮助,对我们了解全球网络营销的互联网环境也极具参考价值,但了解中国互联网环境的首选站点无疑是中国互联网络信息中心的网站(www.cnnic.net.cn)。

中国互联网络信息中心(China Internet Network Information Center,简称 CNNIC)是经国家主管部门批准,于 1997 年 6 月组建的管理和服务机构,CNNIC 负责开展中国互联网络发展状况等多项互联网络统计调查工作,描绘中国互联网络的宏观发展状况,忠实记录其发展脉络。CNNIC 的传统产品是《中国互联网络发展状况统计报告》,该报告从 1997 年开始发布,后来每半年发布一次,截至 2024 年 3 月已发布到第 53 次。CNNIC 的系列出版物还有每月 1 期的《互联网发展信息与动态》,此外,CNNIC 还不定期地发布各种互联网络热点领域的调查报告,如《互联网助力数字消费发展蓝皮书(2024)》《2019 年中国网民搜索引擎使用情况研究报告》及《第 5 次全国未成年人互联网使用情况调查报告(2023)》等。CNNIC 的统计调查的权威性和客观性已被国内外广泛认可,得到国际组织(如联合国、国际电信联盟等)的采纳和赞誉,部分指标已经纳入我国政府年度统计报告。CNNIC 的调查报告免费向全社会发布,是我们研究中国互联网环境的绝佳资源。

Clickz 统计(www.clickz.com)以新闻分析的形式发布有关互联网环境的最新研究结果,虽然 Clickz 网络的研究人员一般都是利用从其他来源获得的二手数据,但他们的分析文章具有数据可靠、时效性强、内容涉及面广、洞察力强等优点,所以 Clickz 统计仍然是互联网环境信息的一个重要来源。

除了以上资源外,了解一些具体国家的互联网环境时可能还会用到其他一些站点,例如,英国的 Hitwise(www.hitwise.co.uk)为我们提供了了解英国网络环境的绝佳资料。

4.4.3 行业信息

竞争情报(Competitive Intelligence,CI)是对整体竞争环境和竞争对手的一个全面监测过程。

在《财富》全球 500 强企业中，几乎所有企业都设有专门的部门负责竞争情报的收集，其中有 85%在战略规划中使用了竞争情报。根据 Worldmetrics.org 发布的数据，全球竞争情报业的总产值在 2021 年达到 71 亿美元。在美国，竞争情报行业的专家们还建立了自己的专业组织——竞争情报专家协会(Society of Competitive Intelligence Professionals，SCIP)。

竞争情报在现代企业竞争中起着越来越重要的作用。比尔·盖茨在《未来时速》一书中曾说："将你的公司和你的竞争对手区别开来的最有意义的方法，使你的公司领先于众多公司的最好方法，就是利用信息来干最好的工作。你怎样收集、管理和使用情报将决定你的输赢。"所以可以毫不夸张地说，竞争情报的收集和研究是企业核心竞争力形成和发展的基础。在国内，与企业日益增长的竞争情报需求形成鲜明对照的是，此领域还几乎是一片空白。由于缺乏科学有效的方法尤其是没有先进实用的 IT 技术支撑，众多企业尚未建立完善的竞争情报系统。互联网为企业获取竞争情报提供了以下方法。

- 监视竞争者的网站。监视竞争者的网站是收集竞争情报的最基本方法，这种非常简单省事的做法有时也可以获得非常重要的竞争情报。不过通过自己公司的计算机访问竞争对手网站的情况会被对手知道得一清二楚，所以企业在访问竞争对手网站时可有意识地做一些伪装，避免被对方通过分析自己站点的访问情况进行反侦察。
- 研究竞争对手社媒平台和渠道的使用情况。需要了解和研究的内容包括竞争对手对不同社媒平台和渠道的参与程度、竞争对手在这些平台和渠道上呈现自己品牌的方式、竞争对手的粉丝和关注者的组成情况及他们对竞争品牌社媒营销活动的反映情况。
- 监视相关的新闻组和虚拟社区。社会公众会在虚拟社区上发布对某个企业及其竞争对手的看法，分析这些信息不仅有可能了解到竞争对手的发展动态，还可以为公司的公关活动提供数据支持。更重要的是，企业的竞争对手可能会利用某些公开的新闻组和虚拟社区来发布信息或者组织调研，这些信息对企业更是不可多得。
- 研究相关上市公司的报告。上市公司通常是行业内有一定规模和影响力的公司，在一年当中上市公司会以年报、中报、季报的形式数次向公众报告其经营情况，上市公司年报包含的内容尤其丰富，所以任何公司都必须对本行业上市公司的年报做深入细致的研究。公司年报可以直接从证券交易所网站获得，例如所有在上海证券交易所上市的公司发布的报告都可以在上交所网站(www.sse.com.cn)上找到。在美国证券和交易所委员会的网站(www.sec.gov/edgar.shtml)上可以找到 2001 后几乎所有美国上市公司的登记资料、公告和分期报告，这些资料可以全文搜索，还可供公众免费浏览和下载。
- 网上的专业期刊和专业会展。大多数专业期刊都以数据库的形式保存，例如前面提到的 CNKI 期刊库和万方的数字期刊库。专业会展通常有自己的站点，对没有条件亲身到实地参加的专业会展，访问会展的站点有助于了解行业的最新动态。
- 行业 B2B 市场的站点。经常访问行业 B2B 站点可以了解竞争对手对各个虚拟市场的参与情况，以此来推断竞争对手的整个市场策略。
- 使用工具网站。Similarweb(www.similarweb.com)提供了若干种研究竞争对手网站的工具。站点分析工具可以显示竞争对手网站近期的访问量，尤其可贵的是，它可用图形化方式同时比较多个网站的访问量情况。图 4-4 就是对德州农工大学、清华大学和帝国理工学院三个大学网站访问量情况所做的一个比较。Similarweb 提供的分析工具不仅可以显示出所比较的网站访问量的渠道来源、地理分布及所使用的设备，还可显示各社会媒体给网站带来的流量及访问者在网站上的主要互动指标(如平均停留时间、平均浏览页面数等)。

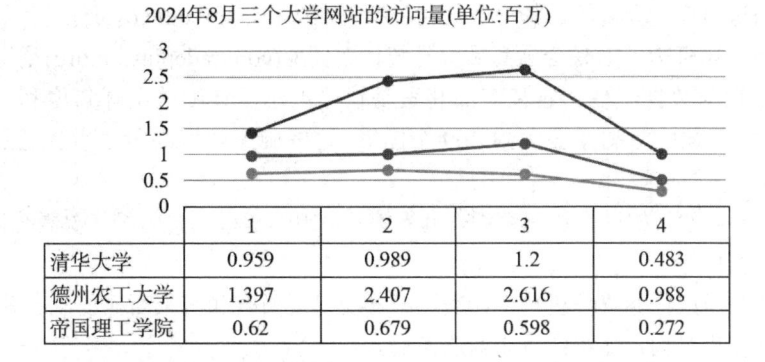

2024年8月三个大学网站的访问量(单位:百万)

	1	2	3	4
清华大学	0.959	0.989	1.2	0.483
德州农工大学	1.397	2.407	2.616	0.988
帝国理工学院	0.62	0.679	0.598	0.272

图 4-4　使用 Similarweb 比较三所大学网站在 2024 年 8 月的访问量

注：2024 年 9 月 19 日访问

4.4.4　消费者信息

营销的目的在于深刻地认识和了解消费者，从而使产品或服务完全适合消费者的需要而形成产品或服务的自我销售。借助互联网，企业可以更有效地获得消费者信息，这些信息包括：消费者是什么样的人、他们何时在何处出于什么原因购买或者消费了企业的哪些产品。当然，消费者信息不仅涉及现有的消费者，也涉及潜在的消费者。美国是一个市场经济发展相当成熟的国家，美国劳动部劳动统计局网站(www.dls.gov)为我们了解美国消费者的购物习惯和生活方式提供了可靠的数据，这些数据来自定期的消费者花销调查(Consumer Expenditure Survey)和美国人时间利用调查(American Time Use Survey)项目，从前一调查我们可以知道不同收入和不同家庭情况的美国消费者的花销情况，从后一调查则可了解美国人在各种活动(如有偿工作、照看孩子、义务活动和社会交往等)上的时间分配情况。遗憾的是，我国目前还没有这样全面系统的消费者信息网站，营销者只能从国家统计局网站(www.stats.gov.cn)、中国人口信息网(www.cpirc.org.cn)及中国互联网络信息中心(www.cnnic.net.cn)的网站了解到有关我国消费者某些方面的信息。

4.4.5　个人信息

个人信息指对个人生活和工作有价值的信息，如票务信息、天气信息、出行线路图、培训信息、招聘信息、地方新闻等。个人可以通过多种方法获得所需的信息，可以订阅新闻组，也可以使用主题目录式搜索引擎，还可以从地区性门户站点开始。每个地区都有自己的地区性门户站点，部分地区甚至有好几个这样的站点，在某些时候，地方性媒体的站点也具有地区性门户站点的功能。这些站点上有当地的分类广告、当地的热门服务，还有一些有用的链接。对于忙碌的企业管理人员而言，CEO 快车(见本章网上资源部分)是一个获得有用信息的好地方。

4.4.6　国际市场信息

国际贸易可以增加所有参与方的福利，毫不奇怪，有许多政府部门和其他机构致力于国际贸易的促进活动，多数这类机构都会利用他们的网站向社会提供相关的信息服务，这是企业获得国际市场信息的重要途径。以下是提供这类服务的一些机构的例子。

- 目标市场国家在本国的使领馆及本国在目标市场国家的使领馆。这类机构通常会通过社媒账号与公众互动，关注他们的社媒账号就成为了解相关信息的一个便捷渠道。

- 政府的进出口管理部门，如商务部对外贸易司(wms.mofcom.gov.cn)。
- 联合国下属机构，如联合国商品贸易统计数据库(comtradeplus.un.org)是世界上最权威的全球贸易数据平台，它按产品和贸易伙伴汇总了详细的全球年度和月度贸易统计数据，它汇编的数据涵盖大约 200 个国家，这些国家的贸易量占世界商品贸易的 99%以上。
- 其他国际组织，如世界贸易组织、世界银行、国际货币基金组织、欧盟统计网站及经合组织数据库等。
- 证券交易所或证券管理机构，如美国证券交易委员会和马来西亚证监会等。
- 小企业促进机构，如英国小企业服务局。

当然，网络营销企业除了对目标国的经济状况有兴趣外，目标国的其他资料也可能很有价值，例如，在通信项目中，我们可以找到一个国家的主机数量、互联网用户数量、宽带用户数量和手机用户数量，这些数据可以大体反映出该国网上市场的规模和潜力。

4.5 网络市场调研的伦理问题

像传统的市场调研一样，在网络营销调研中也会出现有违道德规范的行为。事实上，网络营销调研中遇到的伦理问题比传统调研中更加复杂，不道德行为的危害也更为突出，如果不能妥善地解决好这些问题，那么网络调研或者会变得非常昂贵，或者无法取得可靠的结论。

4.5.1 网络市场调研中的不道德行为的表现

传统营销调研中存在的不道德行为在网络市场调研中同样存在，而且网络市场调研的不道德行为还会有一些特殊表现。在分析营销调研过程中的道德问题时，人们经常按照调研各参与方具有的道德责任将问题分为三个方面，即调研委托人的道德责任、调研人员的道德责任和调研应答人的道德责任。在三者中，调研委托方和调研人员处于比较主动的地位，是矛盾的主要方面，所以我们主要关心的是他们所应该具有的道德责任。网络市场调研中的不道德行为突出表现在以下几个方面。

(1) **变相销售**：一些营销企业打着市场调研的幌子获得与网络用户搭话的机会，然后利用这一机会明目张胆地推销公司的产品，这是一种形式的变相销售。此外，有的企业还利用市场调研之机搜集网络用户的地址和偏好信息，充实自己的直销数据库，这又是一种变相销售的行为。

(2) **侵犯应答人隐私**：在调研中通常允许应答人匿名回答问题，但有时具名回答效果更好。比方说，如果具名回答，应答者通常会更有责任感，调研人员对问卷中发现的问题也有办法补救。但是，如果应答者在调研中提供了个人信息，那么调研人员就应该保证这些资料不被用于其他用途，尤其是不被用于为应答人带来麻烦的用途。

在网络调研中，调研人员通常可以跟踪到应答人的个人信息，如电子邮件地址、QQ 号码、社媒账号或者 IP 地址。调研人员经常会把应答人的资料加入潜在顾客的资料库，但这是不道德的行为，如果应答人参与调研的好意给自己带来的是无穷无尽的垃圾邮件，那么谁还会参与网上调查呢？

部分企业为监测网络用户的行为还使用一种被称为间谍软件(spyware)的程序，这种软件通常打包在其他有用的软件中引诱用户下载安装，这种软件不仅对网络用户的上网行为进行实时的监测，对用户隐私构成巨大威胁，还会导致用户的计算机因负担加重而运行缓慢，使用间谍软件在一些国家已经被定性为违法行为，其不道德程度由此可见一斑。

(3) **无视网络礼仪**：利用电子邮件、虚拟社区、实时聊天工具进行调查时，调查人员需要遵守网络礼仪。利用虚拟社区进行调研时，许多调研人员为提高问卷的曝光率，将问卷反复发布，或者将问卷发布在不相关的主题社区中，这都属于虚拟社区的"死掰(spam，详见 5.1.3 节)"行为，会引起用户和社区管理员的反感和抵制。

(4) **偷工减料行为**：指调研公司为节省成本或者调研人员图方便省事而不按合同中规定的方案从事调研，导致调研结果不可信。

(5) **修饰结果**：调研企业有时为了自身利益，有意向公众隐瞒部分调查结果，甚至故意歪曲部分数据，发布可能会对公众产生误导的结果，这属于严重的不道德行为。

4.5.2　网络市场调研不道德行为的危害

调研委托方和调研人员不道德行为的泛滥会带来严重的负面效应，使未来的市场调研越来越难，这表现在以下方面。

- 调研无人参与：被调查人如果感觉到自己填写的问卷对调查结果无足轻重，或者透露自己的信息会在今后给自己带来许多麻烦，被调查人就会拒绝参加调查。这导致网络市场调研的回复率不断下降。
- 调研成本增高：回复率的下降必然导致调研成本的上升，企业为了收回足够的有效问卷，必须提高激励的强度(和/或)增加发放问卷的份数，这都会导致调研成本的升高。如果用户对企业的激励承诺表示怀疑，那么企业必须进一步提高激励的强度(和/或)增加发放问卷的份数。
- 调研结果失真：提高激励强度不仅会增加调研成本，还会增加调研误差，因为为了获得激励，一些不符合条件的人员会设法参加调查，甚至多次参加调查，导致无效问卷的增多。同时，回复率的下降会降低样本的代表性，加大不应答误差。

在这种条件下，企业必须采取积极措施来降低市场调研不道德行为对自己的危害。

4.5.3　企业的应对措施

调研企业可以通过强化自身品牌及参加行业自律组织来提高自己的可信度，与不讲道德的调研公司区分开。当然，如果企业委托专业的调研机构从事调研，也要尽可能选择信誉好的企业来合作，因为调研企业的道德形象会直接影响调研的效率和结果。可能的话，最好与调研行业协会的成员企业合作，这样万一产生争议，还可以通过行业协会寻求解决。我国市场信息调查业协会从 2002 年起采纳 ICC/ESOMAR(国际商会/欧洲民意和市场研究协会)共同制定的《市场研究与社会调查国际准则》，作为我国市场研究行业的基本准则。协会要求全体会员(包括团体会员和个人会员)以书面形式正式承诺遵守市场研究行业准则，并将其作为入会条件之一。

调研企业在选择应对措施时的其他考虑事项参见第 9 章。

本章内容提要

在今天的市场竞争中，营销已经演化成一场以信息为基础的较量。高质量的信息必须是可靠、有据、准确和可信的。此外，营销信息必须具有高度的相关性，并且及时和完整。营销策略必须建立在科学决策的基础上，而营销决策支持系统是辅助企业进行科学营销决策的强大武器。网络营销决策支持系统由内部记录系统、环境监测系统和市场调研系统组成。服务器运行日志和搜索日志为网络营销的内部记录系统提供了大量有价值的数据。推式技术和竞争情报技术是环境监测系统的两大工具。网络调研可以分为间接市场调研和直接市场调研，前者指利用搜索引擎、RSS搜索工具和专业数据库直接查找所需的信息，后者则通过观察、组织小组座谈、实施问卷调查等手段获取自己需要的信息。网络上的营销信息资源主要分为互联网环境信息、个人信息、宏观环境信息、消费者信息、竞争情报和国际市场信息等6大类别。网络营销市场调研中的不道德行为增加了网络调研的成本和难度，企业可以通过强化自身品牌和参加行业自律组织来提高可信度。

复习思考题

1. 如何衡量营销信息的价值？按照这一标准分析从服务器运行日志和搜索日志获得的信息的价值。

2. 网络营销决策支持系统分为哪几个子系统？这几个子系统间有什么联系？它们有没有主次之分？

3. 比较一下万维网目录、元搜索引擎和特殊搜索引擎与索引式搜索引擎的优缺点，考虑它们为什么能够长期存在。

4. 隐形网络和纵深网络是什么？如何搜索其中的内容？

5. 比较网上市场调研和传统市场调研在定性研究和定量研究方面的优缺点。

6. 与传统市场调研相比，网上市场调研的伦理问题有什么特殊之处？

> 扩展资源

请扫描右侧二维码获取扩展资源。

扩展资源

参考文献

1. 艾德·弗瑞斯特. 网上市场调查[M]. 北京：机械工业出版社，2002.

2. 谢尔曼 C，普赖斯 G. 看不见的网站——Internet专业信息检索指南[M]. 马费成，蔡东宏，等译. 沈阳：辽宁科学技术出版社，2003.

3. 斯提芬·哈格，梅芙·卡明斯. 信息时代的管理信息系统[M]. 原书第9版. 颜志军，等译. 北京：机械工业出版社，2016.

4. 巴里·巴宾 J，威廉·齐克芒德 G. 营销调研精要[M]. 第6版英文版. 北京：清华大学出版社，2017.

5. 纳雷希·马尔霍特拉 K. 市场营销研究：应用导向[M]. 6版. 熊伟，郭晓凌，译. 北京：中国人民大学出版社，2020.

6. Edward Forrest. Internet Marketing Intelligence: Research Tools, Techniques, and Resources[M]. New York: McGraw-Hill Higher Education, 2003.

7. Paul Hague. Market Research in Practice: An introduction to gaining greater market insight(4th edition)[M]. London: Kogan Page Limited, 2022.

8. Brooke Sellas B. Conversations that Connect: How to Connect, Converse, and Convert through Social Media Listening and Social-led Customer Care[M]. New Jersey: B Squared Media, 2022.

第 5 章 无网站的网络营销

本章学习目标

学习本章后，你将能够：
- 熟悉电子邮件的结构和格式，了解基本的电子邮件礼仪。
- 了解电子邮件营销的作用和优势。
- 熟练使用签名档和自动应答器。
- 了解评价电子邮件营销的常用指标。
- 掌握电子邮件营销的基本策略和技巧。
- 了解垃圾邮件营销和许可营销的区别。
- 了解电子杂志营销的过程，掌握基本的技巧。
- 了解虚拟社区的概念、类型及虚拟社区营销的基本方法。
- 了解电子商城营销的利弊和策略，了解在淘宝开店的入门知识。
- 熟悉网上拍卖的类型、适用范围和常见问题。

做网络营销不一定非要搭建网站，只要方法正确，没有网站的网络营销也一样可以做得有声有色，并取得很好的效果。搭建网站当然可以支持无网站的网络营销还可以增添新的营销方法，但搭建和维护网站同时意味着在资金和人力上的大量投入。无网站网络营销并不意味着不使用网站，它仅仅表示企业自己不建设并运营独立的网站，无网站网络营销甚至比基于网站的网络营销要更多地依赖于其他机构开办的网站。无网站网络营销主要凭借两种网络工具来开展：电子邮件和虚拟社区。无网站的网络营销可以分为电子邮件营销(email marketing，e-mail marketing)和虚拟社区营销两种；许可营销基本上可以认为是电子邮件营销的一种改良形式，而借助电子商城或者网上拍卖市场开展的营销活动则可以被认为是虚拟社区营销的特殊形式。随着 Web 2.0 的兴起，无网站网络营销有了一种新的形式——社会媒体营销(social media marketing)。无网站网络营销特别适合资源缺乏的小企业使用，但是不论企业规模大小，都可以将无网络营销与基于网站的网络营销配合使用，这样可以发挥不同渠道的协同作用，达到事半功倍的效果。本章主要介绍电子邮件营销和虚拟社区营销，我们将在第 7 章专门学习社会媒体营销。

5.1 电子邮件营销

电子邮件营销是以电子邮件为主要工具的一种网络营销方式。冯英健曾经给电子邮件营销下了这样的定义:"E-mail 营销是在用户事先许可的前提下,通过电子邮件的方式向目标客户传递有价值信息的一种网络营销手段。"[1]该定义虽然强调了基于用户许可这一道德前提,但是将电子邮件在营销中的作用限制在向客户传递信息上却没有必要,实际上,除了电子邮件广告,电子邮件还可以用作市场调查、直销和网络公关的工具。从使用电子邮件的方式看,电子邮件营销可以分为简单电子邮件营销和电子杂志营销两种类型。从目标市场看,电子邮件营销还可以分为 B2C 电子邮件营销和 B2B 电子邮件营销。本节介绍电子邮件营销的一般概念和方法,B2B 电子邮件营销的问题我们将在第 11 章(在线阅读材料)中讨论。

电子邮件被用于营销目的可以追溯到 1994 年 4 月劳伦斯·坎特(Laurence Canter)和玛莎·西格尔(Martha Siegel)的垃圾邮件营销[2]。此后不久,电子邮件的普及性和易用性就使电子邮件成了最受欢迎的网络营销工具之一。

需要注意的是,随着微博、SNS 和 OTT IM 在近几年的强势崛起,电子邮件营销的重要性较之前有所下降,但仍然充满活力。贝哲斯咨询公司的研究显示,2022 年中国电子邮件营销市场规模达到 52.49 亿元人民币,当年全球电子邮件营销市场规模为 227.43 亿元人民币;贝哲斯咨询公司还预测全球电子邮件营销市场规模在 2028 年将达到 632.04 亿元人民币,年均复合增长率为 18.57%。据中国互联网络信息中心发布的第 32 次《中国互联网络发展状况统计报告》,2013 年 6 月,在中国 5.91 亿网络用户中,电子邮件的使用率只有 41.8%,不仅比 2012 年底的 44.5%有明显下降,而且电子邮件用户的绝对数量也开始出现下降,从 25 080 万降到 24 665 万。根据 CNNIC 的调查数据,2017 年 6 月,我国 7.51 亿网络用户中,电子邮件的使用率仅为 35%,用户绝对数量为 26 306 万。到了 2018 年 6 月,使用电子邮件的用户数为 30 556 万,使用率为 38.1%,虽然比半年前的 36.8%有所回升,但仍然没有恢复到 40%以上的水平,这也是 CNNIC 在其《中国互联网络发展状况统计报告》中最后一次报告电子邮件使用数据。就全球而言,2022 年全球电子邮件用户的数量为 42.6 亿,占到网络用户的 80.4%[3]。

由此可见,电子邮件在中国网民中的普及率虽然已经停滞不前,但就用户绝对数量而言,电子邮件在中国仍然有着广泛的用户基础,而且,电子邮件在全球范围(特别是以美国为代表的西方发达国家)仍然是最受用户喜爱的网络应用之一,从投资回报率来看,电子邮件营销更是高居直复营销各种类型之首。智能手机时代的来临及社会媒体营销的崛起并未使电子邮件营销过时,电子邮件营销依然是最有效的网络营销手段之一,也是最具代表性的一种直复营销方式,学好电子邮件营销可以让我们对其他直复营销方式快速上手,因此,我们必须掌握好电子邮件营销的理论和方法。

5.1.1 概论

1. 电子邮件的结构和正文格式

通过互联网发送的电子邮件信息由信头(header)、正文(body)和信脚(footer)三部分组成,其中信头部分包含发件人、接收人、信件主题、发送日期、抄送、密送等项目。正文部分是信息

---

[1] 冯英健. E-mail 营销[M]. 北京:机械工业出版社,2003.

[2] 有人考证出甚至在互联网时代之前就有了垃圾邮件营销。1978 年 5 月 3 日,数字设备公司(DEC, Digital Equipment Corporation)的销售人员加里·图尔克(Gary Thuerk)为销售计算机向当时 2600 名 ARPA(Advanced Research Project Agency)网络用户中的 400 人发送了未经许可的群发商业性电子邮件,最终实现了 1300 万美元的销售,这被认为是垃圾邮件的开始。

[3] 数据来源:Laura Ceci. Number of e-mail users worldwide 2017-2026[EB/OL]. https://www.statista.com/statistics/255080/number-of-e-mail-users-worldwide/, 2024-01-18.

的主体，通常还会包含一个签名档。对电子邮件营销而言，信头有着特别的重要性；如果信头不合适，收件人就不会去看邮件的正文。信脚通常包含发件机构的信息、地理位置及退订邮件的方法。真实完整的信脚信息是区分合法营销和垃圾邮件的重要标志。

电子邮件的正文经常采用纯文本和 HTML 两种格式。有时，人们还在邮件中加入了音频、视频、Flash 或者动画元素，这种电子邮件被称为富媒体电子邮件(Rich Media E-mail)。电子邮件的附件功能允许人们传送任何类型的电子文件，例如在传送较大的文件或者批量传送多个文件时，发件人常将文件压缩成 ZIP 或 RAR 格式的文件，以节省带宽和存储资源。

一般而言，纯文本格式的邮件不如 HTML 格式的邮件美观，但兼容性较好，普遍适用于各种电子邮件的客户端程序，并且文件占用的资源较少。

HTML 格式的邮件可以包含多媒体元素，也可以包含链接，所以形式更美观，传递的信息也更丰富，更便于营销者跟踪和分析邮件的效果，但同样的邮件在不同的邮件客户端程序上可能有不同的显示效果，这就要求营销人员了解目标市场上邮件客户端软件的应用情况，并对邮件在主要客户端软件上的显示效果进行测试。

利用附件传送压缩文件除了可以节省邮箱空间和下载时间，还可以利用压缩软件自带的加密功能对文件加密，这有助于躲避邮件检查程序对邮件内容的检查，提高邮件内容的私密性。不过，因为电子邮件附件是计算机病毒的主要载体，所以警觉的用户通常不会打开可疑的邮件附件。

邮件的格式会影响电子邮件营销的效果，但对于具体如何影响，不同的研究经常会得到不同的结论。例如，根据 Opt-In News 在 2002 年所做的一项调查，62%的消费者更喜欢纯文本而不是超文本的电子邮件广告，有 35%的消费者偏爱超文本的电子邮件广告，还有 3%的消费者偏爱富媒体的电子邮件广告。几乎同时，朱比特媒体测量(Jupiter Media Metrix)公司则发现 HTML 格式电子邮件的回复率几乎是纯文本邮件的两倍。一些专家注意到，不同的用户群对电子邮件的格式可能有不同的偏好，例如，企业客户比普通客户更偏爱 HTML 格式的邮件，所以 B2B 电子邮件营销可以优先考虑使用 HTML 格式的邮件。不过，大部分专家的建议都是将邮件格式的选择权交给客户，企业准备两种格式的邮件，让收件人自己选择他们喜欢的格式，如果绝大多数收件人选择了某一种格式，那么企业可以考虑只采用这一种格式。

另外，考虑到使用手机接收电子邮件的用户越来越多，营销人员有必要对他们的营销电子邮件在手机上的显示效果进行测试，否则就可能造成客户流失。

2. 电子邮件礼仪

人们使用电子邮件进行交流需要遵守一些约定俗成的规则，这些规则被称为电子邮件礼仪。利用电子邮件开展营销活动当然也需要遵守这些礼仪。

电子邮件礼仪有许多种版本，这些版本的内容大同小异。我们可以认为，被越多版本包含的规则就具有越强的普遍性和约束力，我们就越应该严格遵守。克里斯·皮里罗(Chris Pirillo)在《可怜理查德的电子邮件出版》(*Poor Richard's E-mail Publishing*)[①]一书中为我们总结出以下电子邮件礼仪。

- 不要一直使用大写字母，即使这样看起来很酷。要按照常规的语法来使用大写字母，例如用于标题、句首或者强调个别单词，滥用大写字母是非常不礼貌的行为。
- 当你对某人极其愤怒时，不要写电子邮件给他，因为这时很可能是言辞过激的，这样的信件在商务场合只会把事情弄得更糟。
- 保持简洁，避免冗长空洞的语言。

---

① Chris Pirillo. Poor Richard's E-mail Publishing[M]. Lakewood: Top Floor Pub, 1999.

- 参加新闻组的讨论时要防止离题，要提供对主题有帮助的信息。自己的产品和服务可以附带提及，但不分场合地宣扬自己的网址是不礼貌的。
- 签名档要控制在 4~6 行，签名档一般可以包括发信人的姓名、头衔、联系方式、网址，有时还可以包含用 ASCII 字符创作的图画。签名档是非常有用的工具，但是要保证简洁、礼貌。
- 在转发信件时，要删除掉无关的信息，这可以使消息更容易阅读。
- 在回复信件时，要保留原先的相关内容作为上下文，这可以使收件人无须查找原信件就可以理解回复。
- 在可能引起误解的场合，可以使用表情符对语气加以限定，如在善意的玩笑后使用":-)"表情。
- 只使用通用的简称或者缩略语，在没有把握时，要在该缩略语首次出现时给出完整的名称。
- 避免传播没有根据的消息，包括自己弄不懂的信息。
- 尽可能使用文本格式编写邮件。
- 避免过长且没有标点的句子。
- 使用空行来分隔段落，使用空格来分隔句子，但是首行缩进是没有必要的。
- 使用附件时要注意附件文件的大小，发送较大的附件前要征得收件人的同意。
- 向新闻组发送邮件时要避免使用附件，而且尽量要使用纯文本格式。
- 文如其人，所以写电子邮件时要注意文法和拼写，否则可能会破坏形象。
- 要使用有实际内容的主题行，避免使用"你好"一类的字样。
- 在无人主持的新闻组中也要避免书写没有实际内容或者含义模糊的短信息，发布无意义的灌水帖是不礼貌的。
- 避免用一个词或者一个问题来回复邮件，如"什么？"，这通常无助于弄清问题。
- 在你的网站上公布你的电子邮件地址就说明你准备答复任何电子邮件问询，回复邮件要及时，尽可能在 24 小时内回复。
- 不要参与连锁信，即把转发给你的信继续转发给更多的人，这是很无聊的游戏，即便信的内容真的很有趣。
- 不要企图在电子邮件礼仪上标新立异。

此外，著名咨询公司 Gartner 公司针对企业商务往来中垃圾邮件数量膨胀的问题提出了以下几条"电子邮件礼仪"，主要目的是消灭企业内部产生的垃圾邮件。

- 在单击"回复全部"按钮前应三思而行。
- 慎用群组发送功能，只向确实需要了解信息的人发送邮件。
- 如果收到无用的邮件，应向发件人发出礼貌的提醒，通知他以后无须将此类邮件发送给你。
- 发件人应明白，在得到确定结果之前，有些邮件是否真正有必要发送出去。频繁地向上司发送没有确定结果的邮件反而会给上司留下不良印象。
- 不要发送或转发笑话、连锁信等与工作无关的邮件。
- 主动终止邮件的来往，可在文末添上"全部办妥"或者"仅供参考，无须回复"。
- 在远程协作等场合，使用聊天室、BBS 等应用程序的效率比电子邮件更高，可以考虑优先使用。

最后，电子邮件营销人员还应该养成一些使用电子邮件的好习惯，例如：

- 分拣管理,将不同主题的信件存入不同的文件夹,有条理的工作可以提高工作效率。
- 立即回复,没有立即回复的信件通常会被遗忘掉而永远得不到回复。如果时间紧张,可以使用非常简短的回复,这样可以维持有价值的联系不致中断。对需要跟踪的重要的信件还要加上标注,提醒自己以后重新检查它们。
- 使用过滤功能来分拣邮件,使用简单的设置(Outlook 2021 等主流的电子邮件客户端都具备这样的功能)来根据主题词对邮件进行自动回复,这样可以提高信件处理的效率。
- 学习电子邮件的写作方法。好的邮件可以受到更多的关注并取得更好的回应。商业邮件通常可以使用模块式结构,将常用的内容制成内容模块以便随时调用,这样可以提高写作效率。
- 其他一些因人而异的做法。比如有人总结出这样一条经验,就是在发送时才填写收件人地址,这样可以避免不小心在信件完成前误发。

3. 电子邮件营销的作用

作为一种典型的直复营销形式,电子邮件营销可以用来实现以下营销目标。

- 直接增加销售,收件人可以通过单击促销邮件进入企业的站点订购产品。
- 进行有效的顾客关系管理,建立长期的顾客忠诚。
- 积累用户基本数据和行为数据,展开数据库营销,实施有成本效率的深度销售和交叉销售。有网站支持的电子邮件营销更容易实现这点,因为可以通过分析网站访问日志对电子邮件的效果进行精确测量。
- 实现数字化产品的配送,如文件、注册码等。
- 可以更有成本效率地为客户提供咨询服务。
- 获得更多顾客反馈,顾客可以利用电子邮件很方便地与公司联系,提供反馈信息。

研究表明,电子邮件营销最大的优势是在维系客户关系方面。表 5-1 是弗瑞斯特公司在 2000 年发布的一份研究报告的一部分,从表 5-1 可以看出,在获得新顾客方面,电子邮件营销与直邮营销和旗帜广告相比都无任何优势可言,只有在保持老顾客方面,它的成本优势才显露无遗。

表 5-1 电子邮件营销的成本

指标	每千笔销售成本					
	获得新顾客			保持老顾客	
	利用租用名单直邮	旗帜广告	利用租用名单 E-mail 营销	利用自有名单直邮	利用自有名单 E-mail 营销
制作	$462	/	/	$462	/
中介	$118	$15	$200	/	/
发送	$270	$1	/*	$270	$5
合计	$850	$16	$200	$686	$5
点击率	/	0.8%	3.5%	/	10%
购买率	1.2%	2.0%	2.0%	3.9%	2.5%
每笔销售成本	$71	$100	$286	$18	$2

资料来源:The Forrester Report: The Email Marketing Dialogue, January 2000.

*租用名单的发送费和中介费已合并计算。直邮的成本和回复率依据美国直销协会 1999 年统计年鉴(Direct Marketing Association Statistical Fact Book 1999)计算。旗帜广告的费用和回复率由 Forrester 估算。

双击公司(DoubleClick)在 2002 年所做的一项调查也支持上述结论,该调查显示,在欧洲,使用电子邮件营销的最重要目标是呵护顾客关系和争取新顾客，其中前者占 69% 而后者也占到 62%。在德国，83% 的被调查企业使用电子邮件营销的目的都是呵护顾客关系。

4．电子邮件营销的两大利器——签名档和自动应答器

电子邮件营销人员必须熟练掌握两种工具的使用，这就是签名档和自动应答器。

1) 商业电子邮件的签名档

商业电子邮件的签名档在电子邮件营销中扮演着十分重要的角色，从消极的方面讲，电子邮件的签名可以通过向收件人披露你的信息打消收件人的疑虑；从积极方面讲，电子邮件签名可以用一种很自然的、人们很容易接受的方式作自我宣传。好的签名通常可以包含信件的结尾，例如：

顺祝商祺，心想事成！

刘向晖上

此外，签名档还应该包含一个有关你的联系方式、业务范围等的说明，说明必须简短，否则用在短小的信件后会喧宾夺主，很不协调，通常应该保持在 6～8 行以内。

以下是一个签名档的例子：

华侨大学电子商务研究中心　　　　　　　　　　sxy.hqu.edu.cn
华侨大学经济与金融学院电子商务系
电子商务和网络营销的理论和应用研究及相关的管理培训和咨询业务
刘向晖博士、教授　　　　　　　　(0595)×××××××
泉州，福建 362021，PRC
新浪微博：@网络营销导论
微信公众号：网络营销导论
-------------------- webmonkey@qq.com---------------------------------

企业可以准备不同版本的签名档用于不同场合的电子邮件通信，签名档还可以用于在电子论坛和新闻组发表和回复帖子，签名档中的商业信息不会被认为是与主题无关的垃圾信息。对于 HTML 格式的邮件，签名档中的网址和邮件地址要包含真实可用的链接，如示例中的 sxy.hqu.edu.cn 和 webmonkey@qq.com。

2) 自动应答器的使用

邮件自动应答器(autoresponder)也被称为邮件机器人，它其实是运行在互联网服务器上的一种程序，收到邮件时，它可以自动使用预先编写的信息回复发件人；显然，使用自动应答器可以大幅提高处理问讯邮件的效率。许多问讯邮件其实问的都是同一些问题，逐一回答这些重复的提问自然是浪费时间，所以有必要建立一个详细解答常见问题(FAQ, frequently asked questions)的文件，并提醒用户可以通过给一个特定的邮件地址发邮件来获得常见问题的答案，所以说 FAQ 是邮件自动应答器的一种常见应用。当然部分用户可能从自动应答器那里得不到想要的解答，他们会进一步与企业联系，不过，他们的兴趣说明了他们是企业很好的潜在顾客，值得企业投入更多时间。除了用于解答常见问题，自动应答器还经常用于以下场合：

- 向顾客提供报价单和产品目录。
- 给注册顾客发送确认邮件，在这类邮件中还可以附上为首次购买提供折扣的优惠券。

- 确认顾客发出的订单。
- 对顾客的参与表示感谢。
- 请求顾客参加有关满意度的调查。

自动应答器对于那些还没有搭建网站的网络营销者尤其重要,因为营销者可以用这种方法在网上存储固定的文件供潜在顾客随时查询。

由于用户无法直接回复自动应答器发送的邮件,所以自动应答器发送的信息中应该包含让顾客进一步联系的 Email 地址和电话号码。另外,在使用自动应答器时应该尽可能使用每个收信人真实的姓名和称谓,使信息个性化。

5. 电子邮件营销的评价

电子邮件营销的一大优势是效果可以测量。评价电子邮件营销的效果是电子邮件营销的重要环节,企业评价电子邮件营销时用到的指标主要有以下几个。

(1) 退信率(bounce rate):没有送达的邮件的比率,退信的原因可能是因为地址失效形成的永久退信(又称硬退信,hard bounce),也可能是因为用户服务器过于拥挤导致的暂时退信(又称软退信,soft bounce)。该比率是评价列表质量的一个重要指标。

(2) 收件箱到达率(inbox placement rate):邮件抵达收件箱而不是垃圾邮件箱或者干脆被完全屏蔽的比例。收件箱到达率低可能和邮件内容、发送人的商誉及身份可认证性(authentication)有关。

(3) 开信(浏览)率(open rate,view rate):用户在收到信件后打开阅览的比例,开信率通常和邮件主题选择密切相关。不过,这一参数并不十分可靠,原因是有些电子邮件客户端软件被设置为光标停留数秒钟后自动打开邮件,所以开信并不意味着被浏览。另外,开信率通常用追踪像素(tracking pixels)追踪,而有的用户会屏蔽图像显示,这就使得开信率数据失真。更糟的是,2021 年 6 月,苹果在其新发布的 iOS 15 操作系统中引入了邮件隐私保护功能,这就意味着苹果用户在使用 Apple Mail 打开邮件时,追踪像素将不起作用,电子邮件营销者因此也就无法知道邮件是否被打开。考虑苹果手机的市场占有率及多数人通过手机查看电子邮件,这就使得开信率数据很不可靠。

(4) 点击率(click-through rate,CTR):用户收到信件后单击其中的链接进入广告主指定网页的比例。点击率主要和邮件内容的相关性有关,按收件人的不同需求对邮件列表进行细分可以有效提高点击率,当然链接文字的选择也需要认真对待,避免使用类似"单击这里"这样过于宽泛的短语作为链接文字。另外,放置多个或者在多处放置同一个链接也可以提高邮件的点击率。许可电子邮件的 CTR 可以达到 10%左右,而租用名单发送的电子邮件的 CTR 通常为 1%~2%。

(5) 转化率(conversion rate):用户收到信件后产生购买、用户注册、期刊订阅等预期行动的比例。

(6) 新顾客获得率(acquisition rate):收到信件的用户转化为公司新顾客的比率。该比率可用来评价列表的质量和促销效果。

(7) 退订率(unsubscribe rate):已经加入邮件列表的用户要求退出列表的比率。该比率可以用来评价营销信息的质量及发送的频率是否恰当。正常的退订率在 1%以下。

除了以上指标外,用于评价传统直销活动的许多指标也适用于评价电子邮件营销,下面列举一些例子。

- 投资回报率(ROI):一次营销的收益与成本的比率。

- 每次销售成本(cost per sale)：该参数用来衡量达成一次成功销售的成本的高低，数值上等于总营销成本除以总销售数量。
- 每次回应成本(cost per response)：该参数用来衡量达成一次有效回复的成本的高低，数值上等于总营销成本除以总回应数量。
- 每条消息成本(cost per message)：编制和发送一条消息的成本，数值上等于总营销成本除以发送消息总量。

以上指标各有利弊，所以不同企业采用的指标往往各不相同，目前使用最多的指标是点击率和退订率，其次是转化率，但是某些情况下，其他一些指标可能会更有效，所以最好能灵活运用各种方法，使多个参数相互印证。在评价电子邮件营销时，要注意不同的行业在以上各指标上会有不同的表现，因此，企业在对标时，注意要对标同一行业中的企业。

5.1.2 电子邮件营销的策略和技巧

虽然电子邮件几乎是人人会用，但成功的电子邮件营销却需要有正确的策略和一些专业的技巧。

1. 列表管理策略

列表管理是包括电子邮件营销在内的所有直复营销方式的基础，再出色的营销信件如果无处投递或者投递给无关的人群，都不会收到好效果。

列表管理的第一个问题就是要决定选择何种列表：是自有列表还是租用列表，是直复列表还是汇编列表？选择的标准是列表与目标市场的符合程度及价格。在 B2B 电子邮件营销中，列表与目标市场的符合更为关键，企业必须了解收件人所服务的机构、他的头衔和职责范围、所在机构的业务范围和景气情况、所在机构的决策过程等。对列表中的人越是了解，公司便越有可能发送适当的营销信息给列表中适当的人，取得满意的回复率。

获取目标市场人群邮件地址的方法有两种：自己积累或者租用第三方现成的邮件地址列表，两者各有优点。自己积累的列表定向性好，回复率也高，但过程耗时耗力。电子邮件营销公司可以通过向对方提供某种价值的方法来获得对方电子邮件地址，比方说现金返还、加入会员(顾客忠诚计划)、向对方出具电子发票、下载电子书、下载白皮书或研究报告、参加网络研讨会、参加有奖竞赛等。使用租用名单可以快速达到需要的发件规模，但列表定向性较差，退信率高，甚至有时还会被当成垃圾邮件。根据 DoubleClick 公司在 2002 年所做的调查，欧洲多数企业使用自己企业内部建立的邮件名单，有自己名单的公司中的 13%会把名单出租给第三方。被调查的欧洲企业中有 38%租用外部名单，其中英国几乎有 50%的企业租用名单，法国有 39%，西班牙有 29%，德国只有 27%。租用外部名单的退信率为 11.8%。一般而言，租用名单主要是为了获得新顾客，不过，在获得新顾客方面，使用电子邮件并不是一个好方法，因此，租用名单时要非常慎重。

使用租用列表要格外注意电子邮件的质量，要千方百计地争取收件人的任何形式的回复，因为按照租用合同，公司一般没有与那些没有回复的人进行第二次联系的机会。反过来，公司可以保留那些回复过邮件的人的地址，实际上，这些人将进入公司的自有列表。

在决定租用列表前，公司必须弄清列表的来源，即列表中的人是怎么进入列表的，是被列表管理公司单方面收集的，还是自愿加入了某一列表；如果是自愿加入的，他们的目的是什么？根据经验，直复列表比汇编列表更有价值，原因是直复列表上的潜在顾客已经表现出了对直复营销比较认可的特征，所以向他们展开直销攻势更容易取得效果。

另外，在决定租用列表前，最好能让列表管理公司提供使用过这一列表的客户的联系方式，然后尽可能地从这些客户那里了解一下该邮件列表的质量。如果没有这些细致的工作，租用列表的钱就有可能不会产生预期的回报。

有时，购买电话号码列表也会是不错的选择，原因是一些电话号码列表具有很高的质量。公司可以努力将这些电话号码列表转化为选择加入的电子邮件列表。

2. 创意策略

电子邮件的创意会对电子邮件的开信率和回复率产生很大影响，电子邮件的创意主要表现在主题行的选择、文案的撰写、版面的设计、多媒体的创作和个性化处理的运用等方面。我们对主题行、内容和个性化处理的问题讨论如下。

1) 主题行

可以理解，在这个垃圾信息泛滥成灾的时代，许多人会根据邮件主题决定要不要打开一封商业邮件，所以为了让收件人能看到企业的电子邮件正文，精心构思的电子邮件主题便必不可少。确定邮件主题的原则类似于文章标题的选择，选择主题行可以考虑遵守以下原则：①开门见山地告诉收件人该邮件给收件人提供的利益，例如，网上市场研究公司 BuzzBack 招募自愿接受调查人员的信件的主题行"做 20 分钟调查赚 US$5"就使不少人眼前一亮；②要用词准确，避免使用过于含糊的表达；③要尽可能地有创意，避免落入俗套。

此外，邮件主题的选择还应该注意以下事项。

(1) 避免可能被垃圾邮件过滤器过滤掉的词汇，如"免费""赠送"或者"中奖"等。

(2) 在主题行中不要使用过多标点，使用的标点超过三个很容易被服务器当成垃圾邮件处理。

(3) 有研究发现主题行恰当使用表情符(也包括版权和注册商标符号©和®)可以提高开信率，但建议主题行最多只能使用一个表情符，而且不能用表情符替代文字。另外，由于表情符在不同的邮件软件中可能会有不同效果，所以最好能提前做好兼容性测试。

(4) 要保持简短，不要企图把所有内容都放在标题行中，要知道，超过 20 个字的部分很可能不会被收件人看到。

(5) 标题和内容要统一，不能为了吸引人而挂羊头卖狗肉。靠标题党的伎俩诱骗收件人打开信件的后果只能是让收件人把企业的邮件地址加入黑名单，企业将永久性地失去这名顾客。

(6) 尽可能使用个性化标题。使用邮件合并标签(merge tag)将收件人的姓名或地址加入主题行可以有效提高开信率，如果能和营销自动化技术结合效果更好，比方说在收件人生日时发出生日贺卡并提供特别优惠的邮件。

(7) 必要时甚至可以考虑选择对几个备选的标题行进行效果测试，根据测试结果选择出最佳方案。

2) 内容

邮件内容要突出公司产品的各种利益，表述要简洁，层次分明，使用分级标题，使文章适合浏览。最重要的内容要在邮件的开头部分出现，可以让用户不用翻页就可以读到。重要的词可以用粗体来强调，但不要使用下画线，以免被收件人误以为是链接。将即时回复的选项放置在显要位置。对于 HTML 格式的邮件，使用 ALT 标签会提高信件的可读性。电子邮件中使用的图像要大小合适，可以快速下载，原文件最好存储在运行稳定可靠的服务器上。另外，电子邮件的内容要与企业使用其他传播渠道发布的信息及公司的形象相得益彰。最后，在群发邮件以前，要对广告的文案、版面设计进行全面测试，找出最适合目标市场的设计。

3) 个性化

个性化是建立关系、提高回复率的有效手段，所以要力争使邮件富有个性，这可以从以下几方面去考虑。

- 使问候语个性化。显然，某某老师或者某某博士的称呼比先生/女士的称呼要好得多。
- 使内容个性化。在内容中提及对收件人的了解，如公司情况、行业情况等。
- 邮件的署名应该是公司中一个真实的人。只签署部门名称或者头衔都会使邮件带上很重的官僚气息。

3. 群发策略

包括许可电子邮件营销在内的电子邮件营销不可避免地要用到群发商业邮件(BCE，bulk commercial email)，而群发商业邮件被认为是一种典型的垃圾邮件，许多组织正在采取各种措施来抵御 BCE 的侵扰。首先，电子邮件服务商会通过程序自动替用户分拣出群发邮件并将其归入专门的群发邮件文件夹，多数用户不会阅读归入这一文件夹的信件。目前大约有一半用户使用了这种自动分拣服务。其次，多数人会直接将收到的垃圾邮件扔进垃圾箱。那么作为营销者该如何利用好群发商业邮件呢？

最根本的一点是尽可能控制群发邮件的数量，做一个有良知的营销人。发送垃圾邮件必须有这样做的充分理由，最好的理由莫过于营销者内心深信企业提供的产品或服务可以给顾客提供真实的价值。不加考虑地滥用群发邮件会大大增加被列入黑名单的机会。

如果确有必要使用群发电子邮件，企业就需要采取措施降低邮件的退信率，为了做到这一点，必须了解邮件服务商和垃圾邮件的接收人如何处理垃圾邮件。

首先，群发邮件必须能通过邮件服务商设置的各种检查关卡。为企业提供邮件发送业务的邮件服务商可能会因为担心受到牵连而禁止企业通过他们的服务器群发邮件，所以营销企业要做的第一件事就是向自己的邮件服务商说明企业的电子邮件营销活动完全合法，这一般都可以奏效。如果没有商量的余地，企业可以选择换一家邮件服务商。在接收一方，现在许多大的邮件服务商都在使用软件自动识别收到的群发邮件，并将其直接送入群发邮件文件夹。不同的软件采用的标准不同并且会不断升级，所以企业必须针对大的服务商制定的标准采取相应措施。

其次，收件人可能还会对自己的电子邮件软件进行设置，使其过滤掉某些无聊的邮件，比方说来自某些臭名昭著的垃圾邮件制造者的邮件或者主题中有"免费"字样的邮件。有一位专栏作者曾经提到凡主题行中出现三个感叹号的信都会被他直接过滤掉。

即使企业的邮件顺利到达了收件箱，收信人也可能会以批量删除来对付批量发送。收信人迅速删除群发邮件的标准有三个，一种是根据发件人信息，对不熟悉的商业信件的发件人发出的信件通常会直接删除；另一种是根据主题信息，凡带有不着边际的主题的信件会被直接删除，例如"应聘"或者"Hello"等；还有一种是根据收件人信息，某些群发邮件的收件人信息只显示邮件列表的名称而并不指明个别的收件人，这种群发邮件最可能被删除。

所以好的群发电子邮件策略应该包括管理和技术两个方面。在管理方面，营销人员必须了解顾客的行为特征和需要；在技术方面，营销人员必须对发送和接收电子邮件的过程和使用的软件有相当深入的了解，这些都可以使企业和低素质的垃圾邮件制造者区分开，使企业的营销努力取得好的结果，而不是成为白白耗费社会资源的垃圾邮件。

最后，还要注意的一点是，在群发之前要对邮件再做一次认真的校读，不仅要检查邮件的各个细节，确保拼写(如电子邮件地址)和语法的正确性，确认每个数字(如电话号码、价格、日期等)都正确无误，还要测试邮件中每个链接的可用性。否则，一旦事后发现错误再想去纠正的话，不仅还要使用群发邮件，而且对企业形象的损害也很难完全挽回。

4. 频次和时机策略

频次选择是直复营销策略的一个重要方面。不论营销人使用简单电子邮件还是电子刊物，都需要决定发送同样内容的信息给同一个人的次数和频率。

如果发送次数太少，收件人可能不会留下任何印象；如果发送次数太多，则会使传播的边际收益下降，甚至可能激怒收件人，使他们退订企业的邮件或者干脆将企业加入黑名单。那么如何在多和少之间寻求最佳的平衡点呢？冯英健认为，每月 2～3 次为宜。[①]其实，并不存在这样一个常数，因为最佳的发送频次取决于信件的内容及企业与收件人已有的关系。交易导向的信件的发送周期通常要和产品的更新周期相匹配，品牌导向的信件则可以稍频繁一些，但不论如何，同样的内容每月 2～3 次都太多了。

传播的时机(timing)会影响传播效果，整合营销传播 5R 中的接受(receptivity)就是说要在顾客需要信息并且愿意接受信息时去传播信息。人们对发送营销电子邮件的最佳时机做过很多研究和测试，得到了一些很有指导意义的结果。研究发现，B2B 的电子邮件最适合在星期二和星期三的一大早发送，B2C 的电子邮件则适合在周五和周末发送。不过，由于有的研究得出了不同的结论，所以专家们建议企业应该通过测试找出适合自己的最佳发送时机。

5. 安全策略

许多病毒和恶意软件是通过电子邮件传播的，而电子邮件带来的安全威胁还不限于病毒和恶意软件，Barracuda 公司在 2020 年 5 月的一份研究报告[②]中识别了 13 种电子邮件安全威胁，其中与钓鱼(phishing)有关的就有三种。Gartner 公司在 2020 年曾经做出预测，BEC[③]邮件诈骗在未来几年会大幅增长，到 2023 年将给企业带来超过 50 亿美元的损失。

电子邮件营销企业必须保证自己发出的邮件是安全的，还要使收件人相信这一点。对于陌生的收件人，尽可能使用纯文本形式的邮件，因为这种形式的邮件最安全。电子邮件营销企业最好还能站在收件人的立场，为收件人提供安全使用电子邮件的建议，逐步赢得收件人的信任。

当然，作为安全策略的一个组成部分，电子邮件营销企业还要对营销人员进行计算机安全(特别是电子邮件安全)的培训，使他们掌握相关知识。

6. 电子邮件营销的一些技巧

一些资深的电子邮件营销人员还向营销企业提出了以下建议。

(1) 要在电子邮件中包含尽可能多的回复途径，如电子邮件、800 电话、社媒账号、地址等。

(2) 邮件要针对手机终端进行优化。根据 Litmus 在 2019 年所做的调查，目前有超过 40%的电子邮件用户使用手机查看邮件[④]，近 4 成的用户通过网站查看邮件，使用传统电子邮件软件查看邮件的人已不足 20%。研究表明，针对手机终端做过优化的邮件可以获得更高的点击率，而没有优化的邮件在手机终端被打开后更容易被直接删掉。

(3) 运用 A/B 测试(A/B testing)来改进电子邮件营销活动的效果。A/B 测试也叫分离测试

---

① 冯英健. E-mail 营销[M]. 北京：机械工业出版社，2003.

② Barracuda. 13 Email Threat types to Know About Right Now[R/OL].(2020-5). https://assets.barracuda.com/assets/docs/dms/Barracuda-eBook_13-email-threats_may2020.pdf.

③ BEC(business email compromise，业务邮件危害)即冒充组织雇员实施诈骗，通常会冒充组织高管，所以又叫 CEO 诈骗或 CFO 诈骗。

④ Bluecore 的研究表明年轻一代用手机查看邮件的比例更高，2021 年，59%的千禧一代(1981—1996 年间出生的一代人)会通过手机查看邮件，而对于 Z 世代(1997—2012 年间出生的一代人)，这一比例高达 67%。

(split testing),是直邮营销的一种技巧;在测试时,营销者把不尽相同的两种版本的邮件发送给两个有代表性的受众样本群体,通过对两者效果的比较,选出更佳的一种版本来使用。A/B 测试的指标可以是退信率、开信率、点击率等,根据测试结果来调整的变量可以是发件人、主题行内容、标题、广义产品、文案、版面设计、发送时间等。一般而言,如果一个样本群体的规模超过 25 人,A/B 测试就可以取得比较可靠的结果,因此,A/B 测试的使用范围很广,中小企业也能够使用这一技巧。不过,由于在运用 A/B 测试时,一次只能测试一个变量,所以大的受众群体将允许营销者测试更多变量,选择出更佳方案。

(4) 在电子邮件营销中还可以运用病毒营销的技巧,在 HTML 邮件中加入将邮件推荐给朋友的表单有望获得 0.5%以上的推荐率。如果使用一点激励手段,推荐率甚至可以提高到 5%以上。

(5) 要找准目标市场,优先争取真实潜在顾客(而不是那些仅仅对赠品有兴趣的顾客)的回复。

(6) 善于运用软销售技巧。企业使用租用来的邮件地址时要格外小心,因为列表上的收件人对企业来讲都是陌生人,彼此之间还没有建立起相互信赖的关系,所以开始的时候,企业需要小心翼翼地去熟悉这群人的需求,设法取得他们允许企业进一步与他们联系的许可。不要一开始就唐突地去推销,这只会吓跑企业的潜在顾客。

(7) 要给顾客创造反馈的便利。直复营销的力量来源于互动、准确定位和充分的控制,因为电子邮件营销的许多沟通并不是瞄准即刻产生销售,所以要为顾客提供其他的反馈方法,比如让收件人给某个地址发信索取更多的资料或者优惠券,邀请他们参加新产品推介会,甚至让他们来信索取免费的样品。

(8) 准备好应急补救方案。电子邮件营销不是解决市场问题的万灵丹,即使企业在实施电子邮件营销前做过周密的计划和测试,因为环境的突然变化,电子邮件营销还是可能失败,所以事先应该对可能出现的意外情况做好应急方案规划。最可能出现的意外情况是大规模病毒侵袭造成的网络阻塞,使关键的邮件服务器无法工作,黑客针对营销企业发动的拒绝服务式攻击也会使企业的电子邮件营销陷入困境。公司的 IT 部门要随时准备应对可能出现的意外情况,但最安全的办法就是在电子邮件营销无法按计划实施时及时拿出第二套行动计划。

5.1.3 从垃圾邮件营销到许可营销

依照营销企业是否取得了向收件人发送邮件的许可,电子邮件营销可以分为许可营销和垃圾邮件营销(或者无许可电子邮件营销)两种。垃圾邮件营销虽然被一些专家学者所不齿,但目前垃圾邮件已经成了一种网络社会现象,而且目前相当一部分电子邮件营销都可以归入垃圾邮件营销一类,研究垃圾邮件营销的实践和理论有着非常重大的现实意义,这至少可以帮助营销企业认识垃圾邮件营销的概念、实质、后果及发展趋势,让企业充分认识到垃圾邮件营销和许可营销的利弊,然后在两者之间做出正确选择。

1. 垃圾邮件的概念和分类

垃圾邮件是垃圾电子邮件的简称,英文为 Junk E-mail 或者 Spam(死掰[①]),意思是未经许可的商业邮件或者未经许可的群发邮件。为了和合法的电子邮件相区别,许多组织对垃圾邮件下了更准确的定义。

---

① 国内有人将 spam 等同于垃圾邮件,这是有失严谨的。实际上,spam 的含义远比垃圾邮件要广,除了垃圾邮件,spam 还可能出现在即时传信、新闻组、公告板、搜索引擎等场合,因此,本人建议将 spam 音译为死掰,意思是不顾伦理道德传播无关信息的行为。

中国互联网协会在《中国互联网协会反垃圾邮件规范》中对垃圾邮件做了如下定义：

"本规范所称垃圾邮件，包括下述属性的电子邮件。

(1) 收件人事先没有提出要求或者同意接收的广告、电子刊物、各种形式的宣传品等宣传性的电子邮件。

(2) 收件人无法拒收的电子邮件。

(3) 隐藏发件人身份、地址、标题等信息的电子邮件。

(4) 含有虚假的信息源、发件人、路由等信息的电子邮件。"

中国教育和科研计算机网在《CERNET 关于制止垃圾邮件的管理规定》中给出的定义是"垃圾邮件是未经用户请求，强行发到用户信箱中的任何广告、宣传材料、病毒等内容的电子邮件。垃圾邮件一般具有批量发送的特征。"[1]

国际著名的反垃圾邮件组织死掰豪斯(www.spamhaus.org)对垃圾邮件的定义如下：

"一个电子邮件是垃圾邮件的充分必要条件是它是未经许可并且还是群发的。单单未经许可的邮件是普通邮件，单单群发的邮件也是普通邮件。"

美国国会在 2003 年底通过在 2004 年开始生效的《未经请求的色情和营销侵袭控制法案》(Controlling the Assault of Non-Solicited Pornography and Marketing Act，CAN-SPAM Act)被认为是一项垃圾邮件管制法案，该法案对垃圾邮件的界定值得我们特别注意。按照 CAN-SPAM 法案，垃圾邮件是满足以下条件之一的电子邮件。

- 邮件正文中没有加入公司名称与邮政地址。
- 使用捏造的回邮地址。
- 主题与邮件内容不符。
- 收信者无法取消订阅。

可以看出，在美国直销团体成功的游说下，CAN-SPAM 立法放宽了对垃圾邮件的限制，群发和未经请求都没有构成垃圾邮件的条件。

一般而言，垃圾邮件对垃圾邮件的接收者是有害的，收到邮件的人必须承担下载垃圾邮件的通信费及上网费，大量的或者大的垃圾邮件还可能堵塞收件人的邮箱，妨碍有用邮件的下载，而且大量垃圾邮件及其引发的收件人抗议邮件极可能导致电子邮件服务提供者的计算机系统拥堵甚至瘫痪，从而殃及更多的网络用户，有的垃圾邮件甚至会传播病毒。因此，垃圾邮件不仅令人厌烦，而且让个人和社会遭受损失、付出代价。

但是，垃圾邮件的制造者却有着不同的考虑，他们认为，垃圾邮件是一种快速、方便而且便宜的传播手段，借助垃圾邮件他们可以更有效率地把营销信息传播给受众，这会给企业增加销售，给受众增添选择，因此，垃圾邮件是可以增进福利的。

基于以上考虑，有人提出可以将垃圾邮件分为善意垃圾邮件(良性垃圾邮件或好垃圾邮件)和恶意垃圾邮件(恶性垃圾邮件或坏垃圾邮件)两类。例如，美国直销协会认为区分善意垃圾邮件和恶意垃圾邮件的标准是发信人是否讲诚信。捏造地址、使用骗人的主题行及不提供有效的退订功能的垃圾邮件自然属于恶意垃圾邮件，而诚信经营的公司使用的垃圾邮件则可以称为善意垃圾邮件。恶意的垃圾邮件应该坚决根除，善意垃圾邮件则可以继续存在。从美国 CAN-SPAM 法案的精神来看，美国国会是赞同这种区分的。

不过，国内外也有许多人，包括一些反垃圾邮件组织和一些专家学者似乎并不赞成这种区分。冯英健在其 2003 年撰写的著作《E-mail 营销》中就认为善意的垃圾邮件也是不可接受的。

---

[1] 曹麒麟，张千里. 垃圾邮件与反垃圾邮件技术[M]. 北京：人民邮电出版社，2003.

可见，垃圾邮件的是非问题绝非一清二楚，人们对垃圾邮件的定义也尚未达成一致。对不同的定义加以研究可以得出一个结论，凡被公认为垃圾邮件的电子邮件其实是恶意电子邮件，有人认为是垃圾邮件也有人认为不是垃圾邮件的邮件一般是善意的垃圾邮件。就是说，善意垃圾邮件其实是垃圾邮件和普通邮件间存在的一个灰色地带，法律不应该禁止这部分邮件的发送，而应该把对它的处理交给良心和市场，靠伦理道德去规范，靠市场去调节。实际上，许可营销的创始人塞思·戈丁(Seth Godin)就认为垃圾邮件是不可缺少的，至少，大部分许可电子邮件是从垃圾邮件开始的。垃圾邮件在今天仍然很有市场，根据 Barracuda 公司在 2020 年 5 月的研究报告，全世界范围内 53%的电子邮件都属于垃圾邮件。

2. 垃圾邮件营销的方法

开展垃圾邮件营销的方法其实非常简单，这大概也是垃圾邮件营销泛滥成灾的原因之一。

企业可以使用软件在网上自动"收割"电子邮件地址，也可以用极低的代价从"垃圾邮件服务商"那里买到海量的邮件地址，当然，这些邮件地址的所有人并没有给准备发动垃圾邮件营销攻势的企业以任何形式的许可。

有了邮件地址，企业可以借助群发邮件软件通过自己的邮件服务器来发送垃圾邮件，也可以委托专门的"垃圾邮件服务商"代发这些垃圾邮件。通常情况下，这些专门的"垃圾邮件服务商"会通过开启了开放转发[①](Open Relay)功能的其他电子邮件服务器的转发来群发垃圾邮件，这可以隐藏垃圾邮件发送人的真实地址。不过，在垃圾邮件泛滥成灾的背景下，越来越多的邮件服务器关闭了开放转发功能，不主动关闭此项功能的邮件服务器发送的邮件也会被多数服务器拒收，因此，通过开放转发服务器发送垃圾邮件的机会正变得越来越小。

目前，市面上有多款可以收集电子邮件地址并能群发邮件的软件工具，它们的功能大同小异，这些软件主要从一些搜索引擎和商贸网站上收集 E-mail 地址。一些软件还可以按行业和地区划分，分门别类地收集属于某个范围的邮件地址。使用这类软件可以用极低的成本，快速获得大量有一定相关性的邮件地址。深圳市安般科技有限公司旗下的 U-Mail 是一个创建于 1998 年的群发邮件平台，号称可以做到"群发千万不封号"。U-Mail 具有丰富的电子邮件营销实战管理经验，还投入大量资金购买 IP 和服务器等资源，在全球多个重要城市部署有服务器群组，U-Mail 还拥有自己研发的邮件群发系统，在大量服务器和固定 IP 资源的支持下，可以通过 IP 轮巡机制发送邮件，避免单个 IP 短时间内发送邮件过多而被 ISP 拉黑，来帮助用户提高邮件的进箱率(inbox placement rate)。为了保障邮件群发效果，U-Mail 邮件营销平台还对邮件内容进行审查，避免发送游戏相关产业、灰色行业和违法违规内容。

企业发出的营销邮件如果被识别为垃圾邮件，那么收件人很可能就不会读到邮件的内容；如何判断特定的电子邮件有多大概率会被识别为垃圾邮件呢？网上有一款检测工具可以帮助电子邮件营销者事先对电子邮件进行检测，营销者登录到 www.mail-tester.com 网站就会看到网站最新生成的一个电子邮件地址，营销者把准备发送的营销电子邮件先发送到这一地址，就会得到一个从 1 到 10 的评分，分数越低，说明该电子邮件越可能被认定为垃圾邮件。检测器会根据邮件的内容、邮件服务器、发送邮件的 IP 等因素进行评分，还会给出如何改进的建议。

---

① Open Relay(开放转发或匿名转发)是指由于邮件服务器不考虑邮件发送者或邮件接收者是否为系统所设定的用户，而对所有入站邮件一律进行转发的功能。Open Relay 在互联网起步阶段时曾经作为邮件服务器的一项重要功能发挥过很好的作用，当时互联网中的邮件服务器不多，带宽与线路并不是很好，很多信件需要通过一个或多个中转服务器来发送，所以较早版本的邮件系统(如 Sendmail 的早期版本)的 Open-Relay 功能默认情况下是开放的。

3. 垃圾邮件营销的效果

在一些人的想象中，垃圾邮件营销不会取得任何效果，但如果真是这样，就不会有这么多营销者热衷于垃圾邮件营销了。幸好，垃圾邮件营销的效果也不是很好，否则，我们肯定会受到更多垃圾邮件的骚扰。

垃圾邮件营销最显著的效果是在建立知晓度方面，在这点上，它的效果是许可电子邮件所无法比拟的，原因很简单，给某公司许可的用户都是已经对该公司有相当了解的用户，所以可以说，许可电子邮件在建立知晓度方面是不起作用的。俗话说："不打不相识"，使用垃圾邮件开展干扰式营销可以让人开始知道营销企业，甚至还能激起用户进一步了解该企业及其产品的兴趣。用评价电子邮件营销的指标来衡量，经过精心设计的垃圾邮件可以达到不坏的开信率甚至点击率。

在唤起行动(即使这行动是购买)方面垃圾邮件也可以收到些微效果，毕竟，在全世界40多亿电子邮件用户中，仍然会有许多人社会经验不足，做事比较冲动，或者自我防范意识比较薄弱。所以，即使发送垃圾邮件的企业的销售策略并不高明，它激发购买的比率可能只有万分之几或者是百万分之几，但只要营销者发送足够多的垃圾邮件，总可以实现一些销售。

垃圾邮件营销的问题在于，在建立品牌偏好和发展与顾客的长期关系方面，它的副作用太大，那些恶意垃圾邮件尤其如此。垃圾邮件损伤品牌的机制如下：

- 使用垃圾邮件营销说明该企业是不专业的。
- 使用垃圾邮件营销说明该企业是缺乏实力的。
- 使用垃圾邮件营销说明该企业是不讲社会公德的。

因此，一个理性的用户如果有选择，通常不会惠顾这样的企业。

4. 控制垃圾邮件营销的对策

遏制恶意垃圾邮件营销主要有三种途径：技术对抗、民间抵制和立法管制。我们分述如下。

技术对抗：对付垃圾邮件的技术在不断发展当中，涌现出了许多行之有效的解决方案，如对邮件服务器进行安全配置、对邮件进行过滤或者采取手段阻止邮件地址收割软件收集网上的电子邮件地址。

民间抵制：随着人们更深入地认识到垃圾邮件的危害，民间对垃圾邮件的抵制从自发而分散的活动日益转变成自觉和有组织的活动，世界各地纷纷成立了反垃圾邮件的民间组织，最有影响的有防止滥用邮件系统(Mail Abuse Prevention System，MAPS)、死掰豪斯(Spamhaus)和反垃圾邮件联盟(CAUCE，www.cauce.org)等。这些组织在普及防垃圾邮件知识、推广反垃圾邮件技术、识别和追踪垃圾邮件发送者及推进反垃圾邮件立法方面发挥着重要作用。

立法管制：世界上一些垃圾邮件问题严重的国家开始使用法制手段解决垃圾邮件问题，如美国早在2004年就颁布实施了CAN-SPAM法案，英国、法国、意大利、比利时、瑞典、芬兰、西班牙、挪威、丹麦、希腊、加拿大、印度等国也都制定了反垃圾邮件法案。

不过，有人认为类似于美国CAN-SPAM法案的法律法规并没有真正减少垃圾邮件的数量，反倒可能充当垃圾邮件营销的保护伞，各种技术方案也只能在垃圾邮件的拥护者和反对者间掀起新一轮的"军备竞赛"。在这种背景下，更为有效的方案可能是行业自律和顾客教育。一方面，行业自律可以促使营销企业不断提升自己的营销伦理水平，主动将自己与不顾营销道德的企业区分开，这即使不能完全根治垃圾邮件问题，至少可以使我们看到更多的善意垃圾邮件而不是恶意垃圾邮件；另一方面，通过加强对消费者在科学消费和自我防护意识方面的教育，提高消费者的辨别力，可以降低垃圾邮件营销的收益预期，从根本上解决垃圾邮件泛滥的问题。

5. 许可电子邮件营销

许可营销(Permission Marketing)一词是由优优大娱乐(Yoyodyne Entertainment)公司的创始人塞思·戈丁(Seth Godin)最早提出的，意思是只向那些明确表示过愿意接收某类促销信息的顾客发送符合条件的商业电子邮件(E-mail)的营销策略。许可营销的概念一经提出，立刻受到营销界的追捧，并迅速进入电子商务和市场营销的教科书，营销学大师科特勒和阿姆斯特朗也在他们第9版的《市场营销原理》中对许可营销作了专门介绍。许可营销的有效性已经被众多企业的实践所证实，根据iVend公司在2019年所做的一项调查，63%的消费者优先选用电子邮件保持和商家的联系，这大幅超过了App的43%和社会化媒体的25%。Salecycle在2022年所做的一项调查还发现，有大约一半的受访者在许可电子邮件的影响下每月会产生1次以上的购买。

目前，越来越多的企业正动用越来越多的资源实施他们的许可营销计划。戈丁本人也在雅虎并购优优大娱乐公司后，因其在营销理论和实践上的建树被委任为雅虎公司负责直销的副总裁。实际上，许可营销的出现不仅为企业提供了一种卓有成效的营销策略，更重要的是，许可营销的思想方法还为我们进行营销创新提供了一种新思路。

1) 许可营销概述

1999年，戈丁为了传播许可营销的新思维专门出版了《许可营销：将陌生人变成朋友，将朋友变成顾客》一书，但许可营销的原则其实可以一语道破，那就是"取得顾客的许可"。许可营销的概念脱胎于让人们爱恨交加的E-mail营销。E-mail营销曾经作为一种花费少、风险小、效果好的网络营销方式颇受营销者青睐，它最大的优点是点击率高，据统计，E-mail中链接的点击率曾经高达80%，而同时期旗帜广告的点击率已经不足1%，可谓是天壤之别。然而随着E-mail营销的迅猛发展，E-mail营销逐步暴露出一个严重的缺陷：商业性质的E-mail很容易被滥用，成为人人喊打的垃圾邮件。垃圾邮件因为对公众的骚扰和对公共网络资源的过度占用受到了人们的坚决抵制，今天，使用垃圾邮件的营销者不仅会遭受愤怒的受害人的报复，还可能受到由美国在线(AOL)等著名网络服务商组成的反垃圾邮件组织的制裁，甚至可能根据相关法规被起诉。根据Barracuda公司在2020年5月的研究报告，全世界范围内53%的电子邮件都属于垃圾邮件，垃圾邮件问题每年给企业带来的损失估计在200亿美元以上。垃圾邮件问题的严重性由此可见一斑。垃圾邮件泛滥的问题引起了国际社会的重视，欧美的网络服务商开始大规模封杀经常充当垃圾邮件源头的邮件服务器的IP地址，连新浪、搜狐、263这样知名的邮件服务商也曾经被封杀。正当E-mail营销惨遭反垃圾邮件组织围剿的时候，许可营销应运而生，将E-mail营销从困境中解救出来。许可营销不仅要求营销者在发送商业E-mail之前先取得收件人的许可，而且收件人有权随时撤销自己的许可。这样，许可营销利用互联网的互动特性赋予了商业邮件的收件人选择的机会，收件人可以按照自己的喜好选择是否接收商业邮件、接收什么内容的邮件并且可以随时变更自己的选择。与垃圾邮件营销相比，许可营销不仅在道德方面占尽上风，还因为有许可方的积极参与而在商业业绩上也遥遥领先。

当然，许可营销的成功并不这么简单，许可营销策略还包含着更丰富的内容，例如，为了使许可电子邮件更有成效，营销者要做到以下几点。

(1) 经许可的电子邮件必须给收件人带来真实的价值，花言巧语只能得逞一时，收件人早晚会因为厌倦而撤销自己的许可，营销者宝贵的潜在客户资源随之流失。在许多时候，用发放小礼品这样简单可行的方法来回馈顾客也会收到很好的效果。

(2) 经许可的电子邮件必须给收件人提供个性化的内容，把普通的E-mail变成收件人眼里的me-mail(给我的邮件)。营销者要利用同顾客的交往去了解顾客的偏好，并根据特定顾客的消费习惯有针对性地发送促销信息，这样才能克服大众营销的弊病，迈入一对一营销的殿堂，得到顾客更好的回应。

(3) 基于许可的电子邮件最好能给收件人提供传统直销方法难以提供的服务。许可营销者可以充分利用电子邮件成本低、传递速度快的优点为客户提供时效性更强的信息。捷旅公司(www.travelocity.com)用基于许可的电子邮件向潜在客户发送"最后一分钟"的优惠机票的信息，取得了很好的业绩回报。

总之，许可营销对 E-mail 营销的改造非常成功，目前许多用户改变了对商业电子邮件一味排斥的态度，在对许可营销者提供的增值服务有所体会后，他们甚至开始积极申请加入他们中意的邮件列表。

2) 许可营销成功的原因

许可营销之所以会取得成功，成为营销策略创新的一个范例，主要是因为它同时从以下三方面汲取了力量。

(1) 在营销思想上借助了直复营销的力量。

(2) 在营销手段上借助了 E-mail 营销的力量。

(3) 在营销哲学上借助了社会营销的力量。

直复营销是一种古老的营销方式，但至今仍然焕发着旺盛的活力。直复营销的优势体现在 4 个方面。首先，在选择目标市场方面，直复营销可以在深入了解顾客的基础上将市场细分进行到底，然后针对可能只有一个人的细分市场制定最有效的营销方案。其次，直复营销能够发展与顾客持久的关系，使开发顾客的生命期价值(LTV)成为可能。再次，它可以利用与顾客的互动收集到大量有价值的反馈信息，为开发新产品提供决策依据。最后，直复营销允许营销者对营销方案进行小规模的测试，然后依据测试结果选定最佳营销方案。

但传统的直复营销方式也有两大缺陷。一方面，传统的直复营销形式，比如直邮方式、产品目录方式、电话方式、直复电视方式等，成本效率不够理想；另一方面，以干扰营销(interruption marketing)为特征的传统直复营销方式存在较大的道德风险。我们注意到传统直复营销的两个缺陷恰好可以通过采用先进的技术手段和营销哲学加以弥补，在这里 E-mail 营销和社会营销显示了威力。E-mail 的采用显著降低了直复营销的成本，大大提高了直复营销的成本效率，在地理范围跨度大的市场上更是如此；社会营销则针对直复营销的道德风险提出了解决方案。与它的许多前身相比，许可营销成本更低而效率更高，这就是它取得成功的原因。

5.1.4 电子杂志营销

电子杂志(e-zine)是定期向订户发送的关于某特定主题的一系列电子邮件(图 5-1 就是一例)，电子杂志还可以通过网站发布或者通过电子邮件和网站两个渠道发布，我们这里只讨论通过电子邮件发行的电子杂志，通过网站发布或者有网站支持的电子杂志将在下一章被涉及。从许可营销的角度看，电子杂志获得的许可要多于简单的电子邮件营销，所以它通常能收到更好的效果；电子杂志在保持与顾客的关系方面优势尤其明显。电子杂志对企业有许多潜在的好处，例如，使用电子杂志可以发布新产品或新服务，可以同客户保持经常性联系从而提高企业的可信度，可以潜移默化地达到教育顾客的目的，可以聚集潜在顾客，可以塑造公司的专家形象并提升整体企业形象，可以帮助建立公司的顾客数据库，可以通过销售广告获得些许收益，可以支持公司的公关活动和新闻发布活动。

图 5-1　PracticalEcommerce 发行的电子期刊

1. 电子杂志的分类

电子杂志一般可以分为两种不同的形式，它们是公告时事通信和内容驱动的电子杂志。

公告时事通信的内容以产品和服务信息为主，也包括电子杂志发行商网站的更新信息。如果这类电子杂志中包含实质性的打折信息，也会收到很好的回应。这类杂志在现实中的对应物是由企业或其他机构免费赠阅的宣传品，刊物的直接目的是向读者宣传企业文化、推荐企业的产品和服务。

内容驱动的电子杂志侧重于向用户提供免费的信息、技巧、新闻或其他有价值的内容，偶尔也会发布一些简短的广告来补贴费用，但更多的是靠一些引人注目的内容提要把订户吸引到电子杂志的网站上。这类杂志在现实中的对应物为收费刊物，因为电子杂志的发行费用较低，所以有相当一部分这类杂志也可以免费订阅，当然某些提供比较专业的信息服务的电子杂志仍需要有偿订阅。有偿订阅的电子杂志其实本身已经成为一种信息产品，既然是产品，那么它本身就是需要营销的对象，我们在这里只讨论作为营销手段的免费电子杂志。

2. 电子期刊服务商的选择

没有网站也没有服务器的企业开办电子杂志最好的方法是使用电子期刊服务商提供的服务。电子期刊服务商不仅提供技术平台，而且可以提供一定的营销支持。

电子期刊服务商通常提供两种服务模式供用户选择，免费模式和收费模式。免费模式中顾客虽然不需要为电子期刊服务支付费用，但电子期刊服务商通常会在客户的电子期刊中加入少许广告，并且提供的营销服务通常也较少，有时甚至不向电子期刊发行人提供订户的名单。收费模式则不会出现任何服务商的广告，并且附加的增值服务也较多。如在 www.mail-list.com 上创建电子期刊的收费为每个订户每年 1.07 到 3.47 美元不等，它的系统不限制发送次数，允许发送附件，还允许对订户进行分组。

3. 电子杂志的创建

创建一份电子杂志的一般过程如下。

(1) 根据企业的目标市场选择电子刊物的主题。

(2) 从其他电子刊物中获得灵感，确定刊物的特色定位。

(3) 根据潜在订户的偏好和自身的内容编辑实力确定电子刊物的出版周期，一般的电子期刊为周刊或双周刊。

(4) 建立和培训电子杂志的内容编辑团队。在这个内容为王的时代，在内容上投资是非常明智的。一般而言，内容总编辑(首席内容官)的薪水应当和网站技术总监的薪水相当。

(5) 制定电子杂志的管理制度，管理制度规定诸如读者来信如何处理、读者订阅后给读者在多长时间内发送什么样的欢迎函等事项。

(6) 设计杂志的样式，杂志中应该有企业的签名档，鼓励订户向企业反馈信息。另外，不要忘记在刊物上标明办理订阅、修改个人信息、退订的方法。

(7) 建立样刊供潜在订户浏览，以便作出订阅决定。

4. 电子杂志的内容建设

在当今"内容为王"的时代，电子杂志的内容可以说是电子杂志的生命线，电子杂志可以从以下渠道获取内容。

(1) 企业的新闻稿，介绍企业的动态、公司新上市的产品和服务及公司网站更新的通知等。

(2) 使用免费的新闻和内容服务，从 Prlog、freePRnow 或者 Amazines 等免费新闻或者内容提供商那里订阅相关的新闻和内容服务，从中筛选出对用户最有价值的内容。需要注意的是，尽管订阅的新闻和内容是免费的，但它们的使用经常会有一定条件，比方说要说明内容来源，有时候企业可能还需要对原始内容做一些编辑加工甚至是再创作，这时也需要了解有关版权方面的规定。在订阅新闻和内容服务时，使用 RSS 源是一个很好的选择。

(3) 订阅主题相近、读者群相同的电子刊物，从这些电子刊物的内容中获得创作灵感。

(4) 激发读者的参与，从读者参与中选择有价值的内容在刊物上发布。

5. 电子杂志的推广

电子刊物的价值取决于它的发行量，发行量的大小则取决于刊物的质量及所做的推广工作，营销企业可以采用下列方法推广电子杂志。

(1) 告诉人们电子杂志的价值所在，例如，订户可以通过电子杂志在第一时间知道产品的打折信息。要记住一点，满意的消费者是最好的广告。

(2) 加入电子刊物的目录。互联网上经常有公司或个人建立的资源列表，这些列表汇集了某个领域的网站名录或者电子刊物名录。电子刊物名录对于电子刊物的重要性就好比是搜索引擎对网站的重要性一样。被收入名录一般是免费的，所以要争取找到尽可能多的名录并被它们收录，这样可以提高电子杂志的可见性。

(3) 经常从电子刊物中选出一些有代表性的文章张贴在相关的新闻组或电子论坛上。使用邮件发行的电子刊物虽然对用户比较方便，但它的缺点是挥发性太大，用搜索引擎无法检索到。如果能从电子刊物中精选出一些有代表性的文章张贴在电子论坛中，则可以收到很好的推广效果，原因是搜索引擎可以检索到新闻组中帖子的内容。当然，绝不能忘记利用签名栏写清楚订阅企业电子杂志的方法。

(4) 提供离线订阅的机会。人们可以通过在企业的营业场所或者办公室中留下他们电子邮件地址来订阅企业的电子杂志。这种做法可以将偶尔购买的顾客转变成经常购买的顾客。

(5) 为订户提供赠品。为订阅电子期刊的人免费提供若干本相关内容的电子图书或者企业编写的研究报告作为赠品是吸引订户的一个行之有效的好方法。

6. 选择加入和选择退出

许多电子杂志营销商为了增加发行数量，将在自己站点上购买过商品甚至询问过事项的人都列为杂志的订户，想当然地认为这些人对自己的电子杂志会很感兴趣，这些企业采用的就是选择退出(opt-out)的战略，订户要想停止收到杂志，必须通过电子邮件或者到杂志发行人的网站上办理退订。选择加入(opt-in)的策略则不同，订户必须有明确的订阅表示，才会收到所订阅的杂志，这种策略虽然获得的订户数量较前种策略为少，却是少而精。实践表明，采用选择加入策略的电子杂志的点击率要较采取选择退出策略的杂志的点击率高出 2~3 倍(Brenda Kienan，2001，p.125)，可见，选择退出策略使用的是广种薄收的智慧。一种明智的做法是，企业可以采取选择加入和选择退出相结合的策略，对于那些已经表现出对企业有兴趣的顾客，企业可以大胆地将他们的名字加入订户名单，但对于那些完全陌生的顾客，企业还是应该谨慎地让他们自己选择要不要注册成订户。细心的读者可能会注意到，这条建议与欧盟已于 2003 年底实施的《隐私和电子通信指导方针》中的相关规定是一致的。

即使是那些采取选择加入策略的电子杂志经销商也要为订户提供便利的退订方法，因为订户的职业、住址、婚姻状况、兴趣等都会发生变化，给用户提供便捷的退订方法反映了以顾客为导向的经营思路，只有那些处处替顾客着想的企业才会赢得顾客的信任，才能与顾客建立持久的关系，而这正是电子杂志营销的根本目的所在。

一些特别害怕受到滥发垃圾邮件指控的营销企业会采取一种被称为双重选择加入(double opt-in)的特殊程序。按照这种程序，营销企业在获得用户要求订阅的电子邮件地址后会发一封电子邮件给该地址要求订户进一步确认。只有订户完成了进一步确认的手续，整个订阅过程才算完成。双重选择加入有助于降低电子邮件退信率。

7. 降低电子杂志的退信率

ConstantContact 基于其每月向客户发送的 2 亿封电子邮件的监测数据，发现在 2023 年 10 月的电子邮件退信率平均为 10.09%，在细分的 23 个行业中，退信率最高的是法律服务行业，达到 15.69%，最低的是独立的艺术家、作家和表演艺术家，只有 5.8%[①]。电子邮件退信的主要原因在于邮件地址错误、邮件过大、邮件服务商对邮件列表的屏蔽、个人屏蔽发件人、个人工作变更、免费邮箱终止服务、提供邮件服务的企业倒闭或放弃域名、用户放弃邮箱、原有账号被吊销或者邮箱已满等。一般认为 3%~5%的退信率是可以接受的，如果硬退信率超过 10%，就必须采取措施，否则很可能导致发邮件的 IP 被服务商屏蔽。

营销企业可以考虑采取以下措施来降低电子杂志的退信率。

- 避免错误的邮件地址：在用户申请加入邮件列表时，请用户重复输入 E-mail 地址，就像确认密码时所常做的那样，这是减少录入错误的非常有效的方法。
- 改进数据登记方法：主要适用于通过接听电话人工记录用户 E-mail 地址的情形，必要时可对做记录的人员进行专门的技能训练。
- 要求用户进行信息确认：即将收到用户确认信作为加入列表的一个必要步骤，这样还可以防止有人恶意给别人订阅电子刊物。
- 鼓励用户更新 E-mail 地址：对于使用无效邮件地址的用户，通过网站提醒他们使用正

---

① Average industry rates for email as of April 2024 [EB/OL]. https://knowledgebase.constantcontact.com/email-digital-marketing/articles/KnowledgeBase/5409-average-industry-rates?lang=en_US, 2024-3-10.

确的 E-mail 地址。
- 让注册用户方便地更换 E-mail 地址：用户邮件地址改变是很正常的，让用户可以方便地更新自己的注册信息，才会获得用户更好的回应。
- 保持列表信息准确：使用程序对邮件列表中的用户地址进行分析，清除掉格式错误的无效地址。
- 弄清楚邮件被退回的原因，有针对性地采取措施。有的退信是因为对方邮件服务器工作不稳定引起的，有的退信则可能是被拒收，还有的就是地址错误。需要针对不同情形采取不同对策。
- 尽可能修复失效的邮件地址：如果用户注册资料中有邮政地址等其他联系方式，不妨用其他联系方式与用户取得联系，请求他们更新邮件地址。
- 及时从邮件列表中删除无法补救的错误地址。

5.1.5 电子邮件和传统邮件的协同营销

同为直销媒体，电子邮件与普通邮件间的相似之处多过它们的不同之处。

首先，电子邮件和普通邮件都是受众目标非常明确的传播渠道，都可以传送针对性很强的信息，并且允许对目标市场作精确瞄准。两者的使用都非常灵活，可以对受众的反应作准确的测试，因此特别适合对营销方案的早期测试。

其次，两者都可以传递多种形式的信息，如文本、图像、声音等。在这方面，传统邮件可能稍胜一筹，因为它可以传递一些很难数字化的信息，如传统邮件可以封存香味，这是电子邮件目前所无法做到的；而对于数字化的音像信息，传统邮件可以通过邮寄光盘或 U 盘等轻易实现。

电子邮件和普通邮件也有一些重要的差别。这首先表现在成本方面，一般而言，发送同样的信息，电子邮件的费用要低得多，在综合成本方面，利用普通邮件获取新顾客的成本明显低于电子邮件，但电子邮件在保持老顾客方面则有压倒性的成本优势(见表 5-1)。其次，在信息传递速度上，电子邮件也远为快捷，几乎可以做到瞬时到达。当然传统邮件也有它的优势，除了刚才提到的传统邮件可以发送更为多样的材料，传统邮件可以寄达的范围也比电子邮件要广，目前仍有许多人没有使用电子邮件，这在老年人和受教育较少的人中间比较普遍。另外，电子邮件的可靠性和严肃性不如传统邮件，因此电子邮件信息的法律效力要低于传统邮件，电子邮件的开信率也不及传统邮件。并且，电子邮件也不适合发送实体优惠券这类促销品。一些营销者还注意到，电子邮件不适合传递较长的文件，因为在电脑屏幕上阅读很容易疲劳，那些使用移动设备接收电子邮件的人阅读长的邮件会更加不便。当然，电子邮件还要受反垃圾邮件法的制约，而传统邮件则不受此限制。

在电子邮件营销开始以前，直邮营销一直是直复营销的主要手段之一，但如今，电子邮件营销作为直邮营销的有力竞争者，大有后来居上之势。电子邮件营销排挤传统直邮营销的原因有以下几方面。首先，网络用户的人数在不断增长，越来越多的人开始习惯使用电子邮件，享受电子邮件快捷、便宜的好处；其次，转用电子邮件营销可以为营销人员节省大量的营销费用，电子邮件不仅不需要印刷费用，还可以节省大量的邮政资费。根据 Gartner 和 G2 的估算，在美国每发送千封信件的费用为 500～700 美元，而发送同样数量电子邮件的费用只有 5～7 美元；最后，营销者使用电子邮件营销的技能在不断提高，特别是许可营销的采用使电子邮件的回应率大幅上升，可以达到 5%～15%，而传统邮件的回复率大约为 1%～3%。不过，传统邮件和电子邮件其实各有所长，根据当纳利公司(RRD，R.R. Donnelley & Sons Company)在 2022 年 8 月所做的一项研究，与电子邮件相比，消费者认为传统邮件更为个性化(35%:24%)、更能引起注意(40%:23%)同时更可信(33%:16%)。因此，电子邮件营销并不能完全代替直邮营销，电子邮件必须与传统邮件协同作战，才可以获得最大化的营销效果。传统邮件营销与电子邮件营销协同的优势表现在以下方面。

- 利用传统邮件获得新顾客，利用电子邮件保持老顾客，这样最有成本效率。
- 利用传统邮件覆盖范围广的优势更广泛地接触顾客，利用电子邮件成本低的优势更经常地与顾客保持联系。
- 传统邮件营销和电子邮件营销可以使用同一个顾客数据库，这样可以使数据库中的资料更丰富，利用更充分。
- 利用直邮提高开信率，增进顾客对企业的信任度。
- 用直邮和电子邮件去完成不同的任务，比如，用传统邮件邮寄样品或者优惠券，而用电子邮件去推广一个网站。
- 直邮营销有着悠久的传统和成熟的方法，许多方法(如列表管理的方法、文案撰写的方法等)可以很容易地移植到电子邮件营销中来。

"商业信函是最好的推销员"是中国邮政商业信函服务部门提出的广告语，但现在，正确的说法也许应该改为"商业信函和商业电子邮件是最好的推销员"。的确，在电子邮件营销的兴起和传统直邮营销的衰落似乎已经不可避免的今天，一定不要忽视直邮的优点，毕竟这是一种经受了时间考验的成熟营销方法。

5.2 虚拟社区营销

与万维网相比，虚拟社区(virtual community)有着更悠久的历史，最早的虚拟社区是随着 BBS 的出现而形成的。虚拟社区是网络社会的基石，它的影响并不局限在商务领域。虚拟社区在历史上曾经发挥过巨大作用，开发出了许多当代互联网必不可少的软件，为互联网创作和汇编了绝大部分有价值的内容，还使新思想能在全世界范围快速而广泛地传播，挑战那些落后的旧思想和旧传统，甚至还通过引发社会变革让世界变得更加美好。随着元宇宙时代的来临，虚拟社区将比以往更加重要。

社区在电子商务中处于一个非常重要的位置，密歇根大学的艾伦·阿珐(Allan Afuah)和纽约大学的克里斯托弗·图西(Christopher Tucci)在探讨互联网商业模式时，提出了电子商务的 5C，包括协调(coordination)、商务(commerce)、社区(community)、内容(content)和沟通(communication)[①]。以经典著作《追求卓越》闻名于世的管理学大师汤姆·彼得斯(Tom Peters)曾经说："没有社区的卓越，就没有商业的卓越"。社区是与顾客建立长期关系的有效方法，因此，从关系营销的角度看，汤姆·彼得斯的话可谓一语中的。根据著名市场调查公司 YouGov 在 2019 年的一项调查结果，美国千禧一代成为最孤独的一代人，他们当中有 30%的人总是或者经常感到孤独，这个比例比婴儿潮一代高出了整整一倍，比与他们年龄最接近的 X 世代相比也高出了 50%。之前的类似研究发现，其实孤独感和抑郁感早在 20 世纪 60 年代就开始在社会中蔓延，只是互联网特别是社会媒体的出现加剧了这一趋势。2019 年开始出现的 COVID-19 疫

---

① Allan Afuah, Christopher L. Tucci. Internet Business Models and Strategies: Text and Cases[M]. 2nd. New York: McGraw-Hill Higher Education, 2003.

情限制了人们的户外活动，更让人们感受到一种前所未有的孤独和抑郁，人们对社会归属的需要愈发强烈，对虚拟社区的访问量也出现了翻番的增长，调查表明，有大约80%的美国人表示疫情期间虚拟社区成了他们最重要的社会群体。这些变化都让虚拟社区营销在近几年成为新的营销热土。马克·塞弗(Mark Schaefer)在他2023年出版的《品牌归属：为什么社区是最后一个伟大的营销战略》中断言，帮助一个人有所归属代表着营销的终极成就，社区的时代已经来临，(虚拟品牌)社区将是最后一个伟大的营销战略。马克·塞弗的断言并非耸人听闻，HubSpot和Brandwatch联合发布的《2023全球社会媒体趋势报告》为我们揭示的第一个趋势就是：构建一个活跃的在线社区已经成为社会媒体营销人的当然之选。受访的社会媒体营销人中有九成表示构建虚拟社区对营销的成功必不可少。如果我们认真思考，由于存在里德定律(见第2章)，众多虚拟社区的形成将使互联网的价值大增，这也许是虚拟社区崛起的更深层原因。

5.2.1 虚拟社区的基本概念

虚拟社区又称在线社区(online community)或电子社区(electronic community)，作为社区在虚拟世界的对应物，虚拟社区为有着相同爱好、经历或者专业相近业务相关的网络用户提供了一个聚会的场所，方便他们相互交流和分享经验。

关于虚拟社区的定义，专家们的看法不尽一致。霍华德·莱茵高德(Howard Rheingold)在1993年出版的著作《虚拟社区》(*The Virtual Community*)中最先引进了虚拟社区的提法，他将其定义为以计算机网络为中介在一起讨论特定话题的一群人，他们在讨论中投入了情感并且彼此间建立起了关系。哈格尔(Hagel)和阿姆斯特朗(Armstrong)在1997年的著作中使用在线社区这一术语表示任何支持成员间相互交流的以计算机为中介的场所，在线社区以成员生成的内容为特征。伯科(Bock)认为虚拟社区必须满足三个条件：成员必须有共同的兴趣，成员间必须经常交流，成员对于群体必须有某种程度的认同。从网络营销的角度，可以把虚拟社区定义为：在网上围绕着一个大家共同感兴趣的话题互相交流的人群，这些人对社区有认同感并在参加社区活动时有一定的感情投入。图5-2是一个虚拟社区的示意图。

1. 虚拟社区的分类

虚拟社区有多种分类方法。哈格尔和阿姆斯特朗在他们1997年出版的著作中将虚拟社区分为以下4类。

(1) 交易社区：这类社区主要由买家、卖家和中介商构成，社区的主要目的是为成员间的交易提供便利条件。例如，第二人生集市(marketplace.secondlife.com)就是大型的交易社区。

(2) 兴趣社区：社区由具有相同兴趣的一群人组成，成员们参加这类社区最根本的目的就是和其他人分享和交流大家共同感兴趣的事物。例如，Gardenstew.com就是一个以兴趣社区为特色的网站，Gardenstew.com的兴趣社区聚集了一批园艺爱好者，他们通过聊天室和讨论区交流园艺方面的技巧和经验。

(3) 关系社区：这类社区的凝聚力来自成员们共有的生活经历，这也包括一些专业人士组成的社区，如病友社区、老年人社区、女性社区、家长社区等，我们后面要重点介绍的"肝胆相照"社区就是关系社区的一个例子。

(4) 幻想社区：这类社区的成员们共同营造一个幻想中的世界，他们可以在这里获得一种不同于现实世界的新身份。角色扮演游戏社区就属于幻想社区。

图 5-2　宙也科技基于元宇宙的中心公园虚拟社区场景图

2002 年，艾蒂安·温格尔(Etienne Wenger)等人提出了第 5 种虚拟社区类型——实践社区。

(5) 实践社区：这类社区的成员们对某个议题或者某方面的现实问题有着共同的关切，他们通过持续的互动交流来增进对这一领域的认识并获得专业知识。实践社区可以在组织内部形成，也可以超越组织的边界形成，这类社区是实现集体学习(shared learning)的一种途径。

按照是否允许外人自由加入，虚拟社区还可以分为公共社区、私人社区及混合社区，也有人称其为开放社区、封闭社区和受限社区。第一类社区允许人们自由加入和退出，苹果论坛就属于这类；第二类社区只允许满足特定条件的人(比方说顾客)加入，福特 SYNC 论坛属于这种；第三类社区则需要个人申请注册并且该申请获得管理人审核通过才可以加入，任天堂 3 俱乐部属于这一类。

2. 虚拟社区的价值

虚拟社区的价值可以分为对社区开办者的价值和对社区成员的价值。

1) 对社区开办者的价值

人们创建虚拟社区是因为虚拟社区能给它的创建人提供价值。这些价值不仅仅表现为商业利益，实际上，虚拟社区可以为它的创建者创造至少三种价值：社会价值、商业价值和互动价值。

(1) 社会价值

政府机构、医疗保险公司、专业协会和一些社会团体都可能会在网上组建自助性团体以促进特定社会目标的实现。例如，单身母亲社区、残疾人社区、老年人社区、病友社区、失业者社区等都有助于缓解特定社会问题对社会的压力。小城镇的政府也可能通过组建地区性的虚拟社区来促进当地的社会发展。

(2) 商业价值

企业组建的社区则更看中虚拟社区的商业价值，如增加网站流量、聚集潜在顾客、增加销售、通过社区了解顾客的需求、提供顾客服务、增进顾客的忠诚度等。部分社区甚至还能通过直接交易(社会商务)、提供有偿信息服务、发布广告、社区内交易提成等方法直接取得营业收入。虽然通过经营虚拟社区直接获得利润的事例并不多见，虚拟社区的间接商业价值也很难准确估计，但虚拟社区在增进顾客忠诚方面的效果还是非常显著的。

(3) 互动价值

虚拟社区(特别是虚拟实践社区)还可以用来促进企业员工间的信息共享及科究小组或者学生在研究和学习上的互帮互学。许多跨国经营的大企业都通过建立虚拟社区以增进员工对企业的认同感，增强企业的凝聚力。虚拟企业也经常借助虚拟社区来支持来自不同实体组织的员工间的协作。许多大学课程也有相应的社区增进师生间的交流并在学生中建立起合作学习的机制。

2) 对社区成员的价值

虚拟社区对成员的价值可以分为两大类，关系利益和非关系利益。关系利益指从成员互动中派生出的利益，非关系利益则可以独立于成员互动。例如，可以结交志趣相投的朋友及通过自我表现获取成就感就属于关系利益，而获取信息则属于非关系利益。

虚拟社区本身的价值取决于社区的总规模、社区的历史、社区核心成员的多寡及社区成员的认同感强弱。GeoCities 曾经是世界上规模最大的虚拟社区群之一，拥有几百万的成员，它的前身是创建于 1995 年的数字城市洛杉矶社区，后来因为虚拟城市扩展到了洛杉矶以外的其他地区，所以更名为 GeoCities，它主要通过广告来取得收入。1999 年，GeoCities 被雅虎以 50 亿美元的价格收购。我国最有影响的虚拟社区当属创立于 1999 年的天涯社区，以"全球华人网上家园"为愿景，致力于打造最具影响力的全球华人内容创作和知识分享社交平台。2019 年，天涯社区的注册用户超过 1.3 亿，月覆盖用户超过 2.5 亿，由于拥有大量高忠诚度、高质量用户所产生的超强人气和高质量原创内容，形成了独具特色的天涯社区文化，其开放、包容、充满人文关怀的特色受到国内网民乃至全球华人的推崇。2015 年 8 月，天涯社区挂牌新三板时，市场估值就达到 10 亿元。

访问遥控天地论坛网站(www.rcuniverse.com/forum)，回答该网站是什么人建立的，它的用户主要有哪些人，它提供的价值有哪些？

3. 社区成员交流的方式

社区最本质的特征是成员间的认同感，这种认同感需要经常性的交流来维系。一个学校的毕业生如果很少参加校友会的活动，也很少与其他校友来往，他就不会被认为是校友会成员。互联网为虚拟社区成员间的交流提供了多种便捷的方式，我们分述如下。

(1) 电子邮件列表：社区成员可以通过电子邮件列表围绕共同感兴趣的主题展开非实时讨论。邮件列表的所有者对邮件列表拥有很大的管理权限，可对成员资格进行管理，还可以控制通过列表发布的内容，当然也可选择放弃这些权力，让成员实行自主管理。作为非实时的交流方式，电子邮件列表较少受到社区规模或者容量的限制。邮件列表还允许成员向其他成员个人发送邮件，所以邮件列表的使用其实非常灵活，并不一定局限在一个主题上。

(2) 电子论坛或公告板：电子论坛也是多对多的非实时的交流工具，它与邮件列表的区别在于电子论坛采用的是用户拉动模式，需要参加讨论的社区成员亲自登录到论坛选择他们要阅读的消息。电子论坛通常有版主来管理，版主的职责是提出新话题来活跃论坛气氛、回复社员的咨询及删除掉与主题无关的帖子。电子论坛经常允许非成员发布和浏览信息，所以电子论坛的边界没有邮件列表清晰。功能较完善的论坛允许给其他成员秘密留言，这种功能有助于成员间发展友谊。

(3) 聊天组：聊天组就是有鲜明主题的聊天室，允许用户进行多对多的实时的交流。通过聊天组，社区成员可以快速建立起初步联系。

(4) 聊天工具：是一对一的实时交流工具，已经建立起初步联系的社区成员经常用聊天工具进一步增进友谊。

(5) 多用户虚拟现实系统：多用户虚拟现实系统简称 MUD(Multi-User Dimension)，主要用于在线娱乐社区。MUD 用户通常对社区非常投入，所以 MUD 社区有着极高的稳定性。MUD 用户间的关系要较其他联系方式更加深入和广泛。

(6) 万维网网页：万维网网页对建立一个成功社区助益良多，例如，社区可以利用万维网网页介绍自己，吸引成员参加；社区还可以利用万维网网页展示社区成员的讨论记录并提供方便的检索；社区成员还可以利用万维网网页发布自己的个人信息，方便与其他成员建立联系。

(7) 社会媒体应用：社会媒体应用是社区成员相互交流的一种新方式，它兼具电子邮件列表、电子论坛和万维网网页交流的优点，并且更加人性化，是虚拟社区理想的交流方式。例如，维基可以支持社区成员在内容创作方面进行合作，微博(如 Twitter)可以让成员发布消息及跟踪其他人发布的消息，SNS 则可以让用户了解其他用户(朋友)在 SNS 站点上的动向。

(8) 团队协作软件：如果来自不同地域的社区成员为了达成一个清晰的目标(如从事一个研发项目)必须紧密合作，类似 Asana 和 Slack 这样的团队协作软件就是成员间联系沟通的最佳工具。

(9) 虚拟现实和元宇宙：虚拟现实和元宇宙是支持虚拟社区成员互动交流的一种新途径，它可以模拟现实世界或完全创造出虚构的世界。使用虚拟现实设备，如头戴式显示器和手柄控制器，用户可以身临其境地感受到虚拟世界，与其中的对象进行交互，获得沉浸式的体验。元宇宙社区是一个基于虚拟现实技术构建的虚拟社交空间。在元宇宙社区中，用户可以创造自己的虚拟身份，与其他用户进行互动、交流和合作。这个虚拟社交空间可以是一个凭空创造的虚构世界，也可以是一个现实世界的虚拟版本。用户可以通过虚拟现实设备进入元宇宙社区，参加各种虚拟场景的活动，如虚拟城市、虚拟商店、虚拟会议等，用户可以在其中进行虚拟旅游、虚拟购物或者虚拟参会。此外，元宇宙社区还可以与现实世界连接，例如与社媒、电子商务和其他在线平台进行集成，扩展用户在虚拟和现实世界之间的体验。虚拟现实和元宇宙社区的发展使人们能够超越地理和时间的限制，在虚拟世界中创造、合作和交流。随着技术的进步，虚拟现实和元宇宙社区有望在未来继续发展，为人们带来更加丰富、多样化的虚拟体验。

虽然某些社区会依赖于单一的交流方式或平台，但大多数社区会同时使用多种不同的交流方式，很多时候这些方式甚至可以跨越线上和线下(如面对面的交流)的界限。

4. 虚拟社区礼仪

一般而言，每一个虚拟社区都有自己特定的行为准则，参加这些社区时要仔细阅读这些规则并准备"入乡随俗"，必要时还要通过观察其他成员的行为来增进对这些规则的理解。但是，社区礼仪又有许多共同之处，我们把大多数社区都能接受的网络礼仪称为虚拟社区礼仪，其要点如下：

- 谨记社区主旨，不要发布与社区主题无关的内容。
- 未经许可，不要发布受版权法保护的内容。
- 不要发布赤裸裸的商业信息或者成人内容。
- 应当尊重社区成员，不能对其骚扰、辱骂、威胁。
- 反驳他方观点前应该肯定其可取之处。
- 发表自己观点时，可以考虑使用谦虚的措辞，如"按照我的理解……"。

- 改换话题时，要重新开始话题，而不要答复启发你发言的话题。
- 对社区成员发布的内容要保持清醒的头脑，一些内容可能误人子弟，需要参加者个人具有判断力。
- 如果条件允许，对其他社员的疑难要提供解答或帮助。
- 不要重复发布内容，也不要用闪烁或者滚动方式发布内容。

5. 虚拟社区举例——肝胆相照和House086

据有关部门统计，2023年中国共有8600万乙肝病毒携带者，经常发病人数为2000～3000万，这构成了建立关系社区雄厚的群众基础。

"肝胆相照"（www.hbvhbv.info）正是专门为乙肝患者及乙肝病毒携带者开办的论坛，截至2024年4月14日，该论坛共有注册会员1 078 712名，共发帖4 980 186个。该论坛不仅普及乙肝防治的医学知识，还为成员彼此交流与疾病作斗争的经验提供了一块阵地。以下是该论坛"干扰贺普"子论坛中的一个帖子及其部分跟帖，帖子的缘由是一个网名为"飞龙"的社区成员第一次注射了干扰素。

> 飞龙：今天晚上我第一次注射干扰素 (2003-11-17 19:53:16)
> 今天晚上7点开始注射第一支干扰素，剂量为300万单位，到现在快一小时了，还没有明显的感觉。
>
> KELL：没那么快的，一般4小时后才有反应吧。(2003-11-17 20:33:06)
>
> 飞龙：现在感觉有点肌肉酸痛。(2003-11-17 20:40:37)
>
> 有云：过会儿，温度会升高的！祝你干扰成功！(2003-11-17 20:42:24)
>
> 飞龙：7点钟开始注射，11点体温升到37.3度，13点升到38度，14点升到38.3度。上半夜浑身发冷，下半夜一直出汗，也没有吃退烧药，凌晨5点以后开始退烧了。这种感觉不知道是否正常？(2003-11-18 10:26:04)
>
> wwqm(版主)：正常，继续坚持。(2003-11-18 10:31:38)
>
> 飞龙：在打干扰素之前我一直输甘利欣，前两天已经到了一个疗程，停了，然后改用甘利欣胶囊。我现在开始打干扰素了，请问甘利欣还需要继续服用吗？在输液之前转氨酶为85U/L。(2003-11-18 10:41:04)
>
> wwqm：可以逐步停掉甘利欣. 打干扰素初期要注意定期检查肝功能及血常规，发现问题要请医生及时处理。(2003-11-18 10:48:10)
>
> 飞龙：昨天晚上是我打干扰素的第二针，4小时后感觉有点不舒服，但是没有出现感冒和发热症状，这正常吗？会不会是对干扰素产生耐药性了？(2003-11-19 7:36:24)
>
> wwqm：放松一点. 不要吓唬自己. 刚刚第二针就能产生耐药性？根本不可能。(2003-11-19 9:37:44)
>
> 飞龙：我已经用干扰素7天了，连续打了7针，不见好转，就是感觉腿有点沉重，请问这正常吗？(2003-11-24 23:08:33)
>
> 风中之子：反正干扰素的副作用与感冒类似。坚持吧，只要可以忍受，过一段时间后，可能会好一些，这都是正常反应。(2003-11-25 9:17:19)
>
> 飞龙：我已经连续打干扰素10天了，从第7针开始腿关节就开始酸痛，昨天晚上第10针后痛了一夜，没有休息好，不过胃口还好，脸上的痤疮开始明显消退，气色也好多了。希望这是好的开端……只是浑身酸痛，不知道自己还能忍受多久……(2003-11-27 10:50:32)

> cym06: 飞龙: 我以前也打过干扰素,只是第一天刚打完后几小时有感觉,发热头痛,浑身出汗,第二天就没感觉了,再以后一点事都没了。打完干扰素后经常喝开水,记得我第一针打下去的时候喝了三瓶开水,我觉得喝开水应该有好处,不妨多喝。祝你早日康复!(2003-11-27 21:12:25)
>
> 飞龙: 谢谢你的关心和鼓励,我会坚持治疗的。(2003-11-27 21:53:42)

从以上例子可以看出,成员间的交流是多么可贵,这种交流是其他任何东西很难替代的。

"肝胆相照"是一个相当成功的虚拟社区,它拟订了完善的会员晋级制度来鼓励成员参与,参与多的成员可以晋升到高级别,高级别的成员在社区中拥有更多权限。不过,这一制度还不是该社区成功的关键所在,促使"肝胆相照"声名大振的是 2003 年 4 月 3 日的浙江大学学生周一超故意杀人案,周一超行凶的原因是携带乙肝病毒使他失去了成为公务员的权利,该案在全国引起了很大反响。"肝胆相照"论坛以此为契机展开了公关活动,社区领导人成功地说服了社区成员对该事件给予密切关注。周一超案发后的半年时间中,"肝胆相照"从一个默默无闻的社区发展壮大成为一个具有全国影响力的大社区。

该论坛还提出要为乙肝病毒携带者争取工作的权利,2003 年 11 月 20 日,论坛的一位网名叫"小谷子"的版主向全国人民代表大会常务委员会等单位提交了加强乙肝病毒携带者立法保护的建议书,要求对全国各地公务员限制录用乙肝病毒携带者的规定进行审查。该建议书征集了 1611 人签名,旨在争取各地政府修改录用公务员的体检标准。该事件获得了国内大量媒体的关注,又一次为"肝胆相照"社区做了很好的宣传。一年后,新的《公务员录用体检通用标准(试行)》规定,"乙肝病原携带者经检查排除肝炎的,为合格",这在很大程度是"肝胆相照"虚拟社区的功劳。

访问"肝胆相照"社区(www.hbvhbv.info),体会该社区的特色,思考该社区成功的原因有哪些?

2013 年 8 月,新浪微博上的超级大 V 李开复不幸身患淋巴癌。消息传出后,引起了网民广泛关注。9 月 12 日,一条"开复老师,同样的病痛也曾经或正在折磨我们的身体,却始终未曾撼动我们的意志!所有的痛苦都会成为遥远的过去,生命涅槃,必将绽放更耀眼的光芒,战胜病魔,我们与你同在,消灭 086,你不是一个人在战斗!——淋巴瘤之家小伙伴携手网易公益频道敬上"的发帖让淋巴瘤之家(www.house086.com)这一病友社区浮出水面。086 是社区成员对淋巴瘤的戏称,这一行话既显示出病友对疾病的藐视,也展现出了整个社区乐观向上的精神风貌。House086 由一名身患霍奇金淋巴瘤的年轻人顾洪飞在 2011 年 3 月创建,半年之内社区的成员数就突破了 4000 人。2023 年 11 月 5 日,淋巴瘤之家网站首页显示"这里已有 125 503 名病友与你并肩作战",社区论坛的发帖总数超过 266 万条,几乎每天都会有 500 条以上的发帖与回复,这个虚拟社区成为激励淋巴瘤病友与病魔顽强斗争的精神家园(见图 5-3)。

图 5-3　媲美"肝胆相照"社区的虚拟社区 House086

5.2.2　虚拟社区营销的作用

虚拟社区具有的商业价值源于社区成员对社区的忠诚，而这种忠诚又来自成员间彼此的信赖。罗家德认为，虚拟社区的经济价值体现在以下两方面。

(1) 虚拟社区创造合作经济。合作经济的基本点在于成员间的相互作用可以创造新的价值。例如，人们对刚进入市场的产品经常有不同反应，其中超前用户是这样一种人，他们需求的产生比市场上的大多数用户早，他们在使用新产品时经常能在市场上起带头作用，这些人恰好常常是虚拟社区的活跃分子。消费者组成的社区让成员可以彼此交流他们使用新产品的体验，超前用户的意见有助于其他用户发现他们自己的相同需要。厂商还能从用户的交流当中捕捉到改进产品或营销策略的思路，用户也能相互交流解决问题的经验。这些对厂商都是极其宝贵的。例如，思科公司的用户能从社区交流中学习到很多东西，他们甚至能自己解决使用思科产品时碰到的许多问题，这大大地解放了思科的工程师，可以让他们有更多时间去做开发工作。

(2) 虚拟社区推动关系营销。我们知道关系的维系可以分为不同层次，其中社会层次的关系比经济层次的关系更稳固。虚拟社区充分考虑到消费者在社会交往上的需求，因此特别适合发展社区创建人与社区成员及社区成员之间的社会层次关系。在这种关系下，企业和消费者可以增进彼此的了解，进而建立起相互信任，消费者便很可能成为企业的忠实顾客，为公司带来交易额以外的价值，如推荐新顾客、为公司提供反馈意见等。

5.2.3　虚拟社区营销的方法

1. 创建虚拟社区的步骤

开展虚拟社区营销最好能够自己创建一个虚拟社区，利用已有的虚拟社区开展营销会受到他人制定的各种条条框框的约束，使虚拟社区营销的潜力无法充分发挥。创建虚拟社区一般需要经历以下步骤。

确定创建社区的目标：虚拟社区可以实现不同的营销目标，例如，通过社区聚集潜在客户、直接撮合买卖、通过社区做广告或者调查、为现有客户提供技术支持、通过高质量的论坛提升企业形象等。在创建虚拟社区前，必须确定企业希望通过社区达到的目标是什么。有了目标，才会有努力的方向和评价的标准。

确定潜在客户群：建立社区之前，还需要明确社区的潜在客户是谁，将来的核心成员会是什么人，主要成员和边缘成员又是什么样的人？通过确定潜在客户群，企业实际上也界定了社区的边界。社区没有边界，就不会有中心，也就不会有凝聚力。

确定社区的主题和类型：划定客户群之后，企业就可以着手选定社区的主题。对同一批潜在客户人群，存在许多个主题选项，就好比同样是大学生的社团却可以有轮滑协会、街舞协会、围棋协会等名目。企业必须确定，潜在用户共同的利益和兴趣是什么？如果用户的共同兴趣有好几个，也可以考虑在社区中设立若干个子讨论区。在确定社区主题时还需要考虑是否存在类似的社区；如果存在，企业还需要制定自己的竞争策略。社区成员通常有较高的忠诚度，想让他们放弃原来的家园是很困难的。

建立最初的内容：精选一些有趣的可供讨论的问题，相当数量的参考资料库等，这样，最早到来的用户才不会认为这里尚未投入使用。

社区的前期推广工作：社区建成后，必须立即做一些基本的前期推广工作来启动社区，这包括通知企业的员工和已知的用户加入社区，开始社区的运营。

2. 阻碍社区发展的因素

社区在发展过程中经常会碰到一些问题，如信任问题、机会主义问题等，我们分述如下。

信任问题：信任问题包括社区成员和管理人员间的信任和成员间的信任两个方面。典型场景如下。

社区成员在加入社区时要决定是否要成为注册成员。注册意味着要向管理人提供个人的电子邮件地址、人口统计资料、个人爱好等信息。提供这些资料表示出新成员对社区管理人的信任，如果这种信任没有被辜负，新成员就能获得成为社区成员的纯收益；但管理人的确可能会在利益的驱使下出卖成员的资料从而辜负成员的信任。当管理人选择对社区成员发布的内容不加管理的时候，他也表示出了对社区成员的信任，如果成员滥用这种信任在社区中发布垃圾信息甚至违法信息时，社区将会受到牵累。

一个成员向其他成员征求意见时，他相信其他成员会以实相告，但一些成员为了赚取经验积分而在自己并不熟悉的问题上比较随意地发表见解。与其他成员发生交易时，买方相信卖方没有隐瞒产品的质量缺陷。当某些成员向另一个成员推心置腹时，他相信对方不会把自己的隐私泄露给他人。

机会主义问题：社区成员虽然有共同的利益，但为实现这些利益却需要大家付出努力。如果多数社区成员抱有不劳而获的搭便车心理，机会主义的问题就会出现。典型场景如下。

在以共享信息为主要价值的社区中，社区成员都希望从社区获得有价值的信息，但社区的绝大部分信息都来自社区成员自己，如果成员只想索取，而不愿意以真知灼见回馈社区，社区必然会萎缩。

每个成员在有疑难问题时都会向社区求助，但答复问题需要时间和精力上的投入，如果每个有能力解答疑问的人都指望别人去解答，则成员的疑问将得不到解答。

冲突问题：在任何社区，都会存在社区成员的利益不完全一致的情况，这样在一定条件下就可能出现利益冲突的问题。

成员因为见解不一而出现争论,最后争论升级引发人身攻击,这样的事情在社区中并不罕见。在阿里巴巴的以商会友社区中还曾出现过社区成员因为相互猜疑而试图去攻击对方电脑的事件。

忠诚问题:大的社区中可能出现小的派别,某些小派别还可能会希望脱离母社区另立山头。其他社区的成员可能也会进入社区来招募成员,即使被招募的成员并不脱离原先的社区,也会因精力分散而减少对原来社区的投入。

企业必须妥善解决好以上问题,虚拟社区才能不断发展壮大,最终达到可以自我维持、自我发展的临界规模。

3. 发展壮大虚拟社区的方法

企业可以通过以下方法来发展和壮大社区。

向社区提供价值:社区的组织人应当为社区成员提供真实的价值,例如免费的网页空间、电子邮箱等;另外,社区的组织人还要支持客户自我服务,创造价值。网络用户通常对特定主题有着浓厚的兴趣并且渴望与志趣相投的人交流,所以对社区进行必要的管理使社区主题明确,这本身就有益于提升成员的满意度。

建立激励机制,形成讨论组的核心:在一个讨论组中,大约有 85%~90%的用户是只浏览信息而从不发表的局外人,有 10%的人会积极参与,而只有大约 2%的人会成为社区讨论的核心人物。核心人物在社区中有相当的知名度,他们的帖子有很高的点击率,他们对社区相当忠诚,为社区作出贡献时他们很有成就感。培养这样一些中坚力量对社区的发展壮大有深远的意义,企业可以考虑以某种形式给这些人一定的回报来表彰他们对社区的贡献,例如,给他们赋予更多的管理权限,或者给他们提供一些打折的产品,甚至是直接提供某种奖励或报酬。在著名的 GeoCities 社区,雅虎招募志愿性的"社区领袖"(community leader)负责监督社区网页内容,并为 GeoCities 社群新手提供制作个人主页的建议和指导。作为交换,雅虎为社群领袖提供更多的硬盘空间供其构建自己的网站,同时每月给他们发放吉奥分(GeoPoints),社群领袖可以用吉奥分换购吉奥商店(GeoStore)中的商品。

培养社区文化:好的社区文化会减少社区的冲突,吸引新成员的参与。为培养社区文化,管理者首先要以书面形式对一些基本的行为守则和社交礼仪做出约定。其次,管理者还要通过积极参与和有效管理引导社区文化的形成,对不当行为要加以谴责或做出某种处罚。观察发现,社区中一些暗语对形成社区的认同感很有帮助,如一个孕妇的社区用 DH(darling husband)表示老公,儿童聊天组中用 P911 表示父母在场(parental emergency)。

保证社区的稳定和安全:用户喜欢安全可靠的社区。只有用户觉得一个社区足够稳定,才会主动把该社区的地址告诉给志趣相投的人。笔者曾经在千龙伊氏网站上开设过一个名叫"电子商务第二课堂"的俱乐部,并主动邀请一些电子商务界的同好参加,但该网站的服务器在一段时间里运行很不稳定,结果许多人反馈他们经常无法登录到该网站,这样的社区恐怕内容再好也不会有很多人参加。阿里巴巴的以商会友论坛曾经是个很不错的商人社区,但有一次服务器发生故障,导致从前存储的数据全部丢失,幸好阿里巴巴在 Google 的帮助下,在短时间内成功地恢复绝大部分数据,否则后果不堪设想。所以,为降低风险,管理者有必要对社区的内容定期进行备份。

组织成员的见面会:组织社区成员见面会是增进成员间信任程度、提高社区成员归属感和社区凝聚力的极其有效的方法,一些地理分布广泛的社区常分地区组织社员见面会,使彼此邻近的社员有真正相识的机会。

4. 利用主题虚拟社区开展营销

利用商业社区开展营销有两种情况，一种是利用商业社区开展营销，另一种是利用其他社区开展营销。

网络上有很多专门的商业社区专门为会员彼此交易提供支持，例如易贝(www.ebay.com)就是以拍卖为特色的虚拟社区。企业在商业社区中从事商业活动名正言顺，企业可以在所在社区规则允许的范围内，开展市场调查或者发布商业信息。商业社区又可以分为 B2B、B2C、C2C 和混合社区等多种类型，一些社区还允许参与者直接进行交易，稍后将讨论利用拍卖社区和电子商城进行销售的问题。

在非商业社区开展营销则需要谨慎从事，按照虚拟社区的礼仪，企业不得从事与社区主题无关的活动，在这种条件下，企业必须运用软销售的技巧来开展营销活动。软销售(soft selling)是面对面销售中常用的一种销售策略，它的出发点是销售人员不可唐突地对陌生顾客展开推销，而是要按照一定的礼仪去接触对方，打消对方的戒备心理，赢得对方的信任，最后达到销售目的。可见，软销售并非网络营销的专利，许多行业的销售人员都把软销售技巧当作他们必学的一课。软销售并不神秘，当一个空调销售人员用一个轻松的话题与潜在顾客搭话，同时耐心等待有关空调产品的询问，他采用的就是软销售的技巧。不过，在非商业社区营销过程中，软销售几乎是唯一的选择，原因是在互联网商业化以前，互联网上就已经形成了一种独特的文化，这种文化鄙视无视网络礼仪的赤裸裸的推销行为。在许多时候，即便企业自己是社区的创建人，可以不受限制地在社区中发布商业信息，但企业从自己的长远利益考虑，也会选择一种比较间接的软销售的方式，例如，照常发布与主题相关的帖子，而利用帖子的签名档发布简短的商业信息。这么做的效果有时候会好得出奇，原因是在这个过度商业化的社会里，如果人们发觉一个企业看重的是他们的需要而不是他们口袋里的货币的时候，一定会对这家企业另眼看待，优先选择与这家企业做交易。

5.3 电子商城营销

电子商城(cybermall，e-mall 或者 Internet mall)是由第三方提供的供商家开展网上销售的一个平台。电子商城也可能附属于某个互联网门户网站，这些网站通过提供新闻、检索、娱乐游戏、免费信箱等服务吸引大量的访问者。亚马逊、淘宝、京东及拼多多都是有名的电子商城。电子商城在网上销售中占有非常重要的地位，中国信息通信研究院 2024 年 6 月发布的《中国数字经济发展研究报告(2023)》显示，2023 年，我国电子商务交易额为 46.8 万亿元，比上年增长了 9.4%，全国网上零售额为 15.42 万亿元，近 5 年累计增长 45.1%，其中实物商品网上零售额占比达到 27.6%。

5.3.1 加盟电子商城的利弊

1. 加盟电子商城的好处

与一开始就开办独立的电子商务网站相比，加盟电子商城有以下 4 点好处。

(1) 企业加盟电子商城需要的先期投入少，可以迅速启动，并且退出容易。建立一个功能完善的电子商务站点花费不菲，所以对多数中小企业来讲，借助第三方提供的电子商城服务迅速启动业务是一个不错的选择。加盟电子商城可以给企业提供一个开展经营活动的较高起点，例如，许多小企业不具备接受信用卡支付的条件，但电子商城可以使加盟的所有商家都可以即刻接受这一支付方式。同时，假如管理层认为所选择的项目风险较大，那么也可以考虑采取加盟电子商城的策略，加盟电子商城可以避免过多的沉积成本支出，在项目无法继续时，可以很方便地退出。

(2) 电子商城服务商通常技术力量雄厚，所以交易处理系统的安全性更有保障。信息系统运行的可靠性对企业的经营业绩影响很大，斯蒂芬·朗瑟(Stephen Lunce)在一项研究中发现，大多数企业估计哪怕他们的信息系统每年停止运转的时间只有15天,他们就将为此损失一半的销售额[1]。电子商城服务商在他们的服务合同中通常会包含所允许的系统宕机时间方面的条款，多数服务商有把握将宕机时间控制在0.1%以内。

(3) 电子商城的可见度高，有专业的营销支持。有的企业虽然有能力建设自己的电子商店，但他们的经营规模却不足以支持一系列的营销推广活动。为使商店有足够的客流，加入电子商城，分享服务商的营销推广支持就显得更为必要。另外，加盟电子商城的众多商家可以为客户提供一站式购物的便利，产生集聚效应，从而吸引更多客流。

(4) 加盟电子商城的企业可以依托网上知名品牌，提升自身的信用度。网上消费者非常看中商家的品牌和信用度，许多人宁愿花更多的钱也要选择在他们信得过的知名企业的网站上购物。建立品牌并非一朝一夕的事，而且需要很大的投入，因此，借用电子商城服务商的品牌开展自己的网上销售业务就成了众多不知名企业的一种很现实的选择。

2. 加盟电子商城的坏处

加盟电子商城虽然有诸多好处，但从长远看，加盟电子商城对企业发展也有很多不利的影响。

(1) 企业要向电子商城服务商交纳费用。这笔费用通常由固定费用和佣金提成两部分组成，例如，加入亚马逊的 zShops 商城，企业需要每月支付 9.99 美元的固定费用和从 1%到 5%不等的佣金，如果企业通过亚马逊进行交易的结算，则要另外支付 4.75%的佣金。这些费用会削弱企业商品的竞争力。

(2) 企业在电子商城的平台上经营，不利于发展自己的客户基础，也不利于企业建立自己的在线品牌。在电子商城的平台上经营有些类似贴牌生产或者租赁柜台经营，企业虽然可以在短期内获得一定的现金流入，但从长远看，会失去获得品牌溢价的机会。

(3) 在电子商城平台上经营的商家会对商城产生依赖，在经营合同发生变更时讨价还价能力欠缺。例如，2021年5月起亚马逊大力度整治刷好评行为，以违反规定向消费者讨要好评为由，对平台上超过5万个中国卖家实施封店制裁，中国跨境电商行业损失销售总额超千亿元，一批头部出口跨境电商企业受到影响，天泽信息(有棵树)、傲基、帕拓逊、通拓科技、泽宝、泽汇、赛维时代、蓝思科技、宝视佳、万拓等都在被封之列。

5.3.2 加盟电子商城的策略

企业在选择加盟电子商城时需要考虑以下因素。

电子商城的品牌。著名的电子商城虽然会收取更高的费用，但这些费用与它们提供的利益相比往往是值得的，好的电子商城不仅提供更全面的服务，而且可以吸引更多流量，网上消费者宁愿支付更高的价格，也愿意在信得过的电子商城中购物。

---

[1] Stephen Haag, Maeve Cummings, James Dawkins. Management Information Systems for the Information Age[M]. 2nd. New York: McGraw-Hill Companies, Inc., 2000.

电子商城的入驻商家。正像传统商城中所发生的那样，电子商城中入驻的商家可以通过外部效应形成合作营销，入驻一个商城的商家越多，商城规模越大，便可以聚集更多的人气。因此，企业应该优先选择规模大的商城。

合同条款。企业加盟电子商城时，双方会签订一份内容详尽的加盟合同，规定双方的权利和义务，在这里，企业应该优先加盟给企业较大自由空间的电子商城。如果选择正确，企业不仅可以从电子商城得到更详尽的相关信息，还可以使企业在电子商城的商店与企业的其他业务商店(如独立的电子商店或者在其他电子商城中的商店)相互配合。

另外，为规避单一平台风险，加入平台的企业还可以考虑将部分资源分散投向不同国家、不同类型的多个平台，比方说经营跨境电商的企业在入驻亚马逊之外，同时入驻速卖通、TEMU 等国内出海平台或者 TikTok 在东南亚开办的电商平台。

5.3.3 淘宝开店入门

在中国的电子商城中，阿里巴巴旗下的淘宝(www.taobao.com)可谓首屈一指的豪门。淘宝 2023 年财报显示，截至 2023 年底，在淘宝上持续经营 10 年以上的网店数量就已超过 170 万家，而在 2023 年一年中新增的网店数量达到了惊人的 512 万家，其中包括 130 万个 00 后商家。毫不奇怪，在淘宝开店对一些普通民众而言几乎就是电子商务的代名词。一些学校，特别是一些高职高专院校，甚至把在淘宝开店纳入了电子商务或者网络营销的教学计划，一些学校甚至允许学生把所开网店积累的信誉转化为学分。久而久之，一些年轻人就形成一个错误印象，以为在淘宝开店就是网络创业，可以足不出户地赚大钱。实际上，淘宝不过是许多电子商城中的一个，在淘宝开店就是在这个虚拟商城里经营一个虚拟铺面。不过，虽然在淘宝开店充其量只能算是生存型创业，但是在淘宝开店确实可以提高学生的实务操作能力，避免理论与实践的脱节。因此，我们有必要对在淘宝开店的过程有一个了解。

在淘宝开店的第一步是制定一个网店经营计划，这相当于一个简单的商业计划。计划的内容应该包括：经营的品种、进货渠道、营销战略、竞争战略、财务计划、人力资源计划及发展计划等。好的计划是经营成功的关键一步，而好的计划一定要建立在大量的市场调研之上，因此，在开店之前，要先在淘宝商城潜水一段时间，通过间接调查和直接调查尽快熟悉市场。

有了周密的计划，店铺的开张是很容易的事，只需要按照网站上的说明按部就班地去操作，通常在半小时内就可以搞定。店铺开张后的网店装饰、网货采购、网店布货、客户服务、交易管理、订单处理及纠纷处理等相对要复杂很多，学习曲线比较陡峭，随着经验的不断积累，处理这类事务的效率会明显提高。

网店经营过程中技术含量比较高的环节应首推网店的导流，即如何为网店获得更多的有效访问量。对新开张的网店而言，淘宝直通车是一个可以快速见效的推广工具，由于淘宝直通车实际上是淘宝站内的搜索竞价排名机制，搜索引擎营销的技巧在这里仍然适用。不过，淘宝直通车有自己特殊的营销工具可用，如淘宝指数(shu.taobao.com)。除了淘宝直通车，诸如返利网这样的外部导流网站也可以为网店带来部分流量，并且这种流量是按照实际产生的销售来计算费用的，所以对网店的风险更小。此外，电子邮件营销、社会媒体营销、线下广告等也能为网店带来一些流量。对于几乎每一个淘宝店主而言，刷单都是一个很大的诱惑，可能快速为网店带来流量，但这种做法一是违反了网络营销伦理，二是可能被淘宝虚假交易稽查系统发现而导致被降权，因此，刷单并不是吸引流量的好办法。长期而言，网店都必须不断壮大自己的忠诚客户基础，这样才能降低营销成本，提高网店的竞争力。

最后，经营者要对网店的运营数据进行持续监测，不断总结运营中的经验，吸取教训，做到持续改进。

经营淘宝网店要特别注意的一点是要防止对淘宝平台的过度依赖而被淘宝平台锁定。要做到这点，淘宝店主就需要准备多个经营渠道，如其他电子商城上的网店、独立的电子商店、传统店面，有可能的话还可以逐步创建自己的产品或服务品牌。淘宝网店的成败很可能最终还是取决于进货成本和人工成本，而这些是大部分年轻的大学生所欠缺的。

5.4 网上拍卖

除了加盟普通的电子商城，企业还可以考虑参与网上拍卖市场。网上拍卖市场可以被看成一种特殊形式的电子商城，在这里，买卖双方通过竞投标来形成商品的成交价格。与传统的销售渠道相比，拍卖能够以较低的营销成本迅速出清货物。互联网为拍卖提供了一个崭新的舞台，它不仅节省了拍卖的成本，而且提高了拍卖的效率。如今，网上拍卖不仅用于个人之间买卖二手商品，许多消费品厂商和工业品厂商也把拍卖当作一个有效的销售渠道来看待。同时，我们注意到电子商城和网上拍卖市场日趋融合，许多原先开办电子商城服务的商家开始提供网上拍卖服务，而原先以网上拍卖为主业的商家也开始提供电子商城服务。因此，我们有必要专门考察网上拍卖的特点及公司利用网上拍卖来拓展市场时会遇到的管理问题。

5.4.1 网上拍卖的适用范围

作为传统拍卖在互联网上的对应物，网上拍卖也具有传统拍卖所具有的多种不同形式。

(1) 英式拍卖

无论在网上还是网下，英式拍卖(English Auction，Straight Auction, Yankee Auction)都是最流行的一种拍卖形式。在英式拍卖中，出价人的出价逐次上升，直到无人出价为止，最后一个出价人以他报出的价格获得拍品。英式拍卖具有出价逐步上升和公开报价的特点。目前，以 eBay 为代表的大多数拍卖网站都是以英式拍卖为主的网站。

英式拍卖有一个变种称为美式拍卖，这是当同样的拍卖品有多件时允许出价人指定购买数量的英式拍卖。在美式拍卖的出价结束后，出价最高的人得到他想要的数量，如果此时拍卖品还有剩余，剩下的拍卖品将分给出价次低的人，以此类推，直到所有拍卖品分配完为止。需要注意的是，在美式拍卖中，所有人都按可以得到拍卖品的最低出价成交。

(2) 荷兰式拍卖

荷兰式拍卖(Dutch Auction)也叫降价式拍卖，是一种比较特殊的拍卖形式。在荷兰式拍卖中，拍品的价格从一个很高的起拍价格(即最高期望价格)开始自动向下浮动，如果在浮动到某个价格时有竞拍者愿意出价，则该次拍卖即成交。因此荷兰式拍卖的竞价是一次性竞价，即在拍卖中第一个出价的人成为中拍者。网上荷兰式拍卖一般用于拍卖周期较短(如几小时)的拍卖。荷兰的鲜花市场一直采用这种拍卖运作方式，eBay 目前也支持荷兰式拍卖。荷兰式拍卖的最大优点是成交速度极快。

(3) 密封递价式拍卖

在这种拍卖方式中，投标方只能出价一次，在整个投标过程中，投标人不知道参与竞标的有哪些人，更不知道他们的报价情况，拍卖商是唯一能看到各投标者投标价格的人。最终标的由报价最高的人获得。封闭式拍卖(Sealed-Bid Auction)有一种改良形式，称为密封递价次高价拍卖，又称为维克瑞拍卖[①]，维克瑞拍卖的过程和普通的密封递价式拍卖类似，差别仅在于出价最高的投标人得到标的的成交价格是第二高的竞标价。维克瑞拍卖受到经济学家青睐的原因是这种拍卖形式能够鼓励投标人透露他们的真实意愿，降低了出价人串通的可能，使卖家可以获得更高回报。

(4) 复式拍卖

众多买方和卖方同时向市场提交他们愿意购买或出售某项物品的价格和数量，然后电脑对这些出价迅速进行撮合，按照成交量最大的规则形成当时的成交价。复式拍卖(Double Auction)可以封闭进行也可以公开进行，它更适合于那些具有标准质量的拍卖品。证券市场、农产品交易所和金属交易所都是复式拍卖的典型范例。

除了上面提到的几种常见的拍卖形式外，人们还针对一些特殊的场合设计出了许多种有趣的拍卖形式，如盎格鲁-荷兰式拍卖(Anglo-Dutch auction)，这种两阶段的拍卖先采用加价式拍卖，直到剩下最后两个竞买者，然后用密封递价式拍卖决出最终的中标者。

网上拍卖像互联网上开展的其他商业活动一样，可以有效地突破时间和地域界限，更有效地组织拍卖，使拍卖标的在更大程度上实现其价值，更好地体现出公正、公开、公平的拍卖原则。

在线拍卖相对于传统拍卖的优势主要体现在以下几个方面。首先，在线拍卖的参与者更加广泛。因为突破了时间和地域的限制，所以网上拍卖可以吸引更多人参加，这对拍卖的成功是极其重要的。其次，在线拍卖活动的组织成本显著降低，这使得更多品种的商品和服务可以成为拍卖标的，同时少量商品也可以拿来拍卖。再次，在线拍卖可以连续进行，而传统拍卖出于成本考虑通常都有一个拍卖的间隔周期。最后，在线拍卖的信息发布更为完善，借助于智能代理软件或中介机构的服务，买卖双方都可以很方便地追踪正在发生的拍卖；传统的拍卖则需要提前展开宣传，这需要很高的费用。

不过，在线拍卖也有自身的局限性，这主要体现在两个方面。一方面，买方无法亲临现场对拍卖标的进行审查，所以无法准确把握商品的质量。另一方面，在线拍卖中的欺诈现象比较严重，eMarketer 所做的一项调查表明网上拍卖中的欺诈是最常见的在线犯罪，互联网欺诈观察组织(Internet Fraud Watch)的研究也证实了这一结果。

因为网上拍卖兼有优势和劣势，所以并非所有企业都适合参与网上拍卖。一般而言，网上拍卖尤其适用于以下几种情况。

- 网上拍卖特别适用于具有符号价值的商品，如收藏品。某些收藏品对于具有收藏爱好的少数人群具有很高的价值，但对于普通大众而言却没有什么吸引力。因为收藏爱好者广泛分布在世界各地，所以通过网上拍卖形成一个全球的收藏品市场对实现收藏品价值至关重要。
- 网上拍卖更适用于 B2B 市场，B2C 拍卖成功的关键是吸引足够多的最终用户参与拍卖，这通常比较困难，但 B2B 则可以通过邀请到行业中的重要买主而形成市场。B2B 拍卖还经常用来处理积压产品、闲置设备和其他呆滞资产，拍卖使得这些资产的流动性大大增强。
- 网上拍卖还适用于不易存储的短寿产品，如猪肉、羊肉或者鲜花，通过拍卖销售这些产品可以加快产品的流通速度。

5.4.2 网上拍卖的主要管理问题

决定要把网上拍卖作为一个销售渠道的企业需要考虑以下几方面的问题。

[①] 威廉·维克瑞(William Vickrey)因为对这类拍卖的研究获得了 1996 年的诺贝尔经济学奖。

（1）拍卖方式的选择。作为一种主流的拍卖方式，英式拍卖可以满足大部分企业的需求，因为英式拍卖是人们最熟悉的一种拍卖方式，所以可以吸引更多的人参加，这就可以增加拍卖商品的流动性。但是，在特殊情况下，企业可以考虑使用其他的拍卖方式，例如，在拍卖短寿产品时，可以考虑使用荷兰式拍卖，这可以最快地出清货物。在一些极端的情况下，企业甚至可以自己专门设计一套拍卖规则。

（2）最低保留价的设置。企业为拍品设置最低保留价通常有两个目的，一个目的是防止意外的低价出现，另一个目的是用较低的价格鼓励人们参与。如果企业想通过保留价达到前一目的，则可以隐藏该保留价，否则，企业应该通过公布最低价来鼓励人们参与。最低保留价的水平设置不当会给企业造成损失。保留价过低会给竞买者发出一个错误信息，使他们倾向于叫出较低的价钱，这必然会使拍品以较低的价格成交。相反，如果保留价过高，会打击人们参与的积极性，降低拍品的流动性。

（3）买断价的设置。买断价的意思是任何参加拍卖的人可以以该价格一举获得该商品，显然，买断价是拍卖人对拍品的最高期望价。对于只有一件的商品而言，该价格可以鼓励志在必得的竞买者以这一价格买下拍品，对于有多件库存的商品而言，买断价非常类似于"建议零售价"。企业通常会设置稍高的买断价来鼓励竞买者出价，同时，像"建议零售价"一样，稍高的买断价还可以增加中标者的满意程度。

（4）对欺诈的防范。EMarketer 和互联网欺诈观察机构(Internet Fraud Watch)的研究都表明，网上拍卖是欺诈活动最猖獗的一个领域，因此，打算将拍卖作为销售渠道的企业必须采取措施以免成为欺诈的受害者。企业可以采取以下措施来保护自己：

- 使用有保障的支付方法，如信用卡支付或者一些流行的第三方支付系统，这些支付方法可以保证企业收到货款。
- 利用拍卖网站的评级系统对用户的信用进行评价，依据用户的信用记录来选择交易方式，如对信用不良的用户一定要坚持款到发货，对新的用户则可以考虑授予小额的信用。
- 使用担保系统或者其他中介服务，像 Escrow.com 这样的中介机构可以为拍卖的各个参与方提供保障。

本章内容提要

网络营销无须自建网站也可以进行，无网站的网络营销主要包括电子邮件营销、虚拟社区营销和社媒营销。

电子邮件营销是最常用的网络营销方式之一，它最大的优势在于保持老顾客。签名档和自动应答器是电子邮件营销的两种基本工具。电子邮件营销的常见策略包括列表管理策略、创意策略、群发策略、频次和时机策略及安全策略，在具体操作上也有一些技巧，如 A/B 测试。虽然垃圾邮件营销有一定实用价值，但从长远看许可电子邮件营销无疑更为可取。电子杂志营销是许可电子邮件营销的一种，电子杂志的推广对电子杂志营销的成功非常重要。

虚拟社区是社群在网络世界的对应物，常见的虚拟社区有交易社区、兴趣社区、关系社区、幻想社区和实践社区 5 种。虚拟社区营销有很多种，电子商城营销和网上拍卖都是虚拟社区营销的具体表现形式。虚拟社区的发展面临着信任不足和机会主义等一些问题，营销者可以通过建立激励机制、形成社区核心、培养社区文化、维护社区安全及组织离线活动等措施来发展和壮大社区。利用电子商城开展网上销售具有进入门槛低、退出容易、能获得专业的技术和营销支持及可信度高等优点，但从长远看费用较高，而且对企业创建自主品牌不利。网上拍卖比传统拍卖有很多优势，网上拍卖市场已经成为一个有效的常规销售渠道。参加网上拍卖的企业要选择适当的拍卖方式、设置好起拍价和买断价，还要注意防范欺诈。

复习思考题

1. 电子邮件营销长期以来一直是最重要的网络营销方式之一，但近年来却增长乏力，有一种观点认为电子邮件营销会被其他新兴的网络营销方式所取代，你如何看待？
2. 在电子邮件营销中，电子邮件礼仪发挥什么作用？
3. 电子邮件营销在国内的重要性不及国外，你认为其中的原因有哪些？
4. 什么是 A/B 测试？A/B 测试要如何操作？
5. 你认为是否存在善意的垃圾邮件，应该如何看待垃圾邮件营销？
6. 电子邮件营销是否会完全取代直邮营销？
7. 虚拟社区为什么有巨大的商业价值？
8. 虚拟社区营销重新崛起的原因主要有哪些？
9. 在淘宝开店获得成功的必要条件有哪些？
10. 你碰到过通过刷单吸引流量的淘宝店吗？你是怎么发现的？我们应如何看待刷单现象？
11. 拍卖都有哪些形式？它们各适用于哪些场合？
12. 为什么网上拍卖市场可以成为一种常规的销售渠道？

> 扩展资源

请扫描右侧二维码获取扩展资源。

扩展资源

参考文献

1. Mark Schaefer W. Belonging to the Brand: Why Community is the Last Great Marketing Strategy[M]. Louisville: Schaefer Marketing Solutions, 2023.
2. Brenda Kienan. 21 世纪智能商务解决方案——电子商务[M]. 天宏工作室，译. 北京：北京大学出版社，2001.
3. John Hagel Ⅲ, Arthur G. Armstrong. Net Gain: Expanding Markets through Virtual Communities[M]. Boston: Harvard Business School Press, 1997.
4. Uwe Matzat，Henk de Vos. Online Communities: Which conditions make them successful? 全文可在 https://www.academia.edu 下载.
5. Philip Kotler, Gary Armstrong, Sridhar Balasubramanian. Principles of Marketing [M]. 19th ed. Hoboken: Pearson Inc., 2023.
6. 塞思·戈丁. 许可营销——将陌生人变成朋友，将朋友变成顾客[M]. 罗美惠，马勤，译. 北京：企业管理出版社，2000.
7. Kim Arnold. Email Attraction: Get what you want every time you hit send[M]. Yarmouth: Rethink Press, 2021.
8. Chad White S. Email Marketing Rules: 184 Best Practices to Optimize the Subscriber Experience and Drive Business Success[M]. Independently published , 2023.
9. James Perry T, Gary Schneider P. 电子商务新视野[M]. 陈锡筠，刘建昌，译. 北京：清华

大学出版社，2002.

10. 罗家德. 网络网际关系营销[M]. 北京：社会科学文献出版社，2001.

11. 刘向晖. 从许可营销看 21 世纪的营销策略创新[J]. 经济师，2003(4).

12. 莎侬·金纳德. E-mail 营销[M]. 陈铁晶，译. 北京：中国三峡出版社，2001.

13. 冯英健. Email 营销[M]. 北京：机械工业出版社，2003.

14. 曹麒麟，张千里. 垃圾邮件与反垃圾邮件技术[M]. 北京：人民邮电出版社，2003.

15. 乔治·邓肯. 直复营销：互联网、直递邮件及其他媒介[M]. 杨志敏，杨建民，译. 上海：上海人民出版社，2003.

16. 曹媛媛. 社群营销策略与实战[M]. 长春：吉林大学出版社，2020.

17. 戴建中. 网络营销与创业[M]. 2 版. 北京：清华大学出版社，2019.

18. 蓝荣东. 网上开店与创业[M]. 2 版. 南京：南京大学出版社，2019.

19. 贾真，鬼脚七. 淘宝运营速成指南：电商军规 81 讲[M]. 北京：电子工业出版社，2018.

20. Charles Dennis, Tino Fenech, Bill Merrilees. e-Retailing[M]. New York: Routledge, 2004.

21. Kath Pay. Holistic Email Marketing: A Practical Philosophy to Revolutionize Your Business and Delight Your Customers [M]. Yarmouth: Rethink Press, 2020.

22. Herschell Gordon Lewis. Effective E-Mail Marketing: The Complete Guide to Creating Successful Campaigns[M]. New York: AMACOM, 2002.

23. Jan Zimmerman. Web Marketing for Dummies[M]. 3rd. Hoboken: Wiley Publishing, 2012.

24. Matthew Paulson. Email Marketing Demystified: Build a Massive Mailing List, Write Copy that Converts, and Generate More Sales(3rd edition)[M]. Sioux Falls: American Consumer News LLC, 2022.

第6章 基于网站的网络营销

本章学习目标

学习本章后,你将能够:
- 运用利益相关者理论框架分析网站建设目标。
- 了解网站设计的基本思路。
- 了解网站建设的基本过程和主要问题。
- 了解选择域名的主要标准。
- 运用测试站点对网站性能进行测试。
- 掌握网站推广的主要方法,熟悉搜索引擎营销的主要问题。
- 熟悉常用搜索引擎营销工具的使用。
- 了解病毒营销的概念和基本方法。
- 掌握在线销售的产品选择和定价策略。
- 了解个性化网站的利弊。
- 了解全渠道营销的概念。

在许多人眼里,电子商务就是建立企业网站,尽管这一看法过于简单化,但恰恰也说明了企业网站在电子商务和网络营销中所具有的特殊地位。基于网站的网络营销的基本内容是建设网站、推广网站及利用网站完成特定的营销任务。

6.1 网站的基本概念

6.1.1 网站的概念

广义的网站包括 Gopher 站点、Web 站点和 FTP 站点,但现在所说的网站一般指万维网站(website、web site 或者 Web site),是指可以通过浏览器访问的某个服务器上存储的一组文件及附属的数据库,文件组中可能包含文本文件、超文本文件、多媒体文件及应用程序文件,可以通过网页上的超链接实现文件间的跳转。不同网站的外观、规模和功能可能会有很大差别,有的网站设计得十分考究,有的做工却极其粗糙;大型网站可以包含数万个网页,小型网站可以不足十个网页;有的网站只能发布静态信息,有的网站却可以实现在线交易,并且支持许多个性化功能。

网站主页通常是网站域名所对应的网页,它的文件名一般为 index 或者 default,扩展名则可能是 html、htm、asp、php、jsp 等。网站主页通常是整个网站的入口，因此是网站中访问量最大也是最重要的页面。不过，如果知道内容页面的 URL 或者通过其他页面(如搜索引擎结果页面，SERP)上的链接，访问者也可以跳过主页直接进入网站的内容页面。根据 Netcraft 公司发布的实测数据，2023 年 1 月，全世界共有 1 132 268 801 个网站，其中活跃网站为 202 900 724 个(表 6-1)。我国网站数量总体呈下降态势，根据 CNNIC 发布的《第 53 次中国互联网络发展状况统计报告》，截至 2023 年 12 月，我国共有网站 388 万个，虽然较两年前的 418 万减少了 30 万个，但较 2022 年底的 387 万比已经有所回升。从表 6-1 中可以看出，从 2018 年到 2023 年的 5 年中，虽然全球网站总数在持续减少，但活跃网站数却一直在增加，说明人们对网站作用的认识在不断提高，网站不再是组织的"面子工程"，而要能为组织目标的实现真正发挥作用。2024 年初，网站总数和活跃网站总数都较一年前出现了较大幅度的下跌，背后的原因很可能与社会媒体的崛起有关。

表 6-1　2018—2024 年的全球网站数量

时间点	网站总数	活跃网站数
2018 年 1 月	1 805 260 010	171 648 771
2019 年 1 月	1 518 207 412	182 185 876
2020 年 1 月	1 295 973 827	189 000 000
2021 年 1 月	1 197 982 359	199 533 484
2022 年 1 月	1 167 715 133	198 988 100
2023 年 1 月	1 132 268 801	202 900 724
2024 年 1 月	1 079 154 539	192 375 760

数据来源：https://siteefy.com/how-many-websites-are-there/，2024 年 4 月访问.

6.1.2　网站的分类

根据建设网站所采用的技术，我们可以把网站分为静态网站、动态网站、无线网站和虚拟现实网站。根据网站所有人的不同，网站又可以分为个人网站、政府网站、企业网站和非营利机构网站等类型。企业网站通常又可以分为营销网站、公关网站和交易网站三类。

1. 按照采用的技术分类

按照建设网站采用的技术不同，可将网站分为静态网站、动态网站、移动网站和虚拟现实网站。

(1) 静态网站：在用户访问网站的过程中服务器端没有应用程序(通用的服务器程序除外)运行的网站称为静态网站，它的特征是网站主页通常是以 htm 或者 html 为扩展名的文件。静态网站并不是所有内容都静止不动的网站，它可以包含动画，也可以包含多媒体文件，文件中甚至可以包含在客户端运行的小脚本。

(2) 动态网站：在用户访问网站的过程中服务器端有数据库应用程序运行的网站称为动态网站，它的特征是网站主页通常是以 asp、php 或者 jsp 为扩展名的文件，网站页面通常根据指令通过调用数据库动态生成。

(3) 移动网站(mobile website)：移动网站是更适合通过手机访问的万维网站点，从前，设计移动网站要使用一种特殊的无线标记语言(WML, wireless markup language)，随着无线通信技术的发展，新的 WAP 版本 WAP2.0 已经开始支持 XHTML 和 CSS，这不仅提高了移动网站的可用性，还使网站的设计变得更为容易。目前，主流的移动万维网浏览器都支持 HTML5 语言，这就使用户可以用手机访问普通网站。由于手机已经成为当前最流行的上网工具，许多网站开始采取移动优先的建站思想，即优先考虑网站在移动万维网浏览器上的显示效果，这就使得移动网站与普通网站的区分逐渐失去了意义。

(4) 虚拟现实网站：基于虚拟现实技术的网站，它使用 X3D(3D computer graphics)及 VRML(virtual reality modelling language)来创建三维立体效果，虚拟现实网站被认为在广告、产品陈列台、虚拟社区、历险游戏、虚拟旅游方面具有很大的应用潜力，但受各种因素限制，虚拟现实网站目前仍然比较少见。

2. 企业网站的分类

按照开办企业网站的目的及网站实现的功能不同，企业网站可以分为营销网站、公关网站和交易网站 3 大类型，其中营销类网站最为普遍，营销网站还可以进一步分出若干小类。

1) 营销网站的类型

营销类网站的主要功能是展示公司的产品和服务、开展促销活动或者提供顾客服务，可分为以下几种类型。

(1) 信息手册型网站：网站最基本的功能就是充当企业网上的宣传手册和产品目录，早期的网站大多属于这种类型。这种网站制作和维护容易，也非常实用，既可以介绍公司的产品和服务，也可以介绍公司的基本情况。与印刷的手册相比，网站更新容易，传播更广，并且费用相对低廉。信息手册型网站的目的并不在于取代手册，而是作为手册的一个补充，这样既可以分摊编辑费用，又可以发挥两种媒体各自的优势；毕竟，印刷的手册画质更精良，并且携带方便，这都是网站所不具备的优点。

(2) 客户服务型网站：企业可以利用网站实现与客户的双向沟通，向客户提供技术支持服务。开办技术服务型虚拟社区也有利于为客户提供增值服务，软件公司还经常利用网站为客户提供软件升级的机会。

(3) 虚拟社区型网站：这类网站的主要目的是支持虚拟社区，进而利用虚拟社区开展营销，比如说做市场调查或者发布促销信息。

2) 公关网站

公关网站可以办成宣传手册型网站，可以办成虚拟社区型网站，还可以办成媒体型网站。另外，企业文化型网站也属于公关网站的一种形式。企业文化型网站的目的一是打造积极向上的企业文化，二是改善企业的公众形象，例如，酒厂可通过开办宣扬文明饮酒的文化型网站来塑造公司勇于承担社会责任的正面形象。

3) 最具代表性的交易网站

营销网站的目的是推广公司的产品和服务，而交易网站则本身就提供增值服务。最有代表性的交易网站有电子商店型网站、服务型网站、媒体型网站、门户型网站、工具型网站和商务平台型网站等几种类型。

(1) 电子商店型网站：这种网站是企业的一个在线分销渠道，可以作为其他分销渠道的补充，也可以独当一面地发挥作用。这类网站不仅制作不易，运营费用高，而且可能涉及解决渠道冲突等一系列管理难题，所以目前这种网站比较少见，通常由纯网络公司或者零售企业开办。

(2) 服务型网站：与电子商店型网站在线销售产品不同，服务型网站靠在线提供某种服务取得收入。例如，游戏网站在线提供娱乐服务，数据库网站在线提供信息服务。

(3) 媒体型网站：这类网站把互联网作为一种新媒体来经营，它既可以是传统媒体的在线版本，也可以是全新的网络媒体。

(4) 门户型网站：通过提供搜索、新闻和免费电子邮件服务，网站可以被办成网络用户上网的入口网站，这类网站可以获得很大的访问量。

(5) 工具型网站：为访问者提供工具书查询、文件下载等服务的网站，如提供天气预报服务的天气频道(weather.com)及提供在线字典服务的海词词典(dict.cn)。

(6) 商务平台型网站：这种网站为交易的发生提供平台和支持服务，如电子商城类的网站或者拍卖网站。

6.1.3 网站的功能

网站是功能强大的营销工具，它可以实现多重营销功能，最重要的功能包括信息发布、信息收集、信息交流和网上直销。发挥这些功能可以促进公司销售、客户服务和公共关系目标的实现。

1. 企业网站最基本的功能是发布信息

用户访问网站的主要目的是了解公司的基本情况、产品和服务，企业网站可以利用文字、图片和多媒体发布这些信息。产品展示是信息发布的一种形式，但信息发布的范围不限于产品展示。网站是一个信息载体，在法律许可的范围内，企业可以发布一切有助于提升企业形象、提供顾客服务及促进销售的企业新闻、产品信息、各种促销信息、招标信息、合作信息甚至人员招聘信息等。因此，拥有一个网站就拥有了一个强有力的宣传工具。对于难以用网页展示的信息(如技术白皮书等)，企业也可以利用网站为用户提供文件下载。

2. 网站另一个非常有用的功能是收集信息

企业收集用户资料的一个最基本方法是会员注册，公司可以利用注册页面主动收集顾客和潜在顾客的基本资料。即便对于没有注册为会员的用户，公司也可以结合网站的具体内容和结构，通过签语块技术和网站访问日志，分析了解到用户在网上的浏览习惯。此外，公司可将网站作为市场调查工具，通过网站上的在线问卷，主动开展有关消费者偏好或者顾客满意度之类的市场调查，获取第一手的市场资料。最后，公司还可通过提供免费邮箱服务、免费下载软件或资料、开办或支持开办虚拟社区、订阅电子期刊等方式收集用户信息。

3. 利用网站还可以实现与用户的信息交流

网络是一种支持双向沟通的工具，这对于客户服务和网上调查非常有用。企业可以利用聊天室回答客户咨询或者进行焦点小组访谈，如果使用语音聊天或者电视会议则效果更佳。当然，网站通过提供通信地址、800 电话号码、社媒账号、电子邮件地址来支持其他联系方式的作用也是不容忽视的。

4. 网站还可以成为企业促进销售的重要工具

网上销售是直接销售的一种高级形式，它在方便支付、有针对性地进行促销、提供增值服务等方面具有优势。当然，对于为避免渠道冲突而无法开展网上销售的企业，网站还可以支持店面销售、目录销售、人员销售等其他销售方式。企业可以使用网站发布优惠券进行促销，也可以通过在线订货、店面取货的方式进行销售。在支持目录销售方面，顾客通常可以通过网站预定产品目录或预览产品目录。企业的一线销售人员经常需要许多多媒体资料的支持，有些资料随身携带很不方便，并且无法及时更新，这时，允许这些销售人员通过访问本公司网站获得这些资料就是非常有用的。

6.1.4 企业拥有网站的利弊

1. 拥有企业站点的利益

一些读者可能已经注意到,企业网站的绝大部分功能都可以通过无网站网络营销甚至是传统营销实现,那么,创建企业营销站点的意义究竟在哪里?实际上,网站的主要用途不在于做从前无法做到的事情,而在于把从前能做到的事情做得更快、更好、更省。

例如,就信息发布而言,虽然电子邮件、虚拟社区也可以作为公司向外发布消息的渠道,但只有网站可以充当公司对外宣传的永久基地。网站不仅给希望了解公司及其产品的人提供了获取信息的便利,还能节省公司大量的宣传费用。企业拥有营销网站还有以下好处:

- 利用服务器端程序完成与客户更大程度的互动;
- 有效搜集访问者的资料;
- 提供客户服务;
- 对传播方式和交易过程拥有最大程度的控制权;
- 实现整个交易过程的电子化;
- 支持无网站的网络营销和网络广告。

2. 拥有企业站点的弊端

并非每个企业都拥有网站,因为网站为企业带来的不完全是利益,也会带来一些麻烦。

一方面,创建、维护和运营一个企业站点不仅需要数目可观的前期投资,而且意味着持续进行投入,而在相当长的一个时期内,它带来的利益可能无法反映在现金流上。如果不对此有一个清醒的认识并做好充分准备,那么网站的建设便常常是虎头蛇尾,因为后期投入不足,网站维护便可能停顿。一个疏于维护的网站不仅不能实现原先预想的目标,还可能适得其反,使公司的形象受到损害。因此,为有效控制风险,提高网站项目成功的可能性,公司管理层有必要在项目启动前对项目进行投资收益分析(ROI 分析)。

另一方面,企业站点还会被一些对企业具有威胁的利益相关者所利用,企业必须对此有充分的认识并能根据情况采取一些有针对性的措施,关于这点我们将在 6.2.1 节做较深入的讨论。

6.2 企业网站的建设

6.2.1 企业网站建设的利益相关者分析

1. 问题的提出

现有的网站规划过于强调对网站直接目标的分析,认为只要弄清了设立网站的目标,企业网站的内容问题就可迎刃而解。这种考虑问题的方法过于简单,因为它忽视了企业内外错综复杂的联系,没有估计到网站的发布会产生一些始料不及的外部效应。例如,一个企业希望建设一个在线销售的网站,为扩大销售,企业在网站上为访问者提供了可以很容易检索的详尽的产品信息、周到的服务及诱人的价格,但企业可能忽略了以下一些问题。

首先是渠道冲突的问题,企业开展直接销售必然会影响经销商的业绩,从而引起经销商的不满,甚至导致经销商对本企业产品的抵制。其次,企业的竞争对手也是企业网站的常客,网站日志的分析结果表明,竞争者光顾企业网站的频率甚至比企业最忠诚的顾客光顾的频率还要高许多，竞争者会对网站的内容进行深入细致的研究，从中搜罗有价值的竞争情报。这一观察在以下案例中得到说明。

福建永春县蓬壶镇的永光工艺蜡烛有限公司创建于 1999 年，主要从事工艺蜡烛的生产，产品远销欧、亚、非 20 多个国家。工艺蜡烛的制造工艺并不复杂，产品的竞争力主要来自新颖别致的造型；一款精心设计的新品工艺蜡烛一旦被竞争对手看到，不出几小时，竞争对手就会生产出同样的产品。仅在同永春相邻的德化县，就有与永光公司类似的工艺蜡烛厂 1000 多家。因此，尽管永光工艺蜡烛有限公司非常希望通过网络销售更多的产品，但从来不敢把最新的产品搬上网。永光的担忧很有道理，因为研究竞争对手的网站毕竟是搜集竞争情报的第一手段。

永光工艺蜡烛有限公司的案例有一定代表性，许多制造业、服务业的企业都有类似的顾虑。因为企业建设网站的初衷常常是支持市场营销、提供客户服务或者开展在线销售，依照目标分析的思路，国内企业网站在内容上往往偏重企业的自我宣传，当然比较优秀的网站会把顾客需求放在头等重要的位置。实际上，经常光顾企业网站的不单有企业的顾客和潜在顾客，还可能有形形色色的其他人群：股东、供应商、竞争者、所在社区的居民、员工、媒体等。这些人群抱着不同的目的访问网站，他们希望企业也考虑到他们的需求。这些人群被统称为企业的利益相关者。

2. 利益相关者理论概要

利益相关者的概念最早出现在 20 世纪 30 年代美国有关企业的社会责任问题的讨论中，这一概念几经沉浮，直到 1984 年爱德华·弗里曼(Edward Freeman)教授的《战略管理：利益相关者分析》一书出版后才被人们普遍接受。该书正式将利益相关者理论引入战略管理领域，引发了一场管理理论和公司治理理论的革命。

利益相关者是指所有能够影响公司的决定、政策和运作或者受公司的决定、政策和运作影响的个人或人群。从前，企业的利益相关者及企业与利益相关者间的关系都还比较简单，IBM 的主席托马斯·J. 华生(Thomas J. Watson)在 20 世纪 50 年代曾经把管理层的任务描述为平衡一个由员工、顾客和股东组成的"三条腿板凳"，员工、顾客和股东正是这一时期企业要考虑的利益相关者。但 20 世纪 70 年代以来，随着企业经营环境的不断变化，企业的利益相关者关系变得日益复杂。如今企业的直接利益相关者就包括员工、所有者或股东、顾客、供应商、竞争者、分销商及债权人，间接利益相关者则包括所在社区、社会活动家、媒体、商业促进团体、外国政府、本国各级政府及公众。更广泛意义上的利益相关者还包括其他物种、人类尚未降生的下一代，甚至还有恐怖分子。许多学者对把恐怖分子也包括在内视为笑谈，但恐怖分子通过 9·11 事件给这些人上了生动的一课；9·11 事件在一段时间内影响了美国的空运，许多采用 JIT 生产方式的企业因此停工待料，深受其害。

企业不同的利益相关者对企业有着不同的期望，同时他们对企业施加影响的方式和力度也不同。企业如果能够处理好与利益相关者的关系，利益相关者就会表现为推动企业前进的力量。如果任何利益相关者对企业的期望得不到满足，他们对企业的影响就会表现为一种破坏力，使企业经营遇到麻烦。依照企业利益相关者表现为合作因素或者威胁因素的可能性大小，还可以把企业的利益相关者分为以下 4 类。

(1) 支持型利益相关者，他们倾向于与企业合作。
(2) 威胁型利益相关者，他们倾向于对企业造成威胁。
(3) 混合型利益相关者，他们与企业合作或者对企业造成威胁的可能性都大。
(4) 边缘型利益相关者，他们与企业合作或者对企业造成威胁的可能性都不大。

利益相关者理论要求企业管理层在经营决策中妥善处理与不同利益相关者的关系，平衡他们正当的权益要求，抵制他们的非分要求，争取利益相关者最大程度的合作以便实现企业的战略目标。

3. 企业网站的利益相关者分析

因为企业的经营思想和经营业绩关系到公司各利益相关者的切身利益，所以企业的利益相关者通常都会关注企业的经营活动，而企业网站作为企业在互联网上的窗口，自然会吸引企业的利益相关者频频来访。企业必须利用网站这一前沿阵地，运用各种可能的技术手段，来统筹兼顾不同利益相关者的正当需求，使利益相关者成为企业的推动力量。用利益相关者理论指导企业网站的建设可以分为以下步骤实施。

(1) 识别企业的利益相关者。
(2) 分析各利益相关者的要求、判断它们的合法性并分析各利益相关者的类型。
(3) 判断将不利因素转变为有利因素的可能性，采取措施促进转变。
(4) 按优先级别、平衡地满足各利益相关者的要求，争取利益相关者最大程度的支持。

表 6-2 列出了企业网站最重要的利益相关者、利益相关者访问企业网站的目的、影响企业的方式及企业建设网站时应该对利益相关者采取的态度和策略。

表 6-2 成功企业网站必须考虑的利益相关者(Stakeholder，SH)

SH 类型	SH	SH 访问企业网站的目的	SH 影响企业的方式	企业对 SH 的态度和策略
支持型	所有者/股东	了解公司经营动向；为公司决策提建议	买卖公司股票；行使表决权和检查公司报表的权利	支持他们参与公司治理，利用网站为他们提供充分支持
支持型	员工	了解公司经营动向；测试网站；在后台工作并取得支持	积极工作、散布消息、怠工或跳槽	为员工提供舒适的工作平台并利用内部网(Intranet)提供培训机会
支持型	顾客	在产品周期各阶段(需求、购置、保有、退役)取得支持；与其他顾客分享经验	传播购物体验、转向竞争对手或投诉	以生命期价值(LTV)分析为基础进行顾客管理，提供优质服务并承诺保护顾客隐私，解除顾客的后顾之忧
支持型	商业伙伴	进入外部网(Extranet)实现数据的即时共享	终止合作，转向与竞争者合作	精诚合作，通过供应链管理实现双赢
混合型	所在社区	了解公司动态和用人信息	中断往来，游说政府规范公司	为社区发展提供服务，与其建立友好关系，取得支持
混合型	竞争对手	获取竞争情报；寻求合作机会	竞争或合作	防范和争取相结合，积极寻求合作机会
威胁型	网络黑客	盗取公司机密、获得非法经济利益、删改甚至损毁公司网站内容	非法侵入公司网站后台系统	采取安全措施，加强自我保护；采取措施降低网站对黑客的吸引力
边缘型	社会公众、媒体	偶然光顾，了解公司动态信息	媒体宣传、游说政府部门规范公司	和平共处，关注公众态度的重大变化

4. 利益相关者分析对企业网站建设的启发

从以上分析可知，公司网站其实提供了公司与利益相关者联系沟通的一个界面，网站的好坏常常折射出公司内部经营管理的好坏。所以使网站成功的根本途径是加强包括战略管理和运作管理在内的内部管理,失败的公司不可能办出优秀的网站,公司和公司网站间的关系正如我国古人所说的"皮"和"毛"的关系,毛必须附着在皮上才能生存。通过对网站的利益相关者进行分析,将可以正确处理公司内部管理和网站建设的关系,从而为我们改进网站建设提供借鉴。

(1) 公司网站应该围绕所有重要利益相关者的期望制定建设方案,而不能仅考虑某一个利益相关者。2000年以来许多网络公司失败的案例告诉我们,许多网站失败的最重要或者说最直接的原因是失去了员工和投资者的支持,骨干员工跳槽及投资者拒绝追加投资是网站失败最常见的原因。

(2) 不论网站采取哪种建设方案,都无法使全部的利益相关者同时感到满意。一种解决方案是同时建设若干相互链接甚至相互独立的网站服务于不同的利益相关者。美国一家从事保险业务的百年企业丘博(Schubb)就为不同的利益团体开办了不同的网站。美国石油和天然气巨头雪佛龙公司(Chevron Corp)甚至专门面向儿童开办了一个展示玩具车的网站以培养下一代用户对公司的好感。

(3) 对特殊的利益相关者群体采取特殊的策略,尤其注意对公司股东、公司竞争对手和网络黑客的策略。首先,公司股东是公司的依靠力量,那些长期持有公司股票的忠实投资者更是如此。公司网站应该给他们通过公司报表、公司内刊了解公司经营现状的机会,并鼓励他们为公司发展出谋划策。问题的关键是为防止竞争对手轻易获得本公司的有关资料而需要对股东身份进行认证。其次,对公司的竞争对手要辩证地看待,公司与竞争对手也可能结成有条件的战略联盟;战略联盟的形式包括合资公司、虚拟企业和价值链伙伴关系,所以对竞争对手首先要争取合作,同时采取措施不让自己的商业情报被对手轻易获取,这可以通过识别竞争对手的IP地址和浏览习惯进行有针对性的防范,例如前文提到的永光公司就可以考虑将新品信息向国外的IP地址开放而对国内的IP地址封锁。最后,网络黑客是企业在互联网上的敌人,但公司应该以企业网站安全为重,采取以防守为主的策略进行自我保护,例如可以考虑采取降低网站对黑客吸引力的方法;国内曾经有一家家电上市公司以为自己的安全系统无懈可击,便悬重赏叫板黑客前来攻击,结果是搬起石头砸自己的脚,系统很快被黑客攻破,该上市公司不仅因此在业界颜面尽失,在消费者眼中的形象也大打折扣。

(4) 万维网要和Intranet及Extranet配合才可以满足员工和商业伙伴的信息需求,而满足他们的愿望并得到他们的支持对企业的成功绝对是不可少的。因此企业建设网站的同时,也要加强内部信息系统的建设,并设法与商业伙伴共同发展外部网。

综上所述,利益相关者分析可以对我们建设网站的思路提供许多有益的借鉴,因此在对网站的评价标准中我们还应该加上至关重要的一条:满足利益相关者的正当要求。

6.2.2 投资预算

随着信息技术的不断进步,网站开发的费用较从前已经大幅下降。1999年美国小企业建设网站的平均花费为7.8万美元,而建设顶级网站的费用通常为200万至500万美元,一些网站的花费甚至超过了1000万美元,如Kmart公司创办Bluelight.com网站就花费了多达1400万美元。如今,开发网站的费用已大幅下降,一个普通企业网站的建设费用和第一年的维护费用通常可以控制在5000美元以内。在中国,一个像样的企业网站的初期建设费用和第一年的维护费用则可以控制在5000元人民币以内。不过,建设网站不是万维网营销的全部费用,网站推广和运营的花费比网站建设更多。信息技术的发展压低了软件和硬件的费用,但网站的推广和运营要花费大量的人力,而人力成本几乎是持续上升的。

由于网站在规模、性能和网站建设方案上存在差异，网站建设的费用在绝对数值上可能相差悬殊，不过，以下费用构成具有普遍的参考意义[①](见图 6-1)。

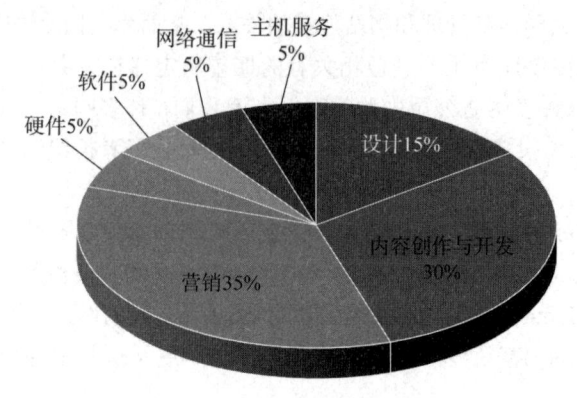

图 6-1　网站建设的费用构成

6.2.3　网站的内容设计

网站的内容取决于网站的目标，企业需要为不同的利益相关者提供不同的内容，尽管网站的具体内容千变万化，但好的网站内容的标准却基本一致。评价网站内容的好坏一般有以下 5 条标准。

(1) 权威性：内容出自谁手？谁负责审核这些内容？审核的标准是什么？

(2) 客观性：建设网站的目标是什么？信息发布人是态度中立的还是有党派之见？网站的主要受众群体是哪些人？

(3) 背景：网站提供的信息全面吗？有没有提供信息的背景资料？跟该网站链接的网站是哪些网站？

(4) 准确性：信息的来源有没有注明？信息的真实性能否被验证？

(5) 时效性：信息是否反映了事态的最新发展？网站更新的频率如何？

因此，网站的内容编辑在制作内容时也必须考虑以上 5 个方面。

一般而言，由公司自己提供的有关本公司及其产品的信息是权威的，公司对于行业现状和前景的分析也会相当专业。问题在于访问者是否相信公司的网站会提供客观全面的信息，因为访问者通常都会怀疑公司的分析或者披露属于自我宣传或具有自我标榜性质。

在编制网页内容时，还需要考虑搜索引擎优化的需要，以下内容策略有助于网页获得较好的排名。

- 围绕两到三个关键词短语安排内容，这样，可以使页面内容在对这两三个关键词短语的搜索中得到较高的相关性评价，而相关性是决定页面搜索结果排名的最重要因素。
- 使用一些软件工具或者工具网站(如 www.wordtracker.com)来研究特定关键词的使用频率，争取选择最有效的关键词，同时避免过于宽泛的关键词，如"解决方案"等。
- 页面的字数应该在 250 个字以上，页面太短会使访问者很快离开该页面进入其他页面，从而降低访问者的满意度且不利于访问者产生购买行为。不过，页面也不可太长，一般应该限制在两屏以内。

---

① Kenneth C. Laudon, Carol Guercio Traver. E-commerce 2021-2022: business, technology, society[M]. 17th ed. Essex: Pearson Education Limited, 2022: 232.

6.2.4 网站的结构和导航设计

在一个陌生的环境中,如果没有地图,游人一定会迷失方向。万维网空间是一个非常复杂的网络,访问者可以很容易地在页面内、页面间或者网站间来回跳转,这使得导航具有头等的重要性。不论网站的内容有多精彩,网站推广做得多么成功,离开了良好的导航,访问者也会迷失在网页的迷宫里。

网站的导航可以通过主页上的导航条、全文检索框和网站地图来实现。这三种方法各有优势,而且也不相互排斥,所以经常被结合起来使用。导航条使用起来最便利,但因为空间关系,主页只会将最重要的板块列入导航条。全文搜索可以使网站访问者迅速定位感兴趣的内容,并且网站管理人员还可通过搜索日志分析消费者的兴趣。但全文搜索很容易出现信息过载的情况,并且因为检索词可能存在多种不同表达而使得检索结果并不全面,最大的缺点是,无法使访问者从整体上把握网站的结构。在这种背景下,网站地图就成为网站改善导航性能的一个重要工具。

网站地图是简洁地展示网站总体信息结构的一个特殊页面(见图 6-2),使消费者在一个页面上就将网站的整体布局一览无余,还可以帮助搜索引擎的蜘蛛程序更好地完成对网站的索引。可见,网站地图可以帮助访问者更快地到达目的地,并且在网站中自由穿行而不会迷失方向,从而显著改善访问者的网站访问体验,提高网站的搜索引擎友好性。根据 Jakob Nielsen 在 2002 年所做的一次调查,超过 45% 的网站都使用了网站地图来帮助导航。考虑到存在许多只有几个页面的小型网站,这个比例是很高的。

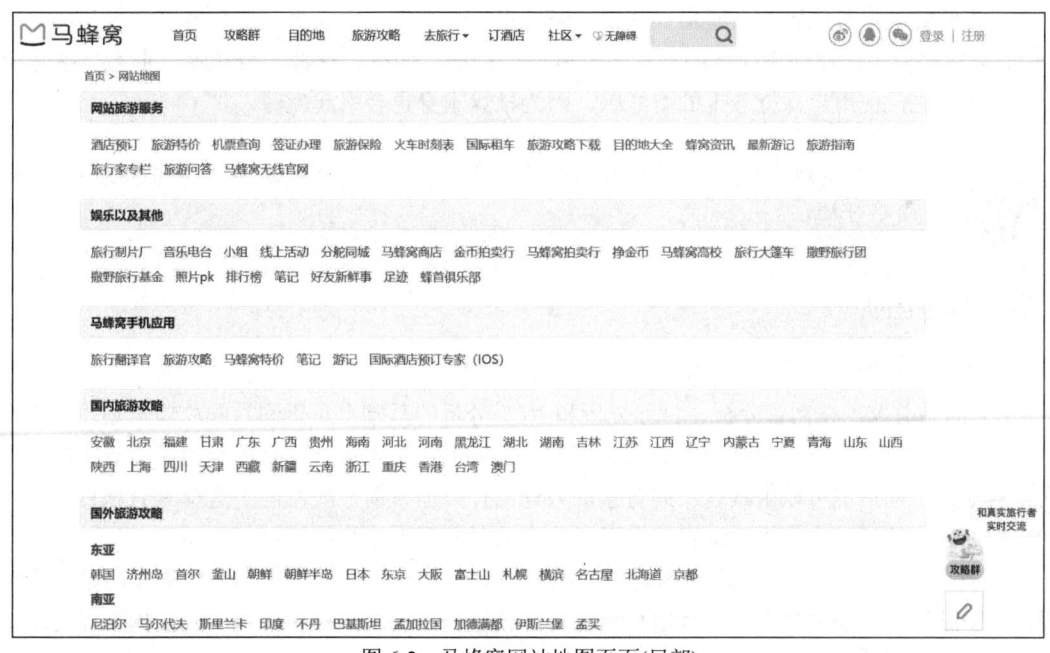

图 6-2 马蜂窝网站地图页面(局部)

为使网站地图发挥最大效果,网站地图应该成为导航条上的一个项目。网站地图页面最好直接使用"网站地图"作为名称,别出心裁地为网站地图页面构思其他名称很可能是画蛇添足,根据调查,63%的有网站地图的网站使用了"网站地图"这一名称。网站地图页面要尽可能避免使用动态元素,动态设计只会干扰访问者判别方向。网站地图可以包含一个以上的层次,但是不应该过分冗长,有人建议网站地图的长度应该保持在两屏半以内。

6.2.5　网站的美学设计

作为万维网基础的超文本标记语言具有强大的排版布局能力，这使早期的网站设计倾向于把平面美学效果作为中心任务之一，如今，多数人开始把更多注意力投向网站的信息内容、信息结构和网站的可用性。不过，网站的美学效果很可能会超出审美体验本身，因为光环效应(halo effect)的存在，富有美感的网站会让访问者相信网站背后的企业也一定实力非凡。网站的美学设计主要涉及平面布局、字体效果、图形用色、动画效果等可见部分，即一些人所说的网站视觉识别系统所包含的内容。不过，从广义上讲，如果网站使用了背景声音，则也应该考虑其美学效果。

美学设计应该注意以下几个原则。

(1) 系统原则：网站美学应该从整体上考虑，绝不能将各部分割裂开来评价美观程度，所以即便一个图片单独看起来有惊艳之美，只要它与页面中的其他视觉元素不能很好地搭配，那么，设计师也要顾全大局，忍痛割爱。进一步讲，系统原则还要求网站的各个页面也要相互协调，用连贯的风格在顾客心目中建立起统一的形象。

(2) 简洁原则：简洁的就是美的，在效果相同的条件下，要使系统中的视觉元素尽可能少。复杂会引起疲劳，疲劳使人不悦，而且复杂的设计如果把握不好还容易给人支离破碎的感觉。经验表明，用于网站背景、表格背景、文字色彩、图片色系的标准色彩不宜超过三种，太多则让人眼花缭乱。标准色彩要用于网站的标志、标题、主菜单和主色块，给人以整体、统一的感觉。标准色彩以外的其他色彩只能作为点缀和衬托，绝不能喧宾夺主。保持图形用色简洁还有一个附带的好处：可以通过大幅增加图像压缩比来减小文件，提高页面下载速度。

(3) 层次原则：在保持简洁的前提下，网站的动静、明亮、深浅、分辨率、曲直、字体等可以适度变化，使用户保持一定的新鲜感，因为枯燥本身也会引起疲劳。

> 仔细观察你经常访问的三个网站主页，对它们的美观程度进行排名并做一简单评述。

6.2.6　组建团队

网站建设和管理团队一般应由以下人员组成。

(1) 网站总监：在需求分析、目标分析和 ROI 分析的基础上负责网站的总体策划；在建设网站的过程中负责质量的控制和专业人员间的分工协调；负责运营计划的制定和监督实施。网站总监根据不同情况可以由具有不同背景的人选出任，但目前一般倾向于选择具有项目管理、计算机工程、信息科学及媒体编辑等多学科背景的复合型人才担任。

(2) 程序员：负责以数据库应用为中心的程序编写。该工作虽然大部分集中在网站建设阶段，但网站运营过程中也需要持续的技术支持，修正新近发现的技术漏洞，或根据市场变化对网站功能做局部调整。

(3) 网站管理员(Webmaster)：简称网管，负责网站服务器端的设置，保证网络的可靠连接，对网站内容定期做出备份，测试并优化网站的性能，并对系统的安全性承担主要责任。

(4) 信息结构设计师：信息结构设计师的职责包括：确定元数据，即内容页面的模板；确定内容页面上应该包括的项目，如发布日期、作者、摘要、关键词等；确定网站的浏览结构；确定网站的搜索性能；保证页面安排的可读性；保证页面的可用性。

(5) 图像设计人员：负责图片的获得、艺术效果和下载效果的处理。

(6) 网站内容编辑：负责网站内容的采集、创作、编辑排版、校对、日常发布、联系和管理作者群体、主持虚拟社区、联系网站访问者等。大的网站或者内容驱动的网站常常需要将网站内容编辑细分为编辑、校对人员、作者、制版和版面主持(版主)等不同工种。

在网站建设和管理团队中，网站总监的角色最关键，因为计划的好坏是项目能否成功的关键。网站总监通常要由既懂管理又通晓网络技术的人来担任，所以网站总监最好有电子商务和编辑专业的背景。除总监外，其他人员对网站的重要性大体相当，目前普遍存在一种重技术轻编辑的倾向，这是十分有害的，因为信息发布是网站的最基本功能，网站所发布的信息质量的高低对网站是至关重要的，同时内容的编辑制作绝不是少数人想象中的简单劳动，它一样需要专业的训练、经验甚至天赋。以下是深圳某公司所招聘的网站运营人员的工作内容和职位要求。

电子商务专业学生的职业前景：某科技公司招聘网站运营人员

职位 英语网站运营(2023-11-22 发布)

工作所在地：深圳市

工作内容：

1、负责公司网站及产品的运营工作，根据市场需求制定市场营销及推广方案，并进行效果跟踪分析和优化调整；
2、跟踪行业热点，分析网站排名，进行关键词调研、筛选及优化，并收集竞品信息等；
3、网站内容运营，包括主题策划、撰写、编辑、发布及优化；
4、拓展网络红人、社媒、第三方网站合作，挖掘潜在合作机会，提升品牌曝光度；
5、网站活动方案策划，根据需求进行网站促销活动策划、上线及效果监控。

职位要求：

1. 1年以上网站运营，海外推广相关经验；
2. 具备良好的英文读写能力，英语六级(专四)及以上；
3. 工作认真细致，责任心强，思维灵活；
4. 团队意识强，能和公司共同发展；
5. 有 Google SEO 从业经验者优先。

信息来源：智联招聘网

到招聘网站查看近期发布的你感兴趣的电子商务专业相关岗位的工作内容和职位要求，思考你如何才能满足这些岗位的聘用条件。

6.2.7 选择域名

域名是企业网上品牌的载体，选择域名必须慎之又慎。域名的重要性体现在以下方面：

- 好的域名意味着更多的访问量。如毫无意义、内容空洞的网站啦啦啦(www.lalala.com)就曾仅凭响亮的域名每天收获好几千人的访问量。
- 好的域名意味着更多的信任。因为好的域名通常会被上网早的公司抢先注册到，而上网时间的早晚能从一个侧面反映出公司的实力。例如，能注册到亚马逊(www.amazon.com)这样气势非凡的域名的公司当然非同一般。
- 好的域名更容易被检索。许多搜索引擎允许对域名和统一资源定位符(URL)进行搜索，这为使用有意义的域名的网站提供了更高的可见度。

好的域名一般满足以下条件。

- 易记难忘，例如 51job.com、alimama.com 等。
- 有意义，例如 china.com、weibo.com 等。
- 简短，例如 91.com、z.cn 等。
- 考虑了公司业务发展需要，例如，当 software.net 公司的业务突破了软件领域后，把公司的域名由 software.net 改为 beyond.com，巴诺公司为了在网上实现多元化经营，把域名由 Barnesandnoble.com 改为包容性更强的 bn.com。
- 有积极的联想，例如 amazon.com、8848.com、alibaba.com 等。
- 访问者可以根据公司名或者注册商标猜测到，如 haier.com、haidilao.com。

除了选择次级域名，企业注册域名时还需要选择一个合适的顶级域名。早期的顶级域名数量非常有限，2010 年后开始大幅扩容。按照 IANA(Internet Assigned Numbers Authority)网站发布的信息，截至 2023 年 11 月，各类正式顶级域名共有 1591 个，其中开放注册的国别顶级域名(ccTLDs)和通用顶级域名(gTLD)占到其中的 95%以上。通用域名扩容虽然让企业有了更多选择，但也增添了选择的难度。

选择顶级域名时首先要在国际域名或者国别域名间作出选择，一般而言，受竞争情况影响，企业在国别域名下可以有更大的选择余地。我国资深的网络用户经常还会留有一个印象，就是使用 CN 域名的网站比使用诸如 COM 一类国际通用域名的网站更加可信，原因是我国 CN 域名一段时间只向企业单位开放并且收取更高的管理费，而国际域名却因为具有较低的门槛吸引了一大批个人站点注册。目前，情况发生了变化，CN 域名早已向个人开放，而且注册费用较 COM 域名更为低廉。在这种背景下，网络营销专家一般更推荐使用 COM 域名，该域名不仅让用户使用起来更为方便，在搜索引擎算法中也会得到更靠前的排名，而且，国际域名也让网站更容易拓展国际市场。

非常重要的一点是，域名一旦选定就不要轻易更改。一个原因是，作为企业网上品牌载体的域名中所凝聚的无形资产很容易挥发，另一个原因是，搜索引擎会给能长期保有和使用同一个域名的企业网站以更好的排名。

6.2.8 选择服务器

万维网服务器是网站的物质载体，服务器性能的好坏直接关系到网站的可用性，选择服务器包括选择主机、选择操作系统软件、选择服务器软件等环节。

1. 选择主机

主机指运行服务器软件的计算机。选择主机主要要考虑计算机本身的性能，评价主机性能需要从运行速度、存储空间、容错能力、扩展能力、稳定性、持续性、检测性能乃至电源等多方面综合考虑。市面主流的服务器主机品牌有华为、浪潮、联想、IBM、HP、Sun、SGI、Dell、Compaq 等。不论使用什么品牌的主机，企业都可以选择是自己购置主机还是租用 ISP 的主机，是独立使用一台服务器还是与其他企业共享一台服务器。因为选择不同，企业的服务器解决方案被分为共享主机(shared hosting)、虚拟专属服务器主机(VPS hosting，virtual private server hosting)、独立主机(dedicated hosting)、主机托管和专用主机等类型，我们分述如下。

共享主机：多个网站共用一台服务器，同时共享互联网接入带宽，共用同一台服务器的网站会竞争性地使用主机资源，所以各个网站对外提供的万维网服务的质量都很难保证，安全性也较差，所以只适合对资源占用不多而且对服务质量要求不高的网站使用，如个人网络日志站点。

虚拟专属服务器主机：虚拟专属主机是使用一定的软硬件技术，把一台服务器主机分成一台台"虚拟"的主机，每一台虚拟主机都具有独立的域名和 IP 地址，具有完整的 Internet 服务器功能，用户有根目录权限，可以部署自己的应用。每个用户都拥有专属于自己的一部分系统资源(IP 地址、文件存储空间、内存、CPU 时间等)。虚拟专属主机的费用通常是共享主机的 5~7 倍，但它的服务更有保障，适用于中等流量的企业级网站。因此，中小企业建站大多数采用虚拟专属主机方式。

独立主机：独立主机避免了共享主机和虚拟专属主机方式中多个用户对单个服务器的分享，使企业网站的带宽、安全、系统资源应用有了更大保障，但该方式的费用远比虚拟专属主机昂贵，即使是租用，每年租金就需要花费数万元，还不包括日常的维护、管理等费用。

当然，除了租用，企业也可以自行购置服务器，按照服务器放置地点和管理方式的不同，企业可以选择主机托管和专用主机两种不同的运作方式。

主机托管：企业把自己购置的主机放置在互联网服务提供商(ISP)的机房里，由 ISP 提供日常的硬件维护和网络接入维护。主机托管的花费也比较低廉，但企业需要自己负责软硬件的升级。

专用主机：企业把自己的主机放置在自己的机房中，ISP 仅负责网络接入。这种方式要求公司有足够带宽的专线互联网连接，花费在各种方式中最为昂贵。

云主机(cloud hosting)是近几年随着云计算的兴起而发展起来的一种新的万维网服务器解决方案。虽然大多数云主机都是若干网站共享一台服务器，但云主机并不排斥一个网站专享一台服务器，前者叫作共享云主机(shared cloud hosting)，后者叫作专属云主机(dedicated cloud hosting)。虽然两者都能在一个服务器阵列中平衡使用资源，但只有后者可以有保证地使用其专属服务器的资源。云主机具有运行更加稳定、可靠及容易扩展的优点，而且价格也有竞争力，所以正在成为主流的服务器解决方案。

2. 选择平台(操作系统软件)

操作系统是计算机管理硬件和支持应用软件的基础软件，它提供磁盘管理、内存管理、任务安排、用户界面、网络连接等基础服务，目前流行的个人机和服务器操作系统软件大体可分为两大阵营：UNIX 系和 Windows 系。

UNIX 系操作系统：UNIX 系操作系统包括 System V、BSD 和 Linux 等版本，具有技术成熟、可靠性高和安全性好的特点，被广泛用在工作站和服务器上。Linux 操作系统是由世界各地以李纳斯·托瓦尔兹(Linus Torvalds)为代表的一批程序员开发的属于 UNIX 家族的开源操作系统软件。许多著名公司的服务器采用了 Linux 操作系统，如 Oracle 公司、Google 公司等。

Windows 系的操作系统软件：主要包括 Windows Server 系列，如 Windows Server 2019，尽管 Windows 系的操作系统软件在 PC 机上几乎是一统天下，但作为服务器平台软件却基本上局限在低端市场和一部分中间市场。

3. 选择万维网服务器软件

Microsoft IIS(Internet Information Services)是 Windows Server 操作系统附带的万维网服务器软件。它的特点是容易安装和管理，但与 UNIX 系操作系统不兼容。根据 W3Techs 的调查，Microsoft IIS 在 2024 年 8 月的市场份额只有 4.5%。

Apache 服务器：是市场占有率较高的万维网服务器软件，在 2024 年 8 月的市场份额为

29.0%。Apache 服务器可以运行在 UNIX 系和 Windows 系的操作平台上，缺点是没有易用的图形用户界面，设置和维护时需要用命令行方式。

Nginx 服务器：Nginx 的发音为"engine X"，是俄罗斯软件工程师 Igor Sysoev 在 2004 年发布的一款轻量级的开源 HTTP 服务器。Nginx 具有很高的稳定性，能经受高负载的考验，支持高达 50 000 个并发连接。目前，Nginx 服务器已经成为市场占有率最高的主流服务器软件之一，在 2024 年 8 月的市场份额为 34.0%。

其他服务器软件包括开源服务器软件 LiteSpeed、Cloudflare 公司的 Cloudflare 服务器和谷歌公司的 Google Servers 等。

4. 两种路线的选择

服务器相关软件的选择是相互关联的，即操作系统的选择会影响服务器软件和数据库软件的选择。这样，架设服务器的软件方案基本上就是在以下两种方案中进行选择。

(1) Windows Server+Microsoft IIS+ASP+SQL Server

(2) LAMP：Linux+Apache+MySQL+PHP

两种方案代表了两种不同的路线，第一种可以称为商业软件路线，第二种可以称为自由软件路线。路线的选择对网站的后续运营会产生深远影响。

许多技术人员或者管理人员可能会从感情上偏爱某一种路线，比如说出于对比尔·盖茨的崇拜而选择微软的产品，或者出于对微软垄断的义愤而不选择微软的产品。但经营企业要从战略和战术的角度作冷静分析，我们从以下几个方面对两种路线作一比较。

- 在性能上两者相差不大，可以说各有所长。不过，应当承认，微软产品的操作界面更加友好。
- 在成本方面各有优势，虽然自由软件免费而微软的注册软件价格不菲，但从目前来看，熟悉微软产品的技术人员仍多于熟悉 Linux 等自由软件的技术人员，因此，选择微软产品的人员费用会低于选择自由软件产品。从长远看，随着开源软件运动的不断推进，这一局面会逐步扭转。
- 在安全性上，Linux 方案遥遥领先于微软方案，因为 Linux 路线上的所有软件都是源代码开放的，软件中没有隐藏任何不安全的代码，也不会留有任何形式的后门。相反，微软的产品因为源代码严格保密，所以可能存在危险的代码，更可能存在尚不为人所知的漏洞，以往的案例已经表明这种担忧并非杞人忧天，实际上，微软产品的安全性问题已经引起了越来越多的人的关注。
- 在可移植性方面，Linux 方案也优于微软方案，选择微软意味着你将会被巨大的转移成本所锁定。
- 在二次开发的灵活性方面，自由软件占绝对优势，任何人都可以根据自己的要求对源代码进行修改使其成为自己的产品。
- 在应用程序配套方面，两条路线各有所长。由于历史原因，商业软件目前有更丰富的应用程序配套，但开放源代码的开发模式吸引了全世界的很多软件开发人员，他们为 Linux 和 Apache 编写了很多应用模块，这些模块中有许多是非常有用的功能。

综上所述，笔者建议有条件的企业在建设网站时考虑选择第二条路线，即自由软件的路线。

6.2.9 选择虚拟主机服务商

虚拟主机服务商分布在中国和美国，核心厂商有 GoDaddy、阿里巴巴、亚马逊、Newfold

Digital、WPEngine、百度、华为等，2023 年前 7 大厂商占有全球大约 27%的份额。全球虚拟主机服务商的总量数以万计，选择时应从以下方面入手对不同的虚拟主机服务商进行比较。

- 公司背景：应该优先选择那些较早成立、具有丰富行业经验并有一定知名度的大公司，这些公司通常具有更好的信用，能提供优质的客户服务，并且抵御市场风险的能力也比较强。在签订合同前，企业需要对虚拟主机提供商进行全面的考察。对于合格的公司而言，公司总部甚至机房的地理位置并不是特别重要，因为今后需要的一切操作都可以在网上完成，所以完全可以在全球范围内挑选适合的公司。同时，提供 800 客户服务电话是提供优良客户服务的一个标志，所以对提供 800 客户服务电话的公司要给予优先考虑。
- 空间：企业营销网站对存储空间的要求并不高，绝大部分企业网站占用的空间在 1GB 以内，而目前大部分虚拟主机服务商提供的空间都在 5GB 以上，一些服务商甚至推出了无限空间和流量的套餐，所以提供空间的大小基本上已经成为完全松弛的约束条件。
- 连接带宽：ISP 接入互联网的总带宽反映了其规模和实力，也是该 ISP 所有客户共享带宽的上限。
- 负载量：ISP 虚拟主机客户的数量。负载量越大，每个客户分享到的资源便越有限，但该服务商的经营情况就越好，生存能力也就越强。
- 流量：有些服务商会对每月的数据传输流量做出限制，对超出限额的流量将另行收费，这时，企业必须对网站的流量需求做出估计。比方说，如果网站页面大小平均为 30KB，每个访问者平均浏览三个页面，而每月的访问量为 10 000 人次，则需求的流量就是 900MB，这时可以选择流量限额为 1GB 或者 3GB 的服务包。
- 在线率：一定时期内 ISP 正常工作时间占总时间的比率，该比率一般要求达到 99%以上。
- 灵活度：ISP 提供定制服务的能力和意愿大小。
- 网站功能：即使企业暂时对网站的功能没有太多的要求，能否支持高级的电子商务网站仍然是企业选择服务商时需要重点考察的一个方面，因为随着业务的发展，企业随时可能会对原有的网站加以扩展，如果这时必须更换虚拟主机提供商，则会非常麻烦。
- 提供电子邮件账号的个数和空间大小：企业对外一般需要有以自己域名为后缀的电子信箱，这样不仅可以树立良好的企业形象，还可以通过日常的电子邮件往来为网站吸引访问者。虚拟主机提供商最低限度会提供 5 个电子信箱，这对小企业来说是足够的，对于大中型企业而言，为每个员工分配一个工作信箱是很有意义的。企业需要判断每个信箱的容量限制是否能满足需求。在多数情况下，与客户联系的主信箱可能需要稍大的信箱，所以企业最好能自主设置每个信箱的大小。
- 价格：不同的虚拟主机提供商可能会采用不同的方式报价，这使得价格比较变得复杂，所以在签订合同前必须仔细研究费用的结构、水平和收取方式。大部分报价都包括一次性费用和持续费用，持续费用中又包括基于时间的收费和基于资源占用的收费。必须结合本企业的需求和未来的发展，选择最经济的服务。一些业务量不大的小企业甚至可以考虑一些免费的虚拟主机提供商，如甲骨文云服务 www.oracle.com/cloud)就针对小企业提供一种免费的虚拟主机服务。

6.2.10 利用开源软件快速建站

随着开源运动在全世界的蓬勃开展，开源项目在数量和质量上都较以往有了长足的进步，这使得企业可以利用开源软件快速而经济地搭建起从简单的内容发布到全功能的电子商务在内的各类网站。

利用开源软件建站首先要搭建平台。过去，搭建平台经常使用 LAMP 和 J2EE 两种架构，LAMP 架构具有价格低廉、性能稳定、易于部署、安全可靠、硬件要求低及网络功能强大等优良特性，因而成为广大中小企业建设电子商务网站的理想选择，J2EE 利用 Java 2 平台来简化电子商务解决方案，可用于大型应用系统的开发。J2EE 架构虽然结构复杂，成本较高，但模式丰富、可复用性好、易维护，而且安全性高，发展前景较 LAMP 架构更加广阔。后来，人们替换了 LAMP 中的某些组件，就形成了其他一些架构，比方说 LAMJ（Linux+Apache+MySQL+Java）、LAPP（Linux+Apache+PostgreSQL+PHP）、LNMP（Linux+Nginx+MySQL+PHP）或者 BAMP（BSD+Apache+MySQL+PHP）等，这一发展进一步增强了开源软件相对于传统商业软件的竞争力。

在平台搭建起来之后，就可以按照需要下载安装开源应用了，国内知名的开源技术社区 OSCHINA(oschina.net)开设的开源软件分类数据库收录了全球知名开源项目近 10 万款，涉及几百个不同的分类，从中我们可以找到各种可以归入广义电子商务的软件类别：电子交易(EC)、内容管理系统(CMS)、社交网络系统(SNS)及维基(WiKi)等，每一类软件中都有性能非常可靠的开源软件。安装开源应用的过程非常简单，不过有时企业需要对开源软件进行定制，这就需要企业有一定的技术力量，有时可能还需要寻求专业软件公司或者开源软件社区的技术支持服务。如今，国内外许多为企业提供主机服务的虚拟主机提供商或者云主机提供商都会提供常用的开源软件应用供企业选择安装，这使得建站过程更为简单。

6.2.11 优秀网站的标准

一个优秀的网站需要满足以下标准。

- 能提供有价值的内容或者服务：为访问者提供价值是网站的立站之本，网站提供的内容和服务的价值是衡量网站价值的最重要标准。
- 内容载入快：在现代社会，消费者已经适应了快节奏的生活，很少有人有耐心长时间等待网页的载入，如果一个网站提供的价值不是独一无二的，那么载入速度慢就等于是把送上门的顾客推给了竞争对手。即使存在能提供独一无二价值的网站，载入速度慢也会因为影响了顾客满意度而给潜在竞争对手的进入提供了切入点。
- 好的导航性：好的导航性意味着顾客在网站上可以快速找到需要的资料，这对网站成功也是重要的，经验批判主义的哲学家认为"存在就是被感知"的观点也许有些偏颇，但在消费者看来，存在必须能被找到。此外，好的导航性也是搜索引擎对网站提出的要求，导航性差的网站很难被搜索引擎全面、及时地收录。
- 系统稳定可靠：网站的服务器必须稳定可靠，但可靠性并不完全取决于硬件的好坏，可靠性在很大程度上取决于程序设计的好坏。
- 交互性好：好的网站不仅能向访问者有效地传播信息，还能创造各种便利来鼓励访问者作出回应。
- 做工考究：做工考究可以增添网站的美感，更重要的是可以增加网站的可信度，很难想象粗制滥造、漏洞百出的网站能赢得访问者的信任。

下一节将详细讨论网站质量的具体评估方法。

6.3 企业营销网站的测试和发布

网站的发布瞬间就可以完成，但网站在发布前一定要经过专家测试和用户测试两道质量检测关卡。前者指由专家针对网站功能进行的测试，测试的重点是设计和制作中容易出现技术问题的环节；后者则指由模拟顾客对网站的可用性进行的测试，测试的重点是顾客最常用到或最容易引起注意的部分。在时间顺序上，专家测试一般早于用户测试，所以专家测试也称 alpha 测试，用户测试也称 beta 测试。对于企业营销站点而言，beta 测试更为关键。这里着重介绍 beta 测试的要点。

为使 beta 测试有一个标准，公司一般都提供写有评判标准明细的检查表供测试人员使用，让他们依表逐项考查网站的表现。标准包含客观标准和主观标准两类。

- 客观标准：包括可以度量的指标或者通过是否存在来评判的指标，例如网站主页中能否找到与公司联系的电子邮件地址。
- 主观标准：依赖于评判者个人品位的指标，例如网站主页的整体美观度。主观标准的特点是评判者没有整齐划一的规则可遵循。

考查的标准涉及如下几个方面。

- 语言运用：包括网站所用语言是否规范、通俗易懂、条理清晰等。
- 页面设计：页面的布局是否和谐、视觉效果是否美观等。
- 信息结构：网站信息的板块(栏目)划分、层次设计是否合理等。
- 用户界面：涉及导航条、搜索栏和网站地图等项目。

我们可以简单地把所考查的项目按照三个层次来评定等级：问题项目、普通项目和优势项目。问题项目是会给用户造成恶劣印象的项目，优势项目是会给用户留下美好印象的项目，普通项目则通常不会引起用户的特别注意。当然，在每个项目下还可以按程度再分为 3 等，这样就可以把网站在一个方面的表现分为 9 等。

企业在测试结束后需要根据测试结果对网站做出调整，调整时除了要考虑问题的性质(属于哪个等级)外，还要考虑做出调整所需要的投入，原则当然是用最小的花费收到最佳的效果，比如说，花费不多就可以解决的最严重的问题项目应该首先进行调整。

表 6-3 是网站质量评测表的一个样例。

表 6-3 网站质量评测表

考评方面	具体考评内容	标准	问题性质	解决难易程度
语言运用	是否使用了侮辱性、嘲弄性或者冒犯性语言？	否	严重问题	容易
	是否存在拼写和语法错误？	否	问题	容易
	是否使用了互联网上的特殊用语或者流行语，如大虾、菜鸟、斑竹之类？	否	普通	容易
页面设计	所使用的非标准颜色文字在不同背景颜色下的可读性如何？	好	严重问题	一般
	在 800 像素宽的显示屏上浏览网页是否需要水平滚动条？	否	严重问题	一般
	表格的宽度是否用相对宽度(占窗口的比例)来定义？	是	严重问题	一般
	网站本身的链接(特别是那些以动画、弹出窗口形式出现的链接)是否会被当成广告？	否	严重问题	一般
	超过 30K 大小的图像是否必要？	是	普通问题	一般
	是否调用了其他站点的图像？	否	普通问题	一般
	表示段落起始的图形标志(bullet)是否运用得恰当？	是	普通问题	一般
	用于分栏的杠状图形是否运用得恰当？	是	普通问题	一般
	是否运用了闪烁、走马灯或者动画等文字效果？	否	轻微问题	容易
	是否对图像尺寸用 HEIGHT 和 WIDTH 标签作了定义？	是	轻微问题	一般

续表

考评方面	具体考评内容	标准	问题性质	解决难易程度
页面设计(续)	访问者能否判断出需要使用竖直滚屏？	能	轻微问题	一般
	重要的图像是否有大小两种版本？	有	轻微优势	一般
	背景图案的大小是否小于15KB，与文字的反差是否足够大？	是	轻微优势	一般
	一个页面图像的总大小是否小于50KB？	是	一般优势	一般
	图像是否有用ALT标签加注的文字说明？	是	一般优势	容易
	对于分割开的大文档有没有准备适合打印或存储的完整文档？	是	一般优势	容易
	页面是否适合快速浏览？	是	一般优势	一般
信息结构	页面已有的URL是否有变更？	变更时应在原处建立指向新位置的URL	严重问题	一般
	页面标题离开上下文是否有意义，是否适合搜索引擎索引和用户收藏？	是	严重问题	一般
	页面标题是否与页面内容相符？	是	严重问题	复杂
	页面标题与正文标题是否相符？	是，但不需要完全一致	轻微问题	容易
	是否利用超文本结构使复杂内容结构化？	是	重要优势	中等
	用于建立链接的文字内容能否说明链接对象的主要内容？	是	重要优势	中等
	页面是否提供访问者反馈渠道(如电子邮件链接或者表单)？	是	一般优势	中等
	长的页面是否包含内容目录或者摘要？	是	一般优势	中等
	是否包含内容作者的背景信息？	是	一般优势	中等
用户界面	链接是否打开新的窗口？	不	普通问题	容易
	是否存在无效链接？	不	严重问题	容易
	服务器响应时间是否少于1秒？	是	严重问题	花费较大
	公司的名称和标志是否出现在每个页面上？公司标志是否可以链接到公司主页？	是	普通问题	容易
	页面是否包含更新日期的说明？	是	普通问题	容易
	热点图的可单击部分是否清楚可见？	是	普通问题	一般
	图形导航按钮有无文本标签？	是	普通问题	一般
	搜索特性是否允许用户指定搜索范围？	是	普通问题	一般
	链接颜色是否为标准(默认)颜色？	是	轻微问题	容易
	超过100个页面的网站是否有搜索功能？	是	重要优势	花费较大
	链接是否使用了TITLE标签对链接属性加以说明？	是	一般优势	一般
	超过一屏半的页面下方是否有导航链接？	是	一般优势	一般
	包含多个部分的文件页面是否包含指向上一层次的链接？	是	一般优势	一般
	指向大文件的链接是否提供关于文件大小的说明？	是	轻微优势	容易

依据表6-3做出的评测报告应该包括以下方面。
- 网站存在哪些问题需要纠正？
- 哪些优势项目尚未实施？
- 哪些项目不适用于网站？
- 对上述三方面问题的说明。

alpha 测试重点要放在普通用户无法看到的项目上，如一些 HTML 源代码上的缺陷只有在某些浏览器上才会暴露出来，还有一些特性虽然不会影响页面的显示但会影响搜索引擎的行为，这都是 alpha 测试的重点，因为 beta 测试通常会忽略掉这些问题。

一般而言，遵循以下原则有助于提高网站设计质量。

- 遵循著名机构网站(如政府网站)的设计规范。
- 切实做好发布前的测试和修正工作。
- 使用 WYSIWYG(所见即所得)设计工具和文件格式转换工具时要格外小心，这些工具虽然使用方便，但是因为软件本身所具有的缺陷，由此得到的网页不仅过于臃肿，而且经常无法兼容所有浏览器。
- 注意处理好文件内容的版权问题。
- 通过各种渠道了解访问者的反馈情况并据此改进网站。
- 网站的文字要经过专业编辑的审核。

6.4 测试站点的使用

在网站发布后，可以利用互联网上的一些测试站点对网站的浏览器兼容性、META 标签的使用、下载速度、链接的有效性、HTML 代码的句法等项目进行测试，以确保网页的质量。市面上的测试站点不少，但大部分都需要付费才能使用，下面重点介绍万维网联盟(W3C)组织网站免费提供的网站测试工具。

1. 链接检查(https://validator.w3.org/checklink)

链接检查主要检查一个网页上的链接是否是有效链接，无效链接的出现可能与拼写错误有关，也可能是链接目标发生了改变而没有及时更新。不论是哪种情况，无效链接都会影响网站的可用性，并且会影响搜索引擎对该网页的质量评价，进而影响搜索引擎排名。

2. 国际化检查(https://validator.w3.org/i18n-checker/)

国际化检查主要通过检查字符编码标签和语言标签来检查网页的国际化友好程度。

3. HTML 语言检查(https://validator.w3.org/nu/)

HTML 语言检查主要检查网页使用的 HTML 语言是否符合 W3C 最新的语法规范。

除了以上检查工具，万维网联盟网站还提供 CSS(层叠样式表)检查工具、RDF 检查工具、EPUB 检查工具及 RSS 源检查工具。使用这些工具能帮助网站开发者发现网站代码存在的问题，提高网站对不同浏览终端的兼容性、提升网站可用性并且提高网页对搜索引擎的友好性。

4. mobiReady (www.ready.mobi)

mobiReady 是一个对网站的手机友好性进行测试的网站，它可以提供三种不同的测试：对网页的测试、对代码的测试及对整个网站的测试。该网站不仅会提供一份关于测试结果的详细报告，也会为网站的综合表现给出一个从 1 到 5 的分数。随着移动互联网时代的来临，该工具的重要性显而易见。图 6-3 是该站点对新浪网的测试结果。

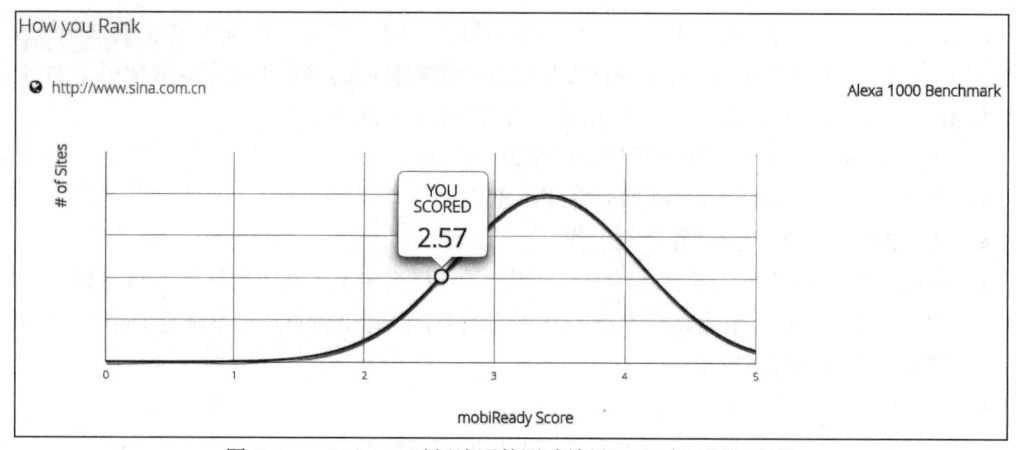

图 6-3 mobiReady 对新浪网的测试结果(2023 年 11 月测试)

6.5 企业网站的推广与搜索引擎营销

网络推广是网络营销的一个重要任务。在许多人眼里，网络营销就是通过网站来做营销，而通过网站做营销的首要任务就是推广网站，这一观点当然失之偏颇，但以下说法是完全合理的：大多数网站都需要强有力的推广，对这些网站而言，网站的访问量越大，网站的价值就越大。网站的推广包括吸引流量和保持流量两部分，其中吸引是前提，保持则是重点。对网站的推广而言，搜索引擎营销是最有效的工具。由于搜索引擎营销的极端重要性，我们将在吸引流量的策略和保留顾客的策略之后专门论述这一主题。

6.5.1 吸引流量的策略

吸引流量的过程就是吸引网络用户注意以提高网站知晓度的过程，吸引流量可以从网上宣传和网下宣传两方面着手。

要有效地吸引用户访问网站，首先要弄清楚网站流量从何而来，根据亚马逊公司 Alexa.com 提供的数据，不同行业的网站的流量来源有所不同(表 6-4)，但不论是在哪个行业，搜索引擎的引流作用都是很可观的，而通过社会化媒体及其他网站上的链接获得的访问量则比较有限。需要说明的一点是，在表 6-4 中，搜索只包括通过网站的自然排名收获的流量，通过其他网站(非社会化媒体网站)上的链接(包括但不限于搜索引擎广告和其他网络广告)获得的访问量被算作推荐，通过社会化媒体上的链接获得的访问数据则记在最后一列。

表 6-4 网站流量的来源

产业	搜索/%	直接访问/%	推荐/%	社会化媒体/%
艺术	44	41	11	4
汽车	56	31	11	2
商务	34	49	15	2
招聘	44	38	14	4
教育	45	43	11	1
饮食	55	29	11	5

续表

产业	搜索/%	直接访问/%	推荐/%	社会化媒体/%
健康/健身	54	31	11	4
业余爱好	42	43	13	2
家居/园艺	55	31	11	3
不动产	44	40	14	2
购物	41	42	14	3
时装	46	37	13	4
技术	45	38	15	2
旅游	56	30	12	2

资料来源：Alan Charlesworth. Digital Marketing: A Practical Approach[M]. 4th. New York. Routledge Press, 2023: 64.

从表 6-4 可见，吸引人们访问网站的最有效方法是以搜索引擎营销为代表的网上推广手段，传统媒体(例如印刷品)等线下手段对网站流量的贡献主要体现在带来直接访问上，社媒营销在吸引流量方面的贡献则相对有限。

1. 搜索引擎营销

搜索引擎营销(search engine marketing)或称搜索营销(search marketing)，指通过搜索引擎登录、搜索引擎优化(Search Engine Optimization，SEO)及搜索引擎广告进行网站推广进而实现特定营销目标的网络营销方式。我们将在 6.5.3 节对其进行详细论述。

2. 链接构建

超链接是万维网的灵魂，可以毫不夸张地说，没有超链接，就没有万维网，正是因为有了一个个超链接，一个个独立的页面才构成了统一的万维网。一个网页与其他网页间的链接恰似该网页连接外部的桥梁。向内链接(inbound link)，也称后链，英文为 backlink，不仅能直接为网站带来流量，还可以通过提升网站的搜索引擎排名间接为网站带来流量。因此，建立向内链接是网站推广的一个重要手段。

(1) 向内的单向链接。个人或者行业协会建立的资源列表经常会同意建立指向企业网站的单向链接。此外，一些网站还特别开辟"新站登场(What's New)"栏目，给新发布的站点提供难得的宣传机会。如果有建立向内单向链接的机会，企业一定要好好把握。不过，需要警惕的是，一种被称为免费链接(FFA，free for all)列表的链接服务可能是"流量毒药"。提供该服务的网站不能被称为网站目录，业内一般称其为链接农场(link farm)。两者的区别在于前者是为了分享自己搜集整理的某个细分领域的网站资源，而后者则仅仅是为了快速获利。前者收录的网站在质量方面都经过了专业编辑的审核，而后者往往只需要电子邮件地址就能提交收录。前者因为能给访问者提供价值，所以拥有一定的流量，网站的页面也因此具有较高的网页权威等级(PA，page authority)，所以被这种目录收录不仅能为网站直接带来流量，还有助于提升网站的搜索引擎排名。后者尽管有时候会有尚可的域名权威等级(DA，domain authority)，但其 PA 几乎为零，因此，谷歌从 2022 年底开始引进的人工智能工具 SpamBrain 会把通过 FFA 建立后链的做法视同作弊加以惩罚。总之，FFA 不仅无法给网站直接带来流量，更无法提升网站的搜索引擎排名，甚至网站向 FFA 提交的电子邮件地址还会被出售而导致垃圾邮件数量大增，所以 FFA 的陷阱网络营销者一定要懂得回避。

(2) 交互链接。商业伙伴的网站之间经常存在交互链接(reciprocal link)的机会，交互链接是常用的一种网络营销实践，它有望增加双方网站的流量，同时提升各自的网站排名。根据 Ahrefs 公司在 2020 年对 14 多万个每月从谷歌获得 1 万次以上自然访问的网站的调查结果，其中 73.4%的被调查网站都存在交互链接现象。Ahrefs 公司还通过对 1 万多个非品牌关键词搜索结果的研究发现(扫右侧二维码阅读全文)，在谷歌搜索结果页面中排名前 10 的站点中，有 43.7%的网站存在交互链接。需要注意的是，谷歌虽然承认自然形成的交互链接的合理性，却将仅仅为了提升搜索引擎排名而人工构建的交互链接(比方说交换链接，link exchange)视为作弊行为。因此，在涉及交互链接的场合，不论是请求其他网站放置后链，还是处理其他网站类似请求，都要考虑到被惩罚的风险。

调查结果

在利用链接进行网站推广时，需要对指向公司的链接进行监视，利用类似 Ahrefs 的链接分析工具可以很容易地监视网站的后链关系。

3. 利用网络广告进行网站推广

各种形式的网络广告在网站推广方面比传统广告的效果更好。如果用户对广告推广的网站感兴趣，只需要单击鼠标就可以访问到做推广的网站，而传统广告则需要用户输入网站的地址、使用搜索引擎搜索或扫描二维码。我们将在第 8 章中详细讨论网络广告的细节问题。

4. 电子邮件和电子杂志

电子邮件在吸引新顾客和保留老顾客方面都有很好的效果，但吸引新顾客时要通过租用列表或者在他人的电子杂志上购买广告的方式进行，这已经属于网络广告的范畴，保留老顾客则可以利用原有客户的名录进行电子邮件营销。利用电子邮件推广网站的具体方法参见第 5 章和第 8 章中相应的内容。

5. 病毒营销

病毒营销(Virus Marketing)是口碑效应在网络时代的新应用。口碑宣传可以成为企业最好的广告，这倒不是因为通过朋友口耳相传得来的信息更加可信，而是因为口碑相传有倍增效应，可以在很短的时间内传播到很广的范围，病毒营销最妙的地方在于它可以利用他人的关系网络甚至资源来传播自己的营销信息。

在互联网上有许多方法可以实施病毒营销，最简单的一种方法就是在网页上添加类似"分享到微博"这样的分享工具，提醒和鼓励浏览者将此网页通过社媒平台推荐给朋友。例如，新华网(xinhuanet.com)上几乎每个新闻页面的标题下都设有一排按钮，单击相应的按钮，访问者就能把读过的新闻分享到微信或新浪微博。某些情况下，甚至连"分享到微博"的按钮都不需要就可以取得很好的效果，近期在这方面比较突出的一个例子是 ChatGPT，通过用户的转发，OpenAI 无须做广告，完全凭借用户对 ChatGPT 应用实例的转发和分享，就在人群中形成了轰动效应。瑞银集团在 2023 年 2 月发布的一份报告显示，2023 年 1 月末，在 ChatGPT 推出仅两个月后，它的月活用户就已经突破了 1 亿，成为史上用户增长速度最快的消费级应用程序。相比之下，根据 Sensor Tower 的数据，Instagram 达到 1 亿用户用了 2 年半的时间，TikTok 达到 1 亿用户也用了 9 个月。ChatGPT 的例子让人再次想起了"桃李不言，下自成蹊"这条古语。一些主流的社媒平台(如 Facebook 和 Twitter)都提供把网页分享到本平台的小插件，一些第三方的插件还允许访问者同时把分享在多个平台上分享内容，ShareThis(sharethis.com)就是其中比较有名的一个。

1) 病毒营销的分类

病毒营销可以分为两种不同的类别，一类是基于服务的病毒营销，一类是基于内容的病毒营销。

基于服务的病毒营销可以使用户在使用网站提供的一项服务时不知不觉地传播营销信息。它的特点是，用户只要注册成为一项服务的用户，那么使用服务的过程就是传播营销信息的过程，用户无须做出任何努力，当然也不会因此获得任何报酬。Hotmail 是这类病毒营销的一个范例。所有通过 Hotmail 发送的电子邮件的末尾都会附有这样一句话："在 www.hotmail.com 取得你自己的免费信箱"。这样收信人就会考虑是否要在 Hotmail 再申请一个免费信箱。不用说，Hotmail 的策略获得了极大成功，在 Hotmail 上线后短短的一年半时间，Hotmail 的注册用户就超过了 1200 万人，而 Hotmail 在这段时间的营销支出只有 50 万美元，平均获客成本仅为 4 美分左右。

除了电子邮件服务提供商之外，一些提供其他服务的商家也可以使用病毒营销来推广他们的服务，例如，提供网络即时传信服务的公司或者提供个人间电子支付服务的公司。有多种版本的网络即时传信软件，使用同一款网络即时传信软件的人可以相互间实时传递信息，而不同的网络即时传信软件间则无法互通，所以每个用户都希望他的朋友也使用同样的网络即时传信软件，因此会主动推广他们正使用的产品。ICQ 是以色列创业公司 Mirabilis 于 1996 年推出的一款网络即时传信产品；作为史上第一个拥有图形界面的即时传信产品，ICQ 几乎没有做任何营销，单凭用户之间的口碑效应，ICQ 的用户数量就实现了暴增，在短短两年的时间里，ICQ 的注册用户就达到 1200 万(当年我国的网络用户数仅有 117.5 万)，成为当时即时传信市场上当之无愧的霸主。AOL 看中了 ICQ 巨大的市场潜力，所以 1998 年 6 月不惜花费 4.07 亿美元的巨资收购了 ICQ 公司，在之后的 10 年时间里，ICQ 都是 AOL 最成功的业务。PayPal 是一家为个人提供网上支付服务的公司，拥有 PayPal 账户的人可以很方便地在网上给任何拥有电子邮件信箱的人支付，接收这笔款项的人无须事先在 PayPal 开设账户，收款人会通过电子邮件收到汇款通知，如果他想兑付或使用这笔款项，就需要到 PayPal 开设账户。为鼓励用户接受 PayPal 支付，PayPal 还为接受了第一笔支付后开设账户的人提供 10 美元的奖励，在这一政策的刺激下，PayPal 的用户迅速增长，很快成为世界上最成功的电子现金公司。

基于内容的病毒营销除了前面介绍的"分享到微博"按钮外，还有其他一些鼓励用户主动为公司招募新顾客的方法。Emode 公司是一家提供心理测试(包括智商测试和人格测试)服务的公司，该公司邀请人们在线参加他们的免费心理测试，他们会免费提供测试分析报告的一部分内容，并且鼓励受测者订购完整的报告，同时，会鼓励受测者邀请朋友参加同样的测试，以获取更多销售机会。该公司其实是试图利用人们的社交网络来推广他们的服务，很显然，他们采用的是病毒营销策略。

免费的电子书也可以成为企业从事基于内容的网络营销的工具。传统的电子书是一种用 HTML 文件做成的可执行文件，下载后电子书可以自动完成安装。电子书可以与互联网实现交互，书中可以嵌入链接、图像、表单、Java 脚本、视频资料等元素，还可以支持全文搜索。随着高性能电子书阅读软件的普及，其他文件格式的电子书也开始被人们接受，如 PDF 格式或者 EPUB 格式的电子书。电子书可以通过多种渠道进行传播，例如，从 FTP 站点直接下载、通过 P2P 应用进行共享、作为电子邮件附件发送等。

目前，电子书是传播信息的最佳方式之一，企业可以利用电子书在向用户传播他们感兴趣的信息的同时附带传播企业的营销信息，这些信息可以同电子书一起被用户二次传播。免费电子书因此成为病毒营销的一种载体。使用免费电子书实现病毒营销的要点如下。

- 电子书能给企业的目标受众提供有价值的信息，研究报告、培训资料都是很常见的电子书内容。
- 企业对电子书的内容拥有版权。

- 广告内容要控制在一定的比例以内，不能喧宾夺主。
- 通过多种渠道发行电子书，并鼓励读者传播该书。

2) 病毒营销的管理问题

病毒营销虽然是拓展市场的一种强有力的武器，但它并非万能，如果使用不当，还可能给企业造成损失。

病毒营销主要用于以下情形：公司的产品或者服务是开创性的，最好是激动人心的产品。因为人们更喜欢传播新鲜的东西，所以模仿性产品使用病毒营销通常不会取得好的效果。另外，产品或者服务必须容易被人理解，它的价值主张必须简单明了，就像 PayPal 的价值主张——在网上付款和接收付款的途径。最后，接纳产品必须是低成本的，这不仅意味着产品或者服务本身必须价格低廉，而且意味着对顾客不存在高昂的转移成本和交易成本。电子商务的交易成本绝不能忽略不计，因为电子商务在降低了搜索成本的同时，也增加了顾客隐私被侵犯的风险，所以，企业提供的服务不能要求顾客登记与服务无关的资料。即使满足了以上条件，病毒营销仍然有一些必须控制的风险因素，我们列举如下。

(1) 品牌风险：病毒营销本质上是一种口碑营销，因为顾客在推荐一个公司或者产品的时候经常会加入自己的主观看法，所以公司的营销信息在多次中转的过程中可能走样。我国曾有许多电子商务公司向公众提供免费的电子邮件服务，他们使用了与 Hotmail 类似的病毒营销的策略，但是其中一部分公司本来打算仅在一段时期内免费提供服务，由于缺乏明确的说明，许多用户以为这些公司的电子邮件服务永远免费，结果，当公司对电子邮件收费时，用户被激怒了，他们在网上宣泄了不满情绪，这些公司的形象受到了很大的损害。

(2) 履约能力风险：病毒营销策略一旦成功实施，它的爆发力相当惊人，所以公司的业务可能迅速扩大，公司必须对此做好一切准备。否则，一旦出现因为公司履约能力有限而不能按承诺提交服务的情况，公司的品牌就会受到损害。

(3) 死掰风险：病毒营销者必须利用用户的口碑效应，但公司对这些用户如何传播这些营销信息缺乏控制。在某种情况下，用户在传播公司的营销信息时，可能使用死掰方法，比如说，未经同意就向公众群发邮件，当公司承诺按照招募新顾客的业绩给推荐人提供奖励时，这种不道德的情况更容易出现，因为许多用户是在公司的名义下从事活动的，因此他们的不道德行为会使公司品牌受到损害。

(4) 失控风险：当传播超过了原先计划的范围就可能引发这种风险，例如，一个公司网站原本希望通过提供免费电子邮件服务来吸引潜在用户，但该消息的传播使许多不可能成为公司客户的人也来使用公司的免费电子邮件服务，结果不必要地占用了公司有限的资源，造成线路拥挤，影响了公司向真正有价值客户提供高质量的服务。

为使病毒营销策略取得更佳效果，营销者必须注意以下问题：

首先，慎重选择最初"感染病毒"的人，这些人会决定病毒传播的速度和方向，选择的标准一要考虑这些人的影响力，二要考虑他们是否处在公司目标用户群的中心位置，即他们是不是公司最重要的顾客。

其次，要慎重设计计划传播的营销信息。信息必须简明易懂，切中要害。同时，为了保证在传播过程中信息不会失真走样，可以提供标准文案供用户使用。

最后，要对传播过程进行监测，最好能达到一定程度的控制。为了防止履约能力风险，有必要对信息传播的过程进行监测，随时准备扩充服务能力或者对传播踩刹车。这有时可以通过简单技术来实现，例如，在传播的图像中嵌入一个调用公司服务器资源的元素，那么，每天对服务器上该资源的调用情况进行分析，就可以掌握最新的传播状况。

> Google 在 2004 年推出了 1GB 容量的免费电子邮箱服务 Gmail，但是新用户的注册必须有原 Gmail 用户的推荐，请说明 Google 这一做法的用意。

6. 利用离线方式进行网站推广

一般而言，在网站推广的效率方面，在线方式比离线方式更胜一筹，利用离线方式推广网站主要是考虑到整合营销传播的效果，实际上，几乎不需要什么额外的花费，企业就可以让公司网站的 URL 出现在现实世界中的许多地方，这些地方包括公司的店面、公司的信纸、信封、名片、纪念品、产品包装、公司车辆的车身和公司发布的各类广告上。智能手机的普及及二维码的广泛应用使得通过离线方式推广网站变得更加有效。我们将在第 8 章中更深入地讨论利用传统广告推广网站的问题。

7. 公共关系

公关活动也是企业进行网站推广的一种手段。网站正式发布时，企业可以安排特别的公关活动来吸引媒体和用户的关注，活动的方式不拘一格，从普通的开业大优惠到聘请名人到场助兴都行之有效。在平时，参加各种机构举办的竞赛和评比活动也是一种有效的网站推广手段，在竞赛和评比中获得奖项不仅可以提升自己的声誉，从最实用的观点讲，颁奖机构会建立到获奖站点的链接，这会提升企业站点的关注度，为获奖网站带来更多流量。

6.5.2 保留顾客的策略

俗话说，创业容易守业难。具体到网站推广方面，我们已经看到，企业有许多方法可以为网站吸引到新的访问者，但是，如果不设法留住顾客，吸引顾客的工作做得再多，到头来也只能是竹篮打水一场空。

1. 保留顾客的意义

从关系营销的角度看，保留顾客比争取新顾客更为重要，原因如下。

- 保留老顾客更有成本效率。经验表明，争取一名新顾客的花费是保留一名老顾客的花费的 5 倍以上。
- 老顾客是好顾客，老顾客对公司有更高的信任度，因此，老顾客会从公司购买更多的商品和服务。
- 老顾客可以带来新顾客，老顾客不仅会经常光顾公司的网站，而且可能把网站以各种方式推荐给朋友。
- 老顾客的数量是品牌价值的重要体现。
- 顾客的总数取决于公司所在市场的规模和公司的市场占有率，新顾客的数量是极其有限的，企业的持续经营必须立足于为老顾客服务。

2. 保留顾客的策略

浏览器的一些小功能有助于企业争取更多的重复访问。例如利用简单的脚本程序可以让顾客通过单击将企业的网站加入收藏夹、设为主页及加入最喜欢的链接；三者相比，加入收藏夹和加入最喜欢的链接更为重要，因为每个用户只能选择一个网站作为他们的起始主页，而这很可能是他们所在单位的主页、自己的个人主页或空白页。

当然，浏览器的小功能只是为希望再次光临网站的访问者提供了一些便利，企业还必须采取切实的措施吸引顾客回访网站。在这方面，企业可以尝试以下策略。

- 虚拟社区策略。虚拟社区是企业留住顾客的一个极其有效的方法。通过虚拟社区，企业可以与顾客建立起社会层次上的关系。经验表明，开办有虚拟社区的网站会吸引更多的重复访问，而且会延长访问者在网站上的停留时间，增加网站的黏性。
- 忠诚顾客计划。通过给老顾客提供现金回馈、折扣、礼品或其他利益，忠诚顾客计划在保留老顾客方面也可以起到很明显的作用，即通过引入转移成本(transformation cost)来达到锁定顾客(lock-in)的目标，这种方法有时也被称为频率营销(Frequency Marketing)。
- 推式技术。公司可以利用电子期刊、RSS 等推式技术来保持与顾客的关系，向顾客通报公司的最新动态，提醒顾客再次访问公司网站。例如，广告周刊网站(www.adweek.com)允许访问者下载一种被称为桌面自动收报机(desktop ticker)的程序，该程序可以自动把广告周刊网站的最新内容下载到用户的桌面，吸引用户回访。广告周刊的自动收报机程序就是推式技术在保留顾客方面的一个应用。
- 个性化网站技术。个性化网站技术是公司依据企业对顾客的了解向顾客提供个性化内容的技术，个性化技术可以提高顾客的满意度。顾客要在其他网站获得同样的服务，就必须向其他网站重新披露自己的相关信息，这会增加顾客隐私受侵犯的可能性，因此，提供个性化服务的网站更有机会留住顾客。稍后将讨论个性化网站的有关问题。

6.5.3 搜索引擎营销

搜索引擎营销不仅是一种主流的营销方式，而且搜索引擎营销服务已经成了一个巨大的产业。搜索引擎营销分为搜索引擎优化(SEO)和搜索引擎广告两个部分。Acumen 研究和咨询公司 2023 年 1 月在东京发布的《搜索引擎优化服务市场预测：2022—2030》显示，全球 SEO 服务市场在 2021 年的规模达到 467 亿美元，报告预测 2030 年 SEO 服务市场的规模将达到 2348 亿美元。

1. 搜索引擎营销的形式

搜索引擎营销包括免费登录、付费登录、搜索引擎优化、关键词广告、竞价排名及网页内容定位广告等多种形式。我们对常见的搜索引擎营销方式分述如下。

1) 免费登录搜索引擎

向搜索引擎免费登录自己的网站是最传统的搜索引擎营销手段。目前，虽然很多搜索引擎开始对商业网站的登录收取费用，但仍有一些搜索引擎可供商业网站免费登录，例如，大名鼎鼎的 Google 就一直坚持在网站登录到自己的索引数据库时不收取费用。

人们经常会忽视小的免费分类目录的作用，认为它们对增加网站流量的作用微不足道，这其实是非常错误的观念，原因有二。首先，勿以善小而不为，免费的推广机会没有理由放弃；其次，公关专家都明白一个道理，就是"小的可以带来大的"，被次要的搜索引擎收录可以增进网站的热门程度，从而提高网站在主要搜索引擎上的排名。

2) 付费登录搜索引擎(Paid Submission，Paid Inclusion)

如今，许多搜索引擎公司都提供与登录搜索引擎相关的收费服务。不过一般而言，即便网站不使用搜索引擎的收费服务，它们的页面仍有很大机会被搜索引擎所索引。只有极个别的搜索引擎，特别是一些主题目录，才把交费作为收录网站的前提条件。从市场份额看，付费登录在搜索引擎营销中似乎无关紧要，但实际上是搜索引擎营销不可忽视的一个环节。

使用付费登录搜索引擎服务虽然无助于网站在搜索结果页面上获得较好的排名，但可以保证网站页面即刻被收录到搜索引擎的数据库。同时,交费登录的公司还可以得到一些额外的利益,比如说,搜索引擎的爬虫程序会更频繁地访问该网页并在数据库中更新对该网页的索引,使得网页的更新能够更及时地被用户了解。

在付费登录搜索引擎时,最佳做法是优先登录网站索引(site index)或者网站地图(sitemap)页面而不是网站的首页或者其他想要推广的目标页面,原因是一旦网站地图页面被搜索引擎收录,搜索引擎的蜘蛛程序就能通过它快速发现网站的大多数页面,从而使网站页面得到最有效的索引。此外,一些不易被搜索引擎索引的动态页面及一些经常更新的页面也是付费登录时要重点考虑的提交对象。

在实践中,人们还经常把付费登录搜索引擎作为测试搜索引擎优化效果的一个步骤来使用,因为付费登录能确保被提交的页面迅速进入搜索引擎的数据库,搜索引擎优化人员就可以很快检测到优化工作的效果。如果不配合使用付费登录,优化过的页面可能要几个星期甚至几个月后才会被搜索引擎收录,搜索引擎优化人员就无法及时知道优化工作的成效,这会大大延误搜索引擎优化的工期。

3) 搜索引擎优化(Search Engine Optimization,SEO)

SEO 是指根据目标搜索引擎的排名算法和网络用户的搜索行为模式,选定若干关键词,通过优化页面设计及增加对内链接来提升页面在搜索引擎特定关键词搜索结果中的自然排名,最终为网页带来更多、更好的访问流量。根据研究,排在搜索结果页面上第一位的页面有望获得32%的点击率,而排在第 10 位的页面平均只能获得 3%的点击率(表 6-5)。SEO 关注的焦点是页面标题、页面行文、向内的链接、向外的链接、元标签(meta tags)、提交技巧和死掰(spam)技巧。社会媒体优化(SMO)也是一种搜索引擎优化方式,指的是面向社媒平台的搜索功能对内容进行优化,使其在搜索结果中获得较好的排名,对此我们在下一章还会提到。

表 6-5 搜索结果页面不同排名的点击率

搜索结果页面排名	点击率/%
1	32
2	24
3	18
4	13
5	9
6	6
7	4
8	3
9	3
10	3

资料来源:转引自 Alan Charlesworth. Digital Marketing: A practical Approach[M]. 4th. New York: Routledge, 2023: 69.

4) 关键词广告

关键词广告是在搜索引擎的搜索结果中发布广告的一种方式,关键词广告与一般网络广告的不同之处在于,关键词广告出现的位置不是固定在某些页面,而是当有用户检索到特定的关键词时,广告才会出现在搜索结果页面的显著位置上。不同的搜索引擎有不同的关键词广告显示方式,有的将付费关键词检索结果显示在搜索结果的最前面,有的则将它们显示在搜索结果页面的专用位置上(如右列),也有的搜索引擎将广告内容与非广告内容混排,这时用户只能通过标注有"广告"或者"赞助内容"字样的小字去分辨哪些内容属于广告,这种做法固然能提高广告内容的点击率,但会显著影响用户的搜索体验,甚至对搜索用户形成误导使他们误以为广告内容也是中立的非商业内容。

总的来说,关键词广告与搜索引擎优化有很大的差别,实质上属于网络广告的范畴,是网络广告的一种特殊形式。由于关键词广告具有较高的定位能力,可以提供即时的点击率报告,还允许用户随时修改关键词等有关设置,收费模式也更合理,因此,关键词广告正逐渐成为搜索引擎营销的一种常用形式。

5) 竞价排名(Paid Placement,Paid Listings)

竞价排名是搜索引擎关键词广告的一种特殊形式,这种搜索引擎关键词广告按照付费高者排名靠前的原则,对购买了相同关键词组合的网站进行排名。竞价排名给了广告主对广告效果更多的控制,肯出大价钱的广告主可以保证他的网站出现在搜索结果的前列,所以竞价排名是很受广告主欢迎的一种搜索引擎营销方式。

关键词竞价排名最早由 Overture 推出,目前的市场领头羊是 Google 和 Overture。如今,关键词竞价排名成为一些企业搜索引擎营销的主要方式。竞价排名的时效性强,非常适合发动短平快的促销攻势。比方说,一家企业需要通过其网站处理一批积压商品,这时,做扎实的网站推广工作就毫无意义,相反,竞价排名广告就可以帮助企业经济而高效地实现目标。

竞价排名广告的创意主要表现在参与排名的网页的标题和网站描述的措辞上,因为这是一个搜索用户在搜索结果页面中肯定能看到的内容。

当然,在竞价排名的具体操作中,关键词的选择也是关系到广告成败的一个关键因素。许多专家建议,应该同时选择普通的关键词和专门的关键词参与排名,前者可以带来足够的印象数,后者则可以保证足够的转化率。

购买关键词有几种不同的方式,Overture 和 Google 都允许广告主指定三种匹配关键词短语的方式:标准方式、短语方式及广义方式。

标准方式(Standard Match):标准方式的关键词短语匹配允许短语中的各个字以相反顺序、单数或复数的形式出现,甚至还允许误拼。

短语方式(Phrase Match):短语方式要求搜索结果中必须包含搜索的短语,不过搜索结果可以在搜索短语前后包含其他的成分,比如,以精确方式搜索"办公家具"允许"进口办公家具"和"金属办公家具"这样的结果出现。

广义方式(Broad Match):广义方式只需要搜索结果中出现搜索短语中包含的所有单字,但出现的顺序不受约束,例如,以广义方式搜索"办公家具"可能得到类似"办公室中的家具"这样的结果。广义方式可以使广告主的网页链接得到尽可能多的显示,这也是 Google 默认的方式。该方式比较适合捕获非常具体的查询及包含若干产品特性的查询。但是,当主要的关键词有多种含义时,广义方式就可能失去焦点,比如说,笔记本既可能是指便携式电脑,也可能指纸制的笔记本,那么在以笔记本做关键词时就最好使用标准方式而避免使用广义方式。一般而言,对粗略的关键词使用标准方式,而对精细的关键词使用广义方式或者短语方式。在 Overture 的系统中,广义方式的结果被排在标准方式之后,而 Google 则单纯按照相关性(点击率)来排序。

Google 的 AdWords 是竞价排名的一种特殊形式,在这一模式中,排名不是单纯地考虑广告主出价的高低,而且考虑了网页的相关程度,即排名靠前的网页如果得不到足够的点击率,它的排名就会退后,把更好的位置让给可以为 Google 带来更高收入的网页。

6) 网页内容定位广告

基于网页内容定位的网络广告是搜索引擎营销模式的进一步延伸,广告载体不仅仅是搜索引擎的搜索结果网页,也延伸到搜索引擎公司合作伙伴的网页。Google 于 2003 年 3 月开始正式推出按内容定位的广告,后来其他搜索引擎纷纷跟进,不过 Google Adsense 网络迄今仍然是全球最大的内容合作广告网络。

2. 搜索引擎营销的策略

搜索引擎营销策略主要包括关键词策略和搜索引擎优化策略,前者同时适用于搜索引擎登录、优化和搜索引擎广告。

1) 关键词策略

互联网上的搜索大部分是由用户在搜索框中键入的关键词触发的。关键词管理是搜索引擎营销的一个中心任务,随着人们对关键词长尾开发兴趣的不断增长,公司管理的关键词个数达到惊人的程度。根据朱比特研究(Jupiter Research)公司的一份调查,年销售额在 100 万美元以上的中等公司(占被调查公司总数的 16%)管理的关键词数量介于 1000 到 5000 之间,而年销售额在 1500 万美元的大公司(占被调查公司总数的 14%)管理的关键词数量则超过 50 000 个。

关键词策略包括关键词的确定、关键词的使用和关键词的监测。

为网页确定关键词是搜索引擎营销的头等大事,确定关键词的过程通常也就是确定企业网络营销目标市场的过程。

首先,关键词的选择要少而精,一般在两个左右。关键词过多是搜索引擎优化的大忌,会使网页内容失去中心,影响网页在任何一个关键词上的相关性。参与搜索引擎竞价排名可以选择更多的关键词,一般每个页面可以参与 5~10 个关键词的竞价排名,但这些关键词同样需要与网站内容相关,否则企业按点击付费换来的流量不能转化为实际交易,也是营销上的失败。

其次,选择关键词要避免单个热门词汇,对于大多数企业而言,要在"电脑""汽车""房地产"这类关键词的搜索结果中靠网页优化进入前 20 名几乎是不可能完成的任务,在这些词汇上参与竞价也有很高的风险,因为企业在这些词汇上的竞争比较激烈,而且这些词汇吸引来的流量的相关程度也不高。因此,企业需要开动脑筋,选择能体现自己企业特色和优势的利基关键词,通常这类关键词都是通过在中心关键词的前后加上代表特定地方、专门技术和工艺、特殊服务等的短语来构成,例如,"数码照相机"就比单独的"照相机"更有针对性,可以为专门经营数码照相机的企业带来物美价廉的流量。不过,选择太偏僻的关键词短语也不是上策,这一方面是因为过于冷门的关键词即使可以获得较高的点击率,但是因为总的展示次数太少,所以使用冷门关键词很难在给定时间内达到预期效果。因此,选定关键词就是要在热门和冷门之间寻找一个最佳平衡点。

选定关键词后,必须在各个环节部署关键词,这些环节包括页面内容的确定、页面标题的确定、页面结构的确定及页面 URL 的确定等,要尽可能让关键词在各个地方出现。自然,从搜索引擎或者主题目录登录网站时,不仅要在指定关键词的地方填入选定的关键词,在网站描述部分也要突出这些关键词。另外,许多网页使用表格进行排版,这一技巧会对该页面的搜索排名产生影响,原因是人阅读表格时是按行阅读的,而搜索引擎索引表格时是按列进行索引的,如果忽视这点,在关键词的位置这一标准上便可能吃亏。一般而言,关键词在页面中出现的频率越高便说明该页面与该关键词越相关,但关键词的密度[①]超过了 8%则被认为是反常的。

最后,还要对选定的关键词进行长期的跟踪测试,了解每个关键词组合的热门程度和竞争情况,在必要时更换新的关键词。

---

① 关键词密度(keyword density):一个页面上的关键词数量占该页面总字数的比例,用来判断该页面的关键词有没有被过度使用,合理的关键词密度应该为 2%~8%。

2) 搜索引擎优化策略

搜索引擎优化是最重要的搜索引擎营销策略，正如一个网络营销实践者所说的，如果能使自己的网站在左边被搜索者发现(指 SEO)，为什么要让它跑到右边(指使用搜索引擎广告)呢？

搜索引擎优化唯一重要的目标就是让公司的网站对于相关的关键词搜索排在搜索结果页面的前列；即使这些相关的关键词是比较冷门的关键词，搜索引擎优化也仍然是值得的。企业通过传统营销传播手段无疑可以向更广泛的人群传播，但很难判断这群人中到底有多少会真正对公司的产品产生兴趣，搜索引擎优化则不然，虽然搜索冷门关键词的人较少，但绝大部分通过搜索这些关键词找到公司网站的人都是对公司产品有浓厚兴趣的人。

搜索引擎优化工作通常由公司自主完成，不过，因为搜索引擎优化意味着大量的工作，所以，公司需要安排人员专门从事这项工作。如果在当地无法以合理的薪资聘用到懂得搜索引擎优化的人才，那么把这项工作外包给专业公司也是一种选择。需要注意的是，切勿让缺乏 SEO 常识的人拿公司网站做试验，一些不专业的做法会有被搜索引擎惩罚的风险。

搜索引擎优化方法主要可以分成三类。

(1) 页内 SEO(on-page SEO)，主要指通过对网站页面特定元素的优化以提高页面内容对特定关键词的相关性。页内 SEO 对页内元素的优化建立在对客户、市场和关键词的研究之上，以确保网页内容可以准确反映真实用户搜索网站内容时所使用的语言。页内 SEO 优化的元素包括域名、URL、页面标题、头部标签、ALT 文字、内链、图片、视频、网站地图、页面各级标题和正文文字等内容。

(2) 技术 SEO(technical SEO)，主要是通过对网站技术后端的管理，以便页面内容可以被搜索引擎有效地访问、索引和理解。技术 SEO 优化的内容主要包括编码、移动友好性、图片压缩、内部链接架构设计与管理、Robots.txt 设置、Hreflang 设置、页面加载速度优化、JavaScript 框架下的页面渲染(rendering)和预渲染(pre-rendering)、跨浏览器渲染、正版标记(canonicalization)[①]、索引擦除(de-indexing)、网站日志分析设置及网站迁移等。

(3) 页外 SEO(off-page SEO)，主要是指通过从第三方获得链接、引用、注意或者媒体报道树立网页的权威性。页外 SEO 基本上可以理解为吸引人们关注网页内容的一些做法。这些做法包括通过高价值的内容获得来自高质量第三方网站的链接和引用、有害链接撇清(link disavowal)[②]、通过主动联系建立从高质量第三方网站的链接和引用、参与包括社媒营销在内的各种形式的在线推广、作为第三方博客(或播客、视频博客)的嘉宾亮相、开展包括撰写新闻稿在内的传统公关活动、与意见领袖建立关系等。对于主要在本地开展业务的企业来说，争取本地新闻报道并在本地建立知名度也非常重要。

要有效利用搜索引擎开展网络营销，必须弄清楚几个基本问题。

弄清楚使用一个搜索引擎的用户的特征。搜索引擎也像媒体一样，不仅有用户多寡(即市场占有率)的区分，而且不同搜索引擎的用户还可能具有各自不同的特征。例如，有研究发现，在国内桌面搜索市场上，必应和百度的市场份额位居前两位，但两者相比，必应的用户较百度用户更为年长，平均文化程度更高，人均收入也更高。

弄清用户使用搜索引擎的习惯。2023 年，Backlinko 在研究了 400 万次谷歌搜索后发现，在谷歌的有机搜索结果中，排名第一的页面的平均点击率(CTR)为 27.6%，这比排在第 10 位的

[①] 是一种告诉搜索引擎特定的 URL 代表原版网页还是副本的标记方法，使用 canonical 标记可避免由于多个 URL 中出现相同或相近内容而导致索引问题。

[②] Link disavowal 是一种 SEO 策略，指网站所有者主动要求搜索引擎不要把某些链接计入该网站的链接权重。该做法是为了防止一些有害的外部链接对网站 SEO 造成负面影响。

高出了 10 倍。平均而言，在搜索结果第一页中排名上升一个位置会使点击率增加 2.8%。然而，这还取决于从哪个位置开始移动。比方说，从第 3 位(CTR=11.0%)移到第 2 位(CTR=15.8%)会显著提高点击率。然而，从第 10 位(CTR=2.4%)移到第 9 位(CTR=2.7%)却不会增加多少有机流量。研究还发现，搜索用户更倾向于点击 URL 中包含与关键词相似词汇的页面，恰当的 URL 可以把点击率提高 45%以上。另外，搜索用户还会被积极的标题所鼓舞，Backlinko 的研究发现带有积极情感的标题可以使点击率提高大约 4%。

利用搜索引擎进行网站推广的目标是网页在主要的搜索引擎上使用相关关键词搜索时可以获得好的排名；一般要求排名在 30 名以内，即在搜索结果页的前 3 页。不同的搜索引擎有不同的返回搜索结果的排名算法，下面就搜索引擎优化的基本原则作一些讨论。

- 对主题目录类搜索引擎而言，起决定作用的是网站的质量，因为好的站点更可能获得好的评价。
- 最好不使用框架、热点地图来创建网页，因为搜索引擎无法索引这些页面元素。同样，对于利用数据库动态生成的网页，搜索引擎也很难处理。鉴于动态生成的网页对于高质量的网站是不可缺少的，最好利用专门的静态页面来补充和支持动态页面。
- 优化页面的 HTML 设计，利用相关标签来增加提高排名的机会，这些标签包括 META、ALT、TITLE、Hn 等。研究在主要搜索引擎上获得好的排名的网站的 HTML 设计，借鉴这些优秀网站的一些好做法。
- 对网站进行经常性更新，这是获得好排名和吸引访问者回访的一举两得的方法。
- 发展尽可能多的向内链接(inbound links)，提高自己站点的热门程度。这种做法对于网站推广也具有一箭双雕的效果，它既能通过后链直接获得访问量，又可以通过改进在搜索引擎上的排名进一步提高访问量。
- 利用大家关心的热门事件，在网站上制作临时网页来吸引流量。例如，奥运会期间，会涌现出一批热门的搜索词，如果不失时机地推出奥运会某个相关主题的临时网页，必定能吸引一批访问者，不过，要妥善处理临时网页和网站主题的相关性问题；否则，纵使临时页面可以为网站带来流量，这些增加的流量也是低质量的流量，因为它们的转化率势必很低。
- 在向大的搜索引擎登录站点前，可以先在小的搜索引擎和专题目录上登录站点或者站点的部分页面，这可以初步建立站点的知名度，增加对大型搜索引擎的吸引力。
- 不要在 META 标签中包含竞争对手的名称或者商标。尽管这可能吸引到潜在的访问者，但这样做是违反商业道德的，还可能引发法律诉讼。但是，可以通过在页面正文中巧妙地提到竞争对手来获得少许额外的访问量。
- 使用多个域名的网站不要同时提交内容相同而域名不同的页面，这会使页面的排名变得非常靠后，因为许多搜索引擎会把这当成一种死搬行为。
- 经常对自己网站在搜索引擎上的排名情况进行监测，采取措施改进和保持自己的排名。
- 有条件的话，可以考虑建设相应的博客网站来支持企业的主营销站点。我们已经知道，博客站点是搜索引擎友好的站点，经常可以在搜索引擎上获得很好的排名。企业的博客站点不仅对企业主站点的访问量有直接贡献，而且随着企业博客站点排名的上升，企业主站点的排名会随之上升。

3. 常见的搜索引擎营销工具

SEM 是一种技术含量很高的营销方式。要开展高效率的搜索引擎营销，就必须懂得常见搜索引擎营销工具的使用。SEM 工具种类很多，可以说，搜索引擎营销的几乎所有任务都可以借助 SEM 工具来完成。我们可以把常见的 SEM 工具分为 4 类：关键词研究和分析工具、饱和度(saturation)和热门度(popularity)分析工具、后台(back-end)工具及其他工具。

1) 关键词研究和分析工具

(1) 百度指数(index.baidu.com)是一款基于百度网页搜索和百度新闻搜索数据库的关键词研究工具，百度指数的数据库每天都有更新，可以提供从 2006 年 6 月以来任意时间段的特定关键词的用户关注度和媒体关注度数据。不仅如此，百度还对这些数据作出了分析解读。首先，在时间轴上，百度选择一些与所查询的关键词有关的有代表性的新闻热点和历史事件作为分隔时间段的标志，研究者可以据此了解新闻事件对用户关注和媒体关注的影响。其次，百度还对用户关注的来源地区在地图上做出了标注，列出了用户关注度最高的 10 个城市的排名。最后，百度会给出与该关键词相关的 10 个关键词及用户关注度上升最快的 10 个关键词。另外，百度指数的高级功能还允许研究者对不同关键词、不同的时间段、不同的地区展开对比研究。由于百度在国内有极高的市场占有率，因此，百度指数对我国网络营销者而言是一种非常重要的研究工具。

(2) 谷歌趋势(www.google.com/trends)主要被网络营销者用来研究某特定关键词在某时间段内被搜索的次数的变化趋势。谷歌趋势和百度指数的功能及风格都非常类似，不同的是，因为谷歌是全球最大的搜索引擎，所以它可以支持对包括汉语在内的多种语言的关键词在不同国家的被搜索次数的研究，这对国际网络营销有特别重要的意义。同时，由于谷歌趋势投入运营的时间更早，它的数据开始于 2004 年 1 月，因此，如果要研究从 2004 年到 2006 年 6 月的历史数据，那么研究者就不能使用百度指数，而只能使用谷歌趋势。

(3) Google Adwords 关键词规划者(Google Adwords Keyword Planner)是谷歌公司向关键词广告用户免费提供的关键词研究工具，可以帮助营销者为自己的谷歌搜索引擎广告找到恰当的关键词并对广告成本和效果做出估计。该工具的使用非常简单，用户只需要给出所要查询的关键词，该工具就能根据 Google 数据库中的数据返回相应关键词的使用信息，包括用户每月使用该关键词搜索的数量及广告商在该关键词上的竞争程度，还会给出不同竞价下广告每月的显示次数和单击次数的范围。并且，谷歌允许广告用户通过指定广告投向的目标地区来查看某关键词在特定地区的相关数据。另外，该工具可根据用户提供的多个关键词为用户提出关键词组合的建议。当然，该工具的使用也有一些小的技巧，例如，可以使用负关键词(negative keywords)来排除掉无关的搜索，从而更准确地投放广告。

(4) Spyfu (www.spyfu.com)是一款研究关键词的非常优秀的工具。Spyfu 向免费用户提供两种服务，一个是关键词研究，另一个是关键词比拼。Spyfu 的关键词研究针对用户输入的关键词提供大量有用的信息，如每月的搜索量、每次点击价格、每天花费、近三个月内的广告主数量、点击率、自然排名前 50 名的网站及搜索引擎优化的难度等。单是每月的搜索量，Spyfu 就会详尽列出全球、全美(或者英国)使用标准、短语及广义匹配方式对该关键词的搜索量。此外，Spyfu 的关键词研究还会列出 10 个相关的关键词的搜索信息供用户参考。用户使用 Spyfu 的关键词比拼功能可以研究两家公司在搜索营销中使用关键词的情况，Spyfu 会显示出用户所指定的两家企业各自使用了多少关键词开展搜索营销，其中相同的有多少，不同的又有多少。比如说，我们使用 Spyfu 比较海尔和西门子在英国投放的搜索引擎广告时发现，西门子共使用了 45 979 个关键词，而海尔只使用了 2146 个关键词，这么多关键词中，两家公司同时使用的只有 20 个。

(5) 关键词发现工具(http://keyworddiscovery.com/search.html)：该工具可以依据一个包含 360 亿次实际搜索的数据库为用户提供某一指定关键词以及与其相关的 100 个常用关键词组合的搜索次数数据。如果使用增值服务，用户可获得与该关键词相关的 10 000 个关键词组合的搜索数据。该工具还提供不同的搜索引擎对用户所查询的关键词的搜索份额，这个份额与各搜索引擎总的市场份额可能存在显著差异，这一数据对用户选择准备投放广告的搜索引擎很有帮助。不过该工具目前没有提供中文关键词服务。关键词发现工具的注册版还有错字研究功能，可以为搜索引擎营销人员提示特定关键词的常见错误拼写形式，使他们能够通过在元标签中部署这些错误拼写的关键词来捕捉到额外的流量。例如，人们发现 accommodation(膳宿)的一个常见误拼 accomodation 被使用的频率和正确拼写相差无几，这就意味着如果提供早餐和过夜服务的客店在进行搜索引擎营销时能把 accomodation 选为一个关键词，就可以使访问量显著提高。

2) 饱和度和热门度分析工具

搜索引擎优化中的饱和度指网站页面被搜索引擎索引的比例。一个网站被索引的网页越多，便越有可能被用户搜索到。饱和度分析工具主要检查特定网站有多少页面被不同搜索引擎索引。该工具不仅可以同时检查网站页面被多个搜索引擎索引的情况，通常还支持对企业网站与竞争对手网站在饱和度上的差异做出比较。搜索引擎优化中的热门度是衡量指向一个网站或网页的反向链接(backlink，也译为后链)的数量和质量的指标。热门度是影响谷歌排名的最重要因素之一。谷歌将反向链接视作来自其他网站的信任投票。就是说，一个网页获得的高质量反向链接越多，谷歌就认为它越有声望和权威，因此更有理由在搜索结果页面中获得好的排名。读者可以通过以下 4 种工具了解饱和度和热门度分析工具的使用。

(1) SEO Panel(www.seopanel.org)是一款可以安装在服务器上的开源 SEO 软件，该软件集成了多种 SEO 工具和插件，可以完成多种 SEO 任务，其中就包括饱和度分析。SEO Panel 可以检查多个网页在 Google 和 Bing 上被索引的情况，还可以按日期生成报告，以便检查 SEO 在一个时期的工作成效。

(2) Ahrefs(https://ahrefs.com)是最流行的链接分析工具之一。该工具功能强大，可以分析指向一个页面或者整个网站的链接情况，对链接的性质、来源、类型、使用的锚链文字(anchor text)及变化趋势都做出了分析，而且报告以图文并茂的方式来展示，可读性很强。

(3) Majestic SEO(www.majesticseo.com)的链接分析工具和 Ahrefs 的类似，但对链接的价值做出了更精细的评价。

(4) 网管工具箱网站(www.webmaster-toolkit.com)提供了多种搜索引擎营销工具，其中比较有特色的两个工具是链接吸引力评价工具(Link Appeal)和 C 类别检查器(C Class Checker)。前者可以评价从一个外部网站获得的向内链接的价值，后者则专门用来判断两个不同域名的网站的服务器主机是否属于同一个 C 类别域名段。来自不同 C 类别域名段主机上网站的链接比来自相同 C 类别域名段主机上网站的链接更有价值。网管工具箱网站还提供了一种网页分析工具，可以评价指定页面对特定关键词的搜索引擎优化情况。

3) 后台工具

后台工具包括网站分析工具和标记语言审核工具(markup validators)。网站分析工具就是我们前面曾经介绍过的日志分析工具。通过日志分析，可以了解 SEM 的成效，并为 SEO 提供有价值的洞见，例如，识别搜索引擎访问和索引问题、检测服务器错误和响应代码、监控网站速度和性能、识别表现良好和表现不佳的内容、了解用户搜索行为、分析内外链接数据、跟踪引荐来源和流量来源、监控链接建设工作成效等。常用的日志分析工具我们之前做过介绍，这里不再赘述。标记语言审核工具主要用来检查网页的源代码是否符合语法规范，其中最权威的要数万维网联盟官方网站提供的标记语言审核服务(validator.w3.org)。不过，鉴于连脸书和 Yahoo 这样的权威网站都无法完全通过 validator.w3.org 的审查，有人因此认为，只要能通过 Chrome 等主流浏览器的测试，是否能完全通过 validator.w3.org 审核对于搜索引擎营销并不重要。不过，万维网联盟毕竟是万维网技术开发的权威机构,他们的检测报告应该被作为改进网站设计的一个参考。

4) 其他工具

其他工具主要包括一些在特定情况下使用或者用于完成某个特别任务的 SEM 工具,比方说 Thumbshots 排序工具(ranking.thumbshots.com)。Thumbshots 排序工具是一种专门比较不同搜索结果重叠情况的工具,它能进行两种比较。首先,它可以比较不同的搜索引擎(如 Google 和 Yahoo)在搜索同一个关键词(如 search agency)时所返回的前 100 个结果中有多少重复出现的网站;此外,它可用来比较同一个搜索引擎(如 Google 或 Yahoo)在搜索相近关键词(如 search agency 和 search agencies)时所返回的前 100 个结果中,有多少个网站重复出现。比较的结果以图形显示出来,非常直观易读。当用户用鼠标接近任何一个结果时,还会看到该网页的缩略图。Thumbshots 排序工具还允许用户加亮显示所关注的一个网页;该网页如果出现在前 100 位,它将在结果图上以红色圆点显示出来。

SEM 工具市场一直充满活力,每年都会有新工具出现,也有一些工具因为各种原因退出市场。在 SEM 的历史上,站点提交工具(submission tools)曾经辉煌一时,许多早期的 SEO 机构都曾兜售过这一类工具。不过,因为自动化的站点提交工具会妨碍搜索引擎的正常工作,所以这类工具的使用已经被多数搜索引擎定性为搜索引擎死掰。如今,使用这种工具不仅对网站被搜索引擎索引毫无帮助,甚至有时会给自己带来不必要的麻烦。与站点提交工具命运类似的还有排名检查工具(position checking/tracking tools),该工具可以自动检查指定网页针对特定关键词在主要搜索引擎上的排名情况。同样,因为这样的工具妨碍了搜索引擎的正常工作,所以遭到了主要搜索引擎的抵制,目前市面上还在工作的此类工具一般都只能检查个别搜索引擎前几页的排名情况。

随着 AI 技术向 SEM 领域的渗透及搜索引擎算法的不断演进,一些基于 AI 的 SEM 工具应运而生,比方说 seo.ai 公司推出的免费 AI 关键词工具可以根据网页的内容描述基于当下的市场竞争情况使用 AI 算法推荐最合适的关键词,seo.ai 公司开发的其他一些基于 AI 的 SEM 工具还包括 AI 产品描述生成器、AI 段落生成器、AI 段落改写器、AI 标题生成器、AI 内容检测器等。这些工具的效果如何还有待时间检验,但这类工具的未来发展绝对值得我们密切关注。

需要注意的是,以上分类主要是出于教学需要,就目前发展趋势而言,集成化的 SEM 工具正在成为主流。对于这些由于具有多种功能而近乎通用的 SEM 工具而言,以上分类可以看作对它们主要功能的解说。

4. 搜索引擎营销的伦理问题

像其他的网络营销方式一样,搜索引擎营销也会涉及伦理方面的问题。我们来看一个案例。

爱德·哈伍德(Ed Harwood)是英国一个优秀的广告创意人,不幸于 2003 年死于车祸。他的朋友迈克·格雷汉(Mike Grehan)为纪念亡友专门开办了个人网站,哈伍德的生前好友可以在这个网站上发表文字,寄托他们的哀思。但网站开办不久,就有人在该站点的留言板上发现了许多广告性质的帖子,这些帖子无一例外地指向一个特定网站的链接。这使访问该站点的人们非常愤怒,认为这与在墓碑上涂写广告联系电话一样无耻。实际上,这些残酷无情的帖子都出自程序之手,这些用于搜索引擎优化的程序可以在网上自动搜寻留言板或论坛,并在上面发布包含指向特定网站链接的帖子,目的是增加该网站在搜索引擎眼里的热门程度,以期获得更好的搜索排名。这一做法当然违背了基本的网络礼仪,也违背了基本的网络营销伦理。目前,一些搜索引擎已修正了自己的排名算法,仅赋予来自公开的留言板和论坛上的链接以很小的权重。

上例仅仅是搜索引擎死掰(Spam)问题[①]的一种表现,搜索引擎死掰指针对搜索引擎排序算法的一些弱点,使用诸如偷梁换柱(Cloaking)[②]、镜像(Mirroring)、桥页(Doorway Pages、Gateway Pages、Bridge Pages、Entry Pages、Portal Pages)[③]之类的手段,依靠欺骗搜索引擎索引程序来获取较好排名的搜索引擎优化技巧。搜索引擎死掰行为会严重影响搜索引擎搜索结果的相关性,降低搜索用户的满意度。因此,搜索引擎公司对发现的死掰行为一般都会加以惩罚,甚至会把死掰网页从数据库中彻底清除出去。有关企业要不要使用死掰技巧进行网站推广的问题,读者可以在第 9 章中找到答案。

阿里巴巴的创始人在 2012 年预言中国在线零售将在 2022 年达到社会零售总额的 50%以上。我们已经知道,虽然中国零售电商在全球遥遥领先,但在线零售在 2022 年占社会零售总额的比例仍然远未达到 50%,你认为原因是什么?

6.6 在线销售

在线销售(online marketing)指的是通过互联网向最终消费者销售有形商品或者服务。有时候,我们使用在线零售(online retailing)来专指通过互联网向最终消费者销售有形商品。在线销售是电子商务的一个重要组成部分,根据 Statista 估计,2023 年,全球电商零售额大约为 5.8 万亿美元,预计到 2027 年可达到 8 万亿美元,5 年间增长 38%。

进入本世纪以来,电子商务在我国的发展势头喜人,网上购物日趋普及,开始成为普通大众日常生活的一部分。2024 年 3 月,商务部电子商务和信息化司发布了《2023 年中国网络零售市场发展报告》。报告指出,2023 年全国网上零售额 15.4 万亿元,同比增长 11%。连续 11 年稳居全球第一。实物商品网上零售额 13.0 万亿元,同比增长 8.4%,占社会消费品零售总额的比重为 27.6%,较上年提升 0.4 个百分点,拉动消费作用进一步显现。

阿里巴巴的创始人在 2012 年预言中国在线零售将在 2022 年达到社会零售总额的 50%以上。我们已经知道,虽然中国零售电商在全球遥遥领先,但在线零售在 2022 年占社会零售总额的比例仍然远未达到 50%,你认为原因是什么?

6.6.1 在线销售的产品

1994 年,杰夫·贝索斯(Jeff Bezos)在开始创办亚马逊时曾认真考虑过什么商品最适合在网上销售的问题,最后他从几十种可能的商品中选择了图书作为亚马逊在线零售的主营品种。2005 年,当 PPG 上海服饰公司开始在网上销售衬衫时,国内网络营销界还在为服装到底是否适合在网上销售的问题而争论不休。今天,网购市场一片繁荣,从马桶、牧草种子到热带鱼,从茶叶、酱油到 3D 打印机,凡是消费者需要的,在网上几乎都可以买到;从香烟、啤酒到处方药品,凡是网店在售的,几乎都有成交的记录。的确,随着互联网的日益普及及网络零售行业不断走向成熟,在线销售的商品种类已经超过了传统有形市场上销售的商品种类,再讨论什么产品适

---

① 本例中的死掰行为也是新闻组死掰。
② 偷梁换柱(Cloaking)指为了骗取在搜索引擎上较好的排名,给搜索引擎提交一个与网络用户看到的网页不同的页面版本的策略。
③ 指利用特殊的程序专门针对搜索引擎编制出的特殊页面,这些页面可以获得好的搜索引擎排名,但通常不适合用户浏览。通过搜索引擎到达该页面的访问者会被立即转送到真正的目标页面。

合网上销售已经意义不大了。

2023年12月25日，淘宝基于一年内淘宝搜索热度、销售相关数据和网友提名，综合网友投票及媒体评审团投票结果，发布了"2023年度十大商品"榜单，《孙子兵法》、酱香拿铁、涿州图书加油包、"爱因斯坦的脑子"、演唱会定制灯牌、马面裙、洞洞鞋、"玲龙一号"核能充电宝、乌梅子酱、辅酶Q10共十类商品入选。我们注意到，这些商品虽然数量不多，但跨度极大，从品牌商品到定制商品，从复古产品到高科技产品，从生活必需品到奢侈品，值得注意的是，在淘宝年度十大商品榜单中，我们还第一次看到了虚拟商品。此外，榜单中的商品品类让我们确信中国已经出现了庞大的消费者阶层，中国的消费者社会已经来临。

> 你认为香水是否适合在网上销售？为什么？

6.6.2 在线销售的定价模式

在线销售有两种基本的定价模式：固定价格模式和动态定价模式。固定价格模式就是我们在传统商店中常见的明码标价的定价模式，这一定价方式具有操作简单、交易成本低及形式上比较公平等优点，因此，该模式在在线销售中仍然被广泛采用。不过，在传统市场上日渐式微的动态定价模式却在网络市场上得到了复兴，原因如下。

首先，信息技术在网络市场上的广泛采用使得动态定价的成本大幅降低，这使得动态定价有了被广泛采用的可能。例如，集合议价的定价方式在传统的条件下几乎不可能实现，但在网络市场上可能只需要简短的一段代码就可以轻松实现。

其次，网络市场环境使得商品价格信息更加透明，这使得采取固定价格策略的商家的利润空间大幅缩减，在这一背景下，许多商家开始在增加产品的差异化上寻找出路，有条件的厂家甚至开始利用其柔性制造技术以批量定制的方式来组织生产，这一新情况使得固定价格逐渐失去了原有的意义。

最后，相对固定价格的形式公平而言，动态定价有可能实现实质上的公平。实际上，对同样的商品索取同样的价格是基于生产成本的公平，并没有考虑到该商品对不同的顾客可能具有不同的效用。如果能根据顾客的支付意愿进行动态定价，这无疑可以使企业在占有更多消费者盈余的基础上获得更多的利润，也可以使因为经济条件差或者其他原因导致支付意愿不高的顾客能够以较低的价格获得商品。在网络市场的条件下，商家有可能了解更多的有关消费者支付意愿的信息，并根据这些信息动态定价。

当前，网上比较常见的动态定价方式有以下三种。

(1) 集合议价：商品或服务的最终定价取决于购买该商品或服务的顾客的数量多少，这一定价模式会规定一个最高定价和一个价格随顾客数量变化的函数。在一定时期内，顾客的数量越多，每位顾客需要支付的价格就会越低，拼多多就以集合议价(帮忙砍一刀)为主要的定价方式。

(2) 拍卖定价：在这种定价模式下，商品的最终价格取决于买方竞争出价的具体过程，网上市场因为可以在一段较长的时期内组织拍卖，而且可以聚集大量的参与者，所以网上拍卖比传统拍卖的适用范围要广得多。在网上，拍卖已经不再局限于艺术品、收藏品和积压物资的销售，而是变成一种普遍适用于众多商品品类的主流销售方式。目前，采用拍卖方式销售商品的网站数量众多，其中最出名的是Ebay.com。

(3) 差别定价：根据顾客的支付意愿索取不同的价格。一般而言，商家会设法为对价格敏感的顾客提供比较优惠的价格，例如，通过价格比较网站进入网站的顾客可以被认为是对价格比较敏感的顾客，商家可以为他们提供一些优惠。另外，通过专门的折扣网站，如 ebates.com，顾客可以购买到许多在线商家的商品，他们购买的价格会比直接从商家购买便宜几个百分点，这也是差别定价的一种方式。

除了固定价格模式和动态定价模式，网上还有一些比较特殊的交易方式，如易货交易方式和免费赠送方式。易货交易指的是：在信息技术的帮助下，中介服务商具有极强的交易撮合能力，许多商家能够以自己希望销售的商品和服务交换自己所需的商品和服务，obodo.net 就是采用这一交易方式的一个网站，在 C2C 市场上参与易货交易的个人还被称为"换客"。免费赠送方式是指一些商家为了吸引注意力而为顾客免费提供某种产品或者服务的经营方式。一般而言，免费赠送的产品或者服务都具有很低的可变成本，并且经常可以充当病毒营销的载体，因此，企业从免费赠送中仍然可以获得收益。

6.6.3 网站直销的利弊

1. 网站直销的优点

网站直销最大的优势并非因为剔除了中间环节而节省了部分销售费用，而是可以让企业更准确、更及时地了解市场需求，从而能针对市场情况开发新产品或者制定营销策略。

网站直销的另一大好处是可以变推式供应链为拉式供应链，企业可以根据顾客的订货来采购原料和安排生产，大幅降低库存，提高库存周转率，这点对某些行业(如计算机行业)有决定性的意义。

2. 网站直销的弊端

网上直销的最突出的问题是可能引起渠道冲突。一个企业如果主要通过渠道商来销售产品，那么企业的直接销售势必会影响渠道商的销量，所以生产企业的直销策略往往会受到渠道商的抵制，这一抵制对大部分企业而言可能是致命的，因此，生产企业在决定开展网上直销之前，必须认真思考渠道冲突问题。

6.6.4 网上销售的盈利模式：Dell 和 Amazon 的案例

我们将通过 Dell(戴尔)和 Amazon(亚马逊)两个公司的案例来具体考察网上直接销售的营利模式。

1. 生产商直接销售——Dell

1984 年，年仅 19 岁的商业奇才迈克尔·戴尔(Michael Dell)在得克萨斯州创建了戴尔计算机公司，公司最早的业务是通过电话直销的方式为顾客定制计算机。1985 年，戴尔计算机公司的销售额为 7000 万美元。20 世纪末，戴尔公司每天在网上的销售已经超过 5000 万美元。

作为一个从事直接销售的制造商，戴尔计算机公司成功的秘诀在于以下两个方面。

一方面，戴尔计算机公司通过高效率的直接销售实现了生产和销售环节的无缝配合。通过将推式供应链再造为拉式供应链，戴尔计算机公司成功实现了 JIT 的生产方式，这使得公司的库存周转降到 13 天，与此相比，同行业的库存周转是 75~100 天，这就使得戴尔公司的产品配置比同行新两个月。在摩尔定律的作用下，单此一项变革就使戴尔计算机公司的利润增长了 6%。

另一方面，以互联网为工具，戴尔计算机公司面向企业用户开展了卓有成效的关系营销，创造了为管理学界津津乐道的三角形客户管理模式(被称为戴尔三角)。

戴尔公司把公司的顾客区分为 5 个层次,并为不同层次的顾客提供不同的服务。

第一层次:位于第一层次的是数量最多的普通顾客。这类顾客可以得到基本的服务,包括查询信息(包括产品信息、订货信息、投资信息、招聘信息等)、在线订货、定制计算机及获得技术支持。

第二层次:位于第二层次的是注册顾客。任何普通顾客都可以自愿登记为注册顾客,注册顾客在获得上述服务外可以收到戴尔公司的电子期刊。

第三层次:位于第三层次的是签约顾客。大的机构顾客可以成为戴尔公司的签约顾客,签约顾客可以查阅自己的订货历史,享受到戴尔公司提供的折扣价格,还可以通过专门的链接看到特别的营销信息。

第四层次:位于第四层次的是白金顾客。戴尔公司为这类顾客制作了专门的个性化网页。

第五层次:位于最高层次的是戴尔公司的合作伙伴。这类顾客和戴尔公司由 EDI 连接。

戴尔三角为公司创造了骄人的业绩。在《财富》500 强公司中,戴尔产品的渗透率为 25%;戴尔产品在《财富》5000 强公司中的渗透率为 10%;在员工数为 200~2000 的 15 000 家中型企业中,戴尔产品的渗透率为 8%;在 700 万家中小企业中,戴尔的渗透率为 5%。以上数据清楚地说明了戴尔抓大放小的经营思路。

此外,我们还注意到,戴尔公司从成立之初就以传统方式(如电话直销)从事直接销售,积累了大量的直销经验,这为戴尔从事网上直接销售打下了坚实基础。因为有了丰富的直销经验,戴尔解决许多问题的方法都是令人称道的,例如,戴尔使用其他公司的客户服务网络(如 Xerox 的网络)来提供客户服务,这为戴尔节省了大量费用。

2. Amazon 网上直销的案例

亚马逊公司是一个典型的网络公司,由杰夫·贝索斯(Jeff Bezos)在 1995 年 7 月在西雅图创立。亚马逊公司在 Books 和巴诺书店(Barnesandnoble)等竞争对手的前后夹击下不断发展壮大,迅速成为当之无愧的网络零售第一品牌。2023 年度,亚马逊公司的营业收入达到 5139.83 亿美元,排在当年《财富》世界 500 强企业第 4 位,互联网企业第 1 位。

亚马逊的成功要领有以下几个方面。

公司的成立占有天时地利。亚马逊开业的 1995 年正是万维网高速发展的开始阶段,当时在华尔街一家基金公司担任副总裁的贝索斯正是注意到了当时互联网每月两位数的发展速度才决定在网上创业的。与亚马逊相比,Books 的创立时间太早,它从 1992 年就开始利用 BBS 在网上卖书了,但在互联网商业化之前,网上市场还不具备经济规模。与 Books 相反,巴诺的行动则慢了半拍,作为最有实力的图书零售商,它开展网上业务的时间比亚马逊晚了近两年,这给了亚马逊足够的时间发展壮大。在营业地点上,贝索斯选择在西雅图开办公司是因为那里是美国最大的图书批发商 Ingram 总部的所在地,亚马逊的网上卖书业务离开了 Ingram 的合作是无法成功的。

亚马逊公司在网上创业时选择了合适的行业和产品。图书出版行业是一个集中程度很低的行业,美国最大的出版商的市场占有率也只有 11%。在这样的市场上,供应商讨价还价的能力比较有限,这为亚马逊公司的成长提供了广阔的发展空间。另外,前面我们已经看到,图书是非常适合在网上经营的一个品种,这是贝索斯比较了 20 种比较适合在网上经营的品种后最终选出的最佳品种。

亚马逊公司率先引进并成功实施了联属网络营销策略。亚马逊公司在 1996 年夏推出一种联属方案(associates program)。根据这一方案,任何网站都可以申请成为亚马逊网上书店的联属网站，在自己的网站上推荐亚马逊书店经营的图书，并依据实际售出书籍的种类和已享折扣的高低获得 5%～15%的佣金。该方案一经推出，就在业界引起了轰动。当年加入联属营销计划的网站就超过 4000 家，次年夏天突破 1 万家，1998 年夏天更达到 10 万家，2024 年最新的数字显示，加入亚马逊联属营销计划的网站总数已经超过了 90 万家。正是这些联属网站使得亚马逊书店声名大振，成为网上零售的第一品牌。

亚马逊公司使用了个性化网站技术来开展数据库营销。在这方面，亚马逊公司锐意创新，发明了一系列新的概念和模式，比方说合作营销和一键式购物等。亚马逊还把一些重要创新注册成业务方式专利，并利用这些专利来打击竞争对手。

亚马逊实施了平价策略来巩固市场份额。1998 年后，亚马逊对经销的图书开始实施平价策略，不仅价格比传统书店中图书的价钱平均低一成以上，而且对于 25 美元以上的订单还免费发货，亚马逊每年支出的运费补贴就达 2700 万美元之多。亚马逊的平价策略有效打击了竞争者，巩固了自己的市场地位。

亚马逊依靠经营多元化来保持高成长。亚马逊刚刚成立时只是一个网上书店，当它的品牌作为网上书店第一品牌而变得家喻户晓后，亚马逊开始了大规模的业务扩张。1998 年，亚马逊将产品系列扩大到 CD 领域，并在短短数月内一举超越了 CDNow 成为 CD 经营的网上第一品牌，同年开始了礼品经营，1999 年 3 月，亚马逊推出了自己的拍卖服务，同年 11 月推出了自己的电子商城服务。就这样，亚马逊不断扩展业务范围，2006 年，亚马逊还推出了自己的云服务平台 AWS(Amazon Web Services)。通过这种方式，亚马逊保持了销售额持续的高增长，也赢得了企业各种利益相关者对公司前景的信心，正是这些利益相关者帮助亚马逊闯过了一个个难关，从一个胜利走向了另一个胜利。

亚马逊从一家网上书店起步，在不到 30 年的时间里迅速发展成一个庞大的商业帝国，它成功的商业模式被概括为飞轮商业模式(the flywheel business model)。说一说在亚马逊早期的成功中，这一商业模式起了什么作用？

6.7 企业营销网站的运营

企业营销网站的发布开通是基于网站的网络营销的起点而不是终点，企业营销站点需要持续的运营和维护才能够完成它的任务，网站运营的日常工作主要包括技术性维护和网站的内容管理两方面的内容。

6.7.1 技术性维护

网站的技术性维护包括设备维护、数据备份、网页优化等。计算机硬件设备需要持续进行维护，特别是检查易损部件(如 CPU 风扇、UPS、电缆等)的完好性，保证网站的可靠运行。某一知名网站曾经出现过因为老鼠咬断电缆而导致网络长时间中断的事故，该事故说明了硬件设备维护的重要性。随着网站访问量或者网站内容和功能的增加，网站访问速度会日趋下降，并且，随着新病毒和新的黑客手段的不断出现，网站的安全性也会不断下降，所以到了一定时候，企业必须考虑升级服务器的硬件和软件。出于成本效益方面的考虑，企业的安全策略都不会万无一失；数据备份是保证资料安全的最简便、最可靠的方法。网页的优化包括文件大小的优化、功能的优化、内容的优化和结构的优化，因为互联网基础设施条件(如带宽条件)、消费者行为(如对隐私的态度)、应用软件功能(如内容过滤软件等)、政策环境等因素不断变化，网站优化不是一件一劳永逸的事，而是一项持久的工作。在网页优化过程中，来自各方面利益相关者的反馈意见是重要的参考信息。

网站日志分析是监测网站运营状况的利器。通过分析站点访问日志，可以了解网站运营的大致状况，如访问者的多寡、访问者的偏好等，还可以根据日志中暴露出的异常发现网站存在的问题，如错误的链接等。在缺乏反馈意见的情况下，网站管理人员可以按照网站日志的分析报告来更有针对性地开展工作。

6.7.2 网站的内容管理

对大部分网站而言，内容管理的工作量远比技术性维护要大。从网站内容的来源看，一般企业网站喜欢从公司内部来创建网站的一切内容，但是一段时间过后，企业内部的创意往往会枯竭。这时，企业不得不大量转载他人的作品，但这样做可能带来版权纠纷。通过创建社区来获得社区成员的原创内容是个不错的想法，可是这些内容经常鱼龙混杂，质量参差不齐；在这种情况下，网站需要有一个明确的内容管理政策。内容管理政策一般涉及内容的获得、编辑、校对、发布、修正、更新、存档、版权等一系列问题，还应该包括对内部员工的创作给予奖励的具体规定。公司员工是企业网站内容最可靠的创作队伍，他们的创作不论在专业水准和舆论导向上都与公司的目标最吻合，而且最容易管理，在网站发布初期，他们甚至是可以依赖的唯一内容来源。对员工的创作，企业必须给予一定的报酬，对专职的编辑人员，公司要把创作规定为他们工作职责的一部分。此外，公司需要制定向自由职业撰稿人征稿的预算计划，由此获得高质量的稿件，但这需要有充足的预算，所以向自由职业撰稿人征稿一般仅适用于较大的企业。大的网站还可以通过合作来获得内容。

企业在获得内容时可以考虑如下的内容合作方式。一些站点为增加访问量，向他人网站无偿投稿；作为交换，发布的稿件必须注明投稿人的姓名、社媒账号及其网站地址等信息。这样，受稿网站免费得到了有价值的资讯，对来访者有利，对提升站点的价值有利；同时，受稿网站的访问者在阅读文稿时，可能会关注撰稿人的社媒账号或者单击撰稿人宣传的网站地址(以超链接方式在稿件中出现)访问这些站点。投稿人通过为他人站点提供有价值的稿件，为自己的网站换来一些有针对性的访问，这是双赢的合作。这里，投稿人和受稿站点需要相互认可，也就是说投稿人要认可受稿站点及其访问者，受稿站点则要认可投稿人的人品及其文稿价值。投稿人的稿件可以发布在受稿站点中，也可随受稿站点的电子杂志/电子邮件发送给订阅者。

网站内容编辑工作包括编辑待发表的内容、复查已经发表的内容和修正讹误。编辑待发表的内容包括检查内容的格式、控制内容的质量和风格、检查内容的语法和拼写、把内容安排到适当的栏目和板块等。复查已发表的内容也是内容编辑的一项日常工作，陈旧或者存在欠缺的内容是企业网站营销的大忌，网站编辑必须及时更新网站的内容，删除过时的内容，将有文献价值的内容整理存档。如果发现网站上发布的内容存在法律问题或者与事实有出入，就需要及时采取行动对讹误之处进行修正，以防影响扩大。

6.8 提供个性化服务的企业网站

随着企业网站争夺流量的竞争日趋激烈，许多网站开始考虑把提供个性化内容当作网站竞争的一种策略。一些调查公司所做的研究证明了这一做法的合理性。

据赛博对话(Cyber Dialogue，www.cyberdialogue.com)所做的一项研究，重度网络消费者更喜欢在能够提供个性化服务的网站上购物。56%的被调查人声称他们更愿意在可以提供个性化服务的网站上购物，63%的人则声称他们更愿意注册成为能够提供个性化服务的网站的用户。同时，28%的主动使用个性化服务的用户2000年在网上的年均花费超过2000美元，而非个性化服务用户2000年在网上消费超过2000美元的只有17%。而且，主动使用个性化服务的用户也更可能在网上订阅内容。基于个性化技术的重要性，人们对个性化网站的问题进行了比较深入的研究。

6.8.1 个性化网站的适用范围

并非所有网站都适合提供个性化服务，个性化服务在以下几种情况下最有效。

- 顾客存在显著的差异性。公司网站的用户在生命期价值方面和需求方面必须存在足够大的差异，否则就没必要为顾客提供不同的服务。
- 顾客对个性化的服务敏感。公司煞费苦心地为顾客提供个性化服务，顾客必须对此有所察觉并能从中获得更高的价值。如果某些网站的顾客不欣赏企业在网站个性化的努力，就没必要提供个性化服务。
- 存在可行的个性化技术。不同的企业需要设计不同的个性化方案，这些方案必须在技术上和经济上是可行的。即使是处在同一行业的企业，因为企业规模的不同，企业个性化的路线也可能不同，所以同行有了成功的个性化案例不能代替企业对问题作独立的分析。一般而言，提供个性化界面比较容易，但要想支持客户对产品的定制就需要企业拥有柔性的生产系统，而这恰好是多数中小企业所缺乏的。有时，个性化方案在技术上是可行的，问题是营销部门没有有效的方法获得有关顾客的必要数据，这时，个性化仍然是不可行的。
- 企业对提供个性化服务具有良好的适应能力。提供个性化服务属于一项重大的管理变革，它要求企业文化和员工素质方面的配合，此外需要有开明的管理层和充足的资金支持。
- 竞争态势有利。市场的竞争环境也是不容忽视的因素。企业在决定提供个性化服务之前，必须对市场的竞争环境有充分的认识。是否首先启动个性化服务及竞争对手对公司的个性化策略作何种反应都将影响企业个性化服务策略的成败。

6.8.2 网站个性化的类型

提供个性化服务可以有两种不同的思路：公司主导型和用户主导型，前者称为个性化(personalization)，后者称为定制化(customization)。两者最主要的区别在于是公司还是用户拥有选择个性化服务的主导权。按照公司主导的思路，企业通过各种渠道搜集和存储有关用户的资料，然后按照这些资料有针对性地开展营销，不论企业关于用户的资料是由用户主动提供还是企业通过记录用户行为而获得，用户通常都无权改动甚至浏览有关自己的信息。相反，按照用户主导的思路，公司给用户尽可能多的授权，用户可以随时浏览或者更新他们提供的资料，这使得公司拥有的关于用户的资料更有时效性。自然，用户比较喜欢用户主导型个性化服务，按照《哈佛经济评论》2001年4月发表的文章"个性化？不，谢谢"所引用的一项调查结果，30%～50%的人希望拥有定制网站的控制权，而只有5%～7%的人愿意接受完全由企业为他们定制的网站。这一调查结果被解释为目前的个性化算法过于粗糙。例如，如果某用户曾在亚马逊书店买过一本题目为《流行的解剖学》的书，那么下次当他登录到亚马逊书店时，书店便会自作聪明地给他推荐《哥雷解剖学》一书；这正如有人向店员询问有没有《钢铁是怎样炼成的》一书时，店员却向这名顾客推荐《冶金学原理》。在目前，企业在使用个性化技术时，还是要谨慎从事，最好从定制化开始。

6.8.3 网站个性化中的管理问题

网站个性化所碰到的最大管理问题是个性化的程度。中国有句老话，叫做"过犹不及"，如果个性化不能做到恰到好处，就会适得其反。在决定个性化程度时，企业需要考虑以下事项。

- 网站个性化的前提是要掌握网站访问者的背景信息，这些信息可能是访问者的注册信息，也可能是他们的网站访问和交易历史资料。对这些信息掌握过多会显示出对顾客隐私的侵犯，而过少则不能准确进行个性化设置，这是企业要权衡的第一个问题。
- 过多的个性化信息会淡化企业的品牌，如果不同的顾客看到的是不同的营销信息，他们将获得不同的品牌体验，这不利于建立统一的企业品牌形象。

6.9 基于网站的网络营销与无网站网络营销的配合

6.9.1 与电子邮件营销的配合

电子邮件(特别是 HTML 格式的电子邮件)可以被看作可移动的网页，电子邮件与企业网站相互配合可以取得相得益彰的效果。

电子邮件特别是电子刊物可以给网站带来流量。电子刊物可以通过和网站访问者保持经常性联系并向访问者通报网站重要的更新，鼓励访问者在适当的时候再次访问站点。网站上可以宣传电子刊物的好处，鼓励网站访问者订阅电子期刊，网站还可以通过提供电子期刊的样刊和过刊档案来吸引潜在订户，同时可以利用 FAQ 页面来支持电子刊物的发行。网站众多的推广手段对发展电子期刊订户也很有帮助，甚至网站上的退订框都可以增进订户对企业的信任，订户会认为处处为用户着想的企业是值得信赖的企业。企业可以在网站上尽可能多的页面上放置订阅框，首页上当然不能缺少订阅框，其他需要访问者输入电子邮件地址的页面上也要放置电子杂志订阅框，例如，访问者注册成为会员的表格上、申请其他服务的登记页面上等，这样顾客只要轻轻一点鼠标就可以订阅刊物，这无疑会增加电子杂志的发行量。实际上，企业可将通过网站收集到的所有电子邮件地址通过选择退出的方式加入自己的电子邮件列表中，以扩充电子邮件营销的顾客基础；通过网站收集电子邮件的接触点有意见反馈表单、留言簿、文件下载页面、论坛等。

网站与电子邮件的配合有时需要顾及一些细节问题的处理，例如，在网站的发往(mailto)链接中，通过 HTML 语言指定默认的主题词可使企业根据不同的关键词自动分拣发来的邮件或者执行其他自动化处理。

6.9.2 与虚拟社区营销的配合

网站与虚拟社区配合可以产生巨大的协同效益。一方面，网站可以为虚拟社区成员提供进行全方位交流的信息平台。虚拟社区的成员可以通过电子邮件、新闻组、电子公告板、聊天室、实时传信等多种方式彼此交流，这些交流方式都可以通过万维网一个平台来实现，因此，有网站支持的虚拟社区可以给成员提供更加便利的交流渠道，使虚拟社区更有活力。同时，网站诸多的推广手段有利于基于网站的虚拟社区更快地发展壮大。推广网站有许多成熟的方法，如搜索引擎营销、病毒营销等，而推广无网站虚拟社区的方法则比较缺乏，因此，有网站支持的虚拟社区可以有更多的手段推广自己，更快地发展壮大。开设虚拟社区的网站也可以获得多方面的优势。首先，虚拟社区可以产生合作经济，虚拟社区成员间的互动可以为网站增添大量新鲜的内容，增加网站的吸引力。其次，虚拟社区可以为网站带来更多的重复访问并延长访问者在网站上的停留时间，增加网站的黏性。最后，虚拟社区的存在有助于改进网站的搜索引擎排名，提高网站被新用户发现的机会。可见，网站和虚拟社区相辅相成，有助于两者进入一个相互促进、共同发展的良性循环。

6.10 基于网站的网络营销与传统营销的配合

6.10.1 网站挑选和店铺挑选购物

网站挑选(webrooming)和店铺挑选(showrooming)都是线上渠道和线下网点并用的购物方式。前者指的是购物者在网上搜索并研究相关信息，确定好要购买的商品后再去实体店完成购买的购物模式；后者刚好相反，指的是在实体店面中挑选商品，做出购买决策，然后在网上下订单完成购买的购物模式。

网站挑选模式最适合电器(占购买量的58%)、电子产品(占购买量的54%)和服装(占购买量的49%)。使用网站挑选的好处是不产生运费，消费者还可以立即拿到购买的产品。Salsify公司在2023年发布的消费者行为报告显示，不同国家的消费者对网站挑选模式的接受程度不一，澳大利亚的购物者对网站挑选接受度最高，达到48%，英国购物者以45%的接受度排在第二，德国购物者以34%的接受度排在第三，美国购物者和法国购物者在所有接受调查的国家中对网站挑选模式的接受度最低，分别只有25%和24%。

相比之下，店铺挑选模式更为普遍。Shopify和Forrester的调查发现，多达54%的购物者会在店铺中挑选产品然后在网站下单购买。

网站挑选模式和店铺挑选模式并存意味着两种购物模式各有利弊(如表6-6)，不论商家是否喜欢，网站挑选和店铺挑选这两种购物模式都会长期存在，商家最明智的做法就是把握这一趋势，整合线上和线下的资源，实施全渠道营销(omnichannel marketing)。

表6-6 网上挑选和店铺挑选购物方式的利弊

购物方式	好处	不足
网站挑选	• 消费者可以节省运费。 • 消费者可以即刻拿到商品，获得满足。 • 店铺可以借机向前来购物的消费者推荐其他商品	• 由于有了目标，消费者在店铺中逗留和闲逛的时间可能变短，让店铺失去了一些增加销售的机会。 • 如果消费者在店铺中没有找到他们想要购买的商品，会对店铺不满
店铺挑选	• 来店的消费者可以在店铺经销的品种外挑选。 • 店铺可以缩小店铺规模，降低经营成本。 • 消费者购物压力降低，体验会改善	消费者有可能在竞争对手的网站购物，使企业销售减少

6.10.2 全渠道营销

全渠道营销(omnichannel marketing)指的是组织为了营造一致的品牌体验，对与消费者进行互动的各种渠道(包括实体渠道和数字渠道)进行整合。全渠道营销是一种以消费者为中心的营销策略，它支持消费者通过包括社媒平台和客户服务热线在内的各个渠道与品牌互动。全渠道策略让消费者有机会以线上、线下或者线上线下相结合的方式(如网站挑选和店铺挑选)研究和购买商品。全渠道营销策略的目标是为消费者提供更多的订单履行方式，从而创造出更好的用户体验。如今，不单是零售行业，包括医疗保健、金融服务、汽车销售在内的许多行业里的组织都开始利用全渠道战略。

全渠道营销策略具有以下特征。

(1) 实体店的销售策略需要针对网上挑选客(webroomer)和店铺挑选客(showroomer)的需求做出调整。这种调整可以是直接将实体店铺转变成为商品展览厅。一些从网上开始创业的品牌引领了这一趋势，比如说，从网上开始创业的男装品牌 Bonobos 将其实体店称为"导购店"，因为它们存在的主要目的就是为了让消费者有机会与担任"导购"的设计师互动。当然，这种比较极端的做法对大多数实体店面也许并不适合，但是，通过培训提高销售人员素质、引进预约购物以及经常举办店铺内活动等措施却具有广泛的适用性，可以吸引各类顾客光顾实体店并且改善他们的购物或逛店体验。

(2) 提升实体店吸引力。网店经常通过比实体店更加低廉的价格吸引顾客在网上购物。实体店要吸引顾客光顾，可以考虑在店铺内提供限时的甩卖、提供现场客户独享的折扣、经销只通过店铺销售的独特产品及通过 LBS 向店铺附近的手机用户发送促销信息。

(3) 确保库存数据始终准确无误，满足全渠道购物者的需求。网站挑选客在光顾实体店铺前已经在网上挑选好了商品，如果他们开车到了商店，却发现他们挑选好的产品已经断货，一定会非常沮丧，店铺也会失去这笔交易甚至是这个顾客。因此，店铺必须在引入先进的物流技术同时提高物流管理水平，确保在所有渠道中的商品库存信息及时更新，避免这种情况的出现。

(4) 在实体店铺提供订购服务和店内取货等服务。既然商家无法阻止网站挑选和店铺挑选，不如干脆就向网站挑选客和店铺挑选客提供他们最需要的服务，也就是允许店铺挑选客在实体店铺下订单、取货甚至是付款或者退货，这些服务能让店铺成为新的分销价值链上实现增值的一环。如果顾客因为实体店铺中没有他们想要的商品而想在线订购，店铺中的设施和人员应该能够帮助顾客在网站下订单。同样，如果购物者在线订购了商品但又想节省运费，他们可以选择将商品送到他们邻近的店铺并通知他们取货。近年来，这些做法在发达国家已经非常普遍，不提供这些服务的店铺都会发生严重的顾客流失。

从全渠道营销的特点我们发现，全渠道比单纯的在线渠道和传统渠道能够更好地满足现代消费者的需要。每个购物者都有自己的喜好，他们希望能够以他们喜欢的方式购物——无论是去逛商场、网购还是通过订购终端或是贩卖机购物。商家必须整合多种渠道，努力满足各种不同类型的购物者的需要，为他们营造更佳的购物体验，这才能在激烈的竞争中生存。举例来说，星巴克通过鼓励用户安装他们的品牌 App 向全渠道营销迈出了重要一步，该 App 能够把顾客的移动体验与店内体验结合起来，让顾客享受到更多便利。通过使用该 App 付款，顾客可以获得积分奖励，这些积分可用于在星巴克兑换免费咖啡。此外，顾客还可以使用 App 提前订购来避免高峰时间排队。值得一提的是，用户不光能从手机上使用该程序，还可以从台式计算机上使用它。

需要注意，虽然全渠道和多渠道(multi-channel)两个概念都是基于跨多个平台吸引消费者的想法，但二者不可混为一谈。多渠道看重的是每个渠道的获客能力及如何在每个渠道完成交易。全渠道考虑的则是同一消费者在顾客旅程中可能跨越多个渠道，并着眼于如何为在渠道间移动的消费者创造最佳的购物体验。

多渠道的想法比较简单，就是要在各个渠道分发内容和广告并与消费者互动，但是通过多渠道分发的内容和获得的参与往往是孤立存在的，更多是从运营角度出发去覆盖尽可能多的渠道。相比之下，全渠道更注重客户的整体体验，不仅能使品牌可以通过线上和线下的多种渠道与顾客互动，而且要实现各个渠道的整合，让消费者在不同的设备之间或者不同的渠道之间跳转时，感觉到中间的过渡几乎是无缝的。全渠道营销下，组织与顾客互动的信息可在不同渠道间共享，为顾客提供更丝滑的体验，使组织能够真正践行以消费者为中心的管理哲学，对整个客户旅程进行全面优化。

本章内容提要

基于网站的网络营销及与其密切相关的搜索引擎营销是当前网络营销的核心领域。营销网站最基本的功能有信息发布、信息收集、信息交流和网上直销。网站建设从分析建站目标开始，利益相关者理论为分析建站目标提供了一个有用的理论框架。网站建设主要的花费在于人工成本，编制预算费用时对此要有充分考虑。网站设计还包括内容设计、结构设计、导航设计及美学设计。网站域名是企业网络品牌的重要方面，选择时要慎之又慎。网站在发布之前，要经过 alpha 测试和 beta 测试两道质量把关。网站的推广包括流量的吸引和保持两个方面。在吸引流量方面，搜索引擎营销、构建向内链接、网络广告、电子邮件营销、病毒营销和离线推广都非常有效。在保持流量方面，构建虚拟社区、推行忠诚顾客计划、推式技术和个性化网站技术的利用都是行之有效的方法。开展网站销售首先要从选择适当的产品开始，进而制定合适的定价策略，最后还要解决渠道冲突问题。网站运营的日常工作包括技术性维护和内容管理。如果运用得当，提供个性化服务能够成为网站竞争的一种有效策略。电子邮件营销和虚拟社区营销与基于网站的网络营销相互配合可以产生协同效应，使营销效果最大化。目前的分销已经进入了一个全渠道营销的时代，零售商必须整合各种销售渠道，为现代消费者创造最佳的购物体验。

复习思考题

1. 网页和网站有什么区别和联系，举例说明。
2. 你认为中国网站数量从 2018 年开始持续快速下降的原因是什么？这对基于网站的网络营销意味着什么？
3. 对自己所在学校(如华侨大学)的网站(如 www.hqu.edu.cn)进行一次利益相关者分析，并从这一角度说明网站是否有可以改进的地方。
4. 搜索引擎营销是对网站营销还是对网页营销？
5. 植物花卉是否适合在网上销售？
6. 消费者什么时候会反感个性化服务？
7. 以新能源汽车或者电动自行车的销售为例，思考基于网站的营销和传统营销如何协同？

扩展资源

请扫描右侧二维码获取扩展资源。

扩展资源

参考文献

1. Terry Ann Felke-Morris. Web Development & Design Foundations with HTML5 [M]. 10th ed. Hoboken: Pearson Education, Inc., 2021.

2. 加里·斯奈德. 电子商务[M]. 12版. 张俊梅，袁勤俭，等译. 北京：机械工业出版社，2020.

3. Steffano Korper, Juanita Ellis. The E-Commerce Book: Building the E-Empire[M]. San Diego: Academic Press, 2000.

4. 刘向晖. 企业网站的利益相关者分析[N]. 华侨大学学报(哲学社会科学版)，2003(2).

5. Corey Vilhauer, Deane Barker. The Web Project Guide: From Spark to Launch and Beyond[M]. Bismarck: Story Chorus Book Publishing, 2021.

6. 李建忠. 电子商务网站建设与管理[M]. 2版. 北京：清华大学出版社，2015.

7. 普里优诺. 在搜索引擎首页露脸的 N 种方法[M]. 杭州：浙江出版集团数字传媒有限公司，2018.

8. 周亮. 搜索引擎营销向导[M]. 北京：电子工业出版社，2012.

9. Slywotzky A J. Inside B-to-C Commerce on the Web(英文影印版)[M]. 北京：中国人民大学出版社，2002.

10. Jan Zimmerman. Web Marketing for Dummies[M]. 3rd ed. Hoboken: Wiley Publishing, 2012.

11. Ward Hanson, Kirthi Kalyanam. Internet Marketing and e-Commerce[M]. Mason: Thomson South-Western, 2007.

12. Subhankar Das. Search Engine Optimization and Marketing: A Recipe for Success in Digital Marketing[M]. Boca Raton: Taylor & Francis Group, LLC, 2021.

第7章 社会媒体营销

本章学习目标

学习本章后,你将能够:
- 掌握大众媒体、数字媒体、新媒体、社会媒体和社会媒体营销的概念。
- 掌握社会媒体平台的分类,熟悉常见的社会媒体工具和平台。
- 熟悉社会媒体营销的功能。
- 掌握选择社会媒体工具和平台以实现营销目标的思路和方法。
- 熟悉制定社会媒体营销策略的方法。
- 掌握评价社会媒体营销效果的常见指标。
- 了解社会媒体营销的伦理问题。

社会媒体虽然自古就有,但社会媒体时代却是从 2000 年之后才开始的。特别是社交网站 Myspace 在 2003 年的横空出世标志着信息革命的发展进入了一个新时期——互联网草根革命时期[1],在这一时期,互联网用户的队伍空前壮大,在互联网工具和资源的支持下,网络用户释放出了惊人的创造力和生产力,他们在网络空间创建了无比丰富的内容(如维基、网络日志、产品评论等),还承担了很多极具商业价值的任务(如协同过滤、P2P 分布式计算等),他们创造了一种前所未有的新媒体——社会媒体(social media)[2]。历经 20 多年的发展,社媒已经成为互联网上的一种主流应用。根据 Statusbrew 公司发布的数据,截至 2022 年 10 月,全球共有 47.4 亿人使用社媒,占到全球 50.7 亿网络用户中的 93.5%。在此背景下,毫不奇怪,社媒营销(SMM,social media marketing)迅速成为一种主流的网络营销方式,大有赶超搜索引擎营销之势。根据 Statista 等机构发布的数据,在 2022 年,大约有 94%的企业使用了社媒,Social Media Today 的研究(扫右侧二维码阅读全文)则发现有 82%的营销者坚信社媒营销如今已经成为他们企业运营的核心。一项在 2022 年对来自澳大利亚、加拿大、法国、德国、日本、英国和美国的 B2C

---

[1] 刘向晖. 互联网草根革命:Web 2.0 时代的成功方略[M]. 北京:清华大学出版社,2007.
[2] 社会媒体简称社媒。social media 在我国有不同的译法,比方说社交媒体、社会化媒体或者社会性媒体,有时这些译法是混用的,例如,北京大学新媒体研究院下设研究机构社会化媒体研究中心(Center for Social Media Research)。虽然在其官方机构名称中使用"社会化媒体"的提法,却把他们 2017 年引进的塔滕和所罗门撰写的 *Social Media Marketing* 的书名确定为《社交媒体营销》。神奇的是,该书的前一版已在 2014 年作为工商管理经典译丛图书由中国人民大学出版社引进,当时书名是《社会化媒体营销》。social media 的提法本身在国外也存在很多争议,所以有人干脆转而使用"数字媒体""新媒体"或者"新新媒体"等术语,稍后会对这些提法做进一步讨论。

和 B2B 营销人员所做的调查发现，社媒渠道已经成为最受欢迎的数字营销渠道，有 44%的受访者在营销中使用了社媒渠道，相比之下，使用网站(包括网络日志站点)的只有 36%，使用了电子邮件营销的更少，只有 35%。

7.1 社会媒体和社会媒体营销的概念

麦克卢汉(Marshall McLuhan)有一句名言：媒介即讯息(Medium is the Message)[①]。这句话的意思是人们理解讯息时会受到其传播方式的影响，传播媒介的形式本身已经嵌入讯息中，讯息与其传播媒介有着共生关系。这句话说明了媒体的重要性。因此，要学习社媒营销，首先要弄清楚与媒体有关的一些基本概念。

人是社会性动物，基因中就内置了与他人沟通与合作的倾向。媒体(medium/media)[②]是把信息从信息源传播到目标公众的手段或工具。任何旨在向更多受众(audience)传播的媒体都可称为大众媒体(mass media)。大众媒体种类很多，粗略地可以分为以下 6 种。

- 传统媒体：传统媒体出现在印刷术发明之前，是最古老的大众媒体。传统媒体最重要的社会功能是帮助实现传统和文化的代际传递。传统媒体的形式丰富多彩，可以说，几乎每种古老文化都有自己独特的传统媒体。民歌、民谣、民乐、民间舞蹈、戏剧戏曲、民间故事传说，以及绘画、雕塑、摩崖石刻、佛塔、集市、节庆甚至是烟花爆竹等都属于传统媒体。

- 印刷媒体：印刷术的发明开创了大众媒体的第一个新时代，批量生产的印刷品让更大范围的传播成为可能。印刷媒体主要包括报纸、杂志、宣传手册、传单、学术期刊和书籍。不过，印刷媒体有一个局限性，那就是它对受众的文化素养有一定要求，一个文盲或者半文盲很难有效阅读通过印刷媒体传递的信息。

- 电子/广播媒体："广播(broadcast)"一词最早是指通过在大片土地上撒种的方法进行播种，后来主要指通过电子广播媒介将音频和视频内容传播给广阔地域的受众。由于广播直接诉诸听觉和视觉器官，只要不聋不瞎，文盲也能很好地理解广播的内容。因此，广播媒体比印刷媒体能够更有效地把信息和娱乐内容传播给受众，所以广播媒体很快就超过印刷媒体成为最有商业价值的大众媒体之一，而且它的魅力经久不衰。作为最重要的两种广播媒体，收音机[③]和电视不仅是大众获取新闻的主要媒体，也是人们收听或者收看体育比赛和娱乐节目的主要媒体。广播让大众传播进入了电子时代，让营销技术又有了一次新的飞跃。不过，电子/广播媒体并不只限于收音机和电视，电影、视频游戏、音像设备和制品也属于电子/广播媒体。

- 户外媒体：户外媒体(outdoor media)也被称为家外媒体(out-of-home media)或 OOH 媒体，户外媒体主要瞄准那些出门在外的受众。户外媒体以展示广告为主，向来来往往的人们展示新产品，传播新理念或者介绍社会上的新事物。户外媒体擅长利用户外的广阔空间通过巨大尺寸的广告传递品牌的"大印象"，建筑物外部、街道两旁、立柱顶端、车辆

---

① Mashall McLuhan. Understanding Media: The Extensions of Man[M]. New York: McGraw-Hill Book Company,1964.
② 在英文中 media 是 medium 的复数，但又可以作单数名词，表示整体的媒体。medium 在汉语中还有一个音意兼译的译法，叫媒介。
③ 为了避免和 broadcast 混淆，这里把 radio 称为收音机，不过，在汉语中，作为设备，广播和收音机表示同一个意思，而作为媒体，汉语一般会使用广播一词。因此，在不会引起误解的时候，本书还是用广播表示作为媒体的 radio。

外部等处都是投放户外媒体的好地方。
- 公共交通媒体(transit media)：公共交通媒体瞄准使用公共交通系统出行的人们，公交车、地铁车厢、火车车厢、飞机轮船客舱内部及车站、机场、码头等场所出现的展示广告和视频广告都属于公共交通媒体广告。
- 网络媒体：20世纪末互联网的商业化及万维网的发明使互联网迅速取代其他媒体成为最具影响力的媒体。网络媒体不仅传播速度快、覆盖范围广、传播成本低，而且网络媒体是一种支持双向沟通，具有高度互动能力的媒体。网络媒体用户不再是单纯的媒体受众，而是成为内容的重要生产者。同时，网络媒体还整合了其他一些大众媒体，推动了媒体大融合。如今，人们已经习惯上网浏览报纸或杂志的网络版，通过网络观看电视节目或者收听广播。所以说，网络媒体如今已经当之无愧地成为大众媒体中的王者。

新媒体、数字媒体经常和网络媒体混用，但其实这三者间有一些微妙的差别。首先，与网络媒体一样，数字媒体也是一个技术性概念，指的是以数字格式创建、存储和传播的媒体。数字媒体的内容以数字形式存在，所以很容易使用数字设备来存储和处理，如进行搜索、编辑、加密或者压缩。数字媒体包含很多种不同的类型，如网站、电子邮件、电子论坛、社交网络系统(SNS)、网络广播、网络直播、网络日志、IPTV(互联网协议电视)、电子书、数字视频、计算机动画、数字视频游戏及虚拟现实和元宇宙等。数字媒体是相对于模拟媒体(analogue media)而言的，大众媒体中的传统媒体、印刷媒体、电子广播媒体、户外媒体、公共交通媒体都是模拟媒体。需要注意的是，正如数字化是一个过程，数字媒体与模拟媒体的区分也并非绝对，尤其是电子广播媒体的出现实际上在很大程度上填补了数字媒体与模拟媒体之间的鸿沟，无线电通信的调幅和调频技术都对现实中的音像信号做了进一步模拟，使媒体逐步摆脱了对媒体化学属性和物理属性的依赖，而HD广播(HD Radio)和DRM广播则已经完全进入了数字媒体的领域。

与网络媒体和数字媒体不同，新媒体的关注点不在于技术，而在于媒体提供的新功能及媒体用户获得的新体验。需要注意的是，虽然新媒体直到近几年才开始成为一个热词，但新媒体的提法本身其实并不新颖，早在1963年，美国教育协会就注意到了新媒体对教育的影响，并组织编写了《高等教育中的新媒体》[1]一书，在当时，电视、电影、录像机、闭路电视乃至幻灯机和语音实验室都算是新媒体。可见，新媒体是一个与时俱进的概念，从前的新媒体在今天可能会变成旧媒体，明天还可能出现更新的媒体。《新新媒体》[2]的作者莱文森(Paul Levinson)认为新媒体最基本的特征是媒体用户获得了对媒体使用的控制权，在他看来，与传统的广播和电视相比，录音机和录像机就是从旧媒体向新媒体迈出的关键一步，因为有了录音机和录像机，媒体用户就有了何时使用媒体的时间上的自由，而无须守候在设备旁等待媒体公司播放他们喜欢的内容了。新新媒体则比新媒体又进了一步，新新媒体用户不再是单纯的受众，而成为内容的创造者。莱文森把新新媒体的特征总结为以下5点：

- 新新媒体的每一位消费者同时也是生产者；
- 新新媒体的内容对于消费者是免费的；
- 新新媒体的内容既相互竞争又相互成就；
- 新新媒体对用户的授权超过了搜索引擎和电子邮件；
- 新新媒体最终仍然受媒体平台控制。

---

[1] James W. Brown, James W. Thornton, Jr. New Media in Higher Education[M]. Washington D.C.: Association for Higher Education,1963.

[2] Paul Levinson. New New Media[M]. 2nd ed. Upper Saddle River: Pearson, 2012.

从以上特征我们可能已经发现，新新媒体其实就是本章要讨论的社会媒体，但莱文森却有意回避社会媒体这一术语，因为在莱文森看来，社会性不是新新媒体独有的属性，某些新媒体甚至更早的媒体也具有社会性，他认为亚马逊网站、广播媒体甚至是书籍都具有社会性。的确，作为帮助人类分享内容的媒介，社会媒体并不是在本世纪才出现的。在汤姆·斯丹迪奇(Tom Standage)看来，社会媒体的基本特征是借助社会网络传播信息，最早的社会媒体在罗马帝国时期就已出现，它就是罗马公共广场上的公告板及在精英阶层中流传的莎草纸卷[①]。据斯丹迪奇考证，古罗马时期已经有日报出版，日报的创办者是大名鼎鼎的尤里乌斯·凯撒(Julius Caesar)，但官方的版本只发行一份，由官府张贴在广场上，读者可以通过手工抄写得到复本并通过其社交网络继续传播。网络时代的社会媒体可以追溯到20世纪70年代末开始出现的BBS和Usenet。不过，基于BBS和Usenet的社群规模都比较小，分享和交流的内容也以文字为主，这妨碍了它们的发展壮大。随着万维网时代的来临，互联网上开始出现了社交网站。创办于1995年的同学网(Classmates.com)是最早的熟人社交网站，它把现实中已经存在的社交网络搬到网上。创办于1997年的六度空间网(SixDegrees.com)则可以算作第一个真正意义上的社交网站[②]，已经具备了今天社交网站最重要的几个功能：用户可以创建并维护自己的资料页面，可以管理自己的好友列表，还可以通过网站自有的传信系统彼此联系。六度空间网在2000年时就已经拥有了300多万的用户，但由于迟迟找不到好的盈利模式，最终六度空间网还是和许多别的公司一起在网络公司破灭的大潮中化为泡沫，成为社会媒体革命的先烈。之后不久，随着电子商务的复苏，以Friendster(2002年创立)和MySpace(2003年创立)为代表的新一代社交网站又如雨后春笋般涌现，这宣告了一个新时代的来临——Web 2.0时代。不过，非常遗憾的是，Friendster和MySpace后来又被创立于2004年的Facebook取代，后者最终发展成为目前全球最受欢迎的社会媒体之一，拥有数十亿用户。继Facebook之后，其他形式的社会媒体也相继出现，用于分享特定类型的内容。例如，YouTube(2005年创立)允许用户分享视频，而Instagram(2010年创立)专供用户分享照片。

由于社会媒体的概念存在争议，有人就干脆回避这一概念，转而使用"新媒体""数字媒体""网络媒体""新新媒体"甚至是"自媒体"来取代社会媒体的提法，不过，这些提法也都各有缺陷。"新媒体"的主要问题是最早的"新媒体"早已不新，"新新媒体"的提法则不够严肃，并且缺乏时间线上的可扩展性，有人因此建议使用第五或者第六媒体来指代"新新媒体"。但在四大传统媒体之外，到底哪个媒体有资格被称为第五或者第六媒体仍会争执不下。数字媒体和网络媒体虽然界限清晰，但范围较大，和社会媒体有较大差别。至于自媒体，则存在的问题更多。据考证，自媒体是一个颇具中国特色的术语，在英语中与自媒体相关的词汇有self-media、we media、personal media及participatory journalism等。在中国，自媒体的含义从一开始就一直含混不清。据中国人民大学彭兰教授考证[③]，自媒体最早是和公民新闻(citizen journalism)和参与式新闻紧密相关的一个概念，主要强调的是"人人即媒体"的思想及"自助做媒体"的实践，是对专业媒体的一个补充和拓展。后来，随着微博、微信等社媒平台的兴起，自媒体的意义发生了转变，开始用来指个人社媒账户和其他由个人运营的媒体平台，这些自媒体有着明确的媒体定位，也有自己的运作规范，它们更多地可以被视为不同于体制内媒体的独立媒体(self-media)。个人媒体(personal media)是供个人(而不是公司或机构)使用的媒体，它的建制化程

[①] 汤姆·斯丹迪奇. 从莎草纸到互联网：社会媒体2000年[M]. 北京：中信出版社，2015.
[②] 也有人考证出创立于1996年的Bolt是最早的社交和视频网站。
[③] 彭兰. 社会化媒体：理论与实践解析[M]. 北京：人民大学出版社，2015.

度和专业化程度都不及传统的大众媒体。在中国,政府机构、社会团体、非营利机构等机构开设的社媒账号有时也被称为自媒体,这里的自媒体就只能用中国特色的 we media 来表达,因为它已经背离了 self-media 的核心含义。总而言之,自媒体不适合作为营销视域中社媒的代名词,它不够严谨,关注的重点也更偏重新闻而不是媒体。

从以上讨论可以看出,社媒(social media)的提法尽管有一些瑕疵,但时至今日,仍不失为一种最能被学界和业界接受的提法,所以本书沿用这一提法,而不使用当下在国内开始流行的"新媒体"提法。至于社媒到底是"社交媒体"还是"社会化媒体",彭兰教授认为,社交媒体的提法更强调相关应用在个体的社会关系拓展层面的个别意义,但今天人们对社媒的重视,更多是因为其在公共信息传播与社会事务中的价值,因此,她认为"社会化"比"社交"更能体现大规模的互动及其影响。笔者对此比较认同,社交在日常用语中一般指个人行为,而社媒用户很多是媒体、非营利组织、品牌和政府部门这样的机构用户;此外,社交媒体的提法容易和 SNS(social networking system)相混淆,而社交平台仅是社媒的一部分。除了"社交"和"社会化",社媒的"社"还有"社会性"及"社会"可供选择。在汉语用法中,"化"常代表一个转变的过程或结果,对应的英文为"-ization"和"-ized";"性"则表示一般状态,从这一角度看,将 social media 称为社会性媒体似乎更贴切。具体哪种叫法更好的问题,我们留给语言学家去讨论。这里,我们不妨暂且把 social media 称为社会媒体,简称社媒。

根据大英百科全书对社会媒体所下的定义,社会媒体是一种通过互联网进行的大众媒体沟通形式(例如社交网站和微博网站),用户通过它分享信息、思想、个人消息和其他内容(例如视频)。英文的社交网络(social networking)和社会媒体(social media)的意思部分重叠,但前者通常被理解为用户利用社媒交友或者构建社群,而后者则强调利用社媒站点和平台获取粉丝和受众。

社会媒体和传统媒体最大的区别不在于它所使用的技术或者所采用的表现形式,而在于它的社会属性,传统媒体基本上是由媒体公司通过自己控制的一对多的单向传播渠道广播(broadcast)内容,而社会媒体则是网络用户通过多对多的社媒平台来分享内容。如果不强调社媒的媒体特性,社媒还可以被称为参与性网络(participative Web)或社会网络(social Web)。需要注意的是,用户参加社媒活动所使用的设备有很多种,除了智能手机,还有 PC 机、平板电脑、笔记本电脑、智能手表、智能眼镜(如谷歌眼镜)、运动相机(如 GoPro)和网络电视等;在这个万物互联的时代,正有更多的智能家电设备和车载设备接入了互联网并且连入了社媒平台。社媒的用户也不限于普通的网民,营销企业、政府机构、社会团体、非营利组织、媒体公司、内容创作机构甚至是国际组织也是社媒生态的重要参与者。与其他媒体相比,社媒最大的特点是适合用户分享内容。毫不奇怪,在用户最喜欢使用的用于分享和反馈产品和服务体验的渠道中,社会媒体排在第一位(见表 7-1)。在今天的数字时代,社媒平台不仅为人们保持联系提供了一种有效途径,还是我们研判社会趋势、评价企业战略甚至是了解国家安全议题的透镜。

表 7-1 消费者最喜欢的分享和反馈产品和服务体验的渠道

媒体	百分比/%
社会媒体	31
电子邮件	18
公司网站	18
评价网站	16

续表

媒体	百分比/%
客服电话	11
品牌意见反馈表	8
店面现场	3
其他	<1

资料来源：Alan Charlesworth. Digital Marketing: A Practical Approach[M]. 4th ed. New York: Routledge, 2023: 278.

我国的社媒普及率很高，几乎可以称得上"全民社交"。科握(KAWO)企业管理咨询有限公司发布的《2023 中国社交媒体平台指南》显示，截至 2022 年 12 月，中国网民数已突破 10.67 亿，互联网普及率达 75.6%，其中社媒用户人数占全体网民的 95.13%，达到 10.15 亿。不过，虽然我国社媒用户总量位于世界第一，但由于我国互联网普及率较低，导致我国社媒用户在总人口中的比例仍然低于欧美发达国家。2023 年初，北欧社媒用户在总人口中的比例居全球第一，为 83.6%，其次是西欧，为 83.3%，之后是北美，为 73.9%，我国为 71.9%(扫右侧二维码阅读全文)。

调查结果

按照特雷西·L. 塔滕(Tracy L. Tuten)和迈克尔·R. 所罗门(Michael R. Solomon)的定义，社会媒体营销(SMM，social media marketing)是指使用社会媒体技术、渠道和软件来创造、传播、交付和交换对组织的利益相关者有价值的产品和服务的活动[①]。有人把社媒营销分为两种，一种是有机社媒营销(organic SMM)，另一种是付费社媒营销(paid SMM)。有机社媒营销主要依靠在免费社媒平台上发布内容实现，这些内容可能会被营销账号的一部分粉丝看到，运气好的话，内容还会被某些粉丝转发，被他们的一部分粉丝看到。如果营销者使用了一些社媒优化技巧，这些内容还可能被在社媒平台上搜索了相关内容的其他用户看到。有机社媒营销是与受众建立联系的最佳方式，因此它应该成为每个组织的社媒营销策略的基础。有机社媒营销可以被用于：提供客户服务、吸引客户在各个购买阶段参与、呵护关系及建立品牌认知度。付费社媒营销其实就是做社媒广告。营销企业向社媒平台付费，平台把营销者的内容向特定的受众展示。付费社媒营销主要用于：提升转化率、产生客户线索、推广新产品或者活动等，也可以用于提高品牌知名度。有机社媒营销和付费社媒营销各有优劣，前者既可以转化新顾客也可以服务老顾客，而且有助于建立品牌，但久久方能为功；后者可以在很短时间将信息送达满足特定条件的广大人群，有助于快速达成营销目标，但是费用较高，而且不适合客户服务和维护客户关系。因此，有机社媒营销与付费社媒营销要配合使用，不可偏废。有些学者，比方为本书撰写序言的艾伦·查尔斯沃思教授，认为社媒营销不应该包含社媒广告，因为社媒广告和其他媒体上的广告区别不大，网络广告的相关理论与技巧对社媒广告也同样适用，而且广告需要掌握的技能和营销不同。笔者认为，虽然社媒营销完全可以包括社媒广告的内容，正如搜索引擎营销可以包含搜索引擎广告一样，但由于有机社媒营销更为基本、更有技术含量也更能体现社媒的特点，所以本章内容以有机社媒营销为重点，只有在涉及整合营销传播时才会涉及社媒广告。

社会媒体营销有很多形式，起步较早、人们研究较多的网络日志营销(blog marketing)就是其中的一种，其他形式还有维基营销(Wiki marketing)、微博营销(microblog marketing)、社交网络营销(SNS marketing)和社会媒体优化(SMO，social media optimization)等。以上 SMM 形式的

[①] 参见《社会媒体营销》的两个中文版本及英文原文第 3 版，具体信息见参考文献。

得名大多来自营销所使用的社媒形式，只有 SMO 是个例外。SMO 其实是社媒营销和搜索引擎营销的一个交叉地带，指的是针对社媒平台使用的推荐算法和搜索排名算法进行优化，以便社媒账号发布的内容可以被更多社媒用户看到。

需要注意的是，社媒营销与社会营销(social marketing)是两个不同的概念，两者不可混淆。社会营销指的是一种改变社会的行动方式，它运用市场营销的原理和技巧，通过价值的创造、传播和让渡来改变人们的行为，进而达到增进个人和社会福利的目的。政府部门或社会组织可通过社会营销方法达成目标，比方说通过推广垃圾分类来保护环境或者通过推广全民健身活动来提升大众的健康水平。营销大师菲利普·科特勒认为我们可以通过社会营销手段来实现扶贫减贫[①]。营销学里还有过一个叫作 societal marketing 的概念，中文也经常把它翻译成社会营销，但它的中心意思是企业在开展营销活动时要顾及营销活动对顾客及社会公众的长远福利所产生的影响并需要承担一定的社会责任。为避免不必要的误解，我们可以把前者称为社会改良营销，而把后者称为社会责任营销。

7.2 社会媒体的分类

社媒平台的数量非常多，不同的社媒平台在用户群体构成、内容特性、互动功能等方面有很大区别，如果不了解社媒的分类，就很难选择最适合的社媒平台，也很难根据所选择的平台特点制定恰当的社媒营销战略。依据不同标准，我们可以对社会媒体做出不同的分类。我们重点介绍朱陈社媒分类矩阵及塔腾和所罗门的社媒分区。

7.2.1 朱陈社媒分类矩阵

在中国台湾，台湾科技大学的朱宇倩教授和台湾大学的陈鸿基教授在 2015 年曾提出了一种对社会媒体分类的方法，他们按照联系的纽带(基于个人资料还是基于内容)及消息的定制程度(广播还是定制)这两个维度构造出一个社媒分类矩阵(见表 7-2)。

表 7-2 朱陈社媒分类矩阵

	定制化信息	广播信息
基于用户资料	关系型社会媒体：用户可以联系、重新联系、沟通和建立关系(如微信、Facebook)	自媒体型社会媒体：用户可以在广播中公布他们的近况信息，获取他人关注(如微博、Twitter)
基于内容	协作型社会媒体：用户可以通过协作寻找答案、寻求建议和获得帮助(如豆瓣、Reddit、Quora、知乎)	创意展示窗口型社会媒体：用户可以彼此分享兴趣、创意和爱好(如抖音、YouTube、Instagram、Flickr、Pinterest)

资料来源：Zhu Y Q, Chen H G. Social Media and Human Need Satisfaction: Implications for Social Media Marketing[J]. Business Horizons, 2015, 58(3).

7.2.2 塔腾和所罗门的社媒分区

塔腾和所罗门在其获奖教材《社会化媒体营销》中把社媒工具和平台分为 4 个大类，分别是社会化社区、社会化发布、社会化娱乐和社会化商务(见表 7-3)。

- 分区 1：社会化社区(social community)，是以关系及社交活动参与为中心的社媒渠道，包括社交网站、留言板、论坛及维基百科。
- 分区 2：社会化发布(social publishing)，这类应用专门发布用户创作的内容，分享知识。制作内容的用户可分为 4 类，第一类是个人用户，第二类是独立的专业人士，第三类是为机构工作的专业人士，如新闻媒体记者，第四类是从事内容营销的品牌商。
- 分区 3：社会化娱乐(social entertainment)，这类应用主要是为用户提供娱乐和休闲的机会，包括社交游戏、社交音乐、视频和社交电视。在涉及分享时，社会化娱乐和社会化发布两个分区的区别在于其导向：前者分享娱乐内容，而后者分享知识。这个区域还包括像 QQ 空间这样致力于娱乐的社区，以及像斗鱼这样的游戏直播平台。
- 分区 4：社会化商务(social commerce)，这类应用使用户可以通过社媒平台实现网上搜索商品、购物或者销售，它包括社会化购物、社会化市场，以及使人们能够共同参与购买决策的混合渠道和工具。

表 7-3　不同分区的国内外社媒平台实例

社会化媒体分区	国外实例	国内实例
社会化社区	Twitter、Facebook、LinkedIn、Google Plus	微博、百度贴吧、微信
社会化发布	Blogger、Technorati、YouTube、Picasa、SmugMug、SlideShare、Scribd	网易 lofter、新浪博客、人人小站、梨视频、界面、澎湃新闻、搜狐新闻、今日头条、抖音
社会化娱乐	Come2Play、Second Life、Zynga、uGame、MySpace	弈城、网易云音乐、时光网、QQ 空间、王者荣耀、斗鱼、抖音
社会化商务	Facebook、Yelp、LivingSocial、Groupon、Snipi、VideoGenie、TripAdvisor、Payvment	美团、拼多多、微信、微博、大众点评、小红书、淘宝直播、马蜂窝、抖音

资料来源：特雷西·塔腾 L，迈克尔·所罗门 R. 社交媒体营销[M]. 上海：格致出版社，上海人民出版社，2017.

在塔滕和所罗门的分区中，不排除某些社媒平台可以同时跨多个区域提供服务，微信、微博、抖音和 Facebook 就是典型的例子，上表的分区立足于各平台参与者使用该平台的主要意图。

7.2.3　其他社媒分类方法

科特勒、卡塔加亚和赛蒂亚万在《营销 3.0：从产品到顾客再到人》一书中将社媒分为两大类。一类是表达型社会媒体(expressive social media)，推特、脸书、YouTube、网络日志、照片分享网站 Flickr 及其他社交网站都属于这一类。另一类是协作型社会媒体(collaborative social media)，维基百科、烂番茄(Rotten Tomatoes)及 Craigslist 都属于这一类。

除了以上三种分类，有时候，一些咨询公司在他们的研究报告中也可能会采用其他分类方法。比方说，凯度(Kantar)公司从 2008 年到 2019 年曾经连续 11 次发布《中国社会化媒体生态概览白皮书》，该系列白皮书提出一种适合描绘中国社会化媒体生态的框架图，虽然 11 版白皮书使用的框架图在 11 年间略有变化，但其中使用最多、比较成熟的一个框架将中国的社媒应用分为 4 类。

- 基础功能网络类：在线问答、在线百科、博客和博客聚合、文档分享、签到与位置服务
- 核心网络类：微博、社交网站、即时通信、移动社交(如微信)、视频和音乐、论坛、消费评论、电子商务

---

① 菲利普·科特勒，南希·李. 脱离贫困：社会营销之道[M]. 刘登屹，程勇，译. 电子工业出版社，2015.

- 增值衍生网络类：社会化电子商务、社会化内容聚合、社交游戏、社会化搜索
- 新兴/细分网络类：社会化电视、图片分享、企业社交、商务社交、婚恋交友网站、轻博客、在线旅游

我们注意到，以上种种对社媒平台和工具的分类相互间并不排斥，它们为我们理解社媒提供了不同的视角。了解这些分类有助于我们对社媒有一个更全面的认识。

7.3 了解社会媒体用户

了解社媒用户是开展社媒营销的第一步。社媒平台的数量很多，容易理解，几乎所有的社媒用户都同时拥有多个平台的账号。根据 Backlinko 在 2023 年 3 月发布的调查数字，在全球范围，每个社媒用户平均拥有 8.4 个社媒账号。这个数字在不同的国家差别很大，平均拥有社媒账号最多的国家是印度，人均拥有 11.5 个社媒账号。平均拥有社媒账号最少的国家是日本，人均拥有社媒账号数只有 3.8 个。

7.3.1 社会媒体的用户画像和 Forrester 公司的社会技术统计模型

要做好社媒营销，营销者首先要了解社媒用户的分类及每一类用户的行为特征，在这里用户画像是一个很好的工具。如同我们在第 2 章所了解的，用户画像指的是能够突出表现目标受众关键信息的角色描述，只要调整了关键信息的内容，用户画像对制定社媒营销策略也很有帮助。适合社媒营销使用的用户画像要包含以下信息。

(1) 基本信息：包括性别、年龄、职业、收入、兴趣、嗜好等
(2) 高级信息。
- 社媒用户最希望得到哪些利益？
- 他们是哪种类型的社媒用户？
- 他们在社媒平台上喜欢做什么？
- 他们在哪些社媒平台上最活跃？
- 他们最喜欢哪种类型的内容？

2012 年，Forrester 公司在分析调研数据的基础上提出一套叫作社媒技术统计学阶梯(social technographics ladder，STL)的社媒用户分类体系，之后又多次利用最新的调研数据对该分类体系进行了修正。STL 根据社媒用户在社媒平台上的行为并结合人口统计特征(如年龄、位置和性别等)对用户进行分组并建立用户画像。消费者技术统计学[①]是 Forrester 公司调查消费者的一种独特方法，类似于人口统计学和心理统计学，但仅限于对消费者技术使用行为的描述。

STL 按照参与度等级将社媒用户划分为以下 7 种类型。

(1) 创作者(creators)：创作者在社媒平台上非常活跃，他们热衷于创作内容，比方说撰写网络日志、录制视频或者撰写产品评论。这些人对生活充满热情，不论是对待他们的兴趣爱好，还是对待生活或者工作中碰到的新事物，比方说饲养的宠物或者刚刚享用过的美食，他们都乐于把自己的体验写出来与其他人分享。由于对周围的事物充满热情，创作者往往会投入时间和

---

① Consumer Technographics®是 Forrester 独创的一种消费者研究方法，遗憾的是，Forrester 即使在其中文站点上也未给出该方法的中文译法，在此只能根据 Consumer Technographics 的意义并参考 demographics 和 psychographics 的译法将 Technographics 译为技术统计学。

精力去研究这些事物，然后分享心得，所以创作者经常会被周围人视为所谈论话题领域的权威，对周围人产生很大影响，逐步成为相关话题的关键意见领袖(KOL，key opinion leader)。创作者创作的内容构成 UGC 的主体，这些内容经常会被其他用户分享，为社媒提供内容价值。

(2) 健谈者(conversationalists)：健谈者热衷于参与社媒平台上的对话，他们的一个典型特征是经常在社媒平台上更新自己的状态，健谈者的门槛是每周至少更新一次自己在社媒平台上的状态，比方说发朋友圈、发微博或者写评论。健谈者以这种方式来保持与好友的联络。按 Forrester 公司的研究数据，健谈者是所有用户中平均年龄最小的群体，而且以女性居多。

(3) 评论家(critics)：评论家是内容的回应者，而不是内容的创作者，他们会积极回复社媒上的内容，比方说对微博或者朋友圈里的内容发表评论或者点赞，也会参与产品的评级甚至是发表评论，有时还会参与维基词条的编辑。虽然评论家在生产内容的原创性方面不及创作者，但他们对社媒生态的贡献却不容低估，比方说，评论家做出很大贡献的产品点评和评级就属于社媒网站上最有价值的信息资源之一。由于评论比创作容易，所以社媒用户中评论家的数量一般多于创作者。

(4) 收集者(collectors)：收集者是高效而且非常有条理的社媒内容使用者，他们会通过 RSS 订阅很多内容频道，喜欢使用社会化标签(social tagging)服务来标注中意的内容并和志同道合者分享，喜欢用"顶"或者"踩"来表达自己对特定内容的好恶，收集者是把一条消息送上今日头条或者热搜的中坚力量。收集者在社媒用户中所占的比例并不大，但他们所从事的收集和分拣信息的活动在社媒生态中扮演着很重要的角色，他们虽然不生产内容，但会把创作者和评论家生产的信息整理归类，使网络用户更容易找到重要的信息。

(5) 参与者(joiners)：参与者会在一个或多个社媒网站上开设账户，建立自己的个人页面，并通过上传和更新自己的状态信息发展和维护好友关系，参与者是社媒用户中占比较大的一个群体。

(6) 观众(spectators)：观众是社媒内容的消费者，他们不创作内容，但他们阅读网络日志，观看在线视频，下载并收听音频内容，查看网络评论或者评级。由于当一个观众几乎不需要付出任何额外的努力，所以观众是所有社媒用户类型中人数最多的一个群体。

(7) 不活跃分子(inactives)：不活跃分子指的是那些尚未使用社会媒体的网络用户，随着社会媒体的普及，这类人所占的比例正变得越来越小。

2016 年，Forrester 公司对 STL 模型进行了修订，把顾客购买阶段纳入模型，对顾客在不同购买阶段使用社媒的方式进行了区分，还对各阶段顾客对社媒的依赖度进行了量化评分。社会技术统计得分的范围从 0 到 100，它反映一个顾客群体在购买旅程特定阶段使用社媒渠道的积极性、社媒渠道在该阶段对顾客决策的重要性及该群体通过社媒与品牌互动的意愿程度。社媒用户按社会技术统计得分多少分为 4 种类型：①社媒逃避者(social skippers)；②社媒涉猎者(social snackers)；③社交老手(social savvies)；④社交明星(social stars)。

- 社媒逃避者：社会技术统计得分为 0～9 分，这类用户对与公司通过社媒互动持排斥态度。他们更喜欢通过电子邮件、产品目录和实体店等传统渠道与公司互动，因此，社媒营销者应该投入尽可能少的资源与这类人通过社媒互动。Forrester 对美国网络用户的调查发现，社媒逃避者占总人口的 20%以上，不过，这个群体的用户往往年龄较大，而且经常转换品牌，他们在非必需商品(discretionary goods)上的花费最少，对市场营销信息也不太敏感，因此对社媒营销者价值不大。
- 社媒涉猎者：社会技术统计得分为 10～29 分，这类用户虽然不排斥通过社媒与品牌互动，但也不会主动寻求这种互动，这意味着社媒营销人员在瞄准这一群体时应该把社媒工具作为整体营销计划的次要部分。

- 社交老手：社会技术统计得分为 30～59 分，这类用户期望与公司通过社媒进行互动，社媒已然成为社交老手日常生活的一部分，他们经常使用社媒与公司和品牌联系。显然，社交老手是社媒营销需要瞄准的重点人群。
- 社交明星：得分在 60 分以上，这类用户迫切要求与公司通过社媒进行互动，他们通过社媒与公司和品牌建立联系。对于这类用户而言，社媒是他们与品牌和产品进行互动的首选渠道。更重要的是，在网上网下各个销售渠道，这类用户在非必需商品上的花费都较多，因此，社交明星对社媒营销者而言是最有价值的用户。

图 7-1 是 Forrester 公司在 2016 年对 60 049 名美国成年网络用户所做调查得到的结果。在图中，发现(discover)是指了解和发现一个新产品或新品牌的过程，探索(explore)是指通过对不同选项的研究、比较产生购买意愿，购买(buy)是指完成购买的交易过程，使用(use)指的是对用量的控制及分享使用体验，询问(ask)指的是客户在使用产品的过程中遇到问题时向公司客服部门或其他用户询问或求助，参与(engage)则是指客户与公司或品牌通过互动保持长期的关系。我们注意到，整体而言，美国用户在发现和探索阶段对社媒使用依赖度最高，在询问和参与阶段的依赖度一般，在购买和使用阶段对社媒依赖度最低。这一结果意味着社媒营销者应该优先把资源投放给处于发现和探索阶段的消费者，其次是询问和参与阶段的消费者，对于购买和使用阶段的消费者则可以优先考虑使用其他渠道进行互动。需要注意的是，不同国家和地区的社媒使用习惯不尽相同，各地的社会技术统计得分也有所不同。例如，在亚洲，居住在大都市地区的印度和中国消费者的得分最高，而韩国尽管有着较高的社媒渗透率和使用率，但韩国人的社会技术统计得分却不及中印两国。

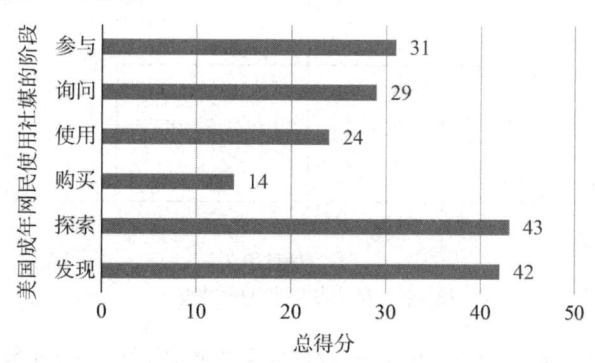

图 7-1 美国成年网民在不同购买阶段的社会技术统计得分

数据来源：Tracy Tuten L, Michael Solomon R. Social Media Marketing[M]. 3rd. London: SAGE Publications Ltd, 2018.

7.3.2 两种社媒用户细分矩阵

除了 Forrester 公司的社会技术统计模型，我们还可以用其他方法对社媒用户进行细分，比方说社媒消费/创造矩阵(图 7-2)和互动参与/信息需求矩阵(图 7-3)。

社媒消费/创造矩阵是莫尼卡·亚历山大·豪迪斯(Monica Alexandra Hodis)等人于 2015 年根据他们对 Facebook 用户的研究提出的[1]，该框架使用社媒用户参与社媒内容消费和创造的程度作为对社媒用户进行分类的依据。社媒的一个基本特征就是用户同时参与内容的消费与创造，社媒消费/创造矩阵抓住了社媒的这一特征。该框架把社媒用户分为 4 类：注意力寻求者、热衷

---

[1] Hodis M A, Sriramachandramurthy R, Sashittal H C, Interact With Me on My Terms: A Four Segment Facebook Engagement Framework for Marketers[J]. Journal of Marketing Management, 2015(31): 11-12.

者、娱乐追逐者和社交联系寻求者。图 7-2 同时给出了在不同细分市场上最适合采用的最有效营销手段。

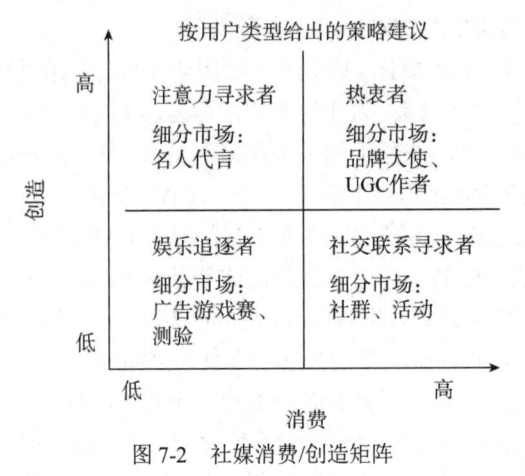

按用户类型给出的策略建议

	低 消费	高
高 创造	注意力寻求者 细分市场： 名人代言	热衷者 细分市场： 品牌大使、 UGC作者
低	娱乐追逐者 细分市场： 广告游戏赛、 测验	社交联系寻求者 细分市场： 社群、活动

图 7-2　社媒消费/创造矩阵

数据来源：Tracy Tuten L, Michael Solomon R. Social Media Marketing[M]. 3rd. London: SAGE Publications Ltd, 2018.

	低 信息需求	高
高 互动参与	社交者	专家
低	极简主义者	信息搜寻者

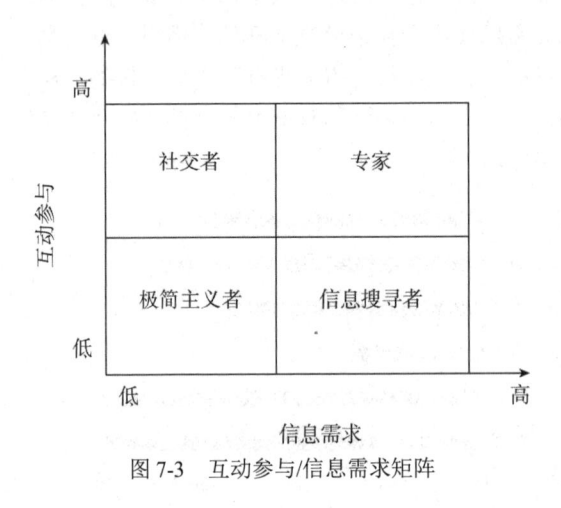

图 7-3　互动参与/信息需求矩阵

数据来源：Tracy Tuten L, Michael Solomon R. Social Media Marketing[M]. 3rd. London: SAGE Publications Ltd, 2018.

多伦多瑞尔森大学的研究人员采用了一种不同的矩阵框架对社媒用户进行细分，该框架使用的细分标准是用户在社媒社区中从事社交活动及信息搜寻活动的倾向性。通过将社媒用户分为积极或消极的信息搜寻者和积极或消极的社媒社区参与者，该框架把社媒用户分为 4 种类型：极简主义者(Minimalists)、信息搜寻者(Info seekers)、社交者(Socializers)和专家(Mavens)。为了更好地瞄准社交者和专家，首先需要在社媒社区中与他们进行互动，这可以通过在社会化社区(见表 7-3)分区内加强营销来实现。如果要有效地瞄准信息搜寻者和专家，就需要优先考虑向他们提供优质的内容，这可以通过在社会化发布(见表 7-2)积极开展内容营销来实现。极简主义者对社媒的态度近乎漠不关心，他们对社交和信息的需求都很低，瞄准这类人需要考虑使用社媒以外的其他渠道。

7.3.3　企业社媒账号涨粉和掉粉的原因

品牌可以有目的地发展壮大自己的粉丝基础。在社媒平台上，消费者可以通过很简单的操作成为企业社媒账号的粉丝，比如通过单击新浪微博的"关注"按钮，或者在企业的微信公众号页面上单击"订阅"。社媒营销取得成功的一个标志是企业的社媒账号有众多的粉丝，而要做到这一点，就必须了解社媒用户为什么会关注一个企业的社媒账号及什么情况下会取消对一个公司社媒账号的关注。

社媒软件提供商 Sprout Social 曾经对这两个问题进行了调查，发现对企业的产品和服务感兴趣是让消费者关注企业社媒账号的最重要理由(见图 7-4)，而促销信息太多则是让消费者取消关注的最常见原因(见图 7-5)。

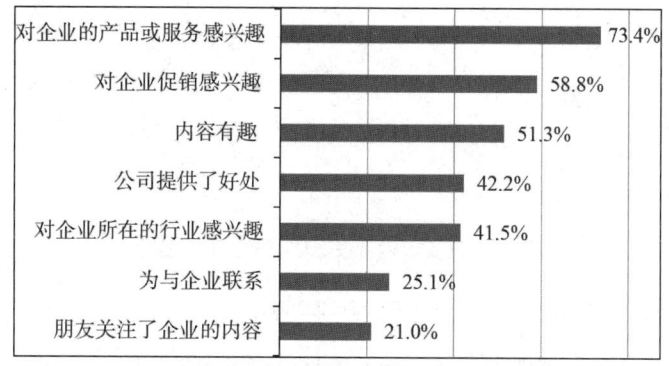

原因	百分比
对企业的产品或服务感兴趣	73.4%
对企业促销感兴趣	58.8%
内容有趣	51.3%
公司提供了好处	42.2%
对企业所在的行业感兴趣	41.5%
为与企业联系	25.1%
朋友关注了企业的内容	21.0%

图 7-4　让消费者关注企业社媒账号的原因

数据来源：Tracy Tuten L, Michael Solomon R. Social Media Marketing[M]. 3rd. London: SAGE Publications Ltd, 2018.

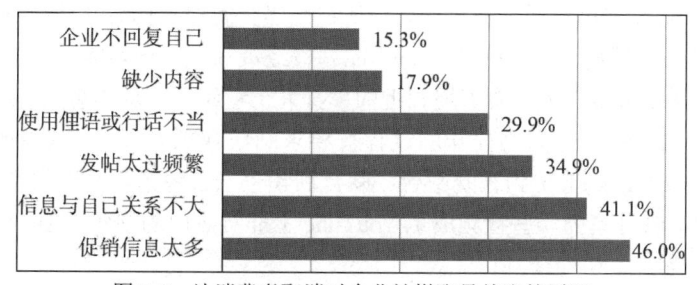

原因	百分比
企业不回复自己	15.3%
缺少内容	17.9%
使用俚语或行话不当	29.9%
发帖太过频繁	34.9%
信息与自己关系不大	41.1%
促销信息太多	46.0%

图 7-5　让消费者取消对企业社媒账号关注的原因

数据来源：Tracy Tuten L, Michael Solomon R. Social Media Marketing[M]. 3rd. London: SAGE Publications Ltd, 2018.

了解企业社媒账号涨粉和掉粉的原因可以为社媒营销者圈粉及留存粉丝提供努力的方向。

7.4　社会媒体营销的功能

社媒营销可以让自己的内容在特定人群中传播，宣传自己的产品和服务，影响购买欲望，鼓励产品试用，促进产品销售，并通过互动建立与目标群体的感情纽带，巩固自己的品牌与目标群体间的关系。社媒营销还可以从用户那里获得反馈意见，甚至获得经营的思路和灵感。社媒营销还可通过特定内容引发用户共鸣，让他们创建更多甚至更好的内容，进一步推广和强化自己的品牌。实际上，社媒营销的功能还不止于此，它还可在客户关系管理和服务补救(service recovery，见第 8 章)方面发挥重要作用。HubSpot Blog Research 在 2023 年 1 月对来自不同国家的 1283 名社媒营销者进行了调查，发现社媒营销者最希望通过社会媒体营销达到图 7-6 中显示的一些目标。

社媒营销者在2023年的10大目标

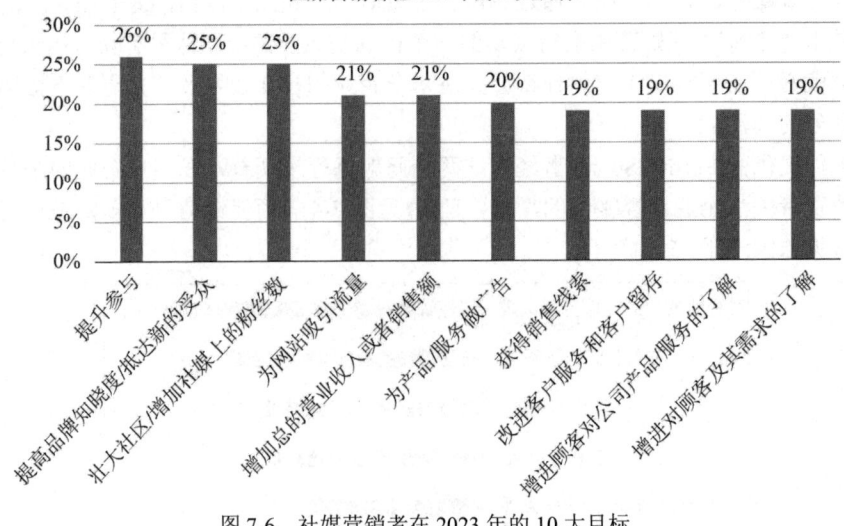

提升参与	26%
提高品牌知晓度/抵达新的受众	25%
壮大社区/增加社媒上的粉丝数	25%
为网站吸引流量	21%
增加总的营业收入或者销售额	21%
为产品/服务做广告	20%
获得销售线索	19%
改进客户服务和客户留存	19%
增进顾客对公司产品/服务的了解	19%
增进对顾客及其需求的了解	19%

图 7-6　社媒营销者在 2023 年的 10 大目标

数据来源：HubSpot Blog Research. Social Media Trends 2023 Report.

我们还可从社媒营销在消费者购买旅程不同阶段可以发挥的作用来理解社媒营销的功能。在消费者购买周期的不同阶段，社媒营销的目标依次是：提高品牌知晓度、刺激购买欲望、鼓励试用、促进销售及巩固品牌忠诚度。

- 提高知晓度：品牌可以通过在目标客户所在社媒空间建立档案并持续更新的方式来提升品牌知晓度。例如，联合利华 Knorr 品牌曾经策划过一场名为"一尝钟情"的活动，联合利华别出心裁地为饮食习惯相近的单身人士组织了一场约会活动，参加约会的情侣必须把在约会时一起品尝美味的过程按要求制成视频并以"一尝钟情"为话题标签 (#LoveAtFirstTaste) 上传到社媒平台。联合利华"一尝钟情"活动取得了巨大成功，这次活动参加者分享的一些视频成了 YouTube 上非常热门的视频，这些视频提高了 Knorr 品牌的知晓度。

- 刺激购买欲望：社媒促销可以发挥与广告、目录营销和特色活动类似的作用，唤醒消费者内心深处的某种欲望。例如，时装品牌 Lilly Pulitzer 每次推出一个新系列时，就会在 Facebook、Flickr 和 YouTube 上发布相应系列的照片。在这些平台上，Lilly Pulitzer 的粉丝可以像浏览《时尚》杂志一样欣赏到每款设计的精美图片，体验心动的感觉。

- 鼓励试用：社媒可以支持产品试用(sampling)和顾客忠诚计划。社媒可以用来招募对新产品感兴趣的潜在客户，让这些人获得试用新品的资格。比方说，美国最大花茶生产商诗尚草本(Celestial Seasonings)就曾通过社媒营销渠道发放过 25 000 份新口味的茶叶样品。在那次被称为"分享魔法"的社媒营销活动中，诗尚草本请求他们的 Facebook 粉丝分享茶饮如何为他们的一天增添魔力；作为回报，诗尚草本会为每位做了分享的粉丝邮寄一份免费样品和一张购物优惠券。

- 促进销售：社媒可以充当多种促销手段(比方说打折促销或是团购优惠)的渠道。许多顾客之所以会关注社媒平台上的品牌账号，是希望有机会获得特殊优惠，营销企业可以通过促销让这部分粉丝获得实惠。例如，塔可钟就曾经在 Twitter 上发过这样一条推文："我们在 Snapchat 上的用户名是 tacobell，添加我们为好友，我们将在明天给所有的好友发送一份秘密通知！#Shhh"；果不其然，第二天，塔可钟所有的 Snapchat 好友都得到了塔可钟的优惠券。通过这次活动，塔可钟不仅通过发放优惠券促进了产品销售，还使塔可钟 Snapchat 账号快速涨粉，可谓一举两得。
- 巩固品牌忠诚度：社媒渠道可以通过社交游戏或者其他吸引人的活动鼓励消费者与品牌互动，逐步提升消费者的品牌忠诚度。例如，连锁超市 Lidl 就曾通过 Twitter 在英国成功举办了一次别开生面的社交降价活动。该活动允许 Lidl 的社媒粉丝参与圣诞节期间部分商品的定价。越多的粉丝在推特上谈论 Lidl 经销的某一款圣诞商品，比如"圣诞龙虾"，这款商品在 Lidl 连锁店里的价格就会下降得越多。可以想象，圣诞期间有多少 Lidl 粉丝参加了这个活动。以特惠的价格买到自己心仪的圣诞商品无疑能提高顾客对 Lidl 的忠诚度。

7.5 社会媒体营销的管理

不论社会媒体营销采用哪一种形式，它们都需要遵循营销管理的普遍原则，但在具体操作上，因为不同的社会媒体平台各有特点，所以不同类型的社会媒体营销就又有各自的特殊方法。由于篇幅所限，本节将介绍社会媒体营销管理的一般理论，下一节将着重介绍依托几个国内外最具代表性的社媒平台开展营销的特殊问题。

7.5.1 社媒营销管理的 7 个关键问题

好的社媒营销管理必须回答 7 个关键问题，这 7 个问题可以概括为 6W1H，具体如下。

(1) 为什么要开展社媒营销(why)。组织开展社媒营销必须有明确目的，不能为了社媒营销而社媒营销，也不能为了赶时髦或者与竞争对手攀比而开展社媒营销。正如我们已经看到的，社媒营销可以帮助组织实现多种目标，但具体到某个组织，在特定时间段，要以哪些目标为优先，组织就必须进行一系列的内外部环境分析及 ROI 分析。在战术层面，有具体的目标和周密的分析论证也是社媒活动获得组织管理层支持的前提条件。

(2) 组织社媒营销的目标受众是谁(whom)。组织开展社媒营销必须明确目标受众是谁，只有了解了受众是谁，他们的需求是什么，他们如何使用社媒，组织才能够决定要通过什么渠道用什么内容去吸引他们，甚至可以据此判断何时发帖才最有可能获得回复。

(3) 在哪里开展社媒营销(where)。组织开展社媒营销必须选择合适的平台和通道，这被称为社媒的渠道计划(channel plan)。渠道选择可从构建目标受众的社媒用户画像入手，同时考虑社媒平台的有效性和经济性。每种渠道的文化、规则、功能及用户的人口特征都会影响适合相应渠道分享的内容、参与的方式及参与的时间和频率的选择。社媒营销平台数以千计，最终选择几种将受到组织拥有的资源数量的限制，比方说社媒营销团队规模及预算多少等。渠道选择要考虑的因素很多，有时，考察竞争对手的渠道选择及其效果可以为公司制定渠道计划提供一些思路。在评估平台的功能时，平台是否支持常见的社媒广告类型以及在瞄准目标受众方面的精准度如何是一个重要的方面。

(4) 为目标群体提供怎样的体验(what)。社媒营销的体验设计不仅要在技术上允许目标受众参与，而且需要给受众参与提供足够的激励。社媒营销提供给受众的体验要与品牌的形象相一致，并且对受众有价值。体验设计包括三部分内容，即战术选择、内容选择和内容战略。企业社媒营销选择的战术必须和选择的社媒渠道相匹配，比方说，如果是社区平台，通过分享和对话来建立关系就应该成为基本战术；如果是发布平台，通过提供有价值的内容实现消费者教育就是一个基本战术。社媒营销可以发布或者分享的内容有很多种形式，内容的选择就是要根据社媒营销的目的和社媒营销平台的特性选择最恰当的内容形式，第 2 章中我们见到过的内容营销矩阵可以给内容选择提供一个思考问题的框架。确定了内容形式后，还必须确定实质的内容，这就是内容战略。内容战略规划包括内容主题、内容类型、创意素材来源、预期的发行渠道和工期规划。加尔拉弗(Gallaugher)和兰斯博瑟姆(Ransbotham)的 3M 社媒对话管理模式对于公司制定内容战略很有启发。3M 代表的是扩音器(megaphone)、磁铁(magnet)和监视器(monitor)。扩音器指的是公司发布的广播帖，磁铁指的是公司邀请消费者参与的发帖，而监视器指的则是能够反映公司在倾听并且会回应消费者的公司发帖。在现实中，大部分公司发帖都是扩音器类内容，但是，磁铁类和监视器类的内容可以得到消费者更多的回应。

(5) 何时开展营销活动(when)。高价值的信息通常具有很强的时间性，所以社媒营销必须保证内容持续和及时地发布。使用带有内容日历(content calendar)功能的社媒营销管理软件有助于社媒团队做好时间规划，常见的社媒营销管理软件(如 Hootsuite 或 Buffer)都内置了内容日历功能，如果小的团队暂时没有专门的软件，Microsoft Excel 也可以临时应付[①]。内容日历有助于识别、调度和计划内容的创建。内容日历通常都会包括一组表格，这既便于做不同时间段的规划，又可以保留把不同内容结合在一起的视角。一般而言，内容日历需要能够提供以下视图：

- 突出各季度主题和主要营销活动日期的年度概览图；
- 用于查看尚未完工的在制内容的月度视图；
- 用于查看在各社媒渠道内容发布安排的月视图和周视图；
- 可以按社媒渠道查看每日内容发布安排的周视图；
- 按内容或社媒渠道组织的社媒营销活动的每日计划详图。

(6) 如何制作和发布内容(how)。一个明确定义的工作流程可以帮助社媒营销团队更有效地沟通，并使每个人了解各自的角色和责任。社媒工作流程(social media workflow)是一系列经过精心设计的相互衔接的步骤，目的是使组织能够以最少的重复工作和资源浪费有效地开展工作，从而高效地实施社媒营销计划。一个好的工作流程可以帮助社媒营销团队了解日常工作和具体项目背后的宏大愿景，清楚每个人的角色和责任，使得团队成员可以进行更好的配合，最终让时间和资源得到更好的利用。

(7) 哪些人开展社媒营销(who)。一般而言，开展社媒营销的组织都有专门的团队负责开展社媒营销。不过，现代营销理念早已进入了全程营销和全员营销的时代，社媒营销更需要如此。因此，社媒营销可以采用营销部门经理负责、社媒营销团队主导及全体员工参与的工作方式。在组织架构上，实施社媒营销可以采取集权式、有机式、轮辐中枢式、蒲公英式(即多轮辐中枢式)及整体式(全员参与式)等不同组织模式，在当前，轮辐中枢式组织模式的应用最为普遍，在这种架构下，一个接受过跨职能训练的团队负责处理与社媒营销相关的各种问题。在某种意义上，社媒营销的参与者甚至可以不限于公司正式员工，实习生、合作伙伴乃至粉丝都有可能参与，这时候，为了实现整合营销，一份《社媒使用政策指引》就很有必要，7.9.3 节将详细论述这一点。

7.5.2 社媒营销管理的 9 个步骤

社会媒体营销管理需要遵循一定的步骤，每一步都要讲究方法。一般而言，SMM 管理由以下 9 个步骤组成。

---

① 在网上可以找到内容日历的免费 Excel 模板。

1. 第一步：社会聆听(social listening)

所谓社会聆听，就是通过了解与分析网络用户在社媒上的言论、行为及流露出的情感洞察营销者所处的内外部环境中的机会与威胁，为制定和修正社媒营销战略提供依据。社会聆听的内容不能只限于与自己产品、品牌或者企业直接相关的话题，还需要密切关注自己所在的行业正在发生什么及自己的潜在顾客当前最关心的是什么，这样才能更有效地通过社会媒体与各种利益相关者展开对话。当然，社会聆听的第一步是要找到你的利益相关者在哪儿，就是说，他们使用的是哪些社会媒体。

2. 第二步：设定目标

社媒营销可以帮助企业实现许多不同的目标，比方说提高品牌知名度、提升网站流量、增加销售、创建社区或者维护关系等。社媒营销是企业整体营销的一部分，因此社媒营销目标必须服务于企业整体营销目标。社媒营销的目标可以分为不同层次，如战略层次和运营层次。社媒营销整体目标可以分解到不同社媒平台，从而确定不同社媒平台的营销目标，比方说微信营销目标或是微博营销目标。每次营销活动(比方说一次社媒广告投放)也需要有这次活动的目标。制定计划时需要满足 SMART 标准，即具体(Specific)、可测量(Measurable)、各方认可(Agreed upon)、切实可行(Realistic)、有明确的完成时限(Time-related)。

3. 第三步：定义策略

梅利莎·巴克等人提出了一个制定社媒营销策略的 8C 框架[①]。这 8 个 C 分别是：

(1) 分类(categorize)：按目标市场相关性对社媒平台进行分类。

(2) 理解(comprehend)：通过社会聆听理解社媒平台的行事规则，学习怎样才能引发对话并吸引参与者。

(3) 交谈(converse)：对平台的其他用户要经常表达认可，要对其他用户谈论的话题表现出兴趣，营销者在平台上要做一个贡献者而不是促销者。

(4) 合作(collaborate)：与平台的其他参与者进行合作，建立互利互惠的关系。

(5) 贡献(contribute)：通过贡献高质量的内容，建立良好声誉，成为有价值成员，帮助社区发展。

(6) 联系(connect)：与意见领袖建立联系，以便必要时邀请他们为企业的产品和服务代言发声。

(7) 社区(community)：创建和参与社区以便听取顾客建议，对产品和服务做出改进。

(8) 转化(convert)：将在社媒上建立的关系转化为有助于实现企业营销目标的行为。

梅利莎·巴克等人还提出了社媒营销取得成功的 PARC 法则。在他们看来，成功的社媒营销策略通常会满足 PARC 中的一个(或多个)原则，PARC 指的是参与性(participatory)、真诚(authentic)、睿智务实(resourceful)和可信(credible)。

- 参与性：意味着品牌必须与社媒平台的用户打成一片，社媒营销团队需要与社区互动，回答问题，并对那些有所回应的人表达谢意，需要参与社区和群组。品牌营销者不仅要在自己组建的群组中保持活跃，经常举办活动，而且要积极参加其他用户创建的群组和举办的活动，只有这样，经过长期良好的互动，平台用户才会把品牌营销者当成自己人。塔可钟以擅长社媒营销而闻名，他们的诀窍就是在社媒平台上不只和自己的粉丝对话，而且积极参与其他品牌的会话。有一次，塔可钟发现一个中学游泳队队员在 Facebook

---

① Melissa Barker S, Donald Barker I, et al. Social Media Marketing: A Strategic Approach[M]. 2nd. Boston: Cengage Learning, 2017.

上发布了一条帖子，说希望得到一个定制的速比涛(Speedo)品牌泳裤，背后印上塔可钟的广告语"跳出面包想问题(Think outside the buns)"。虽然这位同学当时是在与速比涛品牌对话，但塔可钟的社媒营销团队从中发现了一个制造话题营销的机会，他们立即与这名中学生联系，询问他泳裤的尺寸和收货地址，以便达成他的心愿。塔可钟与这位中学生的对话得到 2705 次点赞，并被社媒营销咨询公司 Mashable 认为是社媒营销的一个范例。

- 真诚：真诚同样是社媒营销取得成功的一个关键。弄虚作假很容易被拆穿，虚情假意同样令人反感。社媒营销必须有长远的考虑，投机取巧甚至是坑蒙拐骗最多只能得逞一时，在互联网草根革命时代，缺乏真诚早晚会信誉扫地，走向"社死"[①]。社媒营销团队不仅应该是专业的，而且应该是平易近人的。分享一些无害的个人信息或轶事可以让在线互动变得更有趣、更难忘。树立一个品牌的人性化形象更有助于建立联系。提供真诚的回应能赢得善意和信任，并最终赢得业务。

- 睿智务实：社媒营销要为受众提供有价值并且高度相关的内容，也就是说，内容不能只靠哗众取宠，而要建睿智之言，献务实之策，出管用之计。给受众一个睿智务实的解决方案是通过社媒获得关注并取得信任的最好方法。许多社媒营销公司通过社媒平台提供客户服务或处理投诉，在这里切实帮助顾客解决问题非常重要，问题得到满意解决的顾客很可能会因此成为品牌的拥护者，在社媒上主动传播积极正面的品牌信息，相反，如果顾客得到的只是推诿或者拖延，他们很可能通过吐槽或者给差评的方式表达不满，对公司品牌造成伤害。

- 可信：可信包括两个方面，一个是凭借在某领域的知识和技术专长建立声誉，另一个是建立品牌的信任度，前者属于基于知识的可信度，而后者属于基于信任的可信度。构建基于知识的可信度需要企业在业务方面做到专精，而构建基于信任的可信度则要求企业在沟通方面做到开诚布公、坦诚相待。社媒营销经常需要与网红或意见领袖合作，在这里一定要特别留意，尽量避免重金雇用网络大 V 代言又不做任何说明，这种情况一旦被网友识破，经常会适得其反，逐渐失去顾客信任。企业要优先考虑以较小的成本(如提供产品试用、邀请免费参加活动、提供独家数据和支持材料等)从真实的品牌拥护者中邀请创作者作为品牌的意见领袖代言人。

需要指出的是，PARC 法则中的 A(真诚)实际上浓缩了西方近些年逐步开始兴起的真诚营销(authentic marketing)的营销理念。拉里·韦伯(Larry Weber)认为营销在经历了生产时代、推销时代、营销时代、关系营销时代、数字参与时代(digital engagement era)之后正在进入一个新的历史阶段，即真诚营销的阶段(era of authentic marketing)[②]，真诚营销向营销企业提出了以下要求。

(1) 要明确宣示组织的使命和价值观，并且组织要在所从事的一切营销活动中始终如一地践行这一价值观。

(2) 要保持透明。让顾客了解企业的商业模式和工艺流程可以增加品牌的可信度，这不仅可以提升销售业绩，而且能培养顾客忠诚度。顾客一般都会非常关心产品的原材料和生产成本，但是大部分企业对这些敏感信息都讳莫如深，所以如果一个企业能够诚实地透露相关信息，就能在真诚方面超过大部分竞争对手。喜欢一件产品的顾客有时会对产品的生产过程有兴趣，让

---

① 社死，即社会性死亡，是一个网络流行语，指在大众面前出丑，也泛指在社交圈中做了很丢人的事情，抬不起头，没有办法再去正常进行社会交往。

② Larry Weber. Authentic Marketing: How to Capture Hearts and Minds Through the Power of Purpose[M]. Hoboken：Wiley & Sons，2019.

顾客有机会了解企业运营过程中一些有趣的细节会让顾客有种被奉若上宾的感觉。

(3) 与顾客真诚地互动。真诚的态度会让顾客更愿意与品牌互动，公司也就会对顾客的需求更加了解，这有助于公司进一步改进产品和服务，提高顾客满意度，进一步推进与顾客的关系。

(4) 树立鼓励真诚的企业文化。企业的员工在打造企业品牌过程中发挥着重要作用，这在社媒时代表现得更为突出，因此，企业需要通过聘用认同企业价值观的员工及在员工中加强企业文化培训的方法在企业中树立起鼓励真诚的企业文化。

(5) 对有争议的议题需要有自己的立场。对待有争议议题的态度是企业是否真诚的试金石，企业如果不能依照自己宣示的价值观清楚地表明自己在一些敏感问题上的态度和立场，遮遮掩掩或者态度模棱两可都会失去顾客的信任。有研究表明越来越多的顾客在购物时会受信念驱动，Edelman在2018年发布的一份品牌研究报告显示有64%的购物者会选择购买价值观和自己相近的企业的产品或服务，而了解企业在有争议的议题上的立场是他们判断公司价值观的捷径。在敏感议题上敢于发声的企业有可能会因此失去一些价值观与企业相左的顾客，却能赢得与企业价值观一致的顾客的拥戴。通过赞助一些与自己价值观一致的公益基金会来回馈社会也是展示真诚的一个大好时机，赞助活动经常会受到社媒用户的关注，取得很好的传播效果。

(6) 敢于展示自己真实的一面。有些营销者习惯于过分夸大自己产品和服务的优点，而对缺点和不足避而不谈或者一味掩饰，这只会让顾客感觉到虚伪。相反，主动承认自己产品或者经营上的一些问题反倒会拉近与顾客的距离，获得顾客的信任与好感。

(7) 让管理者走到台前与公众见面与互动也是增进顾客信任的一个有效方法。如果企业有一个有魅力或者有故事的管理者，那么为她(或者他)创造机会多出席一些公关活动(如接受媒体采访、在论坛上发言等)有助于增进公众对企业的了解与信任。

4. 第四步：瞄准目标市场

弄清楚哪些人是顾客和潜在顾客是制定营销战略的一个基本问题。由于社媒平台很多，每个顾客会同时使用几个不同的平台，他们还会通过不同的设备来使用这些平台，因此对于社媒营销而言，营销者就不仅要弄清顾客是谁，顾客需要什么样的信息，还需要弄清楚他们希望在什么时间、什么地点、通过什么设备、以什么样的文件格式获得这些信息。在瞄准目标市场时，除了可以使用传统的人口统计特征和生活方式特征作为瞄准依据，社媒平台还允许营销者使用位置瞄准(location targeting)、行为瞄准(behavioral targeting)、相似度瞄准(look-alike targeting)、自主瞄准(custom targeting)、关系瞄准(connection targeting)等方式来瞄准目标市场。

- 位置瞄准：依据用户资料中用户提供的居住地或者移动设备中显示的顾客当下位置对顾客进行瞄准。这尤其适用于基于用户资料的社媒平台及通过手机使用社媒平台的顾客。
- 行为瞄准：根据顾客使用社媒平台的行为数据对其进行瞄准，顾客在社媒平台上的许多行为，如浏览、关注、发帖、点赞、转发、搜索等，都能反映顾客的偏好，因此是瞄准的理想依据。
- 相似度瞄准：瞄准那些在某些特征指标方面与企业现有顾客相似的人群，这些特征可以是某种购物行为，例如购买过某个作者创作的科幻小说，也可以是过去的旅游或求学经历，还可以是人口统计甚至是生理统计特征。
- 自主瞄准：某些社媒平台允许社媒营销者自行上传顾客资料文件作为瞄准依据，比方说，顾客的姓名、电话号码或者电子邮件地址等。
- 关系瞄准：根据潜在顾客与品牌营销商的关系(如单向粉丝、互粉粉丝)进行瞄准。

5. 第五步：选择工具

社媒营销催生了大量工具来提高社媒营销活动效率，有的工具可以对各个社媒平台上的发帖做出安排，有的工具可以跟踪品牌提及，有的工具可以编辑或者优化发帖使用的图片或视频，当然，SEO 网址缩短工具(如 tinyurl.com 和 bit.ly 等)也经常在社媒营销中使用。有的工具只具有单一功能，有的工具则整合了多种功能；有的只能在某个特定的社媒平台上使用，而有的则能跨平台使用。俗话说，工欲善其事，必先利其器。社媒营销者必须了解一些主要社媒营销工具的功能和特点。

按照用途，社媒营销工具主要分为以下类别。

- 社媒聆听软件(又称社媒监测软件)：这类工具帮助营销者及时了解社媒用户关于营销企业、品牌或者产品的议论，据此帮助企业制定和评价社媒营销策略。
- 社媒对话软件(又称社媒参与软件)：这类工具帮助营销者在一个或者多个社媒平台上发布(或者规划发布)内容，还可以通过规划自我评论或者及时回复粉丝评论等方式帮助营销者提升用户参与。规划工具(scheduling tools)是社媒对话软件的一种，可以帮助营销者在计划好的时间向特定平台发布已经事先制作好的内容。
- 社媒分析软件：这类工具帮助营销者采集一些重要的社媒营销数据并对这些数据的意义做出分析，比方说，有的社媒分析软件可以分析内容得到的诸多评论，确定积极评论、中性评论和负面评论各占多少。
- 社媒意见领袖软件(social influencer software)：社媒意见领袖软件也叫网红营销(influencer marketing)软件，它可以帮助营销者发现适合合作的网红、监测网红营销的过程及评价网红营销的效果，Grin、Brandwatch 和 Upfluence 都属于这类软件。
- 社媒广告软件：这类工具帮助营销者管理在社媒平台上发布的广告，比方说设置价格和预算、设置投放时间点、选择广告所要到达的目标人群等。
- 社会商务软件：社交商务软件(例如 3dCart)可以在企业电商网站添加新产品或发起新的促销活动时，通知社媒平台上的粉丝。
- 社媒开发者应用程序(social media developer apps)：帮助软件开发者开发各种与社媒营销有关的应用。
- 内容荟萃软件(content curation)：内容荟萃的意思是找到粉丝所需要的内容并分享给他们的过程。通过内容荟萃软件，营销者可以更有效地找到符合粉丝需要的内容。

按照应用范围，社媒营销工具还可以分为：单一目的工具、单一平台工具及跨平台工具。

- 单一目的工具：这种工具专门为完成某一特定社媒营销任务而设计，属于专用工具。就完成该任务而言，这类工具往往是最优的，但是在现实中，许多任务是紧密相关的，这时，整合了多个功能的多用途工具(甚至是通用工具)就更合适。
- 单一平台工具：顾名思义，这种工具只能用于在某个社媒平台执行任务。一般而言，每个平台都有提供给用户使用的官方工具，这些工具是平台营销者必须要掌握的，但掌握这些工具，通常只能让营销者取得竞争均势(competitive parity)；要想获得竞争优势，还需要了解由第三方提供的其他单一平台工具甚至是跨平台工具。Facebook Insights 就是 Facebook 专门为企业用户提供的一个绩效测量工具，能让企业用户通过一系列图表快速了解过去一段时间内自己账号的访问情况，如发帖数、浏览量、评论数、转发数、新增的粉丝数量及访问者用户特征等，这些信息有助于企业用户(社媒营销者)对过往的营销活动做出评价，以便在今后针对性地做出改进。新浪微博的微指数是对提及量、阅读量、互动量加权得出的综合指数；通过微指数，可以了解关键词在微博上的热度。

- 跨平台工具：即可以同时在多个平台执行任务的社媒营销工具。著名的科握(KAWO)和 Hootsuite 都是跨平台工具。KAWO 支持跨机构或分散式团队同时管理多个社媒账号，目前可以支持微信公众号、新浪微博、抖音、快手等国内主流社媒平台。Hootsuite 则可以支持 Twitter、Facebook、Instagram 等国际主流的社媒平台。科握和 Hootsuite 除了内容发布管理功能，均具有绩效测量功能。

有实力的大企业对社媒营销介入较多时，也可以通过购买服务的方式开展社媒营销，即委托专业的社媒营销服务机构代运营自己的社媒营销业务。例如，本田公司不仅在 Facebook、YouTube、Twitter、Instagram 等大型社媒平台上都开设有账号，而且进入了小众社媒平台，如 Snapchat 和 Pinterest；为了更好地协调自己在这些平台上的营销活动，本田公司委托著名的营销咨询机构 Salesforce 公司负责运营自己的社媒营销以便对全球的社媒用户做出更快的回应。中国的数说故事(datastory.com.cn)和英国的 YouGov(yougov.com)都可以向企业客户提供多种社媒营销服务。

在选择社媒营销工具时，社媒营销者需要考虑以下几点：

(1) 了解特定社媒平台本身提供的工具。平台提供的工具是最新的，也是最可靠的，而且很可能也是最经济的。

(2) 明确需要完成的社媒营销任务是什么。工具的好坏取决于该工具是否适合完成特定的任务；没有什么工具是万能的，即使有这样的通用工具，在完成特定任务时也一定不如专用工具好用。

(3) 确保工具适用于选定的社媒营销平台。即使是跨平台的社媒营销工具，也无法覆盖所有的社媒平台，所以选用工具时，要了解该工具是否适用于营销者选用的社媒平台。

(4) 了解营销团队有多少人需要使用该工具及各自的角色是什么。社媒营销经常需要团队的合作，即便只维持一个社媒账号，因为该账号很可能需要 24/7 的维护，所以一般也需要一个团队才能完成。因此，选用软件时必须充分考虑团队的需求，弄清楚团队成员之间如何分工、任务间的依赖关系及协作流程等问题。选用软件工具意味着营销者需要投入时间去学习使用这个工具，这部分投入属于任务专有投资(TSI，Transaction Specific Investment)——即任务终止或变更时很大程度上无法收回的投资；可见社媒营销工具的使用有一定的锁定效应，选择时必须慎重。

(5) 优先考虑使用免费工具。对于大部分社媒营销任务而言，通常都存在可以完成这些任务的免费工具软件。使用免费软件不仅可以在早期节省费用，而且通过使用免费软件，社媒营销者还可以了解到社媒营销活动自动化过程中可能遇到的问题，这些知识和经验对以后在需要时选用商业软件很有帮助。另外，免费软件很多是开源软件，在安全性和可靠性方面也比较有保障。许多收费工具通常会有功能受限的免费版或者有一个免费的试用期，在选购收费软件前，先通过免费版本或者试用期了解软件是否满足需要也是明智的做法。

6. 第六步：选择平台和渠道

营销者要对目标顾客使用的社媒平台进行评估，根据这些平台对实现自己营销目标的有效性，确定出最适合的几个作为开展社媒营销的主平台。社会媒体分为多种类型，每一类网站一般都有几个主要的竞争者，例如，热门的网络日志平台网站就有 LiveJournal、Blogger、WordPress、Bloglines 等，如果按主题来进一步细分，则竞争者更多，比方说，以搜索引擎营销为主题的有影响的网志就有十多个，如 Search Engine Land(www.searcheningland.com)、SEOBook(www.seobook.com)、The Moz Blog(moz.com/blog)等。营销者要根据自己掌握的资源多少来确定选择的社媒营销平台的数量。社媒营销是必须持续投入才能见到成效的营销方式，所以开始时选择的平台一定要少而精；如果同时选择了不同类型的平台，则更要注意控制平台的数量。另外，中国的社媒营销者要注意到中国网络用户使用社媒的习惯；根据中国互联网络信息中心发布的报告，中国网络用户比国外用户更喜欢分享视频和音乐，更喜欢使用聊天工具，所以面向国内用户的社媒营销者可以优先考虑选择视频分享网站(如抖音、快手等)和微信，不过社会化标注网站(如豆瓣网)、知乎和小红书也都有各自的忠实用户群体，也值得社媒营销人注意。社媒平台的选择还要充分考虑自己的营销目的，比方说，适合发布新产品和服务的社会媒体对开展消费者教育未必适合，适合促销的社媒平台对客户服务未必适合。

7. 第七步：实施

再完美的计划也需要付诸实施，社媒营销的实施可以反映出社媒营销团队的执行力和实操能力。社媒营销方案的实施需要有计划、有控制地进行，一旦发现偏差，就要及时采取纠偏措施。社媒营销团队需要熟悉所使用的社媒平台的特性，参与其中的对话，在适当的时候创建并发布自己的内容。不同的社媒渠道有着不同的特性，网络日志适合发布个人感受，推荐和共享网站(如 Digg、YouTube 等)适合传播热门新闻，维基则适合传播客观知识，社交网站则适合举办活动。同时，不同的社媒社区还有自己特殊的文化，营销者必须用一段时间来研究该社区的礼仪和行话，从参与那里的对话开始，逐步过渡到发布自己的内容。在情况不明的时候贸然发言可能引起反感。在发布内容时，好的创意极其重要。好的创意经常具有惊人的传播力。例如，Blendtec 公司是一家生产商用及家用搅拌器的企业，它们的产品看起来和家用豆浆机差别不大，但加工能力超强；该公司利用这一独特卖点制作了系列视频"这个能搅拌吗"发布在 YouTube 上，视频的构思非常简单，就是由公司的创始人汤姆(Tom Dickson)亲自出马，为人们演示公司的搅拌器可以搅碎哪些奇奇怪怪的东西，比方说耐克鞋、高尔夫球、MP3 播放机，甚至还有一部崭新的 iPhone 手机，该系列的视频受到的欢迎远远超出了人们的预期，搅碎 iPhone 手机的那个硬核视频播出后观看的次数超过了 1200 万次，得到了 6800 多个评论，并为 Blendtec 的 YouTube 频道带来了 80 多万的订阅量。内容在社会媒体上的传播有很强的滚雪球效应，营销者在开始发布重要内容时必须对内容进行一定的推广，开始时可以考虑动员公司联系的微名人、公司的员工甚至是发动自己的亲友团来评论或者推荐该内容，但一定要注意其中可能涉及的社媒营销伦理问题，对此我们将在稍后讨论。需要牢记的是，最初的竞争是排名的竞争而不是绝对数量的竞争，最初的一点点落后就会导致最后的天壤之别，所以，要对开始阶段的推广足够重视并投入充足的资源。

8. 第八步：监测

社媒营销团队需要持续测量和评价社媒营销的效果，以便做出改进。有时候，社媒营销的效果不会立刻显现，而是需要经过较长的一段时间的发酵后才能充分显现；即便是这种情况，社媒营销者也不能坐等效果的显现，而是要运用测量工具对营销的效果进行监测。社会媒体本质上是可测的媒体，例如，网络日志的效果可以用 Google 的 Page Rank 值、Alexa 的 Rank 值、Bloglines 的订户数量及 Technorati 的权威值来评价，SNS 营销的成果则可以从好友的个数、发帖的浏览量、点赞量、评论数、转发数等做出初步判断。营销者需要密切关注社媒用户对内容的反应情况，了解有多少用户注意到了营销内容、多少用户对它做出了正面回应、多少做出了负面回应等。

9. 第九步：调整

社媒营销团队需要分析并不断改进自己社媒营销的策略和实施。社媒营销者可以根据监测结果并对照自己的营销目标对自己的营销策略和实施做出评价，不断对其进行修正。

以上我们对社媒营销的一般原理和方法做了初步的探讨，为对社媒营销有更具体、更深入的认识，我们还需要对国内外一些最有代表性的社媒营销平台有一个基本的了解。

社媒营销是在一个个具体的社媒平台上展开的。一般而言，社媒营销者会同时在多个社媒平台上开展营销活动，这样可以实现多个平台的交叉推广(cross-promotion)。截至 2023 年 10 月，世界上月活用户数量最多的前 11 个社媒平台见图 7-7。考虑到篇幅限制及各社媒平台的重要性、代表性和发展前景，我们在下一节选择国内的微信、微博和抖音，从平台简介、平台营销优势、营销内容及营销最佳实践等几个方面考察基于这些平台的社媒营销。

社媒平台	2023年10月月活用户数量/百万
Pinterest	465
Sina Weibo	599
Twitter	666
Kuaishou	673
Douyin	743
Snapchat	750
TikTok	1218
WeChat	1327
Instagram	2000
YouTube	2491
Facebook	3030

图 7-7　全球按月活用户数排名的最流行社媒平台[①]

数据来源：Statista

7.6　国内常见社会媒体平台上的营销实战指南

在国内的社媒平台中，微博用户群体就文化水平和平均收入水平而言相对高端，抖音主要面向下沉市场，微信则渗透率最高，覆盖面最广，几乎可以触及所有网络用户。三个平台在功能和服务上各有特色，而且都有很好的商业生态，在中国的社媒平台中很有代表性，社媒营销者有必要熟悉这三个平台各自的优势、营销活动的重点和最佳实践。

7.6.1　微信营销

微信营销是现有全网营销中非常有影响力的一种模式。它简单、易操作，而且没有区域限制。只要注册成为微信用户，就可轻松地向其他用户传递产品信息，实现一对一营销。腾讯财报显示，2024 年第一季度，微信用户覆盖面超过 200 个国家，全球微信月活跃用户达 13.43 亿人，微信小程序的月活跃账户数超过 11 亿，排在全球前 5 位，更是华人世界中排名第一的社媒平台。

1. 微信营销平台简介

微信是腾讯公司在 2011 年推出的一款社媒产品，在智能手机革命的推动下，它的发展非常

---

① WhatsApp、Facebook Messenger、Telegram、QQ 等纯即时通信 App 不参加排名。

快，它积累第一个 1 亿用户用了 14 个月，积累第二个一亿用户只用了 6 个月，而积累第三个一亿用户只用了 4 个月。微信最早只是在 QQ 之外的另一款即时通信产品，但到今天已经发展成为一个支持 10 多种应用的全功能的社媒平台，微信的一些主要应用及其上线时间见图 7-8。

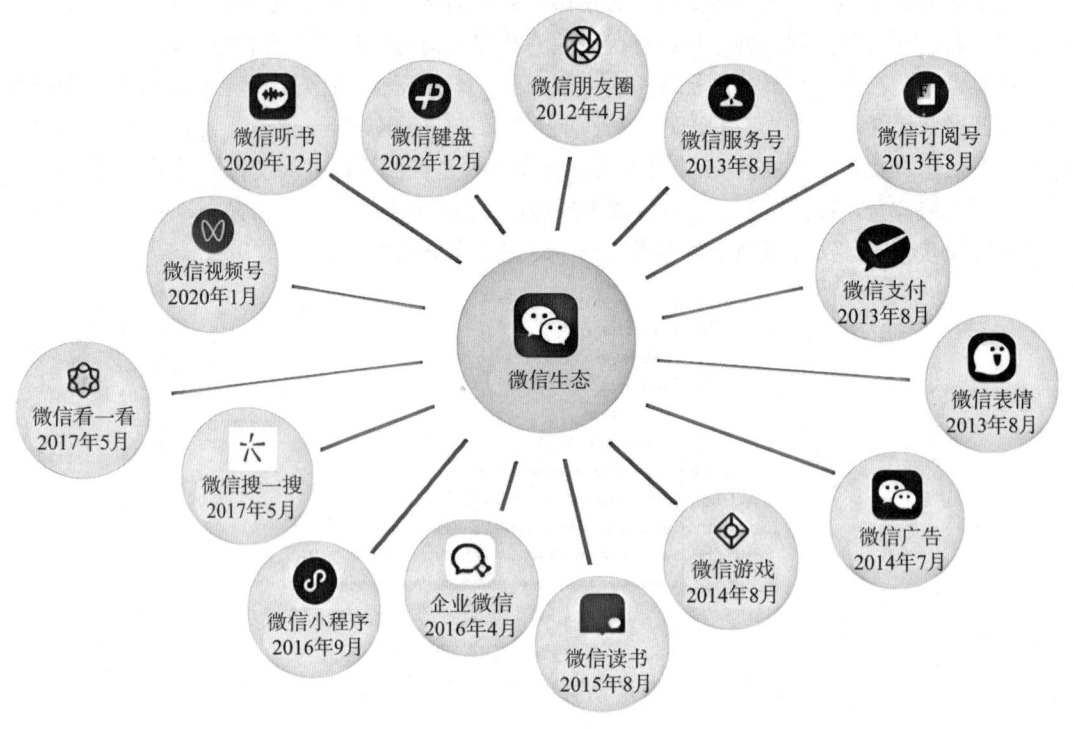

图 7-8　微信生态概览

数据来源：KAWO 发布的《2023 中国社交媒体平台指南》

微信营销是网络经济时代伴随着微信的普及而产生的一种社媒营销方式。微信营销不仅仅是对朋友圈的经营，也不仅仅是运营微信公众号，微信营销还包括微信视频号的运营及微信搜一搜的运用，微商城、微官网、微会员、微推送、微支付、微活动都是开展微信营销的利器，微信广告更是每个中国的社媒营销人必须掌握的技巧，当然，微信小程序也是值得深入挖掘的金矿。

2. 微信营销优势

微信不是一个简单的 SNS 平台，它有一个庞大的生态，这就使得营销者可以利用微信平台开展以 SoLoMoCo[①]为基调的灵活多样的社媒营销。

（1）用户数量多，覆盖范围广，网站黏性强。微信是中国最大的社媒平台，在全球范围也能排在前 5 位。在 2023 年底有大约 75%的中国居民是微信用户。对于许多中国智能手机用户来说，微信不仅仅是一个社媒 APP，而是一种生存必备工具，人们用微信收付款、购物、打车、叫外卖、搭乘公交车及收发红包，享受网络时代的各种便利。凭借如此多样的功能，微信在 2022

[①] SoLoMo 是由 social(社交)、local(本地)和 mobile(移动)三个英文单词融合而成的新词，它源于"风险投资之王"约翰·杜尔(John Doerr)在 2011 年 2 月总结出的一种互联网商业模式，国内有人直接根据其发音称其为所罗门，后来有人在其后又增加了 commerce(商务)，就最终演化成了今天的 SoLoMoCo。业界普遍认为下一个 Facebook 或者 Google 将来自采用了这一商业模式的公司。

年就实现了惊人的近九成的日活用户(DAU，daily active users)率。不仅如此，微信在海外也有众多用户，微信在海外的用户数量占到总用户数的三分之一。微信不仅用户数量多，而且平台黏性非常高，大部分注册用户都是月活用户(MAU，monthly active users)，而大部分月活用户都是日活用户，根据 Techreport 在 2023 年 11 月发布的数据，微信用户每天在微信应用上花费的平均时间可以达到 82 分钟。由于社媒平台存在很强的锁定效应(lock-in effect)，而且用户的微信账号已经成为可以通行于国内诸多社媒平台的公开身份(openID)，微信在中国社媒领域的地位在可预见的未来是很难撼动的，这就使得组织在微信平台上的投入具有了长期性。

(2) 功能强大，可以实现多种营销目标。微信生态产品众多，可以覆盖营销漏斗的几乎所有阶段(如表 7-4)。这就使得理论上营销企业单靠微信一个平台就可以达成企业制定的全部营销目标。另外，微信营销涉及的社媒营销技巧很多，一个社媒营销者一旦掌握了微信营销，就可以快速掌握几乎所有其他社媒平台营销。

表 7-4　适用于不同营销阶段的微信产品

营销漏斗阶段	适用的微信产品
获得认知	微信服务号、微信订阅号、微信视频号、微信搜一搜、微信朋友圈
引发兴趣	微信朋友圈
评估产品/服务	微信服务号、微信订阅号、微信视频号、微信搜一搜
购买产品/服务	微信视频号、微信小程序
使用产品/服务	微信服务号、微信小程序
复购/增购/续费	微信视频号、微信小程序
向他人推荐	微信朋友圈

资料来源：根据 KAWO 发布的《2023 中国社交媒体平台指南》整理。

(3) 微信用户以年轻人居多，值得营销企业做长期投资。根据 Statista 发布的数据，2023 年，微信用户有大约三分之一在 24 岁以下，大约四分之一为 25～30 岁，31～35 岁的用户占 13.8%，而超过 41 岁的用户数占比还不到五分之一。美国的情况也类似，23%的 18～24 岁年龄段的美国互联网用户使用微信，25～34 岁的美国人使用率为 22%。

(4) 微信是一个充满活力的社媒平台。微信从 2011 年推出后，推出新产品、新服务的步伐几乎从未停歇，虽然不是说每个新产品都能成功，但每种新产品的推出，就如同开辟了一条新的赛道，给锐意进取的后发企业提供了弯道超车的大好机会。

(5) 可以实现精准营销。微信拥有庞大的用户群，借助移动终端、天然的社交和位置定位优势，微信营销可以实现信息的精准推送，帮助企业实现点对点精准营销。

(6) 微信营销形式灵活多样，有实现整合营销的巨大潜力。微信营销融合了电子邮件/电子杂志营销(微信公众号)、虚拟社区营销(微信群)、朋友圈营销(微信朋友圈)、搜索引擎营销(微信搜一搜)及社会商务(微信小程序)等多种网络营销方式，还能通过二维码、微信支付打通和传统商务的连接，实现 O2O 营销，这就使得微信营销具有开发多种协同经济的巨大潜力。

3. 微信营销内容

微信功能非常强大，因此微信营销也有着极其丰富的内容，我们主要从微信搜一搜的运用、微信朋友圈营销及公众号经营三个方面介绍。

1) 微信搜一搜的运用

除了专业的搜索引擎，微信搜一搜堪称最强大的搜索引擎。微信搜一搜主要用来搜索微信公众号文章，在手机端和电脑端都可使用，但手机端微信搜一搜的功能更加强大，不仅能搜公众号文章，还可以搜索朋友圈、视频号、公众号、小程序、直播、读书、音乐、表情、百科、新闻、微信指数等。搜狗的微信搜索(weixin.sogou.com)也支持微信公众号文章搜索，并按照微信搜一搜的算法显示搜索结果，就如同微信搜一搜的另一个入口。了解微信搜一搜的算法不仅有助于快速找到所需要的信息，而且有助于企业通过社媒优化提高微信公众号文章的搜索结果排名，提高文章的到达率，取得更好的传播效果。

微信搜一搜采用的算法叫作 PeopleRank，PeopleRank 算法是微信团队以谷歌早期的 PageRank 算法为样板，针对国内社媒平台的特点开发的一套用于微信公众号文章搜索排名的算法。PageRank 主要依据内链页面的质量和数量评价网页质量，PeopleRank 则采用以各种方式(如评论、转发、收藏等)为公众号文章背书的微信用户的影响力和数量评价文章的质量。可见，PeopleRank 引擎更加重视"人"的因素，它把专业人士对内容和服务的判断纳入搜索结果的排序标准。虽然微信没有对外公布过 PeopleRank 算法的细节，但是据专家分析，在内容相关性指标之外，影响 PeopleRank 排名的指标主要包括：

- 用户的粉丝数量。
- 用户粉丝的影响力大小。一个用户的高权重粉丝的占比越高，这个用户的影响力就越大。
- 特定粉丝关注的人数总量。一个用户的影响力背书会被他关注的人数总量稀释。
- 每个粉丝与用户之间的互动行为的类型。收藏、转发及评论各有不同的权重。

当然，实际算法会考虑更多因素，比方说，在判断粉丝影响力的时候，算法还会考虑用户是否有周期性访问行为、用户所在行业、用户资料使用的标签等；在判断用户行为时，还会考虑互动行为的质量，例如，评论是好评还是差评及评论的字数等。此外，时效性也是影响排名结果的一个因素，文章的发表时间、文章获得持续关注的能力、文章近期的表现等都会影响排名。

2) 微信朋友圈营销

朋友圈是微信最早推出的拳头产品之一，拥有大量用户。朋友圈具有使用成本低、触达率高且专属于个人的特点，是开展私域营销的理想渠道，也是发展第一批铁粉的绝佳平台。

开展朋友圈营销一定要把握好朋友圈的社交属性，把用户当成朋友来对待，刷屏推荐、群发广告、私聊商业话题等做法都只会让用户反感，甚至把企业账号拉黑。信任是朋友关系的基础，因此，开展朋友圈营销一定要践行真诚营销的理念，这就意味着，企业在开展朋友圈营销时需要做到以下几点：

(1) 打造真实的、有活力的人性化组织或品牌 IP，增强顾客信任。大多数人都喜欢与和自己相像的人做朋友，所以企业的微信账号要让顾客看到事实，避免把自己塑造成不食人间烟火的超人，偶尔有意暴露一些人性的弱点反倒更能拉近与顾客的距离。展示企业真实价值观会吸引同频顾客的关注，八面玲珑和四处讨好的做法则很难找到高价值的"铁粉"。

(2) 让微信朋友圈营销和公众号营销有一个适当的分工，朋友圈要让顾客看到品牌背后活生生的人，所以朋友圈分享的内容可以适当增添一些生活琐事，透过生活点滴去分享人生的酸甜苦辣，让读者感到自己面对的是一个知心朋友。当顾客做购买决策时，会首先考虑从自己信任的商家那里购买，因此，微信朋友圈营销所做的就是在占领市场份额前先占有顾客的心理份额(mind of share)。

(3) 用优质的产品和服务去兑现给顾客的承诺。持久的关系必须通过相互交换承诺并兑现承诺来维持，因此，真诚营销最终还是要落实在产品和服务的质量上。仅仅达到顾客预期还不足以让顾客满意，只有超出顾客预期才能让顾客真正满意，而满意的顾客才更可能向其他人推荐公司的产品。从这个角度出发,预期管理就是一种很有用的策略。向顾客承诺价值时,不能言过其实,而要言之有物,清楚说明产品的功能和利益,让顾客对产品质量有一个比较明确的预期;有时候,还需要明确展示产品可能存在的缺陷,降低顾客的预期。如果无法在产品质量上超出顾客预期,还可以争取在服务质量和互动质量上超出顾客预期,提高顾客满意度。

(4) 在与顾客互动时一定要诚实守信,尊重顾客的意见,对顾客的意见要及时给予反馈,这样顾客才有参与互动的积极性。顾客反馈多,本身就说明购买的人多,能从侧面说明产品的价值。

需要注意的一点是,基于经济利益考虑的关系是最低层次的关系,这种关系最不牢固,所以在微信营销中低价、打折这类赤裸裸的促销手段一定要谨慎使用,促销只能作为战术而不是战略使用,被低价吸引来的顾客很难与企业发展长期的关系。

3) 微信公众号运营

微信公共号是微信在2012年8月上线的产品,微信公众号是企业开展微信营销的主阵地。微信公众号可以分为4种类型,即订阅号、服务号、企业微信(原企业号)和微信小程序。

- 订阅号:订阅号类似于报纸杂志,主要用于向订户传达资讯,每天可以向订户群发一条消息。
- 服务号:服务号主要用于服务交互,每个月可群发4条消息。
- 企业微信:企业微信面向企业市场,是一个独立的App,拥有最基础和最实用的功能服务,是专门提供给企业使用的IM产品,适用于企业、政府、事业单位和其他组织。
- 小程序:小程序公众号允许企业根据需求快速开发一个适用的小程序,该小程序可以在微信内被便捷地获取和传播,使用户获得出色的使用体验。

腾讯公司为需要选择公众号类型的用户提供的建议是:

- 如果企业只是简单地发送消息,达到宣传效果,可选择订阅号。
- 如果企业需要在公众号中使用更多的功能,例如微信支付,就需要选择服务号。
- 如果企业需要用公众号管理内部员工和团队,则可以考虑使用企业微信。

实际上,一个公司可以申请开设多个不同类型的公众号,比方说,华为就有几十个微信公众号,其中比较常见的有华为公司官微、华为终端客服号、华为商城、我的华为(提供会员服务)、华为中国(专注B2B业务)、华为运动健康(定位是华为运动健康App大本营)等,此外,还有专门负责招聘的"华为招聘"、专注云服务业务的"华为终端云服务"、专注数据通信业务的"华为数据通信"、专注智慧家居业务的"华为智慧生活"等。因此,企业大可不必在订阅号和服务号的选择上过度纠结。

龚铂泽在《左手微博右手微信2.0》一书中把微信公众号的运营归纳为6大系统:展示系统、调研系统、会员系统、销售系统、客服系统和口碑系统。展示系统的主要功能是信息的展示和传播,调研系统则主要负责有针对性地搜集粉丝资料和观点,会员系统方便企业在微信里进行会员信息管理,销售系统的主要作用是帮助企业实现销售,客服系统强调在微信上解决粉丝遇到的问题,口碑系统则是借用微信的分享功能帮助企业实现口碑传播。当然,一个企业微信公众账号可同时实现多个系统功能,满足企业多方面的需求。在6大系统中,微信公众号运营最基本的三个任务是内容营销、用户运营和流量变现。

微信公众号的内容营销可以依照内容营销的理论参照电子期刊营销的做法来做,这里不再赘述。

用户运营最基本的任务是获客或圈粉(acquisition),获客的方法很多。主要分为4类:内容圈粉、功能圈粉、H5和二维码线下圈粉及跨平台圈粉。

- 内容圈粉：好的内容可以像磁铁一样吸引用户关注。有时候，一条爆款内容在收获10万以上阅读量之外，还能大量圈粉。比方说，海底捞科目三视频在上传后火遍大江南北，"海底捞科目三"相关话题登上抖音、微信、微博等社媒平台热榜，视频播放量超过16亿次，为海底捞火锅微信公众号圈粉无数。内容圈粉的一个经验是，活动类型文章的阅览量一定要比其他类型文章阅读量高[①]，丢书大作战就是活动类型文章圈粉的一个很好的案例，2016年11月15日，地处北上广的很多微信用户的朋友圈几乎都被"丢书大作战"活动刷屏，没过多久，活动类型文案《我准备了10000本书，丢在北上广地铁和你路过的地方》的阅读量就飙升到十万以上，这次营销活动策划得很成功，几乎所有参与方都收获满满，包括黄晓明、徐静蕾在内的参与活动的明星们为自己在公众面前进一步确立了积极向上、热心公益的良好形象，各大赞助商也在这场活动中有很好的亮相，当然，最成功的还是策划该活动的新世相团队，他们的微信公众号通过这次活动快速涨粉。
- 功能圈粉：公众号具有自定义菜单功能，允许商家为客户定制服务；现实生活中，许多用户关注企业公众号就是为了享受该定制服务带来的便利。比方说，海底捞火锅微信公众号可以让用户通过公众号使用海底捞小程序，实现在线订座排号，省去排队的麻烦，这一实用功能让很多去海底捞用餐的顾客关注了海底捞公众号。飞友科技有限公司的飞常准公众号可以让用户查航班、订机票及值机选座。另外，许多马拉松赛事的公众号可以让用户通过公众号报名、缴费和查询摇号结果，自然也吸引了许多马拉松爱好者关注了赛事公众号。
- H5和二维码线下圈粉：企业可以利用自己的实体店铺或者举办线下活动的机会(比方说举办年会、参加展会或者赞助比赛)，利用H5互动性娱乐性强的特点及二维码联通线下线上的特点在现场圈粉。比方说，许多餐饮店让用户关注店铺公众号获得优惠券或者实现自助点餐，这个简单易行的方法有很好的圈粉效果。
- 跨平台圈粉：即把其他平台(比方说B站、抖音)的用户资源、流量资源引入微信实现跨平台圈粉。设想一下，因为喜欢科目三视频而在抖音关注了海底捞频道的用户为了实现在线订座排号或者点火锅外卖，必定会关注海底捞微信公众号。跨平台圈粉的主要目的是减少对单一平台的依赖，同时实现更高的信息送达率。

除了上面4种方法，企业还可以把自己的员工、会员用户和商业伙伴发展成公众号粉丝，这些人中间的相当一部分可能成为公司公众号的铁粉。

圈粉只是用户运营的第一步，留存用户也同等重要，对于经过千辛万苦获得的用户，如果不小心呵护，用户就可能得而复失，留存用户要做到以下几点：

- 为用户创造良好体验并持续优化，让用户关注公众号以后有获得感。
- 要实施精准营销，避免向粉丝发送无关的促销信息。
- 建立用户挽留机制。在用户有意甚至是已经开始动手操作取消关注时，要采取措施设法挽回用户，即便无法挽回，如果能让该用户反馈一下退出原因，也能让企业亡羊补牢，改进今后的工作。在这里Facebook留存用户的经验值得借鉴，Facebook曾经有一段时间用户流失比较严重；为了避免用户流失进一步扩大，Facebook在注销流程后面新增了一个页面，当用户要离开的时候，系统会读出好友列表中互动最亲密的5个人，询问用户"你真的确定要离开吗？"很多本来要注销的用户担心以后将很难联系到这些朋友，看不到他们的状态，心一软就留下了。这个页面上线后，在没花一分钱的情况下，一年

[①] 张宇微. 微信内容营销：策略、方法、技巧与实践[M]. 广州：广东经济出版社，2015.

之内为 Facebook 减少了 2%的用户损失，挽留了超过 300 万用户。

与留存客户密切相关的一个工作是激活用户。许多用户是因为偶然的原因在很特殊的场合选择关注了企业的公众号，这些用户可能在关注后就不再与企业互动，成为不活跃或者沉睡用户，企业可以用月活用户数占总用户数的比例大致了解沉睡用户的规模。如果沉睡用户过多，企业就需要采取措施激活用户。激活用户主要有以下方法：

- 利用节假日或者年庆、赛事、展会等重要时间节点开展事件营销，举办有趣的活动，提供奖品，吸引老用户参加活动。
- 推出用户成长计划。为积极参与互动或参加活动的用户提供积分奖励，该积分可以在一定条件下兑换成用户喜欢的奖品或特权。
- 主动出击，使用电子邮件、短信等渠道，向用户推送他很可能感兴趣的内容，提醒他查看公众号。

流量变现(monetization)是体现公众号价值的一个重要方式。作为媒体运营的公众号有一种直截了当的变现形式，就是通过加入微信的广告网络来变现。对于大多数企业而言，微信公众号的流量变现主要通过自定义菜单完成，主要有三种方式：

(1) 为实体店引流，通过增加实体店销售实现变现。比方说，海底捞公众号的订座排位和预订火锅外卖就直接通过实体店产生了销售。

(2) 为网店引流，通过增加网店销售实现变现。比方说，淘宝商家可以通过自己公众号里的自定义菜单支持用户查询网店产品，并通过客服咨询实现引流。

(3) 通过直连微信商城实现销售。微信商城属于小程序型公众号，一般可以通过订阅号直联。

需要注意的是，微信公众号营销的价值不仅仅在于通过流量变现，通过粉丝洞察调研市场及提供客户服务维护顾客关系也能间接为企业带来巨大价值。

除了微信搜一搜、朋友圈营销和公众号营销，微信群营销、微信广告、微信视频号经营、微商城经营、小程序营销也是常用的微信营销方式。限于篇幅，此处就不再深入探讨。

4. 微信营销最佳实践

微信营销可以说是国内所有社媒平台营销中最难掌握的一个。从大量成功的微信营销案例中，我们总结出以下三条建议。

(1) 发挥微信营销的优势，选择恰当的微信营销方式。有人为微信营销总结了许多模式，比方说自主营销模式、附近/面对面营销模式、O&O 扫码营销模式、SoLoMoCo 营销模式及 KOC 长尾营销模式等[①]。实际上，与其他社媒平台相比，微信最大的特点在于其传播的精准性、私域性和亲民性，因此使用口语化语言与用户互动就是最有效的微信营销姿势，比方说，支付宝就把自己微信公众号的运营全权交给一个 1987 年出生的员工负责，这与大部分公司的微信公众号由新媒体团队负责运营、内容发布要经过层层审核的做法完全不同。因此，我们可以看到支付宝微信公众号的内容个性化色彩浓厚，风格灵动飘逸，给新用户的欢迎语竟然是"山无棱，天地合，都不许取关！"开设的三个自选栏目的主题分别是"故事会""新服务"及"天下无贼"。打开"天下无贼"栏目，我们可以看到 13 篇文章，阅读量在 10 万以上的爆款文章就占到 7 篇，其中一篇的标题是"既然没赔死，那我就不客气了"，单击进去细看，原来是在介绍支付宝最新升级过的"你敢付我敢赔"的用户保证计划和刚推出的 AI "秒赔"服务。

(2) 每次微信营销活动完成后都要进行复盘，总结得失，以便未来改进提高。会下围棋的

---

① 陈钦兰，周飞、陈小燕，等. 新媒体营销：数字、工具与运营[M]. 北京：机械工业出版社，2023.

人都知道，不论比赛胜负如何，局后复盘不仅是基本的围棋礼仪，还是提高棋艺的捷径。复盘现在通常指在某个项目或活动结束后，对已经结束的项目或活动进行回顾，总结经验和教训，以便在下一次做得更好。对于社媒营销者而言，每一次营销活动都会积累大量数据，包括行动指标、互动指标和回报指标，复盘时需要根据活动计划和目标对这些数据进行认真挖掘和分析，以便对活动做出评价，总结经验和不足之处。复盘通常以召开复盘会议或者研讨会的方式进行，全面回顾和梳理本次微信营销活动的各个细节，分析各项指标和用户反馈情况，对活动进行全面总结，要对会议进程和要点进行记录，并汇总整理成会议成果，以便未来参考。

(3) 请专业的公司代运营。微信营销内容非常丰富，一个普通企业(特别是中小型企业)很难通过一己之力把微信营销做到位，一个在其他领域拥有核心能力的企业也可能考虑把资源集中在核心业务上，这种情况下，委托一个专业的社媒营销公司代运营自己的微信营销就是一个很好的选择。比方说，海底捞微信公众号就是海底捞与武汉夜莺科技有限公司合作运营的，后者向海底捞提供微信公众号小程序开发、内容创作、与用户互动及数据分析等服务。请专业的公司代运营最大的好处是可以根据 ROI 分析来决定是否继续合作，最大的风险是一旦发生运营事故，可能给公司品牌带来负面影响。因此，即使请专业的公司代运营，也需要双方沟通良好，做好风险管理。

7.6.2 新浪微博营销

微博是网络日志走向移动时代的产物，微博之微，就是为了适应移动时代的技术和消费者行为。2006 年推特发布后，模仿者纷纷跟进，截至 2007 年 5 月，世界各国的微博网站就达到 111 个，系列创业者王兴创建的我国第一家微博网站"饭否网"就是在 2007 年 5 月创建的。这些站点间的激烈竞争使得微博网站的技术和服务不断走向成熟。新浪微博是当前中国微博平台的领导者，掌握好新浪微博营销对使用其他微博平台开展营销具有重要指导意义。

1. 新浪微博平台简介

新浪微博是新浪公司在 2009 年 8 月推出的社媒平台，也是中国第一家由门户网站开办的微博平台，由于其功能、商业模式及市场影响力都与推特相近，因此新浪微博也被称为中国版的推特。2010 年，腾讯微博、网易微博、搜狐微博相继上线，不过，这三家门户网站开办的微博服务均未能坚持下来。今天，中国的大型微博网站中，只有新浪微博硕果仅存。经过 10 多年的耕耘，微博已经成为中国社媒大 V 和品牌商的热门平台，他们利用该平台推广内容、产品和服务，并与粉丝互动。该平台在国内新闻和信息传播过程中也发挥着重要作用，许多记者、媒体乃至官方宣传机构都在利用该平台分享新闻。根据 Statista 发布的数据，2024 年 3 月，新浪微博的月活跃用户数大约为 6.05 亿，日活跃用户数为 2.6 亿，日活跃用户较前年同期减少了 300 万人。

2. 新浪微博营销的优势

经过 10 多年的发展，新浪微博已发展成为一个多功能的综合性社媒平台。微博允许用户发布短消息、照片和视频，这些内容可以被其他用户查看和分享。微博还提供其他一些互动功能，如直播、投票和测验，让用户可以与他们内容的访问者进行多种方式的互动。新浪微博还支持即时通信、网络游戏、电子商城(微商城、微卖场)、虚拟社区(微群)等附加功能。同时，新浪微博平台允许第三方软件商为微博用户开发新的应用。对于营销者而言，微博是一种多功能的营销工具，可以执行多种营销任务：市场调研、产品推荐、客户关系管理、品牌传播、危机公关、促销乃至直接销售。

虽然微博在用户数量方面与微信有明显差距，在用户注意力和用户上网时间方面也存在竞争，但两者其实各有优势，更多表现为互补关系。新浪董事长兼 CEO 曹国伟就认为："微博与微信的两个社媒属性完全不一样……微信的核心是通信需求，是熟人间的社交，用户多、使用频率高。微博是公开网络，具有媒体属性，相同内容的传播速度和影响力要大于微信。两者可以同时发展，同时往前走。"[①] 微营销公司钛铂新媒体的创始人兼 CEO 龚铂洋在 2016 年也曾经说："微博是信息发布、扩散及客户沟通的革命！微博依然是最好的传播引爆平台，尤其是在大数据支撑下的微博营销，可以精准地锁定消费者，依然具备核裂变级别的传播效应。而微信由于强大的社交关系，兼具沟通、社交(朋友圈)及企业服务(公众平台)功能，已经成为企业移动互联网入口，必定成为企业营销的必争之地。"[②] 今天，龚铂洋的话依然没有过时，微博是所有社媒应用中媒体属性最突出的一个，具有掀起"互联网海啸"的潜力，是发动内容营销攻势的理想平台。新浪微博营销的优势表现在以下方面。

(1) 新浪微博在吸引关注方面比微信具有更高的性价比。

(2) 新浪微博的内容更具话题性。很多在微信朋友圈刷屏的热点社会事件和话题的源头经常是微博，微博具有引爆话题的潜力。

(3) 新浪微博平台更适合开展网红营销。微博具有很多高能的大 V，比方说@TFBOYS-易烊千玺的粉丝量超过了 9000 万，@杨幂的粉丝量更是达到 1.12 亿，@李开复的粉丝数量达到 4846 万，@ElonMusk 在新浪微博上也有 216 万粉丝。根据《2020 年微博用户发展报告》，2020 年，微博用户平均关注大 V 的数量超过 110 个，女性微博用户人均关注的大 V 数量超过 120 个，男性平均关注大 V 数稍少，为 100 多个。可见，新浪微博平台上的网红效应非常明显，与明星和网红合作营销是新浪微博极具优势的一个方面。

(4) 新浪微博用户的素质较高。在微信、微博和抖音三个平台中，抖音主要面向下沉市场，用户素质相对较低，主要分布在三线以下城市、县镇与农村地区，本科及以上学历占比不到 10%，可支配时间长，且超过七成有手机依赖症，85.7%的用户偏好幽默搞笑内容[③]；微信由于用户数量很大，几乎覆盖了整个上网人群，所以素质参差不齐；微博用户则不同，分布在大中城市的较多，且文化程度也普遍较高，因此，有人注意到，"在朋友圈流行的养生文章或假新闻等内容分享到微博上是会被人骂死的。"[④]

(5) 新浪微博是社会倾听的理想平台。微博每天产生大量话题，特别是在一些广场性的话题、公共议题、爆发性话题上面，它拥有微信无法匹敌的优势。因为微信是熟人社交，是更加隐私化、隐秘化的社交，使得话题的爆发能力较弱。新浪微博旗下的微热点(wrd.cn)就能给社媒营销者提供很多很有用的舆情信息。

图 7-9 是 2025 年 3 月 6 日至 3 月 10 日"马拉松"和"越野赛"两个关键词在新浪微博上讨论热度的变化趋势。图 7-10 是与这两个话题相关的主要关键词的可视化展示结果。关键词的面积表示相应关键词在全部相关话题中的相对比例。

---

① 陈刚，王雅娟. 微博的数字商业逻辑[M]. 北京：中信出版社，2017.
② 龚铂洋. 左手微博右手微信 2.0：新媒体营销的正确姿势[M]. 北京：电子工业出版社，2017.
③ 李永平，董彦峰，黄海平. 数字营销[M]. 北京：清华大学出版社，2021.
④ 陈刚，王雅娟. 微博的数字商业逻辑[M]. 北京：中信出版社，2017.

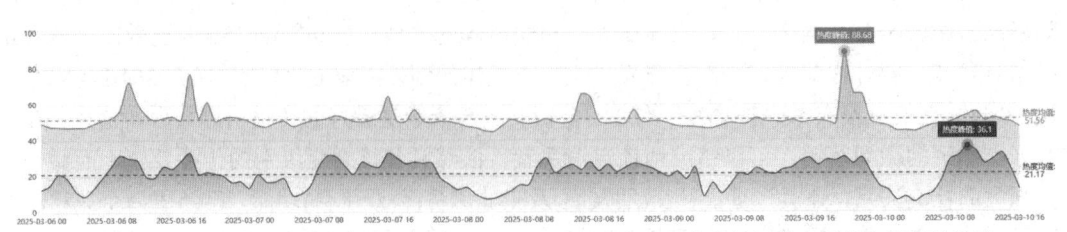

图 7-9　2025 年 3 月 6 日至 3 月 10 日"马拉松"和"越野赛"两个关键词的全网热度指数的比较

图 7-10　2025 年 3 月 6 日至 3 月 10 日"马拉松"和"越野赛"的全网关键词云

> 访问新浪微博微热点(wrd.cn)网站，通过该网站搜索你关心的某个热点关键词，了解该词的热度变化趋势。浏览该网站，了解网站提供的其他分析工具。

3. 新浪微博营销的内容

与微信营销一样，微博营销的内容也非常丰富，主要包括微博聆听、话题营销、内容运营、KOL 营销和微博活动。

(1) 微博聆听。新浪微博平台是一个很适合了解舆情的社媒平台，营销者可以通过微热点或者社会聆听软件了解时下的热点及企业目标用户的想法和情绪。微博聆听是开展新浪微博营销的一个良好起点。比方说，2023 年以来，各地文旅局为了吸引游客可谓是挖空心思，考虑城市吸引游客要以什么特色为卖点，通过微博的微热点查询城市名可能会给城市营销主题提供一个很好的思路。此外，微博微热点还能让营销者发现市场上的负面情绪消长情况，一旦发现消费者不满情绪开始滋生蔓延，就要立即着手干预。

(2) 话题营销：微博的话题营销指的是针对在微博上当前热议的话题，策划构思出新奇有趣的微博内容，以期引发关注和共鸣。在微博上，设有"热搜榜"及"微博热搜"等话题栏目，微博营销者可以从这些热门话题中选择合适的话题编发内容，植入企业、品牌或产品信息，借相关话题热度达到更好的营销传播效果。由于热门话题经常变换，突发事件更可能不期而至，所以善于发现的微博营销者经常会找到借势营销的机会。

(3) 内容运营：微博营销的内容运营指的是微博营销者以文字、图片、音视频等内容形式，利用原创发布、转发、评论、回复评论等机会，在微博上发布能引起用户共鸣的内容，使营销传播效果最大化。内容运营不仅要创作出精彩内容，还要为内容发布选择或者创造最佳时机。

(4) KOL 营销。KOL 是英文 key opinion leader 的缩写，意思是关键意见领袖，KOL 有时也被叫作影响者(influencer)或者超级用户(power user)，指的是拥有更多信息、资源、能力或者魅力，能被某个群体的人接受或信任，其价值观、意见或者生活方式能对该群体的思想、态度和行为方式产生较大影响的人。KOL 可以分为不同类型，比方说专家、名人、明星、网红等。KOL 营销也叫网红营销(influencer marketing)，指的是营销品牌借用网络名人或者其他关键意见领袖影响他人购买决策的网络营销技巧。在社媒营销活动中与 KOL 合作可以对营销结果产生巨大影响。KOL 有众多追随者，但每个 KOL 通常都有自己的粉丝圈，所以社媒营销者一定要选择最适合自己品牌的 KOL 进行合作。

(5) 微博活动。微博开通会员后可以发起多种活动，微博活动对微博营销至关重要，新账号开设初期做活动可以增加粉丝，成熟账号则可以通过活动引爆品牌传播，还可以通过活动回馈用户达到激活或留存用户的目的。微博活动可以分为平台活动和企业独立活动，新浪平台活动有大转盘、砸金蛋、晒照片等许多类型，活动的数据分析也很详尽，有转发、邀请、收藏、每日参与人数等详细数据，平台抽奖活动的管理比较规范，抽奖过程也比较公平公正，微博抽奖平台账号的粉丝数在 2024 年 2 月为 1620 万，不过其中可能混杂着不少"抽奖控"，会影响抽奖活动效果。企业自建活动指的是企业在自己微博账号发起的各种活动，活动类型以各种形式的转发抽奖为主，抽奖数据统计过程比较繁杂，而且对主题有一定要求。由于企业自建活动只能从既有粉丝开始，所以必须先调动既有粉丝参加活动的积极性，活动才能取得比较好的效果。此外，微博活动还可分为独立活动和联合活动，独立活动就是企业自己发起的活动，联合活动则是企业与其他异业微博共同开展的活动。

除了以上 5 方面工作，微博营销还涉及微博客户运营、微博广告、微博直播等工作内容，但限于篇幅，这里不做过多探讨。

4. 新浪微博营销的最佳实践

要做好新浪微博营销，营销者一定要把握好新浪微博平台的特点。我们从众多微博营销成功案例中，总结出以下经验。

(1) 加强内容建设。微博营销团队在坚持发原创帖的同时，可以适当发转发帖，以保持发帖频率，避免长时间静默。语言风格上，在保持专业化的同时要适当人性化，让内容有温度，表现得谦逊有礼，有亲和力，避免使用学术论文式或者官面文章式的语言。

(2) 不论发布任何文案，要尽可能植入微博文案三要素，即引起话题的井号话题标签"#"、提醒其他用户注意的"@"及指向背景资料的链接，用好微博文案三要素可以让好的文案如虎添翼。使用话题标签可以增加微博内容的能见度，让那些使用微博搜索相关内容的用户有更大机会注意到该内容，所以说话题标签要精心选择，既要选择一些热门的话题标签，也要选择一些竞争不那么激烈的小众标签。当然，话题可以根据文案内容选择多个标签，但所有标签必须和话题相关，否则就属于社媒死掰(social media spam)，触及道德底线。一般一个短文案包含 3～5 个标签即可，话题标签使用的字数没有限制，所以可以选用稍长的标签，例如，好想你健康食品股份有限公司官方微博发布内容时经常使用的话题标签"#高端红枣好想你#"就既包含"好想你"的品牌，又包含"高端红枣"产品类别，合并起来使用的效果肯定优于使用其中任意一个。微博 KOL 营销的一个关键就是要找到真心认可企业品牌的微名人粉丝，在企业微博发送与他们有关的内容时，就要用"@"提醒他们注意，特别是如果内容本身与他们本人或者他们曾经发布的内容有关时，则更要提醒这些用户注意，那些被@的用户也会觉得自己受到重视，很可能通过转发或者评论的方式参加互动。相反，如果忘记"@"了一个关键人物，原本可以爆款的内容就很可能因此埋没，让企业错失一次好的商机。通过链接指向背景信息的重要性常常被人们忽视，实际上，如同我们在第 4 章所学，有据可查是高质量信息的一个标志，因此通过链接提供了佐证材料的微博内容更容易受到人们重视；在人们决定是否要转发时更希望确认转发内容的真实性，转发道听途说的信息需要承担个人声誉上的风险，研究也证实包含了链接的内容更容易被人们转发和评论。

(3) 在选择与意见领袖合作开展网红营销时要注意发挥微名人的作用。微名人(microcelebrity)也叫微影响者(micro-influencer)，指的是通过自我品牌塑造逐步建立起一定范围影响力的社媒用户，他们经常通过在社区中分享内容来建立与社区成员的亲密联系。与传统名人相比，微名人的粉丝较少，一般在 1 千到 10 万之间，但他们通常有更高的参与度，并因为其真诚、亲切而在社区有更大的影响力。与传统名人的另一个不同之处是，传统名人可能在多个社媒平台都拥有大量粉丝，而微名人通常在某一个社媒平台上深耕。吸引微名人参与的好处显而易见，花费较少，可以更精确地瞄准受众，而且能对目标受众产生更大的影响力。

(4) 熟悉微博平台提供给用户的各种功能。微博平台的功能繁多，非常复杂。单是微博的发布就不是简单的发帖，而是融入了许多有用的功能，如新浪微博就允许用户自主设定话题、发长微博、发起投票及@特定用户。微博也有不少特殊功能可供用户使用，如对微博进行搜索、以特定方式显示微博、转发微博、评论微博、收藏微博等。除了发布和查看，微博平台还支持其他一些应用，其中一些可以在营销上发挥重要作用，例如微群、微访谈、微直播、微活动、微任务、微数据、微调研等。熟练掌握这些微博功能的使用，对微博营销的策划及实施都有很大帮助。

(5) 选用恰当的微博管理工具。行家和新手的差异往往在于前者懂得使用恰当的工具。微博营销有很多工具可供使用，使用这些工具可以显著提高生产率，节省大量人力。微博工具多种多样，有在移动终端使用的工具，也有在 PC 上使用的桌面工具，有功能单一只用于微博平台的工具，也有多功能的可以跨平台使用的工具。微博工具可以帮助用户完成很多微博营销任务，如对特定主题(如企业品牌)进行跟踪、定时定期发布消息、多平台多账号管理等。企业在挑选微博营销工具时可以先根据专家评议意见及用户口碑选择几种试用，根据试用结果进行最后取舍。企业在选择微博管理工具时还需要注意工具的伦理倾向，比如，有些工具是专门为减轻网络水军工作量而设计的(如各种刷粉丝工具)，这类工具对企业微博营销帮助并不大，而且可能产生负面影响，所以要尽量避免。

(6) 做好微博营销与其他营销的整合。微博是营销多面手，但在完成单一任务方面却可能不及其他营销方式，这时，就需要微博营销和其他营销方式(如微信营销、传统广告、电子邮件营销、搜索引擎营销、在线销售等)配合进行，以实现整合营销的效果。另外，微博营销者需要有计划地把自己的微博粉丝与企业网站的用户和其他社媒账号的粉丝进行交叉引流，这样可减少对各个社媒平台的依赖，提高营销信息到达率。

7.6.3 抖音营销

随着生活节奏越来越快，人们能够集中注意力的时间也越来越短。在这一背景下，播放时长在 10～60 秒间的短视频异军突起，成为近几年成长最快的一种媒体内容形式。字节跳动旗下的抖音正是顺应了这一潮流，在短短 10 多年的时间里，迅速成长为全球领先的社媒平台。

中网联直播短视频专委会发布的《2023 年直播短视频行业研究报告》显示，截至 2023 年 12 月，我国短视频用户达 10.53 亿，占网民总数的 96.4%。《中国网络视听发展研究报告(2024)》也显示，截至 2023 年 12 月，在我国以网络视听业务为主的平台上，短视频账号总数达 15.5 亿个。同期，我国网络直播用户数量为 8.16 亿，占全体网民的 74.7%，其中电商直播用户人数为 5.3 亿，占全体网络直播用户的 65%。越来越多的人通过短视频来购物、学习和娱乐。

2012 年创办的字节跳动集团是我国继百度、腾讯、阿里之后的又一个世界级电商巨头,作为当下主流的内容营销阵地,抖音已经是社媒营销企业必争的一个前沿阵地。2016 年上线的抖音是字节跳动旗下的旗舰级社媒平台,同年字节跳动以 TikTok 为品牌进军海外市场;抖音成立以来,发展异常迅猛,截至 2023 年,抖音已经可以支持 75 种不同的语言,并在全球 155 个国家提供服务。在胡润研究院发布的《2024 全球独角兽榜》上,字节跳动以 1.56 万亿元人民币的估值连续第三年成为全球价值最高的独角兽企业。

1. 抖音平台简介

抖音的定位是"手机短视频的目的地",这意味着用户主要在抖音平台上分享 5~60 秒长的短视频。抖音为短视频的创作者提供了大量的滤镜特效及一个内容极其丰富的背景音乐库。抖音也提供和其他社媒平台类似的内容分享、点赞、评论和关注功能。当然,抖音如此成功的原因不仅在于它为创作者提供强大的创作工具支持,还在于它发明了一种基于人工智能的内容推荐算法。当用户观看抖音视频时,抖音会根据该用户的行为偏好为其精准推荐其他短视频内容,这样即使用户没有关注特定的创作者,抖音平台也会自动为他们推荐最合心意的内容。抖音的内容推荐算法可以实现很精准的内容推送,因此,抖音用户经常会被连续不断推送来的新鲜内容所吸引,不自觉地进入"心流"的状态(见第 2 章)。据 QuestMobile 评测,2024 年 3 月,抖音月活跃用户达 7.63 亿,人均单日使用时长 1.92 小时,是国内流量仅次于微信的第二大社媒应用。抖音会员在性别方面基本平衡,但年轻用户占压倒性多数,其最大的用户群体是年龄在 16 到 25 岁之间的年轻人。抖音和 TikTok 都可以免费注册,新用户需要提供一些基本数据。用户也可以使用自己的谷歌、Facebook、推特或者微信账户直接登录 TikTok。抖音的利润最先主要来自广告和用户数据的收集和销售,但近两年开始大举进军社会商务,成功实现了利润来源多元化。

2. 抖音营销的优势

抖音营销具有以下优势。

(1) 字节跳动集团已进军海外。除了抖音和 TikTok,字节跳动集团旗下还拥有今日头条、悟空问答、西瓜视频、火山小视频、faceU 激萌、飞书、飞聊、皮皮虾、图虫等国内产品及 TopBuzz、News Republic、Flipagram、musical.ly 等海外产品,实力雄厚,运作规范,平台锁定风险较小。短视频这一内容形式是跨越国界的,抖音是国内领先的短视频社媒平台,TikTok 在美国和其他国家市场增长势头强劲。为抖音制作的内容很容易在简单处理后通过 TikTok 在其他国家传播,这对于准备进军海外市场的企业很有吸引力。

(2) 抖音平台用户数量增长迅速,使得流量获取相对容易。抖音是国内短视频行业的领导者,而短视频行业从 2018 年以来发展非常迅猛。2018—2023 六年间,短视频用户规模从 6.48 亿增长至 10.53 亿,年新增用户均在 7000 万以上,其中 2019 和 2020 年,受疫情、技术、平台发展策略等多重因素的影响,年新增用户均在 1 亿以上。

(3) 抖音对三线以下城市的覆盖率高,特别适合面向下沉市场的企业。按照 QuestMobile 发布的数据,2023 年 9 月,来自三线及以下城市的抖音用户占 56%,而来自二线及以上城市的用户只占 44%。就收入而言,抖音用户月收入在 1999 元以下的占 69.6%,超过 2000 元的只占 30.4%。相比之下,新浪微博用户来自二线及以上城市的用户占到 50.1%,月收入超过 2000 元的占到 44.7%。在经济增速放缓的时期,在消费降级的影响下,面向下沉市场的企业会有更好的发展。

(4) 抖音平台对电子商务有很好的支持,流量变现容易。抖音平台内容和电商有三种结合方式，第一种是短视频结合直播，第二种是短视频结合团购，第三种是短视频直联抖音商城。敦煌网发布的《2023跨境出海社交电商白皮书》显示，TikTok是全球排名第三的社交电商平台，在2022年，TikTok的App下载量位列全球第一。抖音电商公布的数据则显示，2022年，抖音商城GMV同比增长277%，电商搜索GMV同比增长159%，货架场景GMV在平台GMV占比超30%。2022年，抖音电商直播日均观看量超29亿次，电商意图日均搜索量超4亿次，平台全年售出商品超300亿件。

(5) 制作抖音视频的成本不断降低，用低成本制作高质量的视频越来越容易。在AI生成视频技术的帮助下，人们已经可以单凭脚本一键生成视频，从而有更多时间做好内容创意。

3. 抖音营销的内容

抖音营销主要包括以下内容。

(1) 私域流量运营。抖音集团发布的《抖音私域经营白皮书2021》认为，抖音私域具有强获客、正循环及高效率的优势，因此，经营好抖音私域是做好抖音营销的必由途径。所谓私域流量，是指所有权属于企业自己，并能够直接连接用户，可以自由触达、多次使用、持续精细化运营的那些流量。私域流量具有能够直接与客户建立联系、可免费多次触达、转化效率更高及可经营长期关系的优点。由此可见，在公域流量、商域流量和私域流量中，私域流量是最有价值的。很显然，私域流量经营的一个目标就是推动公域流量和商域流量向企业私域流量转化。经营抖音私域流量需要在抖音开设企业号——即带有蓝V标识的蓝V账号，然后为该企业号发展订户(圈粉)，同时做好留存订户和激活订户的工作。截至2021年7月，抖音约有企业号800万个，比同期我国的网站数量多出一倍以上，这意味着要从众多企业号中脱颖而出并不容易。

(2) 内容运营。吸引和留存用户归根结底都要靠优质的内容。在企业号的内容运营方面，抖音官方在2018年发布了《抖音企业蓝V白皮书》，并在该白皮书中提出了"3H+3S"方法论，即3H内容规划法和3S准则。其中，3H内容规划法指的是蓝V账号的运营者在规划内容的时候可以从三个方面入手：热点型内容(Hotspot)、标签型内容(Hashtag)和广告型内容(Headline)；3S准则指的是运营者在制作内容时要遵守三个准则——信息点突出(Stress)、理解成本低(Simple)及易于用户参与(Simulate)。

(3) 流量变现。抖音为营销者提供了多种变现方式，比方说电商直播、广告变现、收费课程变现及电商变现等。近年来，抖音加大了对社会商务的扶持力度，这对希望通过抖音平台销售产品的企业是一个很好的机会。

4. 抖音营销的最佳实践

抖音平台上线以来，已经涌现出众多粉丝超百万的抖音达人，他们总结出了以下成功诀窍。

(1) 熟悉抖音平台的背景音乐风格，为内容选配最恰当的配乐。好的背景音乐本身就携带模因(meme)，一夜间火遍大江南北的"恐龙抗狼"就是一个例子。抖音平台最流行的音乐一般有4个特征：一是节奏欢快、节奏感强，比较典型的像周笔畅的《最美的期待》；二是旋律中带提示或暗示，比如抖音小助手中的《拳击舞》；三是音乐副歌使用了排比句式，比如《海草海草》；四是中文歌词通俗易懂，可以根据主题搜索。制作抖音视频时要根据拍摄内容的主题选配最合适的音乐，如果不确定选择哪个配乐，可以先进行小范围的测试，然后根据结果决定。

(2) 制作抖音内容无须原始创新，而是要紧跟热点，投观众所好。抖音内容不是学术论文，所以完全可以拷贝其他人检验过的套路。比方说，网上曾经有一个很火的剧情套路：一个人不小心摔了一跤，摔出一地"值钱货"。这个套路很快被抖音用户和抖音算法炒得火热：医科学生不小心摔出一堆厚厚的医学书，健身教练不小心摔出一大堆蛋白粉……。旺仔也抓住了这个热点,做了一条短视频:一位员工不小心摔了一跤,摔出了一堆旺仔品牌的产品。该短视频发布后热度飙升,旺仔也通过这一消费热点的内容收获了一大批新粉丝。

(3) 创作抖音内容一定要通俗易懂,内涵不能太深奥。大部分抖音用户都是文化水平一般的小镇青年,而且抖音用户大多数在碎片时间刷抖音,因此,抖音营销者必须制作出既有趣、易于理解又有意义的短视频。这对蓝V账号的运营者来说是一个挑战,因为在很短的时间内很难讲清楚复杂的品牌信息,更何况还需要使用通俗易懂的语言。一个可行的方法是把内容分解,通过连续性标签制作系列内容,重点推广最精彩的一个,用它作为诱饵吸引观众注意,让他们觉得精彩但意犹未尽,就很可能会查看抖音营销者制作的其他相关视频。

(4) 结合热点创作内容,并有意识地设置内容的参与点。围绕当前大家关注的时事热点创作内容及在重大节日的时间点发布相关内容更容易被查看和转发;而通过有趣的音乐,以及可模仿的舞蹈动作、服装、道具,可以吸引观众通过模仿进行二次创作,加速品牌内容的流行。

AI生成视频技术的横空出世将给短视频营销带来一场革命。作为短视频分享平台,抖音营销也面临历史性机遇。抖音营销者需要尽快掌握借助AI创作视频的技巧,争取在赛道切换的时候脱颖而出。

以上我们重点介绍了基于微信、微博和抖音平台社媒营销的一些基本知识和技巧,这并不是说其他社媒渠道和平台无足轻重,实际上,一些规模稍小甚至是小众的社媒平台对特定行业的企业开展社媒营销可能更加重要,用户评级和评价网站,如大众点评网(dianping.com),对于服务行业的企业而言就是一个不可或缺的社媒营销阵地,而领英(linked.in)对于从事B2B营销的企业而言又具有极高的性价比。因此,到底使用哪些社媒平台开展营销仍然需要我们根据第7.5节所讲的步骤和标准进行认真论证。

7.7 海外常见社会媒体平台上的营销实战指南

"坚持高水平对外开放,加快构建以国内大循环为主体、国内国际双循环相互促进的新发展格局"要求中国企业不能只满足于国内市场,而要放眼全球,在条件许可时进军海外市场。跨境电商为我国企业开拓国际市场提供了便利,而要搭乘跨境电商的时代列车,就有必要掌握海外社媒营销。在众多的海外社媒平台中,Facebook是最大的一个,用户数遥遥领先,已经达到了惊人的30亿;Twitter虽然用户数量较少,但聚集了许多知名的思想领袖和意见领袖,是最受网民喜欢的了解时政新闻的平台;谷歌旗下的YouTube在视频分享平台中的龙头地位无人可以撼动,用户数量直追Facebook,估计不久就能超过30亿。如果和国内社媒平台做个类比,Facebook和Twitter就相当于国内的微信和新浪微博,但是国内目前还没有类似YouTube的平台。优酷、腾讯视频和爱奇艺虽然是长视频分享平台,但分享的内容主要是影视剧、综艺节目等机构制作的内容,YouTube则包含大量的UGC;抖音虽然有很多UGC,但是分享的内容以短视频为主,而且娱乐内容居多,跟YouTube也有显著区别。本节介绍Facebook、YouTube和Twitter这三个当前在海外最有代表性的社媒平台,重点考察这三个平台各自的优势、社媒营销的重点内容和最佳实践,有兴趣的同学可以扫码查看。需要注意的是,虽然双微营销(微信营销和微博营销)的很多最佳实践可以移植到Facebook营销和Twitter营销,但国内社媒营销者对YouTube营销却缺少类似的经验,因此更需要认真学习。

Facebook、YouTube和Twitter的介绍

7.8 社会媒体营销的评价和测量

不论是社媒营销，还是其他任何别的营销方式，科学的评价和测量都是必不可少的。评价和测量的结果是未来一切改进和提高的基础，好的结果还是帮助社媒营销团队和项目获得高层支持的法宝。

7.8.1 评价和测量的 DATA 模型

社媒营销的评价和测量需要一种系统的方法，DATA 模型就是其中比较简单实用的一种。DATA 指的是评价和测量过程中的以下 4 个步骤。

(1) 定义(define)：明确社媒营销项目所要达成的结果。
(2) 评价(assess)：评价社媒营销项目的成本及预期结果的潜在价值。
(3) 跟踪(track)：跟踪社媒营销项目取得的实际结果并分析偏差原因。
(4) 调整(adjust)：根据结果对计划做出调整以改善未来绩效。

在 DATA 框架中，第一步也可以认为是最重要的一步就是定义。一般而言，社媒营销的目标通常可以分为三个方面：

- 激发目标受众的特定行为(如访问网站或购买产品)。
- 影响目标受众的品牌认知和偏好，特别是对各个层级意见领袖的影响。
- 用比其他方法更少的资源来实现前两个目标。

需要注意的是，组织的不同层级关注的目标有所不同，企业层级、营销层级和社媒营销层级关心的目标如表 7-5 所示。

表 7-5 不同管理层级关注的社媒营销指标

管理层级	测度目标	关键绩效指标(KPI)
企业层级	在企业战略层面测度社媒对达成企业目标的贡献	• 社媒营销活动创造的收入 • 社媒营销的成本效率
营销层级	在营销战略层面测度社媒对营销目标的贡献	• 到达(reach) • 声音份额(SOV，share of voice) • 市场洞见(market insights) • 投资回报 • 线索产生(lead generation) • 转化率 • 转化成本(cost to convert) • 媒体成本效率(media cost efficiency)
社媒营销层级	评估社媒营销的战略和战术以决定后续如何调整	• 印象数 • 消费 • 喝彩(applause) • 放大(amplification) • 回应 • 贡献的 UGC

在评价社媒营销的成本和收益时，虽然可以使用成本收益分析法，但是社媒营销中有一些成本和收益是比较难以量化的，具体如下。

(1) 机会成本：员工和合作伙伴的参与可能是无偿的，但是，如果他们把这些时间投入对公司有益的其他活动上，他们所能创造的价值就是他们投入的机会成本。

(2) 服务质量：相对于其他客户服务渠道，利用社媒平台提供客户服务对服务质量产生怎样的影响，了解需要回应的留言数、回应率、回应速度和投诉解决率可以帮助企业评价服务质量，但评估服务质量改进的货币价值仍然比较棘手。

(3) 信息/危机控制：社媒营销面临的一个风险是不利于品牌的 UGC 在网上传播，如果企业希望利用病毒式传播来传播品牌信息，就必须承担相关的风险。企业可以通过不同的方式来管理这类风险。比方说，企业可以通过服务补救的方式解决问题，这种方法虽然耗时并且会有一定花费，但可以从根本上解决问题。企业也可以通过关掉评论甚至是花钱删帖的方式来应对负面评论，但那毕竟是治标不治本。两种处理方式的成本和收益有时难以量化，所以选择时一定要慎之又慎。

在跟踪阶段，企业收集和组织数据以评价社媒营销的结果。跟踪主要包括的环节有：确定跟踪机制、建立比较的基准线、创建活动时间线、捕获或者计算数据、测量前导和活动指标以及寻找模式。

社媒营销数据系统有 4 个主要的信息来源：①自有网站数据，这些数据可以通过网站日志分析软件获得。②社媒平台分析数据。社媒平台一般都向客户提供客户账号的基本数据分析，如 Facebook 的 Facebook Insights 和 YouTube 的 YouTube Analytics。③企业级社会倾听和分析平台，如 Brandwatch 和 Infegy，这些平台一般同时提供多种数据分析服务，社会倾听和社媒数据分析是其中比较基本的功能。④小众的数据分析解决方案和平台 API 工具，这些工具一般专注于测量某些被企业级平台忽视的指标，例如，Keyhole 可以跟踪一个标签的扩散和到达范围，Bit.ly 则支持对短 url 的跟踪。需要注意的是，即使企业能够很好地利用这 4 个信息来源，还有很多社媒活动是无法准确跟踪的，RadiumOne 在 2016 年对 1000 多万次的分享所做的一项研究表明，有 84%的分享是通过暗黑社交(dark social)[①]进行的，只有 16%是通过 Facebook、Twitter 等社媒平台分享的。大量的分享是通过电子邮件、短信、QQ、微信、私信等难以被追踪的渠道进行的。有意思的是，根据 RadiumOne 的研究，不仅大部分分享是通过暗黑社交进行的，而且有 32%的用户只通过暗黑社交分享。对于另外 68%的用户而言，使用哪种渠道分享和分享的内容有关，暗黑社交分享比例最高的内容类别包括娱乐、职业生涯和旅游。例如，当人们在一个娱乐网站上浏览电影评论时，他们更有可能通过即时通信与关系密切的朋友分享他们喜欢的影评，而不是通过微博或者微信朋友圈在更大范围分享。人们会考虑共享的信息是否有助于与家人和朋友的协作决策，如果是，那么暗黑社交就会是首选的分享渠道。共享行为是衡量潜在客户价值的一个重要指标。有研究表明，那些分享内容的人产生购买行为的可能性是非分享者的 9 倍。人们有时还通过发短信、私信或邮件的方式与自己分享信息(类似于微信的收藏)，以便日后采取行动，这种现象被称为自分享(self-sharing)。研究表明，自分享者的转化概率是非分享者的 16 倍[②]。由于暗黑社交的存在，我们对社媒的测量和评价要考虑到可能的偏差。

> 研究表明，暗黑社交构成了分享的主体，绝大部分社媒用户都有参加暗黑社交的经验，回顾一下自己参加暗黑社交的经验，说一说你认为暗黑社交对社媒营销提出了哪些挑战？

[①] "暗黑社交"这个词最初是由《大西洋月刊》的编辑亚历克西斯·C. 马德里加尔(Alexis C. Madrigal)创造的，指的是来自网络分析工具无法追踪的外部来源的网络流量。

[②] Tracy L. Tuten，Michael R. Solomon. Social Media Marketing[M]. 3rd. London: SAGE Publications Ltd, 2018.

跟踪不仅要收集和组织数据，还要解读数据，这就要求把获得的数据放在特定背景下考察。比方说，知道一个指标的绝对数值意义并不大，但是如果知道了这个数值和历史纪录、顾客期望或者竞争对手的数据的差距，这个价值就有了指导今后行动的意义，这才是跟踪的目的。SocialBakers每月都会发布一些重要行业和国家的社媒营销的绩效报告，这可以为企业解读测量数据提供一个比较标准。

调整是评价和测量过程的最后一步，如果不能根据评测结果对未来的社媒营销活动做出改进，那么评测工作就几乎失去了存在的意义。评测过程最终必须落实在调整和改进上。不过，需要注意的一点是，DATA和戴明环一样都处于不断的循环中，有时需要调整的不仅仅是计划，还可能要重新定义目标或者选取评测指标，在一个更高的水平上进入新一轮的循环。

7.8.2 社媒营销的测量指标

社会媒体营销的测量指标可以分为三类，分别是行动指标、互动指标和回报指标。

行动指标着重考察组织所采取的与社媒营销有关的行动。比方说，一个组织可以根据在微博、微信或者抖音上发布内容的数量设立指标。

互动指标聚焦于目标受众参与社媒平台账号、内容和活动的方式和程度，具体包括粉丝数、评论数、点赞数、转发量、推荐与点评量等。互动指标可以涵盖用户能够与品牌通过社媒互动的所有方式。

回报指标能直接或间接地反映企业经营活动效果，具体包括投资回报指标、成本降低指标及其他绩效指标。

按照在转化漏斗不同阶段营销活动的目标不同，各个阶段重点采用的测量指标也要有所区别，见表7-6。

表7-6　顾客旅程不同阶段社媒营销的关键绩效指标

阶段	关键绩效指标	主要目标受众
品牌认知阶段	到达(reach) 印象数 口碑营销提及数 每千印象费用(CPM)	大众
评估阶段	浏览内容的时长 互动数 视频完整观看数 对推荐的App和评论的使用情况	好友、粉丝、订户
偏好形成阶段	喝彩指标(如点赞数、收藏数等) 参与指标(如转发数、互动情况) 线索形成指标(如声量、数量)	潜在顾客
购买阶段	获客指标(转化率、客均销售额、转化成本)	顾客/会员
品牌忠诚形成阶段	参与的变化趋势 多次购买行为	忠实顾客
品牌倡导阶段	产品评价类的UGC 评级 推荐 积极的口碑 对品牌社区的参与	品牌倡导者

7.9 社会媒体营销的伦理问题

与传统的网络世界一样,社媒平台并非一方净土。支撑社媒营销的 Web 2.0 技术像其他任何技术一样,既可以用来行善,也可以用来作恶。实际上,社媒营销的伦理问题比其他类型的网络营销的伦理问题都更复杂,同时,社媒营销伦理选择的后果也更加严重。因此,不论是作为社媒用户,还是作为社媒营销人员,我们都有必要了解与社媒营销相关的伦理问题。

7.9.1 使用社会媒体可能造成的危害

社会媒体给人们的生活带来了很多方便,但是,如果使用不当,社媒也会对人们的生理和心理健康造成危害。

随着人们(尤其是年轻人)使用社媒的时间越来越长,人们开始担忧使用社媒对用户身心健康可能带来的负面影响。例如,一些初步的研究似乎表明,社媒网站可能会激发用户的幸灾乐祸心理——即对他人发生的不幸无动于衷甚至是幸灾乐祸,心理学家们认为这可能与用户透过计算机或手机屏幕与他人互动时移情心减弱有关。一些研究还表明,频繁使用社媒与抑郁、焦虑、孤独感、自杀倾向和无力感的增加高度相关。另外,如果不提升数字素养,加强隐私保护意识,网络用户还可能成为一些网络恶行的受害者。社媒平台上常见的一些恶行如下。

- 人肉搜索(doxing 或者 doxxing):人肉搜索指的是社媒用户为了惩罚和报复他人,不经过其同意就用各种手段搜集并且在网络上大规模曝光这个人的隐私信息。人肉搜索在许多国家都属于犯罪行为。
- 网络寻衅(trolling):网络寻衅指的是某些人故意在网络上发布煽动性的、有争议的、侮辱性的或挑衅性的言论来激怒他人,形成冲突。网络寻衅严重时可以发展为网络霸凌(cyberbullying)甚至是网暴,给受害人带来严重的精神伤害。
- 网络霸凌(cyberbullying):网络霸凌是霸凌行为在网络上的延伸。根据"放弃标签"(Ditch the Label)慈善基金会的研究报告,社媒平台是网络霸凌最常使用的平台,而最容易伤及青少年的网络霸凌形式则是社媒平台上的帖子和图片。根据研究,高达 87%的青少年遇到过网络霸凌,34%的青少年曾经是网络霸凌的直接受害者。网络霸凌的受害者更有可能为了缓解精神压力而滥用毒品、酒精和吸烟,遭受网络霸凌的青少年试图自杀的可能性几乎是没有经历过网络霸凌的同龄人的两倍。

网络恶行特别容易在无须注册的开放式社媒平台上出现。开放平台为用户参与带来了便利,还可以让用户匿名地在一些敏感话题上发言,但是有利就有弊,匿名参与也降低了违反伦理道德的代价,使得作恶者更容易逃避监管和谴责。

7.9.2 社会媒体礼仪

社会媒体礼仪是网络用户参与社媒平台时需要遵守的网络礼仪,从网络礼仪的分类上讲属于特殊网络礼仪。遵守社会媒体礼仪不仅能够使社媒营销者更有效地开展营销活动,也有助于社媒用户建立自己的个人网络品牌。在社会媒体上,营销企业和普通用户是平等的参与者,并没有超级用户的特权。营销企业也必须遵守社会媒体礼仪,违反礼仪可能招致其他用户以投诉、差评、曝光或者其他手段反击,严重的还可能在用户投诉后被社媒平台禁言封号。相反,恪守社会媒体礼仪则会获得诸多回报,例如:

- 有助于企业塑造负责任的企业形象,提升企业在行业中的可信度。

- 有助于企业同粉丝建立更深层次的关系，降低顾客流失率。
- 有助于企业提升受众对企业发帖的参与度，赢得更多的单击、点赞、好评或者转发。
- 有助于企业与意见领袖或者其他品牌建立联系。

网络上可以看到多种版本的社会媒体礼仪，商务礼仪专家莉迪娅·拉姆赛(Lydia Ramsey)就提出过社会媒体礼仪的12大军规(扫右侧二维码阅读全文)，梅利萨·巴克等人在《社交媒体营销——一种战略方法》中提出了以下6条社会媒体礼仪。

12 大军规

(1) 在工作和个人交流中使用不同的账户和个人资料。
(2) 未经允许绝不发布他人的图片和视频。
(3) 不要和网络喷子纠缠。
(4) 凡事三思，切勿冲动。
(5) 不要在状态不佳时发帖。
(6) 不在社媒上发布那些你不愿意潜在雇主、现任老板、当前客户及潜在客户看到的内容。

需要注意的是，除了遵守一般的社会媒体礼仪，不同类型的社媒平台可能还有自己更特殊的礼仪，比方说哔哩哔哩用户在使用弹幕评论时就需要遵守 B 站弹幕礼仪。同时，因为营销公司所处的行业、面对的营销对象及社会媒体营销的目的和任务不尽相同，营销公司最好能制定出适合本公司的社会媒体礼仪规范。

7.9.3 社媒营销伦理实践的管理

不论是 PARC 成功法则，还是真诚营销理念，都说明了伦理在社媒营销中的重要性。社媒营销伦理的特殊性在于两个"众多"，一个是参与的人数众多，另一个是涉及的人数众多。社媒营销涉及众多利益相关者，比方说企业的员工、企业的投资人、企业账号的粉丝、社媒平台的用户、社媒平台企业、社媒营销服务企业、企业商业合作伙伴、尚未使用社媒的企业的现有用户及潜在用户等，许多利益相关者还可以以各种方式参与企业的社媒营销，比方说，创作和发布与企业有关的内容、参与企业发起的社媒营销活动、在社媒平台上与企业互动等。

为处理好与企业各利益相关者的关系，既保证他们的正当权益不受侵犯，又能鼓励他们以恰当的方式助力企业社媒营销，企业通过编制一份《社媒使用政策指引》来引导企业利益相关者的行为就很有必要。

《社媒使用政策指引》(以下简称《指引》)是解释组织及其员工使用社会媒体的规则和程序的组织文件。这份文件可以确保公司在法律层面得到保护，同时可以鼓励员工以符合品牌整体战略的方式使用社媒。

《指引》的内容涉及面很广，但在我国，最重要的是首先要提醒员工在使用社媒时必须了解并遵守相关法律法规，比方说《网络主播行为规范》《关于加强"自媒体"管理的通知》等。另外，作为一个必要组成部分，《指引》一定需要明确界定社媒使用的具体所指范围，比方说，除了微信朋友圈和新浪微博，是否还包括知乎、百度贴吧、百度百科和小红书？除了主动发帖，是否包括评论和转发？如果包括评论，是否包括 B 站上的弹幕？

组织在制定《指引》具体内容时需要充分考虑本组织的社媒营销总体策略及本组织独特的文化。一般而言，《指引》在提出员工必须遵守的道德原则时要做到言简意赅，具有高度的概括性，而在推广一些好的做法时，则可以非常具体，细致入微。比方说，Sun 公司的《指引》就提出了一个总体原则，即员工在社媒平台上的行为和言语必须能获得尊重；同时建议员工在作为公司代表使用社会媒体时，选用的头像及使用的语言必须专业得体。英特尔公司的《指引》提出了三个基本原则，即坦率诚实、保持善意和明辨是非。同时，英特尔的《指引》对细节也非常重视，例如，它建议员工优先考虑发送那些开放式并能够吸引回应的内容。英特尔的《指引》还建议员工在撰写网络日志时多引用相关主题的其他博主的日志。微软公司的《指引》则建议员工在社媒平台上发布与微软业务或者微软所在行业相关的专业内容时，除了使用公司的邮件地址，还尽可能注明发布人所在部门或团队的业务描述和联系信息，以便让公众确认自己的身份。本田公司的《指引》则不仅面向企业的员工，还面向包括供应商、经销商、合作机构、咨询顾问在内的合作伙伴以及所有与本田品牌和业务相关的组织和个人。本田的《指引》提出了5条基本原则。

(1) 要透明。发帖时要使用真名，在评论与本田业务相关的事情时，要表明自己的身份以及自己在公司或项目中的角色，特别要说明自己并非公司委托的发言人。

(2) 可信——在"非本田"网站上分享对本田的个人看法时，要认真考虑自己的评论是否与本田的立场和自己在公司的角色相符，把注意力聚焦在具体话题上，并在专业领域内做到可信。

(3) 要恭敬。除非取得公司授权，不要在本田的任何官方公共沟通渠道上发布或参与评论，也不要点赞。只有获得授权的员工和团队才可以通过本田公司的网站和渠道进行沟通。

(4) 保持警觉。相关人员有义务保护本田的机密或专有信息，包括政策、产品细节、财务记录、商业机密和商业计划，切勿公开分享任何敏感内容。

(5) 要体贴。在发表任何可能被视为无礼的评论前都要三思。永远不要贬低竞争对手、客户、供应商、合作伙伴、本田公司或者自己的同事。不要参与口角之争，更不能使争论针对个人，如果对是否合适有疑问，就不要做。

《指引》在原则上的粗线条表述可以让《指引》适用于更多场合。甚至在当事人遇到从未见过的新情况时，他也可以根据《指引》中的原则做出自己的判断。另一方面，《指引》在涉及一些最佳实践的推广时，提供具体的指导就更重要，这样员工就更容易学习和模仿。

《指引》中的规定和建议有层次之分，对在职员工及有密切合作关系的合作伙伴(如代理商、代运营商、网红代言人)在社媒上的言行可以有较强的约束性，而对普通的粉丝以及非密切合作的组织机构就只能给出备忘录式的提醒和建议。此外，《指引》不能替代社媒营销部门的操作规范，社媒营销部门的操作规范除了技术性的内容外，还应该涉及营销伦理的内容，它必然会涉及具体的社媒营销实践，比方说，操作规范应该让社媒营销部门的员工了解以下行为的危害。

- 昵称抢注(handle-squatting)：昵称抢注指的是无正当理由强行使用特定数字品牌获利的行为，特别是冒用名人、著名机构或者品牌名作为自己社媒账号名称的行为。昵称抢注可能在短期内为自己争得更多关注，但早晚会被真正品牌拥有人和他们的粉丝切割，反倒错过了建立自己品牌的机会。
- 伪造对话(counterfeit conversation)指的是一个组织假扮消费者发布有一定导向性的内容。
- 社媒死掰(social media spam)指的是为了某种商业目的(或政治目的)隐瞒身份在社媒平台上发布带有偏见的内容并试图达到对社媒舆论某种程度的操纵。

在以上三种不道德社媒营销行为之外，还存在一些在实际操作时容易越过道德红线的行为。例如，企业在鼓励或者是邀请用户参与时，用户创作的内容可能会有不同的情况。第一种是有机内容(organic content)，即用户本来就真心想要制作和分享的内容；第二种是消费者特邀内容(CSC, consumer-solicited content)，即用户受组织邀请但不获得报酬的公民广告(citizen advertising)，品牌营销者有时会允许受邀请的参与者使用特定的品牌资产(如品牌早先广告的片段和公司标识等)；第三种是有奖内容(incentivized content)，品牌营销者会通过提供实际的好处(比方说免费商品、比赛奖金等)鼓励消费者制作内容；第四种是赞助内容(sponsored content)，也就是付费内容，即组织付费给内容创作者，在社媒营销活动中，企业经常会积极寻找有一定影响力的博主作为意见领袖来参与活动，受到赞助的博主被称为博客发言人(spokes blogger)，他们还可能以其他方式有偿地为品牌背书，比方说出席活动。由于社媒用户期望包括网络日志在内的社媒内容呈现独立的观点，而不是有资金运作的商业性的内容，包括我国在内的很多国家都为社媒内容生产者制定了专门的指导方针，目的是通过确保赞助的透明性，来保护公众免受伪装成有机社媒内容的广告的误导。在上例中，UGC本身是社媒平台的基本特征，企业邀请用户制作内容本身也无可厚非，问题的关键在于，如果企业出资赞助了内容的创作，这样的内容已经进入了广告的范畴，就必须遵守和广告相关的法律和伦理。再比如，随着人工智能的快速发展，社媒机器人(bots)的使用越来越普遍，并且社媒机器人的智能化程度也越来越高，已经做到了真假难辨的程度，有人估计Twitter上有高达15%的账号其实是社媒机器人，还有一项估计是互联网上有60%的流量其实是类似社媒机器人这样的程序产生的，这就对社媒营销伦理实践提出了新的挑战。虽然多数社媒用户并不排斥社媒机器人的使用，但是他们希望机器人回答问题的相关性和准确性要达到要求，而且社媒机器人必须保护好顾客的敏感数据不会被泄露。在现实中，很多社媒机器人的使用是不符合伦理规范的，比方说用社媒机器人冒充真人用户来捧场或者造势，甚至是通过大量社媒机器人传播虚假信息来操控话题和舆论。有时，企业部署的社媒机器人可能由于设计缺陷做出有违伦理的行为，微软公司曾经开发了一款叫作塔伊(Tay)的用于Twitter营销的机器人程序，塔伊可以从环境及与他人(包括其他社媒机器人)的互动中学习，但是塔伊不具备道德判断的能力，结果微软的研究人员发现塔伊上线才一天的时间就开始发布具有冒犯性的推文，微软意识到了问题的严重性，于是就在第一时间下线了塔伊，避免了一场危机。社媒营销人员在涉及以上问题的操作时要格外小心，避免不经意间触碰到伦理底线。

实际上，网络营销伦理的问题比以上所讲的更复杂，有时候企业可能会有意选择较低的营销伦理标准，这就涉及网络营销战略，第9章将对这一问题进行专门的讨论。

扩展资源

请扫描右侧二维码获取扩展资源。

扩展资源

本章内容提要

社会媒体虽然有2000多年的悠久历史，但是只是在进入本世纪后随着手机(特别是智能手机)的普及才进入一个大发展时期。大英百科全书把社会媒体定义为一种通过互联网进行的大众媒体沟通形式，用户通过它分享信息、思想、个人消息和其他内容。社会媒体营销是指使用社会媒体技术、渠道和软件来创造、传播、交付和交换对组织的利益相关者有价值的产品和服务的活动。社媒营销目前已成为可以与电子邮件营销和万维网营销(包括搜索引擎营销)相提并论的最重要的网络营销方式。

社媒工具和平台数量众多，存在多种不同分类方式。社媒可以粗略地分为表达型社媒和写作型社媒，也可以按照联系的纽带及消息的定制程度这两个维度分为关系型、自媒体型、协作型和创意展示窗口型4种类型，还可以按照功能分为社会化社区、社会化发布、社会化娱乐和社会化商务 4 个分区。了解社媒用户是做好社媒营销的前提条件。Forrester 公司的社媒技术统计学阶梯按参与度等级将社媒用户分为创作者、健谈者、评论家、收集者、参与者、观众和不活跃分子 7 个类别。社媒消费/创造矩阵将社媒用户分为娱乐追逐者、注意力寻求者、热衷者和社交联系寻求者 4 个类别。互动参与/信息需求矩阵则将社媒用户分为极简主义者、社交者、专家和信息搜寻者 4 个类别。对不同类型的社媒用户细分市场需要制定不同的社媒营销策略。社媒用户可能会关注企业的社媒账号，也可能会取消关注，背后的原因有许多种，了解这些原因有助于企业更有效地获取粉丝和留存粉丝。

社媒营销可以支持企业完成多种营销计划，按照社媒营销在消费者购买旅程不同阶段可以发挥的作用看，社媒营销可以提高品牌知晓度、刺激购买欲望、鼓励试用、促进销售及巩固品牌忠诚度。社媒营销管理需要解决 7 个关键问题，包括目的、目标受众、渠道、体验设计、时机选择、内容策略及组织问题。社媒营销可以分 9 个步骤开展，分别是社会聆听、设定目标、定义策略、瞄准目标市场、选择工具、选择平台和渠道、实施、监测和调整。在制定社媒营销策略时，可以参考 8C 框架从分类、理解、交谈、合作、贡献、联系、社区和转化 8 个方面去考虑。PARC 原则和真诚营销理念对成功开展社媒营销也有重要的指导意义。

不同的社媒平台各有特点和优势。国内外社交平台中，微信、新浪微博、抖音、Facebook、Twitter 和 YouTube 最有代表性，社媒营销者需要了解它们各自的优势、营销的要点及好的做法。

评价和测量是社媒营销不可或缺的重要环节，可以按照定义、评价、跟踪和调整的 DATA 框架来展开。社媒营销的测量指标分为三类，即行动指标、互动指标和回报指标，还可以按照管理层级分为企业层级指标、营销层级指标和社媒营销层级指标三类，社媒营销者需要从中选择恰当的指标使用。

社媒营销的伦理问题比其他任何类型的网络营销的伦理问题都更加复杂，伦理选择的后果也更加严重。从事社媒营销不仅要遵守社媒礼仪，还需要制定一份清晰的《社媒使用政策指引》，指导员工和其他利益相关者负责任地参与企业的社媒营销。

复习思考题

1. 有人认为社会媒体是不同于大众媒体的新媒体，也有人认为社会媒体就是大众媒体的一种，你同意哪种看法？说说你的理由。
2. 在中国流行的社媒平台中，新浪微博和抖音的内容都有短的特点，这是偶然的还是说明了什么问题？这对企业开展社媒营销有什么启发？
3. 按照联系的纽带(基于个人资料还是基于内容)及消息的定制程度(广播还是定制)可以把社会媒体分为哪 4 种类型？
4. 比较社媒消费/创造矩阵和互动参与/信息需求矩阵两种对社媒用户的分类方法，你认为哪种分类对开展社媒营销更有指导意义？
5. 社媒营销可以帮助企业实现哪些营销功能？
6. 社媒营销有哪 7 个关键问题？
7. 社媒营销管理可以分为哪 9 个关键步骤？
8. 制定社媒营销策略的 8C 框架包含哪 8 个方面？
9. 社媒营销取得成功的 PARC 法则包含哪些内容？
10. 自主瞄准有什么用？

11. 按照用途社媒营销工具可以分为哪几种？

12. 微博文案三要素指的是什么？它们都有什么作用？

13. AI 制作视频会对抖音营销和 YouTube 营销产生哪些影响？

14. 评价和测量社媒营销的 DATA 模型包含哪 4 个环节？

15. 使用社会媒体可能带来哪些危害？如何才能避免这些危害？

16. 企业为什么需要制定《社媒使用政策指引》？

参考文献

1. 刘向晖. 互联网草根革命：Web 2.0 时代的成功方略[M]. 北京：清华大学出版社，2007.

2. 汤姆·斯丹迪奇. 从莎草纸到互联网：社交媒体 2000 年[M]. 北京：中信出版社，2015.

3. Alan Charlesworth. Social Media Marketing: Marketing Panacea or the Emperor's New Digital Clothes? [M]. New York: Business Expert Express, 2018.

4. Alan Charlesworth. Digital Marketing: A Practical Approach[M]. 4th ed. Abingdon: Routledge, 2023.

5. Zhu Y Q, Chen H G. Social Media and Human Need Satisfaction: Implications for Social Media Marketing[J]. Business Horizons, 2015, 58(3): 335-45.

6. Paul Levinson. New New Media[M]. 2nd ed. Upper Saddle River: Pearson, 2012.

7. 阳翼. 数字营销[M]. 2 版. 北京：中国人民大学出版社，2019.

8. 戴鑫. 新媒体营销：网络营销新视角[M]. 北京：机械工业出版社，2017.

9. 陆明，陈庆渺，刘静丹. 海外社会媒体营销[M]. 北京：人民邮电出版社，2016.

10. Melissa S. Barker, Donald I. Barker, et al. Social Media Marketing: A Strategic Approach[M] 2nd ed. Boston: Cengage Learning, 2017.

11. 梅利莎·巴克，等. 社交媒体营销——一种战略方法[M]. 2 版. 北京：机械工业出版社，2020.

12. Efraim Turban, Judy Strauss, Linda Lai. Social Commerce: Marketing, Technology and Management[M]. New York: Springer International Publishing, 2016.

13. 叶龙. 微信朋友圈营销秘诀：不讨人嫌还有钱赚[M]. 2 版. 北京：清华大学出版社，2019.

14. 斯科特. 微博时代的实时营销与公关[M]. 王吉斌，等，译. 北京：机械工业出版社，2012.

15. 秋叶，萧秋水，刘勇. 微博营销与运营[M]. 北京：人民邮电出版社，2017.

16. 斯文德·霍伦森，菲利普·科特勒，马克·奥利弗·奥普雷斯尼克. 社交媒体营销实践指南[M]. 3 版. 北京：机械工业出版社，2020.

17. 特雷西·塔腾 L，迈克尔·所罗门 R. 社会化媒体营销[M]. 李季，宋上哲译. 北京：中国人民大学出版社，2014.

18. 特雷西·塔腾 L，迈克尔·所罗门 R. 社交媒体营销[M]. 上海：格致出版社，上海人民出版社，2017.

19. 龚铂洋. 左手微博右手微信 2.0：新媒体营销的正确姿势[M]. 北京：电子工业出版社，2017.

20. 查伦·李，乔希·贝诺夫. 公众风潮：互联网海啸[M]. 北京：机械工业出版社，2010.

21. Tracy L. Tuten，Michael R. Solomon. Social Media Marketing[M]. 3rd. London: SAGE Publications Ltd, 2018.

22. Larry Weber. Marketing to the Social Web: How Digital Customer Communities Build Your Business[M]. Hoboken: John Wiley & Sons, 2007.

23. Graham Vickery, Sacha Wunsch-Vincent. Participative Web and User-Created Content: Web 2.0, Wikis and Social Networking[M]. Paris: OECD Publishing, 2007.

24. 韩智华. 抖音运营实战一本通[M]. 北京：中国邮电出版社，2020.

第 8 章 网络营销中的广告和公共关系

本章学习目标

学习本章后，你将能够：
- 了解广告的目的、受众对广告的态度并熟悉常见的广告作用模型。
- 了解传统广告在数字时代的作用。
- 了解网络广告的发展历史、现状和趋势。
- 了解网络广告的基本概念和术语。
- 熟悉网络广告的各种主要类型，了解联属网络营销和赞助广告的优势。
- 熟悉网络广告的计费模式和应用情况。
- 了解网络广告的优缺点、适用范围和基本流程。
- 熟悉网络广告的法律问题和伦理问题。
- 掌握公共关系的概念。
- 了解网络公共关系的概念及其与网络营销、网络广告的区别和联系。
- 了解互联网给公共关系带来的影响。
- 了解网络公共关系的内容和过程。
- 掌握互联网支持下的事件营销的含义和方法。
- 了解互联网对危机管理的影响。
- 了解微博和网络水军在网络公关中的作用及可能存在的风险。

广告在营销活动中占据很重要的位置，对于许多公司而言，营销部门在广告上的预算也最多。互联网商业化以后，广告又有了一种新的媒体选择——互联网。目前，不论是在网上经营的电子商务企业还是在传统市场中开展业务的传统企业都不能不重视网络广告提供的巨大商机，其原因有以下几方面。

(1) 互联网用户数量的迅速增加。根据 DataReportal 提供的数字，世界的互联网用户的数量在 2024 年初已经达到 53.5 亿，在人口中的渗透率超过 64.6%。根据 CNNIC 发布的《第 54 次中国互联网络发展状况统计报告》，我国互联网用户在 2024 年 6 月底达到 10.9967 亿人，互联网普及率达到 78.04%。

(2) 消费者使用媒体的习惯在发生变化。长期以来，电视一直是广告主青睐的传播媒体，但最近有研究表明，使用互联网正在大幅挤占人们看电视的时间。eMarketer 的研究发现，近年来美国成年人使用数字媒体的时间在持续增加，而这是以减少在传统媒体上花费的时间为代价的。eMarketer 估计，到 2025 年，美国成年人每天花费在数字媒体上的时间平均将达到 478 分钟，而花费在传统媒体上的时间平均将减少到 258 分钟。近年来，随着智能手机日趋普及，人们移动上网的时间不断增加，使手机屏幕成为电视屏幕、电脑屏幕之后的第三屏。

以上趋势表明传统媒体广告的效果将变差，而网络作为广告媒体的重要性则与日俱增。不过，电子商务的蓬勃发展并没有使传统的广告方式消失。由于传统广告在建立在线品牌、提高网站流量方面也具有一定作用，众多网站和网络公司的出现扩大了人们对传统广告的需求；另外，智能手机的普及及移动商务的蓬勃发展使带有二维码的印刷广告有了新的活力。根据 eMarketer 的研究数据，全球在数字广告上的花费在 2023 年将达到 6018 亿美元，比 2022 年的 5495 亿美元增长约 9.5%，占到全部媒体广告总花费的 67.1%。eMarketer 的专家还预测，企业在数字广告上的投入还将继续保持高速增长，继续对传统媒体广告形成挤压，到 2027 年，将达到 8709 亿美元，占到所有媒体广告花费的 73.8%。

公共关系和营销有着非常密切的关系，科特勒曾经把公共关系列为与 4P 营销策略并列的第 5 个 P(Public Relations)，通用的营销学教科书也把公共关系当作促销的 4 大手段之一，与广告、人员销售、销售促进并列。虽然许多人把公共关系视为与营销并列的一个学科领域，但几乎没有哪本营销学著作会把公共关系排除在营销以外。互联网的出现不仅改变了营销，也使公共关系发生了深刻的变化。

本章将首先讨论使用传统广告推广网站和在线业务的问题，然后将讨论网络广告在传统商务和电子商务中的应用。最后，将研究网络对公共关系的影响及其对营销的意义，在此基础上我们还会考察企业应该如何利用网络公共关系来支持本企业的网络营销。

8.1 广告基础

8.1.1 广告的目的

企业做广告主要有 3 重目的：告知、提醒与劝说。一次广告攻势可以单纯服务于一个目的，也可以兼顾多个目的。一般而言，告知型广告(Informative Advertising)主要应用于产品引入阶段，提醒型广告(Reminder Advertising)主要应用于产品的成熟阶段到衰退阶段，而劝说型广告(Persuasive Advertising)则可以贯穿产品的整个生命周期。通过做广告，企业可以向消费者宣传产品的利益、增进顾客忠诚度、鼓励重复购买及避免与竞争对手的价格战。不同的广告类型适合达到不同的目的，例如，电视广告特别适合劝说，广播和户外广告适合提醒，印刷广告和大部分网络广告则在告知方面更有优势，这也是企业要实施整合营销传播的一个理由。

8.1.2 受众对广告的态度

广告的受众对广告的态度存在很大差别，为便于分析，专家们将广告受众分为 4 种类型：广告寻觅者、广告反应者、广告排斥者和广告忽略者。顾名思义，广告寻觅者就是主动搜寻广告的人；广告反应者虽然不会主动寻找广告但对偶然看到的广告却有比较积极的反应；广告排斥者则主动回避广告甚至公开非难公告；广告忽略者则对广告视而不见。除了以上的四分法，也有人采取了一种简单的二分法：广告寻觅者和非广告寻觅者。

使用以上概念时需要注意的一点是，这种对受众人群的划分并非是一成不变的，可能会随着产品的不同甚至广告方式的不同而改变。受众对广告的信任程度也和发布广告的媒体相关，根据 MarketingSherpa 在 2016 年 10 月对 1200 名美国消费者的调查结果，美国消费者信任程度最高的广告媒体为印刷广告，信任的比例高达 82%，信任程度最低的广告媒体为弹出式网络广告，信任的比例只有 25%，具体调查结果见图 8-1。

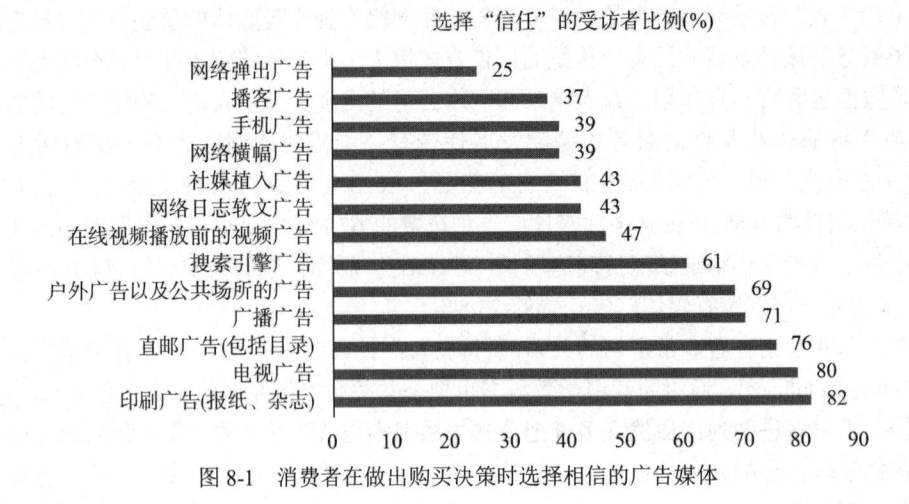

选择"信任"的受访者比例(%)

广告媒体	比例
网络弹出广告	25
播客广告	37
手机广告	39
网络横幅广告	39
社媒植入广告	43
网络日志软文广告	43
在线视频播放前的视频广告	47
搜索引擎广告	61
户外广告以及公共场所的广告	69
广播广告	71
直邮广告(包括目录)	76
电视广告	80
印刷广告(报纸、杂志)	82

图 8-1 消费者在做出购买决策时选择相信的广告媒体

资料来源：MarketingSherpa

我们注意到，信任程度排名前 5 位的全部是传统广告媒体，信任程度排在后 5 位的则全都是数字媒体。HubSpot 在 2016 年第二季度对来自美国、英国、德国和法国的 1055 名消费者所做的一项网络调查发现，与传统广告相比，人们更讨厌网络广告，具体结果见图 8-2。

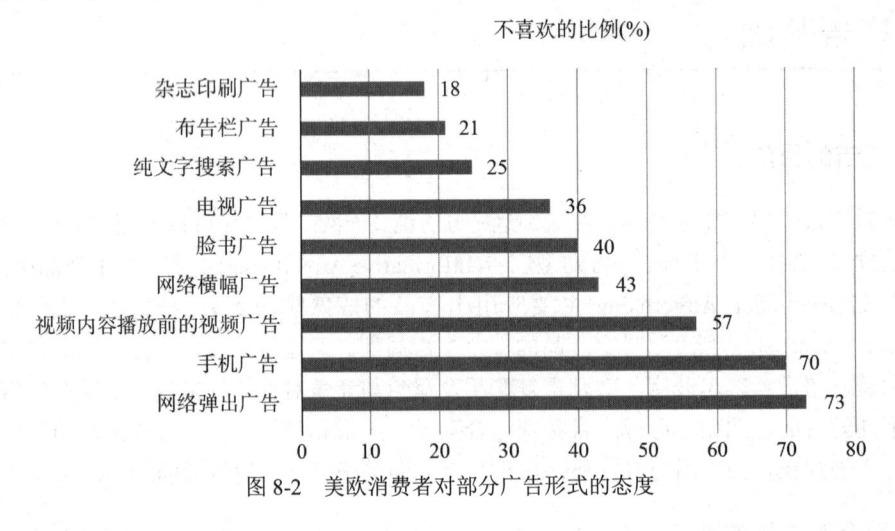

不喜欢的比例(%)

广告媒体	比例
杂志印刷广告	18
布告栏广告	21
纯文字搜索广告	25
电视广告	36
脸书广告	40
网络横幅广告	43
视频内容播放前的视频广告	57
手机广告	70
网络弹出广告	73

图 8-2 美欧消费者对部分广告形式的态度

资料来源：HubSpot 调查报告，2016 年第二季度

MarketingSherpa 和 HubSpot 的研究都能从某个角度解释传统广告为什么至今仍然有一定的生命力。

8.1.3 广告作用的模型

在讨论广告的作用时，人们经常使用一种梯阶模型，最早也是最著名的一种梯阶模型是 AIDA 模型，该模型是著名广告人刘易斯(Elmo Lewis)在 1898 年提出的，它把广告的效果分为吸引注意(Attention 或 Awareness)、引起兴趣(Interest)、激发需求(Desire 或 Demand)和唤起行动

(Action)4 个阶段。虽然这一经典模型至今仍旧适用，但也有很多人试图对 AIDA 做出改进。20 世纪 20 年代，美国人罗兰·豪尔(Roland Hall)为 AIDA 增添了一个阶段：形成记忆(Memory)，AIDA 就相应扩展为 AIDMA。2005 年，日本著名广告公司电通广告集团(Dentsu Inc.)于 2005 年又对 AIDMA 模型做出了新的改进，引入了互联网时代的两种典型行为模式：搜索(Search)与分享(Share)，在此基础上形成了 AISAS 模型，即吸引注意(Attention)、引起兴趣(Interest)、搜索(Search)、行动(Action)和分享(Share)。该模型强调当广告引起消费者的注意和兴趣后，消费者会主动对品牌和商品信息进行搜索，之后产生购买行为，最后还可能通过社媒平台分享消费体验。

我们注意到科特勒营销集团后来提出的 5A 模型与 AISAS 模型有一脉相承的关系，即把社媒时代的消费者成长路径分为认知(Aware)、吸引(Attract)、询问(Ask)、购买(Act)及拥护(Advocate)。容易看出，询问的作用同搜索相同，而拥护本质上则是对积极消费体验的分享。

相比传统的 AIDA 或者 AIDMA，AISAS 和 5A 都很恰当地强调了内容营销、搜索引擎营销和社媒营销在网络时代的重要性，对做好网络营销有更直接的参考价值。

8.2 数字时代的传统广告

一般而言，在推广电子商务方面，网络广告比传统广告更有效率，但是，传统广告在建立品牌方面仍然占有优势，另外，传统广告与网络广告相配合，不仅可以提升品牌，而且可以更有效地实现转化。

8.2.1 四大传统广告媒体

电视、广播、报纸和杂志及户外广告并称为四大传统广告媒体，它们各有所长，在实际应用中是相互补充而不是相互替代的关系。

1. 电视

电视是最重要的广告媒体，它主要包括有线电视和广播电视。电视最大的优点是其广泛的受众群体、强大的视觉冲击力、低廉的 CPM 和良好的品牌关联。电视广告的缺点是总费用高，对目标受众的选择性差。电视广告特别适合品牌广告。

2. 广播

广播最突出的优点是可以快速并且比较经济地建立起品牌的知名度，使企业的价值主张深入人心。广播的缺点是表现力差。

广播通常拥有稳定的听众，按照国外的经验，随着生活节奏的加快和汽车使用的增加，人们听广播的时间会稳中有升。因此，作为一种支持性的广告媒体，广播的作用是不可忽视的。

3. 报纸和杂志

报纸广告和杂志广告统称为印刷广告，但两者其实各有特色。

报纸的优点是发行周期短，特别适合时效性强的地区性广告。对于中小企业而言，物美价廉的分类广告可谓是营销利器。

杂志广告以图像印刷精美见长，并且对目标受众的选择性也较强。

对于电子商务而言，印刷广告具有独特的优势，因为广告受众有充裕的时间记下公司的联系电话、电子邮件地址和网址。对于促销广告而言，印刷广告具有的分发优惠券的能力也是其他类型的广告所不具备的。

结合使用二维码，印刷广告还可以在移动商务中发挥重要作用，智能手机用户可以通过扫描二维码访问特定页面、获得优惠券或者打折代码。

4. 户外广告

在各种传统广告形式中，户外广告的份额最小，但它的作用不容小觑。与广播广告一样，户外广告也非常适合充当辅助性的广告媒体。

除了以上四大传统媒体，可以用作传统广告载体的还有传单、宣传册乃至印刷有公司信息的文具或其他纪念品，只要能印下二维码，这些载体都有能力把访问者吸引到企业网站或社媒页面。

8.2.2 传统广告在数字时代的应用

在网络广告的挤压下，传统广告经历了长时间的衰退，根据德勤 2022 年 2 月发布的《CMO 调查报告(第 28 版)》，从 2012 年到 2022 年，在营销花费年均增长 7.8%的情况下，受调查企业在传统广告上的花费却年均减少 1.4%。2023 年，情况有所改变，在受调查的企业中，如果按行业划分，那些收入全部来自网上的纯网络企业准备增加传统广告投入。

需要注意的是，在数字时代，传统媒体和数字媒体出现了合流趋势。例如，传统的电视是一对多的单向广播媒体，但通过机顶盒连接网络收看的电视已经成了典型的数字设备[①]，它支持观众点播节目，也可以和观众双向互动，通过要求观众用手机扫描二维码，智能网络电视实质上已经成了可以定位到人的直复媒体。即使是收看同一节目，广告商也能依据媒体平台端掌握的顾客数据向不同的观众播放不同的广告。

8.3 网络广告概述

8.3.1 网络广告发展简史

1993 年才创刊发行的美国杂志《连线》拥有一个叫作"热线"(Hot Wired)的网站，正是这家网站在 1994 年 10 月登出的全球第一个网络旗帜广告揭开了网络广告蓬勃发展的序幕。由"热线"网(www.wired.com)首先使用的旗帜广告这一网络广告形式至今仍充满活力。当时"热线"网参照户外广告时间费率的定价方式，为第一个网络广告的定价为每月 1 万美元。不过最早的网络广告还可向前追溯。

1994 年 4 月 12 日，美国一个律师事务所(Laurence Canter and Martha Siegel Legal Services)就雇用程序员编写程序将自己的广告信息张贴到 Usenet 的每一个独立的新闻组，通过新闻组滥发广告为该律师事务所招揽了大量生意，但也引起了网民的极大愤慨和媒体的普遍关注，劳伦斯夫妇也因此成为使用互联网发垃圾信息的鼻祖，不过严格地讲，劳伦斯夫妇的推广行为未向媒体付费，所以不能被当成是广告，而应该被看作一种网络公关。

实际上，从 1993 年 4 月开始，高等教育年鉴(Chronicle of Higher Education)的在线版本"本周学会(Academe This Week)"就开始刊登显示广告和分类广告了，考虑到互联网商业化的时间，

[①] 电视实际上成为机顶盒的显示器。

该广告成为世界上最早的网络广告之一。①

在电子商务革命的推动下，网络广告出现后即呈现出高速增长的势头，这一势头一直持续到2000年。2000年以后，伴随着NASDAQ网络股的跳水，网络广告也进入了低谷。2002后，随着电子商务的复苏，在搜索引擎广告的带动下，网络广告开始进入一个新的发展时期。

市场调研公司eMarketer在2013年1月发布的研究报告显示，2012年全球数字广告开支首次突破1000亿美元，达1028亿美元，相比2011年的872亿美元增长了17.8%。eMarketer的研究显示，全球2023年在数字广告上的花费达到6018亿美元，首次突破6000亿美元，比2022年的5495亿美元增长9.5%，在所有媒体广告总花费中占到67.1%。②

中国的第一个网络广告出现在1997年3月，比美国晚起步了大约4年时间。当时，Chinabyte的网站(www.chinabyte.com)上发布了英特尔公司的一个标准大小(468×60像素)的全幅旗帜广告。

网络广告被引入我国之后，发展极其迅猛。1998年中国网络广告支出仅为0.3亿元人民币，而在1999年则达到0.9亿元人民币，增幅达到200%，2000年更是达到3.5亿元人民币，增幅为289%。此后，虽然中国网络广告市场规模的基数越来越大，但中国网络广告支出仍然长期保持着高速增长的势头；2012年，中国网络广告支出达到773亿元，年增长率仍高达50%以上。直到2021年，中国网络广告支出都保持着两位数的增长。2022年，虽然我国网络广告支出首次突破10000亿大关，但增长率却首次降到个位数，为6.8%(见图8-3)。伴随着网络广告市场持续高速增长的是网络广告在广告中的份额不断上升，2021年，我国网络广告占整个广告市场的份额达到57.6%，而在2015年还只有31.8%。

2011—2022年中国网络广告市场规模

图 8-3　我国2011—2022年网络广告市场规模及增长情况

资料来源：根据iResearch《中国网络广告年度洞察报告》整理

2022年，全球不同媒体渠道的广告份额如图8-4所示。我们可以清楚地看到，广告已经进入了互联网时代。

---

① Nancy Melin Nelson, John Gabriel. Moving from mystique to money: Flaming the Internet[J]. Information Today, 1994, 11(1): 11.
② 不同来源的数据因统计口径不同，往往差距较大，比如，日本电通集团发布的数据为：2023年全球在数字广告上的花费为4183亿美元，在7180亿美元全球广告总花费中所占的比例为58.2%。

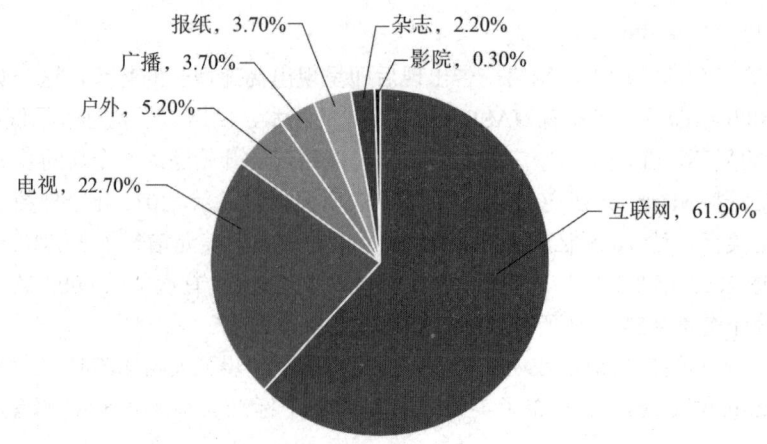

图 8-4　2022 年全球不同媒体渠道广告花费的份额

资料来源：Statista

8.3.2　网络广告的基本概念和重要术语

网络广告客户在进行网络广告决策时必须了解网络媒体的访问信息，如访问量大小及访问者的人口统计特征等。如果缺乏对访问统计指标的权威定义和度量标准，包括官方的标准和事实上的标准，网络广告的发展就会受到制约。1999 年 12 月，中国互联网络信息中心联合 17 家网站推出一种网站访客流量度量标准"网站访问统计术语和度量方法"，该文件对网络广告中的常见术语做了定义并规定了相应的度量方法，目的是要建立一种具有可比性、可被广泛接受的网站访问统计的标准。我们将根据这份文件介绍网络广告中的若干常见术语。

1. 页面阅览(Page View)

定义：一次页面阅览就是一次页面的下载，访问者应该可以在他的浏览器上完整地看到该页面。页读数、页面查看、阅览(view)、页面印象(page impression)、页面请求(page request)和页面阅览是同一术语。

度量方法：一次浏览器请求即可算作一次页面阅览。

评论：以一次浏览器的请求算作一次页面阅览并不是完全准确的，原因如下。

- 代理服务器缓存和浏览器缓存会使服务器记录到的请求数少于实际显示在访问者浏览器上的页面数。
- 在带宽小、响应时间长的情况下，访问者可能在页面完全显示之前就跳转至其他页面浏览，因此即使服务器记录了访问者的请求，但实际上页面内容可能并没有被访问者阅览到。

醒目页面(splash page)和空隙页面(interstitial)不应该被统计到页面阅览次数中。如果记录，则会夸大请求数量。

由程序生成的动态页面应该计入页面阅览次数中。

含有帧(Frame)的页面应该只被记录一次页面阅览，即使含有帧的页面会产生对多个文档的请求。

使用分析日志文件的方式进行统计，醒目页面和空隙页面会被日志文件记录，在分析时应该扣除计算特定的醒目页面和空隙页面的部分。在日志文件中会记录对特定程序(如 CGI 程序)的请求，因而由这些程序动态生成的页面也可以被计算。日志文件识别不出含有帧的页面；使用分析日志文件的方式进行统计时，这个误差可以被接受。

2. 请求(Request)

定义：为了获得服务器上的一个资源(文本、图像或任何可包含在页面内的元素)，浏览器和它连接的服务器之间进行的一次单一连接。

度量方法：对于使用分析日志文件的方式进行的统计，日志文件中一条记录就是一个请求，通过对这些记录的统计来获得度量的数据。

评论：命中(hit)和请求是同一术语。当页面请求指对 HTML 文档的请求时，页面请求是请求的一个子集。

3. 单击(Click)

定义：一次点击是指访问者的鼠标在一个超文本链接上的一次单击，目的是沿着它的链接获得更多访问者感兴趣的信息。

度量方法：只能分析日志文件来统计出对于某个超文本链接的单击次数。

评论：单击数量(click-through、clickthrough)和单击是同一术语。单击通常被用于网络广告的统计。

4. 点击率(Click Rate)

定义：单击链接的百分比。

度量方法：单击数除以链接所在页面的请求数。

评论：收益(yield)和点击率是同一术语。点击率有多方面的价值，在网络广告中，它是广告有效性的表现，它表示访问者已到达广告客户的网站。

以上术语的定义和度量方法未必会被所有网络媒体网站接受，但可以成为广告主与广告商签订合同时的一个重要参考。合同可以对重要术语进行重新定义，但要避免因为缺乏定义而引起的歧义。

8.3.3 了解网络用户

1997 年 10 月，中国互联网络信息中心(CNNIC)发布了第一次"中国互联网络发展状况统计报告"，并从 1998 年 7 月开始定期发布新的统计报告。截至 2024 年 8 月，CNNIC 已经完成了 54 次调查，调查的即时性和权威性已得到业界公认。CNNIC 的统计数据对我们了解中国互联网的发展状况和中国网络用户的特征提供了很大便利。

根据第 54 次中国互联网络发展状况统计报告，至 2024 年 6 月底，中国网络用户达到 10.9967 亿，普及率为 78.0%，其中手机上网用户数量为 10.96 亿，占全部上网用户的 99.7%，使用台式电脑、笔记本电脑、电视和平板电脑上网的比例分别为 34.2%、32.4%、25.2%和 30.5%；使用智能网联汽车、智能家居设备和个人可穿戴设备上网的比例分别达到 10.4%、21.9%和 24.2%，呈现出强劲增长势头。我国城镇网民规模达 7.95 亿人，占网民整体的 72.3%；农村网民规模达 3.04 亿人，占网民整体的 27.7%。男性网络用户占 50.8%，女性网络用户占 49.2%，与整体人口中男女比例基本一致。

截至 2024 年 6 月，中国网络用户的年龄分布情况如下(见表 8-1)。

表 8-1　中国互联网络用户的年龄分布情况

年龄段	10 岁以下	10～19 岁	20～29 岁	30～39 岁	40～49 岁	50～59 岁	60 岁以上
占比/%	3.5	13.6	13.5	19.3	16.7	19.0	14.3

要了解中国网络用户的更多统计资料，读者可以到 CNNIC 的网站(www.cnnic.net.cn)下载阅读最新的中国互联网络发展状况统计报告。

我们注意到，随着我国互联网渗透率的逐步提高，网络用户的人口统计特征正逐步与普通人口统计特征趋同。2013 年 6 月，中国 60 岁以上的网络用户只占 2%，2023 年 12 月，这一比例就达到 15.6%，随着时间的推移，这一比例还将继续提升。

8.3.4 网络广告的主要类型

网络广告的形式丰富多彩，而且花样上仍不断推陈出新，所以对网络广告分类就很有必要。

网络广告可以有不同的分类方法。艾伦·查尔斯沃思把网络广告简单地分为纯文字广告和基于图像的广告。Statista 的研究部门将网络广告分为搜索广告、展示广告、视频广告、音频广告和其他类网络广告 5 个类别，2022 年，在美国 2097 亿美元的网络广告市场中各类网络广告的份额如图 8-5 所示。艾瑞咨询集团在其 2021 年发布的《2021 年中国网络广告年度洞察报告—产业篇》中将网络广告分为搜索引擎广告、门户及资讯广告、垂直行业广告、电商广告、在线视频广告、社交广告、分类信息广告、短视频广告和其他类型网络广告。按照报告中的说明，搜索引擎广告包括搜索企业的所有广告形式；电商广告包括垂直搜索类广告及展示类广告，例如淘宝、去哪儿及导购类网站的广告收入；分类信息广告包括 58 同城、赶集网等分类网站的广告收入，不包括搜房等垂直网站的分类广告收入；其他包括音频、直播、游戏等媒体产生的广告收入。

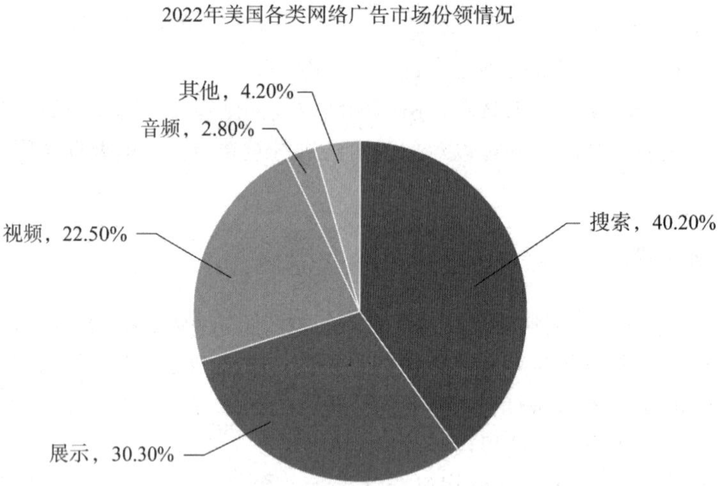

2022年美国各类网络广告市场份额情况

- 其他，4.20%
- 音频，2.80%
- 视频，22.50%
- 搜索，40.20%
- 展示，30.30%

图 8-5　2022 年美国各类网络广告所占市场份额

资料来源：Statista

按艾瑞咨询集团的研究结果，2020 年，在中国 7676 亿元人民币的网络广告市场中各种类型的网络广告的份额分布如图 8-6 所示。

我们对主要的网络广告类型分述如下。

1. 展示广告

展示广告(Display Ads)是最传统的一种网络广告形式，展示广告有很多种，最常见的是旗帜广告(Banner)。展示广告是印刷广告在网络时代的新的表现形式，旗帜广告最初指的是放置在报纸版面最上方的通栏广告，因为早期网页上的展示广告也是放置在网页上端的通栏广告，所以沿用了旗帜广告的叫法。展示广告的内容通常以图像为核心,主要的目标是树立品牌形象,展示广告的计费一般采用每千印象收费(CPM)。为了方便设计和交易,展示广告有许多标准的尺寸可供选择,常用的尺寸就有 30 种之多。

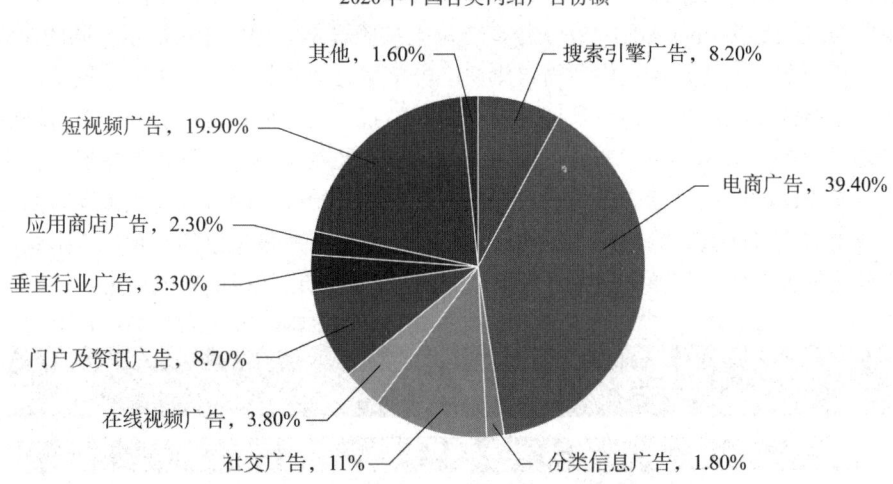

2020年中国各类网络广告份额

- 其他,1.60%
- 搜索引擎广告,8.20%
- 短视频广告,19.90%
- 电商广告,39.40%
- 应用商店广告,2.30%
- 垂直行业广告,3.30%
- 门户及资讯广告,8.70%
- 在线视频广告,3.80%
- 社交广告,11%
- 分类信息广告,1.80%

图 8-6 2020 年中国网络广告的类型分布

资料来源:艾瑞咨询集团发布的《2021 年中国网络广告年度洞察报告——产业篇》

除了旗帜广告,展示广告有时又被称为横幅广告,两种提法各有侧重,旗帜广告的提法更强调广告出现的位置,而横幅广告更强调它的形状。实际上,今天的展示广告并不一定出现在网页最上方,而是可能出现在网页上各个不同的位置,而展示广告的形状也不一定是横长纵短的矩形,也可能是方形,或者是横短纵长的矩形。按照由美国广告支持的信息和娱乐联盟(Coalition for Advertising Supported Information and Entertainment)和互联网广告局(Internet Advertising Bureau)共同颁布而且被绝大多数公司所采用的网络广告标准,展示广告可以有多种尺寸,最常见的尺寸如表 8-2 所示,显然,旗帜广告并非都是横幅广告。

表 8-2 旗帜广告的常见尺寸

全幅旗帜(original banner)	468 像素×60 像素
半幅旗帜(half banner)	234 像素×60 像素
立式旗帜(vertical banner)	120 像素×240 像素
按钮(button)	125 像素×125 像素或 120 像素×90(60,30) 像素或 88×31 像素
擎天柱广告(skyscraper)	160 像素×600 像素或 120 像素×600 像素
弹出式广告(pop-up)	550 像素×480 像素或 500 像素×350 像素

展示广告的尺寸会影响广告的表现力,例如,擎天柱广告的尺寸允许对广告主的产品和产品特点进行更详细的说明,也可以进行特定的市场调查或者举办有奖活动。这种广告位于页面左右两侧的狭长地带,不会产生换页盲区,同时,这种广告具有的位置独享和排他性,可以降低其他广告的干扰,更好地传达广告信息。

除了尺寸不同,网络展示广告还可以有不同的呈现方式。例如,互动式旗帜广告(Interactive Banner)表面上与普通的旗帜广告毫无二致,但它能够感知用户鼠标在网页上的位置,当鼠标移近时,该旗帜广告可以发生变化,在吸引访问者注意力的同时,展示更多广告信息。例如,网上有这样一种互动式旗帜广告,乍看起来,旗帜广告像是铺满了树叶的一块石碑,浏览者鼠标移近时，树叶就会被鼠标清扫掉，露出写在石碑上的图案和广告文字。浮动旗帜广告(Floating Banner Ads)的大小一般为 120 像素×60 像素，当访问者使用滚动条滚屏时，浮动旗帜会随之滚动，停留在显示屏较固定的位置上，通过浮动，广告可以停留在访问者的视野中，吸引更多的注意，但会影响访问者的正常浏览。现在有一些浮动旗帜广告被设计成通栏展示(见图 8-7)。轮播式旗帜广告(Rotate Banner Ads)是在一个广告位上按照设定的程序轮换展示不同的旗帜广告，在流量上进行控制，目的是避免出现固定旗帜广告单调乏味的状况，在视觉上使访问者产生新鲜的感觉。轮播式旗帜广告的特点是访问者单击"刷新"按钮后将可以看到一个不同的旗帜广告。弹出式广告(Pop-up Ads)通过一种很霸道的方式在未经网站访问者许可的情况下在主浏览器窗口外强行弹出新的窗口显示广告内容。弹出式广告刚开始推出的时候在点击率方面还有一些优势，但弹出式广告严重影响访问者的访问体验，是网络用户最反感的一种广告形式，随着弹出式广告屏蔽软件的普及，弹出式广告效果越来越差，现在已经很少有人使用。

图 8-7　大众网上的通栏展示广告

展示广告除了可以在网页上显示，还可以显示在 App 的工作界面上。出现在 App 工作界面上的广告被称为小程序内广告(IAA, In-App advertising)，IAA 可以是展示广告，也可以是原生广告、视频广告等其他类型。IAA 根据算法由广告网络推送，它最大的优势是可以根据设备 ID 对用户进行精准定位，IAA 的定向能力甚至可以同选择加入的 E-mail 营销媲美。当今主流的广告网络都可根据访问者的特征定向投放广告。对网络用户而言，这提高了广告内容的相关性；对广告主而言，则提高了广告效率，也增加了广告网络的收入。

> 访问新浪(www.sina.com.cn)和搜狐(www.sohu.com)两个网站的主页，确定主页上各网络广告的类别。

2. 电子邮件广告

电子邮件广告指委托广告公司发动的电子邮件营销攻势或者在别人的电子杂志上购买广告空间的广告形式，电子邮件广告是一种典型的定向广告形式。同点击率日趋下降的旗帜广告相比，根据产品的目标市场，有针对性地向潜在客户发送的电子邮件广告是一种既有效又有成本效率的网络广告方式。作为一种直复广告形式，电子邮件具有更强的定向性、可定制性和灵活性。根据 PowerInbox 在 2019 年所做的一项委托调查，超过 40%的电子期刊的订户并不反感邮件中的广告，接近 2/3 的订户表示他们会单击他们觉得有趣的电子邮件广告。在对电子邮件广告表示反感的人当中，广告相关性不高是让他们反感的最主要原因。相比之下，脸书广告和网页旗帜广告的点击率都不足 1%(扫右侧二维码阅读全文)。

调查报告

3. 搜索引擎广告

搜索引擎广告指通过向搜索引擎服务提供商支付费用，在用户作相关主题词搜索时在结果页面的显著位置上，显示广告内容(一般为网站简介及至网站的链接)的方法，包括搜索引擎排名、搜索引擎赞助、内容关联广告等不同形式。搜索引擎广告是搜索引擎营销的一个组成部分。

因为采用了按营销效果计费的收费模式，搜索引擎广告对广告主而言是性价比最好的一种网络广告形式。搜索引擎广告始于 1998 年 9 月，当时 GoTo 推出了世界上第一个支持搜索营销广告的搜索引擎。2002 年以后，搜索引擎广告开始爆炸式增长。目前，搜索引擎广告已经成为最重要的网络广告形式。根据 Statista 发布的数字，2023 年全球在搜索引擎广告上的花费达到 2793 亿美元，占全部网络广告花费的 41%，Statista 估计全球搜索引擎广告花费在 2024 年将达到 3067 亿美元，较上年增长 10%；在各国中，美国仍排在第一位，预计 2024 年将达到 1320 亿美元，中国排在第二位，预计在 2024 年将达到 610 亿美元。

搜索引擎广告是搜索引擎公司获取利润的主要途径，毫不奇怪，各个搜索引擎公司都提供多种方式的广告服务。由于谷歌是全球市场份额最大的搜索引擎，谷歌的广告收入也稳居世界第一，它的技术、服务和商业模式也都处于全球领先的位置。对于所有希望进入国际市场的企业来说，利用谷歌拓展业务已经成为一项必须具备的能力，网络营销领域甚至形成了一个独特的搜索引擎营销分支——Google 营销。下面就以 Google 广告为例对搜索引擎广告做一下简单介绍。

Google Ads 是谷歌的广告平台，始创于 2000 年。Google Ads 的主要特点和功能如下。

(1) 触达范围：虽然百度、必应都有各自的广告展示网络，但谷歌广告展示网络(Google Display Network，GDN)仍是世界上最庞大的广告展示网络，谷歌广告可以让广告主在 Google 搜索结果页面、YouTube、Gmail 及谷歌众多的合作网站和 App 上展示广告。Google 的合作站点既包括像 America Online 和 CompuServe 这样的知名网站，也包括一些名不见经传的小的内容站点。一个月的时间内，全世界 80%的网络用户会访问到一个或多个 Google 广告展示网络中的网站。

(2) 广告形式：Google Ads 支持多种广告形式，包括搜索广告、展示广告、视频广告、应用广告和购物广告等。这些广告形式服务于不同的营销目标和受众，并可以在不同的广告媒体上展示。

(3) 关键词定位：广告主可以选择与特定关键词相关的广告显示在 Google 搜索结果页面上。通过选择适当的关键词，广告主可以将广告展示给正在搜索相关产品或服务的用户，提高广告的相关性和点击率。谷歌提供三种关键词匹配模式，分别为广泛匹配(broad matches)、精确匹配(matching)和短语匹配(phrase matches)，这些模式兼顾了定位的准确性和传播的广泛性。另外，用户还可以通过指定负关键词(negative keywords)来更准确地定位受众。

(4) 广告排名：显示在搜索结果页面上的 Google Ads 并不完全是竞价排名，而是使用谷歌特有的广告排名算法来确定广告在搜索结果中的位置。排名是根据广告质量分数、出价和预期点击率等因素综合计算的，相关程度高的广告有可能排在出价更高的广告之前。广告主可以通过优化广告质量来提高广告排名或者节省广告花费。

(5) 定位和定向：广告主可以使用多种定位和定向选项来确保广告仅展示给特定的受众。包括地理位置定位、语言定位、设备定位、兴趣定向和行为定向等。通过精确的定位和定向，广告主可以提高广告的效果和投资回报率。广告主可以从 250 个国家和 14 个语种中为广告选择目标受众。

(6) 广告预算控制：广告主可以自行设定广告总预算和每天的最高花费额度，并可以根据需要选择按 CPC 或者 CPM 方式计费。此外，Google Ads 还提供了灵活的出价策略，如手动出价和自动出价，以帮助广告主最大化广告效果。另外，企业的出价代表其最高支付意愿，实际收费价格取决于排名后一位企业的出价；报价高的企业的实际出价只比报价低的企业的报价多 1 美分。虽然 5 美元就可以让广告主启动谷歌关键词广告，但实际的预算至少应该是自己设定的 CPC 的 10 倍。比方说，如果自己设定的 CPC 为 1 美元，那么预算要在 10 美元以上，否则，因为转化率的问题，或者会让谷歌广告失去意义，或者会让结果很难评价。

(7) 广告性能跟踪：Google Ads 提供了广告性能跟踪和分析工具，比如说 Google Analytics，可以帮助广告主了解广告的展示次数、单击次数、转化率等指标。通过实时数据和分析报告，广告主可以评估广告效果并据此对广告进行优化。广告主可以随时修改广告的参数(如关键词、出价、花费额度等)，并且修改在提交后可以立即生效。

(8) 广告扩展：Google Ads 还提供了多种广告扩展功能，如站点链接扩展、电话号码扩展、位置扩展和评价扩展等。这些扩展可以增加广告的可见性和吸引力，并改善用户体验。

总体而言，Google Ads 是一个功能强大且灵活的广告平台，为广告主提供了丰富的广告展示渠道和便捷控制工具，帮助广告主实现营销目标。通过有效地使用 Google Ads，广告主可以增加品牌曝光度、吸引潜在客户并提高销售额。

4. 联属网络营销

联属网络营销(affiliate marketing)指一个网站的所有人在自己的网站(称为联属网站，affiliate)上推广另一个网站(称为主力网站，merchant)的服务和商品并获得佣金的网络营销方式。联属网络营销是内容网站和电子贸易网站间的一种合作方式，具体做法是主力网站将旗帜广告或者文字链接放置在联属网站上并按照它们实现的销售给合作方支付佣金。

联属网络营销发端于亚马逊书店在 1996 年夏推出的一种联属方案(associates program)，根据这一方案，任何网站都可以申请成为亚马逊书店的联属网站，在自己的网站上推荐亚马逊书店经营的图书，并依据实际售出书籍的种类和已享折扣的高低获得 5%～15%的佣金。该方案一经推出，就在业界引起轰动。当年加入联属营销计划的网站就超过 4000 家，次年夏天突破了 1 万家，1998 年夏天更达到了 10 万家①。正是这些联属网站使得亚马逊书店声名大噪，成为网上零售的第一品牌。在亚马逊书店的带动下，网上零售业者纷起效尤，美国最大的连锁书店巴诺公司(Barnes & Noble)不仅推出了自己的联属网站系统(affiliate network)，还针对亚马逊书店联属营销计划的弱点进行了革新，该计划如此成功，结果迫使亚马逊书店修正了自己的联属加盟方案。在联属网络营销方面取得巨大成功的公司还包括电子港湾公司(eBay)和电子玩具公司(eToys)这样的知名网络零售企业。今天，联属网络营销的观念，已经普及到在网络上发展的各个行业的各种规模的公司，在专门从事联属网络营销服务的网站(www.postaffiliatepro.com)上，人们可

---

① 2024 年最新的数字显示，加入亚马逊联属营销计划的网站总数仍有 50 多万家。

以找到数千家正在拓展联属网络的公司。

联属网络营销较传统的网络营销方式有着诸多优势，我们将其归纳如下。

首先，主力网站可以通过发展联属网络以较小的花费在较短时间内树立自己的网上品牌，实现网上销售额的快速增长。通过吸引众多的网站加入自己的联属网络营销计划，主力网站公司可以将许多潜在的竞争对手转变为合作伙伴，这种合作避免了因为过度竞争引起的社会资源浪费，特别是营销费用上的无谓浪费。在联属网络营销方式下，企业间的竞争变成企业联属网络间的竞争。采用联属网络营销方式，主力网站仅仅给实际产生销售的网络广告支付广告费，使广告投入的效率显著提高，使获取新顾客的成本显著降低。

其次，联属网站可以通过加入联属网络营销计划从起点较低的内容网站迅速转变为电子商务网站，实现营业收入。许多内容网站都希望通过销售网络广告获得收入，但实际上只有那些真正的热门站点才有希望得到广告主的垂青。与普通网络广告相比，联属营销计划没有访问量门槛的限制，主力网站欢迎所有的网站加入计划，一个网站还可以同时加入多个联属营销计划，这为一些小网站提供了难得的获取收入的机会。

最后，网上消费者也能从联属网络营销中获得实惠。主力网站营销成本的降低导致了商品总成本的降低，主力网站就有更大的空间回馈顾客，给顾客提供物美价廉的商品。联属网站也因为有了资金支持，可以给网上消费者提供更多更好的内容。联属网络营销还使顾客在浏览高质量内容时有更多机会发现中意的商品。

所以说，联属网络营销是一个主力网站、联属网站和消费者各方都能受益的网络营销方式，本质上是按照销售业绩计算费用的一种网络广告模式。

与欧美相比，受电子支付发展滞后的影响，我国的联属网络营销长期处于蛰伏状态，最早试水联属网络营销的 My8848、当当书店等国内电子商务企业并没有取得很好的成效。2011 年以后，第三方支付的繁荣推动了我国电子商务的大发展，催生了很多商务模式与联属网络营销类似的网站——返利网站。与传统的联属网络营销相比，返利网站具有以下特点：

- 返利网站的收入主要来自联属网络营销的广告收入，但返利网站会将这部分收入提取一定比例回馈给通过返利网站购物的用户，并靠这种利益分享机制吸引用户再次通过返利网站来购物，而传统的联属网络营销并不向购物者返还任何佣金，传统的联属网站通常依靠虚拟社区或者信息服务吸引用户。
- 传统联属网络营销的联属网站是内容网站，而返利网站本身属于以营利为目的的电子商务网站。
- 传统的联属网站向网站访问者提供的价值是专业的购物建议，而返利网站向买家提供的价值主要是价格折扣。
- 传统的联属网站只推广与本网站内容密切相关的商品，而返利网则提供全系列产品的购物返利。

返利网站的运营模式在中国备受质疑。一方面，价格敏感的网络购物者甘愿为了一点小利而从返利网站进入商城购物，而面对残酷竞争的网店店主为了达成交易也不得不同意向返利网站让利，所以返利网站在中国很有市场。另一方面，返利网站作为在线销售买卖双方的一个中介似乎并不创造真正的价值，它既没有为消费者提供购物建议，也没有为网店带来额外流量，所以它的作用更像是电子折扣券。除了返利网站，在我国风行一时的团购网站的运营模式实际上也是联属网络营销；在这种模式下，团购网站扮演联属网站的角色，通过为参与商家(相当于主力网站)实现销售来获得佣金。和返利网站不同的是，团购网站服务的商家主要是在某一地区提供线下服务的商家,这些商家通过团购网站实现了一种线上到线下的商务模式(OTO, online to offline),即网上达成交易后在网下交付服务。不过,我国的团购网站并没有采取集合议价的定价方式,所以团购的"团"在这里只是一个噱头,商家真正想做的,是通过 OTO 优惠的价格把新顾客吸引到店里体验自己的服务,再设法通过提供更优惠的会员价格吸引用户加入他们的顾客忠诚计划。

需要注意的是,采用联属网络营销策略的主力网站必须慎重选择联属网站,切不可兼收并蓄,一味追求数量。按照美国的 CAN-Spam 法案,主力网站可能会因为联属网站的不法行为而受到追究,联属网站的每件垃圾邮件最高可以让主力网站付出 250 美元罚金的高昂代价,可见,选择联属网站不可不慎。

5. 赞助广告

作为一种传统的广告形式,赞助广告(sponsorship)当然不限于在互联网上进行。从广泛的意义上讲,赞助广告就是公开支持有益的活动。网络赞助广告实际是传统赞助广告在网络上的移植,它主要赞助特定内容的发布。不过,网络赞助广告不限于对网站内容的赞助,它也包括对电子杂志、公告板、讨论组和电子论坛的赞助,对非营利组织网站的赞助则是网络赞助广告中的一种比较特殊的形式。

网络赞助广告相对于其他形式的网络广告具有若干独特的优势,我们分述如下。

首先,网络赞助广告可以收到更好的营销传播效果。同旗帜广告相比,网络赞助广告在争取消费者偏爱方面有独到的优势。按照广告效果的分层次模型,广告的效果分为认知、情感和行为三个层次,广告的目标是使广告受众从了解公司开始,进而建立起对公司的好感和偏爱,最终选购该公司的产品。旗帜广告的效果主要体现在认知层次,并且主要集中于认知层次的第一阶段——知晓阶段,旗帜广告只有获得点击,才有机会向受众传播公司产品的详细资料,进入认知层次的第二阶段——了解阶段。众所周知,旗帜广告的点击率目前已经不足 1%。网络赞助广告则不然,它通过支持受众认可的内容,引发受众理念和情感上的共鸣,博取受众的偏爱,所以赞助广告更侧重在情感层次起作用,当然,因为网络赞助广告也可以显示公司的品牌标志并吸引受众单击,所以它也能起到建立知晓度和传递信息的作用。目前,人们对赤裸裸的广告普遍具有抵触心理,甚至采取各种方式屏蔽扰人广告,例如,商业软件 WebWasher 的卖点就在于它可以屏蔽多种网络广告,3721 科技有限公司(www.3721.com)免费发布的上网助手软件也可以屏蔽掉多种广告。但是,赞助广告能通过把广告信息放在受众需要的信息的背景后的方式消除受众的戒心。而且因为受赞助内容本身的选择性,赞助广告具有很强的针对性,这也对增进广告效果很有帮助。

其次,网络赞助广告还具有成本上的优势。网络赞助广告通常采用时间费率,即不论浏览网页的人数有多少,也不论浏览过广告的人对广告有什么反应,赞助商按照广告显示的时间支付广告费,一般而言,只要网络赞助广告的策略得当,时间费率会比按 CPM 计算的费率合算得多。实际上,网络赞助广告还有多种更节省的交易方式,例如,企业可以通过为受助人提供软件、技术支持、服务器空间等资源的方式来提供赞助,这种交易方式可以使企业充分利用闲置的资源来开展营销。

最后,网络赞助广告的社会效益优于旗帜广告。网络赞助广告商在做广告的同时实际上赞助了同社会目标相符的事业,如学术自由、扶助弱势团体等。

企业在投放赞助广告时,需要注意以下问题。

- 要精心选择受助人。选择受助人的过程就是选择目标受众的过程,所以一定要非常慎重。

- 要注意含蓄参与,不可喧宾夺主。赞助广告一般只适合做品牌广告,不适合赤裸裸地推销产品,而且广告出现的频率要适度,喧宾夺主的广告很可能引发受众的逆反心理。
- 要同受助人长期合作。企业一旦找到理想的受助人,就要设法与受助人进行长期的合作,赞助广告起作用的方式是潜移默化式的而不是立竿见影式的。
- 要注意对赞助做一定的宣传。企业赞助公益事业本身是一件光荣的事,因此,企业可以在其他营销传播活动中对公司的赞助活动加以宣传,扩大赞助的影响。

6. 分类广告

分类广告是按照主题加以编排的广告信息,网络分类广告可以出现在网站上也可以出现在新闻组里,是最经济实惠的广告形式之一。网络分类广告收费低廉,有些甚至完全免费,但它可能会把信息传达给许多人,最重要的是,凡看到该分类广告的人,都是在积极寻找相关信息的人,所以分类广告的转化率相当不错。有的分类广告还允许使用链接,这种分类广告还可以增加目标网站后链,起到 SEO 的作用。

在区域性的门户网站上通常也有收费低廉的分类广告区[①],这也是投放分类广告的好地方。因为基于网站的分类广告比基于新闻组的分类广告的表现力更强,同时拥有更多的用户基础,所以基于网站的分类广告通常比新闻组分类广告更有效。使用主题目录类的搜索引擎可以找到很多可以发布分类广告的网站。赶集网和 58 同城是国内提供分地域分类广告的知名网站,Click.in 是印度最大的分类广告网站,Craigslist 则是美国最大的分类广告网站。

访问当地门户网站的分类广告区,观察这一分类广告区分为多少个类别?这些类别有没有包括全部的商品和服务?

7. 移动广告

在以智能手机、5G 通信网络为代表的移动通信技术及 VR、AR 技术的推动下,移动商务在过去几年中强劲增长,移动广告在网络广告中的份额不断提高。根据普华永道公司(PwC)和美国互动广告局(IAB)在 2023 年 4 月联合发布的《2022 年网络广告营收报告》提供的数据,美国移动广告收入在 2022 年继续增长,较上年增长 14.1%,广告收入达到 1541 亿美元,使得移动广告在网络广告中的份额占到 73.5%,比 2021 年又提升了 2.2 个百分点。与美国相比,我国移动广告在网络广告中的份额更大。艾瑞咨询集团发布的《2023 年中国网络广告市场研究——垂直行业广告主投放调查》显示,我国移动广告市场规模在 2022 年就达到 8946.5 亿元,较前年增长 7.0%,占到当年网络广告 10065.4 亿元总规模的 88.9%。

移动广告能够迅速崛起的原因有两方面。其一是手机的保有量不断增加,现在已远远超过电脑的保有量;其二是手机已经成为用户随身携带的装备,用户携带手机的时间要远远长于和电脑在一起的时间。当然,移动广告最大的优势还在于能够对用户的身份及用户所在的地理位置进行准确识别,使广告更有针对性,并使得基于位置的营销成为可能。另外,智能手机支持条码扫描、GPS 导航、移动支付等多种功能,便于用户看到广告后能即刻通过多种方式做出回应。已经有数据表明,移动广告的点击率和转化率都较传统的网络广告有明显提高。当然,移动广告的高速增长还要归功于国内外众多的移动广告平台,例如 Google Admob、脸书受众网络(Facebook Audience Network)、Mintegral、InMobi、多盟(domob)、哇棒等,这些平台的竞争与合作使得移动广告很快出现了较为成熟的商业模式。另外,拥有众多移动用户的社会媒体网站

---

① 有时甚至免费,但广告的特征是付费推广,免费发布消息严格来讲已经不能称为广告。

(如 Facebook)也对移动广告的崛起起到了推波助澜的作用，单纯依赖移动电商的海外版抖音 TikTok 的广告收入从 2019 年的 3.4 亿美元增长到 2023 年的 132 亿美元，增速惊人(见图 8-8)。

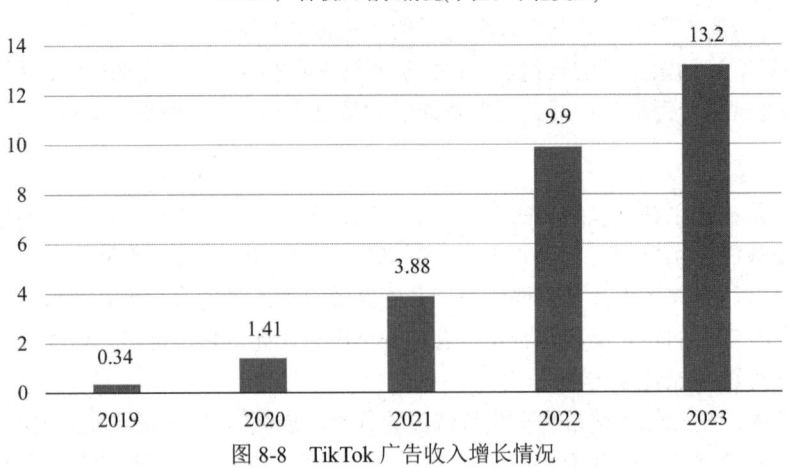

TikTok广告收入增长情况(单位：十亿美元)

年份	收入
2019	0.34
2020	1.41
2021	3.88
2022	9.9
2023	13.2

图 8-8　TikTok 广告收入增长情况

资料来源：eMarketer

可以看到，移动广告在数字广告中的份额连年攀升，即将趋于饱和，桌面广告在数字广告中的份额不断缩小，虽然桌面广告在 B2B 营销等个别领域仍不能忽视，但营销企业在广告领域必须向"移动优先"的路线转移。

8. 社媒广告

社媒广告是随着社媒营销崛起而迅速发展起来的一种广告形式，它包含许多子类型，比方说发帖推广(boost posts)、YouTube 实视广告(true-view advertising)等。社媒广告因为可以对受众进行多种精准瞄准以及与社媒营销联系紧密而受到广告主青睐。根据 Statista 发布的数据，2023年，全球社媒广告支出约为 2690 亿美元，预计在 2024 年可突破 3000 亿美元大关。

社媒广告可以根据地理位置、人口统计特征、心理统计特征和行为特征来瞄准受众。社媒用户一般都会建立自己的成员档案，比方说自己的电子邮件信箱、年龄、性别、职业、爱好、毕业院校等。社媒平台可以利用这些数据及成员在平台上留下的数字足迹来帮助广告商实现精准的瞄准。随着技术的进步及用户数据的不断积累，社媒平台瞄准受众的能力变得越来越强。社媒广告商还可以根据自己客户数据库和网站访问者数据中的电子邮件地址等信息在社媒平台上直接瞄准这些用户，这种被称为自定义受众(custom audience)的技巧对实现整合营销传播非常有用。作为自定义受众技巧的延伸，Facebook 还允许广告商瞄准与已知顾客(比方说通过自定义受众技巧定位的 Facebook 用户)相似的人群。社媒广告的精准瞄准能力还使其成为二次瞄准(retarget)或者二次营销(remarketing)的理想工具，就是说通过留下的数字足迹重新瞄准那些之前虽然表现出对公司产品或服务的兴趣但却因为各种原因没有完成购买的人。除了帮助广告商实现精准瞄准，社媒平台还为广告商提供广告效果跟踪和有效性报告。社媒广告大发展还有一个原因，那就是社媒广告很容易和周围环境融合在一起，以稍后将详细论述的原生广告的形式呈现给受众，实现更佳的传播效果。

YouTube 实视广告是出现在 YouTube 视频开始部分的可跳过广告。实视广告适合播放介绍产品和服务的视频剪辑、音像精彩片段及客户证词。实视广告只有当播放的实际时长超过 30 秒才会向广告主收费，这部分人仅占全部观众的 24%。根据研究，由于实视广告一般只有在播放 5 秒钟以后才允许关闭或者跳过,因此即使那些动手跳过广告的人也会对广告产生一点印象,这些人未来访问广告主网站或者试用广告主产品的机会比那些完全没有接触出广告主广告的人高出 10 倍,那些坚持看完广告的人的转化率则比那些完全没有接触广告主广告的人高出 23 倍。可见,YoutTube 实视广告是很有性价比的一种广告形式。除了实视广告,YouTube 仍支持不可跳过的视频广告,这些广告一般出现在视频开头部分(映前广告,pre-roll ads)或者视频播放了 10 分钟或者更久后的中间部分(映中广告,mid-roll ads)。映前和映中广告最长不能超过 20 秒,通常会以 CPM 的方式计费。YouTube 视频的末尾出现的 6 秒钟的短广告称为 bumper ads(缓冲广告),这种广告因为时间短,通常是较长视频广告的浓缩版,比较适合做提醒广告或者对之前因为某种原因离开营销漏斗的潜在顾客进行二次营销。

9. 原生广告

在今天这样一个注意力经济的时代,人们对广告开始表现出越来越多的排斥。于是,一种看起来甚至是读起来都不像是广告的付费内容形式开始在网络上大量出现,这就是原生广告(native advertising)。原生广告将有机内容和商业内容无缝地融合在一起,希望能在广告的海洋中脱颖而出,获得关注。按照美国互动广告署(Interactive Advertising Bureau,IAB)的定义,原生广告指的是这样一些付费广告,它们不论是内容还是设计都与所在页面浑然一体,与平台行为毫无违和之感,以至于让受众觉得它们本来就是平台页面内容的一部分。美国联邦贸易委员会(FTC)的定义是,原生广告——有时也被称为赞助内容(sponsored content)——指的是这样一种广告实践,它将广告与数字媒体中的新闻、娱乐和其他内容融合在一起,从而使广告内容更接近其所在环境中的内容。今天,原生广告已经变得如此普遍,以至于对许多出版商来说原生广告可以占到其广告收入的 1/3 以上。

在社交平台上,原生广告和用户分享内容一起被平台推送,一般不会对社媒用户的体验造成太多干扰,所以原生广告会较传统广告更加有效。目前,原生广告的主要类型包括源推送(push)、付费搜索、小应用程序(applet)、推荐列表(promoted listings)、广告内的原生元素(in-ad native elements)和定制原生广告(custom)。原生广告并不是社会媒体或者数字媒体所独有的,在印刷广告时代,就产生了被称为社论式广告(advertorial)的原生广告,即在报纸或者杂志上假扮成社论文章的广告。数字媒体特别是社会媒体的出现使原生广告的形式更为多样,也更难以分辨,因而也更为流行,我们在微信朋友圈里常见的推送广告就属于原生广告。Insider Intelligence 估计,2023 年美国在展示类原生广告上的花费就达到 974.6 亿美元,其中的 681.7 亿美元花费在了社会媒体上,花费在其他媒体上的不足 300 亿美元。与其他媒体上的原生广告相比,以社媒平台推送内容形式出现的原生广告有明显的优势。很多时候,这类广告也添加了参与功能(如评论、点赞等),与有机内容毫无二致,并可以通过网络口碑得到网络用户的背书,这些都能够有效地增加受众参与度。当然,社媒平台也会从这类原生广告的良好表现获得更多的广告收入。有数据表明,社媒推送类型的原生广告,如脸书上的赞助帖(sponsored posts)和推特上的推广推文(promoted tweets),可以占到原生广告的 39%左右。

为了保护消费者不被误导,包括我国在内的许多国家的监管机构都要求原生广告必须要有清晰而显著的标识,说明内容的广告性质,常用的标识用语包括"广告""赞助内容""由……赞助"等。不过,一项研究发现,即便有这样的标识,九成以上的网络用户还是不会注意到他们浏览的内容原来是广告。当然,一旦用户发现他们浏览的是广告内容,就会持比较负面的态度。

需要注意的是,原生广告并非与展示广告或者视频广告并列的类别,而是交叉的关系,原生广告可以是展示广告也可以是视频广告，比方说，根据 Insider Intelligence 在 2023 年 1 月所做的估计，2023 年，美国在展示广告上的花费会有 59.7%花费在原生广告上。

8.3.5 网络广告的计费模式

不同的广告方式通常有不同的计费模式，对于网络广告而言，主要计费模式分为 4 种：CPM、CPT、时间费率和混合费率。

1. 按每千印象计费

按每千印象计费(Cost Per Thousand，CPM)是传统广告计费的常用手段之一，意思是将广告信息传播给一千个人所需要的费用。举例来说，如果某网络广告商对旗帜广告的 CPM 报价为 30 元的话，意思就是说，该旗帜广告每显示 1000 次，即旗帜广告所在的网页被访问 1000 次，不论访问者是否注意到该旗帜广告，更不论访问者对此广告是否有所反应，广告主都必须支付给广告商 30 元广告费。显然，CPM 是最受广告商欢迎的计费方式，因为不论广告效果如何，只要该广告被播出，广告商就一定可以获得收入。这种计费方法目前也是网络广告最常用的计费方法之一。

需要注意的是，不同媒体的 CPM 差别很大，一般而言，媒体的针对性越强，CPM 也会越高，所以 1000 和 1000 的价值是不一样的，最好的办法是将普通的 CPM 折算成将广告信息传递给 1000 个目标客户(而不是随随便便的 1000 个人)的费用。

2. 按每次行动计费

与 CPM 只重显示数量不重显示质量的思路不同，按每次行动计费(Cost Per Transaction，CPT)的方式只对有效的显示收取费用，所以 CPT 是按广告效果计费的方式。当然，受众对广告发生兴趣后可能有不同的反应，可能会寻找更多信息，也可能是索取试用样品，还可能直接下单购买。所以，按反映行为的不同，按每次行动计费的方式又可细分为以下几种。

(1) 按单击计费(cost per click through，CPC)：在这种模式中，作为计费基数的行动是点击。此时，广告主只对那些看到网络广告后单击了广告中的超链接的行为付费。这种计费模式主要用在搜索引擎广告中。

(2) 按行动计费(cost per action，CPA)：在这种模式中，作为计费基数的行动是除单击以外的其他事先约定的行动，如单击进入目标网站后注册为网站会员或者下载了软件的试用版。

(3) 按线索计费(cost per lead，CPL)：在这种模式中，作为计费基数的行动是可能会达成交易的询盘或其他类似行动。

(4) 按销售计费(cost per sale，CPS)：在这种广告计费模式下，广告主仅仅为那些通过单击网络广告进入电子商务网站并且实际发生购买的单击付费。这时，广告报价会像销售佣金一样以销售额的一个比例来表示。按销售计费是对广告主最有利的一种计费模式，广告主不但不用承担任何风险，而且可获得免费宣传品牌的好处。这一模式主要应用在联属网络营销中。

3. 时间费率

顾名思义，时间费率(day rates)的基数是显示广告的时间，这是最古老、最简单的一种计费方法。第一个旗帜广告就是以这种方式来计费的，赞助广告通常也以这种方式来计费。此外，网络分类广告也经常采用这种计费模式。

4. 混合方式计费

相比而言，广告商偏爱 CPM 计费模式，而广告主则喜欢 CPT 模式(尤其是 CPS 模式)，时间费率模式则只限于前面提到的几种比较特殊的情形。因此，具体采用哪种费率经常取决于广告主和广告商的市场地位，优势的一方可以按自己的喜好决定计费模式。考虑到日益降低的单击率及无单击网络广告仍然具有的品牌效应，CPS 是对广告商明显不利的一种计费方式，而且从道理上讲，广告的实际促销效果除了受传播质量的影响外，在很大程度上还会受到产品本身质量和市场条件的影响，让广告商来承担所有的广告风险是不公平的。虽然部分个人网站为获得有限的收入会被迫接受这种计费方式，但如果广告商和广告主在讨价还价时旗鼓相当，双方就可能会达成一种妥协方案，即 CPM+CPA 的方案，在这种方案中，广告费由两部分构成，一部分是 CPM(通常较低)费率，一部分是 CPA 费率。

5. 评价

以上几种费率的优劣我们可以用薪酬发放方法打个比方，CPM 相当于出勤工资，CPA 相当于绩效工资，时间费率相当于基本工资，混合费率则是这几者的复合。

受传统广告计费方式的影响，长期以来，CPM 一直是网络广告最常用的计费方式，不过，随着搜索引擎广告的崛起，CPT 的份额不断上升并成为占主导地位的网络广告计费方式。在理论上，混合费率是比较科学的计费方式，但实施起来比较麻烦，所以混合费率的使用在今天仍不多见。根据 Statista 发布的数据，美国网络广告市场上采用 CPT 计价模式的网络广告份额在 2007 年达到 51%，首次超过 CPM 模式的 45%，当年混合模式占到了 4% 的份额。到了 2020 年，采用 CPT 模式的份额为 67.1%，采用 CPM 模式的为 32.4%，而采用混合费率的广告只有可怜的 0.5%(参见图 8-9)。

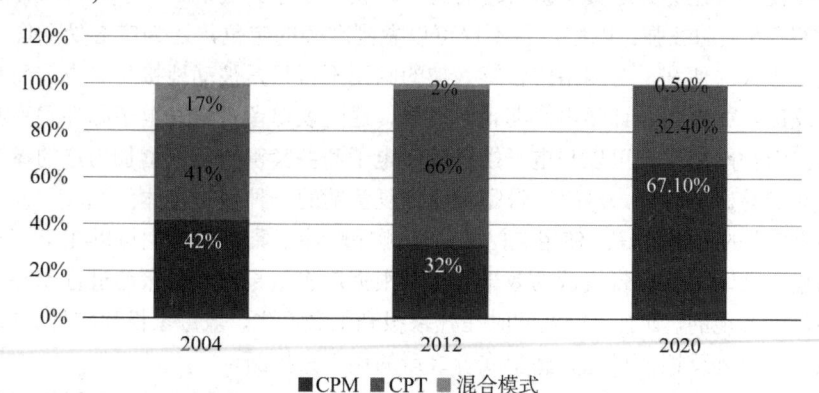

图 8-9 美国市场不同网络广告计费方式的份额(未统计时间费率的情况)

资料来源：Statista

需要注意的是，在多数情况下，如果掌握相应的数据，不同的付费模式间可以进行换算和比较。例如，采用时间费率的广告主一般都会要求广告商提供准确的网页浏览人数以便对广告效果进行评价，以时间费率除以以千人计算的该段时间内的网页访问量就可以得到该广告的 CPM 费率。

8.3.6 网络广告的优势和局限性

事物都是一分为二的，网络广告也不例外。一方面，网络广告有许多传统广告难以匹敌的优点，另一方面，网络广告也有诸多缺陷需要人们努力去解决。在实际应用中，网络广告经常和传统广告配合使用，以便取长补短，取得协同效益。

1. 网络广告的优点

与传统媒体相比，网络广告有一些独特的优势。

(1) 基于互联网无远弗届的特性，网络广告尤其适合作为全球传播的手段，网络广告不仅可以覆盖广阔的地理范围，而且没有播出时间限制，因此产生广告效应的潜力巨大。

(2) 网络广告通常和网站配合使用，而网站能够容纳的信息量跟传统媒体相比几乎是无限的。网络广告的受众通过单击广告中的链接就可以进入广告主的网站，广告主在网站中可以轻易安排相当于数千页的广告信息和说明，把自己的公司及公司的所有产品和服务(包括产品的性能、价格、型号、外观形态等方面的资料)巨细无遗地包括进来。除了巨大的信息存储空间，广告主可以利用网站来传递大量信息的一个重要原因还在于：网站访问者可以利用网站地图、导航条、检索框等功能很方便地查找信息。

(3) 网络广告发布周期短。网络广告的发布可以不受出版、播放周期的限制，在这里最有代表性的网络广告形式是搜索引擎广告，可以用自助的形式发布。Google 关键词广告在提交成功几分钟后就可以开通，用户还可以随时更新广告攻势的特征参数，如关键词、每次单击花费等。

(4) 网络广告定向性好，针对性强。广告受众的准确定位一直是广告投放决策的一个难题，广告投放不准确不仅使广告主浪费了资金，而且使不少媒体用户无辜蒙受了无关信息的狂轰滥炸。利用特殊的软件，网络广告服务商可以选择特定人群作为广告播放对象，网络广告甚至可以把广告受众精确定位到个人。企业可以通过准确的市场细分和产品定位来有针对性地投放网络广告，从而使广告能够到达真正感兴趣的用户，获得更好的效果。

(5) 网络广告互动性强。网络广告不仅可以做到准确的定位，还为广告受众作出可以测量的反应提供了极大的便利。对网络广告感兴趣的网民不再只是被动地接受广告，而是可以及时地做出多种反应，如单击、订阅电子期刊、下载、通过表单留言、发电子邮件联系甚至直接下订单。这种优势使网络广告可以与电子娱乐或者电子商务紧密结合，增加用户的参与度或者与用户即刻达成交易。所以说，网络广告是实现直复营销的一种理想媒体。

(6) 网络广告的可测性好。使用专门的广告测评软件工具，广告主可以在第一时间获得准确的测评结果，及时了解广告投放的效果，然后根据广告效果对广告策略进行调整，而这在传统媒体是不可能实现的。比如，企业同时在几家报刊上做广告，但每家报刊广告的效果怎么样，企业不可能及时得到反馈，只能凭感觉或者事后的调查来推断。

(7) 网络广告在推广在线业务方面独具优势，网络用户在看到感兴趣的网络广告后，只需要单击一下或手指一划鼠标，就可以到达广告内容页面，省去了传统广告场合下广告受众必须记录联系方式或扫描二维码的麻烦。

(8) 网络广告形式多样，各具优点，非常适合作为整合营销传播的一部分发挥作用。例如，互动广告有很大的创意空间，非常适合制作高度介入产品的广告；搜索引擎广告则非常适合广告寻觅者查找。

(9) 网络营销企业既是网络广告的需求者，又是网络广告的提供者，这使得网络营销企业有可能通过广告交换获得额外的广告机会，节省广告费用，Web 环就是广告交换的一个例子。

2. 网络广告的局限性

虽然网络广告有不少优势，但至少在目前，网络广告也存在一些不容忽视的局限性。

首先，互联网的使用仍有待进一步普及。从全球范围看，2023 年全球互联网用户数约为 53

亿，仅占世界人口的 66.2%。在我国，据第 54 次《中国互联网络发展状况统计报告》，到 2024 年 6 月底中国互联网网民人数为 10.9967 亿人，互联网渗透率为 78.04%。中国的互联网渗透率虽然高于世界平均水平，但明显低于北美同期的 96.8%，更低于北欧的 97.6%。由于我国仍有近五分之一的人口尚未接入互联网，这使得网络广告在中国能够到达的人群范围仍受到一定限制。

其次，相对于其他媒体而言，网络媒体过于支离破碎，因此，网络广告很难在短时间内实现足够多的印象数。尽管我国的广播电视事业近年来有了迅猛的发展，但用户能接触到的电视台和广播电台不过几十个或者几百个，而网络用户能访问的网站却数以百万计，传统报刊的种类也比电子期刊的种类少得多，因此，除了极个别的门户网站，大多数网站的访问量都是非常有限的；除了极个别的热门期刊，绝大多数电子期刊的订户都是非常有限的。典型的网络广告可以分为两部分，一部分是广告入口，另一部分才是要传递的目标信息。例如，对旗帜广告来说，因为旗帜的尺寸相当有限，不能承载大量的信息，一般只能起到识别广告商的作用，要想传递更多的信息，必须诱使访问者单击旗帜，进入广告商的网站，非常遗憾的是，目前旗帜广告的点击率非常低，一般都在 0.5%以下。对于电子邮件广告也一样，许多收件人会根据邮件主题决定是否要打开邮件，而主题传达的信息非常有限，并且，一般的商业电子邮件为了控制篇幅，通常在正文部分只显示内容的提要，要看到更多内容，则要求收件人单击链接进入指定的网页，这种点击率也相当低。这样，网络广告经常只能完成一半任务，即展示广告商的品牌商标，能够成功地展示计划信息的广告非常少。

最后，互联网广告获得的信任程度较低。从图 8-1 我们可以看到，数字媒体的受信任程度大幅落后于传统广告媒体，而即使是传统广告的信任度也不能令人满意，这才使有的广告专家发出了"广告已死"的感叹。这也是原生广告和内容营销在最近受到人们重视的原因。

3. 网络广告的适用范围

网络广告最适合于从事在线销售的公司使用。不过，网络广告的作用不限于推广电子商务，许多传统公司也是网络广告的广告主，例如，宝洁公司、福特公司等。

网络广告可以被用来完成以下任务。

- 增加网站流量：网络广告在增加网站流量方面优于传统广告。
- 发布新产品：例如，2004 年，福特公司利用网络广告宣传其 F-1500 系列卡车产品，作法是在 AOL、MSN 和 Yahoo 三大门户网站上密集投放 24 小时旗帜广告。
- 提升销售业绩：网络广告在提升销售业绩上的潜力比人们想象的要大，根据宝洁公司对 55 000 购物者的跟踪调查，旗帜广告在 16 周的时间内使做广告的快餐食品的销售增加了 19%，尽管该广告的点击率只有 0.27%。
- 建立对话：例如，marksandspencer.com 通过许可 E-mail 营销同顾客建立对话。
- 建立顾客数据库：例如，读者文摘公司借助网络广告建立直邮数据库。
- 派发试用品，鼓励试用产品：例如，宝洁公司使用网络广告派发 Pert Plus 香波的试用品。
- 提高顾客忠诚度：与顾客忠诚计划相结合的网络广告可以提高顾客忠诚度。
- 覆盖网络用户群体：一些网虫级的网络用户很少使用其他媒体，向他们传播信息的最佳媒体就是互联网。

基于以上分析，网络广告最终能否成功取决于以下因素。

- 公司的目标市场的特性：公司的潜在客户群体是否与网络用户群体相匹配。

- 公司的品牌强度：公司品牌赢得的信任能否抵消掉用户对网络广告的不信任。
- 公司的整合传播策略：公司是否使用了多种媒体使传播效果最大化。
- 公司的营销管理水平：公司能否对包括网络广告在内的整合营销传播进行有效管理

8.4 网络广告从创意到评价

8.4.1 网络广告的创意

在这个信息泛滥而注意力奇缺的时代，创意的好坏经常决定着广告的成败。好的创意可以引人注目，给人留下深刻印象，甚至使人口耳相传。

1. 基本原则

创意是一门艺术。好的创意经常来自灵光乍现。但是，创意也有一定的规律可循。

首先，广告创意一定要经过测试。广告艺术是商业艺术而不是纯艺术，所以广告创意的好坏归根结底要靠市场来评判。对广告而言，超越时代的作品可能是伟大的作品，但绝不会是成功的作品。同样，创意适合用 beta 测试而不是 alpha 测试来评价；在评价时还要注意：有比较才有鉴别，广告主一定要同时拿出多个创意让准用户去评价。

其次，创意要同广告形式相匹配，有的广告形式允许较大的创意空间，有的广告形式的创意空间却极其有限，但不论创意空间大小，创意的重要性都是一样的。比方说，不能因为电子邮件营销和搜索引擎营销缺乏创意的空间就忽视它们，因为受众仍然会被最好的创意所吸引。

最后，同传统广告相比，网络广告创意有几个独特的地方，网络广告的创意可以从广告的互动性和定向性方面去发掘潜力，其中显示广告更注重互动性方面的创意，而电子邮件广告和搜索引擎广告则更强调定向性方面的创意。

2. 网络广告创意实例

因为网络广告具有很强的表现力，它的创意空间比传统广告大很多，我们看两个实例。

(1) 百雀羚的通栏广告。创意说明：2017 年母亲节前后，创建于 1931 年的百雀羚品牌通过微信朋友圈和公众号发布了一条一镜到底的长屏广告"与时间作对"。该广告打破传统禁忌，使用了竖式连环画构图，长图以百雀羚诞生时的 1931 年民国时期的上海为背景。身着民国时期旗袍的女主角阿玲(代表百雀羚)，十里洋场，让人仿佛穿越时空置身于 20 世纪 30 年代的大上海。连环画故事情节曲折，伏笔丛生，推动故事走向高潮。直到 427 厘米长图临近结束，女特工阿玲才完成了杀死时间的使命，广告的最后一幅震撼抛出"百雀羚，与时间作对"的主题，让人荡气回肠。百雀羚广告发布后公众号得到了 10 万以上的浏览量，而且迅速霸屏朋友圈，让很多人自发地转载分享，实现了惊人的传播效果。

(2) 科因贝斯的碰碰二维码。创意说明：20 世纪 90 年代末，有一款 DVD 屏保非常流行，整个画面是 DVD 的品牌标识(LOGO)在屏幕上随机游走，到达屏幕边缘时就会和边缘发生一次弹性碰撞，随之改变颜色和方向，之后继续游走。20 多年过去了，DVD 几乎成为古董，而这一款 DVD 屏保的创意却在社媒时代得到新生。2022 年美国超级碗期间，加密币平台科因贝斯

(Coinbase)借用了这款 DVD 屏保模因①(meme)创作了一个时长为 60 秒的视频广告。这则广告基本上是 DVD 屏保模因的重现,唯一的改变是用一个二维码代替了 20 世纪的 DVD 品牌标识。这一超级碗广告经过科因贝斯社交账号的转发取得了让人意想不到的效果,该广告在社媒上被广泛传播,在超级碗期间,该广告在社媒上获得了超过 7.9 万次提及,使其成为这一时期被提及最多的广告。一旦用户用手机扫了二维码,就会登录到科因贝斯的用户注册页面。科因贝斯给 2024 年 2 月 15 日前新注册用户赠送价值 15 美元的比特币的优惠,注册的新用户还可以免费参加一个总额为 300 万美元的抽奖。科因贝斯这次广告的效果如此之好,竟然导致该公司的 App 一度因为拥堵而无法正常访问。

8.4.2 网络广告的制作和发布

独具匠心的网络广告创意需要通过精细制作才能得到体现。好的制作不仅可以增加网络广告的吸引力,甚至可以增加广告可信度,广告制作涉及比较专门的技术问题,这里不过多涉及,对此有兴趣的读者可参阅本章参考文献中列出的相关著作。

企业发布广告可以采取自助发布和通过代理发布两种形式。这两种形式各有利弊,自助发布网络广告的优点是避免了与代理沟通而损失的时间及可能产生的意思误解,这样不仅可以更快速地发布和更新广告,而且可以使内容更加忠实于广告主本意。当然,自助发布广告还可以节省代理费用。但是,自助发布无法享受到代理提供的一些专业服务,如广告设计、测试等。

8.4.3 网络广告的评价

对广告效果进行测评是广告管理中的关键一环。可测性好是网络广告与许多传统媒体广告相比所具有的优势之一。传统媒体广告效果的测评一般是通过邀请部分消费者和专家座谈,或调查媒体的收视(听)率或发行量,或通过统计销售业绩分析促销效果等方式来实现,这些评价方式的结果不仅无法及时获得,而且获得的结果也会因为受主客观因素影响和取样规模限制而出现较大误差。另外,对传统广告效果进行测评的费用也较高,所以许多广告主在无奈之下干脆不做广告效果的测评。但是,计算机强大的数据记录和处理能力及网络广告的互动能力使及时准确地测评网络广告变得切实可行。

1. 网络广告测评的模式

按照测评数据来源的不同,网络广告测评可以分为两种模式:以用户为中心的模式和以网络媒体为中心的模式。前者需要首先组织起有代表性的用户小组,通过安装在小组成员计算机上的特殊软件记录小组成员的网络浏览行为,最后将收集到的数据进行处理并推广到整个目标群体。后者则是依据网络媒体服务器端记录的网站访问日志数据对广告的效果进行测评,对日志进行分析可以由网络媒体借助专门的日志分析软件独立完成,也可以委托第三方审计机构来完成。两种模式各有利弊。

以用户为中心的模式最大的优点在于可以通过对用户小组成员特征的了解推算出具有类似特征的目标群体对广告的反应,如可以根据 100 名退休公务员对广告的反应推断出整个退休公务员群体对广告的反应;如果测评方拥有的样本库数据比较可靠,样本库的规模又足够大,使用这一模式推断出的数据是相当可靠的,另外,这种方法可以比较容易地实现对不同测评目标

---

① 模因是英国进化生物学家理查德·多金斯(Richard Dawkins)1976 年在其著作《自私的基因》中提出的一个概念,用来指一个通过模仿被传播的文化信息单元。在一个文化当中,模因可以有不同形式,比方说思想、技能、行为、短语或者说一种特别的时尚。

的比较研究,如对相互竞争的公司投放的旗帜广告的比较。

以用户为中心的模式的缺点也比较明显,首先,这种方法不适用于访问量较小的网站上的广告,原因是样本小组的规模通常比较小,在测评访问量不大的网络广告时会出现较大误差;其次,一些公司不允许在员工电脑上安装监测软件,而一些在公共场合(如网吧)使用的计算机虽然可以安装监测软件却无法对应明确的用户群,这些都会导致测评误差的出现;最后,完成从样本到计划群体的推算需要掌握计划群体的统计数字,而这些数字本身也可能存在误差。

以网络媒体为中心的模式优点是可以适用于所有规模的网站,对广告印象数的测量数据比较准确,而且测评费用也较低(在独立操作时尤其如此),这一模式最大的缺点是无法合理地识别用户,目前服务器只能通过 IP 地址和签语块来识别用户,但两种方法都会引起较大的误差。因为一些用户每次上网都会有不同的 IP 地址(动态 IP 地址),而另一些使用固定 IP 地址上网的计算机(如网吧的计算机)却对应着不同的用户,所以使用 IP 地址识别用户不是理想的方法;使用签语块的问题是部分用户不接受签语块或者定期清理签语块,这都会引起统计误差。此外,集体用户普遍使用的代理服务器具有的缓存功能,会使网络媒体端对访问量的统计小于实际数字,对大家频繁访问的热门网站而言,这种现象更加突出。

由此可见,两种模式各有优势和不足之处,具有一定的互补性,所以企业最理想的做法是使从两种模式得到的测评结果相互印证,如果资金等条件不允许这样做,那么大网站可以考虑优先使用以用户为中心的模式,而小网站可以优先考虑使用以网络媒体为中心的模式。

> 一家美国 Web 评级公司"相关知识"(Relevant Knowledge)开发了专门用来观察记录网络用户行为的软件,将其安装在志愿者的电脑上,通过此软件相关知识公司可以直接通过互联网从用户的电脑收集追踪数据,了解用户对特定广告的反应。该公司采取的广告测评模式属于哪一种模式?该公司的测评方法会导致哪些误差?

2. 网络广告测评的阶段

按照实施的时间不同,我们可以把网络广告效果测评分为事前测评、事中测评和事后测评三种方式。具体的测评阶段和测评内容如下(见表 8-3)。

表 8-3 广告测评的阶段和任务

测评阶段	测评内容
事前测评	目标群体确定、广告内容确定、广告形式确定;媒体选择、成本收益估算
事中测评	广告效果与广告目标(用知名度、回忆度、理解度、接受度、美誉度等指标来衡量)的动态差距
事后测评	与预设广告目标的差异;销售/市场占有率

1)事前测评

公司在大规模大范围发布广告前,需要对广告的效力进行测试,测试的主要方法有专家测评法、消费者评定法和仪器测量法,事前测评的目的在于预测目标受众对广告的反应,以便在广告发布前进行优化设计。

对于传统广告,事前测评耗时耗力,并且误差较大,但因为网络媒体独有的窄播(narrowcast)和互动传播的特点,网络广告的事前测评可以在有限的预算下做得非常准确。唯一需要注意的是广告的事前测评通常需要广告商的参与,而广告商有时可能为达成交易会有意夸大广告效果,或者在测评效果不理想时强调测评误差的影响;这时,如果提供多种广告方案让广告商帮助选择其中的最佳方案,广告商可能会更有积极性提供客观的结果。

另外，进行广告的事前测评时可能涉及 CPM、CPC 等指标，广告主必须清楚使用各种指标的优点和限制，以便做出准确的选择。

2）事中测评

传统广告在播出或刊登后，不论效果如何，通常都无法对广告的内容和形式在当期广告攻势中作出调整，但网络广告不同。因为大多数网络广告都没有发布周期限制，可以实时发布新的广告，所以，事中测评对网络广告尤为重要。网络广告发布后，广告主可以对广告的效果进行实时监测，动态跟踪，及时掌握第一手资料，根据监测结果来掌握广告攻势是否能达到预期效果，并在必要时及时作出调整或者启动备用方案。

比如，当企业发现按照已经观察到的请求数趋势，公司的旗帜广告的印象数将无法在期末达到预定指标时，企业就可通过在其他网络媒体上投放广告来加以弥补，按照 CPM 的计费原则，这将不会增加公司的支出。

3）事后测评

网络广告停止后，会引起产品销售量和品牌知名度不同程度的提高，对这一系列效果的测定即为事后测评。

事后测评是对网民看到广告后的反应的定量分析。需要注意的是，广告的不同效果是在不同时期内通过不同渠道逐步体现出来的，所以，广告的事后测评也需要在一定的时期内完成，并将数据与上年同期数据、对照市场上的数据及预定计划进行比较，对广告效果作出恰如其分的评价，以便提高今后类似广告攻势的决策和执行水平。应当注意的是，网络广告的影响不限于对网上销售的促进，网络广告可能同时在多个销售渠道发挥作用，例如，2002 年 DoubleClick 对电子邮件广告的一项研究表明，在基于许可的电子邮件的影响下，68%的用户会在网上购物，59%的用户会在零售商店购物，39%的用户会通过邮购目录购物，甚至还有34%的用户会通过呼叫中心购物，有 20%的用户会通过直邮来购物。

8.5　网络广告的法律和伦理问题

广告是企业营销传播的主要途径，企业的广告行为直接影响企业的品牌，一个企业在广告活动中不仅应该遵守相关的法律法规，而且要考虑遵守相关的道德规范。

8.5.1　网络广告的法律问题

网络广告是一种新的广告形式，但它与传统广告的不同主要体现在技术层面，在商务本质上其实并没有什么区别。因此，网络广告需要遵守的法律法规主要来自两方面：规范传统广告的法律法规和规范电子商务的法律法规。

1. 规范传统广告的法律法规

出于保护消费者和防止市场失效的考虑，世界各国都制定了大量的规范企业广告行为的法律法规。在我国，规范广告行为的基本法律是《中华人民共和国广告法》，但是，还有多种法律对广告行为做出了规定，如《中华人民共和国反不正当竞争法》《中华人民共和国商标法》和《中华人民共和国消费者权益保护法》。广告监管部门颁布的行政法规数量更多，如《印刷品广告管理办法》《广告管理条例》等。此外，特殊行业的广告行为还需要遵守更严格的法律，例如，烟草行业的广告必须符合《烟草广告管理暂行办法》的规定，药品广告要遵守《中华人民共和国药品管理法》中的有关规定。在市场经济比较发达的国家，有关广告的法律法规比我国更加周密，在美国，联邦贸易委员会(Federal Trade Commission，FTC)是监管广告行为的主要机构，《威勒-李修正案(Wheeler-Lee Amendments)》赋予了FTC保护消费者不受欺骗性广告侵害的权利，FTC制定了内容极为详尽的各种指南，对企业广告行为做出了规范，这些指南中对"免费""买一送一"等广告词的使用、广告的合同效力、抽奖促销活动、名人代言、夸大性广告等一系列问题做出了详尽的规定。同我国一样，一些专门的机构，如食品和药品管理局(Food and Drug Administration，FDA)、酒精烟草和枪械专管局(Bureau of Alcohol, Tobacco, and Firearms Division，BATF)等负责对特殊行业的广告进行监管。另外，美国通过众多的高等法院判例对有关广告的法律法规也做出了详细说明，它们几乎涉及广告的各个方面，如对企业形象广告的限制、对比较广告的限制、对专业服务广告的限制等，这与我国的情况不同。

要了解我国有关广告的法律法规，国家法律法规数据库(https://flk.npc.gov.cn/)是最权威的站点。

2. 规范电子商务的法律法规

电子商务比较发达的国家(如美国、德国、芬兰)都已经或者正在通过立法途径来惩罚通过电子形式倾泻垃圾宣传品的行为，巴西、印度、捷克等国也在积极探索有关的解决方案。在这方面，欧盟的立法走在了世界的前列。欧盟的《电子商务指令》《远程合同指令》及其他有关保护个人数据和隐私权的指令构成了完整的法律体系，使企图倾泻电子形式的垃圾宣传品的经营者无机可乘，该法不仅有力保护了电子商务的消费者的合法权益，而且保护了更广泛的社会公众的利益，从而为电子商务的健康发展创造了良好环境。

2023年2月，国家市场监督管理总局依照《中华人民共和国广告法》(后面简称《广告法》)和《中华人民共和国电子商务法》等法律、行政法规，制定并颁布了《互联网广告管理办法》，该办法对网络广告行为做出了非常具体的规定，比方说办法第10条规定：

以弹出等形式发布互联网广告，广告主、广告发布者应当显著标明关闭标志，确保一键关闭，不得有下列情形：

(1) 没有关闭标志或者计时结束才能关闭广告；

(2) 关闭标志虚假、不可清晰辨识或者难以定位等，为关闭广告设置障碍；

(3) 关闭广告需要经过两次以上单击；

(4) 在浏览同一页面、同一文档过程中，关闭后继续弹出广告，影响用户正常使用网络；

(5) 其他影响一键关闭的行为。

启动互联网应用程序时展示、发布的开屏广告适用前款规定。

我国目前尚无专门针对垃圾邮件的立法。从我国现有的法律规定看，如果因大量发送垃圾电子邮件，干扰计算机信息系统功能，造成计算机信息系统不能正常运行，后果严重的，可以按照《中华人民共和国刑法》第286条的规定处理，即"违反国家规定，对计算机信息系统功能进行删除、删改、增加、干扰，造成计算机信息系统不能正常运行，后果严重的，处5年以下有期徒刑或者拘役；后果特别严重的，处5年以上有期徒刑"。未构成犯罪的，违反了国务院颁布的《计算机信息系统安全保护条例》及公安部颁布的《计算机信息网络国际联网安全保护管理办法》的有关规定，应当受到行政处罚。对于我国目前存在的一批专门收集网民电子邮件信息并加以出售的网站，公安部公共信息网络安全监察局有关人员表示：这种行为已经违法，参照《中华人民共和国刑法》《计算机信息系统安全保护条例》和《中华人民共和国民法通则》的有关规定，完全可以进行处理。

我国法律要求电子形式的广告宣传必须具有可识别性。《广告法》第 13 条规定，广告应当具有可识别性，能够使消费者辨明其为广告。通过大众传播媒介发布的广告应当有广告标记，与其他非广告信息相区别，不得使消费者产生误解。我国《广告法》第 2 条规定，本法所称"广告"是指商品经营者或者服务提供者承担费用，通过一定媒介和形式直接或者间接地介绍自己所推销的商品或者所提供的服务的商业广告。因此，通过计算机网络传播的电子形式的广告也属于我国《广告法》规范的广告，所以《广告法》的上述规定也适用于网络广告。因此，经营者发布的网络广告应当有明显的广告标记，电子邮件广告也要遵守这一规定，以方便消费者识别和及时清除。

8.5.2 网络广告的伦理问题

同网络调研一样，网络广告是不道德行为最集中、问题最突出的网络营销环节之一。传统广告中的不道德行为集中在欺骗性广告方面，而网络广告在此之外增加了干扰性广告和死搬的问题。

(1) 欺骗性广告：传统的欺骗性广告一般是在广告内容上误导受众，而欺骗性的网络广告又增添了一些花样。例如，为了增加旗帜广告的点击率，某些营销者针对网络用户的浏览习惯设计了一系列花招，比方说将广告伪装成计算机本身的系统提示，引诱访问者单击"确定"进入广告主网站。

(2) 干扰性广告(intrusive ads)：这类广告以弹出式广告为代表，但还有浮动旗帜、过渡页广告、空隙和超级空隙广告(interstitials/superstitials)等变体。这类广告强行出现在网络用户的视野里，为吸引眼球不惜打断用户正在从事的正常活动；虽然会给广告受众留下印象。但往往是极其恶劣的印象。近来，许多企业因为干扰性广告代价大、效率低而停止了这种广告方式。

(3) 死搬类广告：死搬类广告包括但不限于垃圾邮件，它还包括新闻组(或者论坛)死搬及搜索引擎死搬，前者是指在主题不相关的新闻组(或者论坛)滥发商业性帖子的行为，后者则是指利用搜索引擎排序算法的一些弱点，用诸如偷梁换柱、镜像、桥页的手段，靠欺骗搜索引擎索引程序来获取较好排名的搜索引擎优化技巧。虽然表现不同，但死搬类广告同干扰性广告一样都能分散网络用户的注意力，干扰网络用户的正常活动，其不道德的本质是一样的。死搬类广告的一个典型案例见第 6.5.3 节。

一些研究表明，部分欺骗性广告、干扰性广告和死搬类广告的成本效率好于合乎道德规范的好广告，但又有许多调查表明，网民对于弹出广告、垃圾邮件之类的不道德广告极度厌恶，许多公司也开发出了专门的程序帮助网络用户屏蔽某些类别的干扰性网络广告。因此，网络营销企业要尽可能避免使用不道德的网络广告方式(具体策略参见第 9 章)。

8.6 案例分析：拼多多的广告策略

拼多多是近十年电子商务领域诞生的一个新神话，它的崛起有很多原因，但其中很重要的一个原因就是它对广告策略的成功运用。我们曾经提到过，网络广告和传统广告配合使用可以取得最大化的广告效果，在这方面，拼多多公司的实践为我们提供了一个绝佳范例。

拼多多 2015 年 9 月于上海创立，当时，中国网络零售市场的集中度较之前又有提高，阿里系和京东占据了中国网络零售 90%以上的市场份额，苏宁易购和唯品会也以其各自特色定位强势领跑网络零售第二集团，两者加起来占了中国网络零售将近 7%的市场份额。拼多多从农产品零售平台起步，深耕农业，开创了以拼团购为特色的农产品零售的新模式，逐步发展成为以农副产品为特色的全品类综合性纯移动电商平台。拼多多的定位是好事多和迪士尼的结合体，就是要在提供超高性价比的同时，将乐趣融入购物环节，将"多实惠"和"多乐趣"融合起来，为用户创造持久的价值。拼多多于 2018 年 7 月在美国纳斯达克上市，拼多多官网透露，截至 2021 年 6 月，平台年度活跃用户数达到 8.499 亿，商家数达到 860 万，平均每日在途包裹数逾亿单，是中国大陆地区用户数最多的电商平台，也是全世界最大的农副产品线上零售平台。2023 年，拼多多营业收入达到了 2476 亿元，同比增长 89.68%，经调整净利润 679 亿元，同比增长 71.77%，短短五六年时间里，拼多多能杀出重围，异军突起，创造了中国电商又一个现象级的成功案例，其中的奥妙和拼多多公司的广告策略密不可分。

首先，广告成功的前提是必须有核心利益可以通过广告来传播。拼多多在竞争激烈的电商市场中成功建立了自己的差异化定位。与其他电商平台相比，拼多多主打团购和社交电商模式，通过低价、拼团和社交分享来吸引用户。这种差异化定位跟唯品会、天猫强调品质生活的定位形成了巨大的反差，吸引了大量追求实惠和社交购物体验的中低收入群体用户。

其次，拼多多采用了多样化的广告形式和渠道来覆盖不同的用户群体。不仅在门户网站和社媒平台上投放了大量的广告，同时与明星、网红等合作进行代言和推广。并且，拼多多作为一个电商平台，并没有忽视传统广告渠道的作用。从中央电视台到主流的卫视频道再到地方台，从城市的户外灯光秀到农村的刷墙广告，只要是能打广告的地方，拼多多几乎无一遗漏。从交通工具广告看，不论是飞机、高铁还是共享单车、公交车，都能看见拼多多的广告。在 2023 按 2 月的第 57 届"超级碗"上，拼多多更是豪掷 1400 万美元打了两段 30 秒广告(平均每秒广告花费 24 万美元)，不仅创下了该赛事广告的历史最高价，也成为有史以来在"超级碗"投放广告的最年轻品牌。这种多样化的广告组合使得拼多多能够广泛触达目标消费群体，提高品牌知名度和曝光度。2018 年的一项调查结果显示，在 2018 年观看过拼多多广告的人群就已经接近 90%。作为一个定位为中低端消费者群体的后起的电商平台，拼多多面临的一个很大的劣势就是商誉较低，而传统广告在建立商誉方面较网络广告具有明显优势，这就是为什么拼多多在传统广告渠道上投入巨资的深层考虑。拼多多将广告大量投放在央视、湖南卫视、浙江卫视、东方卫视等一线卫视，植入综艺节目中，在这些知名媒体上频频亮相对提升拼多多形象很有帮助。

最后，拼多多的很多广告创意也充分考虑了目标受众的现实处境，引起了广泛的情感共鸣。例如，他们的一些广告故事讲述了普通人通过拼多多购买物品实现梦想和改变生活的故事，这种温情和励志的情节触动了用户的情感需求，增强了品牌认同感。

拼多多公司不愧是纯电商公司里最懂得运用传统广告的营销大师，它的整合营销传播策略充分发挥了电视广告传播面广及网络广告信息量大的优点，克服了电视广告信息量小及网络广告传播面窄的不足，实现了广告效果的最大化。拼多多在整合营销方面拥有的核心能力帮助它成为中国历史上发展最快的电商企业，它交易规模的增速远高于其他头部竞品，拼多多成立于 2015 年，2019 年 GMV 就突破万亿，用时不到 5 年，相比之下，阿里突破万亿用了 10 年，京东用了 13 年。

8.7 网络营销公共关系

8.7.1 网络公共关系的概念

虽然我们经常使用公共关系这一概念，但要给公共关系下一个准确的定义却非常困难，10

部公共关系的著作往往会出现 10 种不同的定义。实际上，美国公共关系研究与教育基金会主席莱科思·哈娄(Rex Harlow)在 1976 年就收集到 472 种不同的公共关系的定义。

我们这里简要罗列几种有代表性的定义。

美国公共关系学会(Public Relations Society of America，PRSA)给公共关系所下的官方定义是："公共关系是在组织和公众之间建立互利关系的战略性沟通过程。"

秦启文给出的定义是："所谓公共关系，就是一个社会组织为了推进相关的内外公众对它的理解、信任、合作与支持，为了塑造组织形象，创造自身发展的最佳社会环境，利用传播、沟通等手段而努力采取的各种行动，以及由此产生的各种关系。"

孔伟成和陈水芬给出的定义是："公共关系是一个组织运用传播手段使组织与公众相互理解和相互适应，为提高组织知名度和美誉度，树立良好的组织形象，促进组织目标的实现，而进行的一种有组织的活动。"[1]

周安华和林升栋在他们 2022 年版的公共关系教材中对公共关系所下的定义是：所谓公共关系，就是一个组织运用有效的传播手段，使自身适应公共的需要，并使公众适应组织发展需要的一种思想、政策和管理职能。

公共关系的定义虽然各不相同，但不同的定义也包含了许多相同之处。

公共关系涉及组织、公众和传媒三个方面。这里的组织可以是企业，也可以是非营利组织或者政府机构，公众指组织的利益相关者，媒体则包括可以传播信息的各种载体。组织、公众和传媒三者利害相关，有共同追求的目标，但也有各自的利益，所以公共关系就是要妥善处理三者的利益关系。在三者当中，组织是最具能动性的方面，能有计划地利用传媒影响利益相关者，最大限度地争取公众支持，以实现组织目标。公众虽然是公关的对象，但不是完全被动的信息接受者，公众不仅可以选择喜欢的媒体和信息，也有一定的发言权。传媒的作用也不容小觑，第三方传媒的最重要作用是增加组织宣传的可信度，因为人们总是更相信中立方的意见，而不太相信组织的一面之词。有时，组织可以委托专业的公共关系公司代理它的公关事务，这时就可能出现第四方——专业的公关人员，公关的专业化说明该领域受重视的程度和其中的技术含量。

公共关系是一种管理职能。公共关系虽然包含了许多具体操作，但它主要是一种管理职能，这意味着成功的公共关系必须有组织领导层的大力支持，而且需要细致的调查、周密的计划、精心的组织和有效的控制。

公共关系意味着交流或者双向传播。公共关系不仅仅是好的宣传，倾听公众也同样重要，实际上这两者是相辅相成的。没有宣传公众就无法知道组织的价值主张，没有倾听就无法了解公众关心的问题，宣传就可能是无的放矢，而且对于宣传的效果也无从得知。

公共关系必须承担社会责任。承担社会责任是组织同公众建立良好关系的基础，这是开展公关的前提条件。

与网络营销的名称类似，网络公共关系(Internet public relations)又叫在线公关(online public relations)、数字公关(digital public relations)或者电子公关(electronic public relations)，意思是利用互联网上的工具和资源开展的公关活动。不过严格说来，三者又有区别，具体区别可参考网络营销的各种名称的区别。公关业认识到互联网的作用虽然比营销界略晚，但在我国，最晚在 2000 年，网络公关就成了公关行业的热门话题。

---

[1] 孔伟成，陈水芬. 网络营销[M]. 北京：高等教育出版社. 2002.

8.7.2 公共关系和营销的关系

公共关系和营销是两个不同但紧密相关的领域,有人将公共关系、广告和营销的关系用图 8-10 来说明。

从图 8-10 可以看出,有营销公共关系也有非营销公共关系,有营销广告也有公关广告,还有既不是营销也不是公关的广告,比方说个人在地方报纸上发布的寻猫启事。下面将主要讨论公共关系和营销的关系。

公共关系和营销的关系表现在以下几个方面。

公共关系的职能在许多方面和营销互相重叠,比如在树立企业品牌方面和在建立和发展同顾客的长期关系方面。实际上,在建立企业品牌方面,公共关系往往比营销

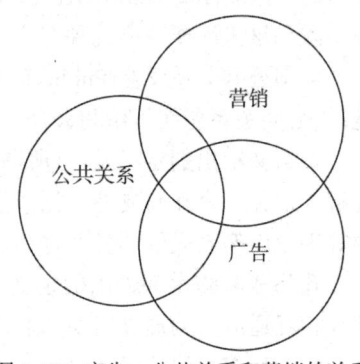

图 8-10 广告、公共关系和营销的关系

更有效率。曾经有两位著名的营销咨询专家这样描述公共关系在建立品牌上的作用:"品牌的诞生通常是靠公共关系来实现的,而不是广告。我们一贯的规则是公关第一,广告第二。公共关系好比钉子,广告好比锤子。公共关系提供了使广告可信的证明材料。"[1]人们常说,广告擅长的是推销公司的产品和服务,而公共关系擅长的是推销公司本身。同广告相比,公共关系不仅花费低,更重要的,公共宣传比广告会受到更多人的注意,而且更可信。即便是同样的信息,如果用广告的形式发布,可能没有多少人去阅读,而如果用专栏文章的形式发布,则会拥有众多读者。最后,不容忽视的一点是,公共宣传可能会被广泛地转载,而广告几乎没有被转载的可能性。在互动营销领域,企业获得的媒体曝光经常被分为三类,分别是自有媒体(owned media,OM)、赚得的媒体(earned media,EM)及付费媒体(paid media,PM)。Nielsen 公司在 2013 年的一次调查表明,就消费者的信任度而言,EM 获得的信任度最高,OM 次之,PM 最差。公共关系主要使用 EM 和 OM 做传播渠道,而营销则主要使用 PM 和 OM 做传播渠道。

公共关系可以为营销创造良好的内外部条件,为营销的顺利开展保驾护航。在内部环境方面,企业可以利用公共关系手段增进员工与组织间的理解,提高员工对组织的忠诚度。在外部环境方面,企业也可以利用公共关系手段改进同各外部利益相关者的关系,提高企业的竞争优势。实际上,许多企业的公关危机起源于不负责任的营销活动,这时,危机从营销活动中爆发出来,很快就会殃及企业同政府、社区、媒体、投资人等众多利益相关者的关系,这种危机需要靠公关活动去解除。

随着营销的侧重点从交易导向向关系导向的转移,公共关系和营销的关系越发密切,两个领域的专业人员在知识和技能方面日益融合,公共关系部门和营销部门经常会以整合营销传播、顾客关系管理或者整合品牌传播的名义协同工作,实现企业的总体目标。现在,人们经常用营销公共关系这一术语来表示以营销为目的面向目标市场开展的公关活动,营销公共关系主要在以下领域发挥作用。

- 推出新产品。
- 重新定位成熟产品。
- 建立市场对特定产品系列的兴趣。
- 影响特定的目标群体。

---

[1] Al Ries, Laura Ries. First Do Some Publicity[J]. Advertising Age, 1999(8).

- 改变对特定产品或者整个企业的偏见，树立企业形象。

8.7.3 公共关系的工具

公关人员在完成公关任务时可以利用的工具主要有以下几种。

(1) **新闻**：公关人员可以策划有新闻价值的事件，并联络媒体对该事件进行报道。

(2) **讲话**：企业如果拥有公共人物性质的员工，如有影响的企业家、科学家等，就可以安排这些员工作为公司的发言人通过媒体向公众发表谈话；如果发言人没有公众影响，媒体通常就不会感兴趣。

(3) **特殊事件**：企业可以利用特别的事件进行事件营销，本章将对互联网支持下的事件营销进行专门的讨论。

(4) **公共服务活动**：企业可以通过参加服务于社会的活动来获得媒体关注。

(5) **网站**：是网络公共关系的主要工具，利用网站可以快速、有效并且经济地与公众进行对话。

(6) **社媒**：包括网志、微信公众号、微博账号等。网络日志是网络公关的另一种重要工具，利用网志企业可以快速、全面地掌握公众对企业的看法，还可以利用网志发布企业对特定事件的解释和看法，同时，网志还是企业为媒体提供新闻背景资料的工具。可供企业利用的网志不仅有企业自己的博客站点，还有其他博客的站点，尤其是媒体记者的博客站点。

(7) **微博**：作为一种最具代表性的社会媒体，微博兼有媒体和社交网络双重属性。一方面，微博是一种自媒体，企业可以从微博上获取信息，查看舆情，也能作为发布者，主动向公众进行公关传播。另一方面，微博用户通过关注别人和被别人关注构成一个个内容分享网络，信息在发布后可以通过转发和评论得到快速传播。由于具有这种双重属性，微博成为网络公关的又一种重要工具。

(8) **微信公众号**：类似移动商务时代的网志，兼具网志和微博的优势，是企业开展网络公关的理想工具。

8.7.4 互联网对公共关系的影响

互联网已经成为世界上最大的信息源，它不仅内容丰富，而且查询方便，使用费用低廉，越来越多的人开始习惯于从互联网获取所需的信息。因此，互联网日渐成为一种举足轻重的公关新媒体。

对公司不友善的意见在网上的大量传播也迫使公司必须在网上做出回应。这些不友善的意见可能来自于特殊的利益群体、非政府机构。这些群体对互联网的运用往往很有效率。

此外，媒体工作者开始依赖互联网工作，记者们已将电子邮件看成工作中一个不可缺少的重要通信工具，记者们在采访时使用电子邮件和社媒 App 的机会比他们使用电话还要频繁，他们还使用网络来发现新闻线索和了解更多新闻背景资料。许多传统媒体也推出在线版本并开通了社媒账号，这使得网络成为人们发布新闻和获取新闻的一个基本渠道。

人们上网的一个重要活动就是获得新闻。对网上新闻搜索者而言，网络新闻的可信度并不亚于通过其他渠道传播的新闻，具体取决于新闻来源的专业性和权威性。

对于企业而言，互联网还提供了一个不经过传统媒体直接向目标公众说话的机会。调查发现，绝大多数公关人员认为互联网技术对他们的工作带来了巨大影响，并且多数人相信这会从积极方面影响他们与媒体的关系。大多数公关人员还认为互联网提升了他们的工作效率，他们可以和更多的人建立和发展关系。

公共关系是围绕对传媒的利用展开的，互联网作为一种革命性的媒体当然会给公共关系带来深刻的变化。

首先，网络媒体压缩了时空，使得消息可以在极短时间内传播到世界各地。这对组织来说可以说是祸福相倚，因为不论是正面的宣传还是反面的报道都能迅速传播。可以肯定的一点是，这增添了公共关系的重要性和复杂性，忽视公共关系在从前可能不会有什么问题，但在网络时代却可能让公司付出惨重的代价。

其次，网络媒体在降低成本的同时还提高了公共关系的效率。数字革命最直接的效果就是降低了传播的成本而且提高了传播的效率，而传播是公共关系的主要内容。不过，传播的改进并不能保证公共关系的成功，因为，对于公共关系的成功而言，好的计划比好的执行更重要。

再次，互联网打破了传统媒体对信息发布的垄断。组织不仅可以利用网络发布新闻，还可以利用网络倾听公众的声音。不过，在人人都有了发言权的同时，获得注意成了最大的难点。并且，对组织不满的利益相关者也可以对企业展开反面宣传，企业对此要特别注意。另外，在相互竞争的各种声音中，即使获得注意，也未必能获得信任，所以获得注意和信任是当前公共关系传播要解决的重要课题。不过，因为互联网是双向传播的媒体，任何人都可以利用网络发表言论。组织可以利用网络来收集公众的反馈，进而调整自己的传播策略。

最后，在网络环境下，公众的地位迅速上升。互联网是以拉动模式为主的媒体，即传播的受众在时间、地点、消息源、方式等方面有了选择权，媒体在发布消息时必须充分考虑受众的偏好。此外，受众借助网络组建了各种虚拟社区，形成了比较有组织的力量，由于网络的出现，传播的受众不再是一个个彼此隔绝的、被动的信息接收者。在虚拟社区里，人们很容易找到和自己观点相同的人作为盟友联合起来发表意见，使得他们的声音更加洪亮；他们甚至还可以团结起来采取某些行动，迫使组织和传播者无法忽略他们的存在。有了网络，传播活动中信息发布者在传播中的主导地位逐步向受众一方倾斜。

8.7.5 网络公共关系的内容

公共关系包含相当丰富的内容，最重要的有与媒体的关系、与顾客的关系、与投资人的关系及与员工的关系。

(1) **与媒体的关系**：这里主要指与网络媒体的关系，网络媒体具有报道速度快、容量大的特点，所以越来越成为公众首选的消息来源。并且，网络媒体因为进入障碍低，所以竞争比传统媒体激烈，这为企业提供了发布信息的机会。同时，许多传统媒体也利用网络来发现新闻线索，所以也可以借助网络来发展和维护与传统媒体的关系。在许多重视网络公共关系的公司的网站上，我们可以发现新闻发布这一板块，专门用来给新闻记者提供近乎完成的新闻稿，这既包括文稿，也包括多媒体的新闻资料。

(2) **与顾客的关系**：这是与营销交叉较多的一个领域。公司可以利用网络向顾客发布产品信息、提供客户服务，还可以受理顾客投诉或获得其他顾客反馈。

(3) **与投资人的关系**：这包括上市公司与股东的关系，也包括一般公司和股东的关系，企业可以利用网络向投资人及时披露公司经营状况。建立投资人的信心对于树立公司形象大有助益，很难想象，股票沦为垃圾股的公司在公众眼里有什么好的形象可言。

(4) **与员工的关系**：企业可以使用互联网发布员工关心的各种政策变动信息、活动公告或者培训、竞聘机会等信息，这可以增进员工对企业的了解，提升企业的凝聚力。

8.7.6 网络公共关系的过程

西方的公共关系学学者为了帮助学生记忆公共关系的过程别出心裁地发明了一些简写，如 RACE、ROSIE。前者表示调研(research)、行动(action)、传播(communication)和评价(evaluation)，后者则表示调研(research)、目标(objectives)、战略(strategies)、实施(implementation)和评价(evaluation)。行动的含义是传播应该以公司的所作所为作为前提，离开了善行，任何雄辩都无济于事。公共关系的过程一般包括调研、计划、执行和评价4个环节，我们分述如下。

1. 调研

调研的目的在于识别目标公众、评价组织的内外部关系现状以及从环境变化中识别问题和机会，为提出和实施公共关系计划提供经验数据支持。

互联网为公共关系调研提供了非常便利的条件，企业不仅可以利用互联网查询二手数据，还可以利用互联网来搜集原始数据。网络调研具体操作中的一些细节问题我们在以前讨论过，这里只强调以下几点。

- 网络公关调研可以分为组织内部调研、公众调研、问题/机会调研和评价调研等类型。
- 网络公关调研不仅是网络公关的起点，而且贯穿网络公关的全过程，是决定网络公关成败的关键。
- 在开始阶段，调研可以为制定公关战略决策提供依据，例如某造纸厂考虑发动一场维护企业在环境保护方面形象的公关攻势，经过调查发现，主要公众对造纸行业在治理环境污染方面所做的努力是满意的，该调查使得企业及时取消了这场不必要的公关攻势。
- 在计划阶段，调研可以评价传播信息的效力高低。例如，某生产一氧化碳报警器的工厂原打算使用"我们的产品可以挽救你的生命"作为营销传播的主题，调研发现主要的目标公众并不了解一氧化碳的危害，所以该企业在大规模的广告攻势前，首先展开了介绍一氧化碳危害的公关宣传活动。
- 在实施阶段，调研本身甚至可以成为获得媒体宣传的素材，一般而言，有实质内容的调研发现会被媒体竞相采用和转载，成为树立企业专业形象的有力武器。同时，调研结果还是影响公众意见的法宝，所以发布调研结果本身可能成为公关攻势的中心任务。
- 在完成阶段，调研可以成为评价公关效果的工具。

企业可利用专业的调研服务来提高调研效率。例如，Truescope(https://www.truescope.com/)公司可就某一个特定的行业、公司、品牌、营销活动等主题提供最新的网上信息监测与分析，这种服务是由受过专门训练的商业情报人员在AI的辅助下提供的。

2. 计划

公共关系的成败在很大程度上取决于计划的好坏。一个好的公共关系计划必须包括以下几个要素。

- 可以测量的具体目标。
- 采取的战术：这里将体现对网络的运用，但一般而言，网上网下的协同作战会取得最佳效果。
- 时间进度表：时间进度表规定各项工作开始和结束的时间，有些工作具有较大的不确定性，并且可能超出企业可以控制的范围，这就要求企业在制定计划时要考虑各种不确定因素，早做安排，并预留出一定的机动时间。
- 费用预算表：企业应为各项公关活动准备充足的经费，保证各项工作顺利完成。

3. 执行

在执行阶段，企业将把公共关系计划真正付诸实施，将实际举办精心策划的活动，将完成的文稿投递给媒体。公共关系计划的执行包含了许多技巧，比如为网络媒体撰写文稿的技巧及与媒体联系沟通的技巧等，对此我们不做深入探讨，不过，我们会用一节的篇幅来专门讨论如何用互联网支持事件营销。

4. 评价

评价阶段经常会被忽略，特别是当公关活动进展顺利的时候更会如此。实际上，不论公关活动成败如何，进行最终的评价都是非常重要的。评价是未来导向的活动，它为今后类似的活动积累经验。

评价实际上是将公关活动前后公司的状况及公关达到的实际效果与计划目标进行比较，所以评价是以调研为基础的。显然，网络技术的使用可以为企业评价公关活动提供便利，例如，网上的新闻稿被转载的次数甚至每次转载后被浏览的次数都可以精确统计，根据这些数据，可对新闻稿进行成本收益分析。

需要注意的是，与 PDCA 循环一样，网络公关包含的 4 个环节不是线性的，更不是一次性的，而应该被视为一个周而复始、不断提升的过程。

8.7.7 基于互联网的事件营销

互联网支持下的事件营销是网络公关的一种重要形式，它能比传统的事件营销起到更好的效果。

1. 事件营销

事件营销(Event Marketing)有两重含义，一个是企业通过赞助事件来树立企业的形象或者推广企业的产品，另一个是推广事件本身。这两者密切相关，相辅相成。这里讨论的事件营销是指营销者在不损害公众利益的前提下，自觉策划、组织、举行和利用具有新闻价值的活动，通过制造"热点新闻"价值的事件，吸引媒体和社会公众的兴趣和注意，以达到提高知名度、改善企业形象及促进产品和服务的销售的目的。事件营销中的事件指的是能够制造"新闻效应"的事件。并非所有的企业活动都能够被称为事件，事件必须是人为制造的，而且能最大限度吸引公众注意；海尔公司张瑞敏的"砸机"事件就是一个典型的事件。事件营销中常见的事件包括行业展会、论坛、网络研讨会、研讨班及虚拟事件。

有研究表明，事件营销在回报率方面仅次于直复营销，优于销售促进及传统的广告媒体和公共关系，网络广告的投资回报率被认为是最差的。这其实并不难理解，在软广告性质的公关宣传刚出现的时候，广大媒体受众比较容易相信软广告的内容。软广告成了一种常规的营销手段之后，越来越多的媒体受众开始能辨别出真正的新闻和软广告，他们就对软广告有了免疫力。由于对广告的潜在抵触心理，媒体受众对软性广告的反感也开始上升，现在的软广告已经明显没有从前的威力了。事件营销却不会有这样的问题，因为成功的事件营销就是成功的新闻，而一个读者对新闻的接受程度是对广告接受程度的 6 倍。事件营销的优势体现在以下几方面。

(1) 消费者的信息接收障碍比较小。事件营销的传播最终体现在新闻上，受众按照对新闻的信任程度来接收信息，这就有效避免了广告传播被人本能抵触的情况。

(2) 传播范围更广。一个事件如果成了热点，会成为人们津津乐道、口耳相传的话题，传播的范围不仅远远超出了亲身经历事件的群众的范围,而且超出了通过新闻了解到该事件的人群,形成二次甚至是多次传播;相比之下,广告的传播一般只局限在直接看到或者听到广告的人群范围内。

(3) 成本低。企业运用事件营销的手段取得的传播投资回报率,约为一般传统广告的三倍,能有效地帮助企业建立品牌形象,直接或间接地促进商品的销售。现在海外越来越多的企业在进行营销传播预算时,会削减部分广告开销,以加大事件营销的投入力度。资金实力有限的中小企业,不可能从事大规模的广告宣传,事件营销就成了他们进行营销传播的合理方式。

2. 基于互联网的事件营销

理想的事件营销往往能使顾客获得亲身参与的体验并使顾客自身成为推动事件发展的力量,但是要使事件营销的效果最大化,需要将创造参与顾客的体验与扩大这些顾客对于更大范围受众的影响力结合起来,而不能一味地追求参与度,互联网恰恰在这方面显示出了强大的威力。利用互联网扩大事件营销效果的方法如下。

1) 通过电子邮件在当地进行预推广

企业可以利用电子邮件在当地推广事件,引起公众关注。互联网使得事件营销企业能够很轻松地通过 E-mail 向当地顾客预发布事件的简要信息;考虑到口碑效应(病毒营销),这可能比满街派发传单更有成本效率。

2) 利用在线互动扩大事件的参与范围和参与度

从简单的图片到网络游戏,从视频剪辑到在线聊天,在线互动能够为顾客提供更加生动且丰富的内容,立体展示事件各个方面的信息。如果运用得当,在线互动能够使那些无法亲身参与事件的顾客获得身临其境的感觉。因为基于互联网的事件的受众范围更广,能使更多人参与进来,并且全程关注整个事件,所以,基于互联网的事件营销必须突出事件中有创意的独一无二的元素。对于一些事件而言,简单的在线直播就能收到很好的效果,就比如一场在线播放的演唱会,可以使那些原本没机会身临其境的观众感受到演唱会的气氛,感受越特别,上网观看的受众也就越多。而对于另外一些事件,或许就需要很好的计划并在事件推广人员与网络技术人员的共同协作下完成。

3) 利用网络评测事件营销的成效

一个完整的事件营销需要包含对营销成果的测评,这样企业才能了解事件营销是否达到了预期的目标。通常成功的事件营销不仅能够吸引更大范围的顾客的注意,而且能推动企业的产品销售进入一个更快、更长久的良性循环。而通过互联网这一手段,不仅能节省营销开支,而且能更有效地了解顾客的反馈,便于未来营销计划的改进。

8.7.8 危机管理

上面讨论的都是企业主动发起的公关活动,然而,一些公关活动是企业被迫开展的,这就是公关人士常说的危机管理活动。

简单地说,危机指一种会危及生命或财产安全、对企业的正常运营造成严重影响、损害企业声誉并能使公司股票价格大幅下跌的处境。

《卓越公共关系与传播管理》的主要作者詹姆斯·格鲁尼格(James E. Grunig)是这样描述危机的:当矛盾产生的时候,公众对某个问题表示出强烈不满,而且将不满转变成抗议行为。各机构可以采取议题管理策略,评估潜在的风险点,预测可能发生的对公司形象或运营不利的事件,制定针对性的应对方案,力求在公众抗议或负面舆论形成之前,就积极、有效地解决问题。

如果机构等到危机爆发才开始与其公众群体进行策略性的传播沟通，那么他们肯定措手不及，只能采取权宜之计来解决危机。

很明显，任何一个企业都不希望遭遇危机，而危机也的确不常出现，但问题在于，每个企业都可能会碰到它，而一旦对危机处理不当，危机将会给企业带来毁灭性打击。所以正确做法不是抱侥幸心理，希望不会碰到危机，而是应当做好一些准备，以应对随时可能出现的危机。

在危机爆发后，公司通常会被迫在恶劣环境下做出重大决定。环境的恶劣一般表现在以下几个方面。

- 思想压力大。
- 外界严密的监督。
- 有限的时间。
- 对各种情况缺乏清晰的了解。

互联网在危机管理中可以发挥重大作用。首先，互联网能使企业内部的有关人员保持联系，无论这些人员当时身在何处，通过互联网他们都能随时召开在线会议，研究解决危机的方法，在这里，无线上网可以发挥重要的支持作用。其次，企业可以利用互联网严密监视事态的最新进展，对情况有及时的、清晰的了解，这有助于企业管理层作出正确决策。最后，互联网还可以提高企业的反应速度，这在危机发生的紧急关头具有极其重要的意义。

互联网(特别是社媒平台)在危机管理中可以发挥重要作用的一个场合是服务补救。服务补救指的是组织机构为应对事故而采取的一系列措施，帮助公司挽回不满的顾客，并防止公司声誉受损。在服务补救过程中，许多公司会使用一种被简称为 LARA 的框架体系，该体系包含 4 个方面。

- 倾听(listen)：倾听顾客投诉。
- 分析(analyze)：分析投诉原因。
- 关联(relate)：把客户投诉信息与公司既有信息关联起来。
- 行动(act)：采取行动处理投诉中提出的问题。

例如，采取 LARA 框架的公司可以在社媒平台(如新浪微博或者 Twitter)上开设官方服务账户，实时监听关于自己品牌的话题，一旦发现有网友反映或者发布的负面信息，公司就要立即着手分析和处理这些信息背后的问题，防止问题恶化。必要时，公司还需要主动披露相关信息，解释所发生的事件，并提供解决方案。

当然，最聪明的使用互联网解决公关危机的方法仍然是防患未然，亡羊补牢终究不如未雨绸缪，预防危机的一项重要工作就是流言控制。

1997 年，有人在几个新闻组上发帖子批评时装设计师汤米·希非格(Tommy Hilfiger)。这些帖子宣称希非格在奥佩拉·文菲丽(Oprah Winfrey)的"脱口秀"电视节目上散布种族歧视言论，言论的内容大体是如果他早知道某些种族的人这么喜欢他的时装，那么他肯定不会把它们设计得这么好。这张帖子还说文菲丽因为希非格的歧视言论而把他驱逐出了该节目。新闻组里一些不明真相的读者把该帖子拷贝转贴到其他新闻组，还有人给自己的朋友们发电子邮件转告这件事情。很快，人们都把这个故事当作真实的事情。问题是这个故事纯属虚构。希非格不仅没有说过那些带歧视性的话，而且他从来没有上过奥佩拉·文菲丽的脱口秀节目。当希非格的公司发现该流言时已经太迟了，流言已经在网上广泛传播开去，并对希非格的公司带来了巨大的损害。即便希非格的公司采取措施力挽公众形象，几个月之后，仍然有许多网站在游说访问者抵制希非格的时装产品。这个事例说明了互联网的威力，既然网络给流言的传播提供了现代化的工具，那么对付流言在网上传播的方法只有一个，就是利用网络给予坚决回击。

要进行流言控制，一个公司首先必须做到对流言早发现，早防范。其次，公司需要提供有说服力的证据戳穿流言；最后，要使公司的回应比流言传播得还要广泛。

为了做到对流言早发现、早防范，网络公关人员必须了解流言传播的源头和途径，并对其进行严密监视。互联网上关于一个公司的流言主要有两种：人们对该公司公关传播的反馈意见，以及另有图谋的个人或者组织散发的关于该公司的流言。公司的网络公关人员需要将两者区别对待，对前者进行支持和正面的引导，对后者就需要及时采取针锋相对的措施。宝洁公司就因为行动及时避免了一场公关危机，一次，宝洁公司的公关人员在网上发现了一种流言，宣称宝洁公司的 Febreze 品牌的除味剂产品对动物有害，不能用于有宠物的家庭。该流言一旦广为传播，将严重影响该产品的市场销售。宝洁公司立即采取行动对该流言做出了回击，他们专门在网站上开辟了一个称为"宠物安全"的板块，以确凿的证据向消费者表明 Febreze 产品的安全性。

流言控制的一个要领是建立唯一权威的消息来源，互联网可以担此重任。

1998 年 9 月，瑞士航空公司的 111 号班机在哈利法克斯坠毁，这使瑞士航空公司陷入了危机。该公司启动了利用互联网的危机管理方案。在事故发生后的 12 个小时内，他们就在网站上发出了 4 条新闻稿。失事客机是从纽约出发飞往日内瓦的国际航班，坠毁的地点则位于加拿大境内，所以这次事故实际上涉及三个国家。通过瑞士航空公司的网站，全球的公众都可以及时了解关于事故的最新报道。瑞士航空公司的积极回应避免了流言的出现。

8.7.9 微博及网络水军在网络公关中的运用

在这个社会媒体时代，公关人员和媒体的关系发生了转变。从前，公关传播必须依赖数量非常有限的传统媒体，媒体在与公关人员的关系中处于绝对强势的一方。如今，公关人员可以借助社会媒体平台展开公关传播，在很大程度上摆脱了对传统媒体的依赖。

作为一种最具代表性的社会媒体，微博兼有媒体和社交网络两重属性。一方面，微博是一种自媒体，微博用户可以作为受众，在微博上获取信息，查看舆情，也能作为发布者，提供内容供他人查看。另一方面，微博用户通过关注别人和被别人关注构成一个个内容分享网络，信息可以在分享网络上快速传播。正因为微博具有这种双重属性，所以成为很受网络公关人员喜欢的一种重要工具。

古人云：众口铄金，积毁销骨。在这个社会媒体盛行的时代，用户创建的内容如果能被广泛传播，就可能左右舆论导向，从而树立一个品牌或者搞垮一个企业，但企业要让自己创建的内容产生影响力却并非易事。作为媒体，网站具有很大的零散性，因为每个网站都是一家媒体，而微博的零散性更为显著，因为每个用户都是一家媒体。2022 年 8 月，Twitter 网平均每天发布 5 亿条微博。2013 年元旦来临的 1 分钟时间里，新浪微博用户发布了 729571 条微博。要让自己的声音在如此纷乱的环境下被公众听到是一个巨大的挑战。为了应对这一挑战，企业当然可以想方设法练好内功，稳步扩大自己的影响力，为企业微博争取更多的粉丝，但这通常是一个日积月累的过程，不能急于求成。企业如果要在官方微博还没有足够粉丝的时候进行有影响力的传播，就必须另辟蹊径，雇用网络水军助战就是一种常用的方法。

网络水军的得名来自"灌水"这一网络用语，灌水指的是在论坛或者社会媒体上大量发布低价值、非原创的信息，实质是论坛死掰(forum spam)。为商业性目的而进行的灌水，通常会有成百上千人一起行动，以便在短时间内形成声势。那些受雇于网络公关公司、以发帖回帖为主要手段、为雇主进行网络造势的数量庞大的一群人，在行内被称为"网络水军"。网络水军有专职和兼职之分，一般来讲，网络公关公司长期聘用的专职水军的人数非常有限，水军中大部分人都是网络公关公司有了任务后才临时从网上征集来的兼职人员。

网络公关公司所承担的许多公关任务都有"网络水军"的参与，例如，为企业推广品牌、发布新产品、维护口碑及开展危机公关等。借助"网络水军"完成公关任务主要有以下优越性。

- 容易对网络用户的态度产生影响。与社会媒体软件代理相比，网络水军是真实的网络用户，他们分散在全国甚至是世界各地，来自各个阶层，中间既有大学生，也有社会闲散人员，他们都使用自己专门的账户，因此，他们的灌水行为很容易被当成是普通网络用户的自觉自愿行为，而他们表达的意见也往往会被认为是民意，从而对网络用户的态度产生影响，还会引起真正普通用户的跟风效应。

- 能够显著影响特定页面的搜索引擎排名。搜索引擎的蜘蛛程序和排名算法无法将普通的网络用户和受雇用的网络水军区分开，它会认定被广泛转发、评论、受赞、点击和链接的内容是真正受用户欢迎的内容，从而给这些内容很好的排名，同时会认定粉丝多的用户是更有影响力、更重要的用户。这就使得网络公关公司可以通过网络水军对搜索引擎排名进行一定的操纵。

- 可以产生一定的整合营销传播的效果。网络水军的公关行动都有网络公关公司的周密策划，网络水军在完成任务时讲究技巧和方法，并且各有分工，相互间还有协调和配合，所以能产生整合营销传播的效果。网络公关公司会精心策划发帖的内容，确定发帖的平台和发帖的时间，安排不同的人去发帖、转帖、评论，相互策应，进行集团作战，从而产生最大化营销的效果。为了以假乱真，水军在发布帖子时，有时会有意使用一些错别字，或者故意犯一些语法错误，让普通用户相信这是真实的发帖人一字一句输入的内容。

- 费用相对低廉。当前，网络公关公司数量庞大，借助网络水军进行的网络公关的费用相当低廉。例如，靠发帖数量赚钱的网络公关公司发表一篇帖子的价格只有 0.3~0.5 元左右，这比搜索引擎营销中的一次单击费用廉价很多。

虽然网络水军曾经创造过不少成功的网络公关案例，但是，"水能载舟，亦能覆舟"，借助网络水军开展网络公关要特别注意防范法律和伦理方面的风险，否则，网络公关无法达到预期效果还是小事，还可能给企业品牌带来难以弥补的损失。

企业如果难以控制借用网络水军开展网络公关的风险，也可以采用有奖活动的方法达到类似的效果。在具体操作中，企业通过提供奖品来鼓励社媒用户发布某个主题的内容，或者转发、评论相关主题的内容。社媒有奖活动可以迅速扩大企业品牌的知名度，而且很大程度上消除了不可控的法律和伦理方面的风险。2021 年 10 月，时装公司 Hugo Boss 为了宣传他们的米兰时装周活动，发起了一次抖音内容创作大赛，大赛的奖品是该公司提供的独特的 NFT 夹克。这次大赛极其成功，参赛者们在抖音上发布了超过 130 万段视频，这些视频让 Hugo Boss 品牌在短短 4 天内就获得了 40 亿次展示，这成为米兰时装周历史上最大的一次社媒报道。由于社媒有奖活动可以采取抽奖方式进行，甚至可以采用虚拟的产品(如 NFT)作为奖品，因此并不需要太多费用。不过，在社媒有奖活动进行的过程中，企业所要传递的信息可能会变形，甚至出现公司所不希望出现的言论，企业对此必须有足够的准备。

本章内容提要

在网络广告迅猛发展的同时，传统广告并没有衰退，传统广告有自身的优势，而且电子商务的发展也增加了对传统广告的需求。广告有三种类型：告知型广告、提醒型广告和劝说型广告。广告的受众则有广告寻觅者和非广告寻觅者之分。广告的 AIDA 模型把广告的效果分为吸引注意、引起兴趣、激发需求和唤起行动 4 个阶段。在 AIDA 模型的基础上，人们又提出了 AIDMA、AISAS 和 5A 广告作用模型。

网络广告开始于 1993 年，今天已发展成为一种主流的广告形式。网络广告可以分为搜索引擎广告、展示广告、分类广告、赞助广告、移动广告、电子邮件广告、社媒广告等多种形式，其中又以搜索引擎广告、展示广告和分类广告最为重要。搜索引擎广告分为搜索引擎排名、搜索引擎赞助和内容关联广告几种形式。联属网络营销本质上是一种按销售业绩计算费用的网络广告模式，该模式在我国实施有很多难题。分类广告经济实惠，在中小企业中有很大市场。网络广告的主要计费模式分为 CPM、CPT、时间费率和混合费率 4 种，随着搜索引擎广告的迅猛崛起，CPT 形式目前已经成为最重要的网络广告计费模式。网络广告具有传播范围广、信息量大、发布周期短、定向性好、互动性强、可测性好、特别适合在线业务推广、形式多样、适合交换等众多优点，但又有覆盖人群不够广泛、网络媒体支离破碎、信任度低、人才缺乏等一些缺点，网络广告适合用来增加网站流量、发布新产品、提升销售、建立对话、建立顾客数据库、派发试用品、提高顾客忠诚度及覆盖特殊群体，网络广告的成功与否取决于目标市场的特性、公司品牌强度及公司的整合传播策略。

网络广告的测评是网络广告管理的重要一环，它有以用户为中心和以网络媒体为中心两种模式，按照实施时间不同可以分为事前测评、事中测评和事后测评三种方式。网络广告需要遵守广告和电子商务领域的法律法规，同时要考虑伦理规范的影响。

公共关系与营销有着密切的关系，互联网的出现改变了营销，也改变了公共关系。网络公共关系就是利用互联网上的工具和资源开展的公关活动。互联网给公共关系带来了深刻的变化，这表现在：网络媒体压缩了时空，使得消息可以在短时间内传播到世界各地；网络媒体降低了公关成本，同时提高了公关效率；互联网打破了传统媒体对信息发布的垄断，提升了公众的地位。公共关系包括调研、计划、执行和评价 4 个步骤，在每一步，互联网都可以发挥重要作用。互联网支持下的事件营销是网络公关的一种重要形式，它取得的效果比传统事件营销更好。互联网在危机管理中也可以发挥重大作用。服务补救是社媒在危机管理中的一种重要应用，LARA 是常用在这一场景下的一种管理框架。在网络公关中，通过网络水军助力尽管有效，但在道德层面存在较大争议，组织必须慎重对待。

扩展资源

请扫描右侧二维码获取扩展资源。

扩展资源

复习思考题

1. 人们对网络广告可能有哪些不同的反应？
2. 网络广告快速成长的原因有哪些？
3. 广告作用的 AIDMA、AISAS 和 5A 模型指的是什么？
4. 电子邮件广告和电子邮件营销有什么区别和联系？
5. 联属网络营销为什么在我国很难开展？
6. 分类广告的弱点是什么？
7. 网络营销者应如何对待移动广告的迅速增长？
8. 网络广告的收费模式由哪些因素决定？
9. 广告的创意应该如何评价？
10. 网络广告与传统广告的整合应该从哪些方面去考虑？

11. 营销、广告和公共关系有什么区别和联系？
12. Web 2.0 的兴起对公共关系有什么影响？
13. 互联网可以怎样支持事件营销？
14. 如何利用互联网来改善危机管理？
15. 应该如何看待网络水军现象，在网络公关中使用水军是合乎伦理吗？
16. 从公共关系角度应如何评价京东的"自杀式"物流？

京东物流案例

参考文献

1. Mehmet Yildiz. The Power of Digital Affiliate Marketing[M]. Roxburgh Park: S.T.E.P.S. Publishing Australia, 2021.

2. 刘一赐. 网络广告第一课[M]. 北京：新华出版社，2000.

3. SCN Education. Webvertising: The Ultimate Internet Advertising Guide[M]. Wiesbaden: Vieweg & Sohn Verlagsgesellschaft mbH, 2000.

4. 刘向晖. 联属网络营销初探[J]. 企业经济, 2003 年第 4 期.

5. 陈绚. 广告道德与法律规范教程[M]. 2 版. 北京：中国人民大学出版社，2010.

6. Ronald Lane W, Thomas Russell J. Advertising: A Framework(影印版)[M]. 北京：清华大学出版社，2004.

7. 凯西·埃斯. 有效的电子商务推广方案[M]. 北京：中国经济出版社，2003.

8. Craig Andrews J，Terence Shimp A. Advertising, Promotion and Other Aspects of Integrated Marketing Communications[M]. 10th ed. Boston: Cengage Learning, 2018.

9. 杨立钒. 网络广告学[M]. 4 版. 北京：电子工业出版社，2016.

10. 杨连峰. 网络广告理论与实务[M]. 北京：清华大学出版社，2017.

11. Larry Kelley D, Kim Bartel Sheehan. Advertising Management in a Digital Environment: Text and Cases[M]. New York: Routledge, 2022.

12. 王亚娟，刘小榴. 网络广告制作[M]. 北京：北京理工大学出版社，2020.

13. 肯·萨可瑞. 注意力行销[M]. 岳心怡，译. 汕头：汕头大学出版社，2003.

14. 周安华，林升栋. 公共关系：理论、实务与技巧[M].8 版. 北京：中国人民大学出版社，2022.

15. 秦启文. 现代公共关系学[M]. 重庆：西南师范大学出版社，2001.

16. Aoife O'Donnell. Public Relations and Communications: From Theory to Practice[M]. New York: Routledge, 2023.

17. 黎泽潮，郭丽，等. 网络公共关系[M]. 合肥：合肥工业大学出版社，2011.

18. 凯西·埃斯. 有效的电子商务推广方案[M]. 北京：中国经济出版社，2003.

19. 迈克尔·李维纳. 企业游击公关：出奇制胜打赢低成本宣传战[M]. 吴幸玲，译. 汕头：汕头大学出版社，2003.

20. Faris Yakob. Paid Attention: Innovative advertising for a digital world[M]. 2nd ed. London: Kogan Page Limited, 2022.

21. 袁国宝. 拼多多拼什么：商业模式+店铺运营+爆品打造[M]. 北京:中国经济出版社,2019.

22. 詹姆斯·格鲁尼格. 卓越公共关系与传播管理[M]. 卫五名,译. 北京:北京大学出版社，2008.

第 9 章 网络营销的伦理问题

本章学习目标

学习本章后，你将能够：

- 认识网络营销伦理在宏观和微观层面的重要性。
- 了解网络营销伦理的理论源流。
- 了解网络营销企业的道德义务。
- 了解不道德网络营销行为的危害及其治理方法。
- 了解数字足迹的概念并掌握基本的数字足迹管理方法。
- 了解在线品牌和网络营销伦理的关系。
- 掌握网络营销伦理评价的两维模型，了解网络营销伦理水平与企业盈利的关系。
- 掌握不同的网络营销伦理战略选择及其适用条件。

9.1 网络营销伦理问题的重要性

我们正计划推出一个公司信息数据库，所有信息都来自企业在自己的网站上公开发布的信息，建立数据库的目的是希望为这些企业提供价值。我们希望向企业介绍我们的服务，邀请企业来查看数据库里保存的信息，希望企业能认识到这一数据库的优点并订阅我们的服务。当我们向数据库中的企业的准确 E-mail 地址发送个性化邮件时，我们并不认为在制造垃圾邮件。问题的关键在于企业界如何看待个人信件和不那么个人化的信件间的区别。希望有人能减轻我们的心理负担。

——Dalene Stander\<entco@cis.co.za\>

以上是一名网络营销实践者在某论坛上发布的帖子，它反映了发帖人心中的道德困惑。这一例子很有普遍性，大多数企业并不想使用令人厌恶的垃圾邮件来传送营销信息，问题的关键在于垃圾邮件和普通商业邮件间有时并不存在明显界限，网络营销伦理在这样的情形下便走上了前台。

对网络营销的伦理问题的研究一直是我国网络营销学科发展的一个薄弱环节，造成这一现状的原因是人们普遍对网络营销伦理问题的重要性认识不足。实际上，网络营销伦理问题在网络营销的理论和实践中极其重要。

从宏观角度看，网络营销主要面向新兴的网上虚拟市场，新兴的虚拟市场在技术上为降低交易成本、提高市场效率提供了巨大的可能性，然而市场不仅需要有展示商品、撮合交易的功能，而且需要有保证交易顺利完成的一系列制度。新制度经济学的研究明白无误地告诉我们，没有合理制度的市场是无效率的市场，随着电子商务而快速兴起的虚拟市场曾经在很长一段时期缺乏起码的制度保证，万维网因此还被业内人士戏称为"蛮荒西部角力"(wild west wrestle)。为了解决这一问题，法律界付出了巨大努力，不断推进相关法律建设，但是法律规范的制定需要巨大的社会成本。一方面，法律程序的启动是高成本的，另一方面，过分严格的法律容易扼杀电子商务的活力，过分宽松的法律则会留下大片难以判断合法性的灰色地带。人们更希望通过道德规范来解决问题，而提升企业网络营销伦理则是在虚拟市场上建立道德规范体系的关键。根据 Statista 发布的数据，2022 年全球发生的每一次数据泄露事件对社会造成的成本平均为 445 万美元，较 2021 年的 435 万美元又有提高，而在 2022 年，单单在美国发生的数据泄露事件就达到 1802 起，受影响的个人超过 4.22 亿人。有时，一次数据泄露事件的危害就可能产生巨大影响，例如，2020 年 3 月，CAM4 网站的数据泄露事件就造成超过 100 亿条数据记录泄露。另外，知名网站也会发生数据泄露的情况，雅虎、阿里巴巴、领英、脸书、MySpace 等知名网站都曾出现过大规模的数据泄露事件，阿里巴巴在 2022 年 7 月发生的数据泄露事件使 11 亿用户的数据被泄露。数据泄露事件发生的频率、规模及危害引起了人们对个人隐私的担忧。哈里斯调查公司在 2021 年 11 月到 12 月对全球 10 个国家 10 003 名网络用户所做的一项调查表明，有 80%的网络消费者对隐私问题感到担忧，70%的网络消费者已经采取了一些积极措施来保护自己的隐私。

考虑到消费者在个人隐私方面的顾虑仅仅是网络营销伦理问题的表现之一，我们可以想象出网络营销伦理问题对电子商务健康发展的重大影响。中国电子商务研究中心发布的《2012 年度中国电子商务用户体验与投诉监测报告》显示，2012 年度全国共收到各地用户的电子商务投诉 93 600 余起，与 2011 年基本持平。其中网络购物投诉最多，占 55.40%，网络团购投诉为 21.32%，移动电子商务投诉为 5.36%，B2B 网络贸易投诉为 2.53%，其他电子商务类投诉为 15.39%。网络购物发生消费纠纷的主因有三大类：产品质量以次充好，侵害消费者合法权益；部分网络经营者夸大宣传，以虚假信息欺骗消费者；发货慢，售后服务差。可见，只有加强网络营销伦理研究和教育，将伦理引入网络营销实践，我国的电子商务才有可能得到健康发展，我国在电子商务基础设施方面的巨额投资才会产生应有的效益，我国通过法制规范电子商务的社会成本才能得到有效控制。

从微观角度看，虚拟市场上企业的道德形象会直接影响企业可能的网络营销策略选择，企业网络营销的伦理战略将直接影响企业营销目标的实现并关系到企业在市场上的竞争力。有迹象表明，越是高效的营销方式，越需要高的伦理水平的支撑。联属网络营销(affiliate marketing)是国外最重要的网络营销方式之一，它完成的销售额占网络营销完成的总销售额的 20%以上。亚马逊正是凭借联属网络营销打造了网上零售的第一品牌。但这种营销方式在我国却举步维艰；许可营销比普通的电子邮件营销的转化率高出许多倍，但在我国从事许可营销的企业却少之又少，而垃圾邮件营销却大行其道。其中的原因不能不令我们深思。实际上，国内外许多从事网络营销的企业已经开始把网络营销伦理战略付诸实施，例如阿里巴巴开展了"百万会员诚信通计划"，"拼多多"在 2021 年强势推出平台"仅退款"，更不用说成千上万的企业营销网站已经制定和发布了自己的隐私政策。当然，实践中也有一些企业因为在伦理策略决策上处理不当而充当了反面教材。全球最知名的认证中心 VeriSign 在 2002 年初给许多企业发送了"域名到期通知"，建议这些企业通过 VeriSign 办理续费，而收到通知的许多企业原先并未通过 VeriSign 注册域名，此事在业界引起了轩然大波。人们普遍认为 VeriSign 的此次营销活动是非常愚蠢的，因为它违背了 VeriSign 一贯标榜的"信任是一切关系的基础"的信条，直接损害了 VeriSign 的道德形象，而 VeriSign 的主营业务(颁发数字证书)直接依赖于 VeriSign 的道德形象。这次不成功的营销给 VeriSign 带来的损失是难以估量的。

可见，网络营销伦理不仅关系到虚拟市场整体运营的效率，而且关系到每个从事网络营销企业营销效果的好坏。网络营销伦理策略关系到企业的竞争优势，脱离网络营销伦理谈网络营销战略必然是片面的。因此，我们必须学习和研究网络营销伦理。

9.2 网络营销伦理的源流

网络营销伦理不是凭空产生的，它的重要性是在网络营销迅猛发展的情况下被人们认识的，有着泾渭分明的两条源流，一个是营销伦理，另一个是计算机伦理。

9.2.1 营销伦理概述

对营销伦理的关注始于 19 世纪末在美国兴起的消费者运动(consumer movement)。1891 年，纽约市成立了世界上第一个消费者联盟，1898 年美国各地的消费者联盟联合起来组建了全美消费者联盟，消费者联盟在保障消费者权益方面开展了卓有成效的工作。在他们的努力下，美国在 1906 年通过了《纯粹食品法》。消费者运动时起时落，但在和平时期几乎从未间断过。最近的一次消费者运动浪潮形成于 20 世纪 60 年代并一直延续至今，这次运动取得了极丰硕的成果并导致了企业伦理学的产生。

营销伦理学是对如何将道德标准应用于营销的决策、行为和组织中的系统研究，营销伦理的主要应用领域包括：市场细分和产品定位、市场调研、产品开发、定价、分销、直复营销、广告和国际营销。

在不道德营销行为泛滥的情况下，我国在 20 世纪末加强了对营销伦理的研究。武汉大学甘碧群教授对营销伦理的研究受到国家社会科学基金和自然科学基金的双重资助，北京的王淑芹、天津的寇小萱先后出版了营销伦理学的专著(见本章末尾的参考文献)。这些成果对开展网络营销伦理问题的研究做了很好的铺垫。

9.2.2 计算机伦理概述

计算机伦理学(computer ethics)是运用哲学、社会学、心理学等学科的原理和方法探讨计算机及信息技术应用对人类自身价值所产生的影响的学科。网络伦理(Internet ethics)则是互联网出现后计算机伦理研究中的一个新领域。人工智能伦理(AI ethics)是伴随着人工智能的迅猛发展而出现的一个新的计算机伦理学研究热点领域。计算机伦理主要研究以下问题。

(1) 工作场所的计算机对员工身心健康的影响：计算机在工作场所的应用会改变对员工技能的需求，使一部分技能过时，而使另外一些技能成为热门技能。计算机的不当使用还会给员工带来精神压力，甚至损害员工的身体健康，这会引发一系列与劳动保护有关的伦理问题。

(2) 计算机犯罪：计算机既可表现为强大的生产力，也可以表现为强大的破坏力。随着计算机应用领域的不断拓展，坏人利用计算机和网络从事犯罪的现象也愈演愈烈。这使得计算机和网络安全成为计算机伦理关注的一个重要问题。

(3) 隐私和匿名：计算机强大的计算能力使得侵犯个人数据隐私的问题日趋严重。数据挖掘、数据匹配、在线监视等技术严重威胁了用户的隐私权。

(4) 知识产权：信息易复制的特性使得侵犯数字知识产权极其容易，人们几乎早已对侵犯数字知识产权习以为常。软件知识产权保护在伦理上是一个存在许多争议的问题，例如，许多人提倡知识权利属于一切人民，他们发起了声势浩大的自由软件运动。发起成立了自由软件基金会(Free Software Foundation)的里查德·斯多尔曼(Richard Stallman)提出所有程序都应该允许被自由地拷贝、研究和改写，软件版权的支持者则认为这将使程序员失去开发软件的积极性。的确，从功利角度来分析，共享和保护各有理由，但一些软件版权保护者的做法却走向了极端，例如，他们不仅反对软件的购买者与朋友分享软件的使用权，而且主张可以对一些程序的算法申请专利，这当然激起了普通百姓和许多科学家的反对。我个人认为，从长远看，无论从功利角度或者义务角度，共享软件都比保护软件在道德上更可取，所以我个人相信自由软件运动最终会在全世界胜利，人类社会会演进到一个信息社会主义的新阶段。

网络营销伦理的研究开始于 20 世纪 90 年代初，研究的重点是网络用户的个人行为对虚拟市场环境的影响。这与对网络伦理的单纯研究不同，后者可以追溯到更早的时候，至少在 1989 年，互联网的创始人之一文特·瑟夫(Vint Cerf)就发表过题为《伦理学和互联网》的论文。1993 年底，麦克勒媒体(Mecklermedia)公司在纽约主办了题为"互联网世界 93"的会议，讨论与互联网商业化相关的问题；参加会议的许多代表敏锐地提出了网络空间的伦理问题，当时提到的问题有电子邮件的隐私问题、互联网接入权问题、色情内容问题、匿名问题、对其他网络用户的投诉能力问题、垃圾邮件问题、版权问题和网上性骚扰等。后来，对个人行为的研究扩展到对专业人士行为的研究，例如对执业律师的网络营销行为的道德性的研究，这类研究的主流思想是詹姆斯·摩尔(James Moor)提出的"真空说"，即认为互联网的出现带来了规范性规则真空和解决问题概念框架的真空，网络伦理研究的任务就是填补这些真空。网络伦理方向的研究使人们更透彻地了解了互联网空间的特殊性，为电子商务伦理和网络营销伦理的研究进一步奠定了基础。

人工智能的飞速发展向人们提出了与伦理相关的许多问题，包括人工智能应用的范围、人工智能的发展速度、人工智能在日常技术中的嵌入及它对人与人之间以及人与外部世界互动方式的影响。人工智能伦理甚至还要求我们深入思考伦理的本质乃至人的本质。OpenAI 的首席执行官山姆·奥特曼(Sam Altman)认为最新版本的 ChatGPT 正在为人类带来实实在在的危险，因为它具有重塑社会的力量。奥特曼认为我们必须防范人工智能技术可能对人类造成的负面影响，ChatGPT 可能被用于大规模的虚假信息传播，而且由于 ChatGPT 已经越来越擅长编写计算机代码，它们可能被用于危险的网络攻击。在奥特曼看来，尽管 AI 不会造成大规模的失业，更不会主动从事危害人类的活动，但如果它们掌握在邪恶的或者缺乏道德感的人或者组织手里，那将是一件很可怕的事，所以全社会必须认真考虑应该如何应对这种可能性，包括如何规范人工智能技术的发展和使用。身为 ChatGPT 最早投资人之一的马斯克(Elon Musk)也是人工智能伦理研究的倡导者，他一再发出对人工智能技术潜在危害的预警，他认为人工智能比核武器更危险。就网络营销而言，由于人工智能已经广泛嵌入我们赖以获得信息及相互联系的信息通信技术中，人工智能已经可以影响到我们对世界的感知。在社媒平台上，我们经常会感知到群体思维(groupthink)压力，还会经常看到众多网民对持不同意见用户的近乎极端的网暴攻击，这些事情的发生可能有多种因素起作用，但毋庸置疑的一点是，基于人工智能的一些算法正在某种程度上操控着我们所能看到的世界。

克莱姆森大学的巴特·克尼尼恩伯格(Bart Knijnenburg)教授曾经提出，算法的着眼点是便利性和利润，它不仅会歧视某些人群，而且会间接地侵蚀其他所有人的体验。算法的确会试图满足消费者的一些偏好，但未必是全部偏好，它们会误解消费者的品位和偏好。可怕的是，由于许多消费者会不假思索地听从算法给出的建议，这就使算法变成可以自我实现的预言，而用户会变成受算法操纵的僵尸。僵尸的说法虽然是一种夸张，但生活在信息茧房中的风险却是真实存在的。在算法的过滤机制下，我们很难接触到新信息，也很难听到不同观点，算法就这样通过操控我们能接触到的内容来影响我们的信念和情感。这绝非耸人听闻，事实上，它已经发生。我们在抖音上刷视频时能刷到哪些视频完全由抖音的算法控制，该算法可以根据每个用户的偏好和过去的行为量身定制用户能看到的内容。这样的算法虽然能改善用户体验，但从长远看，它不仅能让用户花费更长时间观看视频，而且会让用户逐步与外部世界疏离，成为井底之蛙。

9.2.3 知识经济时代的营销伦理

营销伦理是历史的产物，随着人类文明的不断发展，伦理的评价标准也逐步走向完善。知识经济时代的营销者需要面对比从前更困难的伦理选择，因此现代营销伦理在内容上要比从前远为丰富和深刻。

1. 信息化对传统营销伦理的挑战

信息伦理学反映了信息时代人们在伦理观方面的模糊认识和矛盾心理。例如，人们有时搞不清楚公共知识和专有知识的界限在哪里，获取信息的自由和保护个人隐私的考虑也经常出现冲突。

一般认为，信息伦理的提出与下列事实有关。

(1) 个人隐私权受到威胁。一个引人注目的案例是，描写法国前总统密特朗健康状况的《大秘密》一书被官方以"侵犯隐私权和国家机密"为由查禁后仅一星期，书中的内容就在互联网上疯传而为全世界所共享。

(2) 侵犯知识产权的现象增多。信息技术的发展使人们可以轻而易举地复制和传播信息产品，伦理在知识产权方面的模棱两可是侵犯知识产权的一个原因。

(3) 日益猖獗的计算机犯罪。目前计算机犯罪名目繁多，涉及出卖或窃取国家和商业机密、金融诈骗、偷漏税款、利用网络传播计算机病毒等。根据美国网络犯罪投诉中心(Internet Crime Complaint Center，IC3)发布的数据，2023 年一年中，仅在美国，计算机及网络犯罪造成的经济损失就高达 125 亿美元，比 2022 年增长 21%，创下历史新高。相比之下，按同样的统计口径，网络犯罪在美国造成的经济损失在 2001 年还只有 1780 万美元。

(4) 网络上的恶行，如利用互联网宣扬色情暴力、煽动种族歧视、诽谤他人或进行人身攻击等。

2. 经济全球化对传统营销伦理的挑战

互联网无远弗届的特性使得许多企业希望借助网络营销开拓国际市场，因为历史原因，不同地区虽然遵循相似的伦理原则，但具体执行标准经常存在差异。

欧盟于 2018 年颁布的通用数据保护条例(GDPR)规定了如何处理欧盟公民的数据，并对处理这些数据的企业进行监管，美国虽然在 30 多部联邦法规中涉及信息隐私的内容，但因为在保护隐私方面的规定过于零散，因此，美国也被欧盟认为是保护隐私未达标的国家，为此，美国商业部制定了安全港协议。一个在全球市场开展业务的公司就存在这样的疑问，在不同地区是否可以应用不同的伦理标准？特别是公司所在国的伦理标准比市场所在国高的时候，企业是否可以降低伦理标准？

3. 电子商务带来的伦理问题

电子商务带来的伦理问题表现在以下两个方面。

(1) 电子商务的超距性导致行为人与其利益相关者空间距离和心理距离拉大。电子商务的效率体现在利用信息跨越空间的传输提高商务活动的效率，在这种情况下，行为人经常会忽略他们的行为对其他人利益的侵害，从而做出不道德的行为。

(2) 信息技术使潜在作恶的危害更大。信息技术本身是道德中性的，但它可以放大信息技术使用者行善和作恶的能力。许多恶性病毒的编写者编写病毒仅仅是出于对编程的爱好，当他们想测试病毒的效果时，病毒的广泛传播和造成的危害却是他们所料未及的。

9.3 网络营销伦理的内容

9.3.1 网络营销企业的道德义务

1. 诚信无欺

社会主义核心价值观是对社会主义核心价值体系的高度凝练和集中表达。诚信是社会主义核心价值观个人层面的一个价值准则，然而它的意义远不止于此，诚信无欺是历史上各个时期各种文化都普遍接受的一条最基本的道德准则，孔子把诚信提高到了"自古皆有死，民无信不立"的高度，诚信准则适用于日常生活，也适用于职场社会；适用于线下，也适用于网络环境。诚信无欺是建立顾客信任的唯一方法，而取得顾客的信任是开展网络营销的前提条件。网络市场比现实市场的环境更复杂，诚信无欺的原则对企业提出了更高要求。许多消费者对信息技术缺乏了解，不懂得怎样可以更好地维护自己的利益，诚信无欺的原则要求商家不能利用部分消费者的知识缺欠来谋取利益，商家不仅不能隐瞒他们提供的产品或服务对消费者可能存在的不良影响，甚至还应该教育消费者识破网络市场上的不道德行为。在一个信任危机严重的时代，诚信无欺的道德显得尤为可贵，做到了这点的商家就有条件建立用户信任的品牌。

2. 保护信息隐私

美国自1997年以来的多次调查结果一再表明，隐私是网络用户最大的担忧。按照普华永道公司的一次调查结果，有81%的网络用户和79%的网上消费者对他们的个人隐私受到威胁感到担忧。更有说服力的是，有6%的网络用户和9%的网上消费者声称他们曾经成为侵犯隐私的受害者。有75%的本来打算购物的消费者在被要求提供个人信息和信用卡信息时改变了主意。路易丝·哈里斯(Louis Harris)的调查则表明有61%的非网络用户不使用网络是出于对隐私的顾虑，而78%的网络用户承认隐私方面的顾虑使他们减少了网络的使用。

网络营销企业在保护消费者信息隐私方面做出的努力可以从以下5个方面加以评判。

(1) 告知：明确告知顾客哪些信息会被收集；收集到的信息将做何用；收集到的信息是否会透露给第三方及是否使用cookie技术。

(2) 选择：顾客就企业的信息收集有没有选择余地。

(3) 访问：顾客能否访问到被收集的信息？顾客能不能审查和更正这些信息？

(4) 安全：在信息传输和存储中有没有安全保护措施。

(5) 联系：顾客能否就隐私保护问题通过某种途径提出意见。

9.3.2 不道德网络营销的表现

不道德的网络营销行为表现得非常多样，花样不断翻新，维多利亚·D. 布什(Victoria D. Bush)等人完成的一项调查中就提到了 63 种表现[1]。不道德行为最集中的网络营销环节是网络调研和网络广告，而对网络调研和网络广告中的伦理问题我们在相应的章节已经做过讨论，这里不再赘述。

9.3.3 不道德网络营销行为的危害

不道德的网络营销行为不仅会侵害消费者的利益，还会危害企业自身的长远利益，会殃及行业和社会公众的利益。对此，我们简述如下。

(1) 对消费者的危害：不道德的网络营销行为的直接受害者是广大网络消费者，这些行为通常会侵害消费者的隐私权，对消费者的正常生活形成滋扰，严重时，这些行为还可能影响消费者的身心健康或者给消费者造成经济上的损失。例如，垃圾邮件会对收件人带来滋扰，低价充话费陷阱会给用户造成经济损失，色情内容的非法传播会危及青少年的健康成长。

(2) 对企业形象的危害：不道德的网络营销行为虽然会给企业带来一些短期利益，但从长远来看，这些行为会玷污企业的品牌，影响企业未来的盈利能力。对许多企业而言，不道德的网络营销行为的总的效果是弊大于利。

(3) 对电子商务的危害：不道德的网络营销行为能引起了人们对自己隐私权和交易安全性的普遍担忧，这些担忧是人们排斥电子商务的最重要的原因。同时，不道德网络营销行为还会降低企业在虚拟市场的受信任程度，增加虚拟市场上的交易成本，降低虚拟市场撮合交易的效率。

(4) 对社会的危害：不道德网络营销行为最终还会超越行业范围，对社会造成不利影响。从小的方面讲，不道德的网络营销行为会非法占用宝贵的网络资源和注意力资源，就像垃圾邮件的泛滥成灾造成了对大量带宽资源的占用，搜索引擎死掰使信息超载的问题更加尖锐；从大的方面讲，不道德的网络营销行为会引发企业间的不公平竞争，导致市场失效，最终导致社会资源的不合理配置。

9.3.4 网络营销伦理的复杂性

网络营销伦理涉及网络技术、政府规范、行业自律、企业文化、营销战略等多个层面的问题，所以表现出前所未有的复杂性。个人和企业大多数以一种很矛盾的心理来看待网络营销伦理。

在个人方面，多数人对网上隐私问题感到担忧，同时又不愿意阅读公司网站上的隐私政策，并且可能为了一些蝇头小利披露自己的敏感数据。朱比特媒体测量(Jupiter Media Metrix 公司)于 2002 年 6 月 3 日公布的一项调查结果显示，虽然大约 70%的美国消费者对于网上隐私表示担忧，但是只有 40%的用户在网站输入个人信息之前阅读隐私政策，只有 30%的用户认为"网站的隐私政策容易理解"？82%的网上用户表示可以为了获得 100 美元向在线购物网站提供个人信息。

在企业方面，大部分企业家都认可主流的道德规范，问题在于在法律允许的范围内通过企业活动为社会创造价值也是天经地义的。企业家有时无法判断是否可以采用不被主流道德规范

---

[1] Victoria D Bush; Beverly T Venable; Alan J Bush. Ethics and marketing on the Internet: Practitioners' perceptions of societal, industry and company concerns[J]. Journal of Business Ethics, 2000(2).

接受但完全合乎法律规定的营销手段，当这些手段看起来能给企业创造可观的利润或者节省大量的成本时就更是如此。所有人都希望对善的追求和对利的追求可以统一起来，一些研究似乎也说明了义和利的统一性，遗憾的是，实际上，义利背离的情况似乎是一种普遍情况，在这里，企业就需要自己选择使用什么样的伦理定位，我们将在9.4.4节展开讨论这一问题。

9.3.5 网络营销中不道德行为的治理

遏制同网络有关的不道德行为可以有许多方案，如技术方案、法律方案和教育方案等，但对遏制网络营销中的不道德行为而言，建立起有效的行业自律机制才是最根本的途径。

1. 技术方案

技术方案最简单明了，例如旨在保护消费者数据安全的安全套接层技术(SSL)及旨在保护未成年人的内容过滤器(content filter)技术。然而单纯技术解决方案的缺陷是非常明显的，例如对于内容过滤器技术，专家们曾经指出过该技术的十大缺陷，其中一半以上都是致命的，比如任何一个内容过滤器如果不屏蔽掉互联网上的绝大多数信息，就无法屏蔽互联网上哪怕是10%的色情信息。专家们指出，内容过滤器效率低下的原因是人类语言和思维内在的复杂性而不是屏蔽技术落后的问题。另外，技术本身是道德中性的，技术的发展可能会解决原有的道德难题，但同时会带来更多道德难题，实际上，在技术的正当使用和非正当使用方面一直存在着一个竞赛，例如，先有计算机病毒，此后有了杀毒软件，但很快就会出现新的更厉害的计算机病毒，后来又有杀毒软件的新版本出现，如此周而复始，对此，每个计算机用户可能都已经习以为常了。

2. 法律方案

法律方案的问题首先是相关法律的出台往往滞后于互联网技术的发展，其次是通过法律来规范网上行为很容易因为管制过严，使互联网丧失应有的活力。某些情况下存在法律责任难以准确界定的问题。总之，法律同道德不能混为一谈，法律规范不能代替道德规范。

3. 教育方案

教育是一个可行的方案，它可以有效提高网络使用者的道德意识，提高消费者对不道德网络营销行为的鉴别能力。我国中小学中出现的"争当网络文明小使者"的活动就是一个很好的开展网络道德教育的尝试。在美国大学的网络营销教材中通常都有网络营销伦理学的章节，美国一些大学甚至专门开设了网络营销伦理学课程，这些事实说明了教育方案在遏制网络营销中的不道德行为的作用。教育方案的缺陷在于它是针对个人进行的，对组织的作用有限。

4. 自律方案

自律方案可以分为企业自律和行业自律两个方面。

企业自律指企业主动制定网络营销伦理守则或者在已有的企业伦理守则中写入网络营销行为规范方面的内容。2002年，拥有40万注册用户的斯托克豪斯(www.stockhouse.ca)是加拿大最大的投资网站之一，该网站在通过对用户的调查发现弹出式广告是网络用户最讨厌的东西后，决定彻底废止弹出式广告。集团公司下属信息系统公司的CEO马库斯·纽(Marcus New)这样说："我们倾听用户的声音，很明显他们厌恶弹出式广告，而我们不希望用户难过。"斯托克豪斯因此成为加拿大第一个主动废止弹出式广告的大型网站。该公司的自律行为得到舆论界的一致好评。

建立并完善行业自律机制是遏制不道德网络营销行为最有效的方法。具体做法是由行业内最有影响、最有号召力的企业牵头组建行业协会，协会会员的义务和权利通过协会章程明确地加以规定，章程的义务条款中明确规定协会成员不允许出现不道德的营销行为，协会受理消费者投诉，一旦发现会员有违反规定的不道德营销行为，则立即将其开除出会，这样该协会确立的行业行为规范就会在行业中树立起一面旗帜，协会也因此成为与不道德的网上营销行为作斗争的一个堡垒。行业网络营销伦理水平提高，业内占有最多份额的市场领导者肯定受益最多，行业内恶性竞争对此类企业的损害最大，所以此类企业对行业自律最积极。对会员而言，因为协会外企业的不道德竞争行为将不会对协会成员的信誉产生恶劣影响，消费者逐渐会认识到协会会员有更好的信誉保证，会员的业务会蒸蒸日上，越做越好，享受到入会的好处。非会员单位这时也会要求入会，主动停止不符合行业规范的营销行为。美国广告机构协会(American Association of Advertising Agency)在 20 世纪上半叶成功实现了行业自律，非常有效地制止了广告行业的不规范行为，该协会的实践为行业自律树立了一个很好的典范。美国营销协会(American Marketing Association)也制定了会员企业应该遵守的行业道德规范，其中包括网上营销规范，非常值得我国学习借鉴。我国在与假货作斗争的过程中曾开展过的"百城万店无假货"活动也曾收到过很好的效果，成为行业自律的成功案例。

5. 综合治理方案

显而易见，多种手段并用对不道德网络营销行为进行综合治理会比单一使用任何方法都更有效率。

9.3.6　个人数字足迹的管理

数字足迹(digital footprint)是指网络用户在使用互联网时留下的数据痕迹。在网络用户访问网站、在线提交信息、订阅时事通信、发送电子邮件、在社媒平台上发帖或在线购物时，都会留下一串信息，这些就是数字足迹。数字足迹可用于跟踪一个人或者一台设备的在线活动。数字足迹的重要性体现在以下方面：

- 数字足迹可以反映一个人的数字声誉，在数字时代，这几乎和线下声誉一样重要。比方说，很多机构在做出招聘决定之前，可能会先检查应聘者的数字足迹，尤其是他们的社媒足迹(social footprint)。学校在录取新生前，也可能检查新生的数字足迹；甚至是房东在与房客签订租约前，也会先查看房客的数字足迹。
- 网络犯罪分子可以利用一个人的数字足迹对其实施犯罪行为。
- 数字足迹是近乎永久性的，一旦这些数据公开甚至是半公开，留下这些数字足迹的网络用户以后就很难控制其他人将如何使用这些数据。

因此，每个网络用户都要了解数字足迹所透露的信息及所产生的影响，作为一个有数字素养的人，更应该学会管理自己的数字足迹，让数字足迹为自己带来便利而不会成为一种威胁。

互联网用户会通过主动和被动两种方式留存自己的数字足迹。相应的数字足迹分为主动数字足迹和被动数字足迹两种。主动数字足迹指的是用户有意分享有关自己的信息；例如，用户在社媒网站上发帖或参与互动。只要用户通过自己注册的账号登录网站，则他们发布的任何帖子都构成主动数字足迹的一部分。在线填写表单或者同意接受签语块也会留下主动数字足迹。当营销企业在收集网络用户的相关信息但用户并未意识到有事情发生时，网络用户的活动留下的信息就是被动数字足迹；例如，当网站收集有关用户访问次数、用户来自哪里及用户的 IP 地址信息时，这些信息就属于被动数字足迹。

一切在线活动都可能留下数字足迹，常见情况如表 9-1 所示。

表 9-1　留下数字足迹的常见情况

行为	具体情况
网上购物	• 下载和使用购物应用程序； • 从电子商务网站购买商品或参加团购； • 注册以获取优惠券； • 申请电子发票； • 订阅和网购相关的 RSS 源或电子出版物
使用网上银行	• 使用移动银行 App； • 买入或卖出股票； • 订阅和金融相关的 RSS 源或电子出版物； • 开设信用卡账户
社会媒体	• 在计算机或移动设备上使用社会媒体，包括申请社媒平台账号、填写个人资料、导入联系人资料、通过社媒渠道或平台与好友联系、与联系人共享信息或文件等； • 使用自己常用的社会媒体账户(如微信账户)作为 OpenID 登录其他网站； • 注册为约会网站或 App 的会员
阅读新闻	• 订阅 RSS 新闻源； • 在新闻应用程序上查看文章； • 转发或者评论阅读过的时事新闻
健康和健身	• 使用运动软件； • 使用应用程序接受医疗保健服务； • 订阅健康类 RSS 源或电子期刊； • 将运动手表上的数据与手机 App 数据同步

表 9-2 总结了一些避免产生过多数字足迹的方法。

表 9-2　数字足迹和在线声誉基本管理方法

方法	具体做法
学会使用搜索引擎检查自己数字足迹的方法	在不同搜索引擎中输入自己的姓名，查看返回的搜索结果，辨别出现在结果页面上的内容是本人还是同名同姓的其他人； 访问有关自己的页面，看看这些内容是否属实，是否包含敏感信息； 除了使用诸如百度、必应这些通用的搜索引擎，使用社媒平台提供的站内搜索(如微信搜一搜、新浪微博的搜索微博)也很有必要，它们可以让你了解自己在社媒平台上留下的数字足迹情况
减少提及自己的信息来源数量	有时，我们会在租房、求职或者二手交易等网站上留下个人信息，例如电话号码、邮箱等，如果这些信息已经过时或者不再需要，就需要联系网站移除这些信息
限制敏感信息共享数量	我们每次在网上提供个人相关信息时，都会扩大自己的数字足迹，这就增加了存储这些数据的组织或个人滥用数据的可能性，或者让这些数据落入坏人之手；因此，在发布信息前，需要慎重考虑这么做是否必要及是否有其他方法可以在不提供敏感数据的情况下获取所需服务
做好隐私设置	社会媒体上的隐私设置允许用户控制哪些人在多长时间内查看用户的发帖；我们需要了解常用社会媒体的隐私设置选项并确保每次对其进行妥当的设置；例如，微博允许博主将帖子设为公开、粉丝可见、好友圈可见或仅自己可见，有的平台还允许用户自定义可以查看某些帖子的人员列表，对这些都要进行合理设置

续表

方法	具体做法
避免在社会媒体上过度分享	社会媒体让我们能更轻松地与他人交流联络，但也大大增加了不经意间过度分享信息的可能性，比方说在透露旅行计划信息前一定要三思后行。要避免在社会媒体个人简介中透露电话号码或电子邮件地址，也尽可能避免为自己使用的银行、医疗保健提供商、药房等点赞，这些信息都可能被网络犯罪分子利用
避免不安全的网站	网购时尽可能使用安全网站进行交易，这些网址使用的协议应该是 https 而不是 http，最新浏览器在用户访问不安全网站时会进行提示，这时一定要慎重操作，在不安全的网站上切勿分享任何机密信息，比方说付款信息
避免在公共 Wi-Fi 上泄露隐私数据	公共 Wi-Fi 属于公共网络，不如家庭或者组织的网络安全，如果不知道谁设置了该网络，或者还有谁可能在监控这个网络，就要尽可能避免在使用公共 Wi-Fi 时发送个人信息
创建高强度密码	高强度密码有助于保证账户安全；高强度密码应该足够长，而且最好能同时包含大小写字母、数字及特殊符号。要妥善保管密码，避免与他人分享，也尽量避免对所有账户使用相同的密码，并记得定期更改密码
谨慎使用微信账户或者其他 OpenID 登录第三方应用	使用微信账户登录新网站和应用程序让很多用户感到非常方便。但是，很多人并不了解这背后的机制其实是通过 OpenID 协议实现身份的便携化(identity portability)。使用这种方法登录第三方应用网站，其实是授权第三方公司获取自己原先提供给微信(或其他 OpenID 应用)的个人资料数据，而这可能导致个人信息的泄露
为移动设备设置密码	为移动设备设置密码是一个良好的数字安全习惯，以防在设备丢失时造成数据泄露
安装软件或者注册为会员前要阅读用户协议	安装应用程序或者注册为会员前，要仔细阅读用户协议。提供服务的公司可能会公开他们收集的信息类型及这些信息的用途。这些公司可能会要求获得各种权限，要思考这些权限对于提供服务是否必需，要把开放的权限控制到最低
发帖前请三思	在网络上发布内容非常容易，但一旦发出，很可能就很难收回，所以在发帖前一定要三思后行，避免发布可能日后让自己后悔的信息。不论是上传照片、发布视频或者是发表评论，都要考虑后果，只发布那些有助于塑造自己良好形象的适当内容，力求创建正面的数字足迹
使用虚拟专用网络(VPN)	由于虚拟 VPN 可掩盖用户的 IP 地址，还可以防止网站安装可跟踪用户浏览记录的签语块，这就使得用户的在线操作难以追踪，从而起到保护数据隐私的作用

作为网络营销者，我们要勇于承担社会责任，不仅要懂得管理自己的数字足迹，还要尊重用户的数据隐私，帮助用户提高数字素养。

9.4 网络营销伦理战略

我国学者对网络营销中的种种战略问题向来比较偏爱，王汝林在其《网络营销战略》中提到的一级战略就多达 15 种之多，即运用反向思维进行网站建设战略、无网站网络营销战略、网络营销的市场调查战略、网络营销的信息搜索战略、网络营销的信息发布战略、网络营销的资源整合战略、网络营销的品牌战略、网络营销的市场拓展战略、网络营销的价格战略、网络营销的网站竞争战略、网络营销的客户关系管理战略、网络营销的交易风险控制战略、网络营销的人力资源战略、网络营销的安全战略、跨国网络营销战略等。许多一级战略还包含多个次级战略，例如，网络营销的品牌战略就包含震撼力战略、价格造势战略、品牌整合战略、品牌延伸战略等 4 种次级战略；网络营销的网站竞争战略则包含得更多，共有 6 种：抢占快车道战略、反第一定位战略、专一化战略、隐形进攻战略、从不定式中寻找定式战略、整合聚才战略。非常奇怪的是，网络营销伦理战略至今还从来没有人研究过。种种迹象表明，伦理战略会影响企业的经营业绩，例如，有研究表明，76%的顾客将会转向更关注伦理和社会问题的商家和品牌(Cone/Roper, 1997)，88%的顾客更倾向于从那些负责的公司购买产品或服务(Walker Research，1998)。

在战略管理的教科书中，所谓战略就是经理人为实现组织目标而选择的决策和行动的特定模式。迈克尔·波特在其名著《竞争战略》一书的开头写道："所谓竞争战略，就是公司为加强自身的市场地位而寻求更好的竞争方法。然而竞争战略不能忽视得到社会承认的为竞争行为制定的游戏规则。该游戏规则则是由社会道德基准和公共政策所决定的"。在经营战略这一层次，重视竞争优势的战略被纳入社会伦理的框架。按照这一概念，我们可以先对网络营销伦理战略的含义做一界定；网络营销伦理战略是经理人为实现企业整体营销目标及获取竞争优势，依据市场环境和企业自身特质对企业在网络营销活动中必须达到的道德水平加以管理的决策和行为模式。虽然人们很少明确提出网络营销伦理战略这一概念，但许多企业在他们的网络营销伦理实践中却已经不自觉地实施了这类战略，例如，许多企业在网站上公布了旨在保护消费者隐私的隐私声明，当然，我们也经常看到许多小企业或者个人使用群发商业邮件(BCE)来推广自己产品。企业的网络营销行为可以反映出企业网络营销伦理境界的高低，并且会给企业网络营销的成果带来不同影响。因此，我们有必要系统研究网络营销伦理战略，帮助企业自觉使用这一战略来提升网络营销的效果。

9.4.1 网络营销伦理和在线品牌

品牌在网络营销中占据中心地位。我们知道，网络营销的对象可以是产品或者服务，也可以是人物、地点、事件、组织或者理念，但不论营销对象具体是什么，网络营销的主要任务都只有一个：建立品牌。虽然，少数企业仍然把眼光盯在产品的销售上，但目前大多数营销传播其实是在品牌水平上展开的。

根据美国营销协会的定义，品牌是一个名称、术语、标记、符号或设计，或是它们的组合，用于把一个或一群销售者的产品或者服务与竞争对手的产品或服务区别开来。然而品牌的外延比这一表述还要丰富，实际上，一切机构及他们的产品都可以被看作品牌。需要注意的是，品牌不仅是机构或产品的标识，品牌的作用是帮助消费者做出购买决策，品牌的价值则在于它能给品牌的拥有者带来收入，因此品牌是一种资本，这种资本习惯上称为品牌资产。品牌之所以能给品牌的拥有者带来收入，原因是品牌拥有一定的知晓度、美誉度和忠诚度，品牌资产可以用该品牌的知晓度、美誉度和忠诚度来衡量。品牌的知晓度可以使用广告等营销传播手段迅速提升，但品牌的美誉度和忠诚度却要以企业的产品质量和服务质量为基础。高标准的网络营销伦理是建立在线品牌的关键。

1. 在线品牌的特征

在线品牌是在虚拟市场上将一个公司(及产品、服务)与其他公司(及产品、服务)相区别的名称、术语、标记、符号、设计或者这些要素的组合。与传统品牌相比，在线品牌更重要，原因是消费者在虚拟市场上可以接触到更多公司和产品，品牌要达到与竞争者相区分的目标就必须具有更多独到之处；同时，消费者在网上交易要承受比在线下更多的风险，所以，在线品牌也必须具有更高强度，以获取消费者更大程度的信任。尽管许多营销学者认为在线建立品牌的方法与离线的情况并无二致,并且许多企业成功地将他们的传统品牌移植到网上,但在许多相似点之外,在线品牌的确具有若干不同于传统品牌的特点,对此我们分析如下。

(1) **知晓度方面**:在线品牌和离线品牌都离不开知晓度,但两者的要求并不一样。衡量知晓度的大小通常用到三个等级:品牌再认、品牌回忆、品牌浮现。品牌再认强度最弱,意味着消费者需要提示才能记起该等级的品牌;品牌回忆则意味着更高的知晓度,消费者无须提示便可以独立回忆起这一等级的品牌;品牌浮现是品牌知晓的最高境界,只要提起某一类产品,消费者便可以条件反射般地联想起这一等级的品牌。对于在线品牌而言,可见度是一个重要的指标,网络空间具有强大的搜索和导航系统,除了少数几个门户网站,多数人访问网站并不是通过直接从地址栏中键入 URL 的方式来实现,而是通过搜索引擎或者指向该网站的链接来进入网站的。

(2) **美誉度方面**:品牌的美誉度一般用品牌联想的内容和属性来评价。对离线品牌而言,品牌联想可以分为与产品相关的联想及与产品无关的联想,前者包括产品的颜色、尺寸、款式等,后者则包括价位、包装、用户形象等。对于在线品牌而言,品牌联想则需要包括消费者对企业在线传播渠道的体验和评价,如网站运行的可靠性、用户界面的友好性、网站功能的可用性、对不同用户平台的兼容性等。

(3) **忠诚度方面**:在线品牌可以达到比离线品牌更高的忠诚度,原因有两个方面,其一是因为虚拟市场较传统市场蕴含着更大的不确定性,转换品牌意味着更大的风险;另一方面的原因是在线企业可以有更多的手段实现对消费者的锁定,如个性化网页技术、一键式购物系统等。这意味着投资在线品牌可以获得更高的回报。

(4) **品牌利益**:品牌利益包含功能利益、符号利益和体验利益三个要素。对离线品牌而言,功能利益是产品满足消费者需要的基本利益,但有时功能利益在消费前很难判断,这时,直接诉诸消费者感觉的体验利益便走上了前台。在功能利益和体验利益与竞争的品牌轩轾难分时,诉诸消费者精神需求的符号利益就发挥了作用。对在线品牌而言,这三个要素仍然存在,体验利益因为包含了用户在企业网站上的体验而变得更加重要,同时品牌的可信性成了在线品牌的另一个要素。品牌的可信性源自消费者这样的信念:品牌的拥有人不会做可能伤害其品牌的任何事情。

2. 建立在线品牌的要领

建立在线品牌最关键的是建立品牌的可信性,它源自企业生死不渝地奉行客户至上的经营理念。为了经济利益在经营中可以不择手段的企业永远不可能赢得消费者的信任。在这里,高标准的网络营销伦理是建立可信品牌的唯一方法。

并非每一个从事网络营销的企业都需要建立在线品牌,但一旦企业决定建立一个在线品牌,便需要从开始就严格坚持高标准的网络营销伦理,即使不道德的行为只出现过一次,企业的品牌也会蒙上永远抹不掉的污点。所以,建立品牌最忌讳的事情便是轻易许诺然后出尔反尔。例如,2000 年前后,我国很多企业为了迅速扩大用户群,许诺给用户提供终生的免费电子邮件信箱,但随着时间推移,这些企业相信这些免费电子邮件用户不再能为他们带来利益时,便单方面停止了免费电子邮件服务,给许多客户造成了很多不便,也给这些企业的品牌造成了极大的损害。

希望把领先同行的伦理水平作为品牌特性的企业而言,关键的一个问题是使无形的道德有形化。消费者无法看透企业管理者的内心世界,通常也不会去研究一个企业的伦理守则,这时就要注意消费者可感知的行为的道德含量,从每一个细节上追求卓越的伦理,在每一个细节上体现出领先同行的道德追求,例如,及时通过电子邮件回复顾客的咨询及不折不扣地兑现企业在广告中对顾客的承诺。

域名是在线品牌的载体，但是好的域名并不意味着好的品牌，并且好的域名也不是在线品牌获得成功的必要条件，大名鼎鼎的雅虎(Yahoo)的原意是懵懂无知的野人，8848这个闪闪发光的域名并没能帮助8848公司熬过互联网寒冬。对于大多数企业而言，离线品牌可能已经被其他人抢先注册，因此企业不得不选择一个全新的在线品牌名从头开始经营。这时企业的处境便非常类似于一个新成立的网络公司，网络营销伦理将决定品牌的前途命运。不过，如果有可能，网上品牌与离线品牌应保持统一，这样企业既可以避免管理两个品牌的复杂性和高成本，也可以利用离线品牌使在线品牌起飞，同时利用在线品牌为离线品牌注入新的活力。有时，为了使网上品牌和离线品牌相一致，一些公司不惜改变离线品牌的名称，这样做的一个好处是可以利用名称变更的机会对品牌进行重新定位。

9.4.2 网络营销伦理水平的评价

制定和实施企业的网络营销伦理战略的一个前提，就是对企业的网络营销伦理水平做出科学的评价。从理论上讲，企业的网络营销伦理水平可以归结为企业管理层和企业员工个人的伦理水平，但实际上，评价企业的网络营销伦理水平比评价个人的伦理水平要相对简单一些，原因是企业行为是单纯的经营行为，而且许多企业还制定了成文的伦理准则。一般而言，企业的伦理准则规定得非常具体，正如德·乔治所说："伦理准则应该是具体而真实的，不仅应该接受监督并且应具备接受监督的素质。"[①]这些准则使得对企业伦理水平的评价更加方便。具体到网络营销而言，企业的网络营销伦理水平一般会以非常具体的形式表现出来，如网站上是否有隐私声明、是否使用垃圾邮件等。鉴于网络营销伦理包含信息伦理和营销伦理两方面的内容，我们可以从这两方面进行分析，根据企业所做的承诺和实际的所作所为，来综合评价企业的网络营销伦理。

企业的营销伦理水平主要体现在市场细分和产品定位、市场调研、产品开发、定价、分销、直复营销、广告和国际营销等营销环节上，而企业的信息伦理水平主要体现在信息技术的使用、隐私保护和知识产权保护方面，两者在很大程度上是相互独立的，即高的营销伦理水平不保证高的信息伦理水平，低的营销伦理水平也不排斥高的信息伦理水平，反之亦然。同时，我们注意到，企业网络营销伦理水平的最终裁决者不是专家学者，而是以消费者为主体、以媒体为舆论领袖的企业的利益相关者群体。消费者和媒体在进行道德评价时一般都有一个特点，即对低道德水平的敏感程度要高于对高道德水平的敏感程度。这个特点决定了在网络营销伦理水平的两维模型中，等道德水平线(或可称为无差异道德水平线)呈双曲线形态(参见图9-1)，意思是，企业的营销道德水平低下时，必须要用高得多的信息道德水平来补偿，反之亦然。图中，曲线越靠近原点，就表示企业的网络营销伦理水平越低，而同一曲线上不同的点表示同样的道德水平，我们最关注的两条等道德水平线为较高位置上的道德模范线及较低位置上的道德底线，道德水平高于道德模范线的企业和道德水平低于道德底线的企业都会受到企业利益相关者的关注，道德水平介于两条线之间的企业则通常不会受到利益相关者的关注。

实际上，企业的营销伦理水平和信息伦理水平都构成一个阶梯，我们可以根据企业制定的道德准则和企业的具体营销行为把一个具体企业放在这个阶梯的恰当位置上。鉴于隐私问题在网络营销伦理中无与伦比的重要性，我们将以企业在尊重消费者隐私权方面的实践为例来考察对企业网络营销伦理水平的评价方法。

---

① De George, R. T. Business Ethics[M]. New York: Macmillan, 1982.

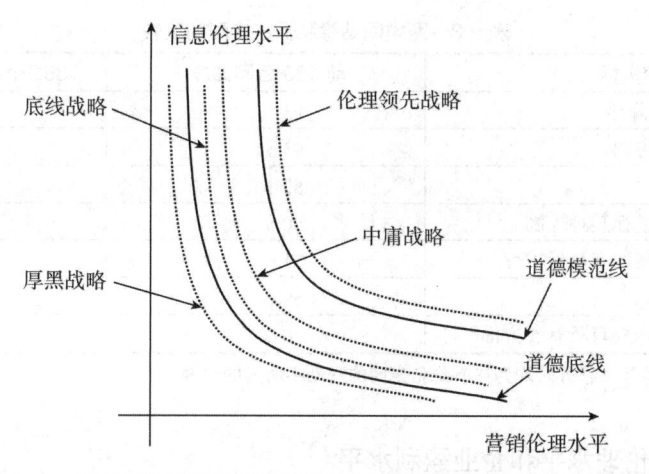

图 9-1　网络营销伦理的两维模型和企业的网络营销伦理战略的选择

企业对消费者隐私的态度按照伦理水平的高下构成一个阶梯,依据玛丽·J.卡尔南(Mary J. Culnan)1999 年对 100 个顶级公司网站在隐私保护方面的实证研究,我们可以从以下方面来评价企业的隐私保护实践。

(1) 是否有公开的隐私声明。1999 年,约有 81%的网站发布了完整的隐私声明(PPN,privacy policy notice),另有 12%的网站有涉及隐私保护的比较零散的说明。在有 PPN 的网站中,有 85.2%可以通过主页上的链接看到 PPN,有 71.6%可以通过某个收集信息的页面上的链接看到。

(2) 是否告知消费者所要收集的信息的种类和用途。1999 年,在有隐私声明的网站当中,约有 93.5%对消费者提供了至少一部分信息。在告知方面,可以依据告知内容的完整程度对企业的伦理水平做进一步细分,如告知内容是否包含收集信息的种类、方式、用途及所收集的信息是否会在今后被用于其他营销目的或者向第三方披露等。

(3) 是否为消费者提供不披露信息或者拒绝某类营销传播的选择。1999 年,在有隐私声明的网站中,约有 83.1%给消费者提供了一种以上的选择。

(4) 是否让消费者浏览及修订有关自己的信息。1999 年,在有隐私声明的网站当中,约有 50.5%允许消费者对本人提供的信息进行某种程度的控制。

(5) 是否对消费者的信息提供安全保障。1999 年,在有隐私声明的网站当中,约有 51.6%对消费者信息提供了某种形式的安全保护。

(6) 是否允许消费者对事关隐私的问题向公司投诉。1999 年,在有隐私声明的网站当中,约有 59.1%为消费者提供了反馈渠道。

值得注意的是,1999 年,在有隐私声明的网站当中,只有 20.4%全面考虑了消费者在知情、选择、修订、申诉方面的权利。

可以看出,企业在对消费者隐私保护的问题上存在各种不同的作法,这些作法可以按照伦理学中的正义原则和义务原则进行相当准确的评价,确定企业在隐私保护方面的伦理水平。实际上,卡尔南在 1999 年稍早的一次调查因为包含了更多的网站,所以得到的各个数据都明显低于第二次调查的结果,说明前 100 名顶级网站在保护消费者隐私方面明显处于较高的伦理水平上(比较见表 9-3)。同样,在网络营销伦理的其他方面,也可以进行类似的评价,例如,对网络广告的侵犯性就可以使用类似的方法进行评价。

表 9-3 两类网站隐私保护实践的比较

比较指标	前 100 名网站/%	361 个前 7500 名网站/%
有 PPN 或零星隐私陈述	93	65.9
对消费者进行部分告知	93.5	89.8
为消费者提供选择	83.1	61.9
允许消费者对数据进行某种控制	50.5	40.3
对消费者信息提供某种安全保护	51.6	45.8
有反馈渠道	59.1	48.7
考虑到知情权、选择权等所有 5 方面	20.4	13.6

注：以上数据中除第一行外，均为在有隐私声明的网站中所占的比例

9.4.3 网络营销伦理水平和企业盈利水平

企业的网络营销伦理战略会影响企业的经营业绩和竞争优势，这是毫无疑问的事实。问题在于，这种影响是否会像某些人所认为的那样是单向的，即高的伦理水平是否一定会给企业带来竞争优势，也就是人们所说的，好的企业是否一定是优秀的企业。实际上，企业伦理学界对这一问题一直争论不休。

持肯定看法的人包括英国的艾兰·斯提纳(Alan Stainer)和劳瑞斯·斯提纳(Lorice Stainer)、我国的寇晓萱、美国的 D. 罗斯(D. Ross)等。这一派学者认为，道德从本质上而言是一种长期投资，道德因素是构成企业竞争力的一个重要方面，"为了获得竞争优势，企业有必要保证自己的道德标准高于竞争对手"。这一观点也与多数人的直觉相符，罗斯曾经就美国企业的道德准则问题调查过上千名的公司主管、商学院院长和国会议员，有 63%的人认为企业坚持道德高标准能够增强企业的竞争力[①]。

持否定看法的代表人物有美国的 S. 普拉卡什·塞蒂(S. Prakash Sethi)和托马斯·施内外斯(Thomas Schneeweis)等人。这派学者认为，如果伦理水平和业绩水平是一致的，所有企业都会自动提升自己的伦理水平，那就没有谈论企业伦理的必要了，而这与实际观察不符。部分实证研究中，伦理水平和业绩水平的正相关性被解释为业绩好的企业更有条件追求更高的伦理水平。

两派的观点各有道理，所以毫不奇怪，许多人持一种折中的观点，例如，《公司与社会》的作者们提出应该在长期利润和短期利润、最优利润和最大利润及股东利益和其他利益相关者利益的框架下讨论问题[②]。相比而言，第三种观点更可取，但考虑到我们讨论伦理战略的需要，借助成本和收益分析对这一观点做进一步改进是很有意义的。

一方面，高的网络营销伦理水平对企业意味着更高的成本。这种额外成本源于两个方面：企业实施伦理管理的费用，以及因为营销手段的选择受限而带来的成本增加。高的伦理水平不会自动出现，企业需要建立相应的机构(如伦理委员会)或者至少设置相应的人员(如首席伦理官)对企业的伦理水平进行管理，同时，企业需要开办伦理培训项目和举办以伦理为主题的研讨会。这些都是直接发生的成本。此外，因为坚持较高的伦理标准而间接产生的费用可能更高，例如，坚持道德原则的企业不会在公开的论坛上滥发广告性质的帖子，这就意味着他们必须付出更多成本去做网络广告。

另一方面，高的网络营销伦理水平也会给企业带来潜在的收益。这种收益主要表现在获得

---

① 寇小萱. 企业营销中的伦理问题研究[M]. 天津：天津人民出版社，2001.
② 詹姆斯·E. 波斯特，威廉姆·C. 弗雷德里克，等. 公司与社会[M]. 8 版. 北京：机械工业出版社，1998.

企业利益相关者的信任上。信任的建立可以降低与该企业进行交易的风险和交易成本，也有助于企业的其他利益相关者继续向该企业注入资金，企业更容易获得信贷和担保等。

两者相比，成本的发生是确定的，并且会在短期内影响公司的财务表现；收益的获得是不确定的，只有在较长时期内才见效果。不过，令人欣慰的是，收益的潜力是巨大的。高的伦理水平有助于企业商誉的建立和顾客忠诚度的增加，此两项可以为企业节省大量的营销费用。例如，反映顾客忠诚度的指标"顾客背离率"若降低 5%，则公司从每位顾客实现的盈利就可以提高 25%～85%，具体数值取决于该公司所处的行业，如信用卡行业为 75%，计算机软件行业为 35%[①]。

案例分析　阿里巴巴的排名算法鼓励诚信

> 阿里巴巴是我国著名的 B2B 电子商务公司，主要业务是为中小企业提供一个发布供求信息、寻找商业机会的平台。该公司在 2002 年 3 月推出了"诚信通"服务，该服务的推出不仅使阿里巴巴在鼓励诚信方面走在国内众多同行前列，改善了公司的企业形象，而且该服务的推出还给阿里巴巴开辟了一个可靠的收入来源，从产业划分的角度看，阿里巴巴的业务在信息服务之外增添了信用服务的成分。
>
> 2004 年 3 月，阿里巴巴推出了商业搜索引擎服务，该服务最引人注目的是它采用的排名算法，阿里巴巴利用其网站上记录的商家的"诚信通"会员数据，以企业诚信度高低作为搜索结果排名的依据，就是说，诚信企业的信息会被优先显示。
>
> 从理论上讲，阿里巴巴的排名算法有助于实现"义利"的统一，鼓励企业讲诚信，但是，因为"诚信通"是收费服务，所以，"诚信通"服务对企业诚信的评级能否被普遍接受就成了一个问题。作为一项收费服务的"诚信通"能够担负起给企业信用评级的重任？毕竟，没有给阿里巴巴缴费注册成"诚信通"会员的企业就没有了讲诚信的资格，这是不合情理的。因此，阿里巴巴的排名算法虽然是一件很有伦理意义的创举，但如果阿里巴巴的排名算法使用的不是"诚信通"的数据而是由一个可信的第三方提供的数据，那将是一个真正可以提高社会诚信度的行为。

9.4.4　网络营销伦理的战略选择

按照企业对其网络营销伦理水平的不同定位，可以把常见的网络营销伦理战略分为以下 6 种。

(1) 伦理领先战略：采纳这一战略的公司会把企业的网络营销伦理锁定在堪称业界楷模的高度，以此建立强有力的在线品牌。容易理解，永远都只能有少数实力超群的企业能够成功地实施这一战略，采取这一策略的公司的增多会提高社会对企业营销伦理水平的预期，其结果只能是加剧了企业间在道德行为上的竞争。我们熟知的一些知名企业都是这一战略的实践者，如迪士尼公司、惠普公司、IBM 公司等。需要注意，并非所有大公司都适合采纳这一战略，一般而言，采取差异化竞争战略的公司比采取成本领先的公司更适合采取这一战略。

采取伦理领先战略的公司还会通过消费者教育来提升消费者的道德鉴别能力和对企业的道德预期，这样可以强化伦理领先企业的基于伦理的差别优势，因此，采纳伦理领先战略的公司事实上是行业道德标准的制定者。

(2) 中庸战略：采纳这一战略的公司会有意识地把本企业的网络营销伦理保持在行业的平均水平附近，既不会企求通过超出人们预期的道德行为博取舆论赞誉，也绝不会成为道德上的问题企业而受人唾骂。这一战略适合多数企业采用，它的优点是对企业的伦理管理没有太多要

[①] Charles W. L. Hill, Gareth R. Jones. Strategic Management Theory[M]. Boston: Houghton Mifflin Company, 2016.

求,并且可以支持企业长期的稳健经营;缺点是稍嫌保守,一贯采取这一战略会形成企业在战略选择上的惰性,丧失捕捉市场变化带来的商机的能力。

(3) 底线战略:采纳这一战略的公司通常会小心翼翼地把本企业的网络营销伦理保持在可以被社会接受的道德底线附近,该战略的目的是在不让公众捕捉到企业营销道德上的把柄的同时,可以比较自由地采取一些在道德方面尚存争议的营销手段。

(4) 厚黑战略:采纳这一战略的企业在实施网络营销方面完全可以用不择手段来描述,这种类型的企业是社会舆论鞭挞的重点。采纳这种战略的企业通常是一些无名且短寿的个人小企业,在社会上可见度较低,经营者的唯一目标是快速致富。这种企业主要针对新网民或者自我防卫意识淡薄的群体(如老年人、文盲等)发动交易营销攻势,采取这一战略的风险之一是,一些企业的行为不仅缺德,而且可能因为触犯有关法律而受到追究。

(5) 浪子战略:这是一种非常规的战略,意思是曾经作为道德方面的问题企业获得媒体曝光的企业,把伦理水平大幅提高到道德模范线以上的高度,再次获得媒体关注,在公众面前塑造一个类似于浪子回头的形象。在这一战略中,公司前期的低道德营销可以是有意计划的,但也可能是企业针对突然曝光的道德丑闻不得已发动的危机公关行为。拼多多在 2021 年推出的"仅退款"是战略选择的结果,而亚马逊公司 2000 年的差别定价试验的失败及其补救可以被看成是后者的一个例子,因为亚马逊对其差别定价的道德后果完全没有思想准备,更不用提事先的计划了。

(6) 虚无战略和其他可能的选择:虚无战略是一种没有网络营销伦理战略的网络营销伦理战略。一些企业完全无视网络营销伦理的重要性,对企业的网络营销活动不做任何道德方面的考虑。但是,尊重规律的人跟随规律走,不尊重规律的人被规律牵着走,企业可以对自己的营销行为不做道德上的考虑,但营销伦理仍然会对企业的营销成果造成重大影响。应当注意,这一类别与厚黑战略不同,没有实施网络营销伦理战略的企业可能是在道德水平上反复无常的企业,也可以是保持了营销道德的高水准却对这一投入不懂得使用的企业。此外,有人提出一种可以被称为伦理歧视的战略,意思是企业按照消费者对伦理问题的敏感程度不同对消费者进行细分,然后在不同细分市场上开展伦理水平不同的网络营销,这一设想貌似合理,但不论在理论上还是在现实中都不成立。首先,从理论上讲,伦理学的道德评价可以有功利主义、义务论和正义论三种方法,伦理歧视只在功利主义的前提下成立,而按照义务论和正义论,伦理原则是不可以因人而异的,在这一情况下,各个细分市场上的多数消费者都不会认为采取伦理歧视的企业是一个可以信赖的企业,这必然导致伦理歧视战略的失败。其次,从实际操作中看,曾经有过一些发达国家的企业在其在发展中国家的分支机构中采取了较本土为低的道德标准,这种做法引起了舆论的普遍谴责;传统市场上尚且如此,在信息更完备的虚拟市场上,伦理歧视当然更行不通。

与许多人想当然的看法不同,网络营销伦理战略并没有绝对的优劣之分,就是说,适合《财富》500 强公司采用的网络营销伦理战略未必适合在本地开展业务的小企业采用,适合包装食品生产商采用的策略也未必适合提供商业服务的公司采用。一句话,网络营销的伦理水平需要适当而不是一味求高。

9.4.5 影响企业网络营销伦理战略选择的因素

实施网络营销伦理战略的目的是更好地实现组织的营销目标,这一目标通常是用财务指标来衡量的。一个企业究竟选择什么样的网络营销伦理战略,取决于以下各个因素。

(1) 企业的市场地位。市场占有率高的企业适合采取对应着高伦理水平的战略,如伦理领先战略和浪子战略,反之,则可以采取对应着中低伦理水平的战略,如中庸战略或底线战略,厚黑战略只适用于那些没有持续经营打算的企业。因为，伦理水平对一个行业而言具有公共财产的性质，而市场占有率高的企业担负着维持行业伦理水平的主要责任，行业形象好，大企业是主要受益者，形象不好，大企业也会是主要的受害者。实际上，行业协会往往由该行业中的若干大企业发起，该协会致力于在行业中倡导与公众期望相称的伦理水平。需要注意的是，对于多渠道经营的商家而言，网络营销伦理战略会同时影响这些商家的在线业务和离线业务。

(2) 企业的竞争战略。将差异化作为主要竞争战略的企业适合采取对应着高伦理水平的战略，而将成本领先作为主要竞争战略的企业则适合采取对应着较低伦理水平的战略。

(3) 企业的财务状况。财务状况好的企业适合采取对应着高伦理水平的战略，反之，则适合采取对应着较低伦理水平的战略。提高网络营销伦理水平是对商誉的一种投资，要求企业具有相应的财力。实际上，除了上面提到的两种成本外，要使企业在伦理上的投入发挥最大效益，还需要一定的配套资金，以支持企业公共关系活动的同步开展。

(4) 企业的伦理文化。企业伦理文化基础好的企业适合采取对应着高伦理水平的战略，反之，则适合采取对应着较低伦理水平的战略。对于有着优秀企业伦理传统的企业，因为本来就拥有促进企业伦理的机构和人员，所以这类企业为进行网络营销伦理的管理需要额外投入的资源就较少，因此相对其他采取同类战略的企业就拥有一定的竞争优势。

(5) 企业的行业属性。处在体验行业及服务行业的企业，较处在普通制造行业及大宗商品制造行业的企业，更适合采取对应着高伦理水平的战略。此外，如果企业的主要产品的质量属于信誉质量或者体验质量，就比产品质量属于搜索质量的企业更适合采取对应着高伦理水平的战略。并且，对产品质量的安全性和可靠性要求高的行业的企业，较对产品价格要求高的行业的企业更适合采取对应着高伦理水平的战略。

9.4.6 案例1：亚马逊公司的一次失败的差别定价试验

差别定价被认为是网络营销的一种基本定价策略，一些作者甚至提出在网络营销中要"始终坚持差别定价"[①]，然而，没有什么经营策略在市场上可以无往不胜，差别定价虽然在理论上很好，但在实施过程中存在诸多困难，正如以下案例所告诉我们的那样。

1. 亚马逊公司实施差别定价试验的背景

1994年，当时在华尔街管理着一家对冲基金的杰夫·贝佐斯(Jeff Bezos)在西雅图创建了亚马逊公司，该公司从1995年7月开始正式营业，1997年5月股票公开发行上市。从1996年夏天开始，亚马逊极其成功地实施了联属网络营销战略，在数十万家联属网站的支持下，亚马逊迅速崛起为网上销售的第一品牌[②]，到1999年10月，亚马逊的市值达到280亿美元，超过了西尔斯(Sears Roebuck&Co)和卡玛特(Kmart)两大零售巨人的市值之和。

根据Media Metrix的统计资料，亚马逊在2000年2月在访问量最大的网站中排名第8，共吸引了1450万名独立的访问者，亚马逊还是排名进入前10名的唯一一个纯粹的电子商务网站。

根据PC Data Online的数据，亚马逊是2000年3月最热门的网上零售目的地，共有1480万独立访问者，独立消费者也达到120万人。亚马逊当月完成的销售额相当于排名第二位的CDNow和排名第三位的Ticketmaster完成的销售额的总和。在2000年，亚马逊已经成为互联网上最大的图书、唱片和影视碟片的零售商，亚马逊经营的其他商品类别还包括玩具、电器、家居用品、软件、游戏等，品种达1800万种之多，此外，亚马逊还提供在线拍卖业务和免费的

---

① 李兵. 论网络营销的定价策略[J]. 商业研究，2001(9):161-162.
② 刘向晖. 联属网络营销初探[J]. 企业经济，2003(4): 167-168.

电子贺卡服务。

但是，亚马逊的经营也暴露出不小的问题。虽然亚马逊的业务在快速扩张，亏损额也在不断增加，在 2000 年头一个季度中，亚马逊完成的销售额为 5.74 亿美元，较前一年同期增长 95%，第二季度的销售额为 5.78 亿，较前一年同期增长了 84%。但是，亚马逊第一季度的总亏损达到 1.22 亿美元，相当于每股亏损 0.35 美元，而前一年同期的总亏损仅为 3600 万美元，相当于每股亏损 0.12 美元，亚马逊 2000 年第二季度的主营业务亏损仍达 8900 万美元。

亚马逊公司的经营危机也反映在股票的市场表现上。亚马逊的股票价格自 1999 年 12 月 10 日创下历史高点 106.6875 美元后开始持续下跌，到 2000 年 8 月 10 日，亚马逊的股票价格已经跌至 30.438 美元。在业务扩张方面，亚马逊也开始遭遇到一些老牌门户网站——如美国在线、雅虎等——的有力竞争，在这一背景下，亚马逊迫切需要实现盈利，而最可靠的盈利项目是它经营最久的图书、音乐唱片和影视碟片，实际上，在 2000 年第二季度亚马逊就已经从这三种商品上获得了 1000 万美元的营业利润。

2. 亚马逊公司的差别定价实验

作为一个缺少行业背景的新兴的网络零售商，亚马逊不具有巴诺(Barnes & Noble)公司那样卓越的物流能力，也不具备像雅虎等门户网站那样大的访问流量，亚马逊最有价值的资产就是它拥有的 2300 万注册用户，亚马逊必须设法从这些注册用户身上实现尽可能多的利润。为提高在主营产品上的利润，亚马逊在 2000 年 9 月中旬开始了著名的差别定价实验。亚马逊选择了 68 种 DVD 碟片进行动态定价试验，试验当中，亚马逊根据潜在客户的人口统计资料、在亚马逊的购物历史、上网行为及上网使用的软件系统确定对这 68 种碟片的报价水平。例如，名为《泰特斯》(Titus)的碟片对新顾客的报价为 22.74 美元，而对那些对该碟片表现出兴趣的老顾客的报价则为 26.24 美元。通过这一定价策略，部分顾客付出了比其他顾客更高的价格，亚马逊因此提高了销售的毛利率。但好景不长，这一差别定价策略实施不到一个月，就有细心的消费者发现了这一秘密，通过在名为 DVDTalk(www.dvdtalk.com)的音乐爱好者社区的交流，成百上千的 DVD 消费者知道了此事，那些付出高价的顾客当然怨声载道，纷纷在网上以激烈的言辞对亚马逊的做法进行口诛笔伐，有人甚至公开表示以后绝不会在亚马逊购买任何东西。更不巧的是，由于亚马逊前不久才公布了它对消费者在网站上的购物习惯和行为进行了跟踪和记录，因此，这次事件曝光后，消费者和媒体开始怀疑亚马逊是否利用其收集的消费者资料作为其价格调整的依据，这样的猜测让亚马逊的价格事件与敏感的网络隐私问题联系在一起。

为挽回日益凸显的不利影响，亚马逊的首席执行官贝佐斯只好亲自出马做危机公关，他指出亚马逊的价格调整是随机进行的，与消费者是谁没有关系，价格试验的目的仅仅是为测试消费者对不同折扣的反应，亚马逊"无论是过去、现在或未来，都不会利用消费者的人口资料进行动态定价。"[①]贝佐斯为这次事件给消费者造成的困扰向消费者公开表示了道歉。不仅如此，亚马逊还试图用实际行动挽回人心，亚马逊答应给所有在价格测试期间购买这 68 部 DVD 的消费者以最大的折扣，据不完全统计，至少有 6896 名没有以最低折扣价购得 DVD 的顾客，已经获得了亚马逊退还的差价。

至此，亚马逊价格试验以完全失败而告终，亚马逊不仅在经济上蒙受了损失，而且它的声誉也受到了严重损害。

---

① David Streifield. On the web, price tags blur: What you pay could depend on who you are[N]. The Washington Post, Sep 27, 2000.

3. 亚马逊差别定价试验失败的原因

我们知道，亚马逊的管理层在投资人要求迅速实现盈利的压力下开始了这次有问题的差别定价试验，结果很快以全面失败而告终，那么，亚马逊差别定价策略失败的原因究竟何在？我们说，亚马逊这次差别定价试验从战略制定到具体实施都存在严重问题，现分述如下。

1) 战略制定方面

首先，亚马逊的差别定价策略与其一贯的价值主张相违背。在亚马逊公司的网页上，亚马逊明确表述了它的使命：要成为世界上最能以顾客为中心的公司。在差别定价试验前，亚马逊在顾客中有着很好的口碑，许多顾客想当然地认为亚马逊不仅提供最多的商品选择，还提供最好的价格和最好的服务。亚马逊的定价试验彻底损害了它的形象，即使亚马逊为挽回影响进行了及时的危机公关，但亚马逊在消费者心目中已经永远不会像从前那样值得信赖了，至少，人们会觉得亚马逊是善变的，会为了利益而放弃原则。

其次，亚马逊的差别定价策略侵害了顾客隐私，有违基本的网络营销伦理。亚马逊在差别定价的过程中利用了顾客购物历史、人口统计学数据等资料，但在收集这些资料时是以向顾客提供更好个性化服务为幌子获得顾客同意的，显然，将这些资料用于顾客没有认可的目的是侵犯顾客隐私的行为。即便美国当时尚无严格的保护隐私的法规，但亚马逊的行为显然违背了基本的商业道德。

此外，亚马逊的行为与其市场地位不相符合。按照本人对网络营销不道德行为影响的分析[1]，亚马逊违背商业伦理的行为曝光后，不仅它自己的声誉会受到影响，整个网络零售行业都会受到牵连，但因为亚马逊本身就是网上零售的市场领导者，占有最大的市场份额，所以它无疑会从行业信任危机中受到最大打击，由此可见，亚马逊的策略是极不明智的。

综上，亚马逊差别定价策略从战略管理角度看有着诸多的先天不足之处，这从一开始就注定了它的"试验"将以失败而告终。

2) 具体实施方面

我们已经看到亚马逊的差别定价试验在策略上存在严重问题，这决定了这次试验最终失败的结局，但实施上的重大错误是使它迅速失败的直接原因。

首先，从微观经济学理论的角度看，差别定价未必损害社会总体的福利水平，甚至可能导致帕累托更优的结果，因此，法律对差别定价的规范可以说相当宽松，规定只有当差别定价的对象是存在相互竞争关系的用户时才被认为是违法的。基本的经济学理论认为一个公司的差别定价策略只有满足以下三个条件时才是可行的[2]。

(1) 企业是价格的制定者而不是市场价格的接受者。

(2) 企业可以对市场细分并且阻止套利。

(3) 不同细分市场对商品的需求弹性不同。

DVD 市场的分散程度很高，而亚马逊不过是众多经销商中的一个，所以从严格的意义上讲，亚马逊不是 DVD 价格的制定者。但是，假如我们考虑到亚马逊是一个知名的网上零售品牌，以及亚马逊的 DVD 售价低于主要的竞争对手，所以，亚马逊在制定价格上有一定的回旋余地。当然，消费者对 DVD 产品的需求弹性存在着巨大的差别，所以亚马逊可以按照一定的标准对消费者进行细分，但问题的关键是，亚马逊的细分方案在防止套利方面存在着严重缺陷。亚马逊的定价方案试图通过给新顾客提供更优惠价格的方法来吸引新的消费者，但它忽略的一点是：

---

[1] 刘向晖. 不道德网络营销活动及其治理[J]. 商业研究，2003(12)：148-150.
[2] 彼得·巴西简 B. 价格理论[M]. 2 版. 北京：机械工业出版社，1998.

基于亚马逊已经掌握的顾客资料,虽然新顾客很难伪装成老顾客,但老顾客却可以轻而易举地通过重新登录伪装成新顾客实现套利。至于根据顾客使用的浏览器类别来定价的方法同样无法防止套利,因为网景浏览器和微软的 IE 浏览器基本上都可以免费获得,使用网景浏览器的消费者几乎不需要什么额外成本就可以通过使用 IE 浏览器来获得更低报价。因为无法阻止套利,所以从长远看,亚马逊的差别定价策略根本无法有效提高盈利水平。

其次,亚马逊歧视老顾客的差别定价方案与关系营销的理论相背离,亚马逊的销售主要来自老顾客的重复购买,重复购买在总订单中的比例 1999 年第一季度为 66%,一年后这一比例上升到 76%。亚马逊的策略实际上惩罚了对其利润贡献最大的老顾客,又没有有效的方法锁定老顾客,其结果必然是老顾客的流失和销售与盈利的减少。

最后,亚马逊还忽略了虚拟社区在促进消费者信息交流方面的巨大作用,消费者通过信息共享显著提升了其市场力量。的确,大多数消费者可能并不会特别留意亚马逊产品百分之几的价格差距,但从事网络营销研究的学者、主持经济专栏的作家及竞争对手公司中的市场情报人员会对亚马逊的定价策略明察秋毫,他们会把他们的发现通过虚拟社区等渠道广泛传播,这样,亚马逊自以为很隐秘的策略很快就在虚拟社区中露了底,并迅速引起传媒的注意。

相比而言,在亚马逊的这次差别定价试验中,战略上的失误是导致"试验"失败的根本原因,而实施上的诸多问题则是导致其惨败和速败的直接原因。

4. 结论:亚马逊差别定价试验给我们的启示

亚马逊的这次差别定价试验是电子商务发展史上的一个经典案例,这不仅是因为亚马逊公司本身是网络零售行业的一面旗帜,还因为这是电子商务史上第一次大规模的差别定价试验,并且在很短的时间内就以惨败告终。我们从中能获得哪些启示呢?

首先,差别定价策略存在着巨大风险。一旦失败,它不仅会直接影响到产品的销售,而且可能会对公司经营造成全方位的负面影响,公司失去的可能不仅是最终消费者的信任,而且会有渠道伙伴的信任,可谓"一招不慎,满盘皆输"。所以,实施差别定价必须慎之又慎,尤其是当公司管理层面临短期目标压力时更应如此。具体分析时,要从公司的整体发展战略、与行业中主流营销伦理的符合程度及公司的市场地位等方面进行全面分析。

其次,一旦决定实施差别定价,那么选择适当的差别定价方法就非常关键。这不仅意味着要满足微观经济学提出的三个基本条件,而且更重要的是要使用各种方法造成产品的差别化,力争避免赤裸裸的差别定价。常见的做法有以下几种:

(1) 通过增加产品附加服务的含量使产品差别化。营销学意义上的商品通常包含一定的服务,这些附加服务可以使核心产品更具个性化,同时,服务含量的增加还可有效地防止套利。

(2) 与批量订制的产品策略相结合。订制弱化了产品间的可比性,并且可以强化企业价格制定者的地位。

(3) 采用捆绑定价的做法。捆绑定价是一种极其有效的二级差别定价方法,捆绑同时有创造新产品的功能,可以弱化产品间的可比性,在深度销售方面也能发挥积极作用。

(4) 将产品分为不同的版本。该方法对于固定生产成本极高、边际生产成本很低的信息类产品更加有效,而这类产品恰好也是网上零售的主要品种。

当然,为有效控制风险,有时在开始大规模实施差别定价策略前还要进行真正意义上的试验,具体操作上不仅要像亚马逊那样限制进行试验的商品的品种,而且更重要的是要限制参与试验的顾客人数,借助个性化的网络传播手段,做到这点是不难的。

实际上,正如贝佐斯向公众所保证过的,亚马逊此后再也没有作过类似的差别定价试验。

结果，依靠成本领先的平价策略，亚马逊后来终于在 2001 年第四季度实现了单季度净盈利，在 2002 年实现了主营业务全年盈利。

9.4.7 案例2：拼多多的浪子战略

1. 拼多多公司简介

拼多多创立于 2015 年 4 月，2015 年 9 月拼多多平台正式上线。在拼多多平台，用户将拼团消息通过朋友圈、微信群传播出去，让亲朋好友参与拼团，以低价购买商品，这就是拼多多独有的社交电商模式。上线仅仅一年，拼多多单日成交额就达到 1000 多万，付费用户超过 1 亿人；上线两年，用户就突破了 2 亿；上市前夕的 2018 年 6 月，拼多多平台的年活跃买家数已经突破 3 亿。2018 年 7 月，拼多多在美国纳斯达克上市后，发展继续提速。2021 年 6 月，拼多多平台年度活跃用户数达到 8.499 亿，入驻商家数达到 860 万，平均每日在途包裹数逾亿单，成为中国用户数最多的电商平台，也是全世界最大的农副产品线上零售平台。2023 年 11 月 28 日，拼多多发布的 2023 年第三季度财报显示，拼多多当季总收入为 688.404 亿元，较上年同期的 355.043 亿元的总收入增长 94%。消息传来，拼多多股价应声大涨，当天涨幅达 18%。2023 年 12 月 1 日，拼多多市值达到 1958.9 亿美元，超过了阿里巴巴当天 1906.5 亿美元的市值，一跃成为在美中概股中的市值第一股。2024 年 3 月 20 日，拼多多集团发布了 2023 年第四季度及全年业绩报告。拼多多集团第四季度营收为 889 亿元，同比增长 123%，实现经营利润 224 亿元。2023 年全年营收为 2476 亿元，同比增长 90%，实现经营利润 972 亿元。拼多多能如此成功，在创立不到 10 年的时间中，能在强手如林、竞争激烈的电商平台市场中脱颖而出，除了我们在第 8 章中提到的广告策略，拼多多的网络营销伦理战略也值得我们研究学习。

2. 网络营销伦理战略选择的拼多多方式：浪子回头金不换

电子商城是一个具有显著规模经济的多边网络平台，在拼多多入市的时候，中国网络零售市场参与者众多，市场集中度也很高，阿里系和京东占据了中国网络零售 90% 以上的市场份额，苏宁易购和唯品会这两个网络零售第二集团的领头企业共占据了中国网络零售将近 7% 的市场份额，剩下 3% 左右的市场份额则被其他数千家电商平台分食。在这样的市场结构下，新进入者面临的困难可想而知。

拼多多成立之初，中国网络经济仍处于高速发展时期，网购用户每年仍以超过 20% 的速度高速增长。但从 2016 年后，网购用户增速开始下降，而且新增用户主要来自三线以下城市和广大农村，针对这一情况，拼多多抓住当时低端消费群体和低端商家被大多数电商平台忽视的机遇，把主攻方向放在了以三线以下城市和小城镇为主的下沉市场，实施农村包围城市的市场开发战略。正如拼多多创始人兼前 CEO 黄峥所说，"五环内的人不懂拼多多"。我国 4 个一线城市和 15 个新一线城市的总面积不到全国的 3%，这就意味着全国大约 97% 的土地是"五环内"人群所看不到的下沉市场，这包括近三百个地级市、两千多个县城、三万多个乡镇、六十多万个村庄和 10 亿人口。下沉市场潜力巨大，却被长期忽视，其中最主要的原因是下沉市场人均收入低，单个用户购买力有限，市场开发难度大。为了能低成本获客，拼多多使用的策略简单粗暴，就是"团购+低价"，用超低的价格吸引中低端用户，再通过拼团实现快速渗透。为了做到超低价格，拼多多使用了多种策略，比方说他们通过团购降低营销成本、通过去中间商降低流通成本、通过从生产基地大规模采购降低进货成本，在这个基础上再通过大规模补贴商家进一步压低商品最终售价。通过这些手段，拼多多平台经常能报出令人难以置信的超低价格。

不过，俗话说得好，一分价钱一分货。在最初一段时期，拼多多平台上的假冒伪劣商品比比皆是。对于拼多多平台上假货泛滥的情况，网络上曾经流传着这样一种说法：在京东自营买东西，基本不用担心真货假货，因为产品质量基本有保障；在淘宝买东西，则需要仔细辨别所买的商品到底是真是假；而在拼多多买东西，也基本不用担心真货假货，因为基本是假货。虽然有些夸张，却不能说毫无道理。2018年7月，有记者就在拼多多平台上发现了大量山寨品牌傍名牌的现象，比如正宗"椰林"椰汁、"趏[①](huó)能"洗衣液、"月亮之上"洗衣液、"超熊"洗衣液及"荣声"冰箱等，这些商品不仅名字和大家耳熟能详的名牌接近，而且款式、包装和颜色也与名牌产品相差无几，消费者如果不仔细分辨，就会把李鬼误认为李逵。针对拼多多假货多的现象，一些网友还给拼多多取了一个别名，叫"拼夕夕"，以调侃的方式表达出了对拼多多平台假货多的不满。在消费者和品牌商家的推动下，拼多多"售假门"事件引起了国家市场监督管理总局等监管部门的重视。2018年7月底，上海市、长宁区两级工商约谈拼多多，要求其立即展开自查自纠，对媒体反映的及商标权利人投诉举报的问题进行整改，切实维护消费者合法权益。除了假冒伪劣泛滥的问题，拼多多助力砍价难以逾越最后0.01的怪象也饱受诟病，许多网友认为拼多多平台有暗中使诈的嫌疑。由此可见，2018年7月之前，拼多多的营销伦理水平基本上游走在道德底线边缘，随时可能触碰法律红线。

　　如此之低的伦理水平不仅惊动了政府监管部门，也引起了市场担忧，截至2018年8月1日美股收盘，拼多多每股价格跌至20.31美元，比上市首日收盘的26.7美元下跌了近24%，致使拼多多市值缩水约85亿美元，折合人民币超过了500亿。在政府监管、网络舆情和市场情绪的多重压力下，2018年8月2日，此时离拼多多在纳斯达克敲钟上市不过一个星期，拼多多就非常高调地开展了针对侵权假冒商品的"双打行动"，在一周内强制关店1128家，下架商品近430万件，批量拦截疑似假冒商品的链接45万多条。如果说这种做法仅仅是回归到了行业正常的伦理水平，那么拼多多在2021年初推出的"仅退款"政策就完全走到了行业领先位置。按照拼多多的"仅退款"政策，顾客如果发现在拼多多平台上购买的商品有货不对板、质量不合格或者恶意欺诈的情形时可以申请退款，如果平台认定情况属实，顾客无须退货就可获得退款。满足"仅退款"的情况还包括：①当消费者向平台申请"仅退款"后，若商家在48小时内未执行操作，系统默认商家同意退款，自动发起退款；②当关键词监测到用户与商家发生纠纷时，平台自动介入，不经过商家同意直接为用户退款。实际上，"仅退款"并非拼多多首创，京东自营店从2014年起就一直实行"仅退款"政策，但京东对平台入驻商家并无此要求，而拼多多在2021年推出的新政策对所有入驻商家都提出了与京东自营店同等的要求，明显将营销伦理提高到了一个新高度。拼多多在全平台引入"仅退款"并非毫无代价，2023年3月25日，拼多多自营店"多多福利社"刚刚上线，就有大量拼多多平台中小商家涌入店铺恶意下单，下单后直接选择"仅退款"服务，并且对客服大骂拼多多和黄峥，导致"多多福利社"在上线4小时后被迫下线，这就是著名的拼多多炸店风波。该事件被媒体报道并经网络发酵后引起了轰动效应，被认为是拼多多平台中小商家对平台"仅退款"政策发泄不满的复仇战。不过，2023年的炸店风波并没有让拼多多退缩，这一事件反倒使更多的消费者了解到拼多多"仅退货"政策的行业领先地位，消费者的认可迫使抖音、淘宝、京东等国内领先的电商平台在2023年9月和12月被迫跟进，快手也在2024年初跟进，这些国内头部电商平台先后推出了各自版本的"仅退款"政策。可以说，从2021年到2024年，全平台"仅退款"从拼多多首创变成电商平台行业标准标志着拼多多在网络营销伦理方面完成了从"学渣"到"学霸"的华丽转身。结果正如我们所

---

　　① 趏是个多音字，读作 guā 时，意思是"行走的样子或姿态"，当读作 huó 时，它表示"瑟底的小孔"。品牌中的读音是公司客服给出的读音。

料，2023年拼多多在业绩和公司价值两方面都交出了高质量的成绩单，成了电商平台行业"品学兼优的优等生"。2024年2月，胡润研究院发布的《2023胡润品牌榜》显示，2023年拼多多的品牌价值较前一年大涨90%，达到了1750亿元，成为国内最具价值的电子商务和零售品牌，而且品牌价值既高于排名第二的天猫(865亿)和排名第三的京东(845亿)的品牌价值之和，也高于阿里集团旗下的天猫和淘宝(645亿)品牌价值之和。

3. 拼多多的浪子战略分析

我们注意到，拼多多的网络营销伦理水平有着鲜明的阶段性特征，从2015年9月到2018年8月，拼多多采取的是道德底线战略，从2018年8月到2021年初，拼多多采取的是中庸战略，2021年后，拼多多则采取了伦理领先战略。综合来看，拼多多采取的是比较典型的浪子战略。拼多多的网络营销伦理战略选择是非常高明的，对此，我们按照之前提出的理论框架分析如下。

(1) 在第一阶段，也就是在2018年8月之前，此时的拼多多是一个初创企业，是国内诸多电商平台的挑战者。这时期，拼多多最重要的任务是以最快的速度获客，达到多边平台的临界规模(critical mass)。在这阶段，拼多多尚未上市，在财力上尚不足以与淘宝、京东等头部平台匹敌，只能兵行险着，出奇制胜，具体而言，就是用小成本的营销手段(如拼团购)，重点开发被其他平台所遗忘甚至是有意抛弃的下沉市场和低端商家。在该阶段，拼多多不仅容忍入驻商家的问题行为，而且自身也会从事一些非常可疑甚至会引起非议的行为(如拼多多助力)。容易看出，这些贴近道德底线的行为给拼多多带来了实实在在的好处，使得拼多多用很小的代价在短时间获得了大量的顾客，根据有些专家估计，拼多多在早期阶段的获客成本只有1元，而淘宝和京东同期的获客成本却高达300元。另一方面，拼多多问题行为的代价却很有限，拼多多当时的品牌价值微不足道，受到的负面影响非常有限，而有些伤害还是由全行业分担，比方说由拼多多引起的消费者对电商平台信心的降低会殃及行业中的许多平台，2018年8月由拼多多触发的行业整治行动更是波及全行业，在市场监管总局启动的产品质量"双随机"国家监督抽查中，淘宝、抖音、微博等平台都被发现有山寨货。此外，从关系营销角度看，拼多多在这一阶段满足于通过低价格与新顾客建立起最低层次(即经济层次)的关系，至于如何保留老顾客则是以后的事。综合以上各方面看，拼多多这时期的底线战略可以说是明智的选择，完全符合工具理性。

(2) 在第二阶段，也就是在2018年8月到2021年初这段时间，以双打为标志，拼多多放弃了之前的底线战略，转而采取中庸战略。这阶段的拼多多已经不再是初出茅庐的初创企业，2018年8月拼多多的活跃买家数量已经突破3亿，而且已经在纳斯达克上市，有了雄厚的资金支持，这时的拼多多已经完成了对唯品会、天猫和苏宁的超越，成为市场份额和市值方面可以平视淘宝和京东的电商平台三巨头之一。在这阶段，下沉市场的增长速度已经趋缓，拼多多开始把主攻方向从下沉市场向大众市场转移，所以拼多多必须满足大众消费者对商品质量的预期，而没有假货就是大众对商家的一个基本要求。并且，上市后拼多多已经拥有了巨大的品牌价值，拼多多合法合规经营也是投资人对拼多多的一个基本要求。此外，在拼多多采纳的AARRR[①]用户增长模型中，拼多多需要从获客向留存过渡，也就需要把关系营销的重点从经济层次向更高的社会层次推进，而这就必须依赖虚拟社区营销和卓越的售后服务。可见，在这一阶段，拼多多有条件也有理由将底线战略调整为中庸战略。

[①] 即获取(acquisition)、激活(activation)、留存(retention)、传播(referral)和收入(revenue)。

(3) 在第三阶段，也就是 2021 年之后，拼多多又再次突破自我，通过推出全平台"仅退款"，开始实施伦理领先战略。作为这一阶段的前奏，拼多多在 2020 年第三季度实现营收 142.1 亿元，同比增长 89.11%，实现净利润 4.664 亿元，是上市以来首次实现季度盈利。财报公布后，拼多多的股价大涨 20%，总市值达到 1600 亿美元，已经超过京东。2021 年 5 月，拼多多活跃买家数达到 8.238 亿，以创纪录的速度迈入 8 亿用户时代，成为中国用户规模最大的电商平台。2022 年 9 月，拼多多旗下的跨境电商平台 Temu 正式在海外上线，从北美市场开始，随后进入澳洲市场、英国市场、日韩市场，截至 2023 年 7 月，Temu 已进入全球 27 个国家和地区，其中大多数为经济发达地区。到 2023 年底，Temu 的独立用户数量已达 4.67 亿，与全球速卖通并列全球电商排行榜第二名，开始向全球排名第一的亚马逊发起冲击。我们注意到，拼多多这阶段的主要目标已经不再是单纯地扩大顾客数量，而是要在留住顾客的同时提高活跃买家年平均消费额，补齐与阿里和京东的最大差距，也就是说必须要让消费者能够放心在拼多多购买高价值商品，这就要求拼多多进一步提升网络营销伦理定位。我们还注意到，拼多多创始人兼首任 CEO 黄峥毕业于浙江大学，后来留学威斯康星大学麦迪逊分校，继任的董事长兼 CEO 陈磊本科毕业于清华大学，后来在威斯康星大学麦迪逊分校获得博士学位，在拼多多近万人的团队中，70% 毕业于清华、北大、复旦、交大、浙大等国内知名高校及其他海外名校，其中包括大量来自各互联网企业的技术和产品精英，拼多多领导人的素质和组织成员的素质为拼多多的企业文化注入了追求卓越的基因，这一基因很可能也是拼多多不惜与不求上进的低端商家割席的深层原因。拼多多财务状况的持续好转及拼多多追求卓越的组织文化的逐步建立也让拼多多完全有条件在这一阶段实施伦理领先战略。

综上所述，拼多多选择的网络营销伦理战略与其整体发展战略及内外部环境变化是完全匹配的，对拼多多的超常规发展起到了很好的推动作用。

本章内容提要

网络营销伦理是网络营销领域的一个很重要的课题，它不仅关系到虚拟市场整体运营的效率，而且关系到每个网络营销企业营销效果的好坏。网络营销伦理有两个理论源流，一个是营销伦理，另一个是计算机伦理。网络营销企业最重要的道德义务是诚信无欺与保护信息隐私，不道德的网络营销行为会给消费者、企业、行业电子商务及社会带来危害。治理不道德的网络营销行为可以从技术、法律、教育、行业自律等方面入手。数字足迹是指网络用户在使用互联网时留下的数据痕迹，数字足迹可以反映一个人的数字声誉，也可能被犯罪分子利用实施网络犯罪，因此，管理数字足迹的意识和能力是公民数字修养的一个重要组成部分。高标准的网络营销伦理是在线品牌的基础，但是高的网络营销伦理水平未必会给企业带来丰厚的利润，企业可以有很多种不同的网络营销伦理战略选择，常见的战略包括底线战略、中庸战略、伦理领先战略、浪子战略和虚无战略。伦理歧视战略并不可行。企业必须从自己的市场地位、竞争战略、财务状况、伦理文化及行业属性方面考虑自己的战略选择。

复习思考题

1. 网络营销伦理有哪两个源流？
2. 网络营销企业保护消费者信息隐私需要做到哪 5 个方面？
3. 治理网络营销中的不道德行为有哪几种方案，各有什么优劣势？

4. 管理个人数字足迹有什么重要意义？个人管理数字足迹的行为对网络营销策略会有哪些影响？

5. 好的(道德水准高的)企业一定是盈利丰厚的企业吗？试着说明伦理水平和盈利水平的关系。

6. 网络营销伦理问题为什么复杂？

7. 人工智能的发展提出了哪些伦理挑战？

8. 试着从伦理角度对抖音的推荐算法作一个评价。

9. 知名度高的企业一定是好的企业吗？

10. 适合大多数网络营销企业采用的网络营销伦理战略是哪种？为什么？

11. 伦理歧视在现实中可行吗？为什么？

12. 拉里·韦伯认为我们已经进入了真诚营销(authentic marketing)时代，结合拼多多的案例，说说真诚营销是否适合所有企业。

参考文献

1. Victoria Bush D, Beverly Venable T, Alan Bush J. Ethics and marketing on the Internet: Practitioners' perceptions of societal, industry and company concerns[J]. Journal of Business Ethics, 2000(2).

2. Gauzente, Claire, Ashok Ranchhod. Ethical Marketing for Competitive Advantage on the Internet[J]. Academy of Marketing Science Review, 2001(10).

3. Richard Spinello A. Cyberethics: Morality and Law in Cyberspace [M]. 7th ed. Burlington: Jones & Bartlett Learning, LLC, 2021.

4. Paula Boddington. AI Ethics: A Textbook[M]. Singapore: Springer Nature Singapore Pte Ltd, 2023.

5. Patrick Murphy E, Gene Laczniak R, Fiona Harris. Ethics in Marketing: International cases and perspectives[M]. New York: Routledge, 2017.

6. Michael Quinn J. Ethics for the Information Age[M]. 8th ed. Hoboken: Pearson Education, Inc., 2020.

7. 王汝林. 网络营销战略[M]. 北京：清华大学出版社，2002。

8. 周茂君. 数字营销伦理与法规[M]. 北京：科学出版社，2023.

9. 李伦. 鼠标下的德性[M]. 南昌：江西人民出版社，2002.

10. 刘向晖. 网络营销差别定价策略的一个案例分析[J]. 价格理论与实践，2003(7).

11. 刘向晖. 不道德网络营销活动及其治理[J]. 商业研究，2003(12).

12. 袁国宝. 拼多多拼什么：商业模式+店铺运营+爆品打造[M]. 北京：中国经济出版社，2019.